Östliche Golfküste
Chanthaburi
Trat
Golf von Thailand
Khlong Yai
Östliche Golfküste
Seiten 100–133
Obere westliche Golfküste
Seiten 134–159
Untere westliche Golfküste
Seiten 160–199
0 km
50
ongkhla
Süden
Süden
Seiten 280–289

VIS-À-VIS

THAILAND

STRÄNDE & INSELN

VIS-À-VIS

THAILAND

STRÄNDE & INSELN

DK

London • New York • München
Melbourne • Delhi

www.dorlingkindersley.de

Produktion DK India, Delhi
Managing Editor Aruna Ghose

Texte Andrew Forbes, David Henley, Peter Holmshaw

Fotografien David Henley

Illustrationen Surat Kumar Mantoo, Arun Pottirayil

Kartografie Suresh Kumar, Jasneet Arora

Redaktion und Gestaltung
Savitha Kumar, Priyanka Thakur, Amisha Gupta, Smita Khanna Bajaj, Diya Kohli, Shruti Bahl, Azeem Siddique, Rakesh Pal, Taiyaba Khatoon, Sumita Khatwani

Titel der englischen Originalausgabe:
Eyewitness Travel Guide *Thailand Beaches & Islands*
Zuerst erschienen 2010 in Großbritannien
bei Dorling Kindersley Ltd.
A Penguin Random House Company

Für die deutsche Ausgabe:

Ein Unternehmen der Penguin Random House Group

Aktualisierte Neuauflage 2017 / 2018

Programmleitung Dr. Jörg Theilacker, DK Verlag
Projektleitung Stefanie Franz, DK Verlag
Projektassistenz Sonja Baldus, DK Verlag
Übersetzung Barbara Rusch, München
Redaktion Matthias Liesendahl, Berlin
Schlussredaktion Philip Anton, Köln
Umschlaggestaltung Ute Berretz, München
Satz und Produktion DK Verlag
Druck L. Rex Printing Co. Ltd., China

ISBN 978-3-7342-0125-7
4 5 6 7 8 9 19 18 17 16

Dieser Reiseführer wird regelmäßig aktualisiert. Angaben wie Telefonnummern, Öffnungszeiten, Adressen, Preise und Fahrpläne können sich jedoch ändern. Der Verlag kann für fehlerhafte oder veraltete Angaben nicht haftbar gemacht werden. Für Hinweise, Verbesserungsvorschläge und Korrekturen ist der Verlag dankbar. Bitte richten Sie Ihr Schreiben an:

Dorling Kindersley Verlag GmbH
Redaktion Reiseführer
Arnulfstraße 124 • 80636 München
travel@dk-germany.de

Langboote am idyllischen Hat Tham

Inhalt

Thailands Küsten stellen sich vor

Vor dem Tempel San Chao Chui Tui in Phuket *(siehe S. 226)*

◀ Kalksteinfelsen flankieren eine Bucht an der Krabi-Küste *(siehe S. 252–255)*

◀◀ Umschlag: Bunt geschmückte Langboote am Strand von Hat Yao, Ko Phi Phi Don *(siehe S. 258)*

Phra Nang, Krabi *(siehe S. 253)*

Thailands Küstenregionen

Bunte Unterwasserwelt der Korallenriffe, Ko Chang *(siehe S. 130)*

Nang-talung-Puppe

Zu Gast an Thailands Küsten

Grandiose Höhlenwelt, Than-Bok-Koranee-Nationalpark *(siehe S. 249)*

Grundinformationen

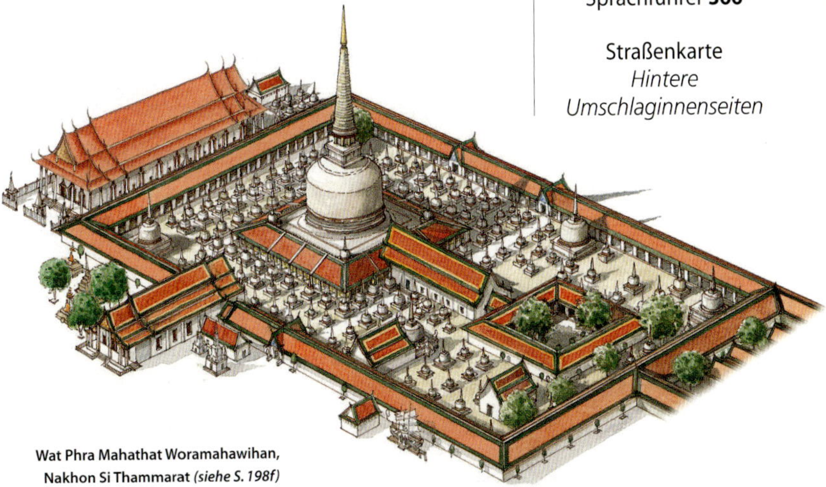

Wat Phra Mahathat Woramahawihan, Nakhon Si Thammarat *(siehe S. 198f)*

Benutzerhinweise

Dieser Reiseführer soll Ihren Besuch von Thailands Stränden und Inseln zu einem ungetrübten Erlebnis machen. *Thailands Küsten stellen sich vor* beschreibt anschaulich die einzelnen Küstenregionen, ihre Geschichte und Kultur. Die Sehenswürdigkeiten werden detailliert in den sechs regionalen und im Kapitel *Bangkok* mit Karten, Bildern und Illustrationen vorgestellt. Hotel- und Restaurantempfehlungen sowie Informationen über Wassersport und andere Aktivitäten finden Sie in *Zu Gast an Thailands Küsten*. Die *Praktischen Hinweise* bieten Tipps für Reiseplanung, Anreise, Verkehrsmittel und Aufenthalt.

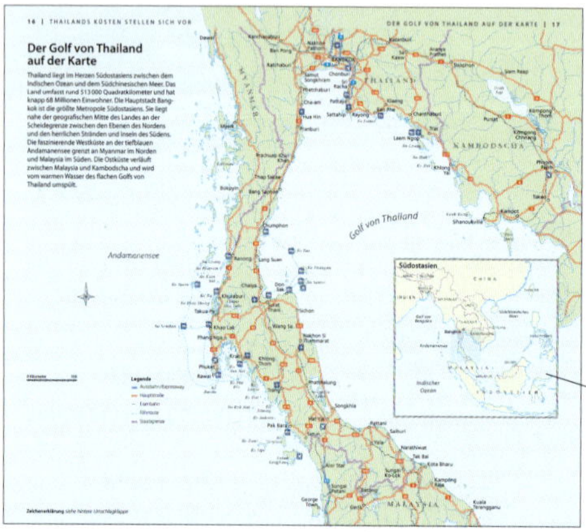

Thailand auf der Karte

Die *Übersichtskarte* zeigt die Lage von Thailands Küstenregionen und die daran angrenzenden Nachbarstaaten. Dieser Reiseführer konzentriert sich auf die Strände und Inseln Thailands. Die Küstengebiete sind in sechs Regionen unterteilt, Bangkok wird in einem eigenen Kapitel behandelt.

Die Orientierungskarte zeigt, wo Thailand in Südostasien gelegen ist.

Thailands Küstenregionen

Jede der sieben Regionen wird in einem eigenen Kapitel beschrieben. Die interessantesten Sehenswürdigkeiten sind auf der jeweiligen *Regionalkarte* eingetragen. Die Erklärung der Zeichen finden Sie auf der hinteren Umschlagklappe.

Routenempfehlungen für Spaziergänge sind in Detailkarten rot eingezeichnet.

1 Einführung

In der Einführung zu jeder Region erfahren Sie viel Wissenswertes zu Landschaft, Charakter, Geschichte und Hauptattraktionen.

Jede Region ist anhand der Farbcodierung *(siehe vordere Umschlaginnenseiten)* leicht zu identifizieren.

Kästen behandeln bestimmte Themen genauer.

Sterne markieren herausragende Sehenswürdigkeiten.

2 Detailkarte

Diese Illustration zeigt wichtige Gebiete oder Orte aus der Vogelperspektive.

3 Regionalkarte

Sie zeigt die wichtigen Straßen und gibt einen Überblick über die Region. Die Sehenswürdigkeiten sind nummeriert. Zudem gibt sie Tipps für das Reisen mit Auto und anderen Transportmitteln.

Sehenswürdigkeiten auf einen Blick listet die Hauptattraktionen des Kapitels nach Kategorien auf.

4 Inselkarte

Zu einigen Stränden und Inseln liefern *Inselkarten* weitere Informationen. Sie zeigen jeweils die Hauptorte, Strände und das Straßennetz.

5 Detaillierte Informationen

Alle Attraktionen sind in der Reihenfolge ihrer Nummerierung auf der *Regionalkarte* beschrieben.

Der Infoblock enthält Adresse, Öffnungszeiten, Telefonnummer etc. Die Kartenverweise beziehen sich auf die *Straßenkarte* der hinteren Umschlaginnenseiten.

Kästen vertiefen jeweils ein bestimmtes Thema.

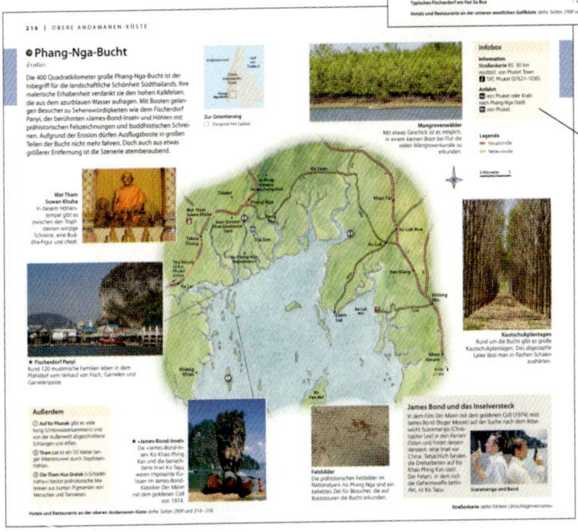

Die Infobox enthält alles, was Sie für den Besuch einer Sehenswürdigkeit wissen müssen.

6 Hauptsehenswürdigkeiten

Den Highlights Thailands sind zwei oder mehr Seiten gewidmet. Illustrierte Karten zeigen Lage und Landschaft der Sehenswürdigkeiten. Dort sind u. a. gute Tauch- und Wassersportgebiete eingetragen.

THAILANDS KÜSTEN STELLEN SICH VOR

Thailands Küsten entdecken

Die folgenden Touren führen durch drei der wichtigsten Küstenregionen Thailands mit all ihren Sehenswürdigkeiten und Naturlandschaften sowie in die Hauptstadt Bangkok. Bei der Zusammenstellung der Touren wurden lange Distanzen so weit wie möglich vermieden. Die zweitägige Städtetour führt in das historische und das moderne Bangkok. Eine zehntägige Reise von Phuket gen Süden zeigt die Schönheit der Andamanensee. Die erste Wochentour gilt der vielfältigen Inselwelt im Golf von Thailand. Zur Auswahl steht zudem eine einwöchige Tour entlang der östlichen Golfküste, die auch wirtschaftlich von großer Bedeutung ist. Diese beiden Wochentouren lassen sich leicht zu einer dreiwöchigen Strandurlaubsreise kombinieren, auf der auch die Kultur nicht zu kurz kommt.

Ko-Lanta-Strand
Der Archipel Ko Lanta bietet endlose Sandstrände. Ein Großteil des Gebiets liegt im gleichnamigen Meeres-Nationalpark, weshalb viele der hiesigen Strände und küstennahen Meeresgebiete wunderbar unberührt sind.

Zehn Tage an der Andamanensee

- Spazieren Sie durch **Phuket Town** mit der schönen sino-portugiesischen Architektur, chinesischen Tempeln und vielen Läden.
- Entspannen Sie in **Hat Nai Yang**, einer stillen Bucht an Phukets Westküste.
- Per Boot geht es zu den Kalksteinfelsen und -höhlen der **Phang-Nga-Bucht**.
- **Patong** bietet ein quirliges Nachtleben, aber auch stille Abende am Meer.
- Genießen Sie das hübsche **Krabi**, und besuchen Sie die nahen Inseln per Boot.
- Versuchen Sie sich am Felsklettern am **Rai-Leh-Strand** oder am Kajakfahren.
- Nehmen Sie die Fähren nach **Ko Phi Phi**, wo man herrlich tauchen kann.
- Erkunden Sie die westlichen Strände von **Ko Lanta** und seinen alten Hafen im Osten.
- Erleben Sie die wunderbare Landschaft des Meeres-Nationalparks **Ko Tarutao**.

Eine Woche am Golf von Thailand

- Genießen Sie ein Sonnenbad und das Sportangebot sowie ein stilvolles Abendessen am **Chaweng-Strand**.
- Entdecken Sie das Hinterland von **Ko Samui** auf dem Rücken eines Elefanten.
- Bewundern Sie den Sonnenuntergang neben dem Großen Buddha am **Bangrak-Strand** von Ko Samui.
- Per Fähre geht es nach **Ko Phangan** für eine Massage unter Palmen.
- Besuchen Sie den **Than-Sadet-Wasserfall** wie bereits die thailändischen Monarchen vor Ihnen.
- Erleben Sie die prächtigen Korallenriffe von **Ko Tao**, entweder schnorchelnd oder vom Glasbodenboot.
- Im wunderschönen **Meeres-Nationalpark Ang Thong** können Sie Kajak fahren, wandern, tauchen und schnorcheln.

◀ Wandgemälde aus der Ayutthaya-Periode in Wat Chompoowek, Nonthaburi

Ko Chang
In Fischerdörfern wie Ban Salak Phet reihen sich bunt bemalte Boote vor Hütten auf Stelzen.

Eine Woche an der östlichen Golfküste

- Erleben Sie das Nachtleben **Pattayas** mit seinen Diskotheken, Cabarets und erstklassigen Seafood-Lokalen.
- Wandern Sie entlang der Ostküste von **Ko Samet** mit ihren herrlichen Buchten.
- Kosten Sie köstliche Frühlingsrollen im vietnamesischen Viertel von **Chanthaburi**, und schlendern Sie über den Edelsteinmarkt.
- Besuchen Sie das quirlige **Hat Sai Khao** auf Ko Chang mit seinen schönen Stränden und Restaurants.
- Durch Dschungel geht es zum **Khlong Phlu**, Ko Changs höchstem Wasserfall.
- Entdecken Sie Ko Wai, eine der vielen idyllischen Inseln südlich von **Ko Chang**, mit weißen Stränden, schattigen Palmen und Korallenriffs.

Legende
- Andamanensee
- Golf von Thailand
- Östliche Golfküste

Großer Buddha, Ko Samui
Eine beindruckende, mit Schlangenwesen *(naga)* gesäumte Treppe führt zu der zwölf Meter hohen Buddha-Statue, die ungeachtet der vielen Besucher völlig in sich zu ruhen scheint.

Zwei Tage in Bangkok

Thailands aufregende Kapitale überwältigt Besucher mit unzähligen Kontrasten – stille Tempel, Gärten und königliche Paläste inmitten einer modernen, luxuriösen wie rauen Hochglanzwelt.

- **Anreise** Bangkoks internationaler Flughafen Suvarnabhumi liegt rund 30 Kilometer östlich des Stadtzentrums. Ein Hochgeschwindigkeitszug ist die schnellste Anbindung, Taxis sind billig. Der Flughafen Don Muang, 19 Kilometer nördlich von Bangkok, wird von Billigfliegern genutzt.
- **Weiterreise** Flüge nach Ko Samui, Phuket, Krabi und Trat starten von beiden Flughäfen. Busse nach Pattaya und zur östlichen Golfküste warten am östlichen Busbahnhof, Züge in den Süden verkehren ab Hua Lampong.

Erster Tag

Vormittags Bangkok ist eine riesige Stadt, die wichtigsten Sehenswürdigkeiten liegen aber in einem verhältnismäßig kleinen Gebiet entlang dem Fluss Chao Phraya. Im **Wat Phra Kaeo** *(siehe S. 60–63)* findet man Thailands heiligstes Bildnis, den kleinen Smaragd-Buddha. Zahlreiche Tempel und *chedi* (Pagoden) stehen auf der Anlage, die von einem mit herrlichen Szenen aus dem Ramakien ausgemalten Wandelgang umgeben ist. Im **Großen Palast** *(siehe S. 64f)* residierten die ersten sechs Könige der Chakri-Dynastie. Die Anlage ist eine Mischung aus Thai- und klassizistischer Architektur. Am beeindruckendsten ist die Dusit-Thronhalle mit dem Originalthron Ramas I. aus Teak.

Nachmittags Ganz anders als der meist volle, sakral aufgeladene Wat Phra Kaeo präsentiert sich der **Wat Pho** *(siehe S. 68f)* weniger überlaufen, heiter und begrünt. Der prächtige zentrale *bot* hütet die Bronzefigur eines meditierenden Buddha, die aus der früheren Hauptstadt Ayutthaya gerettet wurde. Der 46 Meter lange **Liegende Buddha** strahlt enorm viel Ruhe aus. Lassen Sie den Tag mit einer wunderbar entspannenden **Massage** in der im Tempel ansässigen Massageschule ausklingen.

Zweiter Tag

Vormittags Das **Jim-Thompson-Haus** *(siehe S. 80f)* ist das ehemalige Heim eines US-amerikanischen Unternehmers, der nach dem Zweiten Weltkrieg die thailändische Seidenindustrie wiederbelebte. In sechs traditionellen Teakhäusern ist Thompsons herrliche Kunstsammlung mit Einzelstücken aus 14 Jahrhunderten zu sehen. Mittags kann man in dem Restaurant auf dem Anwesen pausieren.

Nachmittags In der Nähe vom Jim-Thompson-Haus findet man einige Einkaufscenter *(siehe S. 84f)*, z. B. das elegante **Siam Paragon** und das eher an einen Basar erinnernde **Mahboonkrong**. Auch die Phloen Chit Road ist eine Einkaufsstraße, von hier ist es nicht weit zum **Erawan-Schrein** *(siehe S. 79)*, wo Tänzerinnen gegen Entgelt vor Gläubigen Tänze für den Regengott Indra aufführen.

Tipp zur Verlängerung
Besuchen Sie den riesigen **Chatuchak-Markt** *(siehe S. 82)* oder den **schwimmenden Markt von Damnoen Saduak** *(siehe S. 83)*.

Zehn Tage an der Andamanen-Küste

- **Flughäfen** Ausgangspunkt ist der internationale Flughafen Phuket, die Tour endet am Inlandsflughafen Krabi.
- **Verkehrsmittel** Alle Ziele dieser Tour sind per Fähre von Phuket und Krabi erreichbar. Busse verkehren regelmäßig zwischen Phuket und Krabi.

Erster Tag: Phuket

Spazieren Sie morgens zuerst durch Phukets charmante Altstadt *(siehe S. 226–228)*, und besuchen Sie zwei chinesische Tempel, **San Chao Chui Tui** und **San Chao Put Jaw** *(siehe S. 226)*. Beide Schreine wurden von chinesischen Einwanderern finanziert, die sich hier im 19. Jahrhundert als Minenarbeiter verdingten. Die nahen **Chinesischen Villen** *(siehe S. 230f)* gehörten einst Minenbesitzern und verbinden in sich asiatische und westliche Architektur. Nach dem Mittagessen sind die Strände **Hat Nai Yang** und **Hat Nai Thon** *(siehe S. 236f)* im Nordwesten der Insel ein lohnendes Ziel.

Zweiter Tag: Phang-Nga-Bucht

Ein Ausflug zur **Phang-Nga-Bucht** *(siehe S. 220f)* ist fast schon Pflicht. Die mächtigen, leider durch Erosion bedrohten Kalksteinfelsen und die Meereshöhlen ermöglichen ein einmaliges Ökosystem zu Wasser und zu Land. Eine Bootstour durch die Kalksteinformationen ist ein einmaliges Erlebnis.

Der riesige Liegende Buddha im Wat Pho, Bangkok

Weitere Informationen zu den Verkehrsmitteln an Thailands Küsten *siehe Seiten 346–353*

Langboote am Hat Tham Phra Nang warten auf Kundschaft

Tipp zur Verlängerung
Verbringen Sie wenigstens eine Nacht auf der Insel **Ko Yao Yai** in der Phang-Nga-Bucht *(siehe S. 242)*.

Dritter Tag: Phuket

Zurück auf Phuket geht die Fahrt ins quirlige **Hat Patong** *(siehe S. 233)* mit seinem großen Sportangebot am und vor dem Strand. Die Strände **Kata** und **Karon** weiter im Süden sind gut ausgestattet, aber deutlich ruhiger.

Tipp zur Verlängerung
Zum **Meeres-Nationalpark Surin-Inseln** *(siehe S. 208f)* vor der Küste der Provinz Ranong gehört das berühmte Tauchgebiet der Burma Banks mit ihrem kristallklaren Wasser. Bungalows sind die einzigen Unterkünfte im Schutzgebiet, das sich kommerzieller Erschließung erfolgreich verweigert.

Vierter Tag: Krabi und Rai Leh

In **Krabi** *(siehe S. 248)* führt ein Fußweg den Fluss entlang zum Fischerhafen. Mangrovenwälder und Inseln bilden die Kulisse. Per Langboot erreicht man den nahen Strand **Hat Rai Leh East** *(siehe S. 252)* mit den bei Kletterern beliebten Kalksteinklippen. Vom Strand starten Kajaktouren. Den schönen Strand **Hat Rai Leh West** *(siehe S. 252)* erreicht man zu Fuß über die Landzunge.

Fünfter Tag: Hat Tham Phra Nang

Von den beiden Rai-Leh-Stränden fahren Langboote zum pittoresken Strand **Hat Tham Phra Nang** *(siehe S. 253)* mit der berühmten **Tham Phra Nang** *(siehe S. 253)*, der »Höhle der hochverehrten Dame«. Eine indische Prinzessin, die hier einst ertrunken sein soll, wird noch heute verehrt.

Sechster Tag: Ko Phi Phi

Starten Sie morgens per Boot von Ao Nang bei Hat Tham Phra Nang zu einem Tagesausflug auf die Insel **Ko Phi Phi** *(siehe S. 256–259)*. In dem Dorf **Ban Ton Sai** bieten nette Cafés kühle Getränke, danach geht es zu Fuß zur reizenden Bucht **Ao Lo Dalum**. Ein steiler, aber kurzer Weg führt hinauf zu einem fantastischen Aussichtspunkt. Alternativ führt ein Fußweg zum **Hat Yao**, wo Schnorchler auf ihre Kosten kommen. Abends geht es zurück nach Krabi.

Siebter Tag: Ko Lanta

Von Krabi oder von Ko Phi Phi fahren Schnellboote nach Ban Sala Dan im Norden der Insel **Ko Lanta Yai** *(siehe S. 264–267)*. Die vielen Strände entlang der Westküste der Insel lassen sich am besten per gemietetem Fahrzeug erkunden. Reisende mit schmalem Geldbeutel finden am Hat Khlong Khong preiswerte Unterkünfte, in Ao Kantiang sind hingegen die Resorts für anspruchsvollere Gäste angesiedelt.

Achter Tag: Ko Lanta

Auf der Fahrt zur Ostküste der Insel hat man vom **Viewpoint Hill** *(siehe S. 265)* eine einzigartige Aussicht. Einen Besuch lohnt **Ban Si Raya** *(siehe S. 267)*. Das auch als Alt-Lanta-Stadt bekannte Dorf ist die älteste Siedlung auf Ko Lanta mit alten chinesischen Ladenhäusern und Moscheen der muslimischen Gemeinde.

Tipp zur Verlängerung
Erkunden Sie einige der wenig besuchten Inseln vor der Küste der Provinz Trang. **Ko Libong** *(siehe S. 271)* ist still und friedlich.

Neunter Tag: Meeres-Nationalpark Ko Tarutao

Nehmen Sie die Fähre nach **Ko Lipe** *(siehe S. 279)*, der bekanntesten Insel des Archipels. Der Hauptstrand **Hat Pattaya** lockt mit wunderbar weißem Sand und luxuriösen Resorts: Tagsüber fährt man mit dem Kajak übers Meer, abends diniert man bei Kerzenlicht am Strand.

Zehnter Tag: Meeres-Nationalpark Ko Tarutao

Von Ko Lipe erreicht man die größeren Inseln **Ko Adang** und **Ko Rawi** *(siehe S. 278)* gut per Boot. Die Riffe lassen sich schnorchelnd erkunden. Einsame Strände findet man hier reichlich, aus dem Dschungel rufen exotische Vögel.

Geschäftige Straße in Patong mit farbenfroh lackierten *tuk-tuk*

Eine Woche am Golf von Thailand

- **Flughäfen** Zahlreiche Flüge nach Ko Samui über Bangkok oder Phuket.
- **Verkehrsmittel** Auf Ko Samui kann sich ein Mietwagen durchaus lohnen. Auf Ko Phangan und Ko Tao sprechen die Straßenverhältnisse dagegen. (Auto-)Fähren steuern Ko Samui und Ko Phangan vom Festland an. Die drei Inseln dieser Tour sind per Boot gut miteinander verbunden. Auf Ko Phangan und Ko Tao gelangt man vom einen zum anderen Strand meist schneller und bequemer per Boot, zumal viele der Straßen hier in ausgesprochen schlechtem Zustand sind.

Erster Tag: Ko Samui

Verbringen Sie den Tag an einem der schönsten Strände an Ko Samuis Ostküste: **Hat Chaweng** *(siehe S. 170)* ist länger und bietet mehr Unterhaltung, **Hat Lamai** *(siehe S. 170)* eignet sich vor allem für Familien. Schwimmen und Wassersport betreiben kann man an beiden Stränden. Abends besuchen Sie die Buddha-Statue bei **Hat Bangrak** *(siehe S. 169)* an der stilleren Nordküste. Im Fischerdorf von **Hat Bophut** *(siehe S. 169)* kann man schön zu Abend essen.

Zweiter Tag: Ko Samui

Den **Na-Muang-Wasserfall** *(siehe S. 171)* im Hinterland erreicht man zu Fuß oder auf dem Rücken eines Elefanten. Besuchen Sie den **Secret Buddha Garden** *(siehe S. 170f)*, und bewundern Sie die Fertigkeiten der Primaten in der **Affenschule** *(siehe S. 175)*. Die Insel bietet auch einige erstklassige Golfplätze. In Kochschulen lassen sich die Geheimnisse der Thai-Küche entschlüsseln.

Dritter Tag: Meeres-Nationalpark Ang Thong

Von Ko Samui setzt man per Boot zum Meeres-Nationalpark Ang Thong mit seinen zwölf unberührten Inseln über. Erkunden Sie hier die Küstengewässer oder die Höhlen im Hinterland.

Vierter Tag: Ko Phangan

Von Ko Samui kommt man schnell nach **Tong Sala** *(siehe S. 176)*, dem Hauptort der Insel. Per *songthaew* geht es zur **Ao Si Thanu** *(siehe S. 176)*, einer schönen Bucht mit Fischerdorf am westlichen Ende.

Fünfter Tag: Ko Phangan

Erkunden Sie das dichte Hinterland der Insel und den **Than-Sadet-Wasserfall** *(siehe S. 179)*, den König Rama V. im Jahr 1889 besuchte. Danach geht es hinunter zur idyllischen Bucht **Ao Thong Nai Pan** *(siehe S. 179)*.

Bungalows mit Blick auf das blau schimmernde Meer vor Ko Samui

Per Kajak durch den Meeres-Nationalpark Ang Thong

Tipp zur Verlängerung
Gehen Sie in sich im **Wat Khao Tham** *(siehe S. 181)*, oder toben Sie sich auf einer **Mondscheinparty** *(siehe S. 181)* aus. Frauen sollten diese Feste allerdings nie allein besuchen!

Sechster Tag: Ko Tao

Von Tong Sala setzen Sie nach **Ko Tao** *(siehe S. 186–189)* über. Hier kann man wunderbar speisen. Mieten Sie ein Langboot im Dorf **Ban Mae Hat** *(siehe S. 186)*, und umrunden Sie die kleine Insel an einem Tag. Auf der Strecke bieten sich viele reizvolle Buchten – die schönsten an der Nord- und Ostküste – für einen Zwischenstopp an.

Siebter Tag: Ko Tao

Erkunden Sie den kleinen Ort Ban Mae Hat, anschließend geht es per Jeep über die Insel Richtung Nordosten zur einsamen Bucht **Ao Hinwong** *(siehe S. 187)*, vor der man wunderbar schnorcheln kann. **Ao Mamuang**, die per Langboot erreichbare »Mangobucht« (Mango Bay) an der Nordküste, ist ebenfalls reizend und bietet einige komfortable Unterkünfte und gute Restaurants.

Tipp zur Verlängerung
Auf Ko Tao bieten mehrere seriöse Tauschschulen gute Einführungskurse an.

Weitere Informationen zu den Verkehrsmitteln an Thailands Küsten *siehe Seiten 346–353*

Eine Woche an der östlichen Golfküste

- **Flughäfen** Von Bangkok gibt es Flüge nach Trat, von dessen Hafen Fähren nach Ko Chang übersetzen.
- **Verkehrsmittel** Von Bangkoks östlichem Busbahnhof und vom Flughafen Suvarnabhumi fahren regelmäßig Busse in die Region. Per Fähre kommt man von Ban Phe nach Ko Samet. Auto- und Passagierfähren bringen Urlauber von Laem Ngop nach Ko Chang.

Pattayas Nachtleben bietet auch prächtige Tanzshows

Erster Tag: Pattaya

In **Pattaya** *(siehe S. 108–111)* schlendern Sie durch die Beach Road mit Blick auf die weite Bucht. Weniger voll als der Strand von Pattaya ist die angrenzende Bucht **Ao Naklua** *(siehe S. 108f)*. Hier kann man auch wesentlich günstiger essen. Das nahe **Heiligtum der Wahrheit** *(siehe S. 108)* wirkt einladend und birgt zahlreiche Buddha-Statuen. Abends spazieren Sie durch die **Walking Street** *(siehe S. 111)* mit ihren vielen Bars. Der Norden Pattayas ist weniger laut, allerdings sind hier zugleich die bekanntesten der vielen **Transvestiten-Cabarets** angesiedelt.

Zweiter Tag: Ko Samet

Vom praktisch rund um die Uhr lauten und hektischen Pattaya gelangt man in wenigen Stunden per Auto, Fähre und *songthaew* nach **Ko Samet** *(siehe S. 114f)* mit seinen herrlichen feinen Sandstränden. Vom quirligen **Hat Sai Kaew** kommt man zu Fuß zur stilleren **Ao Phai** *(siehe S. 115)*.

»Shophouses« im vietnamesischen Viertel von Chanthaburi

Dritter Tag: Ko Samet

Ausgestattet mit solidem Schuhwerk geht es über den Wanderpfad nach Ao Toei, der Südspitze der Insel. Der Weg dorthin bietet viel Abwechslung und wunderbare Ausblicke auf versteckte Buchten und einsame Strände. Für Erfrischung sorgen unterwegs frische Kokosnüsse. Auch das luxuriöse Paradee Resort liegt auf dem Weg.

Vierter Tag: Chanthaburi

Zurück auf dem Festland für einen Stopp zwischen zwei Inseln verbringen Sie die Nacht in der charmanten Provinzstadt **Chanthaburi** *(siehe S. 118f)*. Besuchen Sie den **Edelsteinmarkt**, und probieren Sie leckere Frühlingsrollen im **vietnamesischen Viertel** der Stadt.

Fünfter Tag: Ko Chang

Ko Chang *(siehe S. 122–130)* bietet Besuchern viele Erlebnisse, von Kajaktouren bis zu Ausritten auf Elefanten. Die Fahrt per Fähre von Laem Ngop auf dem Festland ist kurz, per *songthaew* geht es weiter entweder zum Strand **Hat Sai Khao** *(siehe S. 126)* mit Grillständen, Live-Musik und Gauklern oder, etwas ruhiger, zum **Hat Khlong Phrao** *(siehe S. 126)* mit sehr guten Fischlokalen. Der kurze Weg zum dreistufigen **Khlong-Phlu-Wasserfall** führt durch dichten Dschungel.

Sechster Tag: Ko Wai

Vom Dorf Bang Bao im Süden von Ko Chang kommt man per Boot nach **Ko Wai** *(siehe S. 130)*, einer unberührten Insel mit herrlichen Tauchgründen und toller Sicht auf die anderen Inseln des Ko-Chang-Archipels.

Tipp zur Verlängerung
Vor der Südspitze von Ko Chang lohnen **Ko Mak** und **Ko Kut** einen Besuch.

Siebter Tag: Ko Chang

Zurück von Ko Wai geht es per Boot rund um die Küste nach **Hat Sai Yao** *(siehe S. 129)* im Süden von Ko Chang. Der abgelegene weiße Sandstrand ist ideal für lange Spaziergänge und zum Schwimmen. Von Tha Tantawan kommt man per Fähre zurück aufs Festland.

Gut besucht: Hat Sai Khao auf Ko Chang mit Bars und Restaurants

Der Golf von Thailand auf der Karte

Thailand liegt im Herzen Südostasiens zwischen dem Indischen Ozean und dem Südchinesischen Meer. Das Land umfasst rund 513 000 Quadratkilometer und hat knapp 68 Millionen Einwohner. Die Hauptstadt Bangkok ist die größte Metropole Südostasiens. Sie liegt nahe der geografischen Mitte des Landes an der Scheidegrenze zwischen den Ebenen des Nordens und den herrlichen Stränden und Inseln des Südens. Die faszinierende Westküste an der tiefblauen Andamanensee grenzt an Myanmar im Norden und Malaysia im Süden. Die Ostküste verläuft zwischen Malaysia und Kambodscha und wird vom warmen Wasser des flachen Golfs von Thailand umspült.

Zeichenerklärung *siehe hintere Umschlagklappe*

Nakhon Pathom
BANGKOK
Samut Songkhram
Chonburi
Sri Racha
Phetchaburi
Cha-am
Pattaya
Hua Hin
Sattahip
Rayong
Ko Samet
Ban Phe
Klaeng
THAILAND
Kabinburi
Sa Kaew
Aranya Prathet
Sisophon
Siem Reap
Tonle Sap
Kompong Thom
Pursat
Kompong Chhnang
Chanthaburi
Trat
Laem Ngop
Ko Chang
Ko Mak
Ko Kut
Khlong Yai
KAMBODSCHA
Phnom Penh
Takeo
Kampot
Kaoh Rung
Sihanoukville
Phu Quoc
Golf von Thailand
Tao
Ko Phangan
Ko Samui
ranburi
ichon
Nakhon Si Thammarat
Phatthalung
Songkhla-Seen
Songkhla
Hat Yai
Satun
Pattani
Saiburi
Yala
Narathiwat
Tak Bai
Kota Bharu
Alor Star
Sungai Ko-Lok
Kampong Raja
Sungai Petani
Betong
George Town
Gerik
MALAYSIA
Kuala Terengganu
Südostasien
NEPAL
BHUTAN
BANGLA-DESCH
INDIEN
CHINA
MYANMAR
LAOS
Golf von Bengalen
THAILAND
Südchinesisches Meer
VIETNAM
Bangkok
KAMBODSCHA
PHILIPPINEN
Andamanensee
BRUNEI
MALAYSIA
SINGAPUR
Indischer Ozean
INDONESIEN

Ein Porträt von Thailands Küsten

Thailands einzigartige Küsten und Inseln locken mit kilometerlangen weißen Sandstränden, tiefblauen Gewässern, grünen, artenreichen Nationalparks und faszinierenden Korallenriffen jährlich Millionen Besucher aus der ganzen Welt an. Die Geschichte und die Kultur der vielfältigen Regionen mit ihren aufgeschlossenen, liebenswürdigen Menschen spiegeln sich in prächtigen Tempeln, Palästen und lebensprühenden Festen.

Thailands Küste, eine fruchtbare Monsunzone, erstreckt sich über 3200 Kilometer am Indischen und Pazifischen Ozean. Die Region liegt im Einflussbereich der prägenden Großmächte Indien und China, hat aber dennoch einen eigenständigen Charakter. Dieser ist mehreren Faktoren geschuldet: Thailand blieb unabhängig, als seine Nachbarn unter koloniale Herrschaft fielen. Es ist tief im Buddhismus verwurzelt und besitzt eine starke Monarchie. Thailands Küstenregionen sind zwar politisch mit dem Rest des Landes verbunden, kulturell jedoch andersartig. Die Bevölkerung ist bunt gemischt. Obwohl auch hier die Thai-Kultur vorherrscht, sind doch starke chinesische, burmesische, malaiische, vietnamesische und muslimische Einflüsse vorhanden. Das Tor zur Küste ist die Hauptstadt Bangkok, eine pulsierende Megacity mit über 14 Millionen Einwohnern in der Metropolregion. Die Kapitale Thailands prunkt mit Tempeln, Palästen, bunten, zum Teil riesigen Straßenmärkten, glitzernden Einkaufszentren und einem einzigartigen Nachtleben. Hauptsäule der Wirtschaft in der Region ist unangefochten der Tourismus – Phuket, Ko Samui und kleine Inseln wie der Surin-Archipel sind bekannte Urlaubsziele. Außer Bangkok liegen an den Küsten der ausgesprochen ländlichen Region keine großen Städte.

Straßenszene im Zentrum des bunten Pattaya

◀ **Traditionell bemalte Tür, dahinter der Strand des Thanya Resort, Ko Hai** *(siehe S. 240)*

Bürotürme und Einkaufszentren am See im Lumphini-Park in Bangkok

Ökonomische Entwicklung

Reis- und Kokosanbau, Fischerei, Zinnabbau und Kautschukgewinnung bildeten lange Zeit die Säulen der Wirtschaft in den Küstenregionen. In den letzten 25 Jahren wurde dieser traditionelle Sektor vor allem an der Ostküste von Leicht- und modernen Fertigungsindustrien überflügelt. Im Golf von Thailand wird zudem *offshore* nach Öl und Erdgas gebohrt. Thailand galt Mitte der 1980er Jahre als »Tigerstaat«, geriet jedoch Ende der 1990er Jahre aufgrund finanzieller Spekulationen in die Krise. Seither hat sich das Land wieder erholt. Auch die Finanzkrise von 2008 war nur mit einem zeitweisen ökonomischen Rückgang verbunden. Der größte Devisenbringer der Region ist seit jeher der Tourismus, vor allem in international bekannten Urlaubszielen wie Phuket, Krabi, Ko Samui, Hua Hin und Pattaya.

Der Reisanbau spielt eine wichtige Rolle

Der Tsunami von 2004 hatte schreckliche Verwüstungen an Thailands Andamanen-Küste zur Folge. Viele Menschen verloren ihr Leben oder ihren Besitz. Auch die Tourismusindustrie war stark betroffen. Wirtschaftlich wirkte sich die Naturkatastrophe allerdings nur minimal aus. Der Wiederaufbau ging schnell vonstatten. Heute ist ein Tsunami-Warnsystem installiert. Der Reisesektor hat sich erholt.

Umwelt und Umweltschutz

Die Umwelt in der Region hat in den letzten 50 Jahren unter der ungestümen Entwicklung schwer gelitten. Der Wald etwa wurde großflächig gerodet. Doch mittlerweile wächst das ökologische Bewusstsein. Vonseiten der Regierung wurden Schutzmaßnahmen durchgesetzt. Das Abholzen von Wäldern ist nun in ganz Thailand verboten. Zudem versucht man verstärkt, artenreiche, fragile Ökosysteme wie Mangrovenwälder und Korallenriffe zu bewahren. Bedrohte Meeres- und Landtiere wie Schildkröten, Delfine und Dugongs (Seekühe) sowie Tiger, Gibbons und Tapire sind per Gesetz geschützt.

Gesellschaft und Politik

Trotz des rasanten Wandels bricht Thailands Gesellschaft erstaunlicherweise nicht auseinander. In Bangkok wächst die einflussreiche Mittelschicht, die Armut auf dem Land ist in den Küstengebieten gering. Dank der vielen natürlichen Ressourcen zählen die Küstenbereiche zu den reichsten Regionen des Landes. Der Lebensstandard ist hoch. Landesweit kontrollieren Frauen geschätzte 62 Prozent der kleinen und mittleren Gewerbe. Traditionelle Familienstrukturen lösen sich aufgrund der Modernisierung und Urbanisierung zunehmend auf.

Die buddhistische Geistlichkeit und der König werden in Thailand hochverehrt. Politiker genießen ein weitaus geringeres Ansehen und werden in der liberalen Presse auch kritisiert. 2006 wurde Premierminister Thaksin Shinawatra abgesetzt. Eine demokratische Koalition unter Führung von Premierminister Abhisit Vejjajiva übernahm die Macht. 2011 brachten Neuwahlen der Partei von Thaksins Schwester Yingluck Shinawatra den Sieg. Im Mai 2014 ergriff das thailändische Militär unter General Prayuth die Macht.

Drachentreppe zur Großen Buddha-Statue, Ko Samui

Vorbereitung zum Thai-Boxen

Kultur und Kunst

Südthailands traditionelle Kultur und Kunst sind im Theravada-Buddhismus *(siehe S. 28f)* verwurzelt. Die besten »Kunstmuseen« sind deshalb die *wat* (Tempel) mit ihren geschwungenen Staffeldächern, Buddha-Figuren, Wandbildern und prächtigen Schmuckelementen. Die Literatur beschränkt sich vor allem auf Klassiker, allen voran das Versepos Ramakien *(siehe S. 63)* aus dem 3. Jahrhundert v. Chr. Es bildet die Vorlage für viele darstellende Künste, darunter die Tanzdramen *khon* und *lakhon (siehe S. 30f)*. Hinzu kommen im Süden muslimisch und malaiisch geprägte Tanz- und Musikformen sowie das Schattentheater. Thailands berühmteste literarische Figur ist der Dichter Sunthorn Phu (1786–1855). Zu seiner Poesie inspirierte ihn im 19. Jahrhundert die Schönheit Südthailands.

Der beliebteste Zuschauersport ist *muay thai* (Thai-Boxen). Traditionelle Freizeitaktivitäten reichen von *takraw* (Kick-Volleyball) bis zum Steigenlassen von Drachen. Mit großer Begeisterung werden zudem buddhistische und jahreszeitliche Feste gefeiert – den Thailändern zufolge sollte das Leben nämlich *sanuk* (Spaß) und *sabai* (Wohlbefinden) umfassen. Als Besucher sollte man sich dies zu Herzen nehmen!

Landschaft, Flora und Fauna

Thailand beginnt südlich vom Wendekreis des Krebses und endet ungefähr 1000 Kilometer nördlich des Äquators. Die vielfältige Topografie und das vom Monsun beeinflusste Tropenklima haben eine artenreiche Flora und Fauna geschaffen. Tropenwald bedeckt die nördlichen Kalksteinberge, lichter Wald wächst im Nordosten und in den zentralen Ebenen. Im Süden und am Golf liegen herrliche Küsten und Regenwaldinseln. Viele Habitate sind durch Industrie und Tourismus gefährdet, einige Tierarten vom Aussterben bedroht. Zum Schutz der Natur wurden Nationalparks eingerichtet, der größte ist Kaeng Krachan *(siehe S. 143)*.

Kokospalmen auf der Insel Ko Samui im Golf von Thailand

Tropischer Bergwald

Er besteht meist aus immergrünen und laubwerfenden Bäumen wie Lorbeer, Eiche und Kastanie. Typisch sind auch Moose, Farne und epiphytische Orchideen, die auf anderen Pflanzen wachsen.

Atlasspinner sind die größte Art der Nachtpfauenaugen.

Der Malaienbär ist der kleinste und flinkste Vertreter der Bären.

Palmenroller, nachtaktive Schleichkatzen, leben im tropischen Wald und gelegentlich in der Nähe von Siedlungen.

Lichter Wald

Hier trifft man häufig auf in Südostasien heimische Bäume aus der Familie der Flügelfruchtgewächse *(Dipterocarpacea)*. Eine robuste Strauchschicht bildet meist das untere Stockwerk des Walds.

Der Sambar (Pferdehirsch) – hier ein Weibchen – lebt im Menam-Becken und Nordosten.

Südliche Schweinsaffen fressen gern Obst, das sie in ihren Backentaschen aufbewahren.

Wildschweine wurden früher stark bejagt und dezimiert.

Thailands Blumen

Thailands Blumenvielfalt spiegelt die Bandbreite seiner Ökosysteme wider. Berühmt sind vor allem die rund 1300 Orchideenarten. Sie wurden leider durch illegales Sammeln dezimiert. Viele Blumen finden als Gewürze oder Heilpflanzen Verwendung.

Malvengewächse, zu denen der Hibiskus zählt, sind in ganz Südostasien verbreitet.

Der Lotos liefert essbare Samen und Wurzeln. Andere Seerosen dienen der Zierde.

Kannenpflanzen sind Fleischfresser. Sie ertränken und zersetzen ihre Beute in ihrer mit Flüssigkeit gefüllten »Kanne«.

Orchideen wachsen vor allem in Nordthailand und werden wegen ihrer Schönheit geliebt.

Feuchtgebiete

Süßwasser-Sumpfwälder wurden durch die Landwirtschaft stark reduziert. Man findet sie noch im Süden. Flussbecken, künstliche Seen und Teiche gibt es im ganzen Land.

Südliche Brillenlanguren kommen auf der Halbinsel Malakka vor. In Thailand gibt es drei weitere Langurenarten.

Buntstörche ziehen nach Thailand, um in Sümpfen zu brüten. In dieser Zeit färbt sich ihre Gesichtszeichnung rosa.

Purpurhühner trifft man oft an. Dank ihrer langen Zehen können sie auf Wasserpflanzen laufen.

Küstenwald

Weil die Samen von Kiefern, Mandel- und anderen Bäumen von der Meeresströmung an die Küsten getragen werden, wachsen in ganz Südostasien Küstenwälder. Tourismus und Landwirtschaft bedrohen die Bestände.

Suppenschildkröten sind nachtaktiv und die einzigen pflanzenfressenden Meeresschildkröten.

Eidechsen sieht man in den Inselwäldern zuhauf. Sie fressen meist Insekten, manche auch Mäuse und kleine Vögel.

Straußwachteln leben im küstennahen Tieflandwald.

Korallenriffe

Thailands viele Korallenriffe sind komplexe Ökosysteme, in denen über 1000 Fischarten, 30 Seeschlangenarten, Krusten- und wirbellose Tiere, Millionen mikroskopisch kleiner Organismen und Vögel leben. Im Zusammenspiel von warmem Wasser und Sonnenlicht gedeihen gut 300 Korallenarten. Leider sind die Riffe durch Industrie und Menschen, Dynamitfischen und rücksichtslose Touristenangebote bedroht. Mehrere staatliche und private Institutionen versuchen nun, diese empfindlichen Habitate zu schützen und zu erhalten.

Viele Seevogelarten kommen wegen der zahllosen Fische auf Inseln mit Korallenriffen. Dieser Silberreiher, ein Watvogel, spießt mit seinem scharfen Schnabel kleine Fische auf.

Von den bunten Clownfischen gibt es über 20 Arten. Sie leben in kleinen Gruppen geschützt zwischen giftigen Seeanemonen – in Symbiose mit ihren räuberischen Wirten.

Typisches Riff

Thailands Korallenriffe weisen vielfältige Formen auf. Saumriffe entstehen vor der Küste. Sie erstrecken sich als Riffebene vom Strand meereinwärts, bilden dann eine Riffkuppe und fallen zum tieferen Meer hin steil ab.

Farbenprächtige Fische schwimmen in Schwärmen im und um das Korallenriff. Die Schwarmbildung schützt vor allem kleinere Fische vor Räubern. So können sie sich auch leichter fortpflanzen. Darüber hinaus ist die Futtersuche im Schwarm effizienter.

Leopardenhaie leben in der Regel bei sandigen Buchten. Dank ihres zylindrischen Körpers und ihrer langen Schwanzflosse sind sie schnelle Schwimmer. Die sanften, nachtaktiven Fische bleiben meist am Riffboden. Sie ernähren sich von Mollusken und Krustentieren.

Fünf Arten von Meeresschildkröten leben in Thailands Gewässern: Suppen-, Oliv-Bastard-, Leder-, Echte und Unechte Karettschildkröte. Sie alle sind vom Aussterben bedroht und deshalb selbst in der Zeit der Eiablage zwischen November und Februar immer seltener zu sehen.

Kraken sind intelligente, geschickte Jäger. Vor Angreifern schützen sie sich, indem sie ihre Farbe wechseln und Tinte versprühen. Dank ihres weichen Körpers, der kein Skelett besitzt, können sie sich in engste Spalten im Riff zwängen.

Kalmare sind wendige Kopffüßer, die zwischen den Korallen jagen und sich verstecken. Wie Kraken können sie ihre Farbe wechseln.

Korallen: Bausteine des Riffs

Korallen bestehen aus den Skeletten von Polypen. Diese Tiere sind mit Seeanemonen und Quallen verwandt und insofern ungewöhnlich, als sie ein Außenskelett besitzen. Wenn sie sich vermehren, bildet sich allmählich eine Kolonie. Ein Riff kann sich aus über 200 verschiedenen Korallenarten zusammensetzen, darunter Steinkorallen wie die Hirnkoralle und Weichkorallen ohne Kalkskelett.

Hirnkoralle, eine Steinkoralle

Baumförmige Weichkoralle

Der Große Einsiedlerkrebs schützt seinen weichen Hinterleib, indem er ihn in eine leere Molluskenschale steckt, etwa in das Haus einer Wellhornschnecke.

Tauchen und Schnorcheln

Mit seinen klaren Gewässern und seiner reichen Unterwasserwelt ist Thailand ein Dorado für Tauchsportler. Die drei großen Küstenregionen – Andamanen-Küste, westliche Golfküste und die Region um Ko Chang *(siehe S. 122–130)* an der östlichen Golfküste – sind beliebte Ziele zum Tauchen und Schnorcheln. Am aufregendsten und besten taucht man an der Andamanen-Küste, die jedoch in der Regel während des Südwest-Monsuns von Juni bis September unzugänglich ist. An der Ostküste kann man ganzjährig tauchen. Rund 50 Tauchschulen bieten in Thailand Kurse für alle Leistungsstufen an und nehmen meist auch PADI-(Professional Association of Diving Instructors-)Prüfungen ab.

Wasserfeste Ausrüstung zum Verkauf, Ko Chang

Mit Booten werden die Tauchsportler zu den Tauchgründen gebracht. An den meisten Stränden, die auf Tauchsportler eingestellt sind, kann man sie vor Ort mieten – man sollte jedoch nur bei PADI-zertifizierten Unternehmen buchen. Die Boote sollten so beschaffen sein, dass sie Platz für Tauchausrüstungen haben.

Tauchanzüge schützen gegen die Kälte und gegen andere Gefahren unter Wasser.

In Korallenriffen wimmelt es von verschiedensten Arten bunter Tropenfische.

Taucher müssen ihre Ausrüstung sorgfältig prüfen – Fehler können gefährlich oder gar tödlich sein. Die Sauerstoffflaschen müssen voll und die Flossen in gutem Zustand sein. Auch sollte man die grundlegenden Gesten der Zeichensprache beherrschen, um unter Wasser kommunizieren zu können.

Tauchlehrer planen die Tauchgänge und stellen Gruppen je nach Schwierigkeitsgrad zusammen. In der Regel präsentieren sie vorab den Tauchgrund, seine Tiefe, Strömungen, den Zeitplan und die möglichen Gefahren.

Das seichte Wasser über Korallenriffen ist in der Regel klar und voller kleiner Fische und Krustentiere. Die Abschnitte in Küstennähe sind ideal zum Schnorcheln. Wer nicht gern mit technischer Ausrüstung und in großen Tiefen taucht, kann die Unterwasserwelt auch mit der Schnorchelbrille erkunden.

Tauchen an Korallenriffen

Thailands Korallenriffe bieten unvergleichliche Möglichkeiten zum Schnorcheln und Tauchen. Mieten Sie auf jeden Fall die beste erhältliche Ausrüstung, da das Tauchen dort Gefahren bergen kann. Achten Sie unbedingt darauf, die Korallen keinesfalls zu beschädigen.

Zwischen den Korallen existieren winzige Lebewesen, die beim Aufbau des Riffs wichtig sind.

Seeanemonen sind bunte Tiere, die sich an den Korallen festklammern. Sie fressen Fische und Krustentiere.

Schnorcheln ist für Anfänger sicherer und lustiger in einer Gruppe mit Führer, der die Meereslebewesen erklärt. Geboten werden auch PADI-Schnorchelkurse. Absolute Anfänger sollten nur mit einem erfahrenen, ausgebildeten Begleiter tauchen, der sich im entsprechenden Tauchgrund gut auskennt.

Tauchreviere

① Chumphon Pinnacle *(siehe S. 186)*
② Hin Bai *(siehe S. 178)*
③ Ko Chang *(siehe S. 122–130)*
④ Richelieu Rock *(siehe S. 209)*
⑤ Surin-Inseln *(siehe S. 208f)*
⑥ Similan-Inseln *(siehe S. 214f)*
⑦ Ko Phi Phi *(siehe S. 256–259)*
⑧ Ko Rok *(siehe S. 267)*
⑨ Hin Daeng *(siehe S. 267)*
⑩ Hin Muang *(siehe S. 267)*

Tauchtipps

Tauchen Sie nie, wenn Sie sich angeschlagen oder krank fühlen.

Eine Markierboje ist im seichten Wasser unerlässlich. Sie ist auch eine gute Markierung im offenen Wasser.

Mieten/kaufen Sie Ausrüstung nur bei zertifizierten Unternehmen.

Tauchen Sie nie allein und nur mit Begleitung und Erster Hilfe auf dem Boot.

Wählen Sie PADI-zertifizierte Trainer und Kurse.

Anfänger sollten im sichereren Golf von Thailand beginnen und die tiefere Andamanensee erfahrenen Tauchern überlassen.

Der Tauchlehrer überprüft vorab die Ausrüstung, Ko Phi Phi

Buddhismus

94 Prozent der Thailänder sind Anhänger des Theravada-Buddhismus. Er gelangte um das 3. Jahrhundert v. Chr. von Indien in die Region und basiert auf dem alten Pali-Kanon, den »Tripikata« genannten Lehrreden Buddhas. In seiner thailändischen Ausformung zeigt er viele Einflüsse aus dem Hinduismus sowie dem Tantrischen und Mahayana-Buddhismus. Aus diesem entspringt etwa die Verehrung von Buddha-Bildern. Für Thailänder basiert die Stärke ihres Landes auf drei Säulen: Buddhismus, Monarchie und nationale Einheit. Religiöse Rituale gehören zum Alltag, vor allem zum Zweck des Erwerbs religiöser Verdienste, also etwa der Ausübung guter Taten entsprechend der buddhistischen Lehre.

Rama IX. (Bhumibol, geb. 1927) lebte wie seine Vorgänger eine Zeit lang als Mönch. Er unterstrich damit die Verbundenheit von Buddhismus und Monarchie.

Siddhartha auf der Suche nach Erleuchtung.

Die meisten männlichen Thailänder werden als Jugendliche zu Mönchen geweiht – ein wichtiger Übergangsritus. In der Regel leben sie mindestens einige Monate als Mönche und sammeln so Verdienste für sich und ihre Familie. Nonnen hingegen gibt es nur wenige.

Das Anbringen von Blattgold auf Buddha-Darstellungen ist eine beliebte Form des Verdiensterwerbs. Bei Tempeln kann man Heftchen mit Blattgold erstehen. Es wird auf Statuen, *Wat*-Dekor und Wandbildern angebracht.

Historischer Buddha

Buddha kam im 6. Jahrhundert v. Chr. als Prinz Siddhartha Gautama in Indien zur Welt. Auf der Suche nach Erleuchtung gab er seinen Besitz auf, später lehrte er den Weg zum nirvana, *zum perfekten Frieden. Statuen und Wandbilder erzählen aus seinem Leben, basierend auf den Dschataka-Epen.*

Der Buddhismus spielt auch im Familienleben eine wichtige Rolle. Familien bitten ältere Mönche um deren Segen bei Taufen, Hochzeiten, Einweihungen, Haus- und Autokäufen oder einfach nach einer Spende an den *wat*. Kinder lernen von klein auf die ethischen Grundsätze des Buddhismus.

Meditatives Gehen gehört zum Mönchsritual. Hier umrunden Mönche im »Gänsemarsch« und Uhrzeigersinn den Tempel. Meditation mit dem Ziel der Einsicht in die Urgründe des Daseins zählt zu den Wegen, die zur Erleuchtung oder Buddhaschaft – Buddha bedeutet »der Erleuchtete« – führen.

Vishnu mit den vier Armen zählt zu den drei Hauptgottheiten des Hinduismus.

Thailändische Buchillustration (um1900)

Devas (himmlische Wesen) tragen Siddhartha durch die Luft.

Psalmen in der alten Pali-Schrift

Jasmingirlanden symbolisieren die Schönheit von Buddhas Lehren – und welkend die Vergänglichkeit des Lebens. Sie werden von Händlern verkauft und in Autos und Schreinen aufgehängt.

Rituelles Tätowieren ist in Hinduismus und Buddhismus verbreitet. Die Tätowierungen sollen wie Amulette negative Kräfte abwehren.

Buddhistische Mönche sammeln jeden Morgen Almosen von Laien. Diese erwerben sich so Verdienste und verbessern ihr *karma* in diesem und im nächsten Leben.

Islam

Thailands zweitgrößte Religion ist der Islam. Die Vorfahren der thaisprachigen Muslime stammen u. a. aus Arabien, Persien, Südasien und China. Sie sind gut in die thailändische Gesellschaft integriert und Anhänger des moderaten sunnitischen Hanafismus. Im Süden, in den Provinzen Satun *(siehe S. 272f)*, Yala, Pattani *(siehe S. 288)* und Narathiwat *(siehe S. 289)*, sprechen die meisten Muslime malaiisch. Als Landbewohner leben sie häufig als Bauern oder Fischer, lernen ihren Glauben in *pondok* (Religionsschulen) und unternehmen die Pilgerreise *(hadsch)* nach Mekka. Sie sind weder besonders strenggläubig noch fundamentalistisch, auch wenn die Frauen Kopftücher tragen.

Muslimische Frauen mit Kopftuch

Theater und Musik

Die Hauptformen des klassischen Thai-Tanzdramas heißen *khon* und *lakhon*. Das *khon*, erstmals im 15. Jahrhundert am Königshof aufgeführt, präsentiert Szenen aus dem Ramakien *(siehe S. 63)*. Das elegantere *lakhon* zeigt auch Episoden aus den Dschataka-Epen und besteht aus dem *lakhon nai* (inneres *lakhon*) und *lakhon nok* (äußeres *lakhon*). *Khon* und *lakhon* beinhalten langsame, hoch stilisierte Tanzbewegungen zur Musik eines *Piphat-mon*-Ensembles.

Lange »Fingerhüte« betonen das grazile Spiel der Hände. Die Tänzer setzen sie beim *lakhon* und bei »Nägeltänzen« auf.

Die Eleven lernen durch Nachahmen. Die Ausbildung beginnt im Kindesalter, wenn die Glieder gelenkig sind. Zu den Bewegungsabläufen zählt das *mae bot* (Beherrschung des Tanzes).

Natürlich wirkendes Make-up betont die Eigenheiten der Charaktere.

Khon-Vorführung

Beim khon *tragen die Darsteller von Dämonen und Affen Masken, diejenigen von Helden und göttlichen Wesen Kronen. Da die Handlung vorwiegend durch Gesten »erzählt« wird, ist das* khon *auch für Nicht-Thailänder ein Hochgenuss.*

***Khon-* und *Lakhon*-Aufführungen** finden oft vor Schreinen statt. Gläubige engagieren die Tänzer, um so der Tempelgottheit für die Erfüllung von Wünschen zu danken.

Klassische Thai-Instrumente

***Mahori*-Ensemble auf einem Wandbild**

Thailands klassische Musik entstand in der Sukhothai-Ära *(siehe S. 44)*. Ihre Melodien sind zwar festgelegt, werden aber, da keine Notenschrift existiert, von den Musikern je nach Instrument variiert. *Piphat*-Ensembles begleiten Theateraufführungen und Boxkämpfe *(siehe S. 287)* vornehmlich mit Schlaginstrumenten. *Mahori*-Ensembles haben mehrere Saiteninstrumente.

***Ranat* (Xylofon)**

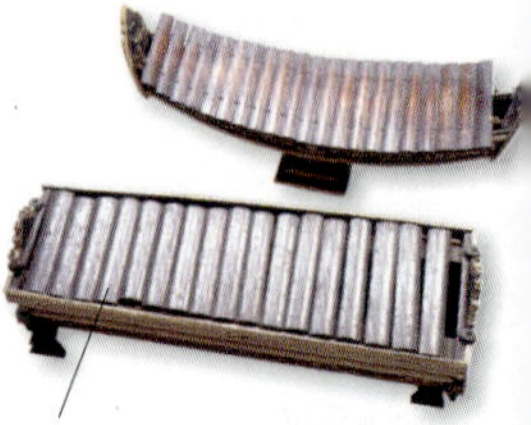

Die Klanghölzer des flachen Xylofons erzeugen einen anderen Klang als jene des gebogenen.

Das *likay*, eine satirische Variante des *khon* und *lakhon*, ist die beliebteste Form des Tanztheaters. In grellen Kostümen führen die Darsteller alte Sagen auf, die sie mit Witzen und Wortspielen garnieren.

Khon-* und *Lakhon-Truppen wurden bis Anfang des 20. Jahrhunderts vom Königshof engagiert. Heute ist das Fine Arts Department *(siehe S. 337)* zuständig.

***Khon*-Masken**, mit Gold und Edelsteinen verziert, gelten als heilige Objekte mit übernatürlichen Kräften.

Prächtige Kostüme aus schwerem, juwelenbesetztem Brokat haben traditionelle Hofgewänder zum Vorbild.

Das Wandbild im Wat Benchamabophit *(siehe S. 72)* zeigt eine *Khon*-Szene, in der Erawan, der Reitelefant des Gottes Indra, vom Himmel herabsteigt.

Hun-krabok-Puppen werden an Stäben getragen und mit Fäden bewegt, die unter den Kostümen versteckt sind. Die Marionetten sind heute sehr selten.

***Khong wong lek* (kleiner Gongkreis)**

Kleine Gongs geben die Grundmelodie vor.

***Chake* (thailändische Zither)**

Den hohlen Hartholz-Klangkörper zieren Elfenbeinintarsien.

Die Saiten des *chake* werden gezupft. Das Instrument findet sich in Streichensembles.

***Piphat-mon*-Ensembles** mit vertikalem Gongkreis spielen ihre langsame Musik bei Bestattungen.

Traditioneller Hausbau

Die Architektur an Thailands Küsten ist vielfältig. Traditionell werden ländliche Thai-, kambodschanische und malaiische Häuser auf Pfählen errichtet. Ihre Ausstattung und Größe zeugen vom Wohlstand und Status ihrer Bewohner. Durch Thailands Lage an wichtigen Handelsrouten kamen chinesische und portugiesische Kaufleute in die Region. Ihre Häuser unterschieden sich von den einheimischen Thai- und malaiischen Bauten. Mit der Zeit entwickelten sich sino-portugiesische Ladenhäuser und Villen *(siehe S. 230f)*. Die schönsten stehen in Phuket Town.

Dorf auf Pfählen, Provinz Chonburi

Holzgetäfelter Giebel

Traditionelle Thai-Häuser

In den feuchten Küstenregionen ist die große zentrale Veranda das Hauptmerkmal vieler traditioneller Häuser. Sie dient auch als luftiger Wohnbereich. Einige Häuser besitzen an den Seiten des Hauptgebäudes überdachte Veranden. Bei großen Familienverbänden gruppieren sich mehrere Häuser um eine Gemeinschaftsveranda. Traditionell hielt man Haustiere unter den Häusern, in einigen Dörfern wird dies auch heute noch so gehandhabt.

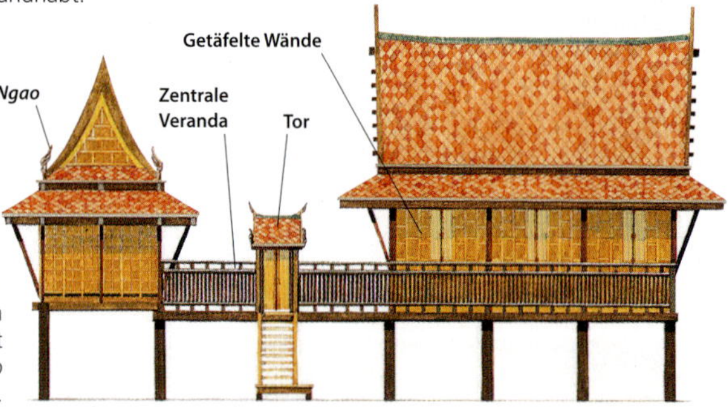

Die Giebeldächer von südthailändischen Häusern sind oft mit geschwungenen *ngao* (Haken) verziert.

Sino-portugiesische Ladenhäuser

Die auf Kantonesisch *tiem chu* (Reihenhäuser) genannten Häuser zeigen einen typischen Baustil. Im Erdgeschoss an der Straßenseite liegen die Geschäftsräume, die Wohnräume und der Hof weisen zur anderen Seite. Teils überdachte Veranden und Gehsteige verbinden die Häuser und schützen Fußgänger vor Regen und Sonne.

Ladenhäuser haben in dicht besiedelten Gebieten bis zu drei Geschosse. Die reizenden Häuser sind in der Regel mit Ziegeln gedeckt und bunt gestrichen.

Sino-portugiesische Villen

Die prächtigen Villen aus dem frühen 20. Jahrhundert werden auch *ang mor lau* (Rothaarhäuser) genannt. Sie dienten den neureichen Kaufleuten und Händlern als Statussymbol. Griechisch-römische Pilaster und Säulen wurden nachträglich zur Verzierung angebracht. Zu ihrer Zeit waren die Villen sicher überaus beeindruckend, heute verströmen sie einen wunderbar altmodischen Charme.

Außenansicht einer Villa

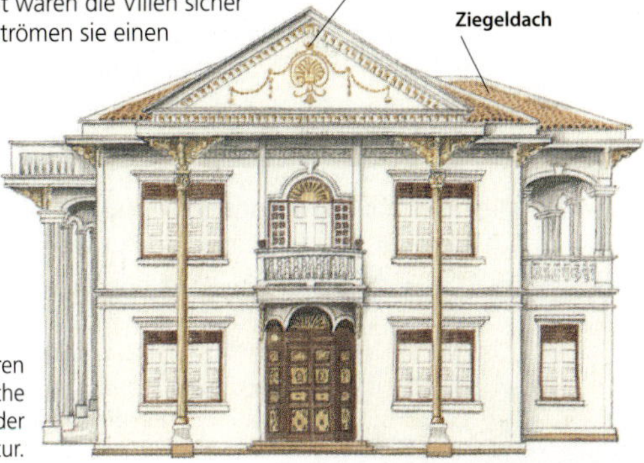

Aufwendige Pfeiler und Giebel zieren Phukets Villen. Sie verbinden westliche Bautraditionen mit Elementen der antiken und asiatischen Architektur.

Traditionelle malaiische Häuser

Diese Häuser findet man vor allem im Süden. Sie sind rund um einen zentralen Wohnraum gebaut oder mit einem Satteldach mit Giebeln gedeckt, das vor starken Winden schützt. Fensterläden, eine offene Veranda vorn und eine geschlossene an der Rückseite ermöglichen eine kühlende Ventilation. Die Küche steht in der Regel separat an der Rückseite.

Das Innere ist sorgfältig gestaltet, um die Privatsphäre der Bewohner zu schützen. Viele geschnitzte Öffnungen, Lattenpaneele und Fenster halten es kühl.

Geisterhäuschen im Garten des Jim-Thompson-Hauses, Bangkok

Geisterhäuschen

Traditionell werden Geisterhäuschen auf dem Grundstück vieler Thai-Häuser gebaut. Sie beherbergen den Schutzgeist des Anwesens. In der Regel stehen sie auf einem Pfosten, die stilistische Bandbreite reicht von einfachen Kopien des Hauses, zu dem sie gehören, bis zu Nachbauten sakraler Gebäude. Sie werden meist vor dem Hausbau aufgestellt, um die Erdgeister günstig zu stimmen. Diese werden mit Räucherwerk, Blumen und Nahrung verehrt. Die Miniaturtempel werden nach dem Rat eines Priesters platziert. Ihr Stil hängt von dem Geist ab, der darin wohnen wird. Die Größe der aus Holz oder Beton erbauten Geisterhäuser reicht von Puppenstubengröße bis zu begehbaren Gebilden.

Kunsthandwerk

Das Zentrum des thailändischen Kunsthandwerks liegt im Norden in und um Chiang Mai, doch auch die Küstenregionen warten mit typischen Traditionen auf. Zu den charakteristischen Erzeugnissen zählen Korbflechtereien aus Pattani, Bencharong-Porzellan aus Samut Songkhram, Steinwaren aus Ang Sila sowie Holzschnitzereien. Heiß begehrt sind die Edelsteine aus Chanthaburi *(siehe S. 118f)* sowie die Zinnarbeiten und Zuchtperlen aus Phuket *(siehe S. 243)*. Eine beliebte, authentische Kunstform des Südens sind die *nang talung (siehe S. 195)* aus Nakhon Si Thammarat. Aus der Stadt kommen zudem die schönsten Niello-Arbeiten des Landes.

Rattan wird zu Körben geflochten und zu Möbeln verarbeitet

***Nang-talung*-Puppe**

Schattenspiel

Schattentheater ist in Südasien eine uralte Kunst- und Theaterform. Seine Wurzeln reichen zurück bis 400 v. Chr. In der Provinz Nakhon ist das Schattenspiel bis heute beliebt. In seiner opulentesten Form, nang yai, *werden mit lebensgroßen Marionetten Geschichten aus dem Ramakien erzählt. Dazu spielt ein Musikensemble.*

***Nang-talung*-Truppen** bestehen meist aus fünf bis zehn Puppenspielern und Musikern.

Niello, eine schwarze Metalllegierung, wird für Einlegearbeiten auf geprägtem Metall verwendet. Niello-Arbeiten aus der Ayutthaya-Periode *(siehe S. 44f)* weisen typische komplexe Muster auf und zieren Objekte wie Ringe, Schalen, Messergriffe und Tabletts.

Fünffarbiges Bencharong-Porzellan ist am Königshof seit Langem beliebt und wird im ganzen Königreich hoch geschätzt. Es wird in mehreren Orten im Süden produziert, am bekanntesten ist Ban Bencharong (Bencharong-Dorf) in der Provinz Samut Songkhram.

Aus lokalem Granit werden sehr schöne Küchenutensilien wie Stößel und Mörser gefertigt sowie kleine Tierfiguren skulptiert. Die bekannteste Produktionsstätte für Steinarbeiten ist das Fischerdorf Ang Sila in der Provinz Chonburi.

Batik ist eine Methode, Textilien in mehreren Arbeitsgängen bunt zu färben. Wo die Farbe nicht angenommen werden soll, wird Wachs aufgetragen. Batikstoffe werden zu Tischdecken, Matten und Vorhängen verarbeitet, Batik-Sarongs sind im tiefen Süden beliebt.

Die Perlenzucht ist ein profitables Geschäft, Zuchtperlen sind ein wichtiges Exportgut. Handgefertigter Silber- und Goldschmuck mit einheimischen Perlen wird in Phuket in vielen Basaren und Läden verkauft.

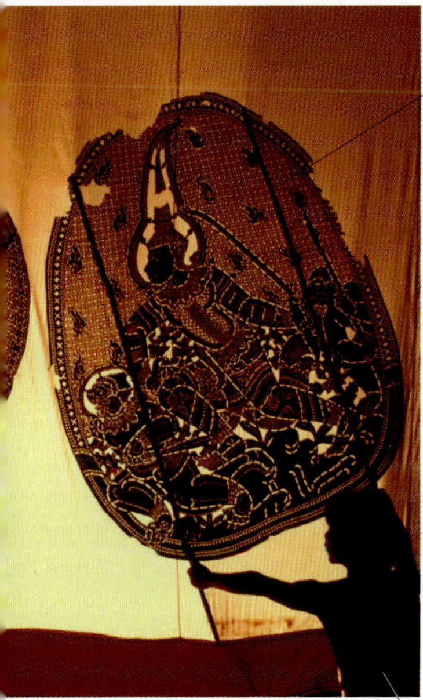

***Nang-talung*-Puppen** sind aus Büffelhaut gefertigt.

Nai nag **(Puppenspieler)**

Schmuck in Orchideenform

Ring mit gelbem und blauem Saphir

Saphire

Edelsteine werden in der Regel ungeschliffen gehandelt und später zu exquisiten goldenen Ringen und Anhängern gefasst. Zwar kommen heute die meisten Steine über Pailin aus Kambodscha, dennoch ist die Si Chan Road in Chanthaburi noch immer der größte Edelsteinmarkt in Südthailand.

Hartzinn ist eine leicht zu bearbeitende Zinnlegierung, der ein geringer Kupfer- und Antimonanteil die notwendige Härte verleiht. Vor allem in Phuket wird es zu dekorativen Objekten wie Figuren, Kelchen, Tassen, Tellern und Anhängern verarbeitet.

Korb- und Rattanarbeiten werden vor allem in Pattani hergestellt, wo die Bevölkerung vorwiegend malaiisch-muslimisch ist. Die Materialien werden, wie im Islam üblich, nicht bildhaft, sondern zu geometrischen Mustern geflochten.

Die schönsten Strände

Weißer, sauberer Sand, klares, blaues Wasser – in Thailand findet man fantastische Strände, die weltweit ihresgleichen suchen. Sie locken auch viele Urlauber an, die aufregenden Wassersport lieben oder sich gern aktiv betätigen. Enttäuscht wird auch nicht, wer den Luxus hochwertiger Resorts und Spas schätzt. Thailand bietet Möglichkeiten für Urlauber mit den verschiedensten Ansprüchen. Hier locken die einsamen Buchten von Ko Phangan und Ko Chang, das bunte Nachtleben an den quirligen, aber vollen Stränden von Phuket und Ko Samui, Tauchen und Schnorcheln vor Ko Tao oder ein Familienurlaub in Hat Hua Hin, dem Lieblingsort der Königsfamilie.

Spaß bei einem Match Beachvolleyball auf Ko Lipe

Ao Yai (Große Bucht) auf Ko Chang *(siehe S. 204)* besitzt einen drei Kilometer langen Strand mit Bungalows und Restaurants.

Hat Kata Yai *(siehe S. 232)* auf Phuket ist ruhig, aber nahe Hat Patongs aufregendem Nachtleben gelegen. Der Strand ist bei jungen und abenteuerlustigen Urlaubern beliebt und zudem ein exzellentes Windsurfrevier.

Der Hat Tham Phra Nang *(siehe S. 253)*, Krabi, ist ein besonders hübscher Strand. Hier findet man schöne Korallenriffe, Kokoshaine und zerklüftete Kalksteinfelsen. Einen Besuch wert sind zudem die beliebten Sehenswürdigkeiten Tham Phra Nang und Sa Phra Nang.

0 Kilometer 100

Ao Kantiang *(siehe S. 266)*, Ko Lanta, liegt an der Südwestspitze der Insel am Fuß von mit dichtem Dschungel bewachsenen Hügeln. Hier locken das exklusive Pimalai Resort & Spa *(siehe S. 301)* sowie Korallenriffe am Nordende des Strandes. Dort kann man hervorragend schnorcheln und schwimmen.

Der »Diamantenstrand« Hat Sai Kaew *(siehe S. 116f)* auf Ko Samet zählt zu den geschäftigsten Stränden der Insel. Hier locken Schnorcheln, Jetskifahren und andere Wassersportarten sowie ein pulsierendes Nachtleben.

Hat Khlong Phrao *(siehe S. 126)*, Ko Chang, ist durch das Felskap Laem Chaichet isoliert. Der Blick über die Bucht ist atemberaubend.

Hat Hua Hin *(siehe S. 144)*, Hua Hin, wurde im frühen 20. Jahrhundert durch die thailändische Königsfamilie bekannt. Der schönste Strandabschnitt liegt gegenüber dem berühmten Centara Grand Beach Resort & Villas *(siehe S. 144)*. Geboten werden Ponyreiten, Golf und die üblichen Wassersportarten.

Hat Sai Ri *(siehe S. 186)*, Ko Tao, ist der längste Strand auf der Insel. Der lange, weiße Sandbogen ist ideal zum Tauchen und Schnorcheln und das ganze Jahr über gut besucht. Am Strand stehen einige gute Restaurants. Diverse Läden verkaufen Tauchzubehör.

Nach Ao Thong Nai Pan *(siehe S. 179)*, Ko Phangan, führt eine 13 Kilometer lange Piste. Die Bucht mit den schönen Stränden ist touristisch nicht erschlossen und wird deshalb weiter einsam bleiben.

Das Jahr an Thailands Küsten

Traditionell bestimmen in Thailand der Südwest- und der Nordost-Monsun den bäuerlichen Arbeitsrhythmus und den religiösen Kalender. Die meist buddhistischen Feste fallen oft auf wichtige Tage im Mondjahr, häufig auf Vollmondtage. Andere thailändische Feste – die sich in der Regel ebenfalls nach dem Mondkalender richten – feiern dagegen den Lauf der Jahreszeiten, etwa das Ende der Regenzeit und damit verbundene bäuerliche Arbeiten wie den Beginn des Reispflanzens. Thailand hat drei Jahreszeiten: Regenzeit, kühle und heiße Jahreszeit. Der Reis wird zu Beginn der Regenzeit gepflanzt. Er reift während der kühlen, trockenen Jahreszeit und wird vor der großen Hitze geerntet. Fast immer wird irgendwo im Land ein Fest gefeiert. Wichtigster Feiertag in Thailand ist das Neujahrsfest Songkran *(siehe unten)*, das im April begangen wird.

Heiße Jahreszeit

Im Landesinneren belasten hohe Temperaturen und hohe Luftfeuchtigkeit den Körper. An der Küste wehen angenehme kühle Seebrisen. Die Felder sind nun abgeerntet, die Flüsse führen Niedrigwasser. Als Folge wirkt die Landschaft etwas eintönig. Angesichts der Hitze verwundert es nicht, dass die Thailänder das Neujahrsfest Songkran sehr nass feiern.

März

ASEAN-Turteltauben-Wettbewerb *(1. Woche)*, Yala. Zum Gurr-Wettbewerb kommen Vogelfreunde sogar aus Kambodscha, Malaysia, Singapur und Indonesien angereist.

Thao-Thep-Kasatri- und Thao-Si-Sunthorn-Fest *(13. März)*, Phuket. Das alljährliche Fest gedenkt Phukets mutiger Heldinnen Khun Chan und Khun Muk, die 1785 die Bewohner der Insel zusammenscharten, um die burmesischen Eroberer zu vertreiben *(siehe S. 238)*.

Pattaya International Music Festival *(variabel)*, Pattaya. An drei Abenden zelebrieren heimische wie internationale Künstler auf mehreren Bühnen Musik von Pop und Rock über Hip-Hop bis Jazz.

Trang-Kulinaria-Messe *(30. März–3. Apr)*, Trang. Im Somdet-Phra-Srinakharin-Park wird die lokale Küche mit köstlichen Speisen zelebriert. Hier schmecken Meeresfrüchte sowie Spezialitäten aus Südthailand, China und der Region Trang.

April

Chakri-Tag *(6. Apr)*, Bangkok, landesweit. Der Feiertag erinnert an die Gründung der herrschenden Chakri-Dynastie durch Rama I. (1782–1809). Nur an diesem Tag steht das Königliche Pantheon mit den Statuen verstorbener Könige in Bangkoks Wat Phra Kaeo Besuchern offen.

Songkran *(13.–15. Apr)*, landesweit. Zum Neujahrsfest werden verehrte Buddha-Bildnisse mit duftendem Wasser begossen. Bei den ausgelassenen Feiern wird Wasser über alles und jeden geschüttet.

Wan-Lai-Fest *(Mitte Apr)*, Pattaya. Pattayas Wan Lai (Wasserfest) wird in der Regel eine Woche nach Songkran mit Blumenkorso, bunten Prozessionen und »Wasserduschen« gefeiert.

Pak-Lat-Fest *(Mitte Apr)*, Phra Pradaeng. Die Mon, eine ethnische Minderheit, feiern ihr Neujahrsfest eine Woche nach Songkran mit viel Unterhal-

Religiöse Prozession beim Neujahrsfest Songkran ***(Apr)***

Durchschnittliche tägliche Sonnenstunden

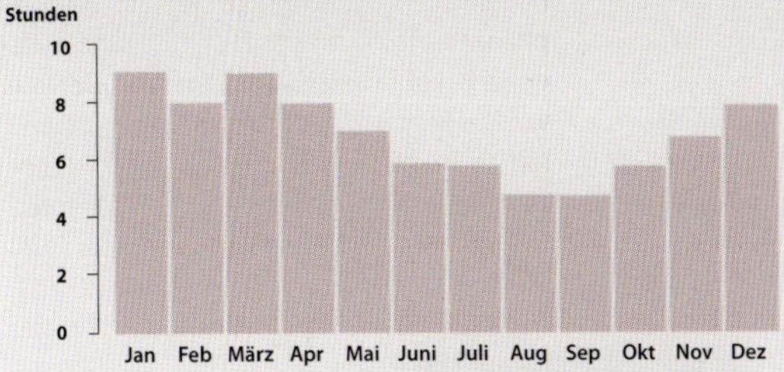

Sonnenschein
Selbst in der Regenzeit scheint an den meisten Tagen die Sonne. Da sie in den Tropen stark brennt, sollte man Sonnenbrand und Hitzschlag unbedingt mit Sonnencreme, Sonnenhut und Sonnenbrille vorbeugen. Reichliches Trinken schützt vor Dehydrierung.

tung, einer Miss-Songkran-Parade und traditionellen Spielen der Mon.

Mai

Krönungstag *(5. Mai)*, Bangkok, landesweit. Thronjubiläum von König Bhumibol, Rama IX. (geb. 1927).
Visakha Bucha *(Vollmondtag im Mai)*, landesweit. Der höchste buddhistische Feiertag wird zu Ehren der Geburt, der Erleuchtung und des Todes von Buddha mit Predigten und Prozessionen in Tempeln abgehalten.
World Durian Festival *(2 Wochen Mitte Mai)*, Chanthaburi. Miss-Wahlen und Umzüge mit Durian-Wagen.

Regenzeit

Mit Beginn des Regens erwacht das ländliche Thailand zum Leben. Die ausgedörrte Erde kann nun gepflügt werden. Sobald der Reis gepflanzt ist, kehrt eine Ruhepause ein, die mit der dreimonatigen buddhistischen Fastenzeit (»Regenrückzug«) zusammenfällt. In dieser Zeit werden die jungen Männer traditionell für eine Zeit lang Mönche. In ganz Thailand finden sehenswerte Mönchsweihen statt, die die Freude am Feiern mit tiefer Religiosität verbinden.

Juni

Hua Hin Jazz Festival *(variabel)*, Hua Hin. Bei diesem mittlerweile traditionsreichen Jazzfestival treten zahlreiche thailändische und internationale Musiker auf. Es findet an der Küste von Hua Hin statt.

Mönche singen vor dem goldenen Buddha am Asanha Bucha *(Juli)*

Sunthorn-Phu-Tag *(26. Juni)*, Rayong. Festival zu Ehren von Thailands größtem Dichter Sunthorn Phu *(siehe S. 115)* am Sunthorn-Phu-Denkmal, Distrikt Klaeng.

Juli

Asanha Bucha *(Vollmondtag im Juli)*, landesweit. Der zweithöchste der drei wichtigsten buddhistischen Feiertage erinnert an Buddhas erste Predigt.
Khao Pansa *(Vollmondtag im Juli)*, landesweit. Beginn der buddhistischen Fastenzeit, des sogenannten Regenrückzugs. Die Mönche bleiben zum Studieren und Meditieren in den Tempeln.

August

Rambutan- und Thai-Obst-Fest *(Anfang Aug)*, Surat Thani. Beim alljährlichen Rambutan-Fest wird die lokale Obstproduktion ausgiebig gefeiert.
Geburtstag der Königin *(12. Aug)*, landesweit. Zu Ehren von Königin Sirikit sind Straßen und Gebäude der Ortschaften üppig geschmückt. In Bangkok erstrahlen vor allem die Ratchadamnoen Avenue und der Große Palast.
King's Cup und Princess' Cup *(variabel)*, Chumphon. Prächtig geschmückte Boote aus dem ganzen Süden nehmen in Nong Yai, Tambon Na Cha-ang und andernorts an den Rennen teil.

Live-Auftritt einer Jazzgruppe beim Hua Hin Jazz Festival *(Juni)*

Durchschnittliche monatliche Niederschläge

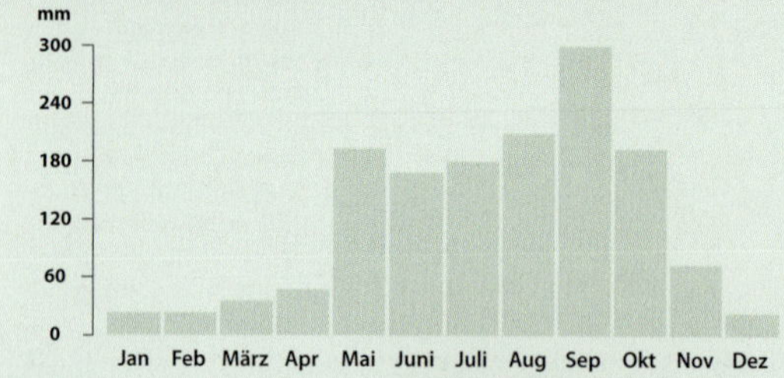

Niederschläge
Thailands südliche Halbinsel verzeichnet mit 2400 Millimetern pro Jahr den meisten Regen, der Norden und die Zentralebene bringen es auf 1300 Millimeter. Vielerorts kommt es in der Regenzeit zwischen Juni und Oktober fast täglich zu heftigen Wolkenbrüchen.

September

Fest des 10. Mondmonats *(1.–15. Tag des abnehmenden Monds)*, Nakhon Si Thammarat. Verstorbene Sünder dürfen auferstehen und ihre Verwandten besuchen, müssen aber vor dem 15. Tag in die Unterwelt zurückkehren. Am 15. Tag finden an den Tempeln Veranstaltungen statt sowie eine prächtige Prozession in der Ratchadamnoen Road.

Trang-Schweinefest *(variabel)*, Trang. Gefeiert wird Trangs Rezept mit Schweinefleisch, das mit Kräutern mariniert und über einem besonderen Grill am Spieß gebraten wird.

Trang-Mondfest *(Vollmond Ende Sep/Anfang Okt)*, Trang. Die Chinesen von Thung Yao im Distrikt Palian feiern den Sieg von Chinas Ming-Dynastie über die Mongolen von 1368.

Narathiwat-Fest *(letzte Woche im Sep)*, Narathiwat. Eine gute Gelegenheit, die thailändisch-malaiische Kultur des Südens zu erleben.

Tänzerinnen in Isaan-Kostümen beim Ok Phansa *(Okt)*

Vegetarisches Fest *(Ende Sep/Anfang Okt)*, Phuket, Trang. Rituelle Selbstkasteiungen und ein strenger Verzicht auf Fleisch kennzeichnen dieses bedeutende und ungewöhnliche Fest *(siehe S. 229)*.

Spektakuläre Prozession beim Vegetarischen Fest, Phuket *(Sep/Okt)*

Oktober

Traditionelle Bootsprozession mit Rennen *(variabel)*, Chumphon. Geschmückte Boote fahren mit Buddha-Figuren aus den heimischen Tempeln auf dem Lang Suan. Die Zeremonie stammt aus der Zeit Ramas III., Phra Nang Klao (reg. 1824–51).

Ok Phansa *(Vollmondtag im Okt)*, landesweit. Der Festtag feiert Buddhas Wiedererscheinen auf der Erde nach einer Zeit des Predigens im Himmel und markiert das Ende der Regenruhezeit.

Chak-Phra-Fest *(Vollmondtag im Okt)*, Surat Thani. Das lokale Fest markiert das Ende der Regenruhezeit. Überall werden beleuchtete Buddha-Figuren aufgestellt, es gibt prächtig geschmückte Handwagen und Buddha-Figuren auf einem schön geschmückten Kahn auf dem Fluss. Dazu finden Bootsrennen und traditionelle Spiele statt.

Kühle Jahreszeit

Nach der Regenzeit klart der Himmel auf, die Temperaturen sinken auf ein angenehmes Niveau. Das Land zeigt sich von seiner schönsten Seite: sattgrün und mit vollen Flussbetten. Dies ist die beste Reisezeit (insbesondere die kühlsten Monate Dezember und Januar). Zahlreiche Feste feiern im Dezember und Januar das Ende der Reisernte, die von November bis Anfang Dezember dauert. Nun genießt die hart arbeitende Bevölkerung des Landes eine verdiente Ruheperiode.

Durchschnittliche monatliche Temperaturen

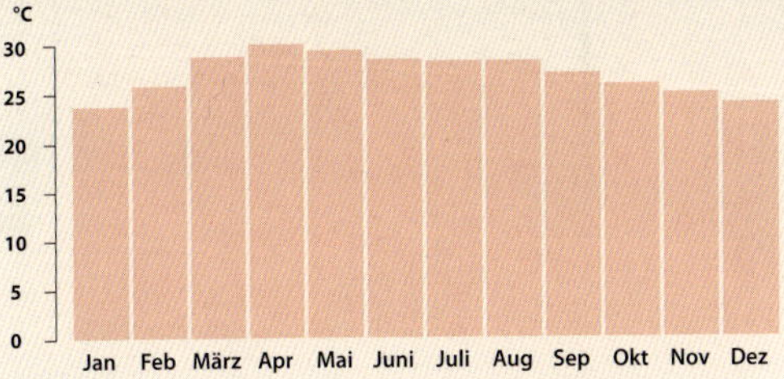

Temperaturen
Die meisten Besucher empfinden Thailand, vor allem den Süden, ganzjährig als heiß und feucht. Dies trifft im April und Mai auf unangenehme, im November und Dezember auf wohltuende Weise zu. In den kühlsten Monaten kann es nachts verhältnismäßig kalt werden.

November

Tempelfest am Goldenen Hügel *(1. Woche im Nov)*, Bangkok. Thailands größtes Tempelfest wird am Goldenen Hügel in Bangkok gefeiert.
Loy Krathong *(Vollmondtag im Nov)*, landesweit. Das Fest findet zu Ehren der Flussgöttin Mae Khongkha statt. Abends werden auf Flüssen, Seen und Teichen mit Blumen, Kerzen und Räucherwerk bestückte *krathongs* (Lichterboote) aufs Wasser gesetzt.
Thot Pah Pa Klang Nam *(Vollmondtag im Nov)*, Rayong. Anlässlich von Loy Krathong werden in Rayong am Pier des Flusses Prasae den Mönchen gelbe Roben übergeben.

Dezember

Fahnenparade *(3. Dez), Bangkok.* Die vom Königspaar abgenommene Fahnenparade vermittelt einen Eindruck vom höfischen Pomp.
Geburtstag des Königs *(5. Dez)*, Bangkok und landesweit. Im ganzen Land werden Regierungsgebäude und Privathäuser aufwendig geschmückt, die Umgebung des Großen Palasts erstrahlt im Lichterglanz. Abends feiern die Massen am Sanam Luang. Das Fest zeigt die tiefe Verehrung der Thailänder für ihren König.
King's Cup Regatta *(variabel)*, Phuket. In Phukets Kata Beach Resort treffen sich Segler aus aller Welt, um in der Andamanensee gegeneinander anzutreten.
Edelsteinmesse in Chanthaburi *(8.–12. Dez)*, Chanthaburi. Thailands größter Edelsteinmarkt findet jährlich im Chanthaburi Gems Center, Tri Rat/ Ecke Chanthanimit Road, statt.

Januar

Gedenktag für König Taksin den Großen *(28. Dez– 4. Jan)*, Chanthaburi. Mit einem Volksfest und Schönheitswettbewerben wird der Sieg König Taksins des Großen über die burmesischen Invasoren 1767 gefeiert.
Chinesisches Neujahr *(Vollmondtag im Jan oder Feb)*, landesweit. Chinesischstämmige Thai feiern Neujahr mit lauten Knatterschnüren.

Februar

Phra-Nakhon-Khiri-Fest *(Ende Feb)*, Phetchaburi. Fünf Tage lang feiert Phetchaburi sein Kulturerbe und die königlichen Herrscher.
Makha Bucha *(Vollmondtag im Feb oder März)*, landesweit. Jährlich begangenes Fest in Tempeln und in den Ortschaften anlässlich Buddhas Offenbarung des *dharma*.

Feiertage

Neujahr *(1. Jan)*
Makha Bucha *(Feb oder März, Vollmondtag)*
Chakri-Tag *(6. Apr)*
Songkran/Thai-Neujahr *(13.–15. Apr)*
Tag der Arbeit *(1. Mai)*
Krönungstag *(5. Mai)*
Königliche Pflügzeremonie *(Anfang Mai)*
Visakha Bucha *(Mai, Vollmondtag)*
Asanha Bucha und Khao Pansa *(Juli, Vollmondtag)*
Geburtstag der Königin *(12. Aug)*
Chulalongkorn-Tag *(23. Okt)*
Geburtstag des Königs *(5. Dez)*
Verfassungstag *(10. Dez)*
Silvester *(31. Dez)*

Feuerwerk am Wat Mahathat anlässlich des Loy-Krathong-Fests *(Nov)*

Die Geschichte Thailands

Thailands Geschichte ist eher die Historie einer südostasiatischen Region als die eines Volkes. Seine turbulente Entwicklung von kleinen regionalen Königreichen bis zur vereinten Nation ist eine Abfolge von Eroberungen, Rebellionen und Staatsstreichen, zeugt aber auch von einer standhaften Monarchie, die bis heute Gefahren und Anarchie entgegensteuert. 2014 kam es zu einem Putsch des Militärs, die Sicherheitslage hat sich aber mittlerweile stabilisiert. Besucher Thailands sollten vor der Reise die Website des Auswärtigen Amts konsultieren.

Thailands älteste Kulturzeugnisse lassen sich auf etwa 2100 v. Chr. datieren. Aus jener Zeit stammen Bronzewerkzeuge und Keramik, die im Jahr 1967 bei Ban Chiang im Nordosten gefunden wurde. Reis wurde schon früher angebaut. Um 2000 v. Chr. siedelten Malaien auf der Halbinsel zwischen der Andamanensee und dem Golf von Thailand. Im Landesinneren lebten kleine Gruppen von Jägern und Sammlern, Vorfahren der heutigen Mani. Später kamen Malaien, Mon und Khmer, die chinesisch und indisch beeinflusst waren.

Indische Königreiche

Um 250 v. Chr. übten in der malaiischen Region und auf der Halbinsel von Thailand indische Kaufleute einen starken Einfluss aus. Sie nannten die Region Suvarnabhumi, »Goldenes Land«. In der Folge entstanden drei mächtige Königreiche: Dvaravati (6.–11. Jh.) in Thailands Mitte, Srivijaya auf Sumatra und der thailändischen Halbinsel (7.–13. Jh.) sowie das bedeutende Khmer-Reich (9.–13. Jh.) mit dem Zentrum Angkor. Alle drei Reiche waren stark von indischer Kultur und Religion durchdrungen. Ab dem 11. Jahrhundert wanderten Tai von Südchina aus in die Region.

Srivijaya wurde von Hindu-Maharadschas regiert und lebte gut vom florierenden Handel mit Indien und China. Seine Macht schwand ab dem 10. Jahrhundert aufgrund von Kriegen mit Java sowie der Ankunft muslimischer Händler und Lehrer, die den Islam auf Sumatra und an der malaiischen Küste verbreiteten. Zur gleichen Zeit spielte das Dvaravati-Königreich der Mon (Talaing) eine bedeutende Rolle bei der Ausbreitung des Buddhismus in Thailand.

Das Königreich der Khmer wurde von Jayavarman I. gegründet. Seine Hauptstadt wurde zwischen 889 und 915 von Yasovarman I. (reg. 889–910) nach Angkor verlegt. Den Zenit der Macht erreichte es unter Suryavarman II. (reg. 1113–50). Der größte Khmer-Herrscher, Jayavarman VII. (reg. 1181–1219), vereinte das Reich und ließ Angkor Thom errichten – zu jener Zeit wohl die größte Stadt der Welt. Alle drei Königreiche unterlagen jedoch einer aufstrebenden Macht, die unter dem Namen Siam bekannt wurde.

Buddha im Srivijaya-Stil

250 v. Chr. Der Seehandel zwischen Indien und Südostasien beginnt

500 Srivijaya-Reich auf Sumatra und der thailändischen Halbinsel; hinduistisch-buddhistische Kultur dominiert

790 Khmer-Königreich in Kambodscha von Jayavarman I. gegründet

1113 Suryavarman II. befiehlt den Bau von Angkor Wat

4000 v. Chr. | **1 n. Chr.** | **300 n. Chr.** | **600 n. Chr.** | **900 n. Chr.**

3600 v. Chr. Reisanbau in Ban Chiang

200 Chen-La-Kultur entsteht in der unteren Mekong-Region, starker Einfluss indochinesischer Kulturen

550 Mon-Königreich Dvaravati erblüht und verbreitet Buddhismus

Dvaravati-Münze

889 Yasovarman I. gründet die neue Hauptstadt Angkor

1289 Angkor Thom wird vollendet

◀ **Eines der ältesten Wandbilder in der Buddhaisawan-Kapelle, Nationalmuseum, Bangkok** *(siehe S. 66f)*

Reliefdarstellung des Königs Ramkhamhaeng

Königreich Sukhothai

Im Jahr 1238 sagten sich zwei Tai-Gouverneure vom Khmer-Reich los und gründeten das erste bedeutende Tai-Königreich: Sukhothai. Die Bezeichnung Siam (so nannten die Khmer die Tai) wurde zum Namen dieses und der folgenden Tai-Königreiche. Das Königreich Sukhothai expandierte, indem es Allianzen mit anderen Tai-Königreichen bildete. Zudem machte es den Theravada-Buddhismus zur Staatsreligion. Unter Ramkhamhaeng (reg. 1279–98) erblühte es in einer Ära des Wohlstands. Unter seiner Herrschaft wurde das Thai-Alphabet entwickelt. Die politisch-kulturellen Fundamente Thailands festigten sich. Tatsächlich stammen die meisten heutigen Thai von den Tai ab. Ramkhamhaeng eroberte Mon- und Khmer-Gebiete im Süden bis zur Andamanensee und Nakhon Si Thammarat sowie im Chao-Phraya-Tal und entlang der Südostküste bis zum heutigen Kambodscha. 1378 wurde die Hauptstadt von Sukhothai nach Phitsanulok verlegt. Das reiche, friedliche und stabile Sukhothai-Reich wurde in 200 Jahren von nur neun Königen regiert.

Königreich Ayutthaya

Als im frühen 14. Jahrhundert Sukhothais Macht schwand, läutete dies den Aufstieg eines anderen Tai-Königreichs im unteren Chao-Phraya-Tal ein. Sein Zentrum war die alte Khmer-Stadt Lopburi, unweit des heutigen Bangkok. 1350 verlegte der ehrgeizige Herrscher U Thong seine Hauptstadt von Lopburi nach Ayutthaya, ernannte sich zum König Ramathibodi (reg. 1351–69) und machte den Theravada-Buddhismus zur Staatsreligion. Auf seine Einladung hin kamen Mönche aus dem nahen Sri Lanka, um die buddhistischen Lehren zu verkünden. Ramathibodi stellte einen Gesetzeskodex auf der Grundlage des heiligen indischen *Dharmasastra* zusammen.

In seinem letzten Regierungsjahr 1369 eroberte Ramathibodi Angkor beim ersten von mehreren erfolgreichen Angriffen auf das geschwächte Khmer-Reich. Es musste sich der Übermacht Ayutthayas ebenso beugen wie das 1438 eroberte Sukhothai. Im 15. Jahrhundert war Ayutthaya die stärkste Macht in Südostasien.

Ayutthayas Machtanspruch richtete sich auch auf die malaiische Halbinsel im Süden, wo sich die Hafenstadt Melaka der Übernahme widersetzte. Wie andere malaiische Staaten südlich von Nakhon Si Thammarat war Melaka im frühen 15. Jahrhundert zum Islam konvertiert, auf dem die malaiische Solidarität gegen die Tai basierte. Ayutthaya konnte zwar Melaka nicht erobern, kontrollierte aber einen großen Teil der Halbinsel. Der Einfluss der Tai reichte bis Pattani, Kedah und Kelantan. Im 16. Jahrhundert läutete der Aufstieg Birmas Ayutthayas Untergang ein. Birmas erster Angriff erfolgte

1238 Erstes unabhängiges Tai-Königreich Sukhothai gegründet

König Ramkhamhaeng

1351 Gründung des Königreichs Ayutthaya; Theravada-Buddhismus wird Staatsreligion

Ayutthaya-Münze

1369 Ayutthaya erobert Angkor

1200 n. Chr. | **1280** | **1360** | **1440**

1279 Beginn der Regierung von König Ramkhamhaeng

1300 Politische Macht der Tai reicht im Süden bis Nakhon Si Thammarat

1438 Sukhothai wird besiegt; Ayutthaya ist mächtigstes Reich der Region

Ayutthaya-Solda

1569. Der Vasallenherrscher Maha Thammaracha (reg. 1569–90) wurde zum König ernannt. Sein Nachfolger, König Naresuan der Große (reg. 1590–1605), konnte Ayutthayas Stellung mit dem Sieg gegen Birma in der Schlacht von Nong Sarai (1593) teilweise wiederherstellen.

Mittlerweile hatten Europäer das Königreich erreicht, um dort Handel zu treiben. Nach den Holländern 1604 kamen Franzosen und Engländer. 1767 drangen erneut birmesische Armeen ein, zerschlugen die Tai-Armeen, zerstörten Ayutthaya und legten die Hauptstadt in Ruinen.

Unter dem chinesischstämmigen Adligen Taksin erholte sich Siam schnell. Von Chanthaburi im Südosten aus besiegte er die Birmanen und gründete einen neuen Staat mit der Hauptstadt Thonburi am Westufer des Chao Phraya, gegenüber dem späteren Bangkok. Der 1768 zum König gekrönte Taksin vereinte die zentralen Tai-Gebiete unter seiner Herrschaft, eroberte 1769 Kambodscha und installierte danach Siams Herrschaft im Süden und über die malaiischen Staaten.

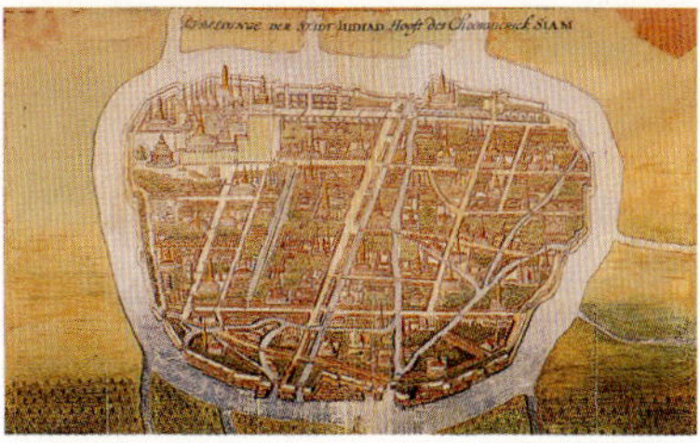

Holländische Karte von Ayutthaya, 17. Jahrhundert

1779 überwarf sich Taksin mit dem Klerus wegen der Behauptung, übernatürliche Kräfte zu besitzen. Zudem attackierte er die mächtigen chinesischen Händler. Als seine Armee 1782 in Kambodscha einmarschierte, brach in Thonburi ein Aufstand aus. Die Rebellen boten den Thron erfolgreich General Chakri an. König Taksin wurde exekutiert, doch noch immer hält sich das Gerücht, dass er als Mönch weitergelebt habe.

König Naresuan kämpft gegen die Birmanen, Darstellung der Schlacht von Nong Sarai aus dem 19. Jahrhundert

1590 König Maha Thammaracha stirbt; König Naresuan besteigt den Thron

Birmanischer Hafen

1767 Birmas Heer erobert Ayutthaya; General Taksin organisiert Widerstand in Chanthaburi

1782 Taksin wird exekutiert, General Chakri wird König

1520 | **1600** | **1680** | **1760**

1569 Birmas Armee erobert Ayutthaya und inhaftiert die königliche Familie

1604 Handelskontakte mit Holländern, Franzosen, Engländern

1656–88 Größter französischer Einfluss

König Taksin

1768 Taksin besteigt den Thron; Thonburi wird Hauptstadt

Chakri-Dynastie

General Chakri bestieg 1782 den Thron und übernahm den Titel Rama I. Er begründete die bis heute regierende Chakri-Dynastie. Seine Nachfolger, die als Könige auch den Titel »Rama« trugen, formten das heutige Thailand. Die Chakri-Könige festigten ihre Macht durch Verträge mit Europäern, liberalisierten den Handel, ließen *wat* bauen und Kanäle anlegen. Sie eröffneten Universitäten, förderten Kunst und Architektur und modernisierten das Land. Mit ihrer Politik konnten sie die Kolonialmächte fernhalten. Unruhen führten jedoch dazu, dass ihre Herrschaft zu einer konstitutionellen Monarchie umgeformt wurde.

Großer Palast und Wat Phra Kaeo, 1782 unter Rama I. erbaut

Frühe Chakri-Dynastie

Die ersten Chakri-Könige, Rama I., II. und III., bauten den Staat wieder auf und förderten eine Thai-Kultur nach dem Vorbild des alten Königreichs Ayutthaya. Sie waren Mäzene der bildenden Kunst und Literatur und leiteten eine Epoche der Stabilität ein.

Rama I. (reg. 1782–1809)
Rama I. verlegte die Hauptstadt von Thonburi nach Bang Makok. Er besiegte die Birmanen und erweiterte und stärkte das Königreich.

Das Hofzeremoniell war bis zur Regierung Ramas V. sehr streng: Höflinge mussten sich vor dem König niederwerfen.

Frühes Bangkok
In Bang Makok (»Dorf der Wildpflaume«), dem späteren Bangkok, gab es viele Wasserwege, aber kaum Straßen.

Sunthorn Phu (1786–1855)
Der Hofdichter von Rama II., III. und IV. ist Thailands berühmtester Poet.

Buddhismus
Die frühen Chakri-Könige waren tiefgläubige Theravada-Buddhisten. Sie erbauten herrliche *wat* für prächtige Buddha-Figuren.

1782 Rama I. verlegt die Hauptstadt nach Bangkok und startet ein umfassendes Bauprogramm in Rattanakosin

1785 Sieg Ramas I. über die Birmanen bei Kanchanaburi; Restaurierung der Thai-Vorherrschaft

1809–24 Regierung Ramas II.; Bau des Wat Arun in Bangkok; Beziehungen zu Europäern, vor allem zu Großbritannien

1824–51 Regierung Ramas III.; Rivalität mit Vietnam um die Kontrolle über Kambodscha

1790 | 1805 | 1820 | 1835 | 1850 | 18

Wat Arun

1851 Rama IV., der erste große Reformer, besteigt den Chakri-Thron

1868 Beginn der Regierung von Rama V., dem Vater des modernen Thailand

Rama IV. (reg. 1851–68) Rama IV., auch bekannt als König Mongkut, war der erste große Reformer der Chakri-Dynastie. Er war Linguist und auch an Naturwissenschaften interessiert.

Modernisierung Bangkoks erste befestigte Straße, die Charoen Krung oder New Road, wurde 1861 unter Rama IV. eröffnet.

Europäische Diplomaten durften vor dem König stehen, mussten sich aber tief verbeugen.

Rama IV. und Rama V.

Rama IV. und Rama V. waren weitblickende, weise Herrscher. Sie lernten vom Westen, modernisierten Siam und vermieden so die Kolonialisierung.

Frankreichkonflikt (1893–1907) Um seine Herrschaft in Indochina durchzusetzen, übernahm Frankreich während der Regierung von Rama V. den von Siam kontrollierten Teil von Laos.

Rama V. (1868–1910) König Chulalongkorn bewahrte beharrlich die Unabhängigkeit des Königreichs von den Kolonialmächten.

Neue Monarchie

Ein Militärputsch machte Thailand 1932 zur konstitutionellen Monarchie. Heute besitzt der König keine politische Macht mehr.

Rama IX. (geb. 1927) Der regierende König Bhumibol Adulyadej und Königin Sirikit sind in Thailand sehr beliebt.

Chulalongkorn-Universität Die nach Rama V. benannte Universität wurde 1917 gegründet. Sie ist die prestigeträchtigste Hochschule in Thailand.

1893 Französische Kanonenboote bedrohen Bangkok; dies führt zu einer Konfrontation in Pak Nam

Rama V.

1917 Thailands Flagge offiziell angenommen

1939 Siam heißt nun offiziell Thailand

1942 Japanische Invasion treibt Thailand als Japans Verbündeten in den Zweiten Weltkrieg

1880 | 1895 | 1910 | 1925 | 1940

Chakri-Münze

1897 Rama V. besucht erstmals Europa

1932 Der Putsch von Phibun Songkram führt zur konstitutionellen Monarchie

1945 Thailand ist auf der Verliererseite im Zweiten Weltkrieg

1946 Der heutige König Rama IX. besteigt den Thron

Studentenproteste von 1973

ebnete er mit seinem freiwilligen Rücktritt den Weg für die Demokratie. Als das Militär 1991 erneut putschte, kam Suchinda Kraprayoon an die Macht. Dieses Mal setzte sich jedoch der derzeitige König Rama IX. als unangefochtete moralische Instanz für ein schnelles Ende der Militärherrschaft ein. Danach folgten einige mehr oder minder korrupte oder inkompetente Regierungen bis zur Wahl von Thaksin Shinawatra im Jahr 2001.

Ära der Unsicherheit

Nach dem Zweiten Weltkrieg restaurierte Premierminister Seni Pramoj Thailands junge Demokratie. 1946 folgte ihm der demokratisch gewählte Pridi Phanomyong. 1947 kam Phibun Songkram, Premierminister während des Zweiten Weltkriegs, durch einen Putsch an die Macht. Danach war Thailand für den Rest des 20. Jahrhunderts von Militärdiktaturen geprägt. Zu Zeiten des Kalten Kriegs agierte Thailand als loyaler antikommunistischer Verbündeter der USA, an deren Seite es auch am Vietnamkrieg teilnahm. In Thailand selbst wurde ein kommunistischer Aufstand niedergeschlagen.

Militärdiktator Phibun Songkram

1973 erzwang eine Studentenrevolte in Bangkok den Rücktritt von Thanom Kittikachorn. Nach kurzer Zeit der Demokratie übernahm 1976 erneut das Militär mit General Thanin Kraivixien (1976/77) und dessen Nachfolgern Kriangsak Chomanand (1977–80) und Prem Tinsulanond (1980–88) die Regierung. Letzterer war ein überzeugter Royalist und galt als unbestechlich. 1988

Verschärfung der Krise

Ein katastrophaler Tsunami richtete 2004 Zerstörungen in Phuket und an der Andamanen-Küste an. 2005 wurde Thaksin als Premierminister wiedergewählt. Anfang des 21. Jahrhunderts versuchte er im Süden einen Aufstand zu unterbinden, der auf die Gründung einer unabhängigen Republik Pattani abzielte. Thaksins Regierung zeichnete sich durch Korruption, Vetternwirtschaft und Brutalität aus: Tausende mutmaßliche Drogenhändler wurden außergerichtlich von Polizisten exekutiert. Hunderte Muslime erstickten, als sie verhaftet und in Lastwagen gezwängt wurden. Thaksin festigte zwar seine Machtbasis im ländlichen Norden und Nordosten durch Stimmenkauf und Populismus, machte jedoch Fehler: Er überwarf sich mit führenden Militärs und – noch schlimmer – mit dem königlichen Hof.

Unruhige Zeiten

2006 wurde Thaksin durch einen Militärputsch abgesetzt. Die Armee ernannte

John Foster Dulles unterzeichnet 1954 die Gründungsurkunde der SEATO in Manila

1975 Ende des Vietnamkriegs, US-Truppen verlassen Thailand

1979 Wahlen und parlamentarische Demokratie wieder-eingeführt

1950 | **1960** | **1970** | **1980**

1947 Phibun Songkram putscht gegen Pridi Phanomyong

1954 Gründung der South East Asia Treaty Organization (SEATO)

1973 Studentenrevolte gegen Militärdiktator Thanom Kittikachorn

1976 Militärische Machtübernahme; auf Thanin Kraivixien folgt Chomanand

Tausende Demonstranten fordern 2006 den Rücktritt des Premierministers Thaksin Shinawatra

General Surayud Chulanont zum Interimspremierminister. Thaksin wurde in Abwesenheit wegen Korruption angeklagt und zu zwei Jahren Haft verurteilt. Er blieb im Ausland, gründete aber die Stellvertreterpartei People's Power Party (PPP), um an den Wahlen 2007 teilnehmen zu können. Die PPP gewann die Mehrheit und übernahm die Regierung – Thaksin regierte das Land praktisch indirekt von außen.

Dies erboste nicht nur den Süden, sondern auch Bangkoks Elite und die Mittelschicht. Deren Vertretung ist die People's Alliance for Democracy (PAD), besser bekannt als »Gelbhemden«. Die PAD und ihre Anhänger protestierten weitgehend gewaltlos gegen die PPP.

2008 wurde die PPP wegen Wahlbetrugs aufgelöst und der Führer der Democratic Party, Abhisit Vejjajiva, als Premierminister vereidigt. Als Gegenspieler der PAD gingen die »Rothemden« der neu gegründeten United Front for Democracy against Dictatorship (UDD) auf die Straße. Bei den Wahlen im Juli 2011 setzte sich Thaksins Schwester Yingluck Shinawatra durch. Diese sah sich seit Oktober 2013 massiven Protesten der Opposition ausgesetzt. Im Mai 2014 enthob das Verfassungsgericht Shinawatra ihres Amts. Am 20. Mai rief das Militär das Kriegsrecht aus. Seither herrscht in Thailand faktisch eine Militärjunta unter der Führung von General Prayuth. Eine Rückkehr zur Demokratie wurde seither lediglich in einem vagen Zeitplan in Aussicht gestellt.

General Prayuth Chan-o-cha *(rechts)*

1992 Nach General Suchindas gescheitertem Putsch erstarkt die Demokratie; der Wohlstand wächst

1997 Thailands Wirtschaft erleidet einen schweren Rückschlag durch Asiens Finanzkrise

2001 Thaksin Shinawatra wird zum Premierminister gewählt

2004 Tsunami im Indischen Ozean zerstört Phuket und Thailands Andamanen-Küste

2005 Thaksin Shinawatra wiedergewählt; angespannte Lage im Süden des Landes

2006 Thaksin Shinawatra wird durch einen Putsch abgesetzt

2007 Neue Verfassung; PPP gewinnt Wahlen

2011 Bei Parlamentswahlen erreicht PTP unter Yingluck Shinawatra absolute Mehrheit

2014 7. Mai: Amtsenthebung von Yingluck Shinawatra; 22. Mai: Staatsstreich des Militärs unter General Prayuth

1990 **2000** **2010** **2020**

Ex-Premier Thaksin

THAILANDS KÜSTEN-REGIONEN

Thailands Küsten im Überblick

Die Halbinsel, die Thailands Südteil bildet, ist geprägt von der Andamanensee im Westen und dem Golf von Thailand im Osten. Ein zentrales, mit Dschungel bedecktes Gebirge bildet im Norden die Grenze zu Myanmar. Die Hauptstadt Bangkok beeinflusst das ganze Land, die alte buddhistische Stadt Nakhon Si Thammarat ist dagegen das politische und kulturelle Zentrum des Südens und das jüngere, pulsierende Hat Yai seine wirtschaftliche Hochburg. Die wichtigsten Urlaubsregionen sind Phuket, Krabi und Ko Samui. Der Badeort Pattaya bietet eine bunte Mischung aus Familienunterhaltung und Go-go-Bars. Die Region ist auch für ihre traumhaft schönen Nationalparks und Naturschutzgebiete bekannt.

Die weißen *prang* des Wat Mahathat Worawihan in Phetchaburi

Im Meeres-Nationalpark Ang Thong *(siehe S. 184f)* bieten sich in einer fantastisch unberührten Landschaft zahlreiche Aktivitäten vom Schnorcheln und Wandern bis zur Erkundung von Höhlen an.

Die Similan-Inseln *(siehe S. 214f)* sind ein einsamer Archipel aus winzigen Granitinseln in der Andamanensee. Hier liegen einige der besten Tauch- und Schnorchelreviere Südthailands.

Hat Rai Leh *(siehe S. 252)* ist mit seinen großartigen Schwimm- und Klettermöglichkeiten einer der beliebtesten Strände Südthailands. Hier findet man zahlreiche Hotels und Restaurants für jeden Geschmack und jedes Budget.

◀ **Blick über den weiten Meeres-Nationalpark Ang Thong *(siehe S. 184f)***

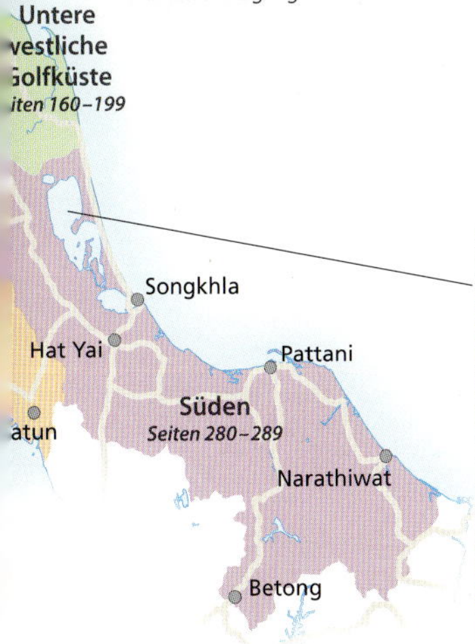

Der Pak-Khlong-Markt *(siehe S. 76)* im Herzen von Bangkok ist Thailands größter Markt für Blumen. Verkauft werden einheimische Orchideen, duftende importierte Rosen, Hyazinthen und Tulpen aus Europa sowie viele schöne Tropenblumenarten.

Der Nationalpark Khao Sam Roi Yot *(siehe S. 148f)* war Thailands erster Nationalpark an der Küste. Seine vielfältige Landschaft zieht Hunderte Zugvogelarten an.

Pattaya *(siehe S. 108–112)* ist eines der beliebtesten Urlaubsziele in Thailand. Hier lockt ein aufregendes Nachtleben mit Discos und Go-go-Bars.

Die Songkhla-Seen *(siehe S. 286)* sind Thailands größtes natürliches Seensystem, das in drei charakteristische Bereiche unterteilt ist. Der Thale-Noi-Wasservogelpark bietet Zuflucht für heimische sowie Zugvögel aus Sibirien und China.

Bangkok

Thailands junge Hauptstadt hat sich seit ihrer Gründung Ende des 18. Jahrhunderts in nur zwei Jahrhunderten zu einer Megacity mit über acht Millionen Einwohnern (14 Mio. im Großraum) entwickelt. In der Metropole am Chao Phraya verbinden sich alte Kultur und moderne Urbanität. Zum Stadtbild gehören opulente buddhistische Tempel und prächtige Paläste ebenso wie schicke Restaurants, Nachtclubs und quirlige Straßenmärkte.

Bangkok wurde 1782 von Rama I. (reg. 1782–1809) als neue Hauptstadt in leicht zu verteidigender Lage an einer Biegung des Chao Phraya gegründet. Die kleine Siedlung Bang Makok – das »Dorf der Wildpflaume« hieß nach den Obstbäumen, die hier wuchsen – wurde offiziell gesegnet und erhielt einen neuen, königlichen Titel aus 150 Buchstaben. Er wurde bald zu Krung Thep (»Stadt der Engel«) abgekürzt.

Ein eigentliches Stadtzentrum sucht man in Bangkok vergebens. Die alte Königsstadt liegt in einem Areal von drei konzentrischen Kanälen in Rattanakosin. Hier, im historischen und kulturellen Herzen der Stadt, stehen der Große Palast und der heilige Wat Phra Kaeo. In Downtown erstreckt sich rund um die Silom Road das Finanzviertel mit allen Großbanken und Handelsinstitutionen. In der neonerhellten Patpong Road im Osten findet man die berühmten Go-go-Bars. Am äußeren Innenstadtrand befindet sich die Sukhumvit Road, ein Einkaufsparadies und Ziel für viele Besucher mit knappem Budget. Von den Chinesen bis zu den Portugiesen haben diverse ethnische Gruppen verschiedene Stadtviertel charakteristisch geprägt.

Zwischen den glänzenden, futuristisch anmutenden Wolkenkratzern, die die Skyline dominieren, und den »schwimmenden Märkten« auf dem Fluss liegen in Bangkok viele Welten. Die Stadt wird durch ein Netz von Kanälen erschlossen, die vom Chao Phraya abzweigen. In Bangkok pulsiert das Leben praktisch rund um die Uhr – wie es sich für eine Weltstadt gehört.

Bangkoks strahlende nächtliche Skyline wird von Wolkenkratzern geprägt

◀ **Tempel des Smaragd-Buddha in Bangkoks Großem Palast** ***(siehe S. 60–65)***

Überblick: Bangkok

Thailands Hauptstadt ist eine aufregende Metropole und das führende Kultur- und Geschäftszentrum des Landes. Die Paläste und *wat* (Tempel) der Stadt gehören zu den schönsten in ganz Asien. Im königlichen Herzen Bangkoks bieten am mächtigen Chao Phraya der Große Palast und Wat Phra Kaeo einen grandiosen Anblick, südöstlich des Zentrums liegt das quirlige Geschäftsviertel Chinatown. Im Verwaltungsviertel Dusit dominieren Regierungsgebäude und breite Straßen. Dort bewahrt der Wat Benchamabophit die Asche Ramas V. (1868–1910). An der Silom Road liegt das Finanzviertel, rund um die Sukhumvit Road das größte Einkaufsviertel.

Der stark befahrene Chao Phraya

Sehenswürdigkeiten auf einen Blick

Wat und Schreine

1 *Großer Palast und Wat Phra Kaeo S. 60–65*
2 *Wat Pho S. 68f*
4 Wat Ratchapradit
5 Wat Mahathat
8 Wat Rakhang
9 Wat Arun
10 Wat Kalayanimit
11 Wat Ratchabophit
12 Wat Suthat und die Große Schaukel
13 Wat Bowonniwet
14 Wat Benchamabophit
17 Wat Saket und der Goldene Hügel
22 Wat Traimit
27 Erawan-Schrein

Museen und Paläste

3 Museum of Siam
6 Nationalmuseum
7 Königliches Barkenmuseum
28 *Jim-Thompson-Haus S. 80f*
29 Suan-Pakkad-Palast

Stadtviertel und Märkte

18 Monk's Bowl Village
19 Phahurat-Markt
20 Pak-Khlong-Markt
21 Chinatown
23 Bahnhof Hua Lampong
25 Patpong

Parks und Gärten

15 *Dusit-Park S. 74f*
16 Dusit-Zoo
26 Lumphini-Park

Hotels

24 Mandarin Oriental

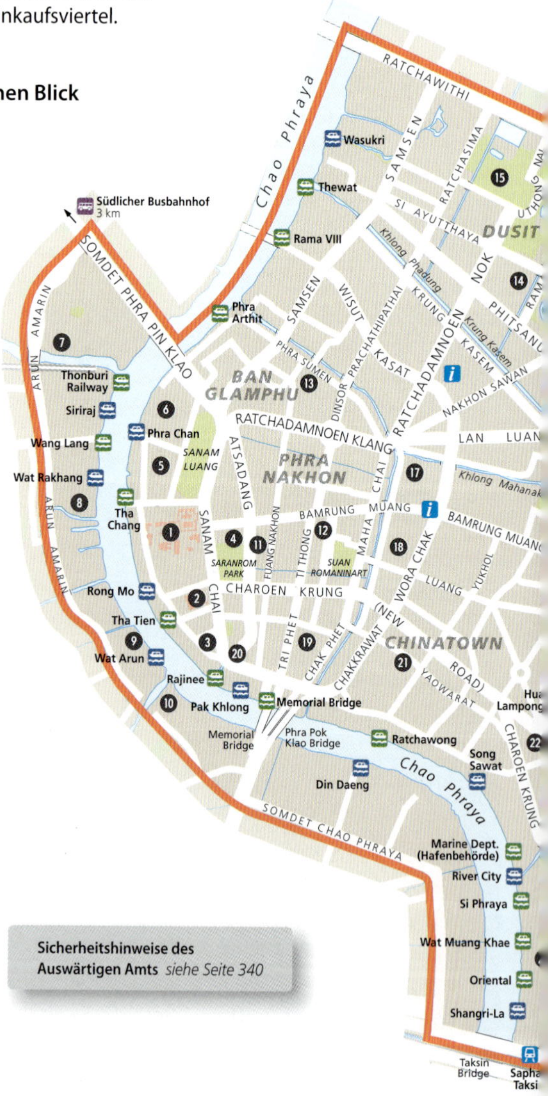

Sicherheitshinweise des Auswärtigen Amts *siehe Seite 340*

In Bangkok unterwegs

Bangkok ist riesig, das Wetter fast ganzjährig heiß und feucht – für Besucher, die gern zu Fuß gehen, sind dies keine guten Voraussetzungen. Glücklicherweise besitzt die Stadt ein hervorragendes öffentliches Verkehrsnetz mit Taxis, Bussen, Fähren, U-Bahn und Skytrain. Taxis sind bequem und relativ preiswert. Busse sind noch billiger, doch erfordern sie eine gewisse Grundorientierung in der Stadt. Mit dem Skytrain und der U-Bahn kommt man leicht, schnell und zuverlässig in die meisten Innenstadtgebiete. Besonders malerisch stellt sich Bangkok dar, wenn man die Stadt mit den preisgünstigen Fähren und Booten auf dem Chao Phraya und den vielen großen *khlong* (Kanäle) erkundet.

Thailands heiligster Ort, der Wat Phra Kaeo

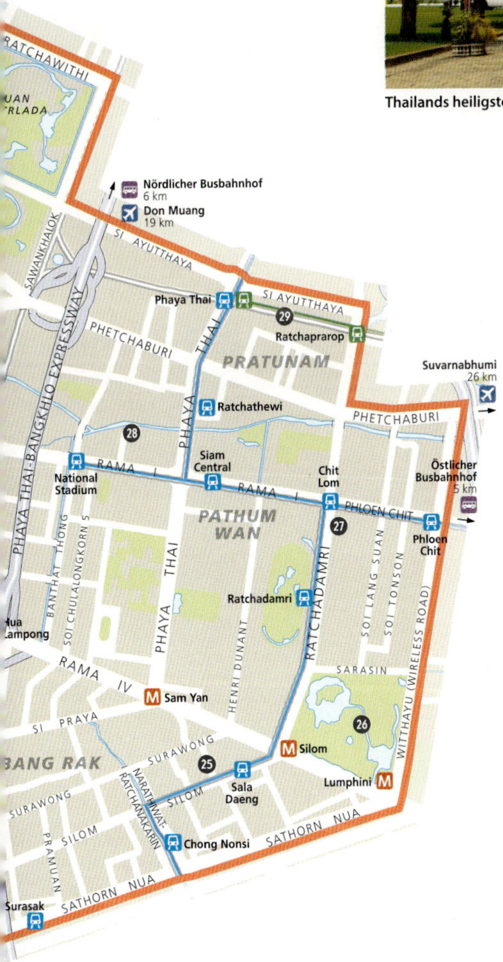

Im Detail: Sanam Luang

สนามหลวง

Der Sanam Luang, die »Königswiese«, ist einer der wenigen großen freien Räume in Bangkok und Schauplatz der königlichen Feuerbestattungen. Hier finden Drachenwettbewerbe statt. Zudem wird mit der traditionellen königlichen Pflügzeremonie die Pflanzsaison für den Reis eingeläutet. Das vom Großen Palast, Lak-Muang-Schrein und dem Amulettmarkt umgebene Gelände gehört zu den heiligsten Orten Bangkoks. Rundum verkaufen Händler Glücksbringer und Amulette gegen böse Geister. Wahrsager lesen aus der Hand. Zu den Hauptattraktionen gehören der Wat Mahathat, Thailands renommierteste buddhistische Bildungsstätte, und das Nationalmuseum.

Farbenfroher Schmuck am Lak Muang, der Stadtsäule

5 Wat Mahathat

Der *wat* aus dem 18. Jahrhundert fasziniert eher wegen seiner Atmosphäre als wegen seiner Architektur. In der buddhistischen Hochschule auf dem Tempelgelände finden Meditationskurse statt.

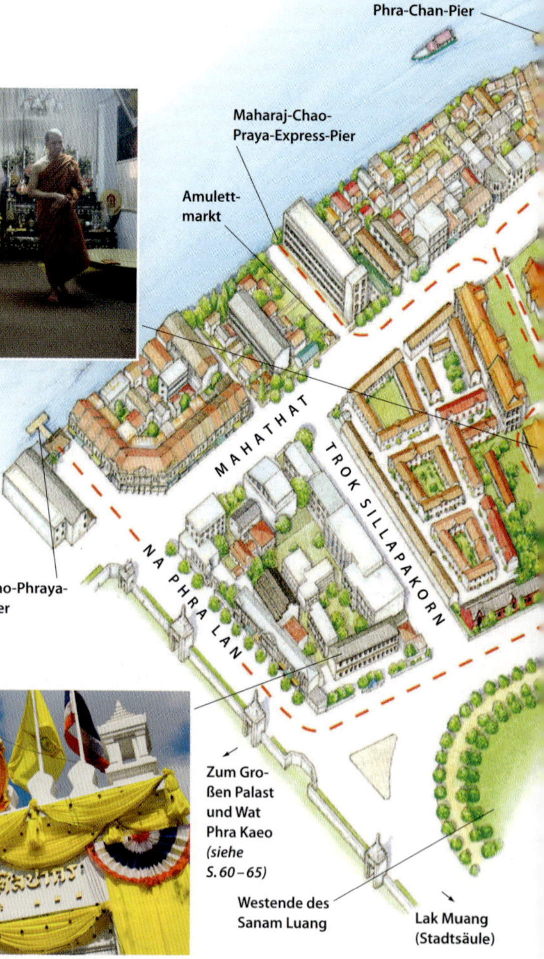

0 Meter 100

Chang-Chao-Phraya-Express-Pier

Sillapakorn-Kunstakademie

Thailands angesehenste Kunsthochschule richtet regelmäßig exzellente Kunstausstellungen in ihren Räumen aus. Aushänge am Eingang informieren über die Themen und Öffnungszeiten.

Legende

— Routenempfehlung

Hotels und Restaurants in Bangkok *siehe Seiten 294f und 308–310*

Amulette

Fast alle Thailänder tragen einen Glück bringenden Talisman oder ein Amulett, das vor Bösem schützen soll. Amulette und Talismane werden auf speziellen Märkten verkauft, die häufig bei heiligen Stätten liegen. Viele Amulette zeigen religiöse Motive. Andere drücken die eher profanen Wünsche ihrer Träger aus: So sollen etwa Phalli die sexuelle Potenz erhalten. Amulette sind ein so großes Geschäft, dass sich ihnen sogar Fachzeitschriften widmen.

Amulette an einem Verkaufsstand beim Sanam Luang

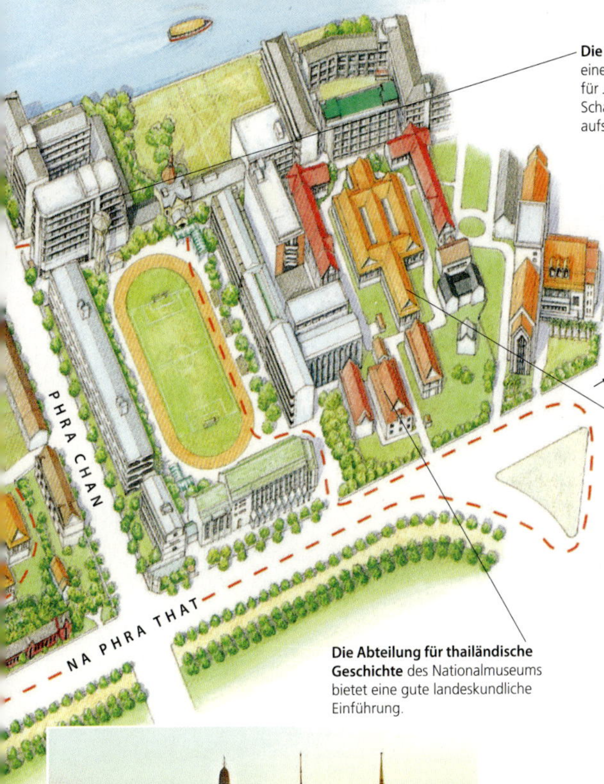

Die Thammasat-Universität, eine renommierte Hochschule für Jura und Politik, war Schauplatz der Studentenaufstände der 1970er Jahre.

Brücke Phra Pin Klao

Die Abteilung für thailändische Geschichte des Nationalmuseums bietet eine gute landeskundliche Einführung.

❻ ★ Nationalmuseum
Das exzellente Museum stellt Kunst und Kunsthandwerk aus allen Epochen der thailändischen Geschichte vor.

★ Drachen-Wettbewerbe auf dem Sanam Luang
Rama V. genehmigte auf dem Sanam Luang das Drachensteigen, das er selbst begeistert betrieb. Noch heute finden zwischen Februar und April regelmäßig Wettkämpfe statt.

Wahrsager am Sanam Luang
Viele Thailänder konsultieren regelmäßig Wahrsager. Von diesen wimmelt es am Sanam Luang nahe dem Wat Phra Kaeo.

Stadtplan Bangkok *siehe Seiten 88–99*

❶ Großer Palast und Wat Phra Kaeo

พระบรมมหาราชวังและวัดพระแก้ว

Der Bau des Komplexes in Rattanakosin begann 1782, im Gründungsjahr der neuen Hauptstadt. Er sollte als Sitz des Smaragd-Buddha (Phra Kaeo) sowie als Residenz des Königs dienen. Der von einer 1900 Meter langen Mauer umgebene Bezirk war einst eine autonome Stadt in der Stadt. Besucher müssen bis zu den Knöcheln bekleidet sein. Der Komplex hat stets geöffnet. Falls jemand Ihnen etwas anderes erzählt, sollten Sie misstrauisch werden.

Blick vom Sanam Luang auf den Wat Phra Kaeo

★ Smaragd-Buddha
Am Eingang zum *bot*, dem bedeutendsten Gebäude des *wat*, opfern Gläubige dem Smaragd-Buddha.

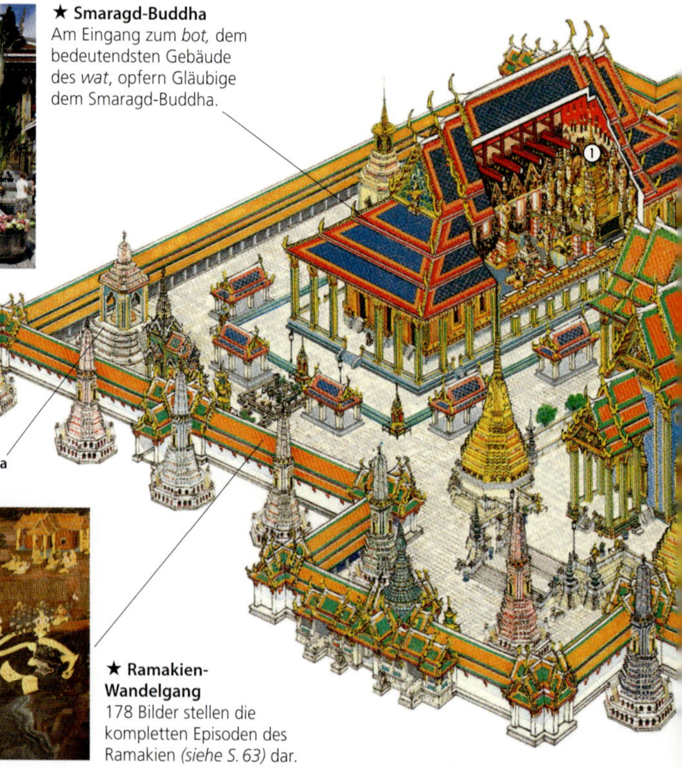

Kapelle des Gandharara-Buddha

★ Ramakien-Wandelgang
178 Bilder stellen die kompletten Episoden des Ramakien *(siehe S. 63)* dar.

- **1750**
- **1782** Offizielle Gründung der neuen Hauptstadt
- **1783** Baubeginn von Wat Phra Kaeo, Dusit-Thronhalle und Phra Maha Monthien
- **1800**
- **1809** Rama II. (reg. 1809–24) führt die »Chinoiserie« ein
- **ab 1840** Der Wohnbezirk der Frauen, eine Stadt in der Stadt, entsteht
- **1850**
- **1855** Neubauten vereinen asiatische und europäische Architekturstile
- **1880** Rama V. (reg. 1868–1910), der letzte große Bauherr, beauftragt 26 seiner Halbbrüder mit der Renovierung des *wat*
- **1900**
- **1925** Rama VII. (reg. 1925–35) zieht in den Chitrlada-Palast in Dusit um. Der Große Palast dient fortan nur noch für besondere Anlässe
- **1932** 150. Jubiläumsfeier der Chakri-Dynastie im Palast
- **1950**
- **1982** Renovierung der Anlage

Außerdem

① **Smaragd-Buddha**

② **Der Phra Si Rattana Chedi** birgt ein Fragment von Buddhas Brustbein.

③ **Auf der oberen Terrasse** stehen bedeutende Gebäude. Sie sind am Chakri-Tag und zu anderen besonderen Gelegenheiten geöffnet.

④ **Der Ho Phra Monthien Tham** beherbergt die Zweitbibliothek.

Phra Mondop (Bibliothek)
Grün-blaue Glasmosaiken zieren die Außenwand der Bibliothek. Der Originalbau wurde durch das Feuerwerk zur Feier seiner Fertigstellung zerstört.

Infobox

Information
Na Phra Lan Rd. **Stadtplan** 1 C5. tägl. 8.30–15.30 Uhr. bei Zeremonien. inkl. Vimanmek-Palast. im *bot*.
palaces.thai.net

Anfahrt
1, 3, 25, 33, 39, 53.
Tien, Chang.

Vergoldete Zierfiguren
Die Fassade des *bot* zieren 112 *garuda* (mythische Wesen, halb Vogel, halb Mensch) mit *naga* (Schlangenwesen) in den Händen. Sie sind ein typisches Dekorelement des *wat*.

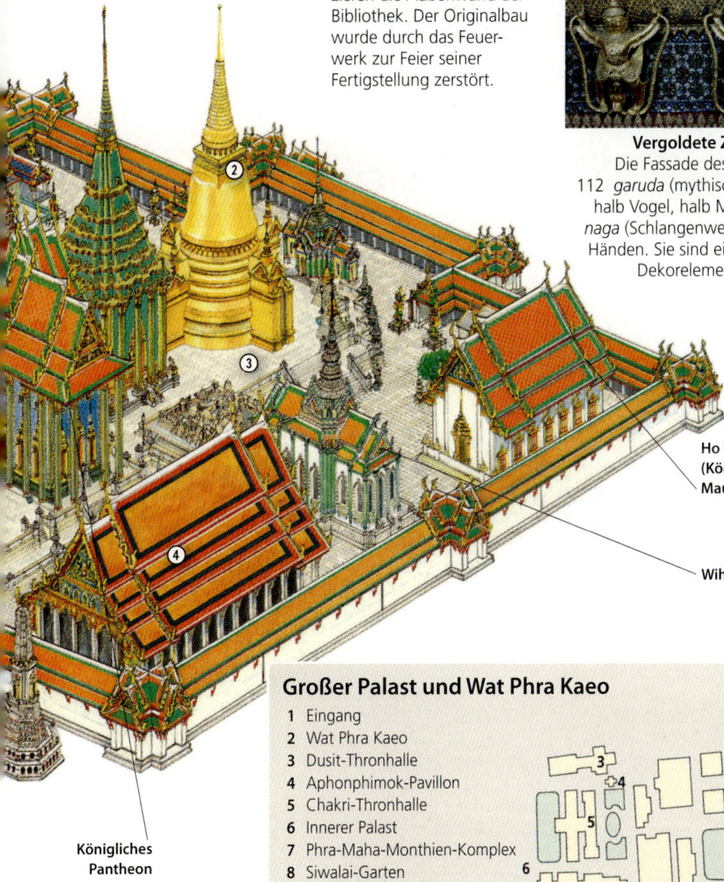

Wat Phra Kaeo

Der Wat Phra Kaeo ist ein eigener Bezirk im Komplex des Großen Palasts. Er ist Thailands heiligster Tempel. Im Gegensatz zu anderen wat leben hier allerdings keine Mönche.

Großer Palast und Wat Phra Kaeo

1 Eingang
2 Wat Phra Kaeo
3 Dusit-Thronhalle
4 Aphonphimok-Pavillon
5 Chakri-Thronhalle
6 Innerer Palast
7 Phra-Maha-Monthien-Komplex
8 Siwalai-Garten
9 Kapelle Ramas IV.
10 Boromphiman-Villa
11 Audienzsaal

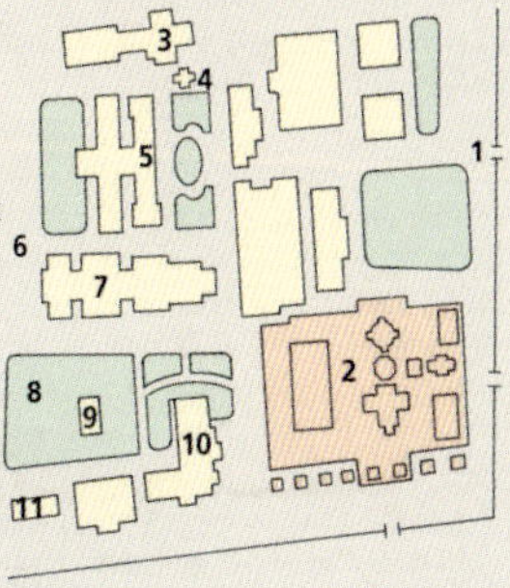

Legende
Wat Phra Kaeo
Gebäude
Grünfläche

Wat Phra Kaeo: Bot und Terrassen

Als Rama I. 1782 die neue Hauptstadt gründete, verfolgte er ehrgeizige Pläne. Ein königlicher Tempel schwebte ihm vor, ein sakrales Ehrenmal der neu gegründeten Chakri-Dynastie, das in Formgebung und Ausschmückung die großen *wat* in den früheren Hauptstädten Sukhothai und Ayutthaya übertreffen sollte. Dieser Vision entsprang der – offiziell Wat Phra Si Rattana Sasadaram genannte – Wat Phra Kaeo oder Tempel des Smaragd-Buddha. Die heilige Buddha-Figur wurde 1785 vom Wat Arun *(siehe S. 70)* in den hiesigen *bot* gebracht.

Die Fassade der Kapelle des Gandharara-Buddha ist aufwendig verziert

Bot und Nachbargebäude

Das heiligste Gebäude der Palastanlange ist der *bot* oder *ubosot* des Wat Phra Kaeo. Er wurde als Schrein für den in Thailand unvergleichlich verehrten Smaragd-Buddha errichtet.

Außen zieren den *bot* Perlmutteinlagen an Türen und Fenstern sowie eine umlaufende Reihe vergoldeter *garuda* am Marmorsockel. Die Treppe zum Haupteingang bewachen *singha* (Löwen) im kambodschanischen Stil.

Im Inneren thront über dem vergoldeten Altar der Smaragd-Buddha in einer Glasvitrine. Die Figur, ein Werk der Lanna-Schule aus dem 15. Jahrhundert, ist aus einem einzigen Jadestein (nicht aus Smaragd) skulptiert und erstaunlich klein: Sie ist 66 Zentimeter hoch und von Knie zu Knie 48 Zentimeter breit. Dreimal im Jahr wechselt der König oder ein prinzlicher Stellvertreter in einer symbolträchtigen Zeremonie die Kleidung der Statue: Die Figur trägt im Sommer Krone und Schmuck, im Winter einen goldenen Umhang und in der Regenzeit eine goldverzierte Mönchsrobe und Kopfschmuck. Das Innere des *bot* schmücken Wandbilder aus der Regierungszeit Ramas III. (1824–51). Sie zeigen Motive aus der buddhistischen Kosmologie (Traiphum), Buddhas Sieg über den Dämon Mara und Szenen aus den Dschataka, den Episoden über die früheren Existenzen des Buddha. Rund um den *bot* stehen zwölf offene *sala* (kleine Pavillons), die zur kontemplativen Ruhe dienen.

Südöstlich des *bot* birgt die **Kapelle des Gandharara-Buddha** (19. Jh.) einen Bronze-Buddha. Die Figur zeigt die Geste, mit der Buddha den Regen herbeiruft, sie kommt bei der königlichen Pflügzeremonie *(siehe S. 58)* zum Einsatz. Die Glocke im nahen Turm ertönt nur zu hohen Anlässen, etwa am Neujahrstag.

Obere Terrasse

Auf der Plattform stehen vier Bauwerke. Der besonders auffällige **Phra Si Rattana Chedi** an der Westseite wurde von Rama IV. (reg. 1851–68) als Schrein für ein Fragment von Buddhas Brustbein errichtet. Rama V. ließ ihn später mit goldenen Ziegeln verkleiden.

Daneben beeindruckt die Bibliothek **Phra Mondop**, die Rama I. als Saal für buddhistische Schriften erbauen ließ. Die Bibliothek ist für die Öffentlichkeit geschlossen, doch allein das prächtige Äußere ist sehenswert. Die javanischen Buddha-Figuren an den vier Ecken sind Kopien von Originalen aus dem 9. Jahrhundert, die im Museum am Eingang zur Palastanlage ausgestellt sind. Vor dem Bau erinnern

Den Eingang zum Phra Mondop bewachen zwei goldene *yaksha*

Wandbild einer Szene aus dem Ramakien im Ramakien-Wandelgang

Denkmäler an die Könige der Chakri-Dynastie sowie Bronzebildnisse an die königlichen weißen Elefanten *(siehe S. 73)* der ersten fünf Herrscher der Dynastie.

Nördlich des *mondop* ließ Rama IV. ein Modell des kambodschanischen Angkor Wat errichten, um seinem Volk Größe und Pracht der Khmer-Architektur des 12. Jahrhunderts zu zeigen.

Das **Königliche Pantheon** mit den Statuen der Chakri-Könige wurde zum Gedenken an die Gründung der Chakri-Dynastie errichtet. Rama IV. hatte die Halle für den Smaragd-Buddha geplant, befand sie jedoch später als zu klein. Das Pantheon ist nur am Chakri-Tag *(siehe S. 38)* öffentlich zugänglich.

Nördliche Terrasse

Der **Ho Phra Nak** wurde im späten 18. Jahrhundert von Rama I. ursprünglich als Schrein für einen aus Ayutthaya geretteten Nak-Buddha (*nak* sind Legierungen aus Gold, Silber und Kupfer) erbaut. Rama III. ließ den Schrein abreißen und errichtete das heutige Bauwerk aus Backstein für die Urnen rangniederer Mitglieder der Königsfamilie. Der Nak-Buddha zog in den benachbarten **Wihan Yot**, einen mit chinesischen Porzellanscherben dekorierten Bau auf dem Grundriss eines griechischen Kreuzes. Die Zweitbibliothek **Ho Phra Monthien Tham** ließ der Bruder Ramas I. erbauen. Die Türfüllungen mit Perlmutteinlagen stammen vom Wat Borom Buddharam in Ayutthaya. Kostbare Schränke bewahren buddhistische Schriften.

Ramakien-Figur vor dem *chedi*

Ramakien-Wandelgang, Prang und Yaksha

Um den Tempelkomplex verläuft der einem Kreuzgang ähnliche Ramakien-Wandelgang, der mit üppigen, restaurierten Wandbildern geschmückt ist – Thailands größte bildliche Darstellung des Ramakien, der Thai-Version des indischen Ramayana. Hauptfigur in dem Epos über den Triumph des Guten über das Böse ist der tugendhafte Held Rama. Die 178 Bilder aus dem späten 18. Jahrhundert müssen wegen der Feuchtigkeit häufig erneuert werden. Auf den Marmorpfeilern zwischen den Bildern erläutern Versinschriften die Geschichte. Sie beginnt gegenüber dem Wihan Yot und setzt sich im Uhrzeigersinn fort.

Jedes Tor zum Wandelgang wird von zwei *yaksha* (Naturgeister, Dämonen) bewacht. Sie wurden unter Rama II. aufgestellt und sollen den Smaragd-Buddha vor bösen Geistern schützen. Jeder *yaksha* verkörpert eine andere Figur aus dem Ramakien.

Die acht verschiedenfarbigen *prang* (Tempeltürme) am Rand des Komplexes sind mit Mosaiken aus chinesischem Porzellan verziert und verkörpern die acht Grundpfeiler des Buddhismus.

Geschichte des Smaragd-Buddha

Thailands heiligstes Bildnis wird vom Volk und von den Königen zutiefst verehrt. 1434 legte ein Blitzeinschlag im *chedi* des Wat Phra Kaeo in Chiang Rai in Nordthailand eine Stuckfigur frei. Der Abt bewahrte sie in seiner Zelle auf, bis unter der abbröckelnden Gipshülle eine Jadestatue hervorkam. Als dies der König von Chiang Mai erfuhr, schickte er ein Heer mit Elefanten los, das ihm die Figur bringen sollte. Der Elefant, der den Smaragd-Buddha trug, weigerte sich jedoch, die Straße zurück nach Chiang Mai einzuschlagen. Die Eskorte sah darin ein Omen und folgte ihm nach Lampang. Die Figur zog später mehrmals um und wurde 1552 nach Laos verbracht. Als Rama I. 1778 Vientiane erobert hatte, kehrte der Smaragd-Buddha nach Thailand zurück. Dort blieb er sechs Jahre lang im Wat Arun. 1784 wurde er an seinen heutigen Platz gebracht.

Der kleine, im *bot* thronende Smaragd-Buddha

Großer Palast: Hallen und Gärten

Der Große Palast entstand mit dem Wat Phra Kaeo. Er diente von 1782 bis 1946 als offizielle Residenz des Königs. Rama V. war der letzte Monarch, der hier wohnte. Heute lebt die königliche Familie im Chitrlada-Palast in Dusit. Im Lauf seiner Geschichte erfuhr der Palast zahlreiche bauliche Veränderungen. Die meisten Gebäude werden nicht genutzt, einige beherbergen Behörden. In der Dusit-Thronhalle und Amarin-Winichai-Halle finden immer noch bedeutende Zeremonien statt.

Dusit-Thronhalle

Die Thronhalle mit dem kreuzförmigen Grundriss wurde 1784 nach dem Vorbild von Ayutthayas großem Sanphet Maha Prasat erbaut. Fünf Jahre später wurde sie vom Blitz getroffen und kleiner wiederaufgebaut. Mit dem verzierten Spitzturm gilt sie als Juwel der frühen Rattanakosin-Architektur. Im Inneren prangt ein Meisterwerk der Thai-Kunst: der Originalthron Ramas I. aus Teak mit herrlichen Perlmutteinlagen. Im Südflügel ist ein Fenster in Thronform zu sehen. Die Halle wird für die jährliche Feier am Krönungstag *(siehe S. 39)* genutzt.

Aphonphimok-Pavillon

Der Holzbau wurde unter Rama IV. errichtet. Er nutzte ihn als Ankleideraum, wenn er in der Dusit-Thronhalle Audienzen gab. Der König entstieg an der schulterhohen ersten Stufe des Pavillons seiner Sänfte und legte dann im Inneren des Baus das für die Angelegenheit angemessene Gewand an. Die klare Gliederung und das Dekor machen das Gebäude zu einem Glanzstück der Thai-Architektur. Rama V. war von dem Pavillon so angetan, dass er ihn im nordthailändischen Bang Pa-in nachbauen ließ.

Die Dächer der Dusit-Thronhalle laufen in eleganten Spitzen aus

Chakri-Thronhalle

Der britische Architekt John Chinitz entwarf die neoklassizistische Große-Palast- oder Chakri-Thronhalle im Auftrag Ramas V. Der imposante, reich verzierte Bau spiegelt den hohen Anlass seiner Errichtung wider: das 100. Jubiläum der Chakri-Dynastie 1882. Der königliche Hof entschied sich allerdings aus Gründen der Ästhetik gegen die ursprünglich geplante Kuppel über der Thronhalle. Stattdessen wurde der Bau im Thai-Stil gedeckt – passend zu den umliegenden Gebäuden.

In der obersten Etage der Zentralen Halle werden die Urnen der Könige aufbewahrt. Im großen Audienzsaal im ersten Stock empfängt der König Botschafter und ausländische Staatsoberhäupter.

Im Chakri-Thronsaal prangen hinter dem Niello-Thron die Wappenzeichen der Dynastie: Diskus und Dreizack. An den Wänden erinnern prunkvolle Gemälde an wichtige diplomatische Ereignisse, etwa an den Empfang des Botschafters Ramas V. durch Queen Victoria in London. Obwohl der größte Teil des Saals der königlichen Familie vorbehalten ist, hat die Öffentlichkeit doch Zugang zu einer beeindruckenden Ausstellung antiker Waffen und Rüstungen. Der Besuch der Ausstellung vermittelt zudem einen Eindruck von der Einzigartigkeit dieses Baus aus dem 19. Jahrhundert.

Elefantenstatue bei der Chakri-Thronhalle

Phra-Maha-Monthien-Komplex

Der miteinander verbundene Gebäudekomplex der »Großen Residenz« der Palastanlage liegt östlich der Chakri-Thronhalle.

Prunkstück des nördlichsten Gebäudes der Gruppe, der **Amarin-Winichai-Halle**, ist der unter Rama I. angefertigte bootsförmige Busabok Mala. Der König bestieg diesen Thron bei Audienzen hinter zwei geschlossenen Vorhängen. Kunstvolle Fanfarenklänge ertönten, wenn sich die Vorhänge öffneten und den Blick auf den Monarchen freigaben, der in seiner weiten, goldenen Robe auf dem »Bug« des Throns zu schweben schien. Auf diese Weise wurden im 19. Jahrhundert auch zwei britische Gesandte empfangen: John Crawfurd von Rama II. und Sir John Bowring von Rama IV. Heute wird die Halle für wichtige Staatszeremonien genutzt.

Besucher bei der Besichtigung der prächtigen Phaisan-Thaksin-Halle

Nur das Königspaar und seine Kinder dürfen das Tor zur **Phaisan-Thaksin-Halle** passieren. Dort pflegte Rama I. mit der Familie, Freunden und Mitgliedern des Hofs zu speisen. 1809 fand in der Halle die Krönungszeremonie Borom Rachaphisek für Rama II. statt. Rama IV. ließ auf dem Altar die verehrte Wächterfigur Phra Siam Thewathirat aufstellen.

Das dritte Gebäude ist die **Chakraphat-Phiman-Halle**. Sie diente den ersten drei Chakri-Königen als Privatresidenz. Noch heute verbringt der König die erste Nacht nach seiner Krönung hier.

Innerer Palast

Zur Linken der Chakri-Thronhalle führt ein Tor zum Eingang des – nicht zu besichtigenden – Inneren Palasts. Dort lebten bis zur Zeit von Rama VII. ausschließlich die Frauen und Töchter der königlichen Familie. Außer den Söhnen, die mit der Pubertät ausziehen mussten, lebte der König als einziger Mann im Inneren Palast. Dieser funktionierte wie ein separater Stadtstaat mit eigener Regierung, Gesetzgebung und Gefängnis. Für Ordnung sorgten die gefürchtete »Direktorin des Innern« und eine kleine, uniformierte Polizeieinheit.

Rama III. ließ die baufälligen Holzhäuser renovieren, Rama V. für seine Gespielinnen im späten 19. Jahrhundert kleine Paläste im viktorianischen Stil erbauen. Mit Rama VI., der monogam lebte, leerte sich der Palast allmählich, um schließlich ganz zu verfallen.

Zu den noch genutzten Einrichtungen gehört das Pensionat, das Töchtern der Thai-Oberschicht die richtigen Umgangsformen und eine Vielzahl von Fertigkeiten lehrt, etwa das Arrangieren von Blumen und die königliche Thai-Kochkunst.

Siwalai-Garten

Der reizende Garten östlich des Inneren Palasts ist für die Öffentlichkeit generell nicht zugänglich. Die dortige Privatkapelle **Phra Buddha Ratana Sathan** entstand unter König Rama IV. Den Pavillon aus grauem Marmor zieren weißblaue Glasmosaiken. Die marmornen *bai sema* (Grenzsteine) tragen die Insignien von Rama V., der sie hier platzieren ließ, von Rama II., unter dem der Garten angelegt wurde, und von Rama IV.

Die neoklassizistische **Boromphiman-Villa** ließ Rama V. 1903 als Kronprinzenresidenz für den späteren Rama VI. erbauen. Auch Rama VII., Rama VIII. und Rama IX. (König Bhumibol) lebten vor ihrer Thronbesteigung in der Villa, die nun als Gästehaus für Staatsbesuche dient.

Audienzsaal

Das zwischen Thewaphithak- und Sakchaisit-Tor gelegene, reizende Gebäude namens Phra Thinang Sutthaisawan Prasat ist von außerhalb der Palastmauer einzusehen. Es wurde von Rama I. für die »Zaungäste« königlicher Zeremonien und des Elefantentrainings als Holzbau errichtet, von Rama III. mit Backstein verstärkt und später mit dem krönenden Turm, gusseisernen und anderen Zierelementen verschönert.

Die Boromphiman-Villa, ein Entwurf von Hercules Manfredi

❷ Wat Pho
วัดโพธิ์

Siehe S. 68f.

❸ Museum of Siam
พิพิธภัณฑ์สยาม

Sanam Chai Rd. **Stadtplan** 5 C1. 02225-2777. 12, 47; AC: 3, 82. Tien. Di–So 10–18 Uhr. 1. Jan, Songkran, 31. Dez. **museumsiam.org**

Das Museum liegt in einem 1922 vom italienischen Architekten Mario Tamagno erbauten Gebäude. Über drei Stockwerke erstrecken sich interaktive Ausstellungen. Sie thematisieren Thailands Geschichte, das dörfliche Leben und den Buddhismus.

❹ Wat Ratchapradit
วัดราชประดิษฐ์

Saran Rom Rd. **Stadtplan** 2 D5. 02223-8215. 42; AC: 503. Tien. tägl. 5–22 Uhr.

Diesen kleinen Tempel ließ Rama IV. Mitte des 19. Jahrhunderts aus Materialien erbauen, die das Streben nach architektonischer Synthese von Ost und West untermauern. Der große *wihan* (Versammlungshalle) des reich verzierten Tempels ist in kühlem grauem Marmor gehalten. Seine Wandbilder aus dem späten 19. Jahrhundert illustrieren Feste aus dem Thai-Mondkalender.

Zum *wat* gehören weitere schöne Gebäude, so elegante Pavillons, *prang* im Khmer-Stil und ein *chedi* aus grauem Marmor.

Eingang zur buddhistischen Hochschule des Wat Mahathat

❺ Wat Mahathat
วัดมหาธาตุ

Na Phra That Rd. **Stadtplan** 1 C4. 02221-5999. AC: 203, 506. Chang, Maharaj. tägl.

Der große, viel besuchte Tempel lockt eher mit seiner Atmosphäre als seiner Architektur. *Wihan* und *bot* (18. Jh.) wurden 1844 und 1851 neu gebaut. Der Name des »Tempels der großen Reliquie« stammt von dem *mondop*, der (selten in Bangkok) ein kreuzförmiges Dach hat.

Der *wat* ist das Zentrum des Mahanikai-Mönchsordens sowie Sitz einer der beiden buddhistischen Hochschulen Bangkoks. Man kann an Meditationskursen teilnehmen (um 13 und 18 Uhr nahe den Mönchsquartieren). Auf dem Tempelmarkt werden traditionelle Heilkräuter sowie am Wochenende viele andere Waren verkauft.

❻ Nationalmuseum
พิพิธภัณฑสถานแห่งชาติ

1 Na Phra That Rd. **Stadtplan** 1 C4. 02224-1333. 15, 19, 32, 39, 53, 59, 70; AC: 3, 6, 7. Phra Athit. Mi–So 9–16 Uhr.

Das Nationalmuseum besitzt eine der größten Sammlungen Südostasiens und vermittelt einen hervorragenden Einblick in Thailands Geschichte und Kunst. Das Gebäude war ursprünglich die Residenz des Vizekönigs. Es wurde im Jahr 1887 von Rama V. in ein Museum umgestaltet, das die große Vergangenheit und das reiche Kulturerbe Thailands präsentieren sollte.

Zwei der Museumsgebäude – der Wang-Na-Palast aus dem 18. Jahrhundert und die Buddhaisawan-Kapelle – sind selbst Kunstwerke. Die 1787 erbaute Kapelle ist mit Wandbildern aus der Rattanakosin-Periode ausgeschmückt. Sie hütet zudem den Phra Buddha Sihing, eine der heiligsten Buddha-Darstellungen nach dem Smaragd-Buddha. Die Figur im Sukhothai-Stil soll das Vorbild für drei weitere existierende Bildnisse sein. Der Wang-Na-Palast bewahrt eine große Sammlung, deren Objekte von antiken Waffen bis zu Schattenpuppen reichen.

Sukhothai-Buddha aus Bronze, Nationalmuseum

Zwei Flügel des Museums, die sich um den Wang-Na-Palast gruppieren, sind der bildenden Kunst gewidmet. Hier kann man bedeutende Werke bewundern, etwa das Rad der Lehre im Dvaravati-Stil. Das Steinrad aus dem 8. Jahrhundert steht auf einer Hirschfigur und symbolisiert Buddhas erste Predigt in Sarnath. Ein großartiger Sukhothai-Buddha aus dem 14. Jahrhundert ist aus Bronze gefertigt und mit rotem Lack und Gold überzogen. Die historisch bedeutenden Kunstwerke des Museums sind exemplarisch für die ver-

Darstellung eines Fests im Haupt-*wihan* des Wat Ratchapradit

In der Buddhaisawan-Kapelle im Nationalmuseum

schiedenen Stile der Rattanakosin-, Sukhothai-, Lanna- und Ayutthaya-Epochen. Interessant ist auch die Abteilung für thailändische Geschichte, die einen Überblick von der Frühgeschichte bis heute bietet.

In der sehenswerten Abteilung der königlichen Bestattungswagen ist eine Führung (Mi, Do 9.30 Uhr) empfehlenswert, da die Prunkwagen unzureichend beschriftet sind.

7 Königliches Barkenmuseum

พิพิธภัณฑ์เรือพระที่นั่ง

Khlong Bangkok Noi. **Stadtplan** 1 B3. 02424-0004. Langboot vom Chang-Pier nach Wang Lang. tägl. 9–17 Uhr.

Seit 1967 hütet das Museum in einer riesigen Lagerhalle die königlichen Barken. Zu sehen sind auch Bilder von Ayutthaya-Barken in Schlachten und Paraden sowie Fotografien von königlichen Barkenzeremonien aus den letzten 150 Jahren. Sie wurden oft auf Postkarten und Broschüren als Sinnbild für Thailands Pracht abgedruckt. Die Boote sind Rekonstruktionen jener Barken, die Rama I. (reg. 1782–1809) vor über 200 Jahren im Ayutthaya-Stil erbauen ließ.

Die meisten der königlichen Barken wurden 1981 sorgfältig überholt. Die Prachtexemplare werden nur bei außergewöhnlichen Anlässen eingesetzt, etwa 1982 zur 200-Jahr-Feier von Bangkok oder zum 60. Geburtstag des amtierenden Königs, Rama IX. Zu solchen Gelegenheiten fahren über 50 Barken mit rund 2000 Seekadetten in traditionellen Uniformen auf dem Chao Phraya.

Mitten im Museum prangt Supphanahongsa (»Goldener Schwan«), die bedeutendste Barke. Sie ist aus einem einzigen Teakstamm gebaut, 50 Meter lang und 15 Tonnen schwer. 64 geschulte Matrosen sind erforderlich, um sie zu bewegen. Aus ihrem Bug ragt der Kopf des mythischen Vogels Hongsa. Den Bug der Barke Anantanagaraj zieren eine vielköpfige *naga* (Schlangenwesen) und eine Buddha-Figur. Sie wird zum Transport von Mönchsroben genutzt. Die Narai Song Suban Rama IX ist die erste Barke, die unter Rama IX. (Bhumibol) gebaut wurde.

8 Wat Rakhang

วัดระฆัง

Soi Wat Rakhang. **Stadtplan** 1 B5. 42, 82. Chang–Wat Rakhang. tägl.

Der Wat Rakhang ist einer der letzten großen Tempel, die Anfang des 19. Jahrhunderts unter Rama I. erbaut wurden. Die schönen Wandbilder im großen *wihan* malte 1922/23 der Mönch Phra Wanawatwichit. Sie zeigen noch heute identifizierbare Stadtansichten von Bangkok. Obwohl sich die Stadt gründlich verändert hat, ist etwa der Große Palast auf der anderen Flussseite leicht zu erkennen. Ein Wandbild zeigt den Großen Palast inmitten einer fiktiven Schlacht, ein anderes eine prächtige Parade der königlichen Barken.

Rama I. lebte vor seiner Inthronisation in der hölzernen Bibliothek *(ho trai)* des Wat Rakhang im Westen der Anlage. Meisterhaft sind die geschnitzten Dachstützen sowie die gold-schwarzen Türen. Im Inneren der Bibliothek zeigen Wandgemälde Szenen aus dem Ramakien *(siehe S. 63)* sowie Porträts von Rama I.

Hölzerne Fassade der erhöht gebauten Bibliothek des Wat Rakhang

❷ Wat Pho

วัดโพธิ์

Der Wat Pho, offiziell Wat Phra Chetuphon, ist Bangkoks ältester und größter Tempel und Sitz von Thailands bedeutendster Bildungsinstitution. Im Vergleich zum Großen Palast *(siehe S. 60–65)* wirkt die Anlage lebhaft und weniger erhaben. Sie wurde im 16. Jahrhundert gegründet, ab 1780 unter Rama I. restauriert und erweitert. 1832 ließ Rama III. die Kapelle des Liegenden Buddha erbauen und wandelte den Tempel in eine Bildungsstätte um. Heute ist der Wat Pho ein Zentrum für traditionelle Medizin, angeschlossen ist das Massage-Institut. Im Kloster an der Chetuphon Road leben rund 300 Mönche.

Wihan
Vier *wihan* – hier der westliche – gruppieren sich um den *bot*.

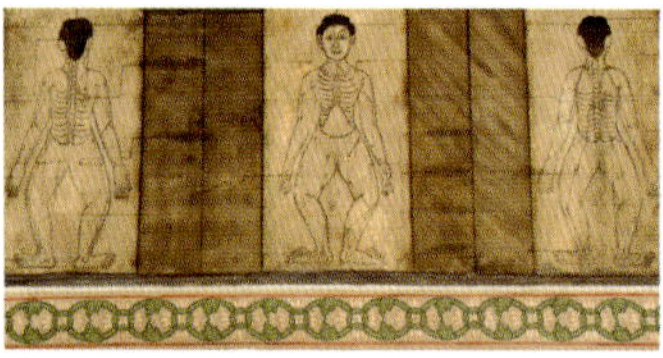

★ Pavillon der Medizin
Die Steinreliefs der Innenwände des – zum Souvenirladen umgewandelten – Pavillons zeigen Massagepunkte.

★ Liegender Buddha
Die 46 Meter lange vergoldete Backstein-Gips-Figur füllt den ganzen *wihan*.

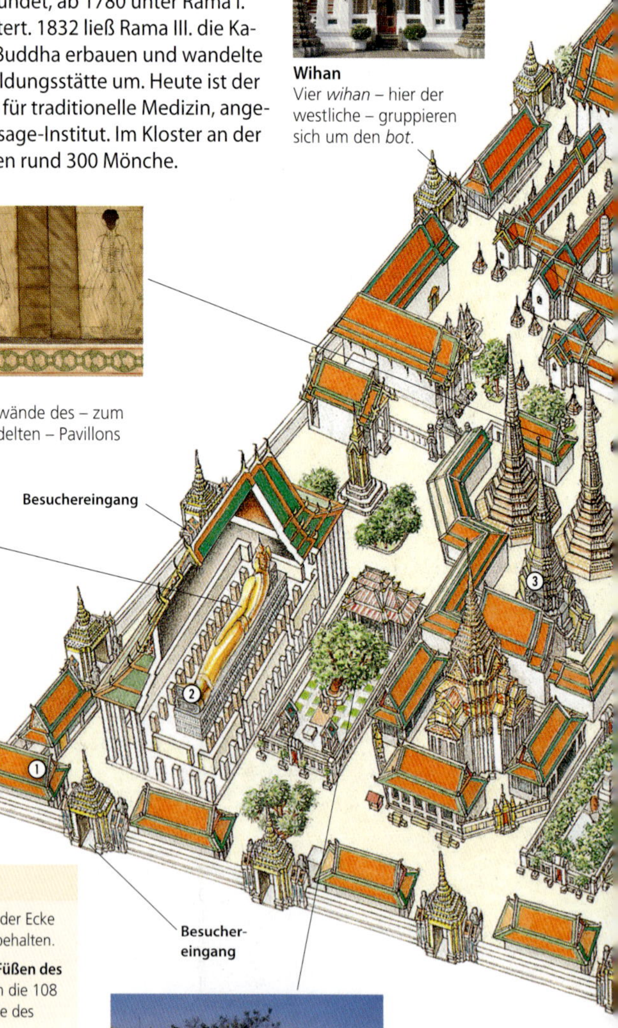

Außerdem

① **Die kleinen Bauten** in der Ecke des *wat* sind Kindern vorbehalten.

② **Die Intarsien auf den Füßen des Liegenden Buddha** stellen die 108 *lakshanas* dar, die Symbole des wahren Buddha.

③ **Der Chedi Phra Si Sanphet** hütet die Reste einer verehrten Buddha-Statue.

④ ***Farang*-Wächter** stehen an den inneren Toren. Die Steinstatuen mit großen Nasen, Bärten und Hüten sind Karikaturen von Europäern.

Bodhi-Baum
Er soll ein Ableger jenes wilden Feigenbaums sein, unter dem Buddha in Indien meditierte.

Infobox

Information
Sanam Chai Rd. **Stadtplan** 5 C1. 02226-0335. tägl. 8–18.30 Uhr. **Massage-Institut** 02622-3551. tägl. 8.30–18 Uhr.

Anfahrt
25, 32, 44; AC: 1, 6, 12.
Tien, Chang, Rachinee.

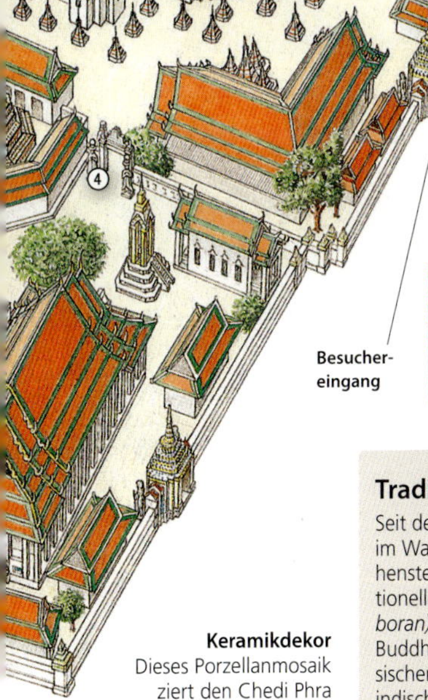

Zentraler Bot
Der *bot* hütet die Bronzefigur eines meditierenden Buddha, die der Bruder Ramas I. aus Ayutthaya rettete. Reliefs mit Szenen aus dem Ramakien *(siehe S. 63)* zieren den Außensockel des Baus und die Innentüren.

Miniaturberge
Kleine Steinberge stehen auf dem ganzen Areal. Auf diesem Felsen am südlichen *wihan* zeigen die Statuen nackter Eremiten Positionen der Heilmassage.

Keramikdekor
Dieses Porzellanmosaik ziert den Chedi Phra Si Sanphet.

Traditionelle Massage

Seit den 1960er Jahren residiert im Wat Pho Bangkoks angesehenste Massageschule. Die traditionelle Thai-Massage *(nuat paen boran)* entstand zu Lebzeiten Buddhas und ist mit der chinesischen Akupunktur und dem indischen Yoga verwandt. Die Masseure des *wat* lindern etwa durch das Dehnen von Gliedern und Rumpf Beschwerden – von Verspannungen bis Viruserkrankungen. Besucher können sich massieren lassen oder an Kursen (auch auf Englisch) teilnehmen.

Traditionelle Thai-Massage im Massage-Institut

Treppe zum zentralen *prang* des Wat Arun, Bangkok

⑨ Wat Arun

วัดอรุณราชวราราม

Arun Amarin Rd. **Stadtplan** 5 B1. 🚌 1, 25, 44. ⛴ Tien–Wat Arun. ◯ tägl. 8.30–17.30 Uhr.
W **watarun.net**

Namensgeberin des Wat Arun (bzw. Arun Ratchawararam) ist Aruna, der Gott der Morgenröte. Der Tempel ist eine Landmarke in Bangkok und besonders schön, wenn man ihn bei Sonnenuntergang von der anderen Flussseite aus betrachtet. Der Sage nach traf König Taksin (reg. 1779–82) im Oktober 1767 an dieser Stelle bei Sonnenaufgang aus der zerstörten Hauptstadt Ayutthaya ein. Er ließ den schon existierenden winzigen Tempel zur königlichen Kapelle ausbauen.

Das Bauwerk wurde unter Rama I. (reg. 1782–1809) und Rama II. (reg. 1809–24) ausgebaut und verziert. In ihrer Regierungszeit wuchs der Tempel zu seiner aktuellen Größe. Der zentrale *prang* ist 79 Meter hoch (Basisumfang 234 m). Die bunten Porzellanscherben, die den *prang* detailreich mit Darstellungen von Göttern und Dämonen zieren, dienten einst den Handelsschiffen von China als Ballast. Als die Scherben nicht mehr ausreichten, bat der König sein Volk um Porzellanspenden, um das Bauwerk vollenden zu können. Eingeführt wurde die Dekorform von Rama III. (reg. 1824–51). Der vor allem von der Khmer-Architektur beeinflusste Baustil ist einmalig in Thailand.

Auf den zentralen *prang* führt eine steile Treppe. Sie wird von Gläubigen als Symbol für den Weg zur Erleuchtung gesehen. Gekrönt wird der *prang* von einem Donnerkeil, der den Zustand der Erleuchtung symbolisiert. Die vier kleineren *prang* an den Ecken des *wat* bewahren Statuen des Windgottes Phra Phai (oder Nayu). Die detailreichen *mondop* (Altäre) zwischen den kleineren *prang* hüten Buddha-Statuen. Die Figuren zeigen jeweils eine bedeutende Station seines Lebens: Geburt, Meditation, die erste Predigt und das Nirwana. Die imposante Buddha-Statue im *bot* neben den *prang* soll Rama II. selbst gefertigt haben. Zwei Wächterfiguren, Charaktere aus dem Ramakien, beschützen den *wat* an der Vorderseite. Die Anlage wird von acht *yaksha* (Naturgeister) bewacht.

Thailands größte Bronzeglocke im Turm des Wat Kalayanimit

⑩ Wat Kalayanimit

วัดกัลยาณมิตร

Soi Wat Kanlaya. **Stadtplan** 5 B2. 🚌 5, 19, 73 nach Pak Khlong Talad, dann vom Pier aus mit der Fähre über den Fluss. ◯ tägl. 8.30–16.30 Uhr.

Die Anlage zählt zu den fünf Tempeln, die unter Rama III. in Bangkok entstanden. Vom Faible des Monarchen für chinesisches Dekor zeugen der *chedi* und die aufwendigen Statuen im Hof. Diese dienten als Ballast in den entladenen Reisdschunken, die von China nach Thailand zurücksegelten.

Der *wihan* bewahrt einen mächtigen Sitzenden Buddha. Der Tempel besitzt zudem Thailands größte Bronzeglocke.

Die nahe Festung **Wichai Prasit** am anderen Ufer des Khlong Bangkok Yai entstand in der Ayutthaya-Zeit *(siehe S. 44f)*. Von ihrem Standort ließ sich der Flussweg nach Thonburi gut bewachen.

⑪ Wat Ratchabophit

วัดราชบพิธ

Fuang Nakhon Rd. **Stadtplan** 2 D5. ☎ 02222-3930. 🚌 12, 15, 53. ⛴ Tien. ◯ tägl. 5–20 Uhr.

Die runde Struktur des Wat Ratchabophit ist eine gelungene Mischung aus asiatischen und westlichen Baustilen. Der

Detail der Porzellanfliesen im Tempelkomplex des Wat Ratchabophit

Bau des Tempels begann im Jahr 1869 unter Rama V. (reg. 1868–1910) und dauerte über 20 Jahre. Die Porzellanfliesen der Anlage wurden auf Bestellung in China angefertigt. Das Zentrum des *wat* ist der vergoldete ceylonesische *chedi*. Er ist von der Terrasse aus gemessen 43 Meter hoch.

Im Inneren des *wat* befinden sich vier Buddha-Bildnisse, die jeweils in eine andere Himmelsrichtung blicken. Vom kreisförmigen Wandelgang erreicht man den *bot* im Norden, den *wihan* im Süden und je einen kleineren *wihan* im Osten und Westen – eine ungewöhnliche Anordnung für einen Thai-*wat*.

Asiatisch-westliche Elemente prägen die ganze Anlage. Die zehn Türen und 28 Fenster des *bot* sind mit Thai-Intarsien aus Perlmutt verziert. Sie zeigen die Insignien der fünf königlichen Orden. Über der Tür ist das Siegel von Rama V. zu sehen. Die bunt bemalten Wächterfiguren an den Türen sind ausgesprochen *farang* (europäisch). Das Innere ist verblüffenderweise im Stil der italienischen Renaissance gehalten.

Vom Tempel aus erreicht man parallel zum Khlong Lot den faszinierenden, wenig besuchten königlichen Friedhof. Die Monumente der Familie Ramas V. sind ein exzentrischer Mix aus Khmer-, Thai- und europäischen Stilen.

⓬ Wat Suthat und die Große Schaukel

วัดสุทัศน์และเสาชิงช้า

Bamrung Muang Rd. **Stadtplan** 2 E5. 02222-6935. 12, 15, 42, 56, 96. tägl. 8.30–16 Uhr.

Der berühmte Wat Suthat wurde 1807 unter Rama I. begonnen und unter Rama III. fertiggestellt. Es ist ein Tempel der Superlative. Sein *wihan* ist der größte in Bangkok und ein Paradebeispiel des Rattanakosin-Stils. Sein acht Meter hoher Haupt-Buddha ist eine der größten erhaltenen Bronzestatuen aus Sukhothai. Die Wandbilder im riesigen *wihan* gehören zu den berühmtesten des Landes. Erstaunlich komplex zeigen sie das Traiphum, die buddhistische Kosmologie. Die Teaktüren des *wihan* besitzen je fünf kunstvoll geschnitzte Türfüllungen und sind sechs Meter hoch. (Die von Rama II. geschnitzten befinden sich im Nationalmuseum.) Den Wandelgang rund um den *wihan* säumen 156 goldene Buddha-Figuren.

Goldene Buddha-Statue, Wat Suthat

Die Große Schaukel für brahmanische Zeremonien stand 224 Jahre auf dem Platz vor dem *wat*, bis sie schließlich 2007 zum Devasathan-Brahmin-Tempel verbracht wurde. Die neue Schaukel wurde aus sechs 100 Jahre alten Teakbäumen gefertigt.

⓭ Wat Bowonniwet

วัดบวรนิเวศ

248 Phra Sumen Rd. **Stadtplan** 2 D4. 02281-2831. 12, 56. tägl. 8–20 Uhr.

Auf einem baumbestandenen Grundstück versteckt steht dieser chinesisch angehauchte Tempel. Er wurde Mitte des 19. Jahrhunderts unter Rama III. erbaut. Den zentralen vergoldeten *chedi* des *wat* flankieren zwei symmetrische Kapellen. Die Wandbilder im *wat* werden dem berühmten Malermönch Khrua In Khong zugeschrieben. Der mit westlichen Techniken vertraute Hofmaler Ramas IV. (reg. 1851–68) führte die Perspektive in die Thai-Malerei ein. Seine Wandgemälde wirken auf den ersten Blick europäisch, auf den zweiten Blick erkennt man jedoch die buddhistischen Allegorien traditioneller Thai-Malerei. Auf die läuternde Kraft des Buddhismus verweist beispielsweise die Darstellung eines Arztes, der einen Blinden heilt. Die Gemälde sind umso bemerkenswerter, als Khrua In Khong niemals den Westen bereist hatte. Beachtung verdient auch der bronzene Phra Buddha Chinasara. Der Haupt-Buddha des *wat* ist ein Meisterwerk aus der Sukhothai-Zeit *(siehe S. 44)*.

Der *wat* beherbergt Thailands zweitgrößte buddhistische Hochschule (die buddhistische Buchhandlung gegenüber führt auch englischsprachige Literatur) und ist Zentrum der strengen buddhistischen Tammayut-Schule. Diese wurde von Rama IV. gegründet, der hier während seiner 27-jährigen Mönchsphase als Abt wirkte. Einige seiner Nachfolger, darunter Bhumibol (Rama IX.), lebten ebenfalls eine Weile als Mönche im Tempel.

Der Komplex des Wat Bowonniwet liegt relativ abgeschieden

Singha bewachen den Eingang zum Wat Benchamabophit

⓮ Wat Benchamabophit

วัดเบญจมบพิตร

69 Rama V Rd. **Stadtplan** 3 A3. ☎ 02281-2501. 🚌 72; AC: 503. ⏰ tägl. 8.30–17.30 Uhr. 🎫

Der jüngste große Tempel im Zentrum Bangkoks spiegelt den europäischen Einfluss auf die Thai-Architektur wider. 1899 beauftragte Rama V. seinen Bruder, Prinz Naris, und den italienischen Architekten Hercules Manfredi, einen *bot* und Wandelgang als Ersatz für den einstigen Ayutthaya-Tempel zu entwerfen. Der neue *wat* wurde mit grauem Carrara-Marmor verkleidet und deshalb auch »Marmortempel« genannt.

Der *bot* ist ein elegant proportionierter Bau mit kreuzförmigem Grundriss und gestaffelter Dachlandschaft. Hier bestechen exquisite Stilsynthesen, etwa die viktorianischen Bleiglasfenster mit Szenen aus der Thai-Mythologie. Der *bot* hütet die Asche Ramas V. und eine Kopie des verehrten Phra Buddha Chinnarat von Phitsanulok, eine meisterhafte bronzene Buddha-Figur aus der späten Sukhothai-Zeit (14. Jh.). Die 53 Buddha-Bildnisse im Wandelgang erwarb Rama V. in Thailand und anderen buddhistischen Ländern.

Den *wat* schmückt eine von drei mit Perlmutt eingelegten Türen, die aus dem Wat Borom Buddharam in Ayutthaya geborgen wurden. Sehenswert sind auch die schönen Fresken im einstigen Mönchsquartier von Rama V., die verschiedene Ereignisse seiner Regentschaft darstellen.

Am Wat Benchamabophit lassen sich gut klösterliche Zeremonien beobachten, etwa buddhistische Prozessionen. Während andernorts die Mönche frühmorgens auf Almosenrunde gehen, bleiben sie vor diesem *wat* in der Nakhon Pathom Road in einer Reihe stehen und bekommen dort von Spendern ihr Essen gereicht.

⓯ Dusit-Park

สวนดุสิต

Siehe S. 74f.

⓰ Dusit-Zoo

สวนสัตว์ดุสิต (เขาดิน)

Rama V u. Ratchawithi Rd. **Stadtplan** 3 A2. ☎ 02282-6125. 🚌 AC: 510, 515. ⏰ tägl. 8–18 Uhr. 🎫 **W zoothailand.org**

Der Dusit-Zoo bildet einen grünen Keil zwischen Dusit-Park und Chitrlada-Palast und gehört zu den besseren Tiergärten in Asien. Manche Gehege sind zwar sehr beengt, doch Vögel und größere Säugetiere wie Tiger, Bären, Elefanten und Flusspferde haben genügend Bewegungsfreiheit. Das Gelände, einst der botanische Privatgarten Ramas V., lädt mit tropischen Pflanzen, Rasenflächen, Seen und Hainen zu geruhsamen Spaziergängen ein. Spaß und Unterhaltung bieten zudem Reitelefanten und Tierfütterungen – hier vergnügen sich Einheimische und Besucher.

Besucher auf Entdeckungsfahrt im Dusit-Zoo

Hotels und Restaurants in Bangkok *siehe Seiten 294f und 308–310*

Der Goldene Hügel, ein markantes Wahrzeichen von Bangkok

⓱ Wat Saket und der Goldene Hügel

วัดสระเกศและภูเขาทอง

Chakkaphatdi Phong Rd. **Stadtplan** 2 F5. 15, 37, 47, 49. tägl. 7.30–17.30 Uhr. Tempelfest am Goldenen Hügel (Nov).

Der unter Rama I. Ende des 18. Jahrhunderts erbaute Wat Saket gehört zu Bangkoks ältesten Tempeln. Im 19. Jahrhundert diente er – makabrerweise – als Krematorium, in dem die Leichen der Armen oft den Geiern und Hunden überlassen wurden.

Der erste Goldene Hügel wurde unter Rama III. konstruiert, sank jedoch in dem weichen Boden ein. Erst unter Rama V. besaß man die notwendige Technik für die 76 Meter hohe symbolische Darstellung des mythischen Bergs Meru: ein Hügel mit einem goldenen Turm auf der Kuppe. Angeblich birgt er die Buddha-Reliquien, die der Vizekönig von Indien Rama V. überreichte. Eine von Monumenten und Grabmälern gesäumte Treppe führt zum Schrein auf dem Gipfel. Oben reicht der Blick zum Großen Palast *(siehe S. 60–65)*, Wat Pho *(siehe S. 68f)*, Wat Arun *(siehe S. 70)* und zum Fort Mahakan, einem der 14 alten Wachtürme der Stadtmauer.

Bis in die 1960er Jahre war der Goldene Hügel eine der höchsten Erhebungen Bangkoks. Heute wird er zwar von Wolkenkratzern deutlich überragt, die goldene Spitze ist jedoch ein Wahrzeichen der Stadt geblieben.

Das Tempelfest mit einer Lichterprozession im November ist sehr beliebt.

⓲ Monk's Bowl Village (Ban Bat)

บ้านบาตร

Bamrung Muang Rd, Soi Ban Bat. **Stadtplan** 2 F5. AC: 508.

Mit den vor 2500 Jahren eingeführten Almosenschalen gehen in vielen buddhistischen Ländern die Mönche frühmorgens zum Sammeln. In Bangkok werden die Schalen seit Ende des 18. Jahrhunderts nach alter Tradition im Monk's Bowl Village gefertigt.

Das »Mönchsschalendorf« zog sich einst bis zum Wat Saket, ist aber heute auf drei Häuser und wenige Werkstätten geschrumpft und im Labyrinth der *soi* schwer zu finden. Die Schalen werden aber auch am Wat Suthat *(siehe S. 71)* verkauft. Für die zeitaufwendige Herstellung einer Schale braucht man acht Metallstücke – die acht Speichen des Dharma-Rads. Zuerst wird ein Teil kreisförmig zum Rand gehämmert, dann drei Teile zu einem kreuzförmigen Rahmen. Vier dreieckige Stücke bilden die Seiten. Nach dem Schweißen im Schmiedeofen wird die Schale geformt, poliert und abermals erhitzt, was ihr einen Schimmer wie Email verleiht. Nur rund 20 Schalen werden täglich im Ban Bat produziert.

In Zentrum des umgebenden Gassenlabyrinths fasziniert ein Schrein, der aus alten chinesischen Blasebälgen gebaut wurde.

Ein Handwerker bei der Arbeit im Monk's Bowl Village

Königliche weiße Elefanten

Weißer Elefant, Illustration, Handschrift

Die Bedeutung des *chang samkhan*, des weißen Elefanten, in Thailand basiert auf einer 2500 Jahre alten Legende. Sie besagt, dass die bis dahin unfruchtbare Königin Maya mit dem zukünftigen Buddha schwanger wurde, nachdem ihr im Traum ein weißer Elefant in den Leib eingegangen war. Seit der Zeit von König Ramkhamhaeng (reg. 1279–98) wird die Bedeutung eines Monarchen auch daran gemessen, wie viele der prestigeträchtigen weißen Elefanten er besitzt. Bis 1917 zierte der weiße Elefant als Nationalsymbol sogar die siamesische Flagge. In der Umgangssprache bedeutet ein »weißer Elefant« jedoch eine große und unnütze Ausgabe – schließlich müssen weiße Elefanten als exklusiver Besitz des Königs nicht arbeiten, werden aber aufwendig gehalten. Die meisten weißen Elefanten sind keine Albinos. Der Tradition zufolge müssen insgesamt sieben Körperpartien – Augen, Gaumen, Nägel, Haut, Hoden, Körper- und Schwanzhaar – weißlich gefärbt sein, damit Elefanten als weiß gelten.

⓯ Dusit-Park

สวนดุสิต

Der herrliche Park ist die Hauptattraktion in Dusit. Nachdem Rama V. als erster Thai-Monarch Europa besucht hatte, machte er sich mit Elan daran, Bangkok im westlichen Stil zu gestalten. Diesen Bemühungen entsprang der Dusit-Park mit gepflegten Gärten, eleganten Bauten und Teakholzvillen. Glanzlichter sind das Vimanmek Mansion – der größte Teakholzbau der Welt – und die anmutige Thronhalle Abhisek Dusit mit dem SUPPORT-Museum für traditionelles Kunsthandwerk. Ein Besuch des Parks und des benachbarten Zoos *(siehe S. 72)* beansprucht einen ganzen Tag.

Pagode im Dusit-Park

Königliches Elefantenmuseum
Das Museum in den ehemaligen Ställen der königlichen Elefanten präsentiert verschiedenste Objekte, etwa Amulette der *mahout*, Stoßzähne, Fotos und eine Figur des Lieblingselefanten des derzeitigen Königs.

König Bhumibols Fotomuseum
Die meisten der hier ausgestellten Fotografien sind Aufnahmen der königlichen Familie. Sehr viele sind Werke des derzeitigen Königs und leidenschaftlichen Fotografen Rama IX.

Außerdem

① **Grenzmauer**

② **Rang- und Porträtmuseum**

③ **Kanal**

④ **Brücke**

⑤ **Kasse**

⑥ **Im Museum für alte Uhren** sind jene Uhren ausgestellt, die König Rama V. und König Rama IX. auf ihren vielen Auslandsreisen gekauft haben.

Museum für antike Textilien
Die Sammlung umfasst Luxusgewänder der Könige Rama IV. und Rama V. Präsentiert werden zudem verschiedene Arten von Thai-Seide aus allen Landesteilen.

★ Thronhalle Abhisek Dusit
In dem weißen, fantasievoll verzierten Gebäude präsentiert das sehenswerte SUPPORT-Museum eine große Sammlung traditionellen Kunsthandwerks, darunter Preziosen aus den bunt schillernden Flügeln von Schmuckkäfern.

Infobox

Information
Stadtplan 2 F2. 02628-6300-9. tägl. 9–16 Uhr. während höfischer Zeremonien. Royal Mansion Ticket, 30 Tage lang gültig für Park und alle Gebäude. **Vimanmek Mansion** Di–So 9.30–15.15 Uhr (Tickets bis 15 Uhr). **vimanmek.com**
SUPPORT-Museum
tägl. 9.30–15.15 Uhr.
palaces.thai.net

Anfahrt
18, 28, 70; AC: 70, 515.

Seepavillon
Der elegante Pavillon hinter dem Vimanmek Mansion gibt den Blick über den See frei. Am anderen, nicht zugänglichen Ufer stehen wunderhübsche traditionelle Thai-Häuser.

★ Vimanmek Mansion
Der dreigeschossige Teakholzbau erinnert mehr an eine Kolonialvilla als an einen Thai-Palast. Sämtliche Teile sind mit Holzzapfen statt Nägeln verbunden, die Räume mit erlesenem Inventar ausgestattet.

Stadtplan Bangkok *siehe Seiten 88–99*

⑲ Phahurat-Markt

ตลาดพาหุรัด

Phahurat-Chak Phet Rd. **Stadtplan** 6 D1. 🚌 7, 25, 40, 53, 56; AC: 507.

Der vorwiegend indische Markt lockt mit Genüssen und Aromen des Subkontinents. Auf dem auf Textilien spezialisierten Hauptbasar um Phahurat und Chak Phet Road verkaufen Händler alles von der Tischdecke bis zum Hochzeitssari. Der Markt ist ideal, um indische Accessoires wie Sandalen und Schmuck zu kaufen. Es gibt auch vielfältige Gewürze und Räucherwaren. In der Umgebung locken indische Schnellrestaurants und Samosa-Stände. Abseits der Chak Phet Road steht der Sikh-Tempel Shri Guru Singh Sabha.

⑳ Pak-Khlong-Markt

ปากคลองตลาด

Maharaj Rd. **Stadtplan** 5 C2. 🚌 2, 5; AC: 501, 512. ⛴ Rachinee, Pak Khlong. 🕘 tägl.

Der Pak-Khlong-Markt versorgt die Stadt rund um die Uhr mit frischem Gemüse und Blumen. Nirgendwo in Thailand findet man ein breiteres Blumensortiment. Ab 1 Uhr morgens werden vor allem Rosen, Orchideen, Lotosblumen, Jasmin und sogar holländische Tulpen angeliefert. Am üppigsten ist die Blütenpracht gegen 9 Uhr. Ohne Strauß oder Gesteck geht hier kaum jemand wieder weg.

㉑ Chinatown

ตลาดเยาวราช

Yaowarat Rd. **Stadtplan** 6 E1. 🚌 AC: 501, 507. ⛴ Ratchawong, Pak Khlong. 🕘 tägl.

Das alte Viertel um Yaowarat und Ratchawong Road sowie Sampeng Lane heißt bei den Thai »Yaowarat«. Es erinnert an Bangkoks Vergangenheit und die wirtschaftliche Rolle von Bangkoks chinesischer Gemeinde in den letzten 200 Jahren. Mit seinen unzähligen Goldläden, traditionellen chinesischen Apotheken und emsigen Straßenmärkten ist das Areal besonders spannend. Die schönen Tempel sind einer oder allen *san jiao* (drei Religionen) geweiht: Mahayana-Buddhismus, Taoismus und Konfuzianismus.

Bunte Auswahl an Chilischoten auf dem Pak-Khlong-Markt

Chinesische Schilder in der quirligen Yaowarat Road in Chinatown

㉒ Wat Traimit

วัดไตรมิตร

Tri Mit Rd. **Stadtplan** 6 F2. 🚌 4, 7, 21, 25; AC: 501, 507. 🕘 tägl. 9–17 Uhr.

Der auch Tempel des Goldenen Buddha genannte *wat* hütet das weltweit größte Buddha-Bildnis aus massivem Gold. Die vier Meter hohe Sukhothai-Figur aus dem 13. Jahrhundert wiegt fünf Tonnen. Sie wurde 1955 beim Hafenausbau von Arbeitern der East Asiatic Company entdeckt. Die chinesischen Anwohner huldigen dem Goldenen Buddha und sammeln Verdienste, indem sie Blattgold auf die kleineren Figuren heften.

㉓ Bahnhof Hua Lampong

สถานีหัวลำโพง

Rama IV Rd. **Stadtplan** 7 A2. 📞 02220-4334. 🚌 4, 21, 29, 34, 40, 109; AC: 501, 529. Ⓜ Hua Lampong.

König Rama V. läutete in Thailand das Eisenbahnzeitalter ein. Die erste (private) Zuglinie ging 1891 in Betrieb und pendelte zwischen Pak Nam und Hua Lampong. Heute ist die historische Station Bangkoks Hauptbahnhof. Von dort fahren Züge in den Norden, Nordosten, ins Menam-Becken und in den Süden. Ein weiterer Bahnhof, Bangkok Noi, wurde vor einigen Jahren umgebaut.

Hotels und Restaurants in Bangkok *siehe Seiten 294f und 308–310*

Chinesen in Bangkok

Die ersten Chinesen wanderten im 12. Jahrhundert als Händler nach Thailand ein. Um die nach langen Kriegen *(siehe S. 45)* marode Wirtschaft wiederaufzubauen, förderte Thailand im späten 18. und frühen 19. Jahrhundert den Zuzug von Chinesen. Diese integrierten sich erstaunlich rasch in die Thai-Gesellschaft. Mitte des 19. Jahrhunderts war bereits die Hälfte von Bangkoks Bevölkerung ganz oder teilweise chinesischer Abstammung. Trotz phasenweiser antichinesischer Ressentiments und restriktiver Einwanderungsbestimmungen ziehen Chinesen bis heute die geschäftlichen Fäden in Thailand.

Chinesische Ladenhäuser

Ladenhäuser sind typisch für Chinatown. Die Familie wohnt im ersten Stock. Im Erdgeschoss betreibt sie ihr Geschäft, etwa eine kleine Werkstatt oder einen kleinen Laden für Lebensmittel, Haushaltswaren etc.

Die vorderen Veranden bilden einen geschützten Gehweg, den »Fünf-Fuß-Weg«.

Die Schildermalerei dient nicht allein der Werbung. Die in Gold geschriebenen Glücksbotschaften sollen Unbill und Krankheit fernhalten. Zum chinesischen Neujahr hängen sie überall aus.

Dim Sum (»die das Herz berühren«) sind Miniportionen kalter und warmer Speisen, etwa Teigtaschen mit Schweinefleisch- oder Seafood-Füllung.

Der Tempel Leng Noi Yee in Bangkok ist ein wichtiger Schrein des Mahayana-Buddhismus, zeigt aber auch Elemente des Taoismus und Konfuzianismus. Der Tempel mit den Giebeldächern aus glasierten Ziegeln, auf denen chinesische Drachen wachen, rückt während des Vegetarischen Fests *(siehe S. 40)* in den Brennpunkt.

Chinesische Opern sind Gesamtkunstwerke aus Gesang, Tanz, Akrobatik und Kampfkunst.

»Höllengeld« ist eine Form von *kong tek* – Papierkopien von Gütern, die man verbrennt und so den Toten für das nächste Leben mitgibt.

Klassizistische Fassade des Authors' Wing des Mandarin Oriental

㉔ Mandarin Oriental

โรงแรมโอเรียนเต็ล

48 Oriental Ave, nahe Charoen Krung Rd. **Stadtplan** 6 F4. 02659-9000. 35, 75. Oriental. **mandarinoriental.com**

Thailands ältestes Grandhotel wurde wegen seines Service und seiner Liebe zum Detail wiederholt zum besten Hotel der Welt gekürt. Das 1867 gegründete Haus wurde nach seinem Neubau 1887 um mehrere Flügel erweitert. Das Hotel verdankt seinen Luxus und Charme vor allem den armenischen Brüdern Sarkies, die auch das Raffles Hotel in Singapur gestalteten. Der Status, das üppige Dekor und die fantastische Lage des Mandarin Oriental am Ufer des Chao Phraya haben ihren Preis.

Im Originalflügel mit den weißen Fensterläden liegen die Authors' Suites. Hier erholte sich der Schriftsteller W. Somerset Maugham in den 1920er Jahren von einer Malariaattacke und beschrieb Bangkok als »Staub, Hitze, Lärm, Weiße und noch mehr Staub«. Dieser Eindruck änderte sich, als er die *wat* und *khlong* der Stadt erkundete. Der »high tea« wird in der Authors' Lounge zwischen Topfpflanzen, Korbstühlen und Ventilatoren serviert. Eine Teakholzbarke pendelt zum anderen Flussufer. Dort lockt das Sala Rim Naam, eines der exzellenten Restaurants des Hotels, Gäste mit Speisen und traditionellen Tanzaufführungen. Zum Haus gehört eine renommierte Thai-Kochschule.

㉕ Patpong

พัฒน์พงษ์

Silom Rd, Patpong 1 und 2. **Stadtplan** 7 C3. AC: 76, 177, 504, 514. Sala Daeng (Skytrain). Silom.

Die Straßen Patpong 1 und 2 heißen nach dem chinesischen Immobilienbesitzer Khun Patpongpanit und sind der Nabel des wohl berüchtigtsten Rotlichtviertels der Welt. In den 1960er Jahren schossen hier Go-go-Bars aus dem Boden, in denen sich Flugzeug-Crews vergnügten und die amerikanischen GIs den Vietnamkrieg vergessen wollten. Seit den 1970er Jahren ziehen die Sexshows vor allem Urlauber an. Die Gay-Szene floriert in der Silom Soi 4. Die Hostessenbars in der Soi Taniya sind vornehmlich das Ziel japanischer Gäste.

Poster in einer Go-go-Bar

Patpong wird von der Touristenpolizei überwacht und ist erstaunlich sicher. Ein Nachtmarkt, auf dem Souvenirs, Kleidung und gefälschte Markenmode verkauft wird, verleiht dem Viertel einen seriösen Anstrich. Neben den zahlreichen Go-go-Bars findet man hier auch einige Restaurants und Musikclubs. Viele besuchen die Ecke aus Neugier und nicht, um sich selbst in die Sexszene zu stürzen.

㉖ Lumphini-Park

สวนลุมพินี

Stadtplan 8 D3. 14; AC: 50, 507. Sala Daeng (Skytrain). Silom, Lumphini. tägl. 5.30–21 Uhr.

Bangkoks grüne Lunge ist nach dem Geburtsort von Buddha in Nepal benannt. Im Park laden zwei Seen zu Bootsfahrten ein. Frühmorgens sieht man Thailänder beim Joggen und Chinesen beim Tai Chi Chuan. Offenbar hält sich der Glaube an die stärkende Wirkung von Schlangenblut und -galle: Beides kann man frisch an Ständen im Norden des Parks erstehen.

Alte Chinesen spielen hier Schach, andere ein spontanes *Takraw*-Match – eine Art Volleyball, bei dem der Ball mit allen Körperteilen außer den Händen gespielt wird.

An der Ecke zur Silom Road steht die imposante Statue Ramas VI. (reg. 1910–25), der die Anlage des Parks in Auftrag gab.

Entspannung an einem See im frühmorgendlichen Lumphini-Park

Hotels und Restaurants in Bangkok *siehe Seiten 294f und 308–310*

Tänzerinnen in traditionellen Thai-Kostümen am Erawan-Schrein

27 Erawan-Schrein

ศาลพระพรหมเอราวัณ

Ratchadamri Rd. **Stadtplan** 8 D1. AC: 501, 504, 505. Ratchadamri oder Siam (Skytrain).

Autofahrer nehmen die Hände vom Lenkrad und falten sie zum respektvollen *wai*, wenn sie am Erawan-Schrein vorbeifahren. Dem Volksglauben nach hat dieser seine heilende Kraft unter Beweis gestellt: Die bösen Geister, die in den 1950er Jahren beim Bau des Erawan Hotel, des heutigen Grand Hyatt Erawan Hotel, Unfälle verursachten, sind beschwichtigt, seit vor dem Gebäude dieser Haustempel für den Sturm- und Regengott Indra und dessen Reitelefanten Erawan steht. Kein Wunder, dass der eher kitschige Schrein unter Girlanden, Holzelefanten und anderen Gaben versinkt, die ihm mit der Bitte um Glück oder zum Dank gebracht werden. Tänzerinnen in schönen traditionellen Kostümen führen gegen Entgelt vor Gläubigen Tänze für die Gottheit auf. Auf diese Weise drückt man seine Dankbarkeit für einen kürzlichen Glücksfall oder gar einen erfüllten Wunsch aus.

Am 17. August 2015 ereignete sich nur wenige Meter vom Schrein entfernt ein verheerender Bombenanschlag, bei dem 21 Menschen getötet und mehr als hundert verletzt wurden. Bis heute sind die Hintergründe der Tat nicht aufgeklärt. Die Sicherheitsvorkehrungen in der Gegend indes wurden sichtbar verstärkt.

28 Jim-Thompson-Haus

บ้านจิมทอมป์สัน

Siehe S. 80f.

29 Suan-Pakkad-Palast

วังสวนผักกาด

352 Si Ayutthaya Rd. **Stadtplan** 4 D4. 02245-4934. Phaya Thai (Skytrain). AC: 201, 513. tägl. 9–16 Uhr. **suanpakkad.com**

Der Palast, einst das Heim von Prinz und Prinzessin Chumbhot, umfasst acht Teakhäuser, die in den 1950er Jahren in den Palastgarten verbracht wurden. Dieser war auf dem namensgebenden Kohlfeld *(suan pakkad)* angelegt worden. Die Gebäude wurden in ein Museum umgewandelt, in dem Kunst und Kunsthandwerk aus dem Besitz des Prinzenpaars zu sehen ist.

Die Exponate reichen von Khmer-Skulpturen über Beteldosen und antike Lackmöbel bis zu Thai-Musikinstrumenten, seltenen Muscheln und kostbaren Kristallen. Am bedeutendsten sind jedoch die rot-weißen, mit Spiralen ornamentierten bronzezeitlichen Keramiken. Sie stammen aus Grabstätten in Ban Chiang in Nordost-Thailand. Das Glanzlicht ist der Lackpavillon, den Prinz Chumbhot aus zwei exquisiten Tempelbauten aus der Provinz Ayutthaya zusammensetzen ließ.

Die schwarz und gold lackierten Wandbilder in den Gebäuden stellen Szenen aus dem Leben des Buddha und dem Ramakien *(siehe S. 63)* dar und zeigen – als einzige erhaltene Wandbilder aus dieser Epoche – das Alltagsleben der Thai kurz vor dem Fall von Ayutthaya 1767. Zu sehen sind etwa ausländische Händler, Kriegsszenen und grausam detaillierte Höllendarstellungen.

Der exquisite Lackpavillon des Suan-Pakkad-Palasts

㉘ Jim-Thompson-Haus

บ้านจิมทอมป์สัน

Das ehemalige Heim von Jim Thompson ist ein großartig erhaltenes Thai-Anwesen und wunderschönes Museum. Der US-Unternehmer verhalf der vor dem Zweiten Weltkrieg in Thailand nahezu ausgestorbenen Seidenweberei zu neuem Glanz. Sein Haus steht in einem Garten gegenüber dem alten Seidenweberviertel Ban Khrua. 1959 ließ Thompson sechs Teakhäuser in Ban Khrua und Ayutthaya ab- und hier in einer unkonventionellen Anordnung wiederaufbauen. Der begeisterte Sammler von Antiquitäten und Kunst aus Südostasien staffierte sein Heim mit Kostbarkeiten aus 14 Jahrhunderten aus. Seit dem mysteriösen Verschwinden Thompsons 1967 wurde kaum etwas verändert – das Haus wirkt immer noch bewohnt.

Großes Schlafzimmer
Meisterhafte Dschataka-Bilder (19. Jh.) zieren die Wände.

★ Dschataka-Gemälde
Im Haus zeigen acht Tafelmalereien – diese Tafel schmückt die Eingangshalle – aus dem frühen 19. Jahrhundert Szenen aus dem Vessantara-Dschataka *(siehe S. 28)*, der Legende von Buddha als Prinz Vessantara.

★ Birmanische Schnitzereien
Zur umfangreichen Sammlung birmanischer Skulpturen gehören Figuren von *Nat*-Geistern. In Birma integrierte der Buddhismus den alten animistischen Kult der *Nat*-Geister.

Legende
- Schlafzimmer
- Arbeitszimmer
- Eingangshalle
- Wohnzimmer
- Esszimmer
- Zimmer für Personal
- Bencharong-Raum
- Seidenpavillon
- Weitere Ausstellungsfläche

Blick von der Terrasse
Von der Terrasse fällt der Blick auf den schönen Garten und den Khlong San Sap.

Die steilen Dächer der traditionellen Teakhäuser sind ideal für die Belüftung. Die nach innen geneigten Wände wirken höher.

Wohnzimmer Holzgeschnitzte Figuren birmanischer Geister aus dem 18. Jahrhundert zieren die Nischen im Wohnzimmer. Weiche Seidenkissen verleihen dem Raum Farbe.

Infobox

Information
6 Soi Kasemsan 2, Rama I Rd.
Stadtplan 3 C5. 02216-7368.
tägl. 9–17 Uhr.
jimthompsonhouse.com

Anfahrt
National Stadium (Skytrain).
15, 48, 204; AC: 508.

★ Dvaravati-Torso eines Buddhas Der Torso aus Kalkstein im Garten stammt aus der frühen Dvaravati-Periode (7. Jh.). Er gilt als eine der ältesten erhaltenen Buddha-Statuen in ganz Südostasien.

Jim Thompson (1906 – ca. 1967)

Thailands berühmtester Amerikaner, von Haus aus Architekt, kam 1945 als Leiter des Bangkok-Büros des Office of Strategic Services (OSS), einer Vorläuferin der CIA, nach Thailand. 1948 gründete er die Thai Silk Company Ltd., dank der Thailands Seidenindustrie wie Phönix aus der Asche stieg. Thompson wurde in Bangkok zu einer Berühmtheit – und zu einer Legende, als er am Ostersonntag 1967 von einer Wanderung in den Cameron Highlands Malaysias nicht mehr zurückkehrte. Über die Ursache seines spurlosen Verschwindens wird noch heute wild spekuliert.

Jim Thompson prüft Thai-Seide, 1964

Abstecher

Viele Sehenswürdigkeiten liegen etwas außerhalb der Stadt. Richtung Osten wird die Sukhumvit Road von Läden, Restaurants, Galerien und Museen gesäumt. Der Chatuchak-Markt ist für Shopaholics ein Muss. Auf dem vielleicht größten Freiluftmarkt der Welt wird von Kunsthandwerk bis zu Tieren alles verkauft. Auf dem »schwimmenden Markt« von Damnoen Saduak südwestlich des Zentrums bieten Frauen Frischprodukte auf kleinen flachen Booten an. Auf der beliebten Krokodilfarm sieht man verschiedene Krokodilarten und »Kroko-Ringkämpfe«.

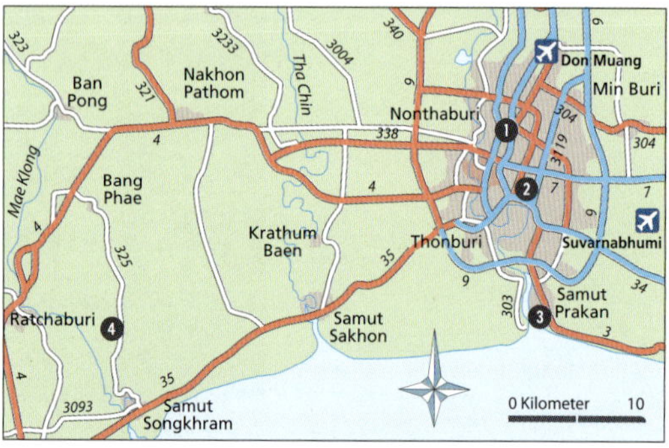

Sehenswürdigkeiten auf einen Blick

1. Chatuchak-Markt
2. Sukhumvit Road
3. Krokodilfarm
4. »Schwimmender Markt« von Damnoen Saduak

Legende

- Bangkok Zentrum
- Großraum Bangkok
- Autobahn
- Hauptstraße
- Nebenstraße

1 Chatuchak-Markt

ตลาดจตุจักร

Straßenkarte D1. Distrikt Chatuchak. Mo Chit (Skytrain). AC: 38, 510, 512, 513. Kampangphet. TAT, Bangkok (1672). Mi–So 6–18 Uhr. **chatuchak.org**

Thailands größter Markt findet jedes Wochenende in einer nördlichen Vorstadt von Bangkok zwischen dem Nördlichen Busbahnhof und dem Bahnhof Bang Sue statt. Mittwochs und donnerstags werden nur Pflanzen angeboten. Freitagnachts ist von 22 bis 7 Uhr morgens geöffnet. Das Labyrinth aus 15 000 Ständen ist in 27 Sektionen eingeteilt; ein Karte ist am Eingang erhältlich. Durch das Chaos wühlen sich Massen von Schau- und Kauflustigen.

Das Sortiment reicht von Seafood bis zu Antiquitäten, von siamesischen Kampffischen bis zu Secondhand-Jeans. Der Sektor für Pflanzen bietet

Buddha-Bildnisse zum Verkauf auf dem Chatuchak-Markt, Bangkok

einen Überblick über Thailands Flora, an den Lebensmittelständen sieht man jede erdenkliche Zutat der Thai-Küche. In anderen Abschnitten findet man Antiquitäten und Kunsthandwerk aus ganz Thailand und den Nachbarländern – diese Objekte sind aber teilweise genauso »echt« wie einige der »Markenklamotten« an den Textilständen.

Der Markt ist auch als »Wildtier-Supermarkt der Welt« verrufen, weil hier u. a. vom Aussterben bedrohte Tierarten illegal verkauft werden. Bisher konnte dieser Handel leider nicht unterbunden werden.

2 Sukhumvit Road

ถนนสุขุมวิท

Straßenkarte D1. Distrikt Phra Khanong. AC: 38, 501, 508, 511, 513.

Die Straße beginnt am Ostrand von Bangkoks Innenstadt und endet in der Provinz Trat *(siehe S. 121)* an der Grenze zu Kambodscha. In Bangkok bildet sie die Hauptverkehrsader in einem bei Ausländern beliebten Geschäftsviertel. Dieses ist zwar weit von Bangkoks berühmtesten Sehenswürdigkeiten entfernt, bietet aber viele gute, nicht zu teure Hotels und Restaurants sowie einige eigene Attraktionen.

Die größte Sehenswürdigkeit ist die **Siam Society**. Sie wurde Anfang des 20. Jahrhunderts von Thai und Ausländern unter der Schirmherrschaft Ramas VI. zur Erforschung, Wiederentdeckung und Pflege der Thai-Kultur gegründet.

Auf ihrem Gelände beherbergen zwei traditionelle Teakhäuser aus Nordthailand das einzige ethnologische Museum des Landes. Das Kamthieng-Haus, ein Bauernhaus, wurde in den 1960er Jahren Stück für Stück vom Ufer des Ping bei Chiang Mai in Nordthailand nach Bangkok verfrachtet. Das Sangaroon-Haus kam später durch eine Spende des Architekten Sangaroon Ratagasikorn hinzu,

Hotels und Restaurants in Bangkok *siehe Seiten 294f und 308–310*

der eine große Sammlung bäuerlicher Geräte anhäufte. Für Besucher zugänglich ist auch die Bibliothek zur Thai-Kultur. Das dort erhältliche *Journal of the Siam Society* ist eine der angesehensten Zeitschriften für Kunstgeschichte, Kultur und Soziologie Asiens.

Neben dem Östlichen Busbahnhof zeigt das **Bangkok Planetarium** die Geschichte der Raumfahrt. Zur Anlage gehören auch ein Aquarium und eine Computerwelt.

Der große **King Rama IX Park** wurde zum 60. Geburtstag König Bhumibols (Rama IX.) eingeweiht. Er liegt weiter außerhalb Richtung Provinz Samut Prakan. Der schöne Park bietet einen botanischen Garten und eine Ausstellung über das Leben des Königs.

Siam Society
131 Soi Asoke, Sukhumvit Rd, Soi 21. 02661-6470. Di–Sa.
siam-society.org

Bangkok Planetarium
928 Sukhumvit Rd. 02391-0544. Di–So. Feiertage.

King Rama IX Park
Soi Udomsuk, Sukhumvit Rd, Soi 103. 02328-1385. tägl.

3 Krokodilfarm

ฟาร์มจระเข้

Straßenkarte D1. Old Sukhumvit Highway, Provinz Samut Prakan. 02703-4891. AC: 511 nach Samut Prakan, dann *songthaew* (oder von Bangkok aus mit Reiseveranstalter). tägl. 8–18 Uhr. **worldcrocodile.com**

Auf der größten Krokodilfarm Thailands (und vermutlich der Welt) tummeln sich rund 60 000 Süß- und Salzwasserreptilien aus aller Welt, u. a. südamerikanische Kaimane, gefährliche Nilkrokodile – und das größte Krokodil, das je in Gefangenschaft lebte. Es ist sechs Meter lang und über eine Tonne schwer.

Nebenan verkauft ein Souvenirladen verschiedenste Produkte, die sich auch als Mitbringsel eignen, etwa Taschen und Schlüsselringe.

Wohnraum im Kamthieng-Haus, Siam Society, Sukhumvit Road

4 »Schwimmender Markt« von Damnoen Saduak

ตลาดน้ำดำเนินสะดวก

Straßenkarte C1. 2 km westl. von Damnoen Saduak, Provinz Ratchaburi. oder von Bangkok aus mit Reiseveranstalter. tägl. 4–11 Uhr. TAT, Phetchaburi (03247-1005).

Wie Bangkoks »schwimmende Märkte« ist auch dieser Markt hauptsächlich auf ausländische Besucher ausgerichtet.

Er erstreckt sich 100 Kilometer südwestlich von Bangkok in einem Labyrinth aus engen *khlong* (Kanäle) und besteht eigentlich aus drei separaten Märkten. Der größte, **Ton Khem**, ist auf dem Khlong Damnoen Saduak. Etwas südlicher werden am parallelen *khlong* **Hia Kui** in den Lagerhäusern am Ufer Souvenirs vornehmlich an Reisegruppen verkauft. Noch weiter südlich belegt **Khun Phitak**, der am wenigsten überlaufene Markt, einen kleineren Kanal.

Vorwiegend sind es Frauen, die in den *sampan* (kleine Paddelboote aus Holz) erntefrisches Obst und Gemüse, Gewürze und andere Waren wie Strohhüte oder Erfrischungen anbieten. Sie tragen einen blauen *mo hom* (traditioneller Bauernkittel) und den traditionellen *ngop* (Strohhut).

Ideal ist ein Bootstrip zu allen drei Märkten. Fahrtangebote gibt es auch zu den *khlong* und den nahen Kokosplantagen. Am besten kommt man zwischen 7 und 9 Uhr, wenn der Handel in vollem Gang ist.

Krokodile am Rand eines Teichs auf der Krokodilfarm

Straßenkarte *siehe hintere Umschlaginnenseiten*

Shopping

Bangkok ist ein einzigartiges Shopping-Paradies. Hier gibt es unzählige Läden mit hochwertigen Angeboten und erstaunlich niedrigen Preisen. Das Personal in den Kaufhäusern ist sehr aufmerksam und hilfsbereit. Ob Sie nach Designerkleidung, traditionellem Kunsthandwerk oder Elektronikartikeln suchen: Hier werden Sie ohne Zweifel fündig. Besucher lieben das Handeln auf den Märkten, wo die Händler den Ausgangspreis oft um über 50 Prozent senken. Bitte bedenken Sie, dass es nachmittags oft schwül-heiß ist – dann kann eine Shopping-Tour anstrengend werden.

Vergnüglich: ein Bummel im riesigen Einkaufszentrum Siam Paragon

Information

Lebensmittelmärkte haben in der Regel von frühmorgens bis nachmittags geöffnet, Shopping Malls von 10 bis 22 Uhr und Lebensmittelläden rund um die Uhr. Kreditkarten werden in Einkaufszentren und modernen Boutiquen akzeptiert, auf dem Markt zahlt man jedoch bar. Für die Mehrwertsteuer-Rückerstattung muss der Laden ein Zollformular ausfüllen, was zeitaufwendig ist und sich nur bei großen Beträgen lohnt. Derzeit beläuft sich die Mehrwertsteuer auf sieben Prozent. An Straßenständen und auf Märkten kann man handeln, in Kaufhäusern und Boutiquen sind die Preise festgesetzt. Weitere Informationen finden Sie auf den Seiten 318–321.

Shopping-Meilen

Boutiquen und Märkte findet man in der ganzen Stadt, sehr viele Läden säumen jedoch den Siam Square sowie die Silom, Phloen Chit und Sukhumvit Road.

Shopping Malls

Die Liste von Bangkoks besten und größten Shopping-Komplexen führt die **CentralWorld Plaza** an. Sie ist die größte Shopping Mall in Südostasien. Sehr beliebt ist auch das **Siam Paragon**, wo vom Sportwagen bis zur Schale mit Nudeln alles erhältlich ist. Das **Mahboonkrong** (oder MBK) erstreckt sich über acht Etagen und hat das Flair eines quirligen Straßenmarkts.

Zentral gelegen sind **Siam Center/Siam Discovery**, **Emporium**, **Silom Complex**, **Amarin Plaza**, **Gaysorn Plaza** und **Erawan**.

Märkte

Kein echter Shopping-Fan kommt in Bangkok am riesigen **Chatuchak-Markt** vorbei – angeblich ist er der größte Open-Air-Markt der Welt. Den Chatuchak-Markt kann man unmöglich an einem Tag erkunden. Am besten entscheidet man sich vorab, was man sehen will. An den Eingängen sind informative Übersichtskarten ausgehängt.

Hell erleuchtete Verkaufsstände auf dem Nachtmarkt von Patpong

Auf Bangkoks Nachtmärkten, die an der Khao San, Patpong und Sukhumvit Soi 3–15 jeden Abend ihre Stände auf dem Gehweg aufstellen, können Reisende mit wenig Zeit die Souvenirsuche mit einem Abendessen und einem Barbesuch kombinieren.

Farbenfrohe, echte Seidenprodukte bei Jim Thompson

Seide und Baumwolle

Thai-Seide ist für hohe Qualität, einzigartiges Design und vernünftige Preise bekannt. Auf den Nachtmärkten bekommt man leider zuweilen gefälschte Ware aus synthetischen Stoffen. Garantiert echte Seide erhält man in renommierten Läden, etwa bei **Jim Thompson**, der auch viele Filialen in Spitzenhotels betreibt. Wer sich auskennt, erhält echte Seide auch preiswerter auf dem überfüllten **Phahurat-Markt**.

Thailändische Baumwolle ist ebenfalls günstig. Schön gemusterte Decken und Kissenüberzüge sind wunderbare Reiseandenken.

Kleidung

Angesichts der bei Weitem niedrigeren Preise als im Westen lohnt es, sich in Thailand neu einzukleiden, ob von der Stange oder maßgeschneidert. Schneider findet man in allen Touristengebieten, doch ihre Handwerkskunst variiert. Einen guten Ruf genießen **Raja's Fashions** und **Marzotto**. Die Fertigung mit Anprobe dauert ein paar Tage.

Antiquitäten

Mehr oder weniger gut nachgebildete Antiquitäten werden in vielen Läden angeboten. Für die Ausfuhr der seltenen echten Stücke braucht man eine Genehmigung des Fine Arts Department. Zuverlässige Läden sind **River City Complex** (antike Möbel, Schnitzereien und alte Karten) und **Oriental Plaza** (Sammlerstücke wie schöne Skulpturen und Drucke).

Lackwaren und Holzschnitzereien auf dem Chatuchak-Markt

Kunsthandwerk

Thailands reiches Kunsthandwerk reicht von Silber-, Seladon-, Lack- und Korbwaren bis zu Schnitzereien und handgewebten Textilien. Gut zum Stöbern geeignet sind **Chatuchak-Markt**, **Narai Phand**, **Silom Village** und **Nandakwang**.

Schmuck und Edelsteine

Wie schon bei Antiquitäten sollte man auch beim Kauf von Schmuck und Edelsteinen sehr vorsichtig sein und sich keine Fälschungen andrehen lassen. Interessierten seien die glitzernden Juwelierauslagen der **Peninsula Plaza** oder die Edelsteinläden in guten Hotels empfohlen.

Elektronikartikel

Computerzubehör, Videospiele, Kameras und Handys werden in allen Shopping Malls der Stadt verkauft. Auf solche und andere Elektronikartikel spezialisiert ist auch **Pantip Plaza**. Beachten Sie bitte, dass z. B. Software kopiert sein kann und häufig keine Geld-zurück-Garantie gewährt wird.

Bücher

Bücherwürmer finden etwa bei **Asia Books** und **Kinokuniya Books** ein riesiges Sortiment vor. Weitere Buchhandlungsketten mit Niederlassungen in Zentral-Bangkok sind **B2S** und **Bookazine**.

Auf einen Blick

Shopping Malls

Amarin Plaza
Phloen Chit Rd.
Stadtplan 8 E1.
02650-4704.
amarinplaza.com

CentralWorld Plaza
Ratchadamri Rd.
Stadtplan 8 D1.
02640-7000.
centralworld.co.th

Emporium
Sukhumvit Sois 24–26.
02269-1000.
emporiumthailand.co.th

Erawan
Phloen Chit Rd.
Stadtplan 8 E1.
02250-7777.
erawanbangkok.com

Gaysorn Plaza
Phloen Chit Rd.
Stadtplan 8 D1.
02656-1149.
gaysorn.com

Mahboonkrong
Phaya Thai Rd.
Stadtplan 7 B1.
02620-7000.

Siam Center und Siam Discovery
Rama I Rd. **Stadtplan** 7 C1. 02658-1000.
siamcenter.co.th

Siam Paragon
Rama I Rd. **Stadtplan** 7 C1. 02610-8000.
siamparagon.co.th

Silom Complex
Silom Rd. **Stadtplan** 8 D4. 02632-1199.
silomcomplex.net

Märkte

Chatuchak-Markt
Kamphaeng Phet 2 Rd.

Seide und Baumwolle

Jim Thompson
9 Surawong Rd.
Stadtplan 7 C3.
02632-8100.

Phahurat-Markt
Phahurat. **Stadtplan** 6 D1.

Kleidung

Marzotto
3 Soi Shangri-La Hotel, Charoen Krung Rd.
Stadtplan 6 F5.
02233-2880.
marzottotailors.com

Raja's Fashions
160/1 Sukhumvit Rd.
02253-8379.
rajasfashions.com

Antiquitäten

Oriental Plaza
Charoen Krung Rd.
Stadtplan 6 F4.

River City Complex
23 Trok Rongnamkaeng Yotha Rd. **Stadtplan** 6 F3. 02237-0077.
rivercity.co.th

Kunsthandwerk

Nandakwang
Sukhumvit Soi 23.
02259-9607.
nandakwang.com

Narai Phand
973 Phloen Chit Rd.
Stadtplan 8 D1.
02656-0398.
naraiphand.com

Silom Village
Silom Rd. **Stadtplan** 7 A4. 02234-4448.
silomvillage.co.th

Schmuck und Edelsteine

Peninsula Plaza
Ratchadamri Rd.
Stadtplan 8 D1.
02253-9791.

Elektronikartikel

Pantip Plaza
Phetchaburi Rd.
Stadtplan 4 D5.
02250-1555.

Bücher

Asia Books
221 Sukhumvit Rd.
02252-7277. *Eine von mehreren Filialen.*

B2S
CentralWorld Plaza, Ratchadamri Rd.
Stadtplan 8 D1. *Eine von mehreren Filialen.*

Bookazine
Silom Complex, Silom Rd. **Stadtplan** 8 D4. *Eine von mehreren Filialen.*

Kinokuniya Books
Siam Paragon. **Stadtplan** 7 C1. *Eine von mehreren Filialen.*

Unterhaltung

Vom klassischen Puppentheater bis zu Nachtclubs – Bangkok lockt mit einem fantastischen Unterhaltungsangebot. Sehr beliebt sind Kulturshows in Verbindung mit einer guten Thai-Mahlzeit. Zur Auswahl stehen unzählige Alternativen, etwa Transvestiten-Cabarets oder ungewöhnliche Cocktails in schicken Bars. In vielen Lokalen und Restaurants gibt es Live-Musik, hier reicht die Palette von traditionellen Thai-Balladen bis zu Rockklassikern, meist interpretiert von einheimischen, höchst engagierten Künstlern. Die Clubs der Stadt sind für Einheimische und Besucher angesagte Treffs. Auch hier ist die Bandbreite beachtlich: von einfachen Dancehalls bis zu noblen Etablissements. Planen Sie immer genügend Zeit für die Anfahrt ein, Bangkok ist berüchtigt für seine Staus.

Traditionelles Puppenspiel, dargeboten von konzentrierten Spielern

Information

Informationen zu Veranstaltungen finden Sie in den englischsprachigen Zeitungen wie *Bangkok Post* und *The Nation* sowie im *BK Magazine* und anderen kostenlosen Magazinen, die in touristischen Gegenden ausliegen. Eintrittskarten sind leicht erhältlich, etwa über die Rezeption im Hotel, über Reiseveranstalter, online oder über die speziell für Besucher eingerichteten Websites. Weitere Informationen finden Sie auf den Seiten 322–325.

Shows und Theater

Etwas Besonderes ist die abendliche Show im **Siam Niramit**. Dort treten vor spektakulären Kulissen über 500 fantasievoll gekleidete Tänzer auf. Klassische Tanzshows mit Büfett oder Dinner à la carte können Sie im **Sala Rim Nam** und im **Silom Village** genießen. Bangkoks Top-Cabaret ist das **Calypso Cabaret** im Asiatique, einem Unterhaltungskomplex südlich des Stadtzentrums direkt am Fluss. Inszenierungen des klassischen Maskendramas *khon* sind im **Sala-Chalermkrung-Theater** und im **Nationaltheater** zu bewundern.

Thailändisches Puppentheater ist nicht nur etwas für Kinder. Die Puppenspieler im **Joe Louis Puppet Theatre**, ebenfalls im Asiatique, und im **Aksra Theatre** agieren so versiert, dass auch Erwachsene fasziniert sind.

Muay Thai

Wer lieber handfest und emotional als intellektuell unterhalten werden möchte, sollte einmal beim Thai-Boxen zusehen – allerdings kein Sport für sensible Gemüter. *Muay thai*, Thailands Nationalsport schlechthin, lockt immer eine große Zuschauermenge an. In der Regel schließen die Zuschauer auch Wetten auf den Ausgang der Kämpfe ab und feuern ihre Favoriten entsprechend leidenschaftlich an.

Im **Ratchadamnoen-Stadion** und im **Lumpinee-Stadion** können Sie zusehen, wie sich die Sportler mit langsamen, fließenden Bewegungen zu Musik auf die Kämpfe vorbereiten.

Kinos

Es klingt vielleicht merkwürdig: Da reist man bis nach Thailand – um dann ins Kino zu gehen. Doch die klimatisierten Kinos mit ihren komfortablen Sitzen und niedrigen Eintrittspreisen sind nach einem anstrengenden Tag ideal. Die meisten befinden sich in Shopping Malls, das **Paragon Cineplex** etwa im Siam Paragon, das **Major Cineplex** in der CentralWorld Plaza. Daneben existieren auch ein paar Programmkinos, etwa das **Scala** und das **Lido** am Siam Square. Sie zeigen gelegentlich Arthouse- und Independent-Filme. Vor jeder Vorstellung ertönt die Nationalhymne. Dann sollte jeder, auch Ausländer, aufstehen. Am besten informiert man sich auf der jeweiligen Website des Kinos über das Programm.

Das hell beleuchtete Major Cineplex, CentralWorld Plaza

Toller Blick über die Stadt von der Dachterrasse der Moon Bar

Bars und Clubs

Bangkok hat unglaublich viele Bars zu bieten. Wenn im kleinen **Ad Here the 13th** die Hausband mitreißenden Blues spielt, strömen die Besucher so lange in das überfüllte Lokal, bis sich die Gäste mit dem Gehsteig begnügen müssen. In der superschicken **Sky Bar** nippt Bangkoks Hautevolee an Cocktails und bewundert den Blick aus dem 63. Stock. In vielen Bars gibt es Live-Acts, um mehr Gäste anzulocken. Das **Saxophone** etwa bietet einen kühnen Mix aus Jazz, Blues und Reggae, im **Hard Rock Café** treten Coverbands auf, die Rockklassiker spielen. In vielen Clubs kann man bis spät in die Nacht tanzen, etwa im **Sugar Club**, im **Café Democ**, in der **Q Bar** und in der **DJ Station**. Eleganter sind dagegen die **Diplomat Bar**, die **Moon Bar** und die **Syn Bar**.

Bangkok ist für seine Toleranz gegenüber jeglichen sexuellen Vorlieben bekannt. Die Silom Soi säumen Schwulenbars wie das **Telephone Pub**. Weithin bekannte Viertel mit Hostessen- und Go-go-Bars sind Patpong, Nana Plaza und Soi Cowboy. Viele Reisende verschlägt es oft nur aus reiner Neugierde auf diese »andere Seite« von Bangkoks Nachtleben. Auf jeden Fall sollte man die dunklen Bars in Patpong meiden: Dort wurde schon vielen ausländischen Gästen von Betrügern das Geld aus der Tasche gezogen.

Aufgebrezeltes Ambiente für Rock-Gigs und Cocktails, Hard Rock Café

Auf einen Blick

Shows und Theater

Aksra Theatre
8/1 Rangnam Rd.
Stadtplan 4 D3.
☎ 02677-8888.

Calypso Cabaret
Asiatique,
2194 Charoen Krung Rd.
☎ 02688-1415.

Joe Louis Puppet Theatre
Asiatique,
2194 Charoen Krung Rd.
☎ 02688-3322.

Nationaltheater
Rachinee Rd.
Stadtplan 2 D4.
☎ 02224-1342.

Sala-Chalermkrung-Theater
Charoen Krung Rd.
Stadtplan 6 D1.
☎ 02222-0434.

Sala Rim Nam
The Mandarin Oriental,
48 Oriental Avenue.
Stadtplan 6 F4.
☎ 02659-9000.

Siam Niramit
Ratchada-Theater,
19 Tiam Ruammit Rd.
☎ 02649-9222.

Silom Village
Silom Rd.
Stadtplan 7 A4.
☎ 02234-4448.

Muay Thai

Lumpinee-Stadion
6 Ramintra Rd,
Anusawaree,
Bang Khen.
Stadtplan 8 E4.
☎ 02252-6843.

Ratchadamnoen-Stadion
Ratchadamnoen Nok Rd.
Stadtplan 2 F4.
☎ 02281-4205.

Kinos

Lido
Siam Square.
Stadtplan 7 C1.
☎ 02252-6498.

Major Cineplex
1221/39 Sukhumvit Rd.
☎ 02381-4855.

Paragon Cineplex
Siam Paragon,
Rama I Rd.
Stadtplan 7 C1.
☎ 02129-4635.

Scala
Siam Square.
Stadtplan 7 C1.
☎ 02251-2861.

Bars und Clubs

Ad Here the 13th
13 Samsen Rd.
Stadtplan 2 D3.
☎ 089769-4613

Café Democ
Ratchadamnoen Klang Rd. **Stadtplan** 2 E4.
☎ 02622-2571.

Diplomat Bar
Conrad Hotel, Wireless Rd.
Stadtplan 8 E2.
☎ 02690-9999.

DJ Station
Silom Soi 2. **Stadtplan** 7 C4. ☎ 02266-4029.

Hard Rock Café
Siam Square.
Stadtplan 7 C1.
☎ 02658-4090.

Moon Bar
Banyan Tree Hotel,
South Sathorn Rd.
Stadtplan 8 D4.
☎ 02679-1200.

Q Bar
Sukhumvit Soi 11.
☎ 02252-3274.

Saxophone
3/8 Soi Ratchawithi,
11 Phaya Thai Rd.
Stadtplan 4 E3.
☎ 02246-5472.

Sky Bar
63. Stock,
lebua im State Tower,
Silom Rd.
Stadtplan 7 B4.
☎ 02624-9999.

Sugar Club
37 Sukhumvit 11.
☎ 082308-3246.

Syn Bar
Swissôtel Nai Lert Park,
Wireless Rd.
Stadtplan 8 E1.
☎ 02253-0123.

Telephone Pub
Silom Soi 4.
Stadtplan 7 C4.
☎ 02266-4029.

Stadtplan

Die Kartenverweise bei Sehenswürdigkeiten beziehen sich auf den Stadtplan der folgenden Seiten. Die erste Zahl eines Verweises gibt die Seite des Stadtplans, die folgende Kombination aus Buchstabe und Zahl die Lage an. Da es keine Standard-Umschrift für Thai-Wörter gibt, kann die Schreibweise der aufgelisteten Straßennamen von der auf Straßenschildern abweichen. Von den meisten *thanon* (Hauptstraßen) zweigen nummerierte (teils mit Eigennamen versehene) *soi* und *trok* (Nebenstraßen und Gassen) ab. Die Symbole für Sehenswürdigkeiten u. a. sind in der unten stehenden Legende erklärt. Weitere Zeichenerklärungen finden Sie auf der hinteren Umschlagklappe. Kartenverweise gibt es auch bei Hotels *(siehe S. 294f)* und Restaurants *(siehe S. 308–310)* in Bangkok.

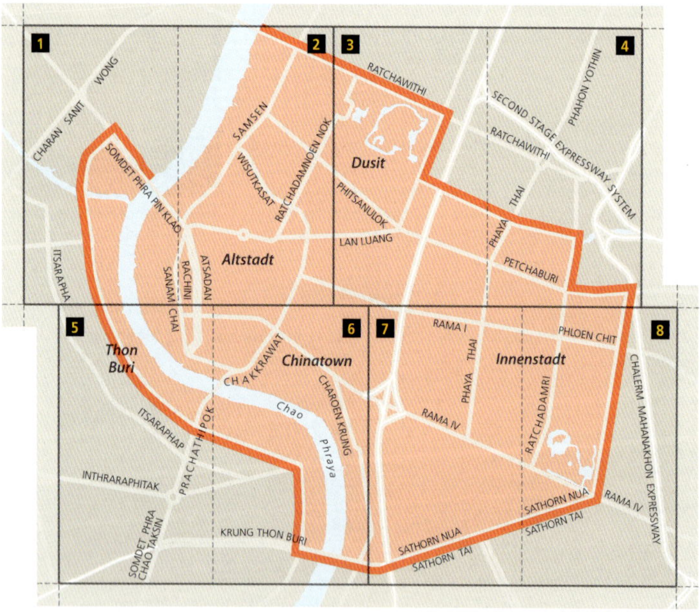

0 km 1

Legende

- Hauptsehenswürdigkeit
- Sehenswürdigkeit
- Anderes Gebäude
- U-Bahn-Station
- Bahnhof
- Skytrain-Station
- Flughafenbahn
- Bootsanlegestelle
- Chao-Phraya-Express-Pier
- Information
- Krankenhaus mit Notaufnahme
- Polizei
- Wat
- Hinduistischer Tempel
- Kirche
- Moschee
- Eisenbahn
- Skytrain-Linie
- Airport Rail Link
- Autobahn
- Fußgängerzone

Maßstab der Karten

0 Meter 400

T

U

V

W

Y

Z

1
A
B
C
1
2
3
4
5
Südlicher Busbahnhof
Khlong Bang Ramru
Khlong Bang Yikhan
BOROMMARAJCHONNEE
CHARAN SANIT WONG
SOI CHARAN SANIT WONG 50/1
SOI NITCHAROT
SOI C S W 50
SOI C S W 48
SOI CHARAN SANIT WONG
SOI CHARAN SANIT WONG 42
SOI CHARAN SANIT WONG 44
SOI SITHONGDI
PRINYA
SOI CHARAN SANIT WONG 55
SOI C S W 57
SOI C S W 57/1
SOI SATHITPHON
SOI SANCHAO
SOI EK-ONG
SOI MAEKHONG
SOI SANTI
SOI UDOMSAP
SOI CHAROENSUK
Central (Kaufhaus)
SOI CHARANSANITWONG 49
BANG PHLAT
SOI MOOBANBANGYIKHAN TAOHOUSE
SOI MOOBANMAHAWONG PATTHANA
SOI CHARAN SANIT WONG 40
SOI WAT KHAHABODI
SOI WATAMONKIRI
SOMDET PHRA PIN KLAO
SOI SUWANNIN
SOI ATSAWIN 2
SOI ATSAWIN 1
SOI CHARAN SANIT WONG 45
SOI CHARAN SANIT WONG 38
SOI CHARAN SANIT WONG 36
Pata (Kaufhaus)
SOI PINTHIPPHIMANWES
SOI THEPNAKARIN
SOI BOONPHONGSA
SOI BOONPHONGSA 1
AMARIN
SOI C S W 43
SOI PRADITPHOL
SOI CHARAN SANIT WONG 41
SOI CHARAN SANIT WONG 34
ARUN
SOI SUWICHANDAMRI
SOI PRAKOBPHOL 2
SOI PRAKOBPHOL 1
SOI WAT AOWADUNGSARAM
SOI THEPHARAK
SOI KUMARIN RATCHAPAKSI
SOI SAOLADA
Wat Suwannaram
Khlong Bangkok Noi
Khlong Thong
Suwannaram-Markt
Königliches Barkenmuseum
Phra Pin Klao (Wat Dao Dung)
SOI CHARAN SANIT WONG 32
Bahnhof Bangkok Noi/Thon Buri
Wat-Amarin-Markt
TROK CHAO RONG MAI
NIKHOM
SOI N BR 1
SOI N B R 2
SOI N B R 3
SOI N B R 4
SOI N B R 5
SOI N B R 6
BANPHAK
ROTFAI
Thon Buri (Bahnhofs-pier)
National-theater
National-museum
ITSARAPHAP
SOI ITSARAPHAP 47
SOI ITSARAPHAP 46
SOI NOPPHAMAT
SOI PHATTANA CHANG
SOI WAT WISETKAN
Museen im Siriraj Hospital
Siriraj
Phra Chan
Thammasat-Universität
SOI MO DAENG
SOI SANTISUK
Bangkok-Noi-Markt
SOI KHAILUANG
SOI NOEN
PHRANNOK
Wang Lang (Siriraj)
Lebens-mittel-markt
PHRA CHAN
Maharaj-Markt
SANAM
THAI
SOI TN
TROK WANG LANG
TAMBONWANGLANG 1
Phrannok-Markt
SOI WATTANA
SOI SANANITSARAPHAP 45
SIN
SOI TAMBON MAHATHAT
MAHA THAT
Wat Mahathat
LUANG
SOI ITSARAPHAP
SOI SALA TONCHAI
Patravadi-Theater
SOI WAT RAKHANG KHOSITARAM
Wat Rakhang
SOI TAMBON TAWEEPHOL
Amulett-markt
TROK SILLAPAKORN
Sillapakorn-Universität
NA PHRA LAN
SOI ITSARAPHAP 43
SOI ITSARAPHAP 41
SOI ITSARAPHAP 39
SOI CHERD-CHUNGAM
SOI RATTANASISANG
SOI ITSARAPHAP 44
SOI BAN CHANG LO
ARUN AMARIN
Tha Chang
Wat Phra Kaeo
BANGKOK NOI
SOI MATUM
MAHATHAT
SOI ITSARAPHAP 37
SOI MING BAMRUNG MUANG
Großer Palast

5

2
D
E
F
1
2
3
4
5
6
Ratchawithi
Khao
Sangkhalok
Soi 1
Soi 2
Soi Suan
Soi Suan Oi 3
Soi Suan Oi 4
Soi Suan Oi 5
Ratchasima
Soi Wat Phakhininat
Khlong Bang Jag
Wong 52
46
Mahadthai
Phraya
Chao
Soi Samsen 13
Soi Chaiyot
Samsen 11
Franz-Xaver-Kirche
Soi Samsen 9
Samsen
Wasukri
SUPPORT-Museum
Vimanmek Mansion
DUSIT
DUSIT-PARK
Uthong Nok
Soi Lang Samoson Thapok
Soi Samsen 12
Nationalbibliothek
Ayutthaya
Thewet
Krung Kasem
Thewet-Blumenmarkt
Si Ayutthaya
SUAN AMPORN
Chulalongkorn-Denkmal
Phitsanulok
Chanpravit-Markt
Khlong Phadung
Luk Luang
Krung Kasem
Rama VIII Bridge
Rama VIII
Bank of Thailand
Wisutkasat
Wat Indrawihan
Soi Samsen 10
Soi The Wet 1
The Wet 2
Soi The Wet 3
Nok
Rong Lao
Soi Samsen 5
Soi Samsen 3
Soi Samsen 1
Soi Nam Banyat
Prachathipathai
Soi Samsen 6
Soi Samsen 4
Soi Woraphong
Wisut
Kasat
Regierungsgebäude
ESCAP
Nana-Markt
Soi Samsen 2
Trok Kai Chae
Phra Sumen
Khlong
New World (Kaufhaus)
AMPHU
Soi Rambuttri
Ban-Phanthom-Markt
Trok Wat Trithotsthep
Soi Kasaemsi
Sphiphit
Trok Ban Lo
Ratchadamnoen
Ratchadamnoen-Stadion
Trok Kradang Nga
Nangleng-Markt
Krai Si
Tani
Sipsamhang
Bowonniwet
Wat Bowonniwet
Banglamphu
Chakrabongse
Ram Buttri
Banglamphu-Markt
Khao San
Trok Mayom
Kleider- und Musikmarkt
Tanao
Trok Bowanrangsi
Dinso
Phra Sumen
Khlong Banglamphu
Parinayok
Soi Wat Sommanat
Khlongthom Wat Sommanat
Phaniang
Chakkaphatdi Phong
Trok Liang 2
Trok Nang Liang 3
Ka-Om
Nakhon Sawan
Ratchadamnoen
Royal Hotel
Soi Damnoen
Markt
Klang Tai
Demokratie-Denkmal
Klang
Lan Luang
Trok Sake
Khlong
PHRA NAKHON
Soi Damnoen Klang Tai
Amulettmarkt
Damrong Rak
Khlong Mahanak
Troksin
Troktukdin
Trok Wat Ratchinatda
Wat Rachanat
Khlong Wat Thepthida
Bunsiri
Buranasat
Rachini
Lot
Atsadang
Trok Khrut
T Pho Sua
Trok Mahannop
Mahannop
Trok Changtong
Boriphat
Goldener Hügel
Wat Saket
POM PRAP SATTRU PHAI
Phraeng Sanphasat
Trok Nawa
Soi Samran Rat
Siriphong
Trok Khai
Maha Chai
Ang
Soimaensi
Smaensi 1
Smaensi 2
Phraengnara
Phraeng Phuton
Bamrung Muang
Bamrungmuang
Wat Suthat und die Große Schaukel
Trok Sirichai 2
Trok Sirichai 1
Monk's Bowl Village
Trok Ratchasi
Wora Chak
Rong-Liang-Dek-Markt
Alayanamaitri
Soi Sukhat
Nakhon
Soi Mali 1
Soi Mali 2
Soi Mali 3
Ratchabophit
Tithong
Unakan
Siriphong
Khlong Ong Ang
Suan Rommani Nart
Gefängnis
Soi Chulin
Ban Bat
Ban Dok Mai
Trok Ban Dok Mai
Ditsamak
Trok Chan
Soi Thewi Worayat
Soi Chaloem Khet 4
Wat Rachabophit
Wat Rachapradit
Fuang
Soi Srasong
Luang
Soi Ban
Khlong
Maha

3
A
B
C
1
2
3
4
5
Sam Sen Station
Rachawat-Markt
Vimanmek Mansion
DUSIT
Dusit-Zoo
Ananta-Samakorn-Thronhalle
DUSIT-PARK
Chitrlada-Palast
SUAN CHITRLADA
Wat Benchamabophit
Royal Turf Club
Ramathibodi Hospital
Mabidol-Universität
Saphran-Khao-Obstmarkt
Ban Phitsanulok
Yommarat-Markt
Mahanak-Markt
Phadung-Krung-Kasem-Markt
New Bobe Shopping Complex
POM PRAP SATTRU PHAI
SD Coliseum (Kaufhaus)
Petchaburi-Markt
Rong-Liang-Dek-Markt
Kanchanawanit-Markt
Jim-Thompson-Haus
Charoenphol-Markt
RATCHAWITHI
RAMA V
SUKOTHAI
NAKHON CHAISI
SAMSEN
SAWANKHALOK
PHAYATHAI-BANGKHLO EXPRESSWAY
SI AYUTTHAYA
NAKHON PATHOM
NAKHON SAWAN
PHITSANULOK
KRUNG KASEM
LAN LUANG
PETCHABURI
BAMRUNG MUANG
PHAYA NAK
SOI PHRASI
YOTHI
THARAM
Khlong Samsen
Khlong Mahanak
Khlong San Sap
Khlong Phadung
2
7

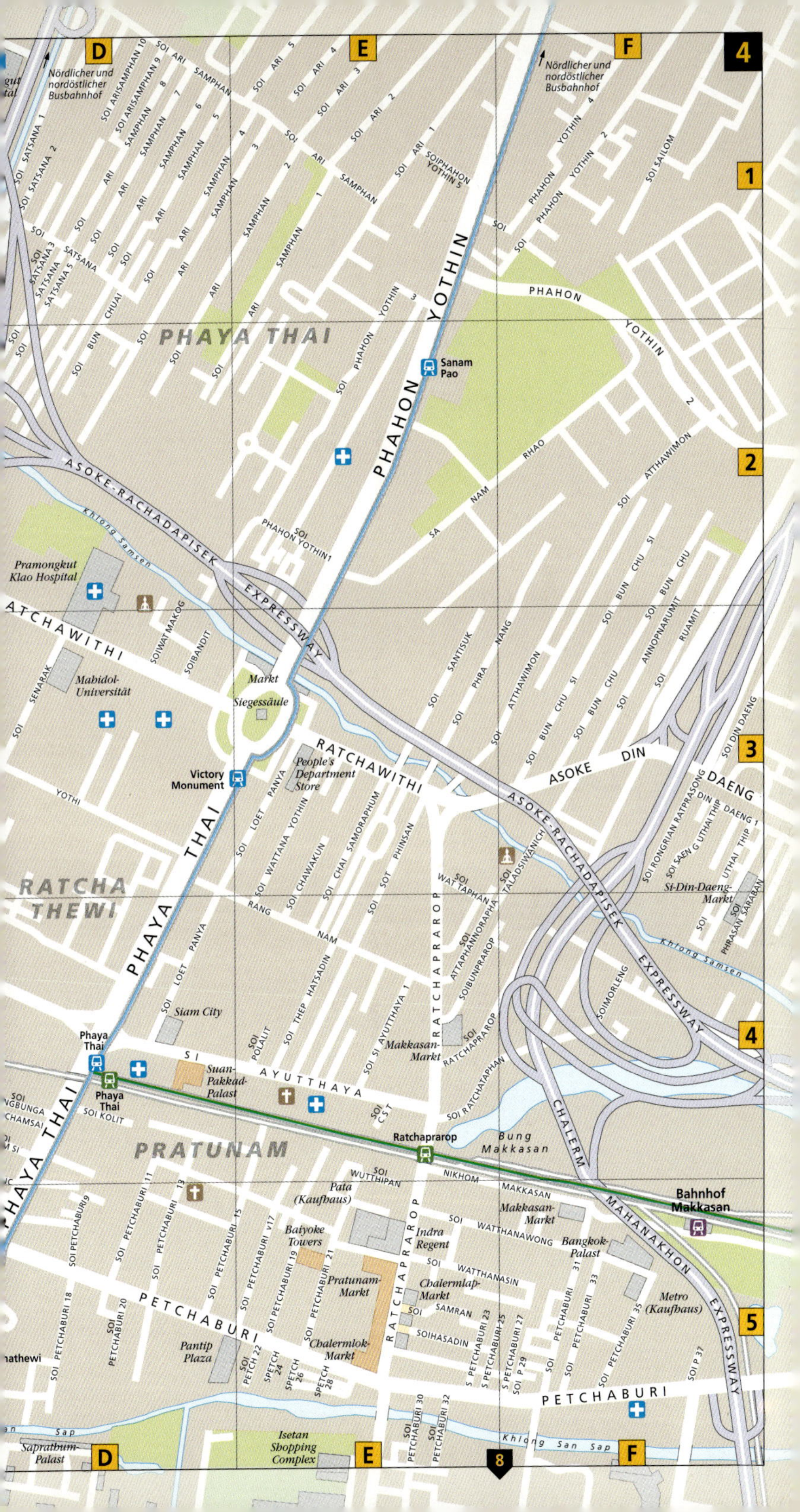
D
E
F
1
2
3
4
5
Nördlicher und nordöstlicher Busbahnhof
Nördlicher und nordöstlicher Busbahnhof
PHAYA THAI
RATCHA THEWI
PRATUNAM
PHAHON YOTHIN
Sanam Pao
ASOKE-RACHADAPISEK EXPRESSWAY
Khlong Samsen
Pramongkut Klao Hospital
RATCHAWITHI
Mabidol-Universität
Markt
Siegessäule
Victory Monument
People's Department Store
SA NAM RHAO
ASOKE DIN DAENG
Si-Din-Daeng-Markt
RANG NAM
PHAYA THAI
Siam City
Phaya Thai
Phaya Thai
Suan-Pakkad-Palast
SI AYUTTHAYA
Makkasan-Markt
RATCHAPRAROP
Ratchaprarop
Bung Makkasan
CHALERM MAHANAKHON EXPRESSWAY
NIKHOM MAKKASAN
Bahnhof Makkasan
Pata (Kaufhaus)
Baiyoke Towers
Indra Regent
Makkasan-Markt
Bangkok-Palast
Pratunam-Markt
Chalermlap-Markt
Metro (Kaufhaus)
PETCHABURI
Pantip Plaza
Chalermlok-Markt
PETCHABURI
Khlong San Sap
Sapratbum-Palast
Isetan Shopping Complex
8

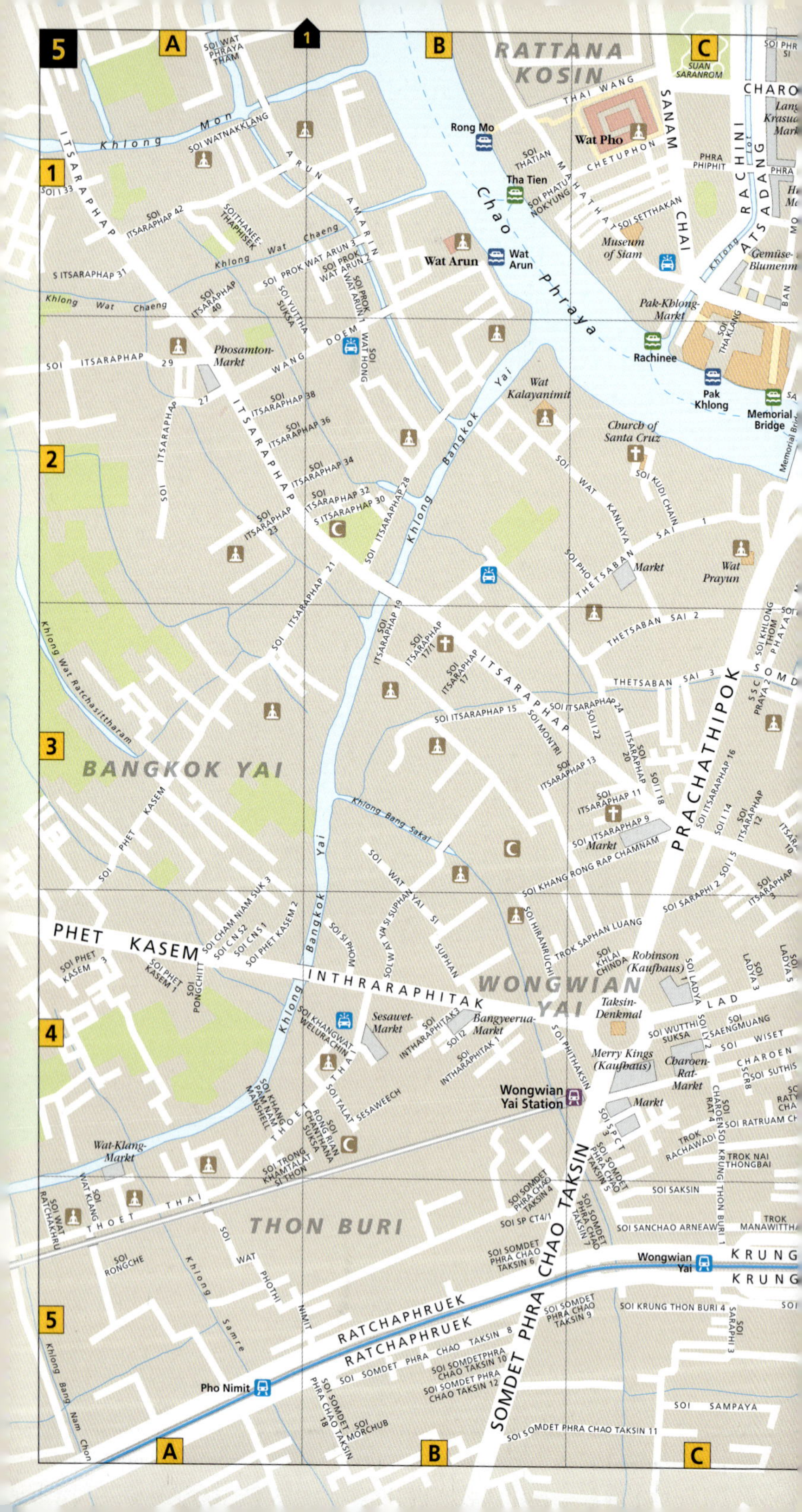

5
A
B
C
1
2
3
4
5
RATTANA KOSIN
SUAN SARANROM
Wat Pho
Rong Mo
Tha Tien
Wat Arun
Chao Phraya
Museum of Siam
Pak-Khlong-Markt
Rachinee
Pak Khlong
Memorial Bridge
Wat Kalayanimit
Church of Santa Cruz
Wat Prayun
Markt
Khlong Mon
Khlong Wat Chaeng
Phosamton-Markt
Khlong Bangkok Yai
Khlong Wat Ratchasittharam
BANGKOK YAI
Khlong Bang Sakai
PRACHATHIPOK
ITSARAPHAP
PHET KASEM
INTHRARAPHITAK
WONGWIAN YAI
Robinson (Kaufhaus)
Taksin-Denkmal
Merry Kings (Kaufhaus)
Charoen-Rat-Markt
Sesawet-Markt
Bangyeerua-Markt
Wongwian Yai Station
Wat-Klang-Markt
THON BURI
SOMDET PHRA CHAO TAKSIN
RATCHAPHRUEK
Wongwian Yai
KRUNG
Pho Nimit
Khlong Samre
Khlong Bang Nam Chon
THETSABAN SAI 1
THETSABAN SAI 2
THETSABAN SAI 3
THOET THAI
SOI SAMPAYA
SOI SOMDET PHRA CHAO TAKSIN 11

6
D
E
F
2
7
1
2
3
4
5
Sala-Chalermkrung-Theater
Merry Kings (Kaufhaus)
Hauptmarkt
Zentraler Supermarkt
Central (Kaufhaus)
Markt
ATM (Kaufhaus)
Phahurat-Markt
PHAHURAT
Sampeng-Markt
Nakorn Kasem
CHINATOWN
Kblong-Thom-Markt
Zentralkrankenhaus
CHAROEN KRUNG (NEW ROAD)
CHAKKRAWAT
YAOWARAT
Cathay (Kaufhaus)
Mai-Markt
Kao-Markt
SAMPENG LANE
ANUWONG
SAMPHAN THAWONG
RAMA IV
Wat Traimit
SANTIPHAP
LUANG
YISIPSONG
MITTRAPHAN
KRUNG KASEM
Ratchawong
Din Daeng
Wongwian-Lek-Markt
Song Sawat
Wat Thong
SONGWAT
Chakkawat-Markt
Markt
Swat-Markt
Chao Phraya
SOMDET CHAO PRAYA
CHIANG MAI
Marine Dept
River City (Kaufhaus)
River City
Khlong San
Royal Orchid Sheraton
Si Phraya
CHAROEN NAKHON
Krom Prisanee
Hauptpostamt
Wat Muang Khae
KHLONG SAN
Khlong Wat Thong Phleng
Oriental Hotel
Oriental Plaza
Oriental
Hotel Peninsula
Maria-Himmelfahrt-Kathedrale
Shangri-La
Dumake
Shangri-La
Bangkok Shopping Complex
Bangrak-Markt
KRUNG THONBURI
Krung Thonburi
Taksin Bridge
Saphan Taksin
Sathorn
Suppbakan Shopping Complex
MAHAI PHRUTHARAM

7
A
B
C
3
1
2
3
4
5
6
RAMA I
RAMA IV
EXPRESSWAY
PHAYATHAI-BANGKHLO
PHAYATHAI-BANGKHLO EXPRESSWAY
PHAYA THAI
Charoenphol-Markt
National Stadium
National-stadion
Tokyu (Kaufhaus)
Siam Discovery
Siam Central
Siam Square
Siam Paragon
Bangkok Art and Culture Center
Novotel
Markt
British Council
PATHUM
Mahboon-krong Shopping Complex
Suan-Luang-Markt
Bahnhof Hua Lampong
Hua Lampong
Charusathian-Stadion
Chulalongkorn-Universität
Prathumwan Sinaicha-Rinthbarawin Universität
Imaging Technology Museum
Chula Technology Towers
Sam Yan
Mandarin
Schlangen-farm
Montien
Tawana Ramada
Foodland (Kaufhaus)
Sala Daeng
Bangkok Christian Hospital
Celadon House
BANG RAK
Neilson-Hays Library
Thai Airways HQ
Silom Plaza
Narai
Chong Nonsi
Silom Village
Central (Kaufhaus)
Maha-Uma-Devi-Tempel
Holiday Inn Crowne Plaza
City Plaza
Morphetch-Morphloy-Markt
Robot Building (Bank of Asia)
Surasak
SATHORN NUA
SATHORN TAI
SATHORN
RACHANAKARIN ROAD
NARATHIWAT
SURAWONG
SILOM
SI PRAYA
MAHA NAKHON
CHAROEN KRUNG
RAJDHON
ANUMAN
SI WIANG
Khlong Chong Nonsi

D
E
F
4
8
1
2
3
4
5
Isetan (Kaufhaus)
CentralWorld Plaza
Narai Phand (Kaufhaus)
Wat Pathum Wanaram
TAT Duty Free Shop
Zen (Kaufhaus)
Gay Sorn Plaza
Soi Ratchadamri
Gay Sorn
InterContinental Bangkok
Hilton International Bangkok
Central (Kaufhaus)
Soi Chit Lom
Witthayu (Wireless Road)
Ploenchit Arcade Shopping Complex
Soi Sukhumvit 1
Soi Ruen Rudi
Soi Sukhumvit 3
Chit Lom
Phloen Chit
Erawan-Schrein
Grand Hyatt Erawan
General Police Hospital
Peninsula Plaza
Soi Lang Suan
Soi Tonson
Phloen Chit
TAT Duty Free Shop
Soi Nai Loet
Tourist Shopping Plaza
Östlicher Busbahnhof
Sukhumvit
Markt
Mahatun Plaza Shopping Complex
Soi Ruam Rudi
Chalerm Mahanakhon Expressway
Soi Sukhumvit 2
Soi Sukhumvit 4
Landmark Plaza
Soi Mahatlek Luang 1
The Regent
Soi Mahatlek Luang 2
Le Méridien, Plaza Athénée Bangkok
Soi Ruam Rudi 1
Royal Bangkok Sports Club
Soi Mahatlek Luang 3
Ratchadamri
AUA
Soi Lang Suan 1
Soi Lang Suan 2
Soi Lang Suan 3
Soi Lang Suan 4
Soi Lang Suan 5
Soi Lang Suan 6
Soi Lang Suan 7
Soi Ruam Rudi 2
Soi Ruam Rudi 3
Soi Ruam Rudi 4
Soi Ulit
Soi Sama Han
Soi Ruam Rudi 5
Soi Ruam Rudi
Ratchadamri
Sarasin
Soi Polo 1
Soi Polo 2
Soi P4
Soi Polo 5
Lumphini-Park
Soi Sanam Khli
Soi Phra Chen
Witthayu (Wireless Road)
longkorn spital
Rama-VI.-Statue
Silom
binson ufhaus)
Dusit Thani
Central (Kaufhaus)
Lumpinee-Stadion
Lumphini
Sala Daeng
Soi Yommarat
Soi Sala Daeng 2
Soi Sala Daeng 1
Rama IV
Soi Plukchit 2
Soi Plukchit 1
Soi Plukchit
Soi Anorasi
Khlong Sathorn
Nua
Tai
Thai Wah II Tower & Westin Banyan Tree
Alliance Française
Sukhothai Bangkok
Soi Atthakan Prasit
Goethe-Institut
Saphandam-Markt
Khlong Toei
Soi Saphankhu
Soi Sawansawat
Soi Suanphlu 2
Soi Nantha
Soi Phyaphiren
Soi Thanasilp
Soi Hutayana
Soi Phun Suk
Soi Si Bamphen
Soi Sitthi-Prasat
Soi Suanphlu
Soi Nantha
Soi Pridi
Soi Kraisih
Soi Aksin 1
Soi Aksin 2
Chuaphloeng
Soi Prasart Court
Yan Nawa
Duphli
Soi Prong Chai
Soi Ngam
Soi Yen Akat 1
Yen Akat
Soi Prasat Suk
Sjackchia
Soi Meksawat
Soi Sirung

Östliche Golfküste

Die Ostküste des Golfs von Thailand präsentiert sich voller Kontraste. Die Region ist mit ihren Häfen, Ölraffinerien und Industriegebieten einerseits die am meisten entwickelte des Landes, lockt aber andererseits mit malerischen, unberührten Inseln. Reisenden bietet sich ein buntes, von Bangkok aus leicht zu erreichendes Angebot mit Urlauberhochburgen, unberührten weißen Sandstränden auf grünen Archipelen und abgeschiedenen Nationalparks.

Die östliche Golfküste erstreckt sich von Bangkok bis zur kambodschanischen Grenze. Im 15. Jahrhundert lag hier das Grenzland zwischen dem mächtigen Khmer- und dem Sukhothai-Reich. Nach dem Niedergang der Khmer-Herrschaft siedelten sich in der ressourcenreichen Region viele Thai an. Im 19. Jahrhundert kamen vietnamesische Flüchtlinge hinzu, die vor der Verfolgung in Kambodscha flohen.

Die Industrialisierung der Region wird durch ihre Nähe zu Bangkok und durch ein gutes Straßennetz beschleunigt. Neben der Edelsteinförderung und der Fischerei bestehen hier Ölwirtschaft und Tourismusindustrie. Leider sind manche Strände mittlerweile überfüllt, doch locken weiter südlich, in größerer Entfernung zu Bangkok, weniger bekannte Urlaubsziele, so das für seine Meeresfrüchte berühmte Si Racha oder die herrlichen Nationalparks Nam Tok Phlio und Khao Kitchakut mit ihrer reichen Tier- und Pflanzenwelt. In Pattaya ziehen wie eh und je Go-go-Bars, Restaurants und laute Nachtclubs zahllose Besucher an. Ko Chang punktet dagegen mit unberührten Stränden und Tauchgründen an seinen Riffen. Von Bangkok aus ist Ko Samet ein beliebtes Wochenendziel. Traditionelles Kunsthandwerk und schöne Edelsteine kann man dagegen auf Chanthaburis Edelsteinmarkt bewundern.

Pulsierendes Nachtleben, neonhelle Straßen, Luxusresorts, unberührte Strände, traditionelle Fischerdörfer – für Reisende, die erstmals nach Thailand kommen, hat die östliche Golfküste wahrlich viel zu bieten.

Grelle Neonlichter in der berühmten Walking Street in Süd-Pattaya

◀ **Kunstvolle Teakholz-Schnitzereien am Heiligtum der Wahrheit, Pattaya** ***(siehe S. 108)***

Überblick: Östliche Golfküste

Kilometerlange idyllische Strände und tropische Temperaturen – an der östlichen Golfküste finden Sonnenanbeter ihr Paradies. Wer ausspannen, köstliches Seafood genießen und Wassersport treiben will, ist hier richtig. Die Palette der Ferienziele reicht vom turbulenten Pattaya mit seinem regen Nachtleben bis zu unbekannteren Inseln wie Ko Chang in einem faszinierenden Meeres-Nationalpark. Im Khao Kitchakut, Nam Tok Phlio und anderen Nationalparks entdeckt man tropische Wälder, Berge, Wasserfälle und eine artenreiche Tierwelt. Bedeutendste Stadt der Region ist Chanthaburi, ein Zentrum der Edelsteinverarbeitung.

Pavillon mit Landschaftsgarten, Nong Nooch Tropical Garden

Sehenswürdigkeiten auf einen Blick

Städte und Dörfer

- 1 Chonburi
- 2 Bang Saen
- 4 Si Racha
- 7 *Pattaya S. 108–112*
- 9 *Chanthaburi S. 118f*
- 12 Trat
- 13 Laem Ngop
- 20 Ban Hat Lek

Nationalparks und Zoos

- 3 Offener Zoo Khao Khieo
- 5 Tigerzoo Si Racha
- 10 Khao-Kitchakut-Nationalpark
- 11 Nam-Tok-Phlio-Nationalpark

Strände und Inseln

- 6 *Ko Sichang S. 106f*
- 8 *Ko Samet S. 114–117*
- 14 *Ko Chang S. 122–130*
- 15 Hat Sai Ngam
- 16 Hat Sai Kaew
- 17 Hat Thap Thim
- 18 Hat Samran
- 19 Hat Ban Chuen

Sonnenbaden an einem Strand von Süd-Pattaya

Weitere Zeichenerklärungen *siehe hintere Umschlagklappe*

An der östlichen Golfküste unterwegs

Die Ostküstenregion ist durch ein dichtes öffentliches Verkehrsnetz, das auch die Hauptinseln mit einbezieht, gut erschlossen. Per Flugzeug gelangt man vom Regionalflughafen U-Tapao bei Rayong nach Phuket und Ko Samui. Auch Trat verfügt über einen kleinen Flughafen. Zweimal täglich fahren Züge von Bangkoks Bahnkof Hua Lampong nach Si Racha und Pattaya. Per VIP-Bus kommt man vom Flughafen Suvarnabhumi nach Pattaya und Jomtien. Busse bringen Sie zudem von Bangkoks östlichem Busbahnhof Ekamai und dem Terminal Mo Chit beim Flughafen Don Muang in die wichtigsten Städte. Orte, die nicht ans Busnetz angeschlossen sind, erreicht man per *songthaew* vom Busbahnhof aus. Der innerstädtische Verkehr wird mit *songthaew*, Rikschas und *tuk-tuk* abgewickelt. Täglich verkehren Fähren von Ban Phe nach Ko Samet. Von dort geht es mit gemieteten Langbooten zu den umliegenden Inseln. Nach Ko Chang und Ko Mak setzen Fähren über, die Infrastruktur auf beiden Inseln ist jedoch schlecht.

Einheimische Angler am Pier von Sattahip

Sicherheitshinweise des Auswärtigen Amts *siehe Seite 340*

Weiße Flamingos, eine der vielen Vogelarten im Offenen Zoo Khao Khieo

❶ Chonburi

ชลบุรี

Straßenkarte D1. 80 km südöstl. von Bangkok. 250 000. Chonburi-Wasserbüffelrennen (Okt).

Die Hauptstadt der Provinz Chonburi und Zentrum der Industrieregion an der östlichen Golfküste gilt als »Thailands Detroit«. Nicht weit vom Pier zieht der vierstöckige Schrein **Nacha Sa Thai Chue** viele Gläubige und Besucher an. Der farbenfroh bemalte chinesische Tempel beherbergt mehrere Gottheiten. Der **Wat Yai Inthraram** nahe dem alten Markt stammt aus der Ayutthaya-Ära *(siehe S. 44f)*, wie man an der architektonischen Gestaltung von *bot* und *wihan* erkennen kann. Hauptattraktion des *wat* sind die Wandmalereien im *bot*. Einen Besuch lohnt auch der **Wat Dhamma Nimitr**. Er hütet eine 37 Meter hohe Buddha-Figur, die mit goldenen Mosaikfliesen bedeckt ist.

❷ Bang Saen

บางแสน

Straßenkarte D1. 14 km südwestl. von Chonburi. 25 000.

Die hübsche Küstenstadt Ban Saen ist ideal für einen Tagesausflug und bei Thailändern beliebt, die kurz den Großstädten und ihren fast endlosen Vororten entfliehen möchten. Hier erholen sich vor allem an den Wochenenden ganze Großfamilien aus Bangkok. Die Kinder spielen voll bekleidet im warmen Wasser am Hat Bang Saen (Thailänder lieben blasse Haut und vermeiden Sonnenbäder). Die Erwachsenen, vor allem die Frauen, picknicken am Strand unter Sonnenschirmen. Vor allem in der Dämmerung sieht man viele Strandspaziergänger. Dann stellen auch Straßenverkäufer ihre Grills auf der Promenade auf. Liegestühle, aufblasbare Gummireifen und Fahrräder stehen zum Ausleihen bereit.

Auf dem Nong-Mon-Markt unweit des Stadtzentrums werden Produkte aus allen Ecken des Landes angeboten. Sehr zu empfehlen ist *khao larm*. Die köstliche traditionelle Süßspeise aus Klebreis, Kokosmilch, Taro, Bananen und Erdnüssen wird in Bambusschiffchen serviert.

In Bang Saen gibt es kaum Nachtleben, abends ist es hier sehr ruhig – eine Alternative zum nahen Pattaya *(siehe S. 108–112)*.

Urlauber relaxen unter bunten Sonnenschirmen, Hat Bang Saen

❸ Offener Zoo Khao Khieo

สวนสัตว์เขาเขียว

Straßenkarte D1. Nahe Route 344, 16 km südöstl. von Chonburi. 03831-8444. tägl. 8–18 Uhr (Abendsafari bis 21 Uhr). **kkopenzoo.com**

Den Zoo bevölkern über 50 Vogel- und andere Tierarten, etwa Hirsche, Gibbons, Flamingos, Zebras, Schlangen und Tiger. Die Landtiere leben in großen Freigehegen, die Vögel in einer riesigen Voliere. In einem separaten Bereich können Besucher, auch Kinder, Futter für Schafe, Hirsche und andere Tiere kaufen. Die Abendsafari und die Zipline-Tour sind attraktive Neuerungen.

Ein Tag im acht Quadratkilometer großen Zoo kann zu Fuß anstrengend werden. Im Zweifelsfall mietet man ein Fahrrad oder ein Golfcart.

19 Kilometer südlich von Khao Khieo liegt das Marschland des **Bang-Phra-Stausees**, ein Paradies für Ornithologen. Man kann hier in der kühlen Jahreszeit *(siehe S. 40)* Regenbrachvögel und andere Watvogelarten beobachten.

Köstlichkeiten in der Auslage eines Seafood-Stands, Si Racha

❹ Si Racha

ศรีราชา

Straßenkarte D1. 19 km südl. von Chonburi. 20 000.
Songkran-Si-Maha-Racha-Fest (19.–21. Apr).

Das verschlafene Si Racha (auch Sri Racha) ist berühmt für Seafood und die scharfe Sauce *nam prik si racha* – Thailands Antwort auf die Tabascosauce. Si Racha ist Ausgangspunkt für Ausflüge nach Ko Sichang *(siehe S. 106f)*. An der größten Uferstraße, Jermjompol Road, locken an den vielen Piers luftige Open-Air-Lokale. Sie sind ideal, um Spezialitäten wie *hoi nang rom* (Austern) und *hoi thot* (gebratene Muscheln) mit der berühmten feurigen Sauce zu probieren.

Ehrgeizige Reiter beim Wasserbüffelrennen, Chonburi

Wasserbüffelrennen in Chonburi

Bei der thailändischen Version des Kentucky Derby für Pferde reiten Männer ohne Sattel auf Wasserbüffeln. Die dreitägige Veranstaltung findet stets im Oktober statt. Die Jockeys wie die enthusiastischen Zuschauer nehmen die Rennen um Trophäen und andere Preise ausgesprochen ernst – außerdem wird leidenschaftlich, wenn auch illegal, auf die Sieger gewettet. Die Büffel werden mit der Peitsche angetrieben, häufig landet dabei ein Reiter unsanft am Boden. Zu dem Event, das vor Chonburis Rathaus steigt, gehören auch ein Büffel-Kräftemessen, eine Miss-Wahl und eine einzigartige Büffel-»Modenschau«.

❺ Tigerzoo Si Racha

สวนเสือศรีราชา

Straßenkarte D1. 10 km südöstl. von Si Racha. 03829-6556-8.
tägl. 8–18 Uhr.
tigerzoo.com

Der Zoo mit der wohl weltweit größten Tigerpopulation liegt auf halber Strecke zwischen Chonburi und Pattaya. Der hohe Eintrittspreis und vor allem die zweifelhaften Bedingungen, unter denen die Tiere gezüchtet und gehalten werden, trüben das Erlebnis für viele Besucher.

Neben 400 Königstigern leben hier auch indische Elefanten, Strauße und Wallabys sowie über 10 000 Krokodile.

Der dazugehörige Zirkus präsentiert Krokodil-Ringkämpfe, die rekordverdächtige, über und über von giftigen Skorpionen bedeckte »Scorpion Queen«, die für Fotos posiert, und ein paar putzige tanzende Schweine. Im Zoorestaurant serviert man vor allem Spezialitäten, die hauptsächlich auf die Präferenzen von Gästen aus China, Korea und anderen asiatischen Ländern zugeschnitten sind. Zudem gibt es einen Souvenirladen.

Ein ausgewachsener Königstiger im Tigerzoo Si Racha

6 Ko Sichang

เกาะสีชัง

An der zerklüfteten Küste der kleinen, wunderschönen Insel findet man nur wenige Buchten und Strände, doch Taucher schätzen das klare Wasser. Mehrere Regenten der Chakri-Dynastie nutzten Ko Sichang als Sommerresidenz. 1893 war es kurzzeitig französische Kolonie. Aus dieser Zeit sind noch zahlreiche Spuren erhalten. Mehrere Ruinen zeugen von der Geschichte der Insel, die einst auch als Zollstation für Schiffe nach Bangkok fungierte. Heute ist Ko Sichang ein ruhiges Ferienziel mit herrlicher Natur. Hier nisten zahlreiche Seevögel. Man kann auch die endemischen gelben Eichhörnchen beobachten.

Sonnenbad an Ko Sichangs gut besuchtem Strand Hat Tham Pang

Saan Chao Paw Khao Yai

ศาลเจ้าพ่อเขาใหญ่

tägl. (bis Sonnenuntergang).

Geheimnisvolles Flair umweht den bunten mehrstöckigen Tempel aus der Zeit der chinesischen Ming-Dynastie (1368–1644). Der Überlieferung nach erbauten an dieser Stelle chinesische Seefahrer einen Schrein, nachdem ihnen ein Lichtschein aus einer Höhle das sichere Navigieren erleichtert hatte. Der Tempel wurde später und hauptsächlich für chinesische Pilger errichtet. Eine steile Treppe führt zu der Stätte hinauf, von wo aus man einen herrlichen Blick über Meer und Hafen hat. Besucher können weitere Höhlen erkunden, von denen viele Schreine beherbergen. Das wichtigste Fest des Gebiets ist das chinesische Neujahrsfest *(siehe S. 41)*. Es lockt alljährlich große Besucherzahlen an.

Vom Tempel führt ein Weg zu einem Schrein, in dem ein »Fußabdruck« von Buddha verehrt wird.

Wat Tham Yai Prik

วัดถ้ำยายปริก

03821-6104. tägl. 8–18 Uhr.

Das auch als Meditationszentrum Tham Yai Prik Vipassana bekannte Kloster wurde in mehrere Kalksteinhöhlen hineingebaut. Der hochverehrte buddhistische Mönch Prasit Thavaro entdeckte die Anlage 1970 und baute sie zusammen mit seinen Brüdern zur heutigen Form aus. Noch immer leben die Mönche hier seinen Lehren gemäß selbstgenügsam und dem inneren Frieden verpflichtet. Sie pflegen einen Gemüsegarten, den Thavaro selbst angelegt hat und der alle Bewohner versorgt. Thavaro starb 2007, sein einbalsamierter Körper wurde vor der Verbrennung ein Jahr lang aufbewahrt. Eine Reliquie ist erhalten, damit Gläubige ihm ihre Ehre erweisen können.

Beim Gebet im Tempel Saan Chao Paw Khao Yai

Hat Tham Pang

หาดถ้ำพัง

Die schmale weiße Sandsichel Hat Tham Pang ist ein Paradies für Rucksackreisende an der Westküste der Insel. Hier, an Ko Sichangs einzigem richtigen Strand, liegen Campingplätze. Es gibt ein paar Gästehäuser und Strandrestaurants, in denen man regionale Spezialitäten, aber auch westliche Küche bekommt. Vom Pier aus fahren *samlor* (Fahrradrikschas) zum Strand. Die 30-minütige Fahrt kostet etwa 80 Baht. Liegestühle, Sonnenschirme, Kajaks und Schnorchelausrüstung kann man bequem am Strand ausleihen. Das klare Wasser eignet sich sehr gut zum Schnorcheln. Enthusiasten lockt es noch weiter südlich, wo mehr und vielfältigere Korallen warten.

Palast von Rama V.

วังรัชกาลที่ห้า

tägl. 9–17 Uhr.

Der auch Phra Chutathut Ratchasathan genannte Palast (19. Jh.) wurde zuletzt umfassend renoviert. Der Teakholzbau wurde von Rama V. (reg. 1868–1910) entworfen, der ihn als Sommerresidenz nutzte. Interessant ist der Vergleich mit dem Vimanmek Mansion *(siehe S. 75)* in Bangkok. Das Gebäude stand ursprünglich hier, ehe es 1901 in den Dusit-Park umzog.

Die Besichtigung der Palastanlagen zwischen Lotosteichen und Wachsblumenbäumen kann bis zu einem halben Tag dauern. In vier der restaurierten Villen sind Erinnerungsstücke an Rama V. ausgestellt. Die Exponate sollen die Verbindung des Königs mit Ko Sichang verdeutlichen. Auch ein kleines Café ist vorhanden. Der Geburtstag von Rama V. wird im Palast im großen Stil mit einer Audio-Light-Show und einem Umzug in historischen Kostümen gefeiert.

Wat Atsadang

วัดอัษฎางค์

tägl. (bis Sonnenuntergang).

Der Wat Atsadang mit seinem weißen *chedi* thront auf einem Hügel nahe den Ruinen des Palasts von Rama V. Am besten erreicht man den Tempel von der Palastanlage aus zu Fuß. In dem *wat* pflegte einst Rama V. regelmäßig zu meditieren. Der Tempel weist eine ungewöhnliche Architektur auf: Der *chedi* ist ein Rundbau im ceylonesischen Stil, während *bot* und Pagode auf europäische Art mit Bleiglasfenstern gestaltet sind.

Das verzierte Tor zum Palast von Rama V. auf Ko Sichang

Ein Speedboat wartet am Hat Sai Kaew auf Gäste

Hat Sai Kaew

หาดทรายแก้ว

Der Hat Sai Kaew oder »Kristallstrand« ist ein abgelegener, für Picknicks beliebter Strand an der Ostküste der Insel. Am besten erreicht man ihn per *samlor*. In den letzten Jahren entstanden hier Restaurants, Läden und andere Einrichtungen wie Thai-Massagesalons und ein Strandlokal. Hat Sai Kaew ist eine ideale Ausgangsbasis zum Schnorcheln vor den Inselchen an der Südspitze von Ko Sichang. Bei ruhigem Wasser können Schnorchler die felsige Küste Richtung Süden entlangschwimmen und traumhafte Korallenriffe voller Meerestiere bewundern.

Infobox

Information

Straßenkarte D1. 13 km westl. von Si Racha. 6000.

TAT, Pattaya (03842-7667).

Chinesisches Neujahr (Jan/Feb), Rama-V.-Fest (Sep).

Anfahrt

von Si Racha.

Straßenkarte *siehe hintere Umschlaginnenseiten*

7 Pattaya

พัทยา

Das idyllische Fischerdorf Pattaya wurde in den 1960er und 1970er Jahren durch US-Soldaten, die sich hier vom Vietnamkrieg erholten, völlig umgekrempelt. Seinen Ruf verdankte es in der Folge der Prostitution – dieses Gewerbe blüht hier noch immer. Doch Pattaya hat auch anderes zu bieten. Mit über fünf Millionen Besuchern im Jahr ist es inzwischen Thailands wichtigster Fremdenverkehrsort. Edle Hotels, Restaurants, Vergnügungsparks, Sportmöglichkeiten, Golfplätze und Bühnenshows gehören zu seinen vielen Attraktionen. Windsurfen und Kiteboarding sind in diesem Wassersportparadies besonders populär.

Ein Jetski am Hat Pattaya

Hat Pattaya

หาดพัทยา

Das Tropenparadies von einst ist heute kaum wiederzuerkennen: Der drei Kilometer lange Strand ist vor allem am Wochenende von Tausenden Sonnenanbetern überlaufen. Hat Pattaya hat sich inzwischen den Spitznamen »Patpong am Meer« verdient und wird weniger von Familien als von jüngeren Urlaubern frequentiert, die die Go-go-Clubs, Bars und Massagesalons schätzen. Zu Hat Pattayas berühmtesten Attraktionen gehören die Travestie-Shows, die meist am Nordende des Strands zu finden sind. An der Beach Road, die sich durch den ganzen Ort zieht, reihen sich Restaurants, Bars und Einkaufszentren. Zu den Wassersportangeboten gehören Parasailing, Kajakfahren und Tauchen. Landratten können sich bei Golf und Tennis auspowern.

Heiligtum der Wahrheit

ปราสาทสัจธรรม

206/2 Moo 5, Naklua Soi 12, Pattaya-Naklua Rd.
03836-7229. tägl. 8–18 Uhr.
sanctuaryoftruth.com

Der prächtige Teakholztempel steht 105 Meter oberhalb der Küste zwischen Pattaya und Ao Naklua. Jeder einzelne Quadratzentimeter der Konstruktion ist mit kunstvollen Figuren aus kambodschanischer, hinduistischer, buddhistischer und thailändischer Religion und Mythologie bedeckt. Der Tempelkomplex bietet auch Unterhaltung, etwa Speedboot-Touren und Ausritte. Beim Essen erfreuen die Besucher Vorführungen des klassischen Thai-Tanzes.

Figur, Heiligtum der Wahrheit

Ao Naklua

อ่าวนาเกลือ

3 km nördl. von Hat Pattaya.

Jeden Morgen fahren die Fischer hinaus, jeden Abend kommen sie mit ihrem Fang zurück zum Pier. Ao Naklua (Naklua-Bucht) hat sich den Charme des einstigen Pattaya erhalten. Viele Anwohner arbeiten in der Stadt, ihre Häuser

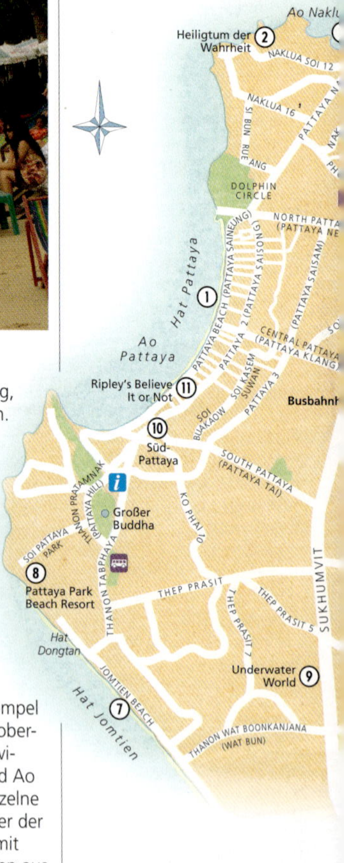

Zeichenerklärung
siehe hintere Umschlagklappe

verleihen der Gegend ein authentisches ländliches Flair, wenngleich inzwischen auch Hotels und Wohnblöcke den Strand säumen. An der Soi Photisan kann man sich eine Angelausrüstung besorgen, wenn man einen Tag am Pier verbringen will. Auf dem Naklua-Markt neben dem Lan-Pho-Park werden jeden Tag frische Meeresfrüchte verkauft. Mit weniger Lärm und Luftverschmutzung sowie weniger Verkehr auf dem Wasser ist Ao Naklua für Familien die Alternative zu Pattaya.

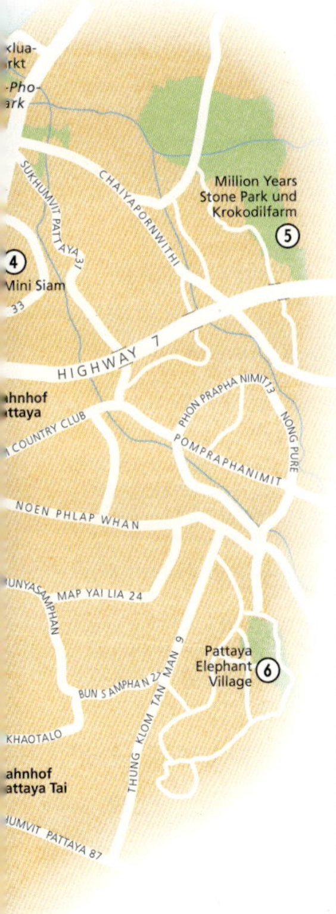

Zentrum von Pattaya

① Hat Pattaya
② Heiligtum der Wahrheit
③ Ao Naklua
④ Mini Siam
⑤ Million Years Stone Park und Krokodilfarm
⑥ Pattaya Elephant Village
⑦ Hat Jomtien
⑧ Pattaya Park Beach Resort
⑨ Underwater World
⑩ Süd-Pattaya
⑪ Ripley's Believe It or Not

Miniatur von Bangkoks berühmtem Wat Arun, Mini Siam

Mini Siam

มินิสยาม
387 Moo 6, Sukhumvit Rd.
03872-7333. tägl. 7–22 Uhr.
minisiam.com

Der 1986 als Forschungsprojekt gegründete und nach wie vor wachsende interessante Themenpark teilt sich in Mini Siam und Mini Europe. Über den Park verteilt stehen Miniaturversionen von bekannten Bauwerken in aller Welt, etwa von Bangkoks Großem Palast, dem Opernhaus von Sydney, dem Pariser Eiffelturm, dem Kolosseum in Rom und von Kambodschas Angkor Wat. Das erste dieser im Maßstab 1:25 errichteten Modelle war Bangkoks Demokratie-Denkmal. Zu den weiteren Angeboten für Besucher des Parks gehören Hochzeiten in Mini Siam sowie Vorführungen traditioneller Thai-Tänze. Der bei Pattaya-Urlaubern sehr beliebte Park betreibt auch mehrere Souvenirläden in der Nähe.

Infobox

Information
Straßenkarte D1. 60 km südl. von Chonburi. 105 000.
TAT, 609 Moo 10, Pratamnak Road, Pattaya (03842-7667). Pattaya Music Festival (20.–22. März), Pattaya Festival (Mitte Apr zum Neujahrsfest).
pattayacity.com

Anfahrt

Million Years Stone Park und Krokodilfarm

อุทยานหินล้านปีและฟาร์มจระเข้
22/1 Moo 1, Nongplalai, Bang Lamung. 03824-9347. tägl. 8–18.30 Uhr.
thaistonepark.org

Im Park (Uttayan Hin Laan Pee) wird Kurioses präsentiert. Zu den Attraktionen gehören über eine Million Jahre alte versteinerte Bäume, Bonsaibäume, Felsen in Tiergestalt, Seewölfe und viele Krokodile. Zudem rauscht hier der größte künstliche Wasserfall Thailands.

Pattaya Elephant Village

หมู่บ้านช้างพัทยา
48/120 Moo 7, Tambon Nong Prue.
03824-9818. tägl. 9–17 Uhr.
elephant-village-pattaya.com

Das auch Mooban Chang genannte Pattaya Elephant Village ist eher Themenpark als ein Zoo. Hier kann man auf Elefanten reiten oder ihnen beim Malen, Spielen und Baden zuschauen. Im Eintrittspreis sind das Mittagessen und eine Flussfahrt sowie eine einstündige Elefantenshow inbegriffen.

Bizarr geformte Steine im Million Years Stone Park

Straßenkarte *siehe hintere Umschlaginnenseiten*

Angler starten zu einem Ausflug mit dem Speedboat, Hat Jomtien

Hat Jomtien

หาดจอมเทียน

2 km südl. vom Hat Pattaya.

Der 14 Kilometer lange, fast immer gut besuchte Strand ist Thailands Mekka für Windsurfer und Kiteboarder. An seinem nördlichen Ende beginnt der Hat Dongtan, der von Hochhäusern dominiert wird und bei Schwulen und Lesben populär ist. Das Paradies für Wassersportler bietet gute Bedingungen für Wasserski und Paragliding.

Vom Strand aus kann man Tauch- und Schnorchelausflüge unternehmen und mit Jetski oder Kajak auf dem Meer fahren. Zum Hochseefischen stehen sogar Speedboote bereit. Die Zeit lässt sich aber auch beim Tontaubenschießen, Reiten, Tennis und Golf vertreiben. Vor allem Kinder haben im Wasser Spaß auf den »Bananenbooten«.

Von all diesen Aktivitäten ist der südliche Teil des Strands unberührt und folglich bei jenen beliebt, die Menschenmassen, Lärm und Trubel meiden und die Ruhe suchen.

Am Abend ist der Hat Jomtien immer voller Leben, die Bier- und Go-go-Bars locken viel Publikum an. Für das leibliche Wohl der Urlauber sorgen zahlreiche internationale (Seafood-)Lokale, danach geht es in Irish Pubs und deutsche Bierkneipen.

Pattaya Park Beach Resort

พัทยาปาร์คบีชรีสอร์ท

345, Hat Jomtien. 03825-1201.

pattayapark.com

Pattaya Park Funny Land tägl. 11–22 Uhr.

Das Pattaya Park Beach Resort am nördlichen Ende des Hat Jomtien ist eine perfekte Ferienanlage für Familien. Neben einer eigenen Ladenarkade und mehreren Lokalen gibt es hier verschiedenste Indoor-Unterhaltungsangebote. Kids lieben die Whirlpools und Wasserrutschen, Erwachsene vergnügen sich in Swimmingpools, im Fitness-Center, in der Sauna, auf der Joggingbahn oder beim Wasserski. Außerdem werden Tauchkurse für Anfänger angeboten. Wem das alles zu anstrengend ist, kann auch Snooker spielen.

Von der Apex-Aussichtsplattform im 55. Stock des Pattaya Tower, des höchsten Punkts von Pattaya, reicht der Blick über Pattaya im Norden und Ao Jomtien im Süden. Hier kann man sich auch beim Bungee-Jumping beweisen sowie eine Fahrt im Sky Shuttle oder im Speed Shuttle wagen. Der Turm hat drei Drehrestaurants im 52., 53. und 54. Stock.

Unterhaltung für Kinder bietet das **Pattaya Park Funny Land**. Hier gibt es eine fantastische Auswahl an Achterbahnen, eine Monorail, ein Musikkarussell und einen Autoskooter.

Underwater World

อันเดอร์วอเตอร์เวิลด์

22/22 Moo 11, Sukhumvit Road, Bang Lamung. 03875-6879.

tägl. 9–18 Uhr.

underwaterworldpattaya.com

Das Aquarium vermittelt mit über 200 Meerestieren einen exzellenten Überblick über die vielfältige Unterwasserwelt der Region. Hier kommen Erwachsene und Kinder auf ihre Kosten. Die Tour beginnt am Strand und führt allmählich immer tiefer unter Wasser, vorbei an Korallen und anderen Meeresbewohnern. Noch weiter unten verläuft ein 100 Meter langer Fiberglas-

Faszinierender Blick auf das Leben im Meer, Fiberglastunnel der Underwater World

Hotels und Restaurants an der östlichen Golfküste *siehe Seiten 295–297 und 310–312*

Neonschilder locken Gäste in Fischlokale und Go-go-Bars, Walking Street, Süd-Pattaya

tunnel mitten durchs Wasser mit bunten Fischen, Seepferdchen, Schildkröten, Haien, Korallen und Krustentieren. Gegen eine zusätzliche Gebühr können Besucher sogar in einem Korallenriffbecken mit Haien und Rochen tauchen.

Der Große Buddha thront 91 Meter oberhalb Pattayas Küste

Süd-Pattaya

พัทยาใต้

W pattaya-bars.net

Zwischen der Pattaya Beach und der South Pattaya Road finden sich Hunderte Bars, Nachtclubs und Massagesalons. Das Terrain liegt einen Kilometer vom Hat Pattaya entfernt in den *soi* (Gassen) südlich der Soi 13, zwischen Soi 13/1 und Soi 13/5. Hier im »Pattayaland«, dem Rotlichtviertel von Pattaya, dreht sich fast alles um Sex. Hunderte Männer, Frauen und *kathoey* (Transvestiten) bevölkern die Bars und Clubs, von der Atmosphäre her fühlt man sich wie auf der größten Junggesellenparty der Welt. Die Soi 3 oder Boyztown ist das Zentrum der Schwulenszene mit zahlreichen Clubs und Bierkneipen.

Südlich der Pattaya Beach Road liegt die ein Kilometer lange **Walking Street**. Ab 19 Uhr sind hier motorisierte Fahrzeuge verboten. An der von Prostituierten gesäumten Straße locken Open-Air-Bars, Fast-Food-Lokale, Massagesalons, Nachtclubs und Cabaret-Shows die Passanten.

Wem der Sinn eher nach spirituelleren Erfahrungen steht, wendet sich nach Süden. Dort finden sich auf dem Buddha-Berg der Pattaya Fitness Park und die golden bemalte Statue des **Großen Buddha**. Besucher kommen wegen der majestätischen Figur sowie mehrerer, über den Park verstreuter kleinerer Buddha-Bildnisse hierher.

Ripley's Believe It or Not

พิพิธภัณฑ์ริปลีส์

3. Etage, Royal Garden Plaza, 218 Moo 10, Beach Rd. 03871-0294. tägl. 11–23 Uhr. im Kino und Haunted House.

W ripleysthailand.com

Ripley's Believe It or Not ist eine der Hauptattraktionen Pattayas. Hier locken zehn Themenbereiche mit über 300 kuriosen Exponaten, darunter ein echter Schrumpfkopf, eine Maske aus Menschenhaut und ein Modell der *Titanic* aus einer Million Streichhölzern. Die Fassade ist wie der Ort eines Flugunglücks gestaltet, mit einem Flugzeug, das im oberen Stock steckt.

Außer der bizarr-verrückten Sammlung beherbergt das Museum ein Geisterhaus (Haunted House), ein 4-D-Simulationskino, ein Labyrinth und Spielangebote für Kinder.

Ein »abgestürzter« Kampfflieger steckt im Ripley's Believe It or Not

Straßenkarte *siehe hintere Umschlaginnenseiten*

Pattayas Umland

Im Umland von Pattaya kann man viel sehen und erleben, vor allem an der Küstenstraße gen Süden in Richtung Sattahip und bei bzw. auf den vielen vorgelagerten Inseln. Mit Jeeps, Rollern und Fahrrädern, die überall vermietet werden, lässt sich die Region leicht erkunden. Die meisten Aktivitäten sind auf Pauschalurlauber und Familien zugeschnitten. Zu den Attraktionen gehören etwa Elefantenritte und Besuche in Bergdörfern. Die Angebote für sportliche Urlauber rangieren von Wassersport bis Golf.

Ko Larn

เกาะล้าน

8 km westl. von Pattaya.

vom Bali-Hai-Pier, Pattaya.

kohlarn.com

Die kleine, nur etwa drei Kilometer lange und zwei Kilometer breite Insel Ko Larn säumen sechs malerische Buchten und fantastische Korallenriffe. Das erstaunlich breite Angebot auf der kleinen Insel reicht von Touren im Glasbodenboot, von dem aus man Korallen und Fische bestaunen kann, über Jetskiing, Parasailing, Bananenbootfahrten und Angeln bis zu Tontaubenschießen.

Zur Erkundung stehen Pick-up- und Motorradtaxis sowie Leih-Motorräder bereit. An jedem Strand finden sich Gästehäuser, Restaurants, Läden und Touristeneinrichtungen. Kleine Gruppen können für wenige Hundert Baht mit dem Speedboot von Pattaya aus nach Ko Larn fahren.

Nong Nooch Village

สวนนงนุช

15 km südl. von Pattaya. 03842-9321. tägl. 8–18 Uhr.

nongnoochtropicalgarden.com

Das Nong Nooch Village (ausgesprochen »Nong Noot«) ist eigentlich ein Themenpark. Es präsentiert thailändische Landwirtschaft und Häuser, einen kleinen Zoo, eine Schmetterlingsfarm und einen schönen botanischen Garten mit verschiedensten Orchideen – ideal für einen Bildungsausflug. Für Unterhaltung sorgen Thai-Boxen, eine Elefantenshow und eine Thai-Kultur-Aufführung mit traditionellem Tanz und Musik. Besucher können zudem den Pool und den Picknickbereich nutzen. Die Abholung im Hotel in Pattaya wird gern organisiert.

Sattahip

สัตหีบ

33 km südl. von Pattaya.

Sattahip war während des Vietnamkriegs eine Marinebasis für US-Soldaten, heute liegt hier ein bekanntes kleines Schutzzentrum für Meeresschildkröten. Urlauber kommen meist auf dem Weg von Pattaya nach Ko Samet, Rayong oder Ko Chang durch den Ort. Der »schwimmende Markt« am Highway 3 lohnt auf jeden Fall einen Stopp. Auf etwa 80 Booten werden verschiedene Waren angeboten – darunter auch schöne Souvenirs.

Rayong

ระยอง

174 km südöstl. von Pattaya.

Das für Wochenendausflüge von Bangkok aus beliebte Rayong lockt mit einer kühlen Brise und köstlichen Meeresfrüchten. An den Stränden – Ban Phe, Suan Son und Suan Wang Kaew – stehen viele Hotels mit Meerblick. Auf Ko Talu, vor Suan Wang Kaew, gibt es gute Camping- und Taucheinrichtungen. 47 Kilometer östlich von Rayong bezaubert der **Khao-Chamao-Khao-Wong-Nationalpark** mit Wasserfällen, Höhlen, Klippen und Teichen.

Der französische Garten im Nong Nooch Village

Hotels und Restaurants an der östlichen Golfküste *siehe Seiten 295–297 und 310–312*

Elefanten in Thailand

Asiens größtes lebendes Landtier, der Elefant, wurde in hinduistischen und buddhistischen Texten schon vor Jahrhunderten erwähnt. Die Dickhäuter spielen in Thailand eine bedeutsame spirituelle Rolle und genießen einen höheren Status als alle anderen Tiere. Leider sind sie durch das Eindringen der Menschen in ihren Lebensraum mehr bedroht als etwa durch Wilderei. Die Einführung von Bulldozern und anderem schweren Gerät machte die Tiere mit der legendären Kraft arbeitslos. Ein Verbot der kommerziellen Abholzung 1989 führte dazu, dass nur noch wenige Elefanten als Nutztiere gehalten werden. Heute schätzt man ihre Zahl in freier Wildbahn auf 2500 bis 3000.

Als Lastenträger transportierten Elefanten einst sowohl schwere Baumstämme als auch Personen. Der *mahout* saß oben auf dem Nacken des Tiers.

Elefanten früher

Elefanten wurden beim Bau von wat *und beim Holzfällen eingesetzt. Sie waren zudem ein Prestigesymbol der thailändischen Könige – je mehr Elefanten ein König besaß, umso mächtiger war er.*

Weiße Elefanten besitzen traditionell den Status von Halbgöttern. Sie gelten als Eigentum des Königs. Von 1855 bis 1916 war auf der Nationalflagge von Siam ein weißer Elefant auf rotem Grund abgebildet.

Im Krieg zogen Thai- und birmanische Regenten bevorzugt auf Elefanten sitzend in die Schlacht.

Elefanten heute

In Thailand sind Elefanten bedroht. Man sieht sie hauptsächlich in Reservaten und Camps.

Wilde Elefanten stehen nur in einigen wenigen Nationalparks unter Schutz.

Elefanten waschen oder sogar gemeinsam mit ihnen baden können Urlauber in Camps wie Ban Kwan auf Ko Chang *(siehe S. 123)*.

Elefantenmotive werden oft von Silberschmieden auf Zierobjekte graviert.

❽ Ko Samet

เกาะเสม็ด

Die vor der Rayong-Küste gelegene Insel Ko Samet ist mit tiefblauem klarem Wasser und feinen Sandstränden bei Einheimischen und Besuchern gleichermaßen beliebt. Ihr Name leitet sich von den immergrünen Kajeputbäumen ab, die auf Thai »samet« heißen und auf der ganzen Insel wachsen. Ko Samet ist seit 1981 ein Nationalpark, wurde aber dennoch ständig weiter erschlossen. An den herrlichen weißen Sandstränden der acht Kilometer langen Ostküste reihen sich Restaurants und Bars. Die Westküste ist ruhiger, das schmale Inselinnere wild und unberührt. Auf vielen Wegen kann man dort die Tiere und Pflanzen der Insel entdecken.

Zur Orientierung

☐ Dargestelltes Gebiet

Fähren von Ban Phe auf dem Festland können Besucher auch an die Westküste der Insel bringen.

★ Ao Phrao

Ao Phrao liegt abseits des Trubels an der Ostküste. Sie ist eine der ruhigsten Buchten auf Ko Samet. Hier lassen sich die Gäste von der schönen Natur, Sonne, Sand und Meer bezaubern.

Ao Wong Deuan

Die Bucht mit dem zweitlängsten Strand der Insel ist bei Einheimischen und Gästen nach wie vor beliebt. Sie ist gut erschlossen. Hier findet man unter anderem Seafood-Restaurants, Bars und ein reges Nachtleben.

Ao Wai

Südlich von all der Action am Hat Sai Kaew birgt diese Bucht einen ruhigen, hübschen Strand. Im Schatten von Kokospalmen bietet hier das Samet Ville Resort Kulinarisches, Unterhaltung und Thai-Massagen.

Hotels und Restaurants an der östlichen Golfküste *siehe Seiten 295–297 und 310–312*

Na Dan
Der Fischerort Na Dan ist der Hauptfährhafen der Insel, ihre größte Siedlung und somit der Hauptort auf Ko Samet.

Infobox

Information
Straßenkarte D2. 84 km südöstl. von Pattaya. 1500.
TAT, Rayong (03865-5420).

Anfahrt
von Ban Phe nach Na Dan, Ao Wong Deuan und Ao Phrao.

★ Hat Sai Kaew
Der traumhafte weiße Sandstrand Hat Sai Kaew ist der längste und erschlossenste Strand der Insel. Zum Wassersportangebot zählen Wasserskifahren, Windsurfen und Parasailing.

★ Ao Phai
Den Strand der reizenden kleinen Bucht säumen viele Restaurants und Cafés. Er ist bei Rucksackreisenden und Sonnenhungrigen beliebt und Startpunkt von vielen Fußwegen über die Insel.

Der Dichter Sunthorn Phu

Sunthorn Phu (1786–1855), Thailands berühmtester Dichter, genoss mit seiner oft moralisierenden Lyrik hohes Ansehen am Königshof. Beim Versepos *Phra Aphaimani* ließ sich der Dichter von der Landschaft seines Wohnorts Ko Samet inspirieren. Es handelt von Prinz Phra Aphaimani, der im Unterwasser-Königreich einer Riesin gefangen gehalten wird. Es gelingt ihm, mithilfe einer Meerjungfrau nach Ko Samet zu entkommen, indem er die Riesin durch magische Flötenklänge in Schlaf versetzt. Dann vermählt er sich mit einer schönen Prinzessin.

Denkmal von Prinz und Meerjungfrau auf Ko Samet

0 Meter 750

Legende
Nebenstraße
Fußweg
Fährroute

Straßenkarte *siehe hintere Umschlaginnenseiten*

Überblick: Ko Samet

Die flache Insel Ko Samet bietet sich für einen Wochenendausflug von Bangkok aus an. Aufgrund ihrer Lage wird die Insel allerdings zunehmend bebaut. Obwohl sie unter Naturschutz steht, ist sie in der Hochsaison oft überlaufen. Die auch Ko Kaew Phitsadan (»Magische Kristallinsel«) genannte Insel wurde von Sunthorn Phu in dem romantischen Epos *Phra Aphaimani* verewigt. Ko Samet präsentiert sich mit einer tropischen Landschaft, einsamen Buchten – und einem turbulenten Nachtleben. Die Preise in den Restaurants und Hotels liegen am Wochenende deutlich höher. Ausländer müssen am Fährhafen von Na Dan eine Gebühr entrichten, ehe sie die Insel erkunden.

Segeln und Kajakfahren zählen zum Angebot am Hat Sai Kaew

Schrein mit Opfergaben für Pu Dam, Na Dan

Na Dan
หน้าด่าน

6 km südl. von Ban Phe.

Der kleine, aber verkehrsreiche Pier im Nordosten der Insel ist das Eingangstor zu Ko Samet. Hier legen sowohl kommerzielle als auch private Speedboote und Fähren an. Na Dan selbst ist ein unscheinbarer Fischerort mit einem Krankenhaus, ein paar Internet-Cafés und Geldautomaten sowie einem Markt. Es gibt einfache Unterkünfte, doch nur wenige Reisende bleiben über Nacht. Ein Schrein am Pier ist Pu Dam geweiht. Der hochverehrte heilige Mann – auch Großvater Black genannt – lebte auf der malerischen Insel. Vom Pier aus fahren Sammeltaxis zu den vielen Stränden.

Ao Phrao
อ่าวพร้าว

2 km südwestl. von Na Dan.

Der weiße Sandstrand der »Paradiesbucht« Ao Phrao bietet eine herrliche Bergkulisse und Schatten spendende Bäume. Im Juli 2013 wurde Ao Phrao durch auslaufendes Öl verdreckt, mittlerweile ist es wieder sauber.

An diesem einzigen bebauten Strand an Ko Samets felsiger Westküste finden sich einige Pensionen sowie zwei luxuriöse Ferienanlagen mit Swimmingpools und Spas. Ein PADI-Zentrum bietet Tauchkurse an. Ansonsten ist der Strand relativ naturbelassen. Besucher können in Na Dan mit dem Taxi oder vom Festland mit dem Boot herfahren.

Hat Sai Kaew
หาดทรายแก้ว

Zum Strand Hat Sai Kaew strömen an jedem Wochenende Ausflügler aus Bangkok. Die schöne, drei Kilometer lange Sichel aus feinem weißem Sand liegt nur etwa einen Kilometer südöstlich von Na Dan.

Den Strand säumen Bungalows, Pensionen, Bars, Lokale und Läden. Das Meer wirkt unberührt und klar, doch der Strand hat durch die große Popularität etwas von seinem Charme eingebüßt. Aufgrund des reichen Wassersportangebots findet man hier zuweilen kein ruhiges Plätzchen mehr.

Hat Sai Kaews Nachtclubs und Bars sind bis in die frühen Morgenstunden geöffnet.

Der ruhige Strand der Ao Phrao liegt vor einer dicht bewaldeten Bergkulisse

Hotels und Restaurants an der östlichen Golfküste *siehe Seiten 295–297 und 310–312*

Tagsüber können Besucher an einem PADI-zertifizierten Tauchkurs teilnehmen oder aber sich auf Jetskis, Bananenbooten, Wasserskiern und beim Schnorcheln wild oder entspannt vergnügen.

Ao Hin Khok

อ่าวหินกก

Der Strand von Ao Hin Khok ist vom Hat Sai Kaew nur durch einen felsigen Hügel getrennt. Hier stehen die Statuen des Prinzen und der Meerjungfrau, der Hauptfiguren aus dem Epos *Phra Aphaimani*. Der Strand ist mit kleinen Hütten, einfachen Lokalen und Bars ein Paradies für Rucksackreisende. Unterhaltung bieten ein Fitness-Zentrum und abends das Treiben der Feuerjongleure.

Ao Phai

อ่าวไผ่

Ao Phai liegt einen Kilometer südwestlich von Hat Sai Kaew. Die berühmte Partymeile lockt Gäste aus allen Ecken der Insel an. Am Strand steigen Feste zu allen möglichen Anlässen, die ausgelassensten finden jedoch zu Vollmond statt. Hier treffen sich hauptsächlich junge Rucksackreisende, die sich auf den Partys unter die Einheimischen mischen.

Ao Phai bietet zudem ein paar Lädchen und Mittelklassehotels – doch Hauptattraktion sind die Strandpartys.

Ao Nuan

อ่าวนวล

3 km südwestl. von Hat Sai Kaew.

Südlich der kommerziellen Strände Hat Sai Kaew und Ao Phai bieten ein paar kleine, abgeschiedene Buchten Ruhe.

Ao Nuan ist zum Schwimmen zu steinig, aber der Sandstrand liegt malerisch. Die Strandhütten sind einfach, doch die Gäste können im guten Restaurant essen oder den Abend unter sternenklarem Himmel verbringen. Gleich nördlich von Ao Nuan liegt die noch ruhigere **Ao Phutsa** (Ao Tubtim). Strandverkäufer und laute Musik sind hier verboten.

Besucher genießen ein kühles Bier in einem Strandlokal, Ao Hin Khok

Ao Cho liegt fünf Minuten südlich von Ao Nuan. Hier geht es am Wochenende recht lebhaft zu. Geboten werden schlichte und anspruchsvollere Unterkünfte sowie ein kleiner, für Angler und Schnorchler idealer Pier.

Ao Wong Deuan

อ่าววงเดือน

3 km südwestl. von Hat Sai Kaew.

Die hufeisenförmige Bucht Ao Wong Deuan an der zentralen Ostküste wird vom Festland aus regelmäßig von Fähren angesteuert. Hier nächtigen meist Pauschalreisende und thailändische Familien. Der Standard ist deutlich gehobener als in Hat Sai Kaew. Der Strand, beliebter Mittagshalt für Tagesausflügler, ist voller Lokale und Bars sowie Treffpunkt von Nachtschwärmern. Das Wassersportangebot ist groß. Bei Flut wird der mittlere Abschnitt des Strands häufig überschwemmt – seien Sie also vorsichtig.

Ao Wai

อ่าวหวาย

5 km südwestl. von Hat Sai Kaew.

Je weiter man an der Ostküste gen Süden kommt, umso ruhiger und weniger kommerziell werden die Strände. Die Ao Wai ist eine gute Option mit Mittelklassehotels, romantischen Lokalen und weniger Partyszene. Der weiche Sandstrand ist teilweise beschattet und bietet Läden mit Internet-Zugang. Der Strand erstreckt sich unweit der Buchten Ao Kui Na Nai und Ao Khut. Vor der Küste liegt die Mini-Insel Ko Chan mit einer interessanten Unterwasserlandschaft – exzellent zum Schnorcheln.

Bunte Kajaks zum Verleih, Ao Phai

Straßenkarte *siehe hintere Umschlaginnenseiten*

9 Chanthaburi

จันทบุรี

Chanthaburi, die Stadt des Mondes, ist von Chili- und Kautschukplantagen umgeben. Sie ist eine der zauberhaftesten Städte des Landes und Hauptstadt der gleichnamigen Provinz. König Taksin (reg. 1767–82) wird hier mit mehreren Schreinen und Denkmälern verehrt. Die Stadt hat eine multi-ethnische Bevölkerung und aufgrund ihrer Nähe zum früheren französischen Indochina starke historische wie kulturelle Bande zu Frankreich und Vietnam. Seit dem 15. Jahrhundert verdankt Chanthaburi dem Edelsteinhandel seinen Wohlstand – noch immer ist er eine wichtige Stütze der Wirtschaft.

Goldener Schrein in der Kathedrale von Chanthaburi

Pfahlbauten im vietnamesischen Stil am Fluss Chanthaburi

Edelsteinmarkt

ตลาดพลอย

Thanon Sri Chan-Trok Kachang.

Seit über fünf Jahrhunderten lockt die Edelsteinstadt Chanthaburi Käufer, Händler und Abenteurer an. Der Edelsteinmarkt *talat phloi* liegt am Ufer des Flusses Chanthaburi. Die hauptsächlich für ihren Reichtum an Saphiren und Rubinen bekannte Stadt ist nach wie vor ein Zentrum für den Handel mit diesen Steinen, obwohl die eigenen natürlichen Ressourcen erschöpft sind. Heute stammen die meisten Edelsteine aus der Gegend an der kambodschanischen Grenze, doch die Fertigkeiten der hiesigen Schleifer sind noch immer gefragt. Alle Arten von Edel- und Halbedelsteinen werden hier für die Schmuckproduktion angeboten, darüber hinaus auch seltene Steine und Perlen aus ganz Südostasien und sogar aus Madagaskar. Besucher können auf dem Markt den Händlern und ihren Kunden beim Handeln zusehen. Die besten Edelsteinläden stehen an Trok Kachang und Thanon Sri Chan. Am Wochenende ist der Markt am lebhaftesten.

Kathedrale

โบสถ์จันทบุรี

Chanthanimit Rd.

Am anderen Flussufer, östlich vom Edelsteinmarkt, ragt die Kirche der Unbefleckten Empfängnis, die Kathedrale der Stadt, auf. Thailands größtes christliches Bauwerk wurde von Missionaren an der Stelle einer Missionskapelle im französischen Kolonialstil (18. Jh.) errichtet. Seither wurde das Gebäude mehrmals renoviert, hauptsächlich wegen des Zuzugs vieler vietnamesischer Christen. Einige der Bleiglasfenster stammen noch aus der Zeit vor der Restaurierung der Kirche im 19. Jahrhundert.

Eine Händlerin prüft kostbare Steine auf dem Edelsteinmarkt

Vietnamesisches Viertel

ตลาดเวียดนาม

Thanon Rim Nam.

Das Areal liegt am Westufer des Flusses Chanthaburi unweit des Edelsteinmarkts und ist der interessanteste Teil der Stadt. Im Lauf eines ganzen Jahrhunderts wanderten viele Vietnamesen nach Thailand aus – entweder um der Katholikenverfolgung zu entkommen oder aber als politische Flüchtlinge. Das Viertel mit seiner einzigartigen Architektur und Küche besitzt ein besonderes Flair. Die hübschen alten Häuser an der Thanon Rim Nam sind aus Bambus oder Holz und stehen auf Pfählen. Sie sind im Stil der vietnamesischen »Tunnel-« oder »Röhrenhäuser« gehalten und in der Regel sehr schmal. Die Wohnräume ragen teilweise über die Grundmauern hinaus.

Auf dem nahen Markt findet man alle möglichen vietnamesischen Köstlichkeiten. Frühlingsrollen und Süßspeisen

Hotels und Restaurants an der östlichen Golfküste *siehe Seiten 295–297 und 310–312*

Vietnamesen in Thailand

Vietnamesen kamen in drei Schüben nach Thailand. Im 19. Jahrhundert waren es die Flüchtlinge vor der französischen Kolonialmacht. In den 1950er Jahren flohen vietnamesische Katholiken in großer Zahl vor dem kommunistischen Regime, 1975 emigrierten viele nach dem Niedergang des Regimes im Süden. Die Thailänder misstrauten ihnen aufgrund alter Rivalitäten und vertrieben sie meist. Doch im Lauf der Zeit haben es die Vietnamesen geschafft, sich in die ethnisch vielfältige Gesellschaft zu integrieren.

Vietnamesischer Bauer im Reisfeld

Infobox

Information
Straßenkarte E2. 182 km südöstl. von Pattaya. 50 000. TAT, Rayong (03865-5420). tägl. Früchtefest (Mai/Juni).

Anfahrt

bieten hier eine leckere Abwechslung zur traditionellen Thai-Küche. Heute sprechen nur noch wenige der Einwanderer Vietnamesisch, sie haben sich gut in die thailändische Gesellschaft integriert.

König-Taksin-Park

สวนพระเจ้าตากสิน

Thanon Leap Noen.

Die grüne Oase liegt etwa einen Kilometer westlich des Edelsteinmarkts. Sie ist bei den Stadtbewohnern, die hier spazieren gehen und frühmorgens Sport treiben, sehr beliebt. Im Park liegen zwei fischreiche Seen. Dominiert wird die Grünanlage von einer Bronzestatue von König Taskin in heroischer Pose auf dem Schlachtfeld. Das Bild ziert auch den 20-Baht-Schein. Unter Schatten spendenden Bäumen kann man spazieren oder picknicken. Besucher können auch die tropischen Früchte probieren, für die Chanthaburi berühmt ist.

König-Taksin-Schrein

ศาลพระเจ้าตากสิน

Tha Luang Road.

Der König-Taksin-Schrein präsentiert sich als neuneckiger Bau mit helmförmigem Dach. Der Schrein (1920) beherbergt die Statue des hochverehrten Königs. Alljährlich gedenkt man am 28. Dezember mit einer Zeremonie der Thronbesteigung des Monarchen.

Helme und Waffen dienen als Opfergaben im König-Taksin-Schrein

Zentrum von Chanthaburi

1. Edelsteinmarkt
2. Kathedrale
3. Vietnamesisches Viertel
4. König-Taksin-Park

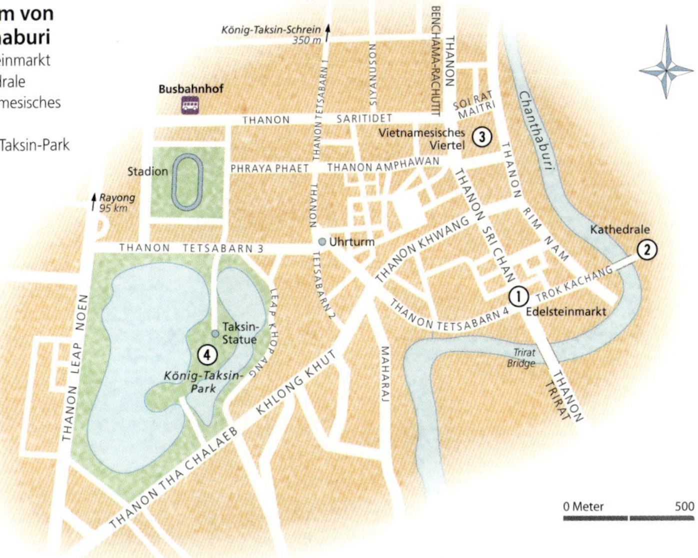

Straßenkarte *siehe hintere Umschlaginnenseiten*

⑩ Khao-Kitchakut-Nationalpark

อุทยานแห่งชาติเขาคิชฌกูฏ

Straßenkarte E1. Parkzentrum nahe Hwy 3249, 24 km nordöstl. von Chanthaburi. 🚌 Chanthaburi, dann *songthaew*. ℹ Parkverwaltung (03945-2074).

Mit rund 60 Quadratkilometer Fläche ist der Khao Kitchakut einer der kleinsten Nationalparks in Thailand. Er umfasst den 1006 Meter hohen Khao Kitchakut und den **Krathing-Wasserfall**, der nahe der Parkverwaltung über 13 Stufen rauscht. Dort beginnt auch ein leichter Weg auf den Gipfel.

Ehrgeizigere Wanderer sowie Pilger unternehmen hingegen den anstrengenden, vierstündigen Aufstieg auf den Gipfel des Phrabat. Er liegt 16 Kilometer vom Parkzentrum entfernt. Sie kommen wegen des Fußabdrucks Buddhas, der im Granit zu sehen ist, sowie wegen der auffälligen Felsformationen. Zu erkennen sind in den verwitterten Felsen die Gestalten eines Elefanten, einer Riesenschildkröte, einer Pagode und einer Almosenschale.

Nahe dem Park erstreckt sich das mit rund 750 Quadratkilometer Fläche viel größere, aber weniger besuchte **Tierschutzgebiet Khao Soi Dao**. Beide Einrichtungen schützen einige der wenigen noch erhaltenen Gebiete der einst ausgedehnten Tieflandregenwälder. Als Wasserreservoire sind sie für die Wirtschaft der Region lebensnotwendig. Auch gefährdete Tierarten wie Malaienbären, Binturongs (Marderbären), Nepaluhus und Stachelbrust-Riesenfrösche finden hier Zuflucht. Im Bergregenwald leben Kappengibbons.

Der Phlio-Wasserfall wird von einem unterirdischen Fluss gespeist

Tierschutzgebiet Khao Soi Dao
Parkzentrum nahe Hwy 317, 26 km nördl. von Chanthaburi. 🚌 Chanthaburi, dann *songthaew*.

Eine Brücke führt über eine der 13 Stufen des Krathing-Wasserfalls

⑪ Nam-Tok-Phlio-Nationalpark

อุทยานแห่งชาติน้ำตกพลิ้ว

Straßenkarte E2. Parkzentrum nahe Hwy 3, 14 km südöstl. von Chanthaburi. 🚌 Chanthaburi, dann *songthaew*. ℹ Parkverwaltung (03943-4528); Forstamt (02562-0760 für Bungalow-Reservierung). **W dnp.go.th**

Einen der artenreichsten Regenwälder hütet der 135 Quadratkilometer große Nam-Tok-Phlio-Nationalpark. Hier leben 135 Vogel- und 32 Säugetierarten, darunter Schwarzbären, Leoparden, Tiger, Muntjaks und Makaken. Weitere Attraktionen sind die Wasserfälle. Besonders beeindruckend ist der **Phlio-Wasserfall**, in dessen Nähe zwei *chedi* stehen: der Alongkon und der drei Meter hohe Phra Nang Reua Lom. Er wurde im Auftrag von Rama V. (reg. 1868–1910) zu Ehren von Königin Sunantha errichtet, die 1876 im Fluss Chao Phraya in Bang Pa-in ertrank.

Eine Wanderung führt zum 20 Meter in die Tiefe donnernden Trok-Nong-Fall und zum Klang-Wasserfall.

Hotels und Restaurants an der östlichen Golfküste *siehe Seiten 295–297 und 310–312*

⓬ Trat

ตราด

Straßenkarte E2. 58 km südöstl. von Chanthaburi. 11 000. TAT, Trat (03959-7259-60). tägl. Rakham-Früchtefest (Mai/Juni).

Die kleine, lebhafte Geschäfts- und Provinzhauptstadt passieren die meisten Urlauber lediglich auf dem Weg nach Ko Chang *(siehe S. 122–130)*. Doch von der wachsenden Popularität des Archipels wird sicher auch Trat profitieren. Die Stadt bietet einige Attraktionen, so die Straßenmärkte, die vorwiegend an der Tat Mai und Sukhumvit Road gelegen sind. Eine reiche Auswahl an Ess- und Trinkbarem findet man auf dem emsigen Markt in der Sukhumvit Road.

Interessant sind auch Bo Rai und die anderen Edelsteindörfer um Trat, wo Rubine gewonnen werden. Ausflüge organisieren die lokalen Gästehäuser. Anderthalb Kilometer südwestlich steht der »Blumentempel« **Wat Bupharam** in einer schönen Anlage mit Schatten spendenden Bäumen. Einige seiner alten Gebäude, so der *wihan*, der Glockenturm und die *kuti* (Mönchsquartiere) stammen aus der späten Ayutthaya-Zeit *(siehe S. 44f)*.

Wat Bupharam, der älteste Tempel in Trat

⓭ Laem Ngop

แหลมงอบ

Straßenkarte E2. 19 km südwestl. von Trat. 18 000. TAT, Trat (03959-7259-60). Gedenkzeremonie an die Seeschlacht von Ko Chang (17.–21. Jan).

Von dem verschlafenen Fischerhafen Laem Ngop fahren die Fähren nach Ko Chang und den weiter entfernten Inseln ab. Im Januar 1941 kämpfte hier die thailändische Marine gegen französische Streitkräfte. Thailand verlor zwar drei Schiffe, fühlte sich aber als moralischer Sieger – dies wird bis heute gefeiert. Für die Gefallenen werden traditionelle Zeremonien abgehalten, und die Königliche Thailändische Marine organisiert eine Ausstellung. Im Ort stehen auch ein Denkmal und ein Museum für die Märtyrer der Schlacht.

Laem Ngop hat wenig mehr als seinen Holzpier zu bieten, an dem Boote und Fähren festgemacht sind. Dennoch gibt es hier einige private Touristeninformationen und exzellente Restaurants sowie ein paar Hotels für jene, die die Fähre nach Ko Chang verpasst haben.

Reisende auf der Fähre von Laem Ngop nach Ko Chang

Kambodschanischer Grenzverkehr

Reisende warten am Grenzübergang nach Kambodscha, Hat Lek

Thailands lange, schmale, östliche Landzunge schiebt sich entlang der Küste des Golfs von Thailand – und schneidet Kambodschas Kardamom-Berge vom Meer ab. In der Vergangenheit führte dies zu Spannungen zwischen beiden Ländern, heute scheinen Bangkok und Phnom Penh jedoch gern zusammenzuarbeiten, um von der Entwicklung der Region als Urlaubsgebiet zu profitieren. Der kleine, malerische Hafen Khlong Yai ist die letzte Siedlung auf thailändischem Boden, bevor es über den Fluss ins kambodschanische Hat Lek geht. Thailänder zieht es eher in das etwas berüchtigte Koh Kong, um in den Casinos zu spielen. Zunehmend entwickelt sich eine Industrie für Trekking in die Kardamom-Berge.

⓮ Ko Chang

เกาะช้าง

Zur Orientierung

☐ Dargestelltes Gebiet

Der berühmte Meeres-Nationalpark Ko Chang ist nach der größten der 52 Inseln des Archipels benannt. Die raue, wilde Schönheit mit herrlichen Stränden, traumhaften Korallenriffen und dichtem Dschungel im Inselinneren ist höchst anziehend. Die bekanntesten Strände der Hauptinsel liegen an der West- und Südküste. Die Ostküste eignet sich eher zum Wandern und zur Vogelbeobachtung. Wer die Unterwasserwelt liebt, wird in den Gewässern südlich und westlich von den Korallenformationen fasziniert sein. Die Nordwestküste von Ko Chang ist am besten erschlossen. Hier findet man gehobene Restaurants und eine Vielzahl an Übernachtungsmöglichkeiten.

Hat Sai Khao
Der Hat Sai Khao ist der größte und erschlossenste sowie der am meisten besuchte Strand auf Ko Chang – mit vielen Bars, Restaurants und einem quirligen Nachtleben.

Hat Khlong Phrao
Hat Khlong Phrao ist ein großartiges Ziel für Familienurlaube. Die Restaurants servieren mit die frischesten und besten Meeresfrüchte auf der Insel.

Außerdem

① **Der Hat Kai Bae** ist ideal zum Kajakfahren. Kajaks kann man überall mieten.

② **Ban Khlong Son** ist die Hauptsiedlung auf der Insel.

③ **Der Hat Sai Yao** ist bei Rucksackreisenden beliebt und ideal zum Tauchen und Schnorcheln.

★ Fischerdorf Bang Bao
In dem hübschen Fischerdorf an der Südküste stehen einfache hölzerne Pfahlbauten am oder im Wasser.

Hotels und Restaurants an der östlichen Golfküste *siehe Seiten 295–297 und 310–312*

★ Khlong-Phlu-Wasserfall
Auf der obersten Stufe des Wasserfalls liegt ein herrliches Becken, das man über einen leichten, drei Kilometer langen Weg erreicht. Der Fluss mündet bei Khlong Phrao an der Westküste im Meer.

Infobox

Information
Straßenkarte E2. Parkzentrum nahe Than Mayom, Ko Chang, 50 km südwestl. von Trat.
Parkzentrum (03955-5080).
für Nationalpark Ko Chang.
dnp.go.th

Anfahrt
von Laem Ngop.

★ Than-Mayom-Wasserfall
Than Mayom ist der berühmteste Wasserfall der Insel. Er wurde schon von Rama V., VI. und VII. bewundert. Vom Besuch der Monarchen zeugen die königlichen Insignien auf den Felsen.

Hat Wai Chek
Der ruhige, idyllische Hat Wai Chek ist bei Campern beliebt. Zum Strand führt keine Straße, er kann nur zu Fuß durch das bewaldete Innere der Insel erreicht werden.

Legende
Nebenstraße
Piste
Fährroute

Weitere Zeichenerklärungen
siehe hintere Umschlagklappe

Idyllischer, von Palmen beschatteter Strand auf Ko Chang ▶

Überblick: Ko Chang

Die idyllische Ko Chang ist Thailands zweitgrößte Insel und hat sich in Sachen Besucherzahlen einen Spitzenplatz erobert. Die von Bangkok aus leicht zu erreichende Trauminsel ist mit ihren Mangrovenwäldern, Klippen und dem klaren Wasser ein ideales Ziel für abwechslungsreiche Ferien. Die besten Strände liegen an der Westküste, doch die Küstenstraße, die Anfang der 1990er Jahre angelegt wurde, machte auch andere, abgeschiedenere Strände zugänglich. Aufgrund des wachsenden Fremdenverkehrs herrscht auf Ko Chang inzwischen kein Mangel mehr an gehobenen Hotels, Ferienanlagen und Spas für eine immer größere Urlauberzahl.

Hat Sai Khao

หาดทรายขาว

11 km westl. von Tha Dan Kao.

Den längsten und mit Abstand beliebtesten Strand der Insel, den »Weißen Sandstrand« Hat Sai Khao, erreicht man am besten von Tha Dan Kao aus, einem der vielen Fähranleger auf Ko Chang.

An dem schmalen, rund zwei Kilometer langen Strand rivalisieren zahlreiche Hotels, Resorts und Strandbars um den besten Blick aufs Meer. Die Straße, die parallel zum Strand verläuft, wird von Läden, Reisebüros, Fischlokalen, Bars und ein paar kleinen Einkaufszentren gesäumt. Die Unterkünfte in dieser Gegend sind großteils mangelhaft und in der Regel völlig überteuert. Doch am nördlichen Ende des Strands, wo es zudem ruhiger ist, finden preisbewusste Reisende günstigere Hotels mit angemessenem Standards. Im Meer zu schwimmen, ist nicht zu empfehlen, da die Strömung zuweilen sehr stark und gefährlich werden kann. Erkundigen Sie sich im Zweifelsfall bei Einheimischen nach sicheren Abschnitten.

Beim erfrischenden Drink in einer Strandbar am Hat Khlong Phrao

Hat Khlong Phrao

หาดคลองพร้าว

5 km südl. von Hat Sai Khao.

Der Hat Khlong Phrao bietet einen Fischerhafen mit einem der populärsten Familienstrände auf Ko Chang. Er ist perfekt für Urlauber, die Unterkünfte im mittleren Preissegment suchen. Der Strand teilt sich in einen nördlichen und einen südlichen Abschnitt – beide sind malerisch. Der Südteil wird durch einen breiten Kokospalmenhain von der Hauptstraße abgeschirmt. Hier gibt es Möglichkeiten zum Kajakfahren und Wandern.

Khlong-Phlu-Wasserfall

น้ำตกคลองพลู

2 km nordöstl. von Hat Khlong Phrao.

Der dreistufige Khlong Phlu ist Ko Changs höchster Wasserfall und wird auch Nam Tok Khlong Phlu genannt. Aus 20 Meter Höhe stürzt er in ein Becken. Das Wasser des fast in der Inselmitte gelegenen Falls fließt weiter zum Hat Khlong Phrao an der Westküste und dort in einer Trichtermündung ins Meer. Besucher wandern meist auf dem drei Kilometer langen Weg flussaufwärts, dazu folgen sie der Straße zwischen Ko Chang Plaza in Laem Chaichet und Chang Chutiman Tours landeinwärts.

Am Wasserfall sind fast immer (außer frühmorgens) viele Menschen, die hier pick-

Der malerische Khlong-Phlu-Wasserfall ist in der Regenzeit am eindrucksvollsten

Hotels und Restaurants an der östlichen Golfküste *siehe Seiten 295–297 und 310–312*

nicken, von den Felsen ins kühle Wasser springen, schwimmen und im dichten Regenwald der Umgebung wandern. Mit Glück kann man eine Zibetkatze, einen Berberaffen oder einen Mungo sehen – allesamt Bewohner des Nationalparks.

Da der Khlong-Phlu-Wasserfall zum Meeres-Nationalpark Ko Chang gehört, müssen Ausländer an der Rangerstation am Parkplatz eine Eintrittsgebühr entrichten. Sie ist für Erwachsene und Kinder unterschiedlich hoch.

Einfache Unterkünfte am Strand, Ao Bai Lan

Kajaks zur Erkundung der nahen Inseln am Hat Kai Bae

Hat Kai Bae

หาดไก่แบ้

11 km südl. von Hat Sai Khao.
Songthaew von Tha Dan Kao oder vom Hat Sai Khao.

Hat Kai Bae ist ein von Büschen und Bäumen überwucherter Strand, der bei Flut verschwindet. Trotz seiner geringen Größe sind hier mehrere noble Ferienanlagen mit jeweils eigenen Pools, eine Handvoll Mittelklasserestaurants und -bars sowie Supermärkte entstanden. Urlauber können Kajaks mieten, um zu den kleinen Inselchen vor der Westküste zu paddeln. In den Tauch-Shops kann man auch Motorräder und Boote ausleihen.

Hat Tha Nam

หาดท่าน้ำ

10 km südl. von Hat Sai Khao.
Songthaew von Tha Dan Kao.

Rucksackreisende entdeckten den »Einsamen Strand« Hat Tha Nam vor Jahren als idealen Platz zum Schwimmen und Tauchen – von Ruhe ist hier jedoch keine Spur mehr. Mehrere Anlagen mit klimatisierten Betonbungalows wurden eröffnet, man kann aber nach wie vor auch in günstigen Holzhütten nächtigen.

Hat Tha Nam ist wohl der beste Strand auf Ko Chang, um zu schwimmen. Hier geht es ziemlich seicht ins Meer. Nur an dem steilen Riff am Nordende müssen Badende vorsichtig sein. Ein Tauch-Shop am Strand vermietet Taucherausrüstung, in den meisten Bungalowanlagen kann man Kajaks und Motorroller mieten.

Die jungen Urlauber vertreiben sich die Zeit mit Frisbee, Jonglieren und Biertrinken. Abends und nachts steigen häufig laute Partys.

Ao Bai Lan

อ่าวใบลาน

13 km südl. vom Hat Sai Khao.

In dieser Bucht ist es ruhiger als am Hat Tha Nam und perfekt für Rucksackreisende. Es gibt einen Pier, an dem Fischerboote vertäut sind und Einheimische die Angelschnur auswerfen. Die Ao Bai Lan bietet keinen Strand, sondern Felsen, dazu glasklares Wasser und ein zum Schnorcheln ideales Riff.

Hier sind einige Ferienanlagen entstanden, darunter etwa das luxuriöse Mercure Koh Chang Hideaway, das sich gut zwischen die traditionellen Pfahlbauten einfügt.

In den vielen Bars wird bis spät in die Nacht gefeiert, am nächsten Tag kann man sich in der beliebten Kräutersauna Bailan verwöhnen lassen.

Sonnenbaden am Pool, Sea View Resort and Spa, Hat Kai Bae

Straßenkarte *siehe hintere Umschlaginnenseiten*

In Stufen rauscht der Than-Mayom-Wasserfall in die Tiefe

Bang Bao

บางเบ้า

19 km südl. vom Hat Sai Khao.

Besucher von Bang Bao erwartet ein einzigartiger Anblick: Das Dorf mit Blick über die Bucht ist vollständig auf Pfählen erbaut. Die hölzernen Häuser, Läden, Gästehäuser und Restaurants sind durch schmale Brücken miteinander verbunden – eine Miniaturkolonie über dem Meer. Mehrere Hütten wurden zu Restaurants umgebaut, die für ihre Krebse und Garnelen bekannt sind.

Angler können – zum Teil direkt von ihrem Balkon aus – die Schnur auswerfen. Weitere Aktivitäten sind Schnorcheln, Tauchen und Schwimmen. Vor der Südküste sieht man oft Delfine und Meeresschildkröten. Es ist spannend, sie zu verfolgen – doch nur mit einem erfahrenen lokalen Führer. Boote und Equipment sind ebenfalls zu mieten.

Bang Bao ist während des Tags voller fotografierfreudiger Besucher. Sobald die Massen verschwunden und die Souvenirläden am Abend geschlossen sind, wird es hier herrlich ruhig. Ein gut ausgeschildeter Wanderweg führt fünf Kilometer über die Hügel von Bang Bao zur Bucht Ao Bai Lan. Etwas südlich des Dorfs liegt der nur etwa 100 Meter lange, malerische Strand Hat Sai Noi mit einem kleinen Restaurant, einer Fruchtsaft-Bar und ein paar Liegestühlen. Dort bieten zudem Frauen traditionelle Thai-Massage an.

Hat Wai Chek

หาดไวเชค

5 km östl. von Bang Bao.

von Bang Bao.

Die Bucht am Hat Wai Chek zählt zu Thailands letzten ursprünglichen Paradiesen. Noch führen keine Straßenschilder in das vom Fremdenverkehr nahezu unberührte Gebiet. Wer den malerischen Strand besuchen möchte, folgt der Route von Salak Phet nach Bang Bao, die zunächst durch eine Kautschukplantage verläuft, dann zu einer Kokosplantage und schließlich zum Strand führt, an dem es weder Gästehäuser noch Restaurants oder Läden gibt. In Zukunft wird man auch den Hat Wai Chek leichter erreichen: Zwischen Bang Bao und Ban Salak Phet wird eine Straße gebaut, die die Küstenstraße rund um die Insel vervollständigen soll.

Besucher dürfen am Strand zelten, müssen aber allen Proviant selbst mitbringen. Wer gern Sport treibt, kann auf den schmalen Waldwegen wandern. Von Bang Bao aus gelangt man am besten mit geliehenen Motorrollern oder Jeeps mit Vierradantrieb zum Hat Wai Chek.

Hafen von Than Mayom und Wasserfall

น้ำตกธารมะยม

6 km südl. von Tha Dan Kao.

An der von Mangroven gesäumten Ostküste Ko Changs finden sich nur wenige Einrichtungen für Besucher und kaum Unterkünfte. Von Than Mayom fahren mit Früchten beladene Boote zum Festland, ansonsten ist hier kaum etwas geboten. Zwei Kilometer südlich vom Hafen stürzt im Inselinneren ein Wasserfall von einem Hügel steil nach unten. Er ist von üppiger Vegetation umgeben und bietet eine grandiose Aussicht über die Küste. Besu-

Im dichten Wald kann man herrlich wandern, Hat Wai Chek

Panoramablick auf das ruhige Gewässer und die vorgelagerten Inseln, Ko Chang

chern ist das Zelten am Wasserfall erlaubt, sie müssen aber ihren Proviant mitbringen. Inschriften an Felsen bezeugen, dass mehrere thailändische Könige den Wasserfall besucht haben. Ausländer müssen eine Eintrittsgebühr entrichten, die jedoch für den gesamten Meeres-Nationalpark gilt.

Tintenfische trocknen in der Sonne, Ban Salak Phet

Ban Salak Phet

บ้านสลักเพชร

16 km südl. von Tha Dan Kao.

Ban Salak Phet ist ein altes Fischerdorf mit Pfahlbauten. Durch die Errichtung der langen, kurvigen Straße rund um die Insel hat es als touristisches Ziel an Bedeutung gewonnen.

Beliebt sind hier Tauchtouren zu den Wracks von zwei thailändischen Kriegsschiffen, die die französische Marine im Zweiten Weltkrieg versenkte. Sehenswert sind auch die Fisch- und Krabbenfarmen sowie der Leuchtturm. Im Umkreis von fünf Kilometern rund um Salak Phet gibt es zwei Wasserfälle: Ke Rephet und Khlong Nung. Auch zwei buddhistische Tempelanlagen – Wat Salak Phet, erbaut unter Rama V. (reg. 1868–1910), sowie ein zweiter Tempel in etwa zehn Kilometern Entfernung – lohnen einen Besuch.

Hat Sai Yao

หาดทรายยาว

22 km südl. von Tha Dan Kao.

Der »Lange Strand« Hat Sai Yao an Ko Changs Südostspitze war bislang eines der am wenigsten entwickelten Areale der Insel. Der Ort mit der umwerfenden Aussicht war bisher ideal für Rucksackreisende, die die Einsamkeit suchen. Doch allmählich verändert sich Hat Sai Yao: Die holprige Straße zum Strand wurde ausgebessert, deshalb sind Taxifahrer nun eher bereit, von Salak Phet oder Salak Kok gegen einen vernünftigen (aushandelbaren) Preis hierherzufahren.

Vom Hat Sai Yao kann man zu mehreren zauberhaften, teilweise unbewohnten Inselchen – darunter Ko Wai *(siehe S. 130)*, Ko Mai Si Yai, Ko Mai Si Lek und Ko Mai Daeng – Schwimm-, Schnorchel- oder Bootsausflüge unternehmen. Nahe der Küste erinnert ein Denkmal an die thailändischen Soldaten, die 1941 in der Seeschlacht gegen die Franzosen gefallen sind. Besucher können zu der Stätte wandern.

Vom 457 Meter hohen Berg hinter der Treehouse Lodge lassen sich großartige Fotos machen: Geboten ist ein Panoramablick über die Inseln und die Küste.

Strohgedeckte Unterkünfte am Strand, Hat Sai Yao

Straßenkarte *siehe hintere Umschlaginnenseiten*

Überblick: Ko Changs Inselwelt

Ko Kham, Ko Wai, Ko Mak und Ko Kut sind mit ihren herrlichen, einsamen Stränden ideal zum Schwimmen und Sonnenbaden. Sie bieten zudem die besten Schnorchel- und Tauchreviere im Golf von Thailand. Unter Wasser kann man in und zwischen den Riffen unzählige bunt schillernde Fische und andere Meerestiere beobachten. Auch die Wracks der zwei Kriegsschiffe *Sonkhla* und *Chonburi* sind beliebte Tauchgründe geworden. Die südlich von Ko Chang liegenden Inseln werden von Fähren und Speedbooten angesteuert.

Traditionelles Fischerdorf zwischen Mangroven, Ko Kut

Beim Tauchen zwischen den großartigen Korallenriffen vor Ko Chang

Ko Kham

เกาะขาม

21 km südöstl. von Ko Chang.
von Bang Bao.

Um die kleine »Smaragdinsel« Ko Kham kann man in nur 40 Minuten herumschwimmen oder schnorcheln. Sie ist eine der wenigen Inseln, an deren Stränden man schwarzes Vulkangestein vorfindet. An der Westküste wachsen Mangroven und wilde Orchideen, im Osten liegen zwei Strände.

2008 kaufte ein Investor die Insel. Kurz darauf begannen die Bauarbeiten für eine luxuriöse Hotelanlage, die aber mittlerweile stagnieren.

Ko Wai

เกาะหวาย

10 km südöstl. von Ko Chang. von Bang Bao oder Laem Ngop.

Das von weißem Sand, Palmen und Korallen gesäumte Ko Wai präsentiert sich als perfekte tropische Kulisse mit fantastischer Sicht auf die Nachbarinseln. Das Wasser ist hier so klar, dass man sogar ohne Taucherbrille den Meeresboden sehen kann. Auf der L-förmigen, hügeligen Insel liegen geschützte seichte Lagunen, in denen auch kleine Kinder sicher baden können. Die Einwohner sind sehr freundlich, ein paar Hotelanlagen bieten schlichte Zimmer, die man über einen Dschungelpfad an der Nordküste erreicht. Die Insel verfügt nur über wenige Einrichtungen, ist jedoch ein idealer Urlaubsort für Familien.

Ko Mak

เกาะหมาก

22 km südl. von Ko Chang. von Bang Bao oder Laem Ngop.

Ko Mak ist mit Kokos- und Kautschukplantagen bedeckt. Die Insel ist nach den Betelnusspalmen (thailändisch *mak*) benannt, die hier ebenfalls wachsen. Große Flächen gehören der Familie Prompakdii, die von Beamten zu Landbesitzern aufstieg. Bis in die späten 1990er war die Insel nahezu verlassen, heute gibt es rund 30 Ferienanlagen auf Ko Mak. Die Insel ist mit Strom, Internet-Zugang, Bootsverleihen sowie Restaurants und Läden versorgt. Betriebsam geht es in den Buchten Ao Suan Yai und Ao Kao zu. Ko Mak und die Inselchen Ko Rayang, Ko Kra, Ko Rang und Ko Kradat sind beliebte Tauchreviere.

Ko Kut

เกาะกูด

34 km südl. von Ko Chang.
von Bang Bao.

Die zweitgrößte Insel des Ko-Chang-Archipels ist am weitesten vom Festland entfernt. Früher lebten auf Ko Kut Kambodschaner und Thai, die 1904 während der französischen Besatzung von Trat *(siehe S. 121)* an diesen entlegenen Ort geflohen waren.

Haupterwerbsquelle ist die Landwirtschaft, Kokosnüsse und Kautschuk sind die wichtigsten Produkte. Die meisten Strände liegen an der Westküste. Populäre Orte sind Khlong Chao und Hat Tapao. Im Inselinneren rauscht der Khlong-Chao-Wasserfall. Einen Besuch lohnt das Fischerdorf Ao Salad, in dem man Meeresfrüchte probieren kann.

Dichte Kokosplantage an der Küste von Mak

Strandvergnügen

Die tropischen Strände der östlichen Golfküste sind ideal, um den Alltag zu vergessen. Da sie nahe bei Bangkok liegen, sind sie bei ausländischen wie bei einheimischen Urlaubern beliebt. Hier bieten Sonne, Sand und Wasser Spaß und Erholung. Besucher haben die Wahl zwischen einfachen Unterkünften für Reisende mit kleinem Budget und luxuriösen romantischen Ferienanlagen sowie zwischen verlassenen Stränden und quirligen Plätzen mit ebensolchem Nachtleben. Im klaren, tiefblauen Wasser des Golfs kann man in einer vielfältigen Unterwasserwelt tauchen und schnorcheln. Seafood, Strandpartys, Thai-Massagen und Souvenirläden runden das perfekte Urlaubsangebot ab.

Sonnenbaden ist ein beliebter Zeitvertreib. An den meisten großen Strände gibt es Liegestühle und Sonnenschirme. Dennoch ist die Gefahr von Sonnenbränden hoch – und eine gute Sonnencreme ein Muss.

Spiele wie Fuß- oder Volleyball sind populär. Häufig sind an den Stränden Netze gespannt, an denen viele spontane Matches ausgetragen werden.

Thai-Fußmassagen nach traditioneller Art lindern Verspannungen. An vielen Stränden stehen Profi-Masseure bereit, die Preise sind günstig.

Strandverkäufer sind meist freundlich und nicht aufdringlich. Sie verkaufen alles Mögliche, von Meeresfrüchten bis Modeschmuck.

Am Abend wird man an vielen Stränden mit Cabaret, Vollmondpartys, Feuershows und Live-Musik unterhalten. Viele Grüppchen feiern und singen an Lagerfeuern.

In Strandhütten, einfachen Bauten mit Strohdach, werden gekühlte Getränke und leckere Snacks serviert. Hier kann man im Schatten sitzend den Blick aufs Meer genießen.

Wassersportangebote jeglicher Art gibt es in Pattaya und an den für den Fremdenverkehr erschlossenen Stränden. Die Auswahl reicht von Kajakfahren – Kajaks werden auch an kleineren Stränden verliehen – bis zu Parasailing, Windsurfen und Kiteboarding.

Bungalows am Pool in einem Strandhotel, Hat Thap Thim

⓯ Hat Sai Ngam

หาดทรายงาม

Straßenkarte E2. 39 km südöstl. von Trat.

Der Küstenstreifen erstreckt sich auf dem Festland östlich von Ko Chang von der Provinzstadt Trat *(siehe S. 121)* bis nach Ban Hat Lek an der kambodschanischen Grenze. Hier findet man Fischerdörfer sowie einige der schönsten noch unberührten Strände Thailands. Der »Schöne Sandstrand« macht mit seinem weißen Sand und einem Kiefernwäldchen seinem Namen alle Ehre. Um hierherzugelangen, muss man eine 44 Meter lange Holzbrücke überqueren.

Die Einrichtungen sind schlicht, man bekommt aber immer etwas zu essen und zu trinken. Hier ist der perfekte Platz, um etwa Garnelenpaste und getrockneten Fisch zu probieren, die Spezialitäten der Gegend. Am Strand halten sich nur wenige Besucher, vorwiegend Einheimische, auf. Hier kann man sich am Meer entspannen, ohne vom Kommerz überrollt zu werden.

⓰ Hat Sai Kaew

หาดทรายแก้ว

Straßenkarte E2. 40 km südöstl. von Trat.

Der »Kristallsandstrand« Hat Sai Kaew ist noch immer wenig frequentiert. Weißer Sand sowie Kasuarinen und Kokospalmen machen den Strand für all jene attraktiv, die sich nach Ruhe sehnen. Die Gegend erkundet man am besten mit Motorrollern oder Langbooten. Von Trat aus fahren auch Minibusse nach Hat Sai Kaew.

⓱ Hat Thap Thim

หาดทับทิม

Straßenkarte E2. 48 km südöstl. von Trat.

Nahe dem Dorf Ban Mai Rut liegt der »Rubinstrand« Hat Thap Thim unweit der schmalsten Stelle des thailändischen Staatsgebiets, die die kambodschanischen Berge vom Golf von Thailand trennt. Der 450 Meter breite Sandstreifen ist ideal für einen Ausflug auf dem Weg nach Kambodscha.

Hier findet man einfache Unterkünfte sowie Fischlokale. Am Wochenende kommen auch häufig Einheimische aus Trat zum Strand. Die Atmosphäre am Hat Thap Thim ist entspannt – ganz anders als das internationale Flair des nahen Ko Chang.

⓲ Hat Samran

หาดสำราญ

Straßenkarte E2. 58 km südöstl. von Trat.

Zwischen Trat und der Grenze nach Kambodscha liegt der einsame Strand Hat Samran (oder Hat Mai Rut). Hier findet man ein paar touristische Einrichtungen, vor allem jedoch Ruhe und eine traumhafte

Bunte Boote liegen vertäut am Pier, Hat Samran

Hotels und Restaurants an der östlichen Golfküste *siehe Seiten 295–297 und 310–312*

Landschaft. Aufgrund der fehlenden Infrastruktur gibt es hier weder Windsurfing- noch Tauchangebote. Man kann jedoch hervorragend im Meer schwimmen. Besucher erleben hier zudem ein authentisches Fischerdorf: In Ban Mai Rut kann man nicht nur Meeresfrüchte essen, sondern erhält auch einen Einblick in das Leben der Fischer.

⑲ Hat Ban Chuen

หาดบานชื่น

Straßenkarte E2. 63 km südöstl. von Trat.

Der zwischen Ban Mai Rut und Khlong Yai gelegene Hat Ban Chuen ist der längste Strand bei Trat. Der pudrig-feine Sandstrand kreuzt das Fundament eines ehemaligen kambodschanischen Flüchtlingslagers. Übernachten kann man in einfachen Bungalows, das kleine Restaurant serviert Gerichte aus frischen Meeresfrüchten. Hier entstspannen viele Einheimische aus Trat.

⑳ Ban Hat Lek

บ้านหาดเล็ก

Straßenkarte E2. 92 km südöstl. von Trat. 4500. tägl.

Ban Hat Lek liegt an der Grenze zu Kambodscha. Von hier aus können Reisende mit dem Boot nach Kambodscha übersetzen. Die Beantragung von Visa sowie andere Einreiseformalitäten erledigt man zuvor in Khlong Yai, der letzten Stadt vor der Grenze.

Die politisch immer wieder instabile, nahe an Kambodscha gelegene Region blickt auf eine wechselvolle Geschichte zurück. Während des Terror-Regimes von Pol Pot und der Roten Khmer und danach während der Konflikte über die Kontrolle über Kambodscha (1975–1986) hieß das unsichere Gebiet »Banditenland«. Inzwischen hat sich die Lage stabilisiert, die Atmosphäre ist allerdings immer noch ein wenig »Wilder Osten«. So bieten etwa Schlepper überteuerte Visa an, um Reisende auf die kambodschanische Seite zu bringen. Dort befindet sich ein ähnlicher, etwas heruntergekommener Grenzposten. Obwohl die Polizei immer härter durchgreift, sollte man hier auf der Hut sein, vor allem bei Dunkelheit.

Die Grenze ist zurzeit täglich von 7 bis 20 Uhr geöffnet. Auf kambodschanischem Gebiet kann man in Koh Kong übernachten.

Luftige Strandlokale servieren Meeresfrüchte, Hat Ban Chuen

Kambodschanische Häuser an der Grenze bei Ban Hat Lek

Obere westliche Golfküste

Der obere Teil der westlichen Golfküste Thailands erstreckt sich über rund 470 Kilometer von Phetchaburi nach Chumphon. Die unweit von Bangkok gelegenen Urlaubsorte bieten Besuchern eine hervorragende Infrastruktur und sind deshalb ausgesprochen beliebt – dies gilt vor allem für die Seebäder im Umkreis der historischen Stadt Phetchaburi und der königlichen Residenz Hua Hin. Gen Süden nehmen die Besuchermassen ab. Hier finden Reisende herrliche, kilometerlange weiße Sandstrände vor.

Die obere westliche Golfküste Thailands ist eine geschichtlich und kulturell bedeutende Region. Sie wird von Städten wie Phetchaburi, der »Diamantenstadt«, geprägt, das mit dem architektonischen Erbe aus Khmer-, Mon-, Ayutthaya- und Rattanakosin-Zeit fasziniert.

Die bis zu 1329 Meter hohe Tenasserim-Kette bildet das lang gestreckte Rückgrat der Halbinsel – und die Grenze zu Myanmar. Die Berge fangen einen Großteil des Regens ab, den der Südwest-Monsun bringt. Die Region bleibt daher relativ trocken, selbst wenn an der nahen Andamanen-Küste im Westen schwere Niederschläge abgehen. Gleichwohl ist die Region fruchtbar und für ihre saftigen Tropenfrüchte bekannt, darunter Ananas, Kokosnüsse, Zuckerrohr, Bananen, Zuckerpalmen und Mangostanen.

Urlauber bereisen das Gebiet weniger wegen der historischen Bauwerke und Museen oder des dicht bewaldeten Landesinneren, sondern suchen vor allem die herrlichen, von Bergen geschützten Strände auf. Es gibt großartige unberührte Stellen, etwa den Hat Ao Noi und den Strand von Ao Manao bei Prachuap Khiri Khan. Besondere Anziehungskraft üben die schönen, von Kasuarinen gesäumten Uferpromenaden von Cha-am und Hua Hin aus – vor allem auf Wochenendurlauber aus Bangkok. Wegen der vielen, von Cha-am und Hua Hin aus leicht erreichbaren Golfplätze gilt die Gegend als Golferparadies schlechthin. Wanderer und Vogelfreunde zieht es in die Nationalparks Khao Sam Roi Yot und Kaeng Krachan, wo von August bis April Zugvögel die Salzmarschen bevölkern.

Fischerboot bei Sonnenuntergang im ruhigen Meer vor Bang Saphan Yai

◀ **Buddhistischer Schrein auf dem Hügel Khao Takiab** ***(siehe S. 145)*** **mit Blick auf den Strand bei Hua Hin**

Überblick: Obere westliche Golfküste

Der lange schmale, durch eine Gebirgskette an der Grenze zu Myanmar geschützte Streifen der oberen westlichen Golfküste zieht sich vom kulturellen Zentrum Phetchaburi bis zum idyllischen Fischerort Chumphon und weiter bis zum abgeschiedenen Strand Hat Arunothai. Im Norden liegt Hua Hin, einer der ältesten Badeorte Thailands, noch weiter nördlich das modernere Cha-am. Die Region bietet mehrere Naturschutzgebiete, etwa den grünen, bergigen Nationalpark Kaeng Krachan oder den küstennahen Khao Sam Roi Yot mit seinen bizarren Kalksteinformationen. Ab Chumphon im Süden schwindet die Dominanz der Thai-Kultur. Zahl und Einfluss der thailändischen Muslime nehmen zu.

Fischerboote beim Hafen, Hat Thung Wua Laen

Sehenswürdigkeiten auf einen Blick

Städte und Dörfer

1. *Phetchaburi S. 138–141*
2. Cha-am
5. *Hua Hin S. 144f*
6. Pranburi
12. Prachuap Khiri Khan
17. Dan Singkhon
21. Bang Saphan
25. Chumphon

Nationalparks

3. Kaeng-Krachan-Nationalpark
8. *Khao-Sam-Roi-Yot-Nationalpark S. 148f*

Themenparks

19. King Mongkut Memorial Park of Science & Technology

Historische Bauwerke und sakrale Stätten

4. Marukhathaiyawan-Palast
13. Wat Khao Tham Khan Kradai

Strände, Inseln und Buchten

7. Hat Naresuan
9. Hat Sam Roi Yot
10. Hat Laem Sala
11. Hat Sam Phraya
14. Hat Ao Noi
15. Ao Bang Nang Rom
16. Ao Manao
18. Hat Wa Kaw
20. Hat Ban Krut
22. Hat Thung Wua Laen
23. Ko Ngam Yai und Ko Ngam Noi
24. Hin Lak Ngam
26. Hat Sai Ri
27. Ao Thung Makham
28. Hat Arunothai

Bauern bei der Reisernte, Prachuap Khiri Khan

An der oberen westlichen Golfküste unterwegs

Die meisten Sehenswürdigkeiten sind über den Highway 4 zu erreichen, die Hauptverkehrsader zwischen Bangkok und dem Süden. Busse und Züge verkehren zwischen den wichtigsten Städten und von dort in die Hauptstadt. Der Zug von Bangkok benötigt sechs Stunden. Schneller, nämlich in vier Stunden, geht es mit dem direkten VIP-Bus-Service von Bangkoks Flughafen Suvarnabhumi nach Hua Hin. Flüge vom Flughafen Don Muang in Bangkok nach Chumphon bietet Nok Air. *Songthaews*, Motorräder und *trishaws* zur Erkundung der nahen Umgebung kann man mieten. Ein Mietwagen ist aber in der Regel die beste Wahl.

Weitere Zeichenerklärungen *siehe hintere Umschlagklappe*

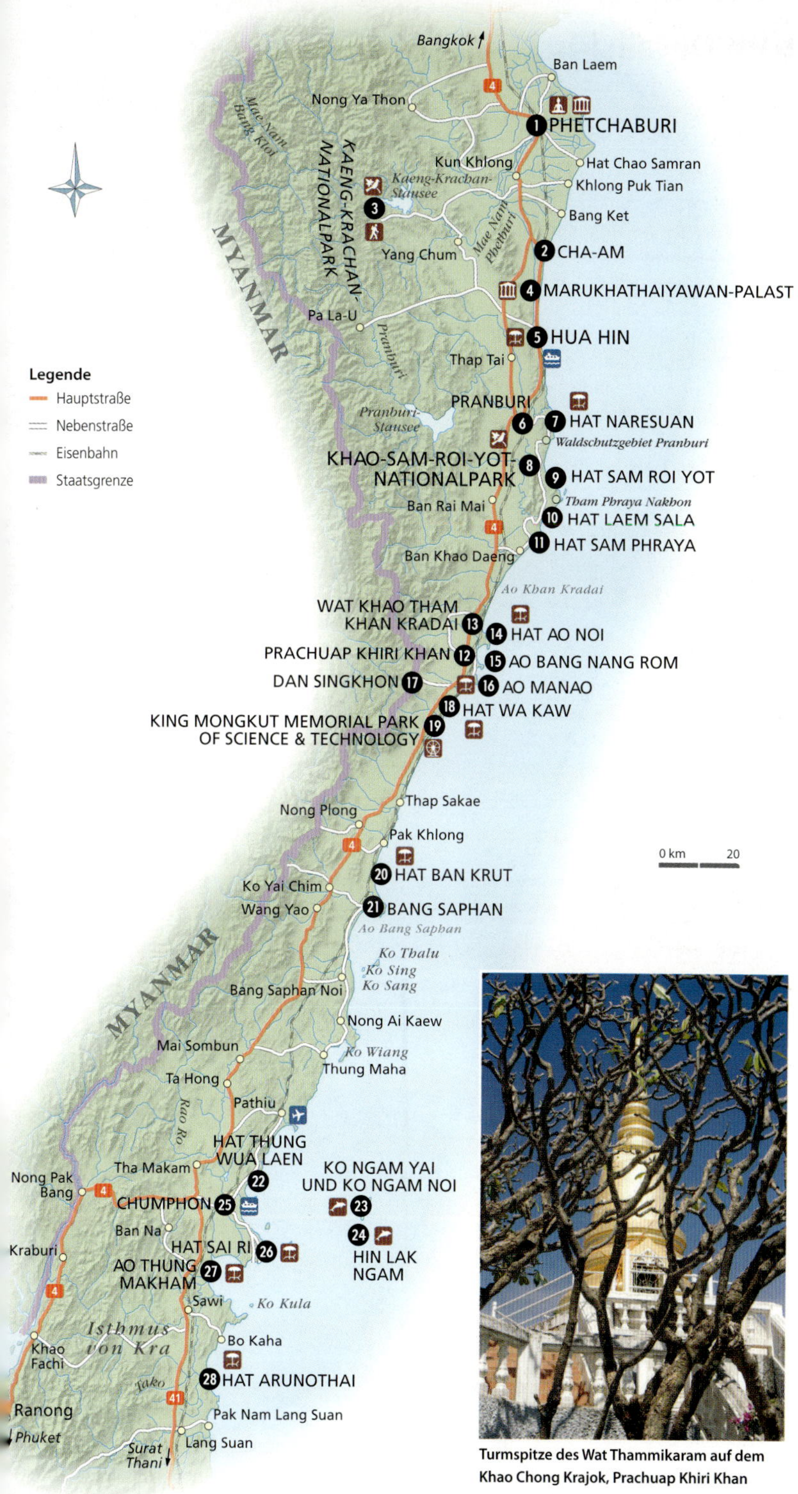

Turmspitze des Wat Thammikaram auf dem Khao Chong Krajok, Prachuap Khiri Khan

❶ Im Detail: Phetchaburi

เพชรบุรี

Das seit dem 11. Jahrhundert besiedelte Phetchaburi (oder Phetburi) gehört zu den ältesten Städten des Landes und war schon früh eine bedeutende Handels- und Kulturstadt. In seinen 30 Tempeln finden sich Stilelemente der Mon-, Khmer- und Ayutthaya-Zeit. Im 19. Jahrhundert wurde die Stadt königliche Residenz, als Rama IV. *(siehe S. 155)* auf dem Khao-Wang-Hügel westlich des Zentrums einen Sommerpalast errichten ließ – heute Teil des Phra-Nakhon-Khiri-Geschichtsparks *(siehe S. 140)*. Sehenswert sind auch der Wat Yai Suwannaram aus dem 17. Jahrhundert, die fünf Khmer-*prang* des Wat Kamphaeng Laeng und das historische Stadtviertel. Übernachtungsmöglichkeiten gibt es nur wenige. Die meisten Besucher kommen als Tagesausflügler von Bangkok.

Brunnen, Phra

Wat Mahathat Worawihan
Die fünf weißen Khmer-*prang* des restaurierten Tempels aus dem 14. Jahrhundert dominieren die Stadtsilhouette. Engel- und Götterfiguren zieren die Dächer des zentralen *wihan* und *bot*.

Ladenhäuser aus Holz
In vielen Städten hat Beton Holz als Baumaterial abgelöst, doch in Phetchaburi stehen noch immer viele schöne Holzhäuser an der Uferstraße.

0 Meter 100

Legende
— Routenempfehlung

Hotels und Restaurants an der oberen westlichen Golfküste *siehe Seiten 297f und 312f*

★ Geschichtspark Phra Nakhon Khiri
Rama IV., ein passionierter Astronom, ließ das Observatorium nahe seinem Sommerpalast bauen – heute ist es ein Museum. Der umliegende baumbestandene Park ist schön gestaltet und bietet einen weiten Blick auf Phetchaburi.

Infobox

Information
Straßenkarte C1. 120 km südwestl. von Bangkok. 80 000. TAT, Cha-am (03247-1005). tägl. Phra-Nakhon-Khiri-Fest (8 Tage Anfang Feb).

Anfahrt

★ Wat Yai Suwannaram
Berühmt ist der Tempel aus der Ayutthaya-Zeit *(siehe S. 44f)* wegen seiner schönen, originalen Wandbilder von Hindu-Göttern im *bot*. Die Handschriftenbibliothek der Anlage steht auf Pfählen in einem Teich.

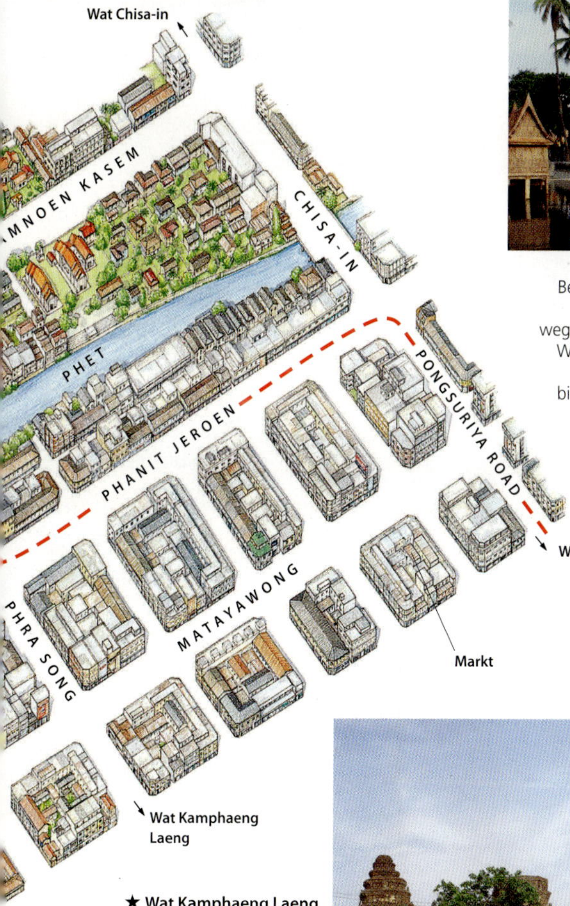

★ Wat Kamphaeng Laeng
Dies ist einer der wenigen Khmer-Schreine außerhalb des thailändischen Nordostens. Die fünf verfallenen Laterit-*prang* im Khmer-Stil stammen wohl aus dem 12. Jahrhundert. Buddhistisch wurde der einstige Hindu-Tempel erst später.

Straßenkarte *siehe hintere Umschlaginnenseiten*

Überblick: Phetchaburi

Phetchaburi – die »Diamantenstadt« – ist eine alte, königliche Stadt mit historischen Gebäuden und Tempeln, Frangipani-Blüten und exotischen Süßigkeiten. Mitten durch die Provinzhauptstadt windet sich der Fluss Phet. Viele der *wat* Phetchaburis, vor allem diejenigen aus der Ayutthaya-Zeit, sind gut erhalten, andere wurden professionell restauriert. Die Silhouette der Stadt dominieren die Spitztürme der *wat* und drei große Hügel im Westen. Phetchaburis Architektur ist beeinflusst von buddhistischer Ikonografie und vereint asiatische, indische, Khmer- und europäische Stilelemente.

Die drei vergoldeten Buddha-Figuren im Wat Mahathat Worawihan

Sonnenlicht erhellt die Hauptkammer der Khao-Luang-Höhle

Khao-Luang-Höhle

ถ้ำเขาหลวง
5 km nordwestl. vom Stadtzentrum. tägl. 8–18 Uhr. Spende.

In den drei miteinander verbundenen Kammern der großen Tropfsteinhöhle Khao Luang stößt man auf zahlreiche Buddha-Bildnisse, darunter einen *phra non* (Liegender Buddha). Die Bronzefigur wurde im Auftrag von Rama V. (reg. 1868–1910) zu Ehren seiner Vorgänger Rama III. (reg. 1824–51) und Rama IV. (reg. 1851–68) gegossen. Eine natürliche Öffnung in der Decke der zweiten Kammer lässt Sonnenlicht einfallen, das – vor allem an klaren Tagen – die Bildnisse in der Höhle beleuchtet. Rechts vom Höhleneingang steht am Fuß des Hügels der **Wat Tham Klaep** oder Wat Bun Thawi. Bemerkenswert sind die schön beschnitzten Holzportale von *wihan* und *bot*.

Phra-Nakhon-Khiri-Geschichtspark und Khao Wang

เขาวังและอุทยานประวัติศาสตร์พระนครคีรี
Bei Phet Kasem Road. 03242-5600. tägl. 8.30–16.30 Uhr (letzter Einlass 15.30 Uhr).

Auf der Kuppe des 92 Meter hohen Khao Khiri dominiert die »himmlische Bergstadt« die westliche Stadtsilhouette von Phetchaburi. Die Palastanlage, heute ein Geschichtspark, wurde in den 1850er Jahren als Sommerresidenz für Rama IV. erbaut. Bei den Einheimischen heißt der Berg deshalb Khao Wang (Palastberg).

Der Komplex vereint chinesische, europäische und japanische Stilelemente mit thailändischen Bautraditionen. Von seinem Standort zwischen Bäumen, Felsen und Höhlen hat man einen schönen Blick auf die Stadt sowie eine Panoramasicht über die Gegend. Die Anlage erstreckt sich über drei Gipfel und umfasst königliche Pavillons, Tempel und Paläste. Der Königliche Palast und der Observatoriumsturm Ho Chatchawan Wiangchai, den der begeisterte Astronom Rama IV. errichten ließ, stehen auf der Westkuppe. Der unter Rama V. erbaute weiße *chedi* Phra That Chomphet liegt auf der mittleren Anhöhe, den östlichen Hügel dominiert der Wat Maha Samanaram. Er beherbergt schöne Wandbilder. 1988 wurde der Komplex in einen Geschichtspark umgewandelt. Zur Anlage gelangt man über kurvige Wege. Wer den anstrengenden Anstieg scheut, nimmt die Zahnradbahn an der Westseite. Für den Park sollte man mindestens einen halben Tag einplanen.

Wat Mahathat Worawihan

วัดมหาธาตุวรวิหาร
Thanon Damnoen Kasem. tägl. 8.30–16 Uhr.

Im Stadtzentrum ragen unübersehbar die fünf weißen *prang* des Wat Mahathat Worawihan auf. Sie bilden das spirituelle Zentrum von Phetcha-

Blick auf den Phra-Nakhon-Khiri-Geschichtspark

Hotels und Restaurants an der oberen westlichen Golfküste *siehe Seiten 297f und 312f*

buri. Wahrscheinlich entstand der Tempel bereits im 14. Jahrhundert, den Status als *mahathat* – als Kloster, dessen *chedi* eine Buddha-Reliquie bewahrt – erhielt er jedoch erst 1954. Die Reliquie wurde dem Worawihan vom derzeitigen König, Rama IX., übergeben.

Der Tempel mit den *prang* (der mittlere ist 55 Meter hoch) und dem *chedi* im Khmer-Stil ist vom Mahayana-Buddhismus beeinflusst. Die heiligen *Sema*-Steine, die den Tempelbezirk markieren, sind vielleicht sogar Überreste eines älteren *wat*. Einige dieser Steine datieren aus der späten Dvaravati-Zeit *(siehe S. 43)*. Der große *wihan* vor dem Tempel beherbergt eine prächtige Buddha-Dreiergruppe. Die Wände des *wihan* sind mit über 100 Wandbildern geschmückt. Sie zeigen u. a. Thai in europäischen Kleidern aus der viktorianischen Zeit.

Wandbild mit mythologischer Szene, Wat Yai Suwannaram

Wat Yai Suwannaram

วัดใหญ่สุวรรณาราม

Thanon Phongsuriya.

tägl. 8.30–16 Uhr.

Der Wat Yai Suwannaram aus dem 17. Jahrhundert ist der vielleicht schönste Tempel in Phetchaburi. Sein zentraler *wihan* weist im Inneren berühmte, über 300 Jahre alte Wandbilder von *thevada* (buddhistische Engel) auf. Eines der schön beschnitzten Tore der nahen Teak-*sala* zeigt einen Einschnitt, der vom Schwert eines Soldaten der birmanischen Armee stammen soll, die im Krieg von 1767 *(siehe S. 45)* hier eindrang. Der zentrale *bot* im Ayutthaya-Stil besitzt keine Fenster. Der ungewöhnliche *hor trai* (Schriftenarchiv) steht auf Pfählen in einem Lotosteich, um die Handschriften auf Palmblättern vor Termiten und anderen Schädlingen zu schützen.

Buddha-Statue zwischen Khmer-Ruinen, Wat Kamphaeng Laeng

Wat Kamphaeng Laeng

วัดกำแพงแลง

Thanon Phongsuriya.

tägl. 8.30–16 Uhr.

Der Wat Kamphaeng Laeng im Osten Phetchaburis ist das älteste noch bestehende Bauwerk der Stadt. Der halb verfallene Khmer-Bau lässt vermuten, dass die Stadt zum südlichsten Teil des Khmer-Reichs (9.–13. Jh.) gehörte. Dieses erstreckte sich im Osten bis zum Mekong-Delta und zum Südchinesischen Meer und im Norden bis Zentral-Laos. Ursprünglich war dies wohl eine Hindu-Stätte, dann wurde sie zum buddhistischen Tempel. Fünf baufällige Khmer-*prang*, die wohl jeweils einer anderen Hindu-Gottheit geweiht waren, sind noch vorhanden. Sie sind kreuzförmig angeordnet und blicken gen Osten. Der mit Dvaravati-Stuck verzierte Komplex aus Sandstein und Laterit stammt aus dem 11. oder 12. Jahrhundert.

Phra Ratchawang Ban Puen

พระราชวังบ้านปืน

2 km südl. vom Stadtzentrum. 03242-8506. tägl. 8–16 Uhr.

Der Phra Ratchawang Ban Puen ist ein Palast aus dem 20. Jahrhundert, der mitten zwischen den Kasernen von Phetchaburi steht. Das unter Rama V. errichtete Gebäude ähnelt einem europäischen Herrenhaus. Der Bau begann kurz vor dem Tod des Monarchen 1910 und dauerte bis 1916. Seine deutschen Architekten waren vom Jugendstil beeinflusst, wie an der Fenstergestaltung und an den schönen, glasierten Fliesen zu sehen ist.

Glasierte Fliesen und Marmorfiguren im Phra Ratchawang Ban Puen

Straßenkarte *siehe hintere Umschlaginnenseiten*

Hauptstadt der süßen Sünden

Phetchaburi ist für seine Vielfalt an köstlichen Süßigkeiten bekannt, die u. a. aus Palmzucker und -samen, Kokosmilch, Bananen, Java-Äpfeln, Ananas und anderen frischen Früchten hergestellt werden. Der Phetchaburi-*tanot* (Palmzucker) gilt als besonders süß und erfrischend und wird oft mit Zutaten wie Mehl, Eiern und Reis verarbeitet. Die *Thai khanom* (Thai-Süßspeisen) sind von ihrer Struktur und ihrer Machart her anders als europäische Süßigkeiten. Oft werden sie mit Eis, in Bananenblätter eingeschlagen oder als Küchlein serviert. Auf den zwei wichtigsten Festen der Provinz Phetchaburi, dem Phra-Nakhon-Khiri- und dem Thai-Song-Dam-Fest, kann man die ganze Palette testen. Einheimische demonstrieren ihre überlieferten Herstellungsverfahren und verkaufen die Süßigkeiten.

Thai khanom sind erfrischend und werden selten wie Süßigkeiten in Europa verpackt oder gar aufgehoben. Meist werden sie sofort verzehrt.

Süßwarenmärkte

Auf fast allen Märkten werden in einem eigenen Bereich Süßigkeiten und Desserts angeboten, von nationalen Leckereien bis zu lokalen Spezialitäten. Fast überall darf man probieren.

Mangos und Ananas wachsen in der Region genauso wie die Zuckerpalme, deren Saft für viele Thai-Süßigkeiten verwendet wird.

Khao tom mat sai kluay wird aus gesüßtem Klebreis hergestellt. Diese typische Grundzutat wird mit Kokosmilch abgeschmeckt, in einem Bananenblatt gedämpft und mit frischen Früchten, etwa Bananen oder Durians, gegessen.

Die goldenen Drei – *thong yip, thong yawt* und *foy thong* – sind berühmte Phetchaburi-Nachspeisen aus in Palmzuckersirup gekochtem Enteneigelb. Die unterschiedliche Konsistenz entsteht beim Kochen.

Wun maphrao, ein Gelee aus Kokosnuss, Agar-Agar und Zucker, wird auf den Märkten oft verkauft.

Tako ist eine leckere Eierspeise mit grünem Erbsenmehl, Wasserkastanien, Zucker und Kokoscreme, die in Padanusblättern gekocht und kühl serviert wird.

Kalamae ist ein festes Toffee aus eingedickter Kokoscreme mit Zucker und Mehl. Es wird in mundgerechte Stückchen geschnitten und verkauft.

Lange Veranden verbinden die Säle und Gemächer im Marukhathaiyawan-Palast

❷ Cha-am

ชะอำ

Straßenkarte C1. 34 km südl. von Phetchaburi. 51 000. TAT, 500/51 Phet Kasem Rd, Cha-am (03247-1005). tägl.

Das wegen seines fünf Kilometer langen Sandstrands bekannte Cha-am wurde in den 1980er Jahren immer beliebter. Früher war der Ort ein ruhiges Fischerdorf, heute ist er ein beliebtes Ziel für Wochenendausflüge von Bangkok.

Neben dem Strand bietet Cha-am auch einen Markt mit frischen Früchten, Seafood-Restaurants am Pier und den Wat Cha-am, einen kleinen Höhlentempel aus der Ayutthaya-Periode *(siehe S. 44f)*. Vor allem Thai besuchen den Ort, um dort zu essen und zu trinken. Am Strand und in der Nähe verkaufen Stände und Straßenküchen leckeren gegrillten Fisch und Seafood. Es gibt auch lokale Spezialitäten wie gebratenes Hühnchen und Schweinefleisch. Am Strand sind mittlerweile große Ferienanlagen entstanden. Dort sowie am Nordende des Küstenstreifens findet man gehobenere Restaurants.

❸ Kaeng-Krachan-Nationalpark

อุทยานแห่งชาติแก่งกระจาน

Straßenkarte C1. Parkzentrum nahe Hwy 3175, 48 km westl. von Cha-am. Parkverwaltung (03246-7326); Forstamt (02562-0760 für Bungalow-Reservierung). **dnp.go.th**

Der Nationalpark ist mit 2920 Quadratkilometern Fläche der größte Thailands. Er nimmt fast die Hälfte der Provinz Phetchaburi ein. Der noch wenig bekannte Park umfasst ursprünglichen, immergrünen tropischen Regenwald. Hier leben rund 40 Säugetierarten, darunter Tiger, Leoparden, Elefanten, Gibbons, Languren und Kragenbären. In den Salzmarschen brüten Tausende Zugvögel aus China und Sibirien.

Der Kaeng Krachan bietet schöne Wanderwege sowie Bootsfahrten auf dem 45 Quadratkilometer großen **Kaeng-Krachan-Stausee**, der von Waldbächen und Flüssen gespeist wird.

Pferdevermieter am Strand von Cha-am

❹ Marukhathaiyawan-Palast

พระราชวังมฤคทายวัน

Straßenkarte C2. Nahe Hwy 4, 9 km südl. von Cha-am. TAT, Cha-am (03247-1005). von Cha-am. tägl. 8.30–16.30 Uhr. Spende. im Schlafgemach.

Der Name des einstigen Sommerpalasts Ramas VI. (reg. 1910–25) bedeutet »Palast der Liebe und Hoffnung«. Der Prachtbau aus Teakholz wurde 1923 in nur 16 Tagen nach dem Entwurf eines italienischen Architekten errichtet. Als Rama VI. zwei Jahre später starb, wurde er nicht mehr benutzt und stand lange leer. Nun ist er restauriert und erstrahlt in altem Glanz. Das luftige Gebäude mit den schlicht dekorierten Hallen, Veranden und Gemächern ist pastellfarben gehalten. Von den Wegen blickt man aufs Meer. Obwohl der Palast besichtigt werden kann, kommen nur selten Besucher.

Hotels und Restaurants an der oberen westlichen Golfküste *siehe Seiten 297f und 312f*

❺ Hua Hin

หัวหิน

Mit der Eröffnung der Bahnstrecke Bangkok – Hua Hin 1911 entwickelte sich Thailands ältester Badeort sprunghaft. Hua Hin profitierte vom damaligen Heilbäder-Boom. Rangniedere Mitglieder der Königsfamilie, die High Society und wohlhabende Ausländer kamen in Scharen. 1922 entstand der Neun-Loch-Golfplatz. 1926 ließ Prinz Chulachakrabongse (1908 – 1963) den Sommerpalast Klai Klangwon (»fern von Sorgen«) errichten. Hua Hin büßte zwar nach dem Zweiten Weltkrieg an Popularität ein, doch heute ist es wieder ein international bekannter Badeort mit exklusiven Resorts an seiner Uferpromenade.

Rot-weiß gepflasterter Bahnsteig am Bahnhof von Hua Hin

Bahnhof Hua Hin

สถานีรถไฟหัวหิน

Thanon Liap Thang Rot Fai.

Thailands wohl schönster Bahnhof ist auch einer der ältesten des Landes. Das markanteste Element des Baus aus dem späten 19. Jahrhundert ist das hölzerne Hauptgebäude, das heute als Empfangshalle und Warteraum dient. Ursprünglich war es ein Pavillon des Sanam-Chan-Palasts in Nakhon Pathom und wurde im späten Rattanakosin-Stil unter Rama VI. (reg. 1910 – 25) erbaut. Mit seinem gestaffelten Dach, den hochgezogenen Gesimsspitzen und den rautenförmigen rostroten und cremefarbenen Fenstern verströmt das Gebäude im klassischen Thai-Stil den Charme vergangener Zeiten. Es ist ein beliebtes Fotomotiv, genauso wie die ausgemusterte Dampflokomotive, die gegenüber dem Bahnsteig steht.

Railway Hotel

โรงแรมรถไฟ

1, Thanon Damnoen Kasem.
03251-2021.
centarahotelsresorts.com

Hua Hins Flair der 1920er Jahre lebt im früheren Railway Hotel von 1923 weiter. 1993 wurde der in den 1960er Jahren heruntergekommene Bau restauriert. Das Architektenteam erhielt dafür den Outstanding Conservation Award der thailändischen Architektenkammer. Heute residiert hier das Centara Grand Beach Resort & Villas. Die Teakholztreppen, hohen Räume und eleganten Teesalons versetzen einen in ein anderes Jahrhundert. Vor der Wiedereröffnung diente das Haus anstelle des Renakse Hotels im kambodschanischen Phnom Penh als Filmkulisse für *The Killing Fields*.

Hat Hua Hin

หาดหัวหิน

Thanon Damnoen Kasem.

Der nach den großen Felsen an seinem Nordende benannte Hat Hua Hin ist ein schöner, sauberer Sandstrand. Rund fünf Kilometer lang reihen sich hier kleine Souvenirläden, Bars und Restaurants. Der schönste Abschnitt befindet sich vor dem Railway Hotel. Etwas zurückversetzt vom Strand steht eine lange Reihe von Eigentumswohnanlagen und Luxushäusern. Unter der Woche ist der Strand relativ ruhig, am Wochenende ist hier allerdings der Bär los. Am Hat Hua Hin kann man schwimmen. Geboten werden zudem Wasserskifahren, Kiteboarden und weitere Wassersportarten sowie Ponyreiten für Kinder.

Nachtmarkt

ตลาดโต้รุ่ง

Thanon Dechanuchit West.
tägl. 17 – 24 Uhr.

Der Nachtmarkt von Hua Hin erstreckt sich zu beiden Seiten der Thanon Dechanuchit, vor

Strandrestaurant mit Meerblick, Centara Grand Beach Resort & Villas

Malerischer Park mit Gehweg auf dem Khao Hin Lek Fai

allem rund um die Kreuzung Thanon Sasong. Der Markt hat von 17 Uhr bis Mitternacht geöffnet. Während die Einheimischen ein gutes Geschäft machen möchten, flanieren die Urlauber von Stand zu Stand und versuchen die Preise für Souvenirs und andere Waren herunterzuhandeln.

Die Essensstände sind in der Regel reinlich und bereiten leckere Gerichte aus Seafood auf Bestellung frisch zu. Auf dem Markt bekommt man Souvenir-T-Shirts und andere günstige Kleidung, DVDs und antiquarische Bücher auf Englisch und in anderen westlichen Sprachen.

Khao Hin Lek Fai

เขาหินเหล็กไฟ

3 km westl. vom Zentrum.

Vom ruhigen Park auf dem Gipfel des 158 Meter hohen Khao Hin Lek Fai (»Feuersteinhügel«) hat man einen herrlichen Blick über die Stadt. Schilder führen zu sechs Aussichtspunkten. Der Eingang liegt am Suksamran-Tempel.

Khao Takiab

เขาตะเกียบ

6 km südl. vom Zentrum.

Auf dem 76 Meter hohen Khao-Takiab-Hügel (»Essstäbchen-Hügel«) stehen einige kleine Schreine mit Darstellungen von Guan Yin, der Göttin der Barmherzigkeit. Nicht weit vom Fuß des Hügels beeindruckt Wat Khao Lad mit einer 20 Meter hohen Buddha-Figur.

Infobox

Information

Straßenkarte C2. 27 km südl. von Cha-am. 41 000. TAT, Cha-am, (03247-1005). tägl. Hua Hin Jazz Festival (Juni). **tourismhuahin.com**

Anfahrt

Black Mountain Water Park

สวนน้ำ แบล็ค เมาน์เทน หัวหิน

16 km nordwestl. von Hua Hin. 03261-8444. tägl. 10–17 Uhr.

Halbstündlich bringt ein Shuttle-Bus Besucher vom Uhrturm in Hua Hin zu diesem kleinen, aber vor allem bei Familien beliebten Wasserpark mit vielen Rutschen und Pools.

Vananava Jungle Water Park

5 km südl. von Hua Hin. 03290-9606. tägl. 10–18 Uhr.

Der beliebte Familienpark bietet Wasserrutschen, Wasserfälle und Dschungel. Shuttle-Busse bringen Besucher von Hua Hin in den Park.

Zeichenerklärung

siehe hintere Umschlagklappe

Zentrum von Hua Hin

1. Bahnhof Hua Hin
2. Railway Hotel
3. Hat Hua Hin
4. Nachtmarkt

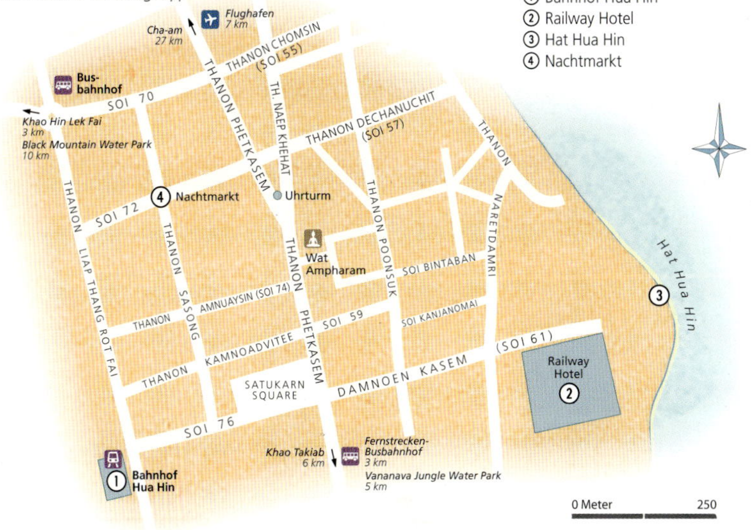

Straßenkarte *siehe hintere Umschlaginnenseiten*

Baumwipfelpfad durch das Waldschutzgebiet Pranburi

6 Pranburi

ปราณบุรี

Straßenkarte C2. 35 km südl. von Hua Hin. 70 000. tägl.

Die Kleinstadt wird dank ihrer sauberen Strände und einiger guter Hotels zunehmend beliebter. Hauptattraktion sind die Mangrovenwälder am Fluss Pranburi, die das fünf Quadratkilometer große **Waldschutzgebiet Pranburi** bilden. Es grenzt ans Meer und wartet mit einem zwei Kilometer langen, von Palmen gesäumten Strand auf. Auf einem erhöhten Plankenweg aus Holz kann man ganz bequem durch Teile des Walds im Mangrovensumpf wandern. Das ganztägig geöffnete Parkbüro arrangiert auch Bootsfahrten auf dem Fluss. Pranburi ist zudem ein idealer Ausgangspunkt für Ausflüge zum Hat Naresuan und Khao-Sam-Roi-Yot-Nationalpark.

Waldschutzgebiet Pranburi
tägl. bis Sonnenuntergang.

7 Hat Naresuan

หาดนเรศวร – ปากน้ำปราณ

Straßenkarte C2. 10 km östl. von Pranburi. TAT, Cha-am (03247-1005).

Der Hat Naresuan ist vielleicht der erste ruhigere Strand südlich von Bangkok. An dem langen, fast wüstenhaft wirkenden goldenen Sandstrand wachsen hohe Palmen und Kasuarinen. Der Streifen selbst ist unter verschiedenen Namen bekannt. Ein kleiner Hügel an seinem Südende ähnelt einem Schädel *(kalok)*, was ihm den Namen Hat Khao Kalok (»Schädelhügelstrand«) eintrug. Gelegentlich wird er auch Pak Nam Pran genannt – wie der Ort an der Mündung des Flusses Pranburi acht Kilometer nördlich. Der offizielle Name Hat Naresuan erinnert an König Naresuan *(siehe S. 45)*, der im späten 16. Jahrhundert die Birmanen vertrieb und die siamesische Unabhängigkeit wiederherstellte. Früher fuhren die Familien der reichen Thailänder hierher, heute ist Hat Naresuan ein geschäftiger Ferienort mit gehobenen, aber auch günstigen Boutique-Hotels und Restaurants, einigen kleineren Märkten und vielen Läden. Der Strand ist nicht besonders idyllisch, gleichwohl ist er wegen der preisgünstigen Unterkünfte beliebt. Oft kann man vom Strand aus Delfine im Meer sehen. Im Ort Pak Nam Pran und direkt am Strand werden in mehreren Restaurants fangfrische Meeresfrüchte serviert.

Beliebtes Strandlokal am Hat Naresuan

8 Khao-Sam-Roi-Yot-Nationalpark

อุทยานแห่งชาติเขาสามร้อยยอด

Siehe S. 148f.

❾ Hat Sam Roi Yot

หาดนมสาว

Straßenkarte C2. Khao-Sam-Roi-Yot-Nationalpark. TAT, Cha-am (03247-1005).

Der feste, goldfarbene Sand des sauberen Hat Sam Roi Yot wird von Palmen beschattet. Der Strand liegt im Ostteil des Khao-Sam-Roi-Yot-Nationalparks und wird auch Hat Nom Sao genannt. Im Meer kann man gut und sicher schwimmen. Die direkt am Strand gelegenen Unterkünfte sind einfach, aber gemütlich, Gleiches gilt für die kleinen, freundlichen Lokale und Bars. Vom Hat Sam Roi Yot fahren Schnellboote zu einigen der kleineren Inseln vor der Küste, etwa nach Ko Nom Sao, Ko Kho Ram, Ko Rawing und Ko Rawang. Dort kann man ausgezeichnet schnorcheln und in aller Ruhe sonnenbaden.

Hat Sam Phraya, ein idealer Strand für Camper

❿ Hat Laem Sala

หาดแหลมศาลา

Straßenkarte C2. Khao-Sam-Roi-Yot-Nationalpark. TAT, Cha-am (03247-1005).

Steile Kalksteinhügel umgeben den von Kasuarinen gesäumten, attraktiven Strand Hat Laem Sala. Er liegt abgeschieden am östlichen Rand des Khao-Sam-Roi-Yot-Nationalparks. Am Strand gibt es ein Besucherzentrum sowie Restaurants und Bungalows. Die Strandlokale servieren gebratenes Seafood. Im Meer kann man gefahrlos schwimmen, in einigen Höhlen auch tauchen. Zelten und Wandern sind möglich. Vom Hat Laem Sala führt ein Fußweg zur beliebten Höhle **Tham Phraya Nakhon**, in der ein Pavillon für Rama V. (reg. 1868–1910) gebaut wurde.

Felswand mit Vegetation, Hat Sam Roi Yot

⓫ Hat Sam Phraya

หาดสามพระยา

Straßenkarte C2. Khao-Sam-Roi-Yot-Nationalpark. TAT, Cha-am (03247-1005).

Nur wenige Reisende kommen zum weißen Sandstrand Hat Sam Phraya. Wer den Khao-Sam-Roi-Yot-Nationalpark besucht, kann hier gut zelten, da an beiden Enden des Strands Sanitäreinrichtungen stehen. Oder man übernachtet in den teils luxuriösen Bungalows und genießt in den kleinen Strandrestaurants Meeresfrüchte. Der Gipfel des nahen Khao Daeng (»Roter Hügel«) bietet vor allem bei Sonnenuntergang einen herrlichen Blick über den Strand. Nur zwei Kilometer vom Park entfernt verläuft der Kanal **Khlong Khao Daeng** durch Mangrovenwälder. Im Angebot sind Bootsfahrten durch die Mangroven. Die etwa fünf Kilometer lange Fahrt dauert über eine Stunde und ist bei Sonnenuntergang am schönsten.

❽ Khao-Sam-Roi-Yot-Nationalpark

อุทยานแห่งชาติเขาสามร้อยยอด

Der kleine Küstenpark Khao Sam Roi Yot (»Berg der 300 Gipfel«) bietet auf 98 Quadratkilometern Fläche eine kontrastreiche Landschaft mit Meer, Sand, Marschen, Bergen und Höhlen. Seine Besonderheit sind die vielen, charakteristisch geformten Kalksteinspitzen – die höchste, Khao Krachom, ragt 605 Meter auf. Die schönen Strände, Süßwassermarschen und Mangrovenwälder des Parks bieten Millionen Zugvögeln auf ihrem Weg von Sibirien nach Sumatra und Australien Zuflucht. Sie können hier rasten, fressen und nisten. Im Park leben zudem Brillenlanguren, Plumploris und Makaken.

Dorfbewohner fischen in den Gewässern beim Nationalpark

★ Bunte Vogelwelt
Die Marschen des Parks liegen auf der Zugvogelstrecke zwischen Ostasien und Australien. Hier leben rund 300 Vogelarten, fast die Hälfte davon sind Zugvögel. Zu sehen sind diese von September bis November sowie von März bis Mai.

Mangroven
Mangrovensümpfe und -wälder bilden an der Küste einen wichtigen Schutz gegen hohe Wellen und Stürme und sind ein undurchdringliches Refugium für Wildtiere, vor allem für Makaken und Krebse.

Außerdem

① **Die südlichen Marschen** sind nur wenig von den wachsenden Garnelen-Aquakulturen betroffen und ideal zur Vogelbeobachtung.

② **Khao Krachom** ist mit 605 Metern die höchste Kalksteinspitze des Parks und nicht leicht zu erklimmen.

③ **Ban Rong Jai** ist eines von drei Parkzentren im Khao Sam Roi Yot. Zu diesem Zentrum gehört ein Naturforschungszentrum.

④ **Tham Sai** ist eine kleine Höhle, in der Fledermäuse und Salanganen Schutz finden.

Hotels und Restaurants an der oberen westlichen Golfküste *siehe Seiten 297f und 312f*

Infobox

Information
Straßenkarte C2. Parkzentrum nahe Hwy 4, 43 km südl. von Pranburi. Parkverwaltung (03282-1568); Forstamt (02562-0760 für Bungalow-Reservierung). **dnp.go.th**

Anfahrt
Pranburi, dann *songthaew*.

★ Blick auf die 300 Gipfel
Die zahlreichen Kalksteinzacken des Parks sind mit immergrünen laubwerfenden Bäumen und Sträuchern bewachsen. Sie sind schwer zu besteigen, bieten aber vor allem bei Sonnenaufgang und -untergang einen fantastischen Anblick.

Hat Sam Roi Yot
Der mit Sanitäranlagen, Picknickbereichen und Lokalen hervorragend ausgestattete Hat Sam Roi Yot liegt direkt am Park. Hier findet man gute Mittelklasse-Unterkünfte.

★ Tham Phraya Nakhon
Die faszinierende Höhle erlangte durch die hübsche *sala* (Pavillon) Berühmtheit, die sich Rama V. darin errichten ließ. Weitere Attraktionen sind der auffällig geformte »Krokodilfelsen« und der »Pagodenfelsen«.

Wanderwege
Durch den Park führen markierte Wanderwege. Am populärsten ist die Route zum Aussichtspunkt auf dem Khao Daeng. Vom Gipfel eröffnet sich ein atemberaubender Panoramablick über den Park und das Meer.

Licht flutet durch die eingestürzte Decke der Höhle Tham Phraya Nakhon ▶

Wat Thammikaram auf dem Khao Chong Krajok in Prachuap Khiri Khan

⓬ Prachuap Khiri Khan

ประจวบคีรีขันธ์

Straßenkarte C2. 75 km südl. von Pranburi. TAT, 39/9 Phetkasem Rd (03251-3885). tägl.

An Thailands schmalster Stelle, zwischen Myanmar im Westen und dem Golf von Thailand im Osten, liegt der Fischereihafen Prachuap Khiri Khan. Die bedeutende Provinzhauptstadt erlebte ihre Blüte in der Ayutthaya-Zeit *(siehe S. 44f)*, wird heute aber von den meisten Reisenden »übersehen«.

Von historischer Bedeutung ist Prachuap auch als einer der sieben Landungspunkte, von denen aus die kaiserlichen japanischen Truppen 1941 Malaysia und Singapur eroberten. Heute ist es eine freundliche ruhige Stadt. Hier lebt man vor allem vom Fischfang. Bunt bemalte Fischerboote schaukeln im Hafen. Ein weiterer wichtiger Wirtschaftszweig sind die großen Ananasfarmen und Kokosplantagen in der Umgebung. Landeinwärts wird die Stadt von Kalksteinbergen begrenzt. Der Name des bekannten Wahrzeichens **Khao Chong Krajok** (»Spiegelberg«) leitet sich von einer natürlichen Öffnung im Berg ab, die wie ein riesiger Spiegel aussieht. Der **Wat Thammikaram** auf dem Gipfel ist der wichtigste *wat* von Prachuap. Von oben hat man einen schönen Panoramablick über die Stadt und die Bucht und kann Hunderte von Makaken beobachten, die auf dem Areal leben. Jeden Abend klettern die Affen auf den Gipfel, um sich an den vielen schönen Frangipani-Bäumen satt zu fressen.

Die fantastische Küche der Stadt entschädigt für das fehlende Unterhaltungsangebot. In den guten Restaurants und an den Ständen an der Promenade beim Pier wird fangfrisches Seafood zubereitet. Von Prachuap Khiri Khan aus kann man auch gut die Umgebung erkunden. Das verbreitetste Transportmittel ist das *saaleng*, ein improvisiertes Gefährt aus Motorrad und Seitenwagen.

⓭ Wat Khao Tham Khan Kradai

วัดถ้ำเขาคั่นกระได

Straßenkarte C2. 8 km nördl. von Prachuap Khiri Khan. tägl. 8.30–16 Uhr.

Mönchsquartier, Wat Khao Tham Khan Kradai

Der buddhistische Höhlentempel Wat Khao Tham Khan Kradai liegt etwas abseits des Wegs oberhalb der Bucht Ao Khan Kradai (auch Ao Khan Bandai). Von der Zufahrtsstraße auf den Kalksteinhügel sieht man über die Bucht. Ein ausgeschilderter, mit Muscheln gepflasterter Weg führt zum Eingang. Dort hat man einen atemberaubenden Blick über den breiten Bogen der Bucht. Der Tempelkomplex

Buddha-Bildnisse säumen die innere Kammer im Wat Khao Tham Khan Kradai

Hotels und Restaurants an der oberen westlichen Golfküste *siehe Seiten 297f und 312f*

Fischerboote ankern an der Küste, Ao Bang Nang Rom

umfasst zwei Höhlen. Der Eingang führt in die kleinere Höhle, von der aus man in die größere Höhle mit einem *phra non* (Liegender Buddha) gelangt. In einer Kammer am Eingang stehen Buddha-Bildnisse, die Gläubige hierhergebracht haben. In der Höhle braucht man eine Taschenlampe.

Von Prachuap Khiri Khan aus sollte man sich ein *songthaew* oder *saaleng* nehmen und den Besuch des *wat* mit einem Picknick am Strand von Ao Noi verbinden.

⓮ Hat Ao Noi

หาดอ่าวน้อย

Straßenkarte C2. 5 km nördl. von Prachuap Khiri Khan.

Der ruhige, lässige Strand Hat Ao Noi ist von Kasuarinen gesäumt und ein beliebtes Ziel für Jogger. Er ist bequem für einen Badeausflug von Prachuap Khiri Khan aus gelegen. Am Nordende der Bucht erhebt sich ein schützendes Kalksteinmassiv, dort liegt das kleine Fischerdorf Ao Ban Noi. Am Südende führt eine Brücke in das geschäftigere Ao Prachuap. Auch wenn der Strand relativ einsam ist, findet man doch gute Unterkünfte und Restaurants, die leckeres Seafood servieren.

⓯ Ao Bang Nang Rom

อ่าวบางนางรม

Straßenkarte C2. 5 km östl. von Prachuap Khiri Khan.

In der Nähe von Prachuap Khiri Khan und dem Strand Hat Ao Noi liegt Ao Bang Nang Rom mit einem wohlhabenden Fischerdorf, das für seine schön gearbeiteten Fischerboote aus Holz bekannt ist. Die bunten Boote benutzen nicht nur die hiesigen Fischer, sie werden auch in die Nachbarorte verkauft. Die Fischer fangen damit den *ching chang*, der hoch geschätzt wird und eine wichtige Einnahmequelle ist. Der kleine Seefisch aus der Familie der Sardellen wird gereinigt, getrocknet und dann mit Gewürzen konserviert. Er ist in Südasien sehr beliebt. Auch wenn es hier nicht viel zu sehen gibt, lohnt sich ein Besuch wegen der freundlichen Einwohner und des schön gelegenen Strandes.

⓰ Ao Manao

อ่าวมะนาว

Straßenkarte C2. 6 km südl. von Prachuap Khiri Khan.

Der herrliche Strand in Prachuaps hübschester Bucht Ao Manao (»Zitronenbucht«) gehörte ursprünglich zu einem Erholungsheim für Offiziere der nahen königlichen Luftwaffenbasis und ist deshalb sehr gepflegt. In Erinnerung an die Soldaten, die während der japanischen Landung 1941 fielen, findet jeden Dezember auf dem Luftwaffengelände eine Feier statt. Zum Angebot am Strand gehören Liegen, Sonnenschirme, Stände mit kalten Getränken und einige Restaurants. Möglicherweise wird man höflich gebeten, sich auszuweisen.

Malerischer Blick über die breite Bucht Ao Manao

Straßenkarte *siehe hintere Umschlaginnenseiten*

Produkte aus Myanmar in einem Laden in Dan Singkhon

⑰ Dan Singkhon

ด่านสิงขร

Straßenkarte C2. 19 km südl. von Prachuap Khiri Khan.

Der kleine, historisch bedeutende Grenzposten Dan Singkhon liegt am Mawdaungpass, an der Wasserscheide der Tenasserim-Berge, die Thailand von Myanmar trennen. Über den Pass führte früher die wichtigste Verbindungsstraße zwischen der birmesischen Provinz Tenasserim (heute Tanintharyi) und dem alten Siam. Bevor die Briten Tenasserim 1826 eroberten, fand an dieser Stelle zwischen den beiden Ländern ein reger Grenzverkehr und Handelsaustausch statt. Seither ist der Handelsweg geschlossen und heute nur noch für den lokalen Grenzhandel geöffnet. Dan Singkhon liegt an der schmalsten Stelle Thailands, vom Dorf sind es nur 13 Kilometer bis zum Golf von Thailand. Von der Bergstraße aus sieht man über die Hügel ins südliche Myanmar. Der Ort könnte sich künftig zum Tor für die Inseln des Mergui-Archipels entwickeln.

Die heutige Attraktion von Dan Singkhon ist der wöchentliche Blumenmarkt, auf dem eine Vielfalt seltener Blumen aus dem Nachbarland, vor allem Orchideen, zu sehen ist. Viele der Arten sind gefährdet, doch der illegale Handel boomt. Zu den außergewöhnlichsten Exemplaren, die in Dan Singkhon angeboten werden, gehören Knospen der Rafflesia, die die größte Blüte der Welt hervorbringt. Die Pflanze ist jedoch ein Schmarotzer, der nicht kultiviert werden kann und deshalb nur kurzlebig ist. Vom nahen Prachuap Khiri Khan aus ist die Fahrt nach Dan Singkhon ein interessanter Tagesausflug, auf dem man auch faszinierende Zugvögel zu Gesicht bekommt. Pflanzen und Tiere, die unter das Washingtoner Artenschutzübereinkommen (CITES) fallen, sollten Sie auf keinen Fall kaufen.

Rafflesia in voller Blüte

⑱ Hat Wa Kaw

หาดหว้ากอ

Straßenkarte C2. 16 km südl. von Prachuap Khiri Khan.

Der schöne, von Kasuarinen gesäumte Strand Hat Wa Kaw liegt in einer kleinen Bucht. Er ist ruhig und sauber. Von Prachuap Khiri Khan aus ist er das ideale Ziel für einen Tagesausflug. Hier findet man Unterkünfte in einfachen Bungalows sowie kleine Restaurants, die lokale Gerichte servieren. Der von Urlaubern kaum besuchte Strand ist bei thailändischen Familien für ein Picknick beliebt, ebenso bei Schülern, die den King Mongkut Memorial Park of Science & Technology besuchen.

⑲ King Mongkut Memorial Park of Science & Technology

พิพิธภัณฑ์วิทยาศาสตร์รัชกาลที่สี่

Straßenkarte C2. 16 km südl. von Prachuap Khiri Khan. 03266-1098. tägl. 9–16 Uhr.

Der Open-Air-Themenpark ist eine Gedenk- und zugleich eine Bildungsstätte. Er wurde 1989 im Gedenken an den in Thailand hochverehrten König Mongkut (Rama IV., reg. 1851–68) und dessen Beitrag zur modernen Wissenschaft in Thailand errichtet. Im Mittelpunkt steht der Besuch des Monarchen im Jahr 1868, der in dem Gebiet eine von ihm berechnete Sonnenfinsternis beobachtete. Zu den weiteren Sehenswürdigkeiten gehören eine Ausstellung über Astronomie und das Weltall, ein Schmetterlingsgarten und ein Aquarium mit vielen lokalen Fischarten und anderen Meerestieren, die man von einem Glastunnel aus betrachten kann. Zudem gibt es eine Statue König Mongkuts und eine amerikanische Dampflokomotive von 1925 zu bewundern. Von Prachuap aus ist der Park ein hübscher Tagesausflug. Thailändische Familien und Studenten verbinden die Fahrt zum Park meist mit einem Picknick am Hat Wa Kaw.

Fischfütterung im Aquarium im King Mongkut Memorial Park

Hotels und Restaurants an der oberen westlichen Golfküste *siehe Seiten 297f und 312f*

Mongkut – ein Gelehrter auf dem Thron

König Mongkut (1804–1868) war als Rama IV. der vierte Herrscher der noch heute bestehenden Chakri-Dynastie und Vater von Rama V. Er regierte das Land von 1851 bis zu seinem Tod 1868 und erwies sich nicht nur als fähiger Herrscher, sondern auch als Gelehrter. Mongkut setzte sich mit dem Buddhismus auseinander und gründete den Thammayut-Orden. Als Regent schloss er Allianzen mit dem Westen und begann mit klugen Reformen. Sie trugen dazu bei, dass Thailand auch während der Kolonialzeit in Südostasien unabhängig blieb. Der gebildete Monarch reiste viel und lernte so sein Land und seine Untertanen kennen. Mongkut wird noch heute als einer der bedeutendsten Herrscher Thailands geehrt und trägt den posthumen Titel eines *maharat* (Großer König).

Mongkuts Gesandte am Hof von Königin Victoria waren Teil seiner Politik, sich von traditionellen Verbündeten abzuwenden und neue Verbindungen mit Europas Herrschern zu knüpfen.

Mongkut nannte sich im Stil europäischer Könige Rex Siamensis (König von Siam). Der aufgeklärte Monarch interessierte sich für Regierungsformen im Ausland. Seine Weitsicht trug viel zu Thailands Entwicklung zu einem modernen Staat bei.

Im Wat Bowonniwet verbrachte Mongkut die erste Hälfte seines Lebens. Dort lebte er als Mönch und wurde später Abt. Noch heute unterstützt die königliche Familie das Kloster.

Auf dem Wandbild im Wat Ratchapradit (Bangkok) beobachtet Mongkut die Sonnenfinsternis. Der Hobby-Astronom gilt als Vater der modernen Wissenschaft des Landes.

Mongkuts Sohn Chulalongkorn (Rama V.) erhielt von seinem Vater eine liberale Erziehung nach europäischem Vorbild. Er führte Mongkuts Modernisierungspolitik fort und wurde Thailands bedeutendster König.

Straßenkarte *siehe hintere Umschlaginnenseiten*

Ein beliebtes Hotel mit Spa am herrlichen Hat Ban Krut

⑳ Hat Ban Krut

หาดบ้านกรูด

Straßenkarte C2. 71 km südl. von Prachuap Khiri Khan. TAT, Prachuap Khiri Khan (03251-3885).

Der sechs Kilometer lange Strand am klaren, aquamarinblauen Golf von Thailand erstreckt sich vor der Kulisse des Thong-Chai-Gebirges. Am Wochenende sind hier viele Thailänder, unter der Woche ist er weitgehend verlassen. Der ruhige Küstenabschnitt zwischen Prachuap Khiri Khan und Chumphon *(siehe S. 158)* ist noch in der Erschließungsphase. Der Hat Ban Krut ist jedoch einfach zu erreichen. 13 Kilometer von dem langen Strand entfernt liegt eine Bushaltestelle, in fünf Kilometern Entfernung ein Bahnhof. In Bungalows der mittleren Preisklasse kann man sich einquartieren. An der etwas zurückgesetzt verlaufenden Küstenstraße findet man zahlreiche Lokale, Cafés und Bars. Die bekannten Batiken der Region werden in den Läden als schöne Souvenirs angeboten.

Am Nordende des Strands steht der Wat Phra Mahathat Phraphat. Der buddhistische Tempel ist an seinen neun goldenen Stupas zu erkennen, seine 15 Meter hohe, goldene Buddha-Figur nennen die Einheimischen »Großer Buddha«.

Das malerische Inselchen Ko Lamla dürfte Schnorchler begeistern – in den umliegenden klaren Gewässern wimmelt es von exotischen Meerestieren. Mit dem Boot ist das Gebiet schnell zu erreichen.

Buddha im Wat Phra Mahathat Phraphat

㉑ Bang Saphan

บางสะพาน

Straßenkarte C3. 90 km südl. von Prachuap Khiri Khan. TAT, Hua Hin (03251-3885).

Der ruhige Fischereihafen Bang Saphan ist von Bangkok oder Chumphon aus gut per Zug oder Auto zu erreichen. Der Ort liegt in der Bucht Ao Bang Saphan und blickt nach Süden und Osten über den Golf von Thailand. Die zwei Strände Bang Saphans, der **Bang Saphan Yai** und der 16 Kilometer weiter südlich gelegene **Bang Saphan Noi**, werden meist nur von Thailändern aus Bangkok oder den Einwohnern der Umgebung am Wochenende und im Urlaub besucht. Zu den zahlreichen weiteren Attraktionen gehören großartige Wasserfälle, Höhlen und eine Driving Range für Golfer.

Von Bang Saphan Yai aus gelangt man mit dem Boot in etwa 20 Minuten zu den kleinen Inseln **Ko Thalu**, Ko Sang und Ko Sing. Sie sind ideal zum Schwimmen und Sonnenbaden. Vor allem Ko Thalu gefällt Schnorchlern, die im warmen Wasser Mondsichel-Junker, Papageifische und Korallen entdecken können. Zwischen Januar und Mai werden Schnorcheltouren arrangiert.

In Bang Saphan Yai findet man viele Unterkünfte mittlerer Preisklasse, Restaurants mit Seafood auf der Speisekarte, Strandbars und Motorradvermietungen. An Feiertagen wie dem Songkran-Fest *(siehe S. 38)* sind die Strände stark frequentiert. Zu diesen Zeiten sollte man das Hotel im Voraus buchen.

Pfahlhäuser und Boote der Fischer von Bang Saphan

Hotels und Restaurants an der oberen westlichen Golfküste *siehe Seiten 297f und 312f*

Kiteboarder am Hat Thung Wua Laen

㉒ Hat Thung Wua Laen

หาดทุ่งวัวแล่น

Straßenkarte C3. 16 km nördl. von Chumphon. TAT, Surat Thani (07728-8818).

Der Name des sehr beliebten Strands Hat Thung Wua Laen bedeutet »Feld des laufenden Stiers«. Der Sage nach soll ein Stier, der von seinen Jägern gerade gehäutet wurde, wieder zum Leben erwacht und in den Wald geflohen sein. Der weiße Sandstrand läuft sanft ins Wasser des Golfs von Thailand aus und wurde lange Zeit vor allem von Thailändern besucht. Inzwischen entdecken ihn immer mehr Urlauber, die die relative Einsamkeit, die ausgezeichneten Fischgerichte der unverfälschten Thai-Küche und die wenigen, preiswerten Bungalowanlagen am malerischen Strand zu schätzen wissen. Einige der Fischlokale betreiben auch einen Laden.

Der Hat Thung Wua Laen ist ideal zum Baden und bietet zudem großartige Schnorchelstellen. In den umliegenden Riffen sieht man Korallen, Seefächer, Schwämme und Schwärme von tropischen Fischen. Taucher gelangen mit einer Fähre zu lohnenden Tauchgründen. Die Läden entlang dem Strand vermieten Boote, Räder und Motorräder, mit denen man das Gebiet erkunden kann.

㉓ Ko Ngam Yai und Ko Ngam Noi

เกาะงามใหญ่และเกาะงามน้อย

Straßenkarte C3. 18 km östl. vom Hat Thung Wua Laen. von Hat Thung Wua Laen. TAT, Surat Thani (07728-8818).

Unweit vom Hat Thung Wua Laen liegen die Inseln Ko Ngam Yai (»Große Schöne Insel«) und Ko Ngam Noi (»Kleine Schöne Insel«). Bei Urlaubern sind sie wegen ihrer ausgezeichneten Tauchgründe beliebt – berühmt sind sie jedoch wegen der hier nistenden Zehntausenden von Salanganen. Die Nester der kleinen Vögel aus der Familie der Segler werden für Schwalbennestersuppe verwendet. In den Tiefen des klaren Wassers stößt man auf Korallenriffe, bizarre Felsformationen und Höhlen. Schnorchler sehen eine vielfältige Tierwelt mit Buckelschnappern, Muscheln und Seeanemonen. Mit einem Charterboot sind die Inseln vor Hat Thung Wua Laen ein wunderbarer Tagesausflug.

㉔ Hin Lak Ngam

หินหลักงาม

Straßenkarte C3. 8 km südl. von Ko Ngam Yai. von Hat Thung Wua Laen. TAT, Surat Thani (07728-8818).

Im Meer vor dem Hat Thung Wua Laen bildet die Felsnase Hin Lak Ngam zusammen mit der benachbarten Hin Pae einen der schönsten Tauchgründe vor Chumphon. Die schmale Felsenspitze kann man weder betreten, noch gibt es auf ihr Vegetation – die Reize von Hin Lak Ngam liegen im umliegenden Meer: Hier taucht man durch fantastische Korallengärten und enge Höhlen, kreuzt den Weg von schreiend bunten Fischschwärmen und anderen Meerestieren. An guten Tagen beträgt die Sichtweite etwa 20 Meter, bei niedriger Tide oder bewegter See ist sie weitaus geringer. Gelegentlich kommen auch Meeresschildkröten oder Schwärme von Seevögeln an der Felsenspitze vorbei. Taucher müssen sich hier allerdings auf giftige Bewohner der Riffe, etwa Feuerfische und Stachelige Teufelsfische, sowie auf schlecht gelaunte Drückerfische gefasst machen.

Salanganen-Kolonie an einer Klippe auf Ko Ngam

Straßenkarte *siehe hintere Umschlaginnenseiten*

Fährboot, das zwischen Chumphon und Ko Tao verkehrt

㉕ Chumphon

ชุมพร

Straßenkarte C3. 169 km südl. von Prachuap Khiri Khan. 34 000. tägl.

Die Provinzhauptstadt Chumphon gilt als Tor zum Süden der Region. Sie hat einen eigenen Flughafen, zudem fahren von hier Boote nach Ko Samui *(siehe S. 166–175)*, Ko Phangan *(siehe S. 176–181)* und Ko Tao *(siehe S. 186–189)*. Westlich der Stadt auf dem Isthmus von Kra erheben sich die zerklüfteten Berge der Provinz Ranong, östlich davon breitet sich der Golf von Thailand aus.

Chumphon markiert die kulturelle Grenze zwischen dem buddhistischen Norden und dem muslimischen Süden Thailands. Früher war es ein wichtiger militärischer Stützpunkt, an dem Armee und Marine vor jeder kriegerischen Auseinandersetzung ihre Kräfte sammelten. Sein Name leitet sich vom Thai-Wort *chumnumphon* ab, was so viel wie »Sammeln der Truppen« bedeutet.

Zu den Attraktionen gehört das **Nationalmuseum**, das die Geschichte der Provinz präsentiert. Einige Kilometer außerhalb der Stadt erinnert das **Monument der jungen Soldaten** an jene Thailänder, die im Zweiten Weltkrieg gegen die Japaner kämpften. In der Stadt residierte auch Admiral Phra Borommawong Thoe Kromluang Chumphon, einer der Söhne von Rama V. (reg. 1868–1910). Der auch als Prinz Chumphon bekannte Admiral gründete die Königliche Thailändische Marine.

Es gibt hier einige schöne Strände, so Hat Thung Wua Laen *(siehe S. 157)* im Norden sowie Hat Sai Ri und Ao Thung Makham im Süden. Vor der Küste liegen nicht nur 47 Inseln, die Stadt ist auch eine gute Ausgangsbasis, um die Riffe der Umgebung zu erkunden. Der nahe Strand Hat Paradonpap ist für seine leckeren Meeresfrüchte bekannt.

Kra-Kanal

Seit fast 400 Jahren besteht die Idee eines Kanals durch die thailändisch-malaiische Halbinsel. Der Kra-Kanal soll über den 45 Kilometer schmalen Isthmus von Kra führen – von Ranong an der Andamanensee nach Lang Suan am Golf von Thailand. Diese direkte Passage würde die Schifffahrtsroute zwischen Andamanensee und Golf von Thailand enorm verkürzen. Die ersten Pläne wurden 1677 unter Narai dem Großen (reg. 1656–88) entworfen. Er beauftragte französische Ingenieure, die Möglichkeiten für einen Kanalbau auszuloten. Ein Jahrhundert später besuchte Ferdinand de Lesseps, der Erbauer des Suezkanals, das Gebiet. Doch seine Pläne wurden von den Briten vereitelt, die verhindern wollten, dass der Hafen von Singapur an Bedeutung verlor. Das Vorhaben wurde immer wieder aufgegriffen, scheiterte aber regelmäßig daran, dass seine politisch-ökonomischen Auswirkungen die Machtverhältnisse in Südostasien gekippt hätten. Auch wenn der Kra-Kanal bis heute nur auf dem Papier existiert, so ist er doch aufgrund seiner möglichen positiven Folgen zu wichtig, um die Pläne endgültig ad acta zu legen.

König Narai der Große

Strohgedeckte Seafood-Stände am Hat Sai Ri

㉖ Hat Sai Ri

หาดทรายรี

Straßenkarte C3. 13 km südl. von Chumphon.

Der größte Strand der Gegend ist der Hat Sai Ri, nicht zu verwechseln mit dem Hat Sai Ri Sawi weiter im Süden. Das kleine Dorf Ban Hat Sai Ri ist von Chumphon aus leicht mit dem Bus oder Motorrad zu erreichen. Der lange Bogen des Sandstrands wird idyllisch von Kokospalmen gesäumt. Hier liegt ein beliebtes Revier der einheimischen Fischer.

Alljährlich im März soll an diesem Strand die **Chumphon Sea World Fair** den Fremdenverkehr und das Umweltbewusstsein der Bevölkerung fördern, um die Schönheit der Region zu bewahren. Zum nahe gelegenen **Prinz-Chumphon-Denkmal** gehören ein hochverehrter Schrein und das 68 Meter lange, ausgemusterte Torpedoboot HMS *Chumphon*.

Die meisten Gäste kommen als Tagesausflügler von Chumphon nach Hat Sai Ri. Wer länger bleiben möchte, findet hier aber auch Hotels, Restaurants und Bars.

Vom Pier an der Ao Thung Makham fahren Boote zu den Nachbarinseln

㉗ Ao Thung Makham

อ่าวทุ่งมะขาม

Straßenkarte C3. 24 km südl. von Chumphon.

Fährt man von Hat Sai Ri südlich an der Küste entlang, kommt man zur Doppelbucht Ao Thung Makham. Sie besteht aus zwei flachen halbkreisförmigen Buchten mit langen weißen Sandstränden, die von Kasuarinen und Kokospalmen bestanden sind. Die beiden Buchten, Ao Thung Makham Nai im Norden und Ao Thung Makham Nok im Süden, sind durch eine felsige Halbinsel getrennt. Im Süden der Südbucht steht vor einer 78 Meter hohen Klippe und von Kokospalmen beschattet der Tempel **Wat Suwan Khuha Wari Wong** oder kurz Wat Pong Pang. Den Strand besuchen vor allem die Einwohner Chumphons, auch die Fischlokale und Bars sind auf sie ausgerichtet. Ao Thung Makham wird jedoch bei Urlaubern immer beliebter, die zu bekannteren Zielen wie Ko Samui *(siehe S. 166–175)* unterwegs sind. In der Ao Thung Makham kann man sich wunderbar von den Reisestrapazen und dem Trubel der Massen an anderen Stränden erholen.

㉘ Hat Arunothai

หาดอรุโณทัย

Straßenkarte C3. 60 km südl. von Chumphon.

Der schöne Strand Hat Arunothai liegt südlich von Chumphon an der Mündung des Flusses Tako, am äußersten Rand der Provinz Chumphon. Vom Highway 41 sind es zehn Kilometer bis zu dem sanft geschwungenen, palmengesäumten weißen Sandstrand. Am Strand steht ein Gedenkschrein für Admiral Chumphon, der in der ganzen Provinz von den Seeleuten und Fischern verehrt wird. Auch hier findet man kleine Fischlokale, Essensstände, Bars und Unterkünfte der mittleren Preiskategorie. Um zu den vielen Inseln zu fahren, kann man Langboote mieten.

Am Hat Arunothai erfährt man das authentische Leben in der Provinz Chumphon. Das malerische Fischerdorf Ban Ao Mamuang liegt nur neun Kilometer nördlich des Strands. Oder man hält bei der nahen Mündung des **Pak Nam Thung Tako** und genießt den farbenfrohen Anblick der hinausfahrenden Fischer.

Panoramablick vom Hat Arunothai auf den Golf von Thailand bei Sonnenuntergang

Straßenkarte *siehe hintere Umschlaginnenseiten*

Untere westliche Golfküste

Die untere westliche Golfküste erstreckt sich vom Isthmus von Kra im Norden bis nach Nakhon Si Thammarat, dem alten kulturellen Zentrum Südthailands. In dieser Region liegen die schönen Palmeninseln Ko Samui und Ko Phangan, das Taucherzentrum Ko Tao und die einmalige Szenerie des Meeres-Nationalparks Ang Thong. Urlauber haben die Qual der Wahl zwischen tropischen Traumstränden, üppigen Regenwäldern und historischen Tempeln.

Seit über 2000 Jahren ist die untere westliche Golfküste Thailands eine von Hinduismus, Buddhismus und Islam geprägte kulturelle Drehscheibe, da sie an den alten Handelsrouten durch die Malakkastraße lag. Funde aus den historischen Handelszentren am Isthmus von Kra belegen bereits für das 1. Jahrtausend n. Chr. enge Verbindungen dieser Region mit China, Indien, dem Nahen Osten und dem Römischen Reich. Ab dem 16. Jahrhundert bestanden zudem Handelsbeziehungen zu Spaniern und Portugiesen, denen ein Jahrhundert später Holländer und Engländer folgten.

Vom 7. bis zum 13. Jahrhundert beherrschte das wirtschaftlich starke Srivijaya-Reich die Region, nach dessen Niedergang stritten sich Birma und Thailand um die Kontrolle. Das Küstengebiet bildet auch eine Brücke zwischen dem buddhistischen Norden und dem malaiisch-muslimisch geprägten Süden.

Die bewaldete Kette der Tenasserim-Berge zieht sich an der Golfküste entlang bis nach Ranong. Dann weichen die Berge einer weiten, fruchtbaren Ebene mit Landwirtschaft. Typisch sind die Palmen an den Küsten und die steilen Kalksteingipfel im Landesinneren. Auf dem Festland und den Inseln ist die Auswahl an Stränden riesig – von den quirligen Hat Lamai und Hat Chaweng auf Ko Samui bis zu den abgelegeneren Stränden Ko Phangans. Das artenreiche Meer des Golfs von Thailand erkundet man am besten in den Meeres-Nationalparks Ang Thong und Ko Tao, die Geschichte der Region in den historischen Städten Nakhon Si Thammarat und Chaiya.

Urlauber beim Sundowner in einem Strandcafé, Ko Tao

◀ **Aussicht von Ko Wua Talab, einer der Inseln im Meeres-Nationalpark Ang Thong** ***(siehe S. 184f)***

Überblick: Untere westliche Golfküste

Diese Region am Golf von Thailand lockt mit kilometerlangen, herrlich weißen Sandstränden, Luxushotels auf dem traumhaften Samui-Archipel und der weniger erschlossenen, bei jungen Rucksackreisenden beliebten Ko Phangan. Ko Tao im Norden ist ein Paradies für Taucher. Die Schönheit des winzigen Archipels des Meeres-Nationalparks Ang Thong ist traumhaft. Anziehend sind allerdings nicht nur die vorgelagerten Inseln, sondern auch das Festland der unteren westlichen Golfküste, an dessen attraktiven Stränden teilweise weniger Trubel herrscht als an denen der Inseln. Hier liegen historische Städte, etwa die alte Srivijaya-Stadt Chaiya oder Südthailands Kulturzentrum Nakhon Si Thammarat. Im Landesinneren schützt der Khao-Luang-Nationalpark seltene Wildtiere der Region.

Palmen auf den Klippen oberhalb des Hat Tong Yi

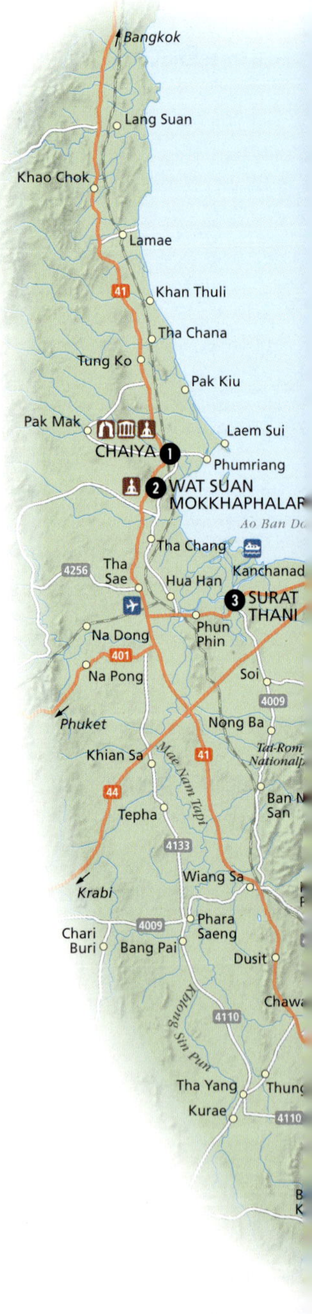

Sehenswürdigkeiten auf einen Blick

Städte und Dörfer

1 Chaiya
3 Surat Thani
21 *Nakhon Si Thammarat S. 196–199*

Landschaftlich schönes Gebiet

20 Laem Talumphuk

Nationalparks

6 *Meeres-Nationalpark Ang Thong S. 184f*
19 Khao-Luang-Nationalpark

Historische und sakrale Stätten

2 Wat Suan Mokkhaphalaram
16 Archäologische Stätte Khao Kha

Strände und Inseln

4 *Ko Samui S. 166–175*
5 *Ko Phangan S. 176–181*
7 *Ko Tao S. 186–189*
8 Hat Khanom
9 Hat Na Dan
10 Hat Nai Phraet
11 Hat Nai Phlao
12 Hat Tong Yi
13 Hat Sichon
14 Hat Hin Ngam
15 Hat Piti
17 Hat Saophao
18 Hat Sa Bua

Weitere Zeichenerklärungen *siehe hintere Umschlagklappe*

Schnorchler im klaren Wasser bei Ang Thong

An der unteren westlichen Golfküste unterwegs

Die großen Inlandsflughäfen sind Surat Thani und Nakhon Si Thammarat auf dem Festland, ein internationaler Flughafen liegt auf Ko Samui. Linienflüge verbinden zudem Ko Samui mit Phuket und U-Tapao (Pattaya). Zu den meisten Sehenswürdigkeiten auf dem Festland gelangt man auf den Highways 41 und 401, die nach Surat Thani und Nakhon Si Thammarat führen. Die größeren Städte sind durch Busse und Züge mit Bangkok und untereinander verbunden. Taxis, *songthaew* und *tuk-tuk* stehen für Kurzstrecken bereit, Motorräder und Fahrräder können überall gemietet werden. Am bequemsten erkundet man die Region mit einem Mietwagen. Autovermietungen findet man in Surat Thani, Nakhon Si Thammarat und auf Ko Samui. Häufige, schnelle Fährverbindungen bestehen nach Ko Tao, Ko Phangan und Ko Samui.

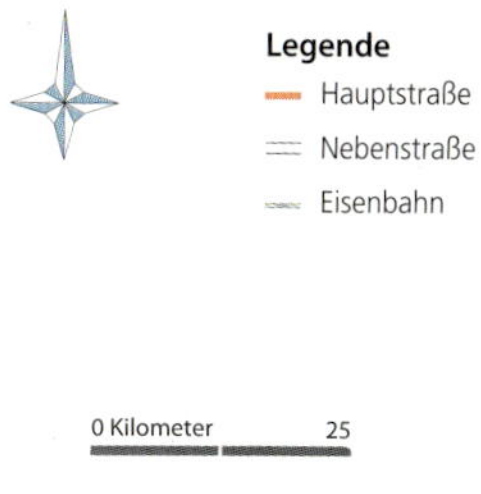

❶ Chaiya

ไชยา

Straßenkarte C4. 591 km südl. von Bangkok. 48 000. TAT, Surat Thani (07728-8818). tägl. Chak-Phra-Fest (Okt, Nov).

Chaiya liegt an der Eisenbahnstrecke zwischen Chumphon *(siehe S. 158)* und Surat Thani. Einst war die Stadt ein bedeutendes Zentrum Südthailands und Regionalhauptstadt des vom 5. bis 13. Jahrhundert bestehenden Srivijaya-Reichs *(siehe S. 43)*. Im modernen Chaiya zeugen davon noch einige Ausgrabungsstätten mit wichtigen Funden aus dieser Zeit. Der Name ist vermutlich von Srivijaya abgeleitet, was so viel wie »strahlender Sieg« bedeutet. Die Stadt besitzt großartige Sehenswürdigkeiten, etwa seltene Buddha-Statuen im bengalischen Stil sowie indisch beeinflusste Figuren, etwa von Vishnu, einem der Götter der hinduistischen Trimurti (göttliche Drei-Einheit). Diese Überreste einer vergangenen Epoche belegen die Einflüsse der Mon-Dvaravati-Kultur und der indisch-srivijayatischen Kultur auf die Kunst der damaligen Zeit. Die Artefakte sind zusammen mit vielen Weihegaben im **Chaiya-Nationalmuseum** ausgestellt, das man in einem zehnminütigen Spaziergang vom Bahnhof aus erreicht. Das Museum besitzt auch Kunstwerke aus der späten Ayutthaya-Zeit *(siehe S. 44f)*. Das wichtigste Relikt ist der **Wat Phra Boromathat Chaiya**, ein Srivijaya-Tempel. In der Mitte der Anlage steht ein sorgfältig restaurierter *chedi*. Das quadratische Bauwerk hat vier Vorhallen, die in Stufen ansteigen und von Türmchen gekrönt werden. Der *chedi* (8. Jh.) wurde aus Ziegelsteinen errichtet und mit Stuck verziert. Andere schöne, wenn auch nicht so gut erhaltene Zeugen der illustren Vergangenheit Chaiyas sind drei alte, verfallene *chedi* im Wat Hua Wiang, Wat Lhong und Wat Kaew, die auf einer Nord-Süd-Achse liegen.

Chaiya-Nationalmuseum
Phra Boromathat Chaiya, 2 km westl. vom Stadtzentrum. 07743-1066. Mi–So 9–16 Uhr. Feiertage.
nationalmuseums.finearts.go.th

Steinrelief an einem Meditationssaal, Wat Suan Mokkhaphalaram

❷ Wat Suan Mokkhaphalaram

วัดสวนโมกข์

Straßenkarte C4. Nahe Hwy 41, 6 km südl. von Chaiya. 07743-1552. von Chaiya. TAT, Surat Thani (07728-8818). tägl.
suanmokkh.org

Der Wat Suan Mokkhapharam, oft kurz Wat Suan Mokkh genannt, ist der bekannteste Meditationstempel Thailands. Der Name bedeutet »Tempel des Gartens der Befreiung«. Der *wat* ist mit dem International Dhamma Hermitage der World Fellowship of Buddhists verbunden, die das *dhamma* (Lehre des Buddha) durch Meditation zu erkennen lehrt.

Die Grundlage der Meditationslehre des *wat* sind die Techniken des buddhistischen Philosophen und Tempelgründers Buddhadasa Bhikku, der

Buddha-Figuren im Wat Phra Boromathat Chaiya, einem der wenigen erhaltenen Tempel der Srivijaya-Epoche

Hotels und Restaurants an der unteren westlichen Golfküste *siehe Seiten 298f und 313f*

1993 verstarb. Das einfache mönchische Leben im Tempel folgt strikt den Grundsätzen von körperlicher Arbeit und Reinigung und kennt keine der religiösen Zeremonien oder Geisterverehrungen, die man sonst mit dem Buddhismus in Thailand verbindet.

Zum *wat* gehören Mönchsquartiere, eine kleine Kunsthalle, eine Meditationshalle, eine Bildhauerwerkstatt und eine Bibliothek. Wenn man durch die Mönchsquartiere und am Einäscherungsplatz von Buddhadasa Bhikku vorbeigeht, kommt man zu einer Lichtung auf einem Hügel, dem heiligsten Ort der Anlage, mit Buddha-Statuen und einem Dhamma-Rad. Hier finden die zehntägigen Meditationskurse statt, die jeweils am Monatsersten beginnen.

❸ Surat Thani

สุราษฎร์ธานี

Straßenkarte C4. 60 km südl. von Chaiya. 126 000. 31 km südwestl. von Surat Thani. TAT, 5 Talat Mai Rd, Surat Thani (07728-8818). Rambutan-Fest (Aug), Chak-Phra-Fest (Okt, Nov).

Schon zur Zeit des Srivijaya-Reichs war Surat Thani ein bedeutendes, strategisch günstig gelegenes Handelszentrum. Die »Stadt der guten Menschen« an der Mündung der Flüsse Tapi und Phum Duang ist auch heute noch ein wichtiges Zentrum und zudem die Hauptstadt der Provinz Surat Thani, der größten Provinz im Süden Thailands. Ihre Wirtschaft wird fast vollständig von der Fischerei, dem Handelshafen und der Kultivierung von Rambutan, Reis, Kokospalmen sowie Kautschuk dominiert. Die Stadt selbst hat außer ihrer Vergangenheit nicht viel zu bieten, doch ist sie mit ihrem Flughafen, dem Fährhafen und einem Bahnhof an der Eisenbahnlinie Bangkok–Hat Yai *(siehe S. 284)* ein Verkehrsknotenpunkt. Reisende bleiben meist nur eine Nacht und fahren dann per Schiff weiter zu den Strandparadiesen von Ko Samui *(siehe S. 166–175)*, Ko Phangan *(siehe S. 176–181)* oder Ko Tao *(siehe S. 186–189)*.

Sehenswert ist das reizvolle Viertel am Fluss, wo kleine Boote von und zu den belebten, farbenfrohen Märkten am Ufer flitzen. Dort werden frische Produkte wie Kokosnüsse und Blumen verkauft.

Boot am Flussufer des Phum Duang, Surat Thani

Mönchsquartiere im Dschungel, Wat Suan Mokkhaphalaram

Chaiyas Rolle im Srivijaya-Reich

Srivijaya-Weihegabe

Das vom Mahayana-Buddhismus geprägte Srivijaya-Reich beherrschte vom 7. bis zum 13. Jahrhundert die gesamte Malaiische Halbinsel und Teile von Indonesien. Man nimmt heute an, dass Palembang auf Sumatra die Hauptstadt des Reichs war. Doch die in Chaiya gefundenen Tempelruinen sowie Stein- und Bronzestatuen (von denen viele im Nationalmuseum in Bangkok zu sehen sind) zeugen von der Bedeutung der Stadt. Wegen der geostrategischen Lage war sie ein wichtiger Hafen für den Handel zwischen Indien, der Malaiischen Halbinsel und China. Der chinesische Mönch I Ching, der das Gebiet im späten 7. Jahrhundert besuchte, berichtet in seinen Schriften von der religiösen und kulturellen Blüte Chaiyas. Bekannt ist, dass einige der Herrscher von Chaiya durch Heirat mit den Herrschern Zentraljavas verbunden waren. Zudem ist es wahrscheinlich, dass der Name »Chaiya« aus einer Verkürzung von »Siwichaiya« – andere Transkription von Srivijaya – entstand. Dies ist der lokalen Gewohnheit geschuldet, die letzte Wortsilbe zu betonen.

Bronzefigur aus Chaiya (8. Jh.)

❹ Ko Samui

เกาะสมุย

Ko Samui liegt südlich von Bangkok im Golf von Thailand und ist nach Phuket und Ko Chang die drittgrößte Insel des Landes. Die ersten Siedler waren Seefahrer aus China, die auch die ersten Kokosbäume pflanzten. Die Insulaner nennen sich selbst *chao samui* (»Menschen von Samui«). In den 1970er Jahren war dies ein Paradies für Rucksackreisende, heute ist der Fremdenverkehr Haupteinnahmequelle. Ko Samuis rapide Entwicklung, der Bau von Hotels, die Dauerwerbung der Tourismusbehörden und die schönen Strände ließen die Besucherzahlen deutlich in die Höhe schnellen. Doch noch immer ist die Insel ein Tropentraum und einen Besuch wert.

Erfrischend kühles Wasser am Na-Muang-Wasserfall

Bophut
Das reizende Dorf Bophut bieten seinen Besuchern Bungalows, Hotels, Banken, Bars, Restaurants und viele Wassersportmöglichkeiten. Der zwei Kilometer lange Strand ist bei Familien beliebt.

Secret Buddha Garden
In dem nach seinem Gründer Nim Thongsuk auch Uncle Nim's Garden genannten Secret Buddha Garden stehen Statuen von Gestalten der buddhistischen Mythologie. Ringsum erstreckt sich tropischer Wald.

Außerdem

① **Ko Taen** ist eine Trauminsel mit einsamen weißen Sandstränden und wunderschönen Korallenriffen.

Hotels und Restaurants an der unteren westlichen Golfküste *siehe Seiten 298f und 313f*

★ Großer Buddha
Die zwölf Meter hohe Statue des »Großen Buddha« Phra Yai prägt den Hat Bangrak. Sie lockt einen steten Strom von einheimischen Pilgern und anderen Besuchern an.

Infobox

Information
Straßenkarte C4. 110 km nordöstl. von Surat Thani. 42 000.
TAT, Naton (07742-0504).
tägl. **kohsamui.org**

Anfahrt
22 km östl. von Naton.
Surat Thani, Tha Thong und Don Sak.

★ Hat Chaweng
Ko Samuis beliebtestes »Revier«, Hat Chaweng, ist für sein quirliges Nachtleben, seine lauten Bierkneipen und seine exotischen Restaurants berühmt. Die einheimischen DJs spielen Hits aus aller Welt.

★ Hat Lamai
Hat Lamai ist Ko Samuis zweitgrößter Strand und ein Mekka des Wassersports. Hier kann man ganzjährig schwimmen, Wasserski fahren und windsurfen.

Straßenkarte *siehe hintere Umschlaginnenseiten*

Überblick: Ko Samui

Die Erkundung von Ko Samui ist leicht und vergnüglich. Rund um das bergige Inselinnere führt eine schmale zweispurige Straße. Mit *songthaew*, *tuk-tuk* oder Taxi kommt man überallhin. Wer selbst fahren möchte, kann ein Fahrzeug mieten. Am Flughafen und in größeren Orten findet man Mietwagenfirmen sowie Motorrad- und Fahrradverleihe. Abends sollte man sehr vorsichtig fahren, vor allem nahe Hat Lamai und Hat Chaweng, wo betrunkene Fahrer nicht selten sind. In der Regenzeit können Sturzfluten das Fahren erschweren. Langboote dienen auch als Taxis zwischen Orten an der Küste.

Leichte Brandung am herrlichen Strand Hat Maenam

Köstliche tropische Früchte auf dem lokalen Markt in Naton

Naton

หแแแน้าทอน

Das 1905 als Ko Samuis Verwaltungszentrum gegründete Naton (auch Na Thon) ist die Hauptstadt und der wichtigste Fährhafen der Insel. In dem verschlafenen, charmanten Städtchen leben die meisten Inselbewohner, es ist deshalb mit Supermarkt, Postamt, Polizeiwache, Einwanderungsbehörde sowie Geldwechselbüros gut ausgestattet. Der hiesige Strand ist nicht umwerfend. Der Markt, auf dem u. a. Obst, Gemüse und Meeresfrüchte verkauft werden, lohnt einen Besuch, auch um die köstliche Lokalküche zu probieren. Naton ist ein Shopping-Paradies, in dem Urlauber in Batik- und Souvenirläden hübsche Mitbringsel finden.

Die wenigen Reisenden, die in Naton übernachten, nehmen morgens das Boot nach Surat Thani *(siehe S. 165)*. Über die 50 Kilometer lange Ringstraße um die Insel ist die Stadt auch gut mit vielen anderen Orten auf Ko Samui verbunden. *Songthaew* fahren vom Fährhafen sowohl in Richtung Hat Chaweng und zum Flughafen im Norden als auch zum beliebten Hat Lamai im Süden.

Ao Bang Pho

อ่าวบางปอ

6 km nordöstl. von Naton.

Die Ao Bang Pho nahe der Nordwestspitze der Insel verzeichnet verhältnismäßig wenige Besucher. An der Bucht erstreckt sich ein schöner Palmenstrand, von dem aus man wunderbare Sicht über den Golf von Thailand bis nach Ko Phangan *(siehe S. 176–181)* hat. Im Wasser vor dem Strand kann man gut schnorcheln. Während des Nordost-Monsuns von November bis März bläst der Wind besonders stark, dann sind auch Windsurfen und Kiteboarding möglich.

Hat Maenam

หาดแม่น้ำ

11 km nordöstl. von Naton.

Der drei Kilometer lange, ruhige Strand mit grandioser Sicht über das Meer bis nach Ko Phangan eignet sich perfekt

Fischer legen in den typischen »Longtails«, den Langbooten, vom Pier von Naton ab

Hotels und Restaurants an der unteren westlichen Golfküste *siehe Seiten 298f und 313f*

zum Entspannen. An der dahinterliegenden Hauptstraße findet man Go-go- und Bierbars, Cafés und thailändische Speiserestaurants sowie Läden für lokale Handwerksprodukte wie Handtaschen, Buddha-Statuen und Keramikartikel.

Hat Maenam bietet hervorragende Bedingungen für Windsurfer, vor allem wenn während des Nordost-Monsuns eine steife Brise in Richtung Küste bläst. Im Meer kann man auch gut schwimmen. Hat Maenam ist von Naton aus mit einem *songthaew* oder per gemieteten Motorroller gut zu erreichen.

Treppe zum Großen Buddha auf Ko Faan, Hat Bangrak

Ruhige Straße im Fisherman's Village, Hat Bophut

Hat Bophut

หาดบ่อผุด

18 km nordöstl. von Naton.

Der zwei Kilometer lange Strand Hat Bophut ist besser ausgestattet als der Hat Maenam und bei Familien und Rucksackreisenden beliebt. Fisherman's Village am östlichen Ende des Strands ist das Zentrum von Bophut. Bungalow-Unterkünfte, eine Bank, Bars und Restaurants findet man im Dorf Ban Bophut. Zum Angebot zählen außerdem verschiedene Wassersportarten sowie ein paar Tauchläden.

Hat Bangrak

หาดบางรัก

21 km nordöstl. von Naton.

Der Hat Bangrak oder Big Buddha Beach ist der ideale Ferienort für Familien. Im östlichen Abschnitt des fünf Kilometer langen Strands kann man wunderbar schnorcheln. Ein schmaler Damm führt von dort nach **Ko Faan**. Die zwölf Meter hohe Buddha-Statue auf diesem Inselchen verhalf dem Strand zu seinem Beinamen. Die Statue wird sowohl von Urlaubern als auch von Thailändern aufgesucht. Am unteren Ende der mit *naga* (Schlangenwesen) dekorierten Treppe, die zur Statue führt, liegt ein Basar mit Souvenirständen und Cafés. Hat Bangrak bietet Unterkünfte in Bungalows ebenso wie in edlen Ferienresorts. Wassersport und Thai-Massagen tragen zum perfekten Urlaubsgefühl bei.

Ao Thong Son und Hat Choeng Mon

ท้องสนและเชิงมน

24 km nordöstl. von Naton.

In der idyllischen Bucht Ao Thong hat man einen tollen Blick auf den Hat Choeng Mon. Sie ist auf der einen Seite von Felsen, auf der anderen Seite von einem Sandstrand geprägt und ideal zum Schwimmen, Tauchen und Schnorcheln. Am Strand locken Restaurants und Bars, hier den Abend zu verbringen. In der Umgebung finden sich gehobene Ferienanlagen mit topmodernen Spas, günstige Unterkünfte sind jedoch Mangelware.

Sandige Landzunge im Meer am Hat Choeng Mon

Straßenkarte *siehe hintere Umschlaginnenseiten*

Der geschäftige Hat Chaweng ist der längste und schönste Strand auf Ko Samui

Hat Chaweng

หาดเฉวง

22 km östl. von Naton.

Der mit fünf Kilometern längste, beliebteste und zugleich schönste Strand Ko Samuis liegt an der Ostküste. Das warme Wasser, der weiße Sand und die Zurück-zur-Natur-Bungalows locken seit vielen Jahren preisbewusste Reisende an.

Die nur einen Meter tiefe, malerische Lagune am Nordende des Hat Chaweng ist ideal für Kinder und Windsurfing-Anfänger. Chaweng Noi ganz im Süden ist von Kokospalmen gesäumt und durch eine Landzunge und einen Bach abgetrennt. Dieser Abschnitt des Strands ist ruhiger als der lange nördliche Teil und zudem schöner: Hier wechseln sich große Felsblöcke und einsame Sandbuchten ab. Zu den sportlichen Angeboten Hat Chawengs gehören Windsurfing, Kanufahren, Paragliding, Tauchen, Tennis und Beachvolleyball. Die herrlichen Korallenriffe vor der Küste sind fantastische Reviere für Taucher und Schnorchler.

Hat Chaweng ist der touristisch am besten erschlossene Strand auf Ko Samui. Hier findet man exklusive Ferienanlagen, Luxushotels und Spas sowie Reisebüros, Banken und Supermärkte. Es gibt natürlich auch zahlreiche Auto- und Fahrradvermietungen. Hat Chaweng ist zwar für einen Familienurlaub gut geeignet, wird jedoch vorwiegend von jungen Reisenden besucht – vor allem wegen des aufregenden Nachtlebens, das rund um die Soi Green Mango tobt. An diesem Strandabschnitt liegen zahlreiche Bars, Restaurants und Clubs, in denen die Nachtschwärmer bis in die frühen Morgenstunden ausgelassen feiern, trinken und tanzen.

Hat Lamai

หาดละไม

19 km südöstl. von Naton.

Hat Lamai ist der zweitgrößte und zweitbeliebteste Strand der Insel. Hier machen vor allem preisbewusste europäische Reisende Urlaub. In dem Fischerdorf entwickelte sich der Fremdenverkehr zunächst nur langsam, das Zentrum bildet heute das kleine Ban Lamai im Norden. Am populärsten ist der mittlere Bereich des drei Kilometer langen Strands. Die dahinterliegende Straße säumen Bars aller Art, Clubs und Lokale mit Thai- und westlicher Küche. Hier steigen abends auch die meisten Partys.

Am malerischen Hat Lamai stehen Palmen direkt am Wasser

In Ban Lamai stehen noch viele alte Teakholzhäuser, die meisten Bauten haben aber bereits Ziegeldächer – ein Zeichen des wachsenden Wohlstands in dieser Gegend. Das kulturelle Highlight des Dorfs ist die 1826 erbaute **Wat-Lamai-Kulturhalle** mit einem kleinen Volkskundemuseum über hiesiges Kunsthandwerk. Gleich südlich des Hat Lamai erstreckt sich der lange Sandstrand **Hat Hua Thanon**. In seiner Mitte liegt ein Fischerdorf mit vorwiegend muslimischen Bewohnern. Auf einem Markt kann man Früchte, Gemüse und Seafood kaufen.

Secret Buddha Garden

สวนพระ

11 km südöstl. von Naton.

Im dicht bewaldeten Inselinneren gründete 1977 der 76-jährige Obstbauer Nim Thongsuk den versteckt gelegenen Secret Buddha Garden (auch Magic Garden). Der von Tropenwald und Hügeln umgebene Garten präsentiert schöne Skulpturen aus Beton, die Gottheiten, mythologische Tierwesen und Menschen in unterschiedlichen Posen darstellen. Auch der sitzende Nim Thongsuk selbst ist vertreten. Ein hübscher Wasserfall fließt als Bach weiter durch den gesamten Garten, der am höchsten Punkt der Insel liegt und eine entsprechend atemberaubende Aussicht über die

Kokospalmen im Tal bis hin zum Golf von Thailand bietet. Die Anfahrt zum Garten kann schwierig sein, da er von Hat Lamai nur manchmal mit Geländewagen über einen Feldweg zu erreichen ist. Die einfachste Art, ihn zu besichtigen, ist eine Dschungeltour von Hat Lamai aus.

Na-Muang-Wasserfall

น้ำตกหน้าเมือง

11 km südöstl. von Naton.

An der Straße 4169 führt bei Ban Thurian eine steile Piste an einem Wildbach entlang in die Berge im Inselinneren von Ko Samui. Nach etwa zwei Kilometern gelangt man zu der Wasserkaskade des Nam Tok Na Muang (Na-Muang-Wasserfall). Drei Kilometer weiter stürzt sich ein weiterer Wasserfall in die Tiefe, den die Inselbewohner ebenfalls Na Muang nennen. Tourveranstalter sprechen von den beiden meist als Na Muang 1 und Na Muang 2. Der größere Wasserfall, Na Muang 2, ist bei den Einheimischen als Picknickplatz beliebt. Hier ergießt sich das kühle Wasser 30 Meter nach unten in ein tiefes Becken, das zu einem erfrischenden Bad einlädt. Beide Wasserfälle sind im Dezember und Januar am spektakulärsten, wenn sie kurz nach dem Monsun durch das Regenwasser aus dem hügeligen Inselinneren angeschwollen sind. Nach Voranmeldung kann man auf Elefanten zum Fuß des Na-Muang-Wasserfalls Nr. 2 reiten.

Der Na-Muang-Wasserfall Nr. 2 ist ein beliebter Picknickplatz

Hin Ta und Hin Yai

หินตาหินยาย

18 km südöstl. von Naton.

Auf einer kleinen Landspitze zwischen Hat Lamai und Hat Hua Thanon weisen die natürlichen Felsformationen Hin Ta (»Großvaterstein«) und Hin Yai (»Großmutterstein«) eine unverkennbare Ähnlichkeit mit dem männlichen und dem weiblichen Geschlechtsorgan auf. Einer Sage zufolge verliebten sich einst ein Fischer und eine Frau ineinander, wurden jedoch an dieser Stelle beim Stelldichein von einem Sturm ins Meer geworfen und ertranken. Die Felsen nahmen daraufhin ihre heutige Gestalt an und erinnern seither auf ewig an die Liebe der beiden. Diese Felsen sind nach dem Großen Buddha die meistbesuchte Stätte auf Ko Samui.

An kleinen Souvenirständen kann man T-Shirts, Leckereien wie *galamae* (eine thailändische Süßigkeit) und andere Kleinigkeiten kaufen.

Der eindeutig geformte Hin Ta, der »Großvaterstein«

Wat Khunaram

วัดคุณาราม

13 km südöstl. von Naton.

Der Wat Khunaram steht gleich südlich der Straße 4169 bei Ban Thurian. Die sakrale Sehenswürdigkeit ist architektonisch interessant, hat aber keine historische Bedeutung. Die Hauptattraktion des Tempels sind die mumifizierten Überreste des Mönchs Phra Khru Sammathakittikhun, der hier 1973 verstarb. Seine Mumie ist, aufrecht in einem Glaskasten sitzend, in einem separaten Gebäude zu besichtigen. Die Stätte wird von den Inselbewohnern hochverehrt, die hier dem früheren Abt des *wat* Blumen und Weihrauch darbringen. Die erstaunlich gut erhaltene Mumie, die nahezu keine Verwesungsspuren aufweist, soll angeblich auf Phra Khrus eigenen Wunsch hin ausgestellt sein.

Straßenkarte *siehe hintere Umschlaginnenseiten*

Einer der zahllosen Schmetterlinge im Samui Butterfly Garden

Hat Laem Set

หาดแหลมเสร็จ

16 km südl. von Naton.

Auf dem hübschen Sandstrand am Südende von Hat Hua Thanon liegen mehrere große glatte Felsen. Die Hauptattraktion des Platzes ist das Ko Samui Kiteboarding Center im Samui Orchid Resort. Kiteboarding ist eine verhältnismäßig neue, aufregende Sportart in der vielfältigen Wassersportszene auf Ko Samui. Die besten Bedingungen für diese Art zu Surfen herrschen vor Hat Laem Set in der kühlen Jahreszeit von November bis Februar. Das Zentrum bietet Kurse für Anfänger und Fortgeschrittene und verleiht auch Kiteboards. Außerdem kann man zu einem schönen Riff vor der Küste schnorcheln, wo das Meer seicht und der sandige Boden gut zu sehen ist. Hinter dem Riff wird das Meer jedoch tief und kann vor allem bei bewegter See und starkem Wind tückisch sein. Schnorchler und Schwimmer, die sich weiter hinauswagen, sollten deshalb sehr vorsichtig sein. Am Strand befinden sich gehobene Ferienanlagen mit Spas sowie gute Restaurants mit lokaler Küche.

Samui-Aquarium und Tigerzoo

สมุยอควาเรียม และสวนเสือ

33/2 Moo 2, Maret, 16 km südöstl. von Naton. 07742-4017. tägl. 9–17 Uhr. **W samuiaquariumandtigerzoo.com**

Das faszinierende Samui-Aquarium und der Tigerzoo sind ein lohnendes Ausflugsziel. Hier kann man die Fauna der Region kennenlernen, auch Familien mit Kindern kommen auf ihre Kosten. In den großen Acrylbecken des Aquariums tummeln sich tropische Fische, Haie, Meeresschildkröten, Korallen, Mollusken, Seesterne, Seepferdchen und viele andere Meeresbewohner. In einer fesselnden Show können Besucher zudem eine Vielfalt an Vögeln bestaunen und sich auch mit ihnen fotografieren lassen.

Im angeschlossenen Tigerzoo leben Großkatzen, darunter Königstiger, Leoparden, Nebelparder und Löwen. Man kann einen Blick aus der Nähe auf diese Raubtiere werfen und erfährt einiges über ihre Lebensweise. Wer will, kann sich für ein paar Hundert Baht ebenfalls mit den Tieren fotografieren lassen. Im Souvenirladen werden u. a. T-Shirts und Stofftiere verkauft.

Samui Butterfly Garden

สวนผีเสื้อสมุย

16 km südöstl. von Naton. 07742-4020. tägl. 8.30–17 Uhr (Observatorium: 10–16 Uhr).

In Laem Na Tien liegt am Hang eines niedrigen Hügels der Samui Butterfly Garden in einem dichten tropischen Garten. Dort flattern Hunderte Arten geschützter Schmetterlinge und Motten, die von hoch angebrachten Netzen am Davonfliegen gehindert werden. Die Schmetterlinge, darunter über 100 thailändische und malaysische Arten, sind hübsch anzusehen. Bienenvölker, Skorpione, Taranteln und andere Spinnenarten werden dagegen sicher hinter Glas gehalten, um unerfreuliche Begegnungen zu vermeiden. Der

Große glatte Felsen liegen auf dem Sand und im Wasser am hübschen Hat Laem Set

Hotels und Restaurants an der unteren westlichen Golfküste *siehe Seiten 298f und 313f*

Taucher am Korallenriff im klaren Meer vor Ko Taen

Eintritt für den Schmetterlingsgarten beinhaltet ein Begrüßungsgetränk sowie den Besuch eines Observatoriums mit Aussichtsplattformen, von denen man eine grandiose Sicht über die Küste und den Golf von Thailand genießt. Fans von Meerestieren können bei einer Tour mit dem Glasbodenboot Korallen bestaunen.

Ko Taen

เกาะเตียน

16 km südl. von Naton.
von Ban Thongkrut.

Die winzige, malerische Insel Ko Taen liegt vor Ko Samuis Südwestküste und ist vom Dorf Ban Thongkrut aus leicht mit dem Boot zu erreichen. Früher lebten und arbeiteten hier Fischerfamilien, heute ist die Insel ein Naturreservat. Ko Taen ist ideal zum Tauchen und Schnorcheln, aber auch zum Wandern und für andere Aktivitäten an Land. Auf der Insel gibt es nur knapp 30 ständige Bewohner und lediglich drei Ferienanlagen. Die Hauptattraktionen auf Ko Taen sind Ao Ok, eine Bucht mit einem vorgelagerten Korallenriff, sowie Ao Tok mit einem perfekten weißen Sandstrand, für den ein Mangrovenwald mit zahlreichen Vögeln und anderen Tieren die Kulisse bildet. Ein Plankenweg erleichtert die Erkundung des Walds. Dunkle Höhlen im Inselinneren sind die Bastion unzähliger Fledermäuse. Das Meer vor Ko Taen ist tief, klar und ein Paradies für Schnorchler und Taucher.

Laem Hin Khom

แหลมหินคม

14 km südl. von Naton.

Am südlichen Ende von Ko Samuis spärlich bebauter Westküste trennt die felsige Landzunge Laem Hin Khom Ban Thongkrut von der Ao Phangkha. An der Südküste des Kaps liegt der lange, schmale Sandstrand Thong Tanote vor Kokospalmen und einem Dschungel. Hier befindet sich mit dem Coconut Villa Resort and Spa eine der abgeschiedensten Unterkünfte auf ganz Ko Samui. Die luxuriöse Anlage bietet Villen am Strand mit herrlichem Meerblick. Der Strand von Laem Hin Khom ist ideal für lange Spaziergänge und zum Schwimmen im Meer, wenngleich Letzteres bei Flut gefährlich sein kann.

Ao Phangkha

อ่าวพังกา

13 km südl. von Naton.

Nördlich des Laem Hin Khom liegt die »Smaragdbucht« Ao Phangkha – der wohl einsamste Ort auf der Insel. Vom restlichen Ko Samui wird die Bucht durch den 400 Meter hohen Khao Kwang, ein von Regenwald bewachsenes Massiv im Nordosten, getrennt. Ao Phangkha war ein Dorado für Rucksackreisende, entwickelt

Swimmingpool im Coconut Villa Resort and Spa, Laem Hin Khom

sich jedoch mehr und mehr zum gehobenen Urlaubsort. Das Phangkha Paradise Resort, eine der beliebten Ferienanlagen der Ecke, liegt etwas zurückgesetzt vom sichelförmigen Strand, ebenso ein paar kleinere Bungalows. Man kann mit dem Boot nach Ko Thalu, Ko Din, Ko Maleng Po und Ko Mae Ko und anderen Inselchen vor der Küste fahren, um dort zwischen den Korallenriffen zu schnorcheln. Oder man gönnt sich ein langes Sonnenbad am herrlich weißen weichen Sandstrand von Ao Phangkha und planscht im Meer.

Langboote am Ufer der Ao Phangkha

Straßenkarte *siehe hintere Umschlaginnenseiten*

Die lange, gewundene Küstenlinie der Ao Taling Ngam

Ao Taling Ngam

อ่าวตลิ่งงาม

8 km südl. von Naton.

Ao Taling Ngam ist mit fast drei Kilometern Länge die größte Bucht an der Westküste südlich von Naton. Am Südende des langen, schmalen, gebogenen Strands legen im Dorf Ban Thong Yang die Fähren, die von Don Sak kommen, an. Ao Taling Ngam ist relativ wenig bebaut. Ein Bach und eine Landzunge, auf der das Am Samui Resort gelegen ist, teilen die Bucht in den Five Island Beach im Süden und die Dhevatara-Bucht im Norden. Hier finden Urlauber preisgünstige Unterkünfte. Oberhalb der Bucht, mit eigenem Strandabschnitt, thront das Baan Taling Ngam Resort and Spa – für viele zählt es zu Ko Samuis exklusivsten Hotels.

Ao Thong Yang

อ่าวท้องยาง

6 km südl. von Naton.

Die sehr ruhige Bucht ist typisch für Ko Samuis Westküste. Sie ist von der Einwanderungsbehörde der Insel aus in 20 Minuten bequem zu Fuß zu erreichen. Die Landzunge südlich der Bucht ist im Besitz der Königlichen Thailändischen Marine und deshalb militärisches Sperrgebiet. In der Umgebung findet man viele gute Restaurants, die köstliche einheimische Küche servieren.

Hochland

สมุยไฮแลนด์

5 km östl. von Naton. **Wat Hin Lat** 07742-3146.

Fährt man auf der Straße 4172 eine kurze Strecke landeinwärts gen Osten, gelangt man ins bewaldete Hochland Ko Samuis. In der kühlen Abgeschiedenheit, jenseits von Sonne und Sand, kann man Dschungelwanderungen unternehmen und Ko Samuis berühmte Wasserfälle genießen. Wer es auf die harte Tour angehen will, braucht stabile Wanderschuhe. Stilvoller kommt man auf dem Rücken eines Elefanten von Camp Chang Elephant Trekking voran. Das Camp organisiert Ausritte rund um den 614 Meter hohen Khao Pom im Zentrum der Insel. Durch die Berge führt ein Netz aus steilen, holprigen Wegen.

Weitere Sehenswürdigkeiten sind der Meditationstempel **Wat Hin Lat**, in dem täglich Kurse in Vipassana-Meditation stattfinden, und der schöne **Hin-Lat-Wasserfall**. Dorthin gelangt man vom Wat Hin Lat über einen steilen, drei Kilometer langen Weg durch den Regenwald – am Ende lockt ein kühles Bad am Fuß des Wasserfalls. Im Gegensatz zu anderen Fällen auf Ko Samui liegt der Hin Lat abgeschieden. Nur selten verirren sich Pauschaltouristen hierher. Man sollte jedoch vor allem in der Regenzeit, wenn Blutegel zum Problem werden können, immer die Beine bedeckt halten und Wanderschuhe tragen. Wer noch mehr Abenteuer erleben möchte, wandert drei Kilometer weiter zu den Wang-Sao-Tong-Fällen. Die Gegend lässt sich außer in der Regenzeit auch mit dem Mountainbike erkunden.

Statue des Sitzenden Buddha im Wat Hin Lat, Hochland von Ko Samui

Hotels und Restaurants an der unteren westlichen Golfküste *siehe Seiten 298f und 313f*

Die Affen von der Kokosnuss

Ein Großteil des Inselinneren auf Ko Samui ist von Kokospalmen bestanden. Tatsächlich waren Kokosnüsse einst die Haupteinnahmequelle der Insel, auch heute noch sind sie von wirtschaftlicher Bedeutung. Die Ernte der Nüsse, die an bis zu 50 Meter hohen Palmen hängen, ist schwierig, gefährlich und zeitaufwendig. Deshalb dressiert man Makaken als Erntehelfer. Sie werden in der Regel in der Affenschule der Insel ausgebildet. Affen in der Ausbildung kann man dort und im Samui Monkey Center bewundern, wo die Tiere dreimal täglich ihre Fähigkeiten demonstrieren. Auf Ko Samui hat man häufig und vielerorts Gelegenheit, den Affen bei der Arbeit in den Kokosplantagen zuzusehen, vor allem an der Nordwestküste bei Ban Maenam, Ban Tai und Ban Bang Pho.

Affen bei der Kokosnussernte
Ein männlicher Makake kann 1000 bis 1500 Kokosnüsse am Tag pflücken, ein Weibchen zwischen 600 und 700. Ihre Beschäftigung ist ökonomisch sehr sinnvoll: Ein erwachsener Mann schafft gerade einmal um die 80 Kokosnüsse pro Tag.

Die Trainer auf Ko Samui behandeln ihre Affen fast wie Familienmitglieder.

Somporn Saekow gründete 1957 seine Affenschule. Er beherzigte das buddhistische Prinzip der Toleranz und bestand auf dem humanen Umgang mit seinen »Schülern«. Er starb im Jahr 2002.

Mit den Seilen werden die Affen gelenkt. Sie dienen nicht zur Maßregelung.

In den Affenschulen auf Ko Samui lernen Affen, Kokosnüsse zu ernten. Sie müssen die Nuss mit den Händen und Beinen drehen, sie in eine Tasche stecken und hinunter zum Besitzer bringen. Bis sie all das beherrschen, dauert es etwa sechs Monate.

Kokospalmen sind sehr schwer zu besteigen, weil ihre hohen, schlanken Stämme keine Äste haben. In der Höhe stellt der Wind eine Gefahr dar.

Kokosnüsse waren vor Beginn des Fremdenverkehrs neben der Fischerei die Haupteinnahmequelle auf Ko Samui. Noch heute sind sie ein wichtiger Teil der Wirtschaft.

❺ Ko Phangan

เกาะพะงัน

Ko Phangan ist etwa ein Drittel kleiner als Ko Samui. Mit ihren preiswerten Unterkünften, Vollmondpartys und der lässigen Atmosphäre ist die Insel für junge Gäste und Rucksackreisende attraktiv. Sie zieht mit feinen Sandstränden, ruhigen Buchten, Korallenriffen, guten Tauchgründen und dem bewaldeten Hinterland aber auch Naturliebhaber an. Große Flächen auf Ko Phangan sind kaum zugänglich und unbebaut. An viele Stellen kommt man nur per Boot über das Meer oder aber mit Pick-up-Lastern auf Holperpisten. Dank seiner relativ unberührten Schönheit sticht Ko Phangan kommerzielle Urlaubsorte aus.

Tong Sala

ท้องศาลา

Hauptort und größte Siedlung ist Tong Sala (auch Thong Sala). Sie ist zugleich das wichtigste Zentrum von Ko Phangan. Vom Haupthafen der Insel kommen und gehen die Boote und Fähren von und zu den anderen Inselteilen sowie von und nach Ko Samui und Ko Tao. Tong Sala bietet eine für Reisende nützliche Infrastruktur mit Banken, einem Postamt, Supermärkten und Reisebüros. Nur hier findet man zudem ein internationales Krankenhaus, Apotheken und ein Polizeirevier. Zur Auswahl stehen des Weiteren einige Restaurants, preiswerte Hotels und Bars. Den Einheimischen zufolge erhält man in Tong Sala auch die beste Thai-Massage auf der Insel. Besucher können Ko Phangan mit gemieteten Jeeps oder Motorrädern erkunden oder beim Pier ein *songthaew* chartern.

Bunte »Longtails« der Fischer am Pier, Ao Wok Tum

Ao Wok Tum

อ่าววกทุ่ม

5 km nördl. von Tong Sala.

Von Tong Sala aus gelangt man über eine Landzunge direkt in die lange, unbebaute Bucht Ao Wok Tum. Dort locken Sandstrände zum Sonnenbaden und Spazierengehen. Hauptattraktion sind die Korallenriffe, die 300 Meter vom Land entfernt im seichten Wasser liegen und ein sicheres, leichtes Schnorchelrevier bieten. In der Umgebung findet man Cafés, Bars und Restaurants, ein Fischerdorf und den örtlichen Tempel Wat Amphawan sowie preisgünstige Bungalows und einen rund um die Uhr geöffneten Minimarkt.

Ao Hin Kong

อ่าวหินกอง

6 km nördl. von Tong Sala.

Die Ao Wok Tum geht fast nahtlos in die Ao Hin Kong über. Entlang der Bucht verläuft eine schmale Küstenstraße bis zum drei Kilometer langen, sauberen weißen Sandstrand Hat Yao. Die Korallenriffe, die im Wasser vor der Ao Wok Tum liegen, setzen sich hier fort, den Strand selbst säumen Palmen und Mangroven. Besucher finden hier ein paar einfache Bungalows sowie preiswerte Cafés und Restaurants. Ao Hin Kong gefällt vor allem Rucksackreisenden, die länger auf Ko Phangan bleiben möchten. Die Bucht bietet zwar wenig Unterhaltung, doch kann man mit dem Fahrrad nach Tong Sala fahren und dort das Nachtleben genießen. Schwimmen ist in der seichten Bucht nur während der Flut möglich.

Ao Si Thanu

อ่าวศรีธนู

8 km nördl. von Tong Sala.

In geringer Entfernung von der Landzunge Laem Si Thanu liegt in der Bucht Ao Si Thanu ein kleiner Strand, der zu den schönsten auf Ko Phangan gehört. Hier findet man passende Unterkünfte in Bungalows sowie die zwei kleinen, hübschen Hotels Loy Fa und Chai Country. Sie liegen nahe der Spitze der Landzunge und bieten eine herrliche Aussicht auf die vorgelagerten Inseln und darüber hinaus. Das Fischerdorf am westlichen Ende der Ao Si Thanu hat eine gewisse Infrastruktur mit Internet-Zugang, Nudelständen, Obst- und Gemüseläden und einigen wenigen Bars. Die Glanzpunkte der Bucht sind die herrlichen Sonnenuntergänge und das leicht zu erreichende Korallenriff vor dem Strand.

Mangroven am Wasserrand, Ao Hin Kong

Hotels und Restaurants an der unteren westlichen Golfküste *siehe Seiten 298f und 313f*

Strandbungalows direkt am Wasser, Ao Chaophao

Ao Chaophao

อ่าวเจ้าพ่อ

10 km nördl. von Tong Sala.

Nördlich der Bucht Ao Si Thanu verläuft die Küstenstraße landeinwärts und stößt dann auf die von Palmen gesäumte Bucht Ao Chaophao. Ihr langer Strand war bis vor Kurzem nur wenig erschlossen und deshalb auch nur bei Urlaubern beliebt, die eine Alternative zu den vollen Stränden an der Südküste suchten. Nun kommen jedoch zunehmend Besucher, in der Folge entstehen auch immer mehr Einrichtungen, darunter Bungalows, Restaurants und Bars. Die Pirate Bar in einer versteckten Bucht am Ende des Strands sollte man unbedingt besuchen.

Zur Orientierung

Legende

- Hauptstraße
- Nebenstraße
- Piste
- Fährroute

0 km 2

Zeichenerklärung
siehe hintere Umschlagklappe

Infobox

Information
Straßenkarte C4. 14 km nordöstl. von Surat Thani. 12 000. TAT, Surat Thani (07728-8818). tägl.

Anfahrt
von Ko Samui und Ko Tao.

Hat Yao

หาดยาว

11 km nördl. von Tong Sala.

Hat Yao, der touristische Hauptstrand auf Ko Phangan, verläuft in einem schönen weißen Sandbogen. Obwohl jedes Jahr mehr Besucher kommen und die Zahl der Hotels, Restaurants und Bars zunimmt, wirkt der breite Strand nicht überfüllt. Urlauber können die hiesigen Gewässer mit Kajaks erkunden und das Umland mit Motorrädern und Jeeps, die vor Ort vermietet werden. Im Meer beim Hat Yao locken zudem sehr gute Tauch- und Schnorchelgründe.

Hat Salad

หาดสลัด

13 km nördl. von Tong Sala.

Die schöne, kleine, tief eingeschnittene Bucht des Hat Salad liegt selbst für Ko Phangan ziemlich abgeschieden. Dennoch findet man hier ein paar Gästehäuser, kleine Läden und einen Fahrradverleih. Es gibt sogar Internet-Zugang. Der Überlieferung zufolge war der Strand einst Ankerpunkt für Piratenschiffe, die hier beladen wurden – zum Charme des Strands trägt dies sicher bei. Hier kann man lesen, faulenzen oder in Hängematten zwischen Palmen schlummern.

Träumen auf einer Schaukel unter Palmen, Hat Salad

Straßenkarte *siehe hintere Umschlaginnenseiten*

Ao Mae Hat

อ่าวแม่หาด

14 km nördl. von Tong Sala.

Die abgeschiedene, wunderschöne Bucht Ao Mae Hat mit dem feinen weißen Sandstrand liegt beim Dorf Mae Hat im Nordwesten der Insel. Der östliche Strandabschnitt wird hauptsächlich von Fischern genutzt, die nach Krebsen suchen. Ihre Langboote liegen häufig am Strand. Der westliche Teil des Strands ist weitaus schöner und seit Langem ein Favorit unter Urlaubern. Doch die herrliche Natur Mae Hats führte auch zum Bau luxuriöser Ferienanlagen, um dem wachsenden Besucherstrom Herr zu werden. Vor dem Strand kann man sehr gut schwimmen und schnorcheln. Bei Ebbe hat man auch die Möglichkeit, auf dem sandigen Damm bzw. durch das seichte Wasser zum Inselchen Ko Ma zu waten. Die Riffe vor Ko Ma gehören zu den besten Schnorchelrevieren ganz Ko Phangans. Von Mae Hat aus erreicht man in ein paar Minuten den Wang-Sai-Wasserfall, wo das glasklare Wasser in einem Felsbecken zu einem erfrischenden Bad einlädt.

Ao Chalok Lam

อ่าวโฉลกฉลาม

10 km nordöstl. von Tong Sala.

In der malerischen Bucht Ao Chalok Lam liegt Ko Phangans charakteristischstes (und geruchsintensivstes) Fischerdorf.

Eine Fischerfrau legt Tintenfische zum Trocknen aus, Ban Chalok Lam

Ban Chalok bietet einen Einblick in den normalen Alltag auf der Insel. Stapel von Tintenfischen trocknen am Strand, der Geruch von frisch gefangenem Fisch durchdringt Strand und Dorf. Hier kann man beim Flicken der Netze und Ausnehmen der Fische zusehen und daneben in Ladenhäusern Pizzas und andere Snacks kaufen. Viele Besucher legen hier nach einem Ausflug zum nahen chinesischen Schrein der Göttin Chao Mae Koan einen Stopp ein, um Fisch zu kaufen. In der Nähe des Dorfs steht auch ein buddhistischer Tempel.

Im Meer vor Ao Chalok Lam liegt mit **Hin Bai** (»Segelfelsen«) einer der besten Tauchgründe Thailands. Überhaupt sind hier Schnorcheln und Tauchen beliebte Beschäftigungen. Für die vielen Wassersportler stehen Bungalows und Resorts bereit. Gleichwohl ist Ao Chalok Lam für viele nur ein Zwischenstopp zwischen Tong Sala und dem kleinen Strand **Hat Khom** am nördlichsten Punkt Ko Phangans.

Hat Khuat

หาดขวด

16 km nordöstl. von Tong Sala. von Ban Chalok Lam.

Hat Khuat (»Flaschenstrand«) ist einer jener wunderbar unberührten Strände, die so viele Urlauber an Thailands Küste locken. Man erreicht ihn vom Hat Khom aus über eine Schotterpiste, teilweise muss man sich dabei durch dichtes Unterholz kämpfen. Einfacher gelangt man mit Langbooten an diesen Strand, der inzwischen zum bei jungen Leuten beliebten Urlaubsziel geworden ist. Vor dem schönen Sandstreifen schillert das Wasser in verschiedensten Blautönen, auf der Landseite wird er vom bewaldeten, 429 Meter hohen Khao Kin Non flankiert. Wer einen erschwinglichen Bungalow in grandioser Lage abseits der Partyszene sucht, wird am Hat Khuat fündig. Bei schlechtem Wetter sollte man sich hier allerdings nicht aufhalten, weil man womöglich von der Außenwelt abgeschnitten wird. Eine kurze Schotterpiste führt ins Dorf Ban Fai Mai mit ein paar kleinen Lebensmittelläden und Snackbars.

Urlauber genießen den schönen Strand von Ao Mae Hat

Hotels und Restaurants an der unteren westlichen Golfküste *siehe Seiten 298f und 313f*

Cafés und Bungalows an einem felsigen Hang, Ao Thong Nai Pan

Ao Thong Nai Pan

อ่าวธงนายพรานน้อยใหญ่

18 km nordöstl. von Tong Sala.

von Tong Sala.

Hinter Hat Khuat macht Ko Phangans Küste eine Biegung nach Südosten und öffnet sich zur hübschen, tief eingeschnittenen Bucht Ao Thong Nai Pan. Sie liegt vor einer Kulisse aus bewaldeten Hügeln auf der einen und dem Golf von Thailand auf der anderen Seite. Eine felsige Landzunge teilt die Bucht in zwei Abschnitte: **Ao Thong Nai Pan Noi** im Norden und **Ao Thong Nai Pan Yai** im Süden. Die unzugängliche Bucht ist wenig besucht, obwohl sie zu den landschaftlichen Höhepunkten auf Ko Phangan zählt. Nur eine holprige Schotterpiste verbindet die Bucht mit dem 14 Kilometer südlich gelegenen Ban Tai an der Südküste. Auf der Fahrt wird man gründlich durchgeschüttelt. Angenehmer ist die Bootsfahrt von Ko Samui zur Bucht, die jedoch nur von September bis Januar angeboten wird.

Obwohl Ao Thong Nai Pan so abgeschieden liegt, gibt es inzwischen auch hier ein paar Restaurants, Bars, Internet-Cafés, Reisebüros und Banken. Die beiden Strandabschnitte sind ähnlich attraktiv, im warmen Wasser kann man herrlich schwimmen und schnorcheln. Kletterfreaks kommen auf den Felsformationen am östlichen Ende von Ao Thong Nai Pan auf ihre Kosten. Bei heftigen Regenfällen ist die Straße nach Ban Tai zuweilen für Motorräder und Autos unpassierbar.

Hat Sadet

หาดเสด็จ

16 km nordöstl. von Tong Sala.

von Tong Sala.

Der schwer zugängliche Hat Sadet wirkt wie die Kopie eines romantischen, einsamen Strands in einem Hollywoodfilm. Über Land erreicht man ihn nur auf einer schwierigen Schotterpiste, die von Ban Tai gen Norden führt. Viel bequemer ist eine Bootsfahrt von Tong Sala aus. Der Strand liegt neben dem einzigen Nationalpark der Insel und bietet einfache Bungalows, jedoch keine Restaurants, Bars oder sonstige Unterhaltung. Er ist ziemlich schmal, da er von steilen Felsenzungen flankiert wird, die jäh ins Meer abfallen – dies trägt jedoch zu seinem besonderen Charme bei.

Than-Sadet-Nationalpark

อุทยานแห่งชาติธารเสด็จ

16 km nordöstl. von Tong Sala.

von Tong Sala.

Der 1983 gegründete Nationalpark war ursprünglich viel kleiner, 1999 wurde er auf seine jetzige Größe von 65 Quadratkilometer erweitert. Er heißt nach dem Fluss Sadet, dem »von Königen besuchten Bach«. Dieser Name wiederum verweist auf den Besuch Ramas V. (reg. 1868–1910) im Jahr 1889. In dem früher bei thailändischen Monarchen beliebten Gebiet hinterließ Rama V. sogar sein königliches Siegel auf einem großen Stein. Seine Nachfolger Rama VII. (reg. 1925–35) und der heutige König Bhumibol (Rama IX.) taten es ihm gleich. Tatsächlich soll Rama V. diesen Platz so geliebt haben, dass er ihn zwischen 1888 und 1909 gleich zehnmal aufsuchte. Zum größten Wasserfall der Insel, dem **Than-Sadet-Wasserfall** am Ende eines Wanderwegs, kommen vor allem Besucher, die Abwechslung vom Strandurlaub suchen. Höchster Punkt des Parks ist der 605 Meter hohe Gipfel des Khao Ra. Than Sadet ist von dichtem Wald bedeckt, durch den ein paar Pfade führen. Am besten zugänglich ist der Hat Sadet, wo der Sadet ins Meer fließt.

Der Sadet rauscht über Felsen Richtung Tal, Than-Sadet-Nationalpark

Straßenkarte *siehe hintere Umschlaginnenseiten*

Abgeschiedene Bucht mit Palmen und türkisfarbenem Wasser, Hat Thian

Hat Thian

หาดเทียน

13 km östl. von Tong Sala.

von Hat Rin.

Südlich von Hat Sadet ist die Ostküste von Ko Phangan nahezu unzugänglich. In diesem Gebiet abseits der Touristenpfade sind die Straßen meist nur Pisten. Eine führt durch das Dorf Ban Nam Tok nach Süden zur Hauptstraße an der Südküste nahe dem Hat Rin. Leichter ist die Erkundung der Ostküste mit einem Boot vom Hat Rin aus, vor allem in der Regenzeit von Juni bis September. Eine kleine Fähre verkehrt täglich zwischen Hat Rin und Ao Thong Nai Pan und hält unterwegs in Hat Thian. Noch einfacher ist die Anfahrt mit dem Wassertaxi.

Hat Thian ist der beste der drei Strände auf der Landzunge Laem Klang. Für einen Urlaub an diesem abgeschiedenen Ort spricht seine einsame Schönheit, obwohl auch hier der Fremdenverkehr Einzug gehalten hat. Inzwischen gibt es einige Restaurants mit Thai- und westlicher Küche sowie Bars mit Live-Musik und Partys am Wochenende. An der Bucht liegen insgesamt vier Ferienresorts mit Unterkünften im Bungalowstil. Auch ein Wellness-Zentrum mit alternativen Anwendungen hat sich etabliert. Die Tauchgründe in der Nähe sind dafür bekannt, dass man dort mit Glück Walhaie sehen kann.

Hat Yuan

หาดญวน

13 km östl. von Tong Sala.

Gleich südlich vom Hat Thian liegt in Gehweite (oder Schwimmdistanz) der kleinere Strand Hat Yuan, an dessen Enden zahlreiche große Felsblöcke liegen. Hier herrscht ein familiäres Flair. In einem Café bekommt man traditionelles thailändisches Essen frisch aus dem Ofen und fruchtige Joghurts. Im Meer kann man normalerweise gut schwimmen und schnorcheln, doch bei stürmischen Bedingungen sollte man im Wasser Vorsicht walten lassen. Obwohl der Hat Yuan in der Nähe des lärmenden Hat Rin liegt, ist es hier ruhig. Auch die Partyszene fehlt. Urlaubern bieten sich die gängigen Strandvergnügungen wie Schwimmen, Sonnenbaden und Schnorcheln.

Hat Rin

หาดริน

11 km südöstl. von Tong Sala.

An der Südostspitze von Ko Phangan liegen der Strand Hat Rin und das Dorf Ban Hat Rin. Sie sind die touristischen Orte der Insel und deren Partypara-

Bungalows am Palmenstrand Hat Yuan

Hotels und Restaurants an der unteren westlichen Golfküste *siehe Seiten 298f und 313f*

dies. Der Hat Rin auf einer schmalen, sandigen Halbinsel teilt sich in zwei Bereiche: den belebten »Sonnenaufgangstrand« **Hat Rin Nok** im Osten und den ruhigeren »Sonnenuntergangstrand« **Hat Rin Nai** im Westen. Hat Rin ist bei jungen Leuten populär, die gern laute Musik hören und insbesondere wegen der Mondscheinpartys nach Ko Phangan kommen. Diese Partys finden naturgemäß alle vier Wochen statt, beginnen bei Anbruch der Dunkelheit und dauern bis zum Morgengrauen und länger. Die Partymeile schlechthin ist der südliche Strandabschnitt, vor allem des Hat Rin Nok, doch die Nachtschwärmer verteilen sich häufig über den ganzen Strand. Für Stimmung sorgen Lichterketten, provisorische Bars, Feuershows sowie Stände mit Essen und Trinken. Während solcher Partys sollte man gut auf seine Siebensachen aufpassen und vor Fremden auf der Hut sein. Am Hat Rin entstehen immer mehr Hotels, Gästehäuser, Restaurants, Bars und Internet-Cafés. Zwei Wochen um Vollmond ist häufig keine Unterkunft mehr frei.

Früher kamen die meisten Urlauber wegen des schönen breiten Strands zum Hat Rin. Doch leider hat er durch den beständigen Touristenstrom etwas von seinem Charme eingebüßt. Heute ist der Streifen oft verschmutzt und vor allem laut – wer Ruhe und Einsamkeit sucht, ist hier fehl am Platz.

Wat Khao Tham

วัดเขาถ้ำ

5 km östl. von Tong Sala.

nunamornpun-kohphangan.com

Ko Phangan ist für seine Strände und seine schöne Landschaft bekannt. Alte Tempel oder buddhistische Architektur sind nicht eben das, was man hier erwartet. Doch Wat Khao Tham nordwestlich von Ban Tai an der Südküste lockt sowohl asiatische als auch westliche Besucher an, die hier meditieren wollen. Der Wat Khao Tham ist eher ein Meditationszentrum als ein Kloster und als solches interessant für alle, die spirituelle Erfahrungen suchen. Jeden Monat finden mehrtätige Kurse über die Heilung von Körper und Seele statt. Die Gebühren sind ziemlich günstig, Kost und Logis sind eingeschlossen. Das Kloster, das unter der Bezeichnung »Kow Tahm Insight Meditation Center« firmiert, wird von dem Australier Anthony Markwell geführt, der auch selbst die Kurse leiten. Ziel ist es, durch geistiges Training Einsichten in die Natur des Menschen zu gewinnen. Das Kloster ist der perfekte Kontrast zu den Vollmondpartys nebenan am Hat Rin. Weitere Informationen unter: www.kowtahm.com.

Ruhe und Gelassenheit – Zeit für Meditation, Wat Khao Tham

Mondscheinpartys

Die berüchtigten Mondscheinpartys (Full Moon Partys) finden immer an Vollmond statt. Von bescheidenen Anfängen vor etwa 30 Jahren entwickelten sie sich zu Riesenpartys mit Tausenden Feiernden aus aller Welt. Die Zahl der Nachtschwärmer liegt pro Monat zwischen 10 000 und 20 000. Internationale und einheimische Discjockeys legen Musik von Techno bis Pop auf. Alkoholika (hier legal) werden eimerweise verkauft. Leider sind auch Drogen leicht erhältlich. In den letzten Jahren ist es allerdings auch zu Raub, Vergewaltigungen und sogar tödlichen Zwischenfällen gekommen. Vor allem gilt: Finger weg von Drogen. Besitz von und Handel mit Drogen werden in Thailand streng geahndet. Frauen sollten sehr vorsichtig und am besten nicht allein unterwegs sein.

Gute Stimmung bei einer Mondscheinparty, Hat Rin

Traditionelle Liegen an einem Strand an der Westküste von Ko Phangan ▶

❻ Meeres-Nationalpark Ang Thong

อุทยานแห่งชาติทางทะเลอ่างทอง

Zum Archipel Ang Thong (»Goldbecken«) gehören 42 traumhafte, zumeist unbewohnte Inseln in einem 102 Quadratkilometer großen Gebiet. Der einstige Marinestützpunkt wurde 1980 zum Meeres-Nationalpark erklärt und ist seitdem für Besucher zugänglich. Die Inseln sind die Gipfel eines überfluteten Kalksteingebirges, die teilweise über 400 Meter aus dem Wasser ragen. Ang Thongs Schönheit zieht Besucher an, die hier an schimmernd weißen Sandstränden entspannen, Wälder und Höhlen erkunden und zwischen herrlichen Korallen schnorcheln. Hier gibt es zudem ein reiches Tierleben – zu Wasser und zu Land.

Zur Orientierung

☐ Dargestelltes Gebiet

★ Kratersee Thale Nai
Der tiefgrüne Meerwassersee Thale Nai im Zentrum von Ko Mae Ko ist das goldene Becken, nach dem Ang Thong benannt ist. Er ist von Kalksteinklippen umgeben und mit dem Meer durch einen unterirdischen Kanal verbunden. Die anstrengende Wanderung zum Thale Nai wird durch einen spektakulären Blick belohnt.

Legende

-- Fußweg

-- Fährroute

0 km 1

Kajakfahren
Geführte Kajaktouren in und rund um Ang Thong sind von Ko Samuis *(siehe S. 166–175)* nahen Stränden Hat Chaweng und Hat Lamai aus leicht zu arrangieren.

Außerdem

① **Auf Ko Phaluai**, der größten Insel des Archipels, leben lediglich einige Fischer.

② **Kratersee Thale Nai**

③ **Die Steinbrücke** von Ko Sam Sao ist eine natürliche Felsformation und bevorzugtes Ziel von Kajakfahrern.

Wandern
Die Wege sind nur kurz, aber teilweise steil, und tagsüber kann es sehr heiß werden. Sonnenhut, Sonnencreme und viel Trinkwasser sind unverzichtbar.

Ko Sam Sao
Die winzige, bei Tauchern und Schnorchlern beliebte Insel bietet das schönste Korallenriff des Nationalparks.

Infobox

Information
Straßenkarte C4. Parkzentrum auf Ko Wua Talab, 26 km nordwestlich von Ko Samui.
02562-0760 (Reservierung).
Parkverwaltung (07728-6025). Nov–Mitte Dez.

Anfahrt
von Ko Samui.

★ Tham-Bua-Bok-Höhle
Eine anstrengende Wanderung führt zur Höhle beim Gipfel von Ko Wua Talab. Die zahlreichen Tropfsteine der Höhle sind wie Lotosblüten geformt. Deshalb heißt sie Bua Bok – »Wogender Lotos«.

★ Aussichtspunkt von Ko Wua Talab
Eine eher schwierige Wanderung führt zu diesem Aussichtspunkt auf dem Gipfel der Insel. Die Mühe wird durch einen herrlichen Blick auf die grünen Inseln des Ang-Thong-Archipels belohnt. Auf Ko Wua Talab kann man in einfachen Bungalows übernachten.

Bootsfahrten
Boote verkehren bei gutem Wetter zwischen Ko Samui, Ko Phangan *(siehe S. 176–181)* und Ang Thong. Teilweise richten sie sich speziell an Schnorchler und Taucher. Teurer sind die Bootsausflüge mit Übernachtung.

7 Ko Tao

เกาะเต่า

Die 40 Kilometer nördlich von Ko Phangan *(siehe S. 176–181)* liegende »Schildkröten-Insel« ist die kleinste, aber schönste der drei Ferieninseln im Ko-Samui-Archipel. Das zerklüftete Ko Tao ist im Zentrum von dichtem Wald überzogen. An der Ostküste befinden sich abgelegene Höhlen, an der Westküste ausgedehnte Sandstrände. Dort legen Echte Karettschildkröten und Suppenschildkröten ihre Eier ab. Dank seiner klaren Gewässer und artenreichen Tauchgründe gehört Ko Tao zu den schönsten Tauchregionen des Landes. An der Chumphon Pinnacle nordwestlich von Ko Tao taucht man zwischen Grauen Riffhaien.

Langboote und Speedboote am Hat Ao Mae

Ban Mae Hat

บ้านแม่หาด

Ban Mae Hat ist eine der wenigen größeren Ortschaften auf Ko Tao und inoffizielle Hauptstadt der Insel. Das einst ruhige Fischerdorf verwandelt sich rasend schnell in einen Touristenort mit den entsprechenden Einrichtungen, darunter Internet-Cafés, Supermärkte, Postamt, Polizeirevier, Banken, Kliniken und Apotheken. Hier befindet sich auch der Hauptfährhafen. Eine geteerte Straße führt durch das Zentrum der Insel bis Ao Chalok Ban Kao an der Südküste. Der Ort verfügt über eine Auswahl an Unterkünften und die besten Restaurants der Insel sowie einige Irish Pubs, Billardbars und Video- und Sportbars mit großen Fernsehern. Wer zuerst die Insel erkunden will, bevor er sich niederlässt, leiht sich ein oder zwei Tage lang ein Motorrad aus und sucht sich ein ihm genehmes Hotel mit dem passenden Strand.

Hat Ao Mae

หาดอ่าวแม่

Etwas nördlich des Fährhafens von Ban Mae Hat erstreckt sich in einer flachen Bucht der kleine Strand Hat Ao Mae. Für Urlauber, die Ruhe suchen, liegt er womöglich zu nah am Ort. Doch vom Hotel Montra in der Bucht kommt man schnell zu Fuß nach Ban Mae Hat im Süden und ebenso unproblematisch zum schönen Hat Sai Ri im Norden. Einen gewissen lokalen Ruhm hat das Gebiet auch wegen des Laem Jor Por Ror (Kap von Rama V.). Am 18. Juni 1899 besuchte Rama V. (reg. 1868–1910) Ko Tao und hinterließ an einem großen Felsen sein eingeritztes Monogramm. Seitdem heißt dieser Rama-V.-Felsen und wird von den Einheimischen in Ehren gehalten.

Hat Sai Ri

หาดทรายรี

2 km nördl. von Ban Mae Hat.

Der Strand ist perfekt, um den Sonnenuntergang über dem Golf von Thailand zu bewundern. Der Hat Sai Ri ist der längste Strand auf Ko Tao. In seinem östlichen Teil schießen immer mehr kleine Restaurants, Bars und einfache Bungalowanlagen aus dem Boden. Parallel zum Strand verläuft ein Pfad, etwas weiter landeinwärts eine kleine Straße, die zur Siedlung Ban Hat Sai Ri führt. Das einstige Fischerdorf ist heute das Servicezentrum der schnell wachsenden Tourismusindustrie. Man findet hier Taucherzentren, Reisebüros, kleine Supermärkte, Internet-Cafés und sogar Geldautomaten. Hinter dem Strand führt die Straße weiter zum exklusiven Dusit Buncha Resort und zur Nangyuan-Terrasse. Sie endet schließlich an steilen Klippen im Dschungel.

Ko Nang Yuan

เกาะนางยวน

3 km nördl. von Ban Mae Hat.
von Ban Mae Hat.

Die drei Ko-Nang-Yuan-Inseln sind durch Sandbänke miteinander verbunden und von zauberhaften Korallenriffen umgeben. Das kleinste Eiland wird auch **Japanischer Garten** genannt. Die Ko Tao nordwestlich vorgelagerten Inseln sind mit der Fähre einfach zu erreichen und eignen sich bestens

Ladenstraße mit Geldautomat und anderen Einrichtungen, Hat Sai Ri

Hotels und Restaurants an der unteren westlichen Golfküste *siehe Seiten 298f und 313f*

Traumhaft türkisfarbene und dunkelblaue Gewässer vor Ko Nang Yuan

für einen Tagesausflug, um zu faulenzen und zu schwimmen. Das Betreten von Ko Nang Yuan kostet Eintritt. Zum Schutz der empfindlichen Umwelt wurden strenge Regeln erlassen: Dosen, Plastiktüten oder Flaschen sind verboten. Die Reisebüros in Ban Mae Hat organisieren ganztägige Ausflüge inklusive Schnorcheln oder Tauchen. Die Inseln werden vom Nangyuan Island Dive Resort *(siehe S. 299)* beaufsichtigt. Wer sich dort einquartiert, fährt kostenlos zu den Inseln.

Ao Mamuang

อ่าวมะม่วง

5 km nordöstl. von Ban Mae Hat.

Im Norden von Ko Tao liegt die von üppigem Grün gesäumte »Mangobucht« Ao Mamuang. Viele Urlauber kommen von Ban Mae Hat für einen Tagesausflug hierher, um am Riff im flachen Wasser der Bucht zu schnorcheln. Der kleine Strand bietet eine Bungalowanlage sowie einige Restaurants und Bars. Zur Bucht gelangt man wie folgt: Man nimmt entweder ein Boot, oder man folgt der schmalen Piste, die von Ban Hat Sai Ri nach Osten über die Insel führt, und biegt dann nach Norden zum Strand hin ab. Zwei schöne Kaps rahmen die Bucht: Nam Dok im Westen und Grachom Fai mit dem Leuchtturm im Osten. Die Bucht ist zwar abgelegen, doch es ist alles zur Bequemlichkeit vorhanden – ein schöner Ort zum Entspannen.

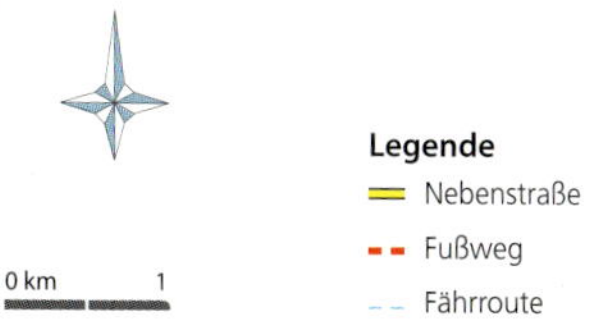

Infobox

Information

Straßenkarte C3. 40 km nördl. von Ko Phangan. 5000. TAT, Chumphon (07750-1831/2).

Anfahrt

von Ko Phangan u. Chumphon.

Ao Hinwong

อ่าวหินวง

6 km nordöstl. von Ban Mae Hat.

Die einsame, von Kokospalmen und großen Felsbrocken umgebene Bucht Ao Hinwong liegt im nördlichen Teil von Ko Taos Ostküste – weit entfernt vom hektischen Treiben in Ban Mae Hat. Am besten erreicht man sie mit dem Boot, oder man folgt von Ban Hat Sai Ri aus der schmalen Piste quer über die Insel. Der Weg ist jedoch nur mit Motorrädern, Pick-ups oder Geländewagen befahrbar. Trotz einer gewissen Unzugänglichkeit wird auch diese Bucht immer beliebter. Zwei Hotels und eine Bungalowanlage laden zum Verweilen ein. Von einem Hügel im Norden hat man einen weiten Blick über das Meer, im klaren, ruhigen Wasser der geschützten Bucht sind deutlich Sardinenschwärme zu sehen. Wer schnorcheln und tauchen will, ist hier richtig.

Straßenkarte *siehe hintere Umschlaginnenseiten*

Blick auf den Sandstrand der Bucht Ao Tanot und die roten Dächer der Ferienanlagen

Laem Thian

แหลมเทียน

6 km östl. von Ban Mae Hat.

Das Kap Laem Thian liegt abgeschieden in der Mitte von Ko Taos Ostküste. Dort befindet sich ein weißer Sandstrand mit einer kleinen Wasserfläche im Lee einer felsigen Landzunge. Am besten erreicht man Laem Thian per Boot, denn die Piste, die die Insel durchquert, ist ziemlich tückisch. Der nördliche Abschnitt dieser Straße führt zu den Buchten Ao Mamuang und Ao Hinwong, der südliche nach Laem Thian. Laem Thian ist bei Schnorchlern wegen seiner Unterwassertunnel und Passagen zum Durchtauchen bekannt. Die Kalksteinformationen sind sehr leicht zu erkunden. In der Gegend werden häufig die exotischen Einhornfische gesichtet. Am Strand befinden sich komfortable Bungalows und andere einfache Einrichtungen.

Ao Tanot

อ่าวโตนด

6 km östl. von Ban Mae Hat.

Die herrliche hufeisenförmige Bucht Ao Tanot am Golf von Thailand ist für ihre grandiosen Sonnenaufgänge bekannt. Gleich südlich von Laem Thian und schon von Weitem gut erkennbar befindet sich der zauberhafte Strand Hat Ao Tanot. Wie bei den anderen Stränden an Ko Taos Ostküste liegt seine Attraktivität auch in seiner Unzugänglichkeit. An den Strand mit seinen großen Felsen und zahllosen Muscheln kommt man vor allem zum Schnorcheln, die Ausrüstung kann man in den Tauch-Shops in der Nähe ausleihen. In der Umgebung finden sich mehrere gute Ferienanlagen und einfache Bungalows sowie eine Tauchschule und kleine, malerische Terrassenbars vor farbenprächtigen Bougainvillea-Hainen. Ao Tanot ist auch über einen Weg, der ins Inselinnere führt, und über die befestigte Straße von Ban Mae Hat über Ko Taos Bergrücken zur Ao Chalok zu erreichen.

Ao Leuk

อ่าวลึก

5 km südöstl. von Ban Mae Hat.

Fast an der Südostspitze von Ko Tao präsentiert sich die Bucht mit einem der schönsten Strände der Insel und mit einem reichen Sportangebot, etwa Windsurfen, Kajak- und Wasserskifahren. Die Ferienanlagen am Strand stellen die jeweilige Ausrüstung zur Verfügung. Auch Sonnenanbeter und Schwimmer kommen auf ihre Kosten, Schnorchler können vor der Küste schöne Korallenriffe bestaunen. Das Meer vor der Bucht ist seinem Ruf zum Trotz sicher – der einzige Hai, den man hier sieht, ist der scheue Schwarzspitzenhai. Sowohl die Unterkünfte als auch die Restaurants sind gut, ebenso die wenigen, aber einladenden Bars.

Hat Sai Daeng

หาดทรายแดง

5 km südöstl. von Ban Mae Hat.

Der weiße Sandstrand Hat Sai Daeng liegt an einer schmalen Halbinsel, die an Ko Taos leichter zugänglichen Südküste ins warme Wasser des Golfs von Thailand hinausragt. Der »rote Sandstrand« liegt direkt vor dem beliebten Schnorchel- und Tauchrevier rund um die unbewohnte »Hai-Insel« Ko

Kajakfahrer im Gewässer vor der »Hai-Insel«, Hat Sai Daeng

Chalam. Vom Hat Sai Daeng, der im Schutz einer von Mangroven bewachsenen Landzunge liegt, hat man eine herrliche Aussicht aufs Meer. Am Strand stehen recht akzeptable Bungalows, Restaurants und Bars. Zu erreichen ist der Hat Sai Daeng über eine schmale Piste, die von der Hauptstraße zwischen Mae Hat und Ao Chalok Richtung Osten führt. Die noch engeren Wege sollte man mit Fahrzeugen besser meiden, denn sie sind – vor allem bei starkem Regen – gefährlich und zuweilen unpassierbar.

Von Felsen und dichter Vegetation eingefasster Strand, Hat Sai Daeng

Ao Thian Ok

อ่าวเทียนออก

3 km südöstl. von Ban Mae Hat.

Ao Thian Ok ist nicht nur die südlichste Bucht der Insel, sondern wartet auch mit einem der hübschesten Strände auf Ko Tao auf. Im Osten wird die Bucht von der Landzunge des Hat Sai Daeng und der »Hai-Insel« geschützt, im Westen vom weit größeren Kap Laem Tato. Obwohl im Meer vor Ao Thian immer wieder Riffhaie schwimmen, ist es ein beliebtes Tauchrevier. Am Strand findet man luxuriöse Spa-Unterkünfte und ein paar günstige Bungalows, mehrere Bars mit grandiosem Meerblick sowie einige der besten Restaurants der Insel. Urlauber können Kurse in Thai-Massage, Yoga und Qi Gong absolvieren und die gängigen Wassersportarten Schwimmen, Schnorcheln und Tauchen ausüben.

Entspannt beim Sundowner an einer Strandbar, Ao Chalok Ban Kao

Ao Chalok Ban Kao

อ่าวโฉลกบ้านเก่า

2 km südl. von Ban Mae Hat.

Ao Chalok Ban Kao ist das erschlossenste und am besten ausgestattete Feriengebiet Ko Taos und liegt eingebettet zwischen Laem Tato im Osten und Laem Jeda Gang im Westen. Von Ban Mae Hat gelangt man über eine gute, aber sehr schmale Straße in diese Traumbucht, die bewaldete Hügel sowohl vor dem Nordost- als auch vor dem Südwest-Monsun schützen. Die drei separaten, untereinander verbundenen Strände – Freedom Beach im Südosten, Hat Chalok in der Mitte und der kleinere Hat San Jao im Westen – teilen sich die Bucht. In der Bucht befindet sich auch eines der größten Tauchzentren auf Ko Tao, entsprechend ist der Strand von Tauchern, Schnorchlern und Anglern bevölkert. Es haben sich Reisebüros, Tauch-Shops und Gästehäuser sowie gute Restaurants und Bars angesiedelt. In der Mitte von Laem Tato hat man vom **Jon-Suwan-Aussichtspunkt** einen exquisiten Blick über Bucht und bewaldete Hügel.

Sonnenbad am weißen Sandstrand, Ao Thian Ok

Ao Sai Nuan

อ่าวสายนวล

Zwischen hohen Palmen und dem azurblauen Meer locken hier mehrere Buchten. Die Ao Sai Nuan liegt südwestlich von Ban Mae Hat im Schutz eines dicht bewaldeten, 189 Meter hohen Bergs und wirkt mit den Bungalows und Ferienhotels eigentlich wie die südliche Verlängerung des Dorfs.

Wenn abends die Sonne über dem Golf von Thailand untergeht, ist der Blick von der Bucht bezaubernd. Schnorchler und Taucher finden hier gute Tauchgründe rund um Laem Jeda Gang und Laem Hin San Con. Da die Bucht so leicht zu erreichen ist, ist sie bei Urlaubern auf Ko Tao entsprechend beliebt. Von Ban Mae Hat aus gelangt man zu Fuß oder mit dem Motorrad hierher. Vierrädrige Transportmittel eignen sich für die Strecke weniger gut. Tauch-Shops, Restaurants und Bars tragen ihren Teil dazu bei, dass ein Aufenthalt in der Ao Sai Nuan erholsam ist.

Straßenkarte *siehe hintere Umschlaginnenseiten*

Open-Air-Restaurant in einer Ferienanlage, Hat Na Dan

❽ Hat Khanom

หาดขนอม

Straßenkarte C4. 90 km östl. von Surat Thani. TAT, Nakhon Si Thammarat (07534-6515).

Der lange Strand Hat Khanom ist Teil der größten Bucht in diesem Gebiet. Obwohl man ihn leicht erreicht, ist er kaum besucht. Der Strand ist das Zentrum des **Khanom-Mu-Ko-Thale-Tai-Nationalparks**, der Festlandgebiete in den Distrikten Khanom und Sichon sowie die Inseln Ko Noi, Ko Wang Nai, Ko Wang Nok, Ko Tan, Ko Rap, Ko Thon Rai und Ko Phi umfasst. Der Hat Khanom liegt nördlich des kleinen Küstenorts Khanom, der auf die Ayutthaya-Epoche *(siehe S. 44f)* zurückgeht. Das einstige Handels- und Kulturzentrum ist heute ein ruhiger Hafenort. Neben der Fischerei bilden Kokos- und Kautschukplantagen die Haupteinnahmequellen. Im Ort finden sich ein paar Restaurants, Cottages und ein Hotel. Die meisten Urlauber zieht es zu den Stränden, wo die Unterkünfte – von Luxusresorts bis zu Bungalows – direkt am Meer liegen. Die Landschaft der Umgebung lockt mit malerischen Stränden im Schutz von Kalksteinbergen. In den Bergen gibt es einige Höhlen zu entdecken, die bekannteste ist die 14 Kilometer südlich von Khanom-Stadt gelegene **Khao-Wang-Thong-Höhle** mit ungewöhnlichen Tropfsteinformationen.

Der Samui-Archipel *(siehe S. 166–175)* wird zusehends von Urlaubern frequentiert, weshalb Ao Khanom nach und nach zum nächsten bedeutenden Ferienziel ausgebaut wird.

Die Tauch- und Schnorchelindustrie ist in dieser Region aktiv. Unternehmen organisieren Übernachtungen und Tagesausflüge zu den nahen Inseln und arrangieren auch Touren zum Hochseefischen im Golf von Thailand. Die Bucht ist zudem ein Zentrum des Golfsports, der von April bis Juli ausgeübt werden kann. Wenn in dieser Zeit bei Ebbe das Wasser fast völlig zurückgeht, organisieren Einheimische Golfturniere auf dem trockenliegenden sandigen Meeresboden.

Die rosa Delfine von Sichon und Khanom

Eine der außergewöhnlichen Attraktionen der Sichon-Khanom-Küste ist eine Schule seltener rosa Delfine. Etwa 150 Tiere leben im seichten Wasser des Golfs. Auf morgendlichen Bootsfahrten in den Monaten Oktober bis April stehen die Chancen gut, die intelligenten Meeressäuger zu sehen. Die erwachsenen Exemplare der zur Gattung Chinesische Weiße Delfine gehörenden Tiere sind meist grau oder weiß. Die viel selteneren rosa Delfine findet man nur hier und an Chinas Südküste. Leider ist die Art in beiden Regionen von Überfischung bedroht.

Ein rosa Delfin schwimmt mit seinem Kalb an der Wasseroberfläche

Khanom-Stadt, im Hintergrund die malerischen Kalksteinberge

❾ Hat Na Dan

หาดหน้าด่าน

Straßenkarte C4. 10 km südl. von Hat Khanom. TAT, Nakhon Si Thammarat (07534-6515).

Der zauberhafte Hat Na Dan liegt südlich des Hat Khanom. Der lange, gebogene weiße Sandstrand am Golf von Thailand ist von Kokospalmen gesäumt. Obwohl der Strand von Ko Samui per Boot in einer halben Stunde zu erreichen ist, wird er von Urlaubern nicht oft aufgesucht. Das mag an der spärlichen Ausstattung liegen, aber immerhin bieten Strandverkäufer Spezialitäten wie getrockneten Tintenfisch an. In der ruhigen Bucht kann man gut schwimmen. Korallenriffe gibt es allerdings nicht. Die Ursprünglichkeit des Orts wird sich wohl mit dem Bau von Ferienanlagen verändern. Noch wird Hat Na Dan vom Lärm und Gestank der Jetskis und anderer Wassersportgeräte verschont, doch der Kommerz wird sicher auch diesen Strand irgendwann einholen.

Rustikale Strandbungalows mit Ziegeldächern am Hat Nai Phraet

⑩ Hat Nai Phraet

หาดในแพรด

Straßenkarte C4. 3 km südl. von Hat Na Dan. TAT, Nakhon Si Thammarat (07534-6515).

Unmittelbar südlich des Hat Na Dan erstreckt sich der lange Sandbogen des Hat Nai Phraet. Vor allem an Werktagen ist es hier nahezu einsam. Der idyllische Strand ist seit Jahren bei den Einheimischen beliebt, aber bei Urlaubern noch so gut wie unbekannt. Hinter dem feinen, goldenen Sandstrand ragen Kokospalmen und Kasuarinen auf. Am Strand verteilt liegen große Felsen, die ihren Teil zum Zauber dieses Orts beitragen und in der Mittagssonne etwas Schatten bieten. Zu den wenigen Einrichtungen gehören ein paar Strandrestaurants. Direkt am Strand stehen zudem rustikale Bungalows für die Übernachtung bereit. Die meisten Besucher kommen jedoch in Khanom-Stadt unter, wo mehr Unterkünfte und ein größeres Unterhaltungsangebot warten.

⑪ Hat Nai Phlao

หาดในเพรา

Straßenkarte C4. 5 km südl. von Hat Na Dan. TAT, Nakhon Si Thammarat (07534-6515).

Der südlich des Hat Nai Phraet gelegene Hat Nai Phlao ist der längste Strand in Khanom und zudem seine Hauptattraktion. Die meisten Besucher sind einheimische Wochenendausflügler. Der Hat Nai Phlao liegt malerisch zwischen dem Golf von Thailand im Osten und den bewaldeten Hügeln der Khao-Luang-Bergkette im Westen. Am Strand findet man einfache Unterkünfte und Campingplätze. Für das leibliche Wohl sorgen schlichte Restaurants und Bars, die Fisch und Meeresfrüchte servieren. In den letzten Jahren entstanden ein paar gehobenere Resorts, zudem sorgen Reisebüros für Wassersportangebote von Schnorcheln bis Angeln. Mit Langbooten kann man sich auf die nahen Inseln schippern lassen – oder man wandert auf einem drei Kilometer langen gewundenen Weg durch diese ländliche Idylle mit üppiger tropischer Vegetation zum hübschen Nam Tok Hin Lat.

Sanfte Brandung am weitläufigen Sandstrand Hat Nai Phlao

Straßenkarte *siehe hintere Umschlaginnenseiten*

Tropenidylle am Traumstrand Hat Tong Yi

⓬ Hat Tong Yi

หาดท้องหยี

Straßenkarte C4. 40 km südl. von Hat Nai Phlao. 🚌 ℹ TAT, Nakhon Si Thammarat (07534-6515).

Der schöne schmale Sandstrand Hat Tong Yi ist sowohl im Süden als auch im Norden durch dicht bewachsene Felsen von anderen Stränden abgeschnitten. An diesen kaum bekannten Bilderbuchstrand gelangt man von Hat Nai Phlaos *(siehe S. 191)* Rachakiri Resort aus über eine holprige, drei Kilometer lange Lateritstraße. Die schwierige Fahrt zu dem abgeschiedenen Ort lohnt sich jedoch unbedingt. In Hat Tong Yi gibt es zwar ein paar einfache Unterkünfte, die meisten Besucher übernachten jedoch am Hat Nai Phlao weiter nördlich, wo eine breitere Auswahl geboten ist. Verpflegung ist am Hat Tong Yi schwer zu bekommen, am besten bringt man sich einen Picknickkorb mit. Wer jedoch Lust hat, die lokale Küche zu probieren, bekommt ganz in der Nähe einfache, exotische Seafood-Spezialitäten wie gebratenen Reis und gegrillten Tintenfisch.

⓭ Hat Sichon

หาดสิชล

Straßenkarte C4. 2 km südl. von Hat Tong Yi. 🚌 ℹ TAT, Nakhon Si Thammarat (07534-6515).

Sichon ist kaum mehr als ein Fischerdorf mit Pier, bietet jedoch auch mehrere schlichte Unterkünfte und Restaurants. Auf dem weißen Sand des schönen Strands Hat Sichon (oder Hat Hua Hin Sichon) liegen zahlreiche Felsen verteilt. Wie sein Namensvetter Hat Hua Hin *(siehe S. 144)* ist der von hohen Palmen gesäumte Strand vor allem bei Einheimischen beliebt. An einem kleinen Pier liegen Fischerboote vertäut. Im hiesigen Meer kann man gut schwimmen. Wer ruhigeres Wasser bevorzugt, zieht weiter gen Süden zum hübschen Hat Piti.

Urlauber, die den gängigen Strandaktivitäten entfliehen möchten, können auch auf dem Highway 4105 zum malerischen Nam Tok Si Khit fahren. Der Si-Khit-Wasserfall ist von Hat Sichon aus 16 Kilometer landeinwärts gelegen. Der Fluss Si Khit entspringt in den Khao-Luang-Bergen im Westen und bahnt sich seinen Weg durch eine herrliche Landschaft, ehe er zum Wasserfall wird. Zurzeit gibt es Pläne, dieses Gebiet als Nationalpark unter Naturschutz zu stellen.

⓮ Hat Hin Ngam

หาดหินงาม

Straßenkarte C4. 3 km südl. von Hat Sichon. 🚌 ℹ TAT, Nakhon Si Thammarat (07534-6515).

Kleine und große Felsen in den unterschiedlichsten Farben gaben diesem Strand seinen Namen: Hat Hin Ngam, »Strand der schönen Steine«. Die meisten Besucher kommen

Am geschäftigen Pier von Sichon liegen Fischerboote

Meer, Sand, Palmen – der menschenleere Strand Hat Hin Ngam

als Tagesausflügler von Hat Sichon hierher. Der zum Tauchen und Schnorcheln ideale Strand ist wirklich ruhig. Es gibt hier weder Hotels noch Lokale noch Stände – Proviant muss man also selbst mitbringen.

Ein Strohdach spendet Schatten unter tropischer Sonne, Hat Piti

⓯ Hat Piti

หาดปิติ

Straßenkarte C4. 2 km südl. von Hat Hin Ngam. 🚌 ℹ TAT, Nakhon Si Thammarat (07534-6515).

Einheimische lieben diesen Strand wegen seiner Schönheit und Privatsphäre, doch inzwischen sieht man hier auch immer mehr Urlauber. Der mit weißem Sand und Schatten spendenden Kokospalmen gesegnete Küstenstreifen ist der perfekte Ort für Sonnenanbeter. Schwimmen und Wassersportarten wie Windsurfen (wenn auch eingeschränkt) sind weitere Optionen für den Zeitvertreib. Zum Essen – in Restaurants mit lokaler und anderer Küche – und zum Schlafen muss man jedoch nach Sichon ausweichen.

⓰ Archäologische Stätte Khao Kha

แหล่งโบราณคดีเขาคา

Straßenkarte C4. Tambon Sao Phao, 10 km südl. von Hat Piti. 🚌 ℹ TAT, Nakhon Si Thammarat (07534-6515). 🕐 tägl. 8–17 Uhr.

Die Funde der auf einem Berg im Distrikt Tambon Sao Phao gelegenen archäologischen Stätte Khao Kha sind fast 1500 Jahre alt. Die Stadt mit einem Schrein aus Laterit wurde 1997 öffentlich zugänglich gemacht. Khao Kha war wahrscheinlich eine vorwiegend hinduistische Stätte, ein Heiligtum der Saivite-Sekte, die Shiva als Hauptgottheit des hinduistischen Pantheons verehrte (Saivismus). Auf dem Gelände wurden bereits mehrere Monumente ausgegraben, die bedeutendsten liegen im nördlichen Sektor.

Zu den Ritualobjekten, die man hier fand, gehören *linga* (Phallussymbole), ein Becken für geweihtes Wasser und heilige Wasserpfeifen. Diese Relikte sind heute in einem bungalowähnlichen Gebäude, das vom Fine Arts Department verwaltet wird, unweit der Grabungsstätte untergebracht.

Noch weiß man nicht alles über die Stätte – Archäologen beschäftigen sich noch immer mit den hier ausgegrabenen Artefakten und ihrer Bedeutung für die einst blühende hinduistische Sekte.

In diesem Gebäude werden die Artefakte von Khao Kha aufbewahrt

Straßenkarte *siehe hintere Umschlaginnenseiten*

Eine Frau trocknet Garnelen am Ufer, Hat Saophao

⓱ Hat Saophao

หาดเสาเภา

Straßenkarte C4. Tha Sala, Hwy 401, 60 km nördl. von Nakhon Si Thammarat. 🚌 ℹ TAT, Nakhon Si Thammarat (07534-6515).

Der schöne Hat Saophao ist ein langer, oft leerer Sandstrand und ein perfektes Tagesziel aus dem nahen Nakhon Si Thammarat *(siehe S. 196–199)*. Der ruhige Ort liegt abseits der ausgetretenen Touristenpfade und ist bei Rucksackreisenden beliebt. Die kleinen Lokale und Cafés am Hat Saophao sind vor allem auf Einheimische ausgerichtet. Landeinwärts liegen riesige Garnelen-Aquakulturen und winzige Dörfer mit vorwiegend muslimischer Bevölkerung. Muslimische Drachenbauer verkaufen ihre bunten Drachen an der Straße zwischen Nakhon und Hat Saophao. Den Strand erreicht man mit dem Bus von Nakhon Si Thammarat oder mit dem Motorradtaxi.

⓲ Hat Sa Bua

หาดสระบัว

Straßenkarte C4. 39 km nördl. von Nakhon Si Thammarat. 🚌 ℹ TAT, Nakhon Si Thammarat (07534-6515).

An dem rund fünf Kilometer langen Strand stehen hübsche Kokoshaine. Der Hat Sa Bua ist ein beliebtes Ziel für einheimische Wochenendurlauber. Nördlich von Nakhon windet sich die Straße zum Strand durch eine reizende Landschaft, vorbei an Fischerdörfern und rustikalen Öfen, in denen Ziegel und Töpferwaren gebrannt werden. Tamarisken und Palmen werfen Schatten auf den Sandstrand, Schirme aus Schilf bieten angenehm schattige Kühle. Hier findet man günstige, einfache Bungalows sowie einige preiswerte kleine Bars und Fischlokale.

⓳ Khao-Luang-Nationalpark

อุทยานแห่งชาติเขาหลวง

Straßenkarte C4. Parkzentrum nahe Hwy 4015, 45 km nordwestl. von Nakhon Si Thammarat. 🚌 ℹ Parkverwaltung (07530-0494).

Der Khao Luang gehört mit 596 Quadratkilometern Fläche zu den größten und zugleich am wenigsten erschlossenen Nationalparks in Südthailand. Seit 1974 schützt er das Gebiet um den höchsten Berg der Region, den 1835 Meter hohen Khao Luang. Das Areal besitzt eine Vielfalt an tropischer Flora und Fauna und ist ein Rückzugsgebiet für einige gefährdete Arten. Im Park leben u. a. Moschushirsche, Schabrackentapire, Binturong (Marderbären) und Seraue. Die Parkbehörden haben zudem über 200 Stand- und Zugvogelarten identifiziert. Die dichte, tropische Pflanzenwelt beeindruckt mit farbenprächtigen Orchideen und Rhododendren.

Die Hauptattraktion des Parks ist indes der neunstufige **Krung-Ching-Wasserfall**. Man erreicht ihn auf einer rund fünf Kilometer langen Wanderung ab dem Parkeingang. Im Park gibt es Übernachtungsmöglichkeiten und Campingeinrichtungen.

Der Krung-Ching-Wasserfall rauscht über neun Kaskaden

⓴ Laem Talumphuk

แหลมตะลุมพุก

Straßenkarte C4. 22 km nordöstl. von Nakhon Si Thammarat. 🚌 ℹ TAT, Nakhon Si Thammarat (07534-6515).

Das lange, schmale Kap Laem Talumphuk östlich von Nakhon Si Thammarat bietet den einheimischen Fischerbooten willkommenen Schutz. An dieser Stelle teilt der Fluss Phanang, der aus den nahen Bergen in die Ao Nakhon fließt, die Küste in zwei Abschnitte. Am Ostufer finden sich kleine Fischerdörfer, Garnelen-Aquakulturen sowie ein langer schöner Strand mit riesigen Palmen. Trotz seiner landschaftlichen Schönheit gibt es an diesem Strand nur wenige kleine Läden und Restaurants. Am besten macht man ihn zum Ziel eines Tagesausflugs ab Nakhon Si Thammarat.

Typisches Fischerdorf am Hat Sa Bua

Hotels und Restaurants an der unteren westlichen Golfküste *siehe Seiten 298f und 313f*

Schattenspiele

Das *nang talung* ist eine Variante des Schattentheaters, das in Südostasien schon um 400 v. Chr. entstand. *Nang talung* entwickelte sich in Phatthalung in Südthailand. Die Puppen werfen dabei ihre Schatten auf einen beleuchteten Wandschirm. *Nang talung* wird oft mit dem Schattenspiel *wayang kulit* im Nachbarland Malaysia verglichen. Die Vorführungen beginnen nach Einbruch der Dunkelheit, dauern bis weit in die Nacht und sind noch immer ein wichtiger, wenn auch schwindender Bestandteil des dörflichen Lebens in Südthailand. Die gesamte Vorstellung wird von einem einzigen Puppenmeister, dem *nai nag*, inszeniert. Während das formellere Schattenspiel *nang yai* auf dem Ramakien *(siehe S. 63)* basiert, erzählt das *nang talung* häufig Alltagsgeschichten. Sie werden vom *nai nag* mit leicht erkennbaren Figuren in Szene gesetzt.

Der beleuchtete Wandschirm zeigt den Zuschauern die Schatten der Puppen.

Der *nai nag* bewegt bis zu sechs Puppen auf einmal.

Musiker begleiten den *nai nag* bei den Vorstellungen.

Nang talung

Nang-talung-*Vorstellungen werden auf großen offenen Plätzen gegeben. Der Puppenmeister, der die Puppen in komplizierten Abläufen bewegt, verleiht jeder Figur eine eigene Stimme. Ein traditionelles Musikensemble untermalt das Spiel und steigert mit der Musik die Spannung.*

Das *nang* (Wasserbüffelleder) wird zugeschnitten und gefärbt. Die 50 Zentimeter großen Puppen sind dank ihrer Gelenke beweglich. Dieses Kunsthandwerk beherrschen nur Meister ihres Fachs.

Kleinere *Nang-talung*-Puppen stellen witzige Figuren, etwa Karikaturen von Dämonen, Helden oder Bauern, dar. Diese Charaktere spielen eine zentrale Rolle.

Geschichten aus dem Ramakien werden mit großen Schattenpuppen – *nang yai* – gespielt und aus dem Originalepos übernommen. Hier spielt meist der Affengott Hanuman eine Hauptrolle.

Straßenkarte *siehe hintere Umschlaginnenseiten*

㉑ Nakhon Si Thammarat

นครศรีธรรมราช

Nakhon Si Thammarat wird nur in wenigen Reiseführern erwähnt, obwohl die lebensprühende Stadt als kulturelles Zentrum Südthailands einiges zu bieten hat. Unter dem Namen Ligor soll sie vor dem 7. Jahrhundert die Hauptstadt des Königreichs Tambralinga gewesen sein. Vom 7. bis 13. Jahrhundert war sie im Srivijaya-Reich *(siehe S. 43)* als Sri Dhammaraja (»Stadt des heiligen Dharma-Königs«) ein religiöses Zentrum. Da sich hier viele indische Händler niederließen, trifft man auf zahlreiche Hindu-Schreine, *Nang-talung*-Schattenspiele *(siehe S. 195)* und fein gravierte Niello-Arbeiten *(siehe S. 34)*.

Sightseeing per Rikscha in Nakhon Si Thammarat

Beschnitzte südthailändische Holzkonstruktion des Wat Sao Thong Tong

Wat Sao Thong Tong

วัดเสาธงทอง

Ratchadamnoen Rd. tägl.

Die Hauptattraktion des Wat Sao Thong Tong sind seine südthailändischen Holzgebäude (1888–1901). Der *wat* steht auf dem Gelände der ehemals ersten Grundschule des Distrikts. Seine drei Gebäude sind durch ein gemeinsames Dach miteinander verbunden. Sehenswert sind die aufwendig beschnitzten Türfüllungen, Giebel und Fensterrahmen. Die thailändische Architektenvereinigung bedachte die hervorragend restaurierte Anlage 1993 mit einem Preis.

Alte Stadtmauer und Nordtor

กำแพงเมืองเก่า

Östl. der Ratchadamnoen Rd.

Die alte Stadtmauer umgab einst eine Fläche von einem knappen Quadratkilometer. Sie wurde im 14. und noch einmal im 17. Jahrhundert restauriert. Das Nordtor aus roten Ziegeln ist eine Rekonstruktion.

Ho Phra I-suan

หอพระอิศวร

Ratchadamnoen Rd. tägl.

In der Halle des Schreins sieht man einen ein Meter hohen *linga*. Das phallische Symbol des Hindu-Gottes Shiva stammt wohl aus dem 6. Jahrhundert. Der Shiva-Kult war im 1. Jahrtausend auf der Halbinsel weitverbreitet.

Ho Phra Narai

หอพระนารายณ์

Ratchadamnoen Rd. tägl.

Die fünf phallischen *Linga*-Skulpturen, die an der Stätte dieses Schreins gefunden wurden, stammen aus dem 1. Jahrtausend. Sie befinden sich heute im Wihan-Kien-Museum *(siehe S. 199)*.

Ho Phra Buddha Sihing

หอพระพุทธสิหิงค์

Ratchadamnoen Rd. Mi–So.

Der Phra Buddha Sihing zählt zu den hochverehrten Buddha-Statuen Thailands. Die Figur des Schreins ist die Kopie eines Originalgusses aus dem Jahr 157 n. Chr., die Ende des 13. Jahrhunderts nach Nakhon gebracht wurde. Einheimische Künstler gaben der Figur mit der Andeutung eines Lächelns

Rekonstruierte alte Stadtmauer und Nordtor

Hotels und Restaurants an der unteren westlichen Golfküste *siehe Seiten 298f und 313f*

und einem runden Gesicht ihre persönliche Note. Dieser Stil wird *khanom tom* (»Banane-Reis-Pudding«) genannt. Die Figur gleicht Buddha-Bildnissen im Wat Phra Sing in Chiang Mai in Nordthailand.

Schattentheater

บ้านหนังตะลุงสุชาติ
10/18 Si Thammasok Soi 3.
07534-6394. tägl.

Die *Nang-talung*-Werkstatt des Puppenspielers Suchart Subsin erhält eine Kunstform am Leben, die auszusterben droht. Besucher können bei der Herstellung der Lederfiguren zusehen und diese auch kaufen. Bisweilen finden spontane Aufführungen statt.

Wat Phra Mahathat Woramahawihan

วัดพระมหาธาตุ
Siehe S. 198f.

Nationalmuseum von Nakhon Si Thammarat

พิพิธภัณฑสถานแห่งชาตินครศรีธรรมราช
Ratchadamnoen Rd, 2 km südl. vom Stadtzentrum. 07534-1075.
Mi–So.

Das Herzstück der Filiale des Bangkoker Nationalmuseums *(siehe S. 66f)* bildet eine Vishnu-Statue im südindischen

Buddha-Figur im typischen lokalen Stil, Ho Phra Buddha Sihing

Pala-Stil (9. Jh.). Sie wurde unter einem Baum im Distrikt Kapong bei Takua Pa gefunden, wo sich viele indische Einwanderer angesiedelt hatten. Weitere Glanzstücke sind zwei Bronzetrommeln der nordvietnamesischen Dong Son. In der Thai-Abteilung sieht man sakrale Kunst von der Dvaravati- und Srivijaya- bis zur Rattanakosin-Zeit. Die Buddha-Figuren im typischen lokalen Sing-Stil sind ebenfalls sehenswert.

Infobox

Information
Straßenkarte C4. 144 km südöstl. von Surat Thani.
147 000. TAT, Sanam Na Muang, Ratchadamnoen Rd, Nakhon Si Thammarat (07534-6516). tägl. Fest des 10. Mondmonats (Sep/Okt).

Anfahrt
14 km nördl. von Nakhon Si Thammarat.

Fassade und Umgebung des Nationalmuseums von Nakhon Si Thammarat

Zentrum von Nakhon Si Thammarat

① Wat Sao Thong Tong
② Alte Stadtmauer und Nordtor
③ Ho Phra I-suan
④ Ho Phra Narai
⑤ Ho Phra Buddha Sihing
⑥ Schattentheater
⑦ Wat Phra Mahathat Woramahawihan

Zeichenerklärung *siehe hintere Umschlagklappe*

Straßenkarte *siehe hintere Umschlaginnenseiten*

Nakhon Si Thammarat: Wat Phra Mahathat Woramahawihan

วัดพระมหาธาตุ

Der Wat Phra Mahathat Woramahawihan (»Tempel des großen Chedi«) zählt zu den wichtigsten Tempeln in Südthailand. Hier soll eine Zahnreliquie des Buddha aufbewahrt werden. Prinz Thanakuman und Königin Hemchala sollen diese Reliquie nach Hat Sai Kaew gebracht und ihren Aufbewahrungsort mit einer Pagode markiert haben. Als König Si Thammasokarat im 13. Jahrhundert Nakhon Si Thammarat gründete, ließ er die Reliquie in einen neuen Tempel bringen. Die Gebäude des *wat* zeigen verschiedene Thai-Baustile. Der markante *chedi* ist im ceylonesischen Stil gehalten und ziert als ein Wahrzeichen Thailands das Provinzsiegel und die 25-Satang-Münze.

Opfergaben vor Taksins Statue außerhalb des *Wat*-Komplexes

★ Phra Chedi Boromathat
Der Haupt-*chedi* (77 m) im ceylonesischen Stil wurde wahrscheinlich über einem älteren Srivijaya-*chedi* erbaut. Seine Spitze ist mit 100 Kilogramm Gold belegt.

Außerdem

① **Die 173 kleinen *chedi*** um den Phra Chedi Boromathat sind Kopien des Haupt-*chedi*.

② **Der Dharma Sala Wihan** in der Ostmauer ist dem Studium der Lehre Buddhas gewidmet.

③ **Der Phra Rabieng Wihan** mit seinen kostbaren Buddha-Bildnissen führt rund um den Tempel und bildet an jeder Seite seine Außenmauer.

④ **Ein Dach** aus glasierten roten und grünen Kacheln schützt den Wandelgang.

⑤ **Der Pho Lanka Wihan** hütet Spenden und zeigt die historischen Verbindungen des *wat* mit Sri Lanka.

Wihan Tap Kaset
Rund um den Haupt-*chedi* verläuft der Wihan Tap Kaset. Er ist von goldenen Buddha-Figuren verschiedener Stile gesäumt und mit Elefantenköpfen geschmückt.

Hotels und Restaurants an der unteren westlichen Golfküste *siehe Seiten 298f und 313f*

★ **Königlicher Wihan**
Südlich des Haupt-*chedi* steht neben dem Wandelgang der *ubosot* (Ordinationshalle). Der sogenannte königliche *wihan* beherbergt mehrere Buddha-Bildnisse und eine schöne Elefantenfigur.

Infobox

Information
Ratchadamnoen Rd, Nakhon Si Thammarat. tägl. bis Sonnenuntergang. Hae Pha Khuen That (Feb/Mai), Chak Phra Pak Tai (Okt). **Wihan-Kien-Museum** tägl. 8–17 Uhr.

★ **Wihan Phra Song Ma**
Eine verzierte Treppe führt im Inneren des Wihan Phra Song Ma zum bedeutendsten Teil des Komplexes: dem Wandelgang rund um den *chedi*. Ihn schmücken Figuren aus der hinduistischen und buddhistischen Mythologie.

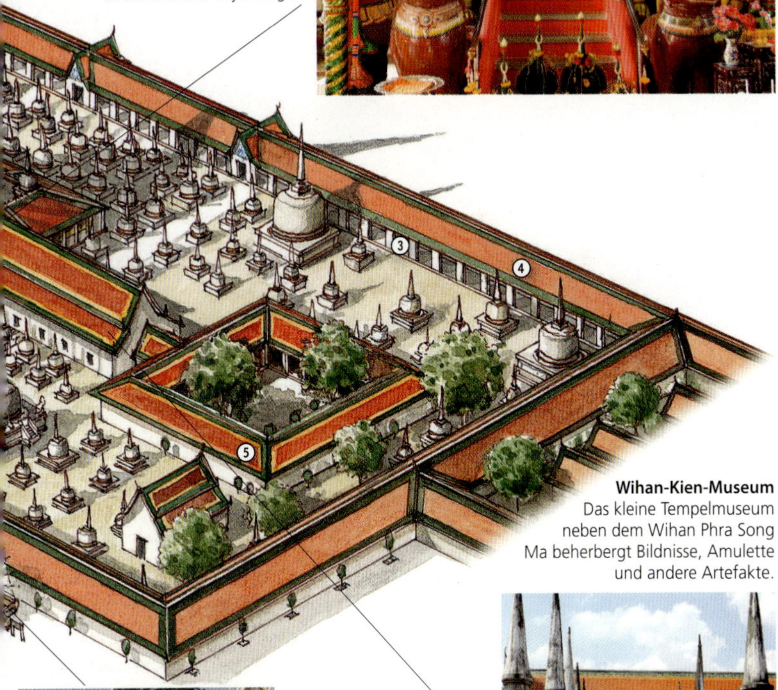

Wihan-Kien-Museum
Das kleine Tempelmuseum neben dem Wihan Phra Song Ma beherbergt Bildnisse, Amulette und andere Artefakte.

Ram und Sita
Ein Schirm behütet die Statuen von Ram und Sita. Sie verweisen auf Nakhons Verbindung zum Hinduismus.

Obere Andamanen-Küste

Idyllische Sandstrände mit wogenden Palmen, im Hinterland das dichte Grün der Regenwälder, ein tiefblaues Meer, aus dem Hunderte Kalksteinfelsen ihre bizarre Gestalt erheben – die obere Andamanen-Küste ist traumhaft schön. Die breite Palette der lohnenden Reiseziele reicht hier von den unberührten Korallenriffen des Surin- und des Similan-Archipels mit ihrer einzigartigen Tierwelt bis zu den Luxusangeboten auf Phuket, Thailands größter Insel und führender Baderegion.

Die Andamanen-Küste besaß schon immer eine große Anziehungskraft. Ihre günstige Lage an der Gewürzroute lockte Kaufleute und Händler, Prospektoren kamen auf der Suche nach den reichen Zinnminen und Urlauber wegen der herrlichen Landschaft. Spuren dieser langen, internationalen Geschichte sind etwa der alte Srivijaya-Hafen Takua Pa, die charakteristische Architektur der chinesischen Ladenhäuser sowie die sino-portugiesischen Villen in Phuket Town.

Die obere Andamanen-Küste ist eine fruchtbare Agrarregion. Hier gibt es ausgedehnte Plantagen mit Kautschuk, Cashewnüssen, Bananen, Durians und Kaffee. Zu mehr Urbanität und internationalem Flair trägt die Insel Phuket bei – mit eleganten Bars und Gourmetrestaurants sowie Designer-Resorts. An der gesamten Küste reihen sich schöne Strände aneinander, im Landesinneren erstrecken sich Regenwälder. Sie werden im Khao Sok und anderen Nationalparks geschützt. Grandios sind die Kalksteingebilde der Phang-Nga-Bucht. In der Andamanensee bezaubert eine faszinierende Unterwasserwelt, die man am besten in den einzigartigen Tauchgründen vor den Surin- und Similan-Inseln erkundet.

In den Städten der kulturell vielfältigen Region leben Thais und Thailänder mit chinesischen Vorfahren. In Fischerdörfern stößt man auf Muslime und einige wenige Gemeinschaften von Seenomaden. Im Dezember 2004 war die obere Andamanen-Küste schwer von der verheerenden Tsunami-Katastrophe betroffen.

Karstformationen prägen die Landschaft im Khao-Sok-Nationalpark

◀ **Auf Tuchfühlung mit einer Meeresschildkröte im Meeres-Nationalpark der Similan-Inseln** *(siehe S. 214f)*

Überblick: Obere Andamanen-Küste

Einige der schönsten Strände Südostasiens liegen an diesem Teil der Andamanen-Küste. Von Phuket aus lässt sich die Region mit ihrem breiten Shopping-Angebot, den zahllosen Lokalen sowie dem vielfältigen Unterhaltungs- und Wassersportangebot gut erkunden. Ein Muss sind die faszinierenden Kalksteinformationen der Phang-Nga-Bucht. Naturliebhaber sind begeistert von der Landschaft, Tier- und Pflanzenwelt der dicht bewaldeten Hügel des Khao-Sok-Nationalparks sowie den Mangroven des Laem-Son-Nationalparks. Tropenidylle pur bieten die langen Sandstrände an der Khao-Lak-Küste. Der Similan- und der Surin-Archipel sind mit ihrer spektakulären, artenreichen Unterwasserwelt ein Dorado für Taucher und Schnorchler.

Gläubige vor dem San-Chao-Chui-Tui-Tempel in Phuket

Sehenswürdigkeiten auf einen Blick

Städte und Dörfer

- ❶ Ranong
- ❿ Khuraburi
- ⓮ Takua Pa

Nationalparks

- ❹ Laem-Son-Nationalpark
- ❺ Wildschutzgebiet Khlong Nakha
- ⓫ Mu-Ko-Ra-Ko-Phra-Thong-Nationalpark
- ⓬ *Meeres-Nationalpark Surin-Inseln S. 208f*
- ⓭ *Khao-Sok-Nationalpark S. 210f*
- ⓰ Khao-Lak-Lam-Ru-Nationalpark
- ⓲ *Meeres-Nationalpark Similan-Inseln S. 214f*

Strände, Inseln, Buchten und Mündungsgebiete

- ❷ Ko Chang
- ❸ Ko Phayam
- ❻ Ko Khang Khao
- ❼ Ko Kam Noi
- ❽ Ko Kam Yai
- ❾ Hat Praphat
- ⓯ Hat Khao Lak
- ⓱ Khlong Thap Liang
- ⓳ *Phang-Nga-Bucht S. 216–221*
- ⓴ *Phuket S. 224–243*

Entspannung im Schatten an einem der sechs Strände an der Khao-Lak-Küste

Weitere Zeichenerklärungen *siehe hintere Umschlagklappe*

An der oberen Andamanen-Küste unterwegs

Die meisten Besucher landen auf dem Flughafen von Phuket. Von dort aus lässt sich die obere Andamanen-Küste am besten erkunden. Zwischen Phuket, Phang Nga und Ranong verkehren zuverlässige klimatisierte Linienbusse, bequemer kommt man mit dem Auto voran, das man in Phuket oder Ranong mieten kann. In der Region fährt keine Eisenbahn. Die Similan-Inseln sind von Phuket aus zugänglich. Den Surin-Archipel erreicht man per Boot von Ranong, Khao Lak und Khuraburi aus. Mit Langbooten kann man die kleineren Inseln und Buchten erkunden, etwa Ko Chang oder Phang Nga.

❶ Ranong

ระนอง

Straßenkarte B3. 565 km südwestl. von Bangkok. 15 000. TAT, Chumphon (07750-1831).

Im 18. Jahrhundert gründeten Hokkien-Chinesen, die als Arbeiter für die Zinnminen der Region angeheuert worden waren, diese Stadt. Als der Wohlstand stieg, entwickelte sich Ranong zur wichtigen Grenzstadt. Vor hier aus kann man auf einer halb- oder ganztägigen Bootsfahrt **Kawthaung** (früher Victoria Point), die südlichste Grenzstadt Myanmars, besuchen. Ausländer benötigen dafür zwingend ein Visum. Die Stadt ist bekannt für ihre zollfreien Waren und äußerst günstiges Kunsthandwerk.

Die Hauptattraktion von Ranong sind die Bo Nam Ron (heiße Mineralquellen), die östlich des Zentrums am Khlong-Hat-Sompen-Fluss am **Wat Tapotaram** entspringen. Die Quellen werden in drei Betonwannen geleitet, die »Mutter«, »Vater« und »Kind« heißen. Das Wasser ist mit einer mittleren Temperatur von 65 °C zu heiß zum Baden. Kühler wird es flussabwärts im Jansom Thara Spa Resort Hotel. Auch Nicht-Gäste können gegen Gebühr den Badebereich benutzen.

Ruderboote von Fischern – ideal, um Ko Chang zu umrunden

❷ Ko Chang

เกาะช้าง

Straßenkarte B3. 24 km südwestl. von Ranong. von Saphan Pla, Ranong.

Die kleine, idyllische Insel in der Andamanensee ist weit weniger erschlossen als ihre Namensvetterin an der östlichen Golfküste *(siehe S. 122f)*. Außer sich entspannt zurückzulehnen und gelegentlich in das winzige Fischerdorf der Insel zu spazieren, um sich dort zu versorgen, gibt es auf Ko Chang wenig zu tun. Die Strandbungalows fallen unter die Kategorie »einfach«. Unternehmungslustige gehen zum **Hat Ao Yai** an der Westküste der Insel und genießen am weißen Sandstrand den Sonnenuntergang. Wer am Strand übernachten möchte, findet dort Gästehäuser.

Katzenwäsche an einer heißen Quelle, Wat Tapotaram

❸ Ko Phayam

เกาะพยาม

Straßenkarte B4. 34 km südl. von Ko Chang. von Saphan Pla. von Ko Chang.

Das Eiland Ko Phayam hat nur 500 Bewohner. Die Mietbungalows sind preiswert, die Strandrestaurants bezaubernd. Die obligatorische verschlafene Bar ist auch vorhanden. Sonst gibt es hier wenige Einrichtungen, selbst der Strom wird um 23 Uhr abgestellt. Die Einheimischen leben vom Fischfang (Garnelen, Krebse und Tintenfische) oder aber vom Anbau von Satorbohnen und Cashewnüssen. Die Tier- und Pflanzenwelt ist hingegen vielfältig, mit vielen Schlangenarten, Affen und Nashornvögeln. Als Fortbewegungsmittel dienen Motorradtaxis.

Hotels und Restaurants an der oberen Andamanen-Küste *siehe Seiten 299f und 314–316*

❹ Laem-Son-Nationalpark

อุทยานแห่งชาติแหลมสน

Straßenkarte B4. Parkzentrum nahe Hwy 4, 60 km südl. von Ranong. Parkverwaltung (07786-1431). **dnp.go.th**

Der Nationalpark erstreckt sich vom Distrikt Kapoe in der Provinz Ranong bis zum Distrikt Khuraburi in der Provinz Phang Nga. Zu dem mit 316 Quadratkilometer Fläche sechstgrößten Nationalpark Thailands gehören 101 Kilometer Küste an der Andamanensee mit Mangrovensümpfen und Wäldern – Thailands längster geschützter Küstenabschnitt. Der 1983 gegründete Park ist wenig erschlossen und kaum besucht.

Im Laem Son leben 138 Vogelarten. Das Parkzentrum liegt am **Hat Bang Ben**, dem schönsten und am einfachsten zu erreichenden Strand im Park. Unter den Kasuarinen stehen einige einfache Bungalows, man kann sich auch Zelte leihen und unter den schattigen Bäumen kampieren. Während der stürmischen Zeit des Südwest-Monsuns von Juni bis September sollte man mit dem Baden an der Andamanen-Küste generell sehr vorsichtig sein – hier allerdings kann man das ganze Jahr über sicher schwimmen. Die Parkverwaltung arrangiert auch Überfahrten mit Langbooten zu einigen der Inseln vor der Küste, darunter Ko Kam Yai, Ko Kam Noi und Ko Khang Khao *(siehe S. 206)*.

Interessant für Besucher sind die artenreichen Mangrovenwälder und -sümpfe, in denen sich Makaken, Meeresschildkröten, Fisch- und Seeadler, Wildschweine und Nashornvögel tummeln.

Malaienbär

❺ Wildschutzgebiet Khlong Nakha

เขตรักษาพันธุ์สัตว์ป่าคลองนาคา

Straßenkarte B4. Parkzentrum nahe Hwy 4, 77 km südl. von Ranong.

Das Wildschutzgebiet Khlong Nakha wurde 1972 gegründet und umfasst 531 Quadratkilometer. Es ist eines der ältesten und größten Naturreservate Thailands, dennoch wird es relativ wenig besucht. Unter den Wildtieren finden sich große Säugetiere wie Asiatische Elefanten, Seraue, Schabrackentapire, Gaurs, Malaienbären, Sambare und Indische Muntjaks. Auch Tiger und Leoparden durchstreifen den Dschungel. Besucher dürfen sich aber schon glücklich schätzen, wenn sie nachts das Gebrüll der Großkatzen hören.

Eingang zu Khlong Nakha

Wie in fast allen Natur- oder Nationalparks Südthailands liegt die beste Besuchszeit zwischen November und Februar, wenn es kühler ist. Den Südwest-Monsun sollte man meiden, denn dann werden Blutegel zu unwillkommenen Begleitern der Wanderer. Ein beliebtes Ziel im Park ist der »Ein-Tausend-Meter-Wasserfall« **Nam Tok Phan Met** mitten im grünen Regenwald. Es ist ratsam, etwa einen Monat vor einem Besuch zu buchen.

Langboote warten auf Passagiere zu den nahen Inseln, Laem-Son-Nationalpark

Anfahrt mit motorisiertem Langboot zu einer Insel vor Ko Khang Khao

❻ Ko Khang Khao

เกาะค้างคาว

Straßenkarte B4.10 km südl. vom Hat Bang Ben. vom Hat Bang Ben.

Die Andamanen-Küste südlich des Hat Bang Ben *(siehe S. 205)* war früher lediglich von Fledermäusen bewohnt – daher der Inselname Ko Khang Khao (»Fledermausinsel«). Der schöne weiße Sandstrand Hat Hin Ngam an ihrer Nordküste ist übersät mit bunten, runden Kieseln. Ko Khang Khao ist eine üppig grüne, unberührte Tropeninsel, auf der sich Urlauber im warmen Sand entspannen oder im flachen Wasser schnorcheln können. In den Gewässern finden sich auch einige bunte Korallen, doch die Sichtweite ist gering, da auf dem Festland nahe der Insel Flüsse ins Meer münden. Vom Hat Bang Ben aus ist Ko Khang Khao ein hübscher Tagesausflug. Die Insel ist ganzjährig erreichbar, außer in der Regenzeit von Juni bis September.

❼ Ko Kam Noi

เกาะกำนุ้ย

Straßenkarte B4. 18 km südwestl. vom Hat Bang Ben. vom Hat Bang Ben.

Im Wasser vor dem Hat Bang Ben liegt die bei Campern beliebte Insel Ko Kam Noi. Dort stören keinerlei kommerzielle Einrichtungen die Ruhe. Die Küste im Westen ist felsig, doch im Nordosten findet man sandige Abschnitte. Auf grasigen Flecken kann man sein Zelt aufstellen, auch Süßwasser ist vorhanden. Schnorchler kommen im Meer auf ihre Kosten.

❽ Ko Kam Yai

เกาะกำใหญ่

Straßenkarte B4. 16 km südwestl. vom Hat Bang Ben. vom Hat Bang Ben.

Auf der Insel Ko Kam Yai ist die Atmosphäre trotz der Größe und Emsigkeit entspannt. Weiße Sandstrände säumen die Insel fast vollständig, in den bewaldeten Hügeln kann man gut Vögel beobachten. Vor allem in der kühleren Jahreszeit von November bis Februar sind hier verschiedene Zugvögel zu sehen. Campingeinrichtungen und Bungalows sind vorhanden. Nur 200 Meter entfernt liegt das winzige Inselchen **Ko Tam Tok**, das man von Ko Kam Yai aus bei Ebbe über eine Sandbank erreicht – oder man schwimmt oder fährt mit dem Boot dorthin.

❾ Hat Praphat

หาดประพาส

Straßenkarte B4. 50 km südl. vom Hat Bang Ben.

Den langen Sandstrand Hat Praphat an der Andamanen-Küste säumen alte Kasuarinen und Kiefern. Hier finden sich

Dicht bewachsene Felsen begrenzen einen unberührten weißen Sandstrand auf Ko Kam Yai

Hotels und Restaurants an der oberen Andamanen-Küste *siehe Seiten 299f und 314–316*

Fischerboot im Licht der untergehenden Sonne, Hat Praphat

einige einfache Bungalows und Strandlokale, die frischen Fisch servieren. Dieser Küstenabschnitt hat unter dem Tsunami von 2004 stark gelitten, sich aber seitdem gut erholt. Der Laem-Son-Nationalpark *(siehe S. 205)* unterhält eine Außenstelle am Hat Praphat, da hier geschützte Meeresschildkröten ihre Eier ablegen.

⑩ Khuraburi

คุระบุรี

Straßenkarte B4. 142 km südl. von Ranong.

Vom Städtchen Khuraburi aus fahren Boote zum Surin-Archipel *(siehe S. 208f)*, der 60 Kilometer vor der Küste liegt, und zum nicht weit entfernten Mu-Ko-Ra-Ko-Phra-Thong-Nationalpark.

Das von Kautschuk-, Palmöl- und Kokosplantagen umgebene Städtchen passieren die Busse auf dem Highway 4 von Phuket nach Ranong und weiter in Richtung Bangkok. Der Ort verfügt über Unterkünfte und eine gute Auswahl an Lokalen sowie einige Läden.

In und um Khuraburi betreiben einige Nichtregierungsorganisationen kommunale Tourismusprogramme, die den Urlaubern Kultur und Ökosystem des Gebiets nahebringen sollen. Alle Einnahmen der Initiativen kommen der Gemeinde zugute.

⑪ Mu-Ko-Ra-Ko-Phra-Thong-Nationalpark

อุทยานแห่งชาติหมู่เกาะระเกาะพระทอง

Straßenkarte B4. 10 km westl. von Khuraburi. vom Khuraburi-Pier. Parkverwaltung (07649-1378). **dnp.go.th**

Der Mu Ko Ra-Ko Phra Thong schützt 642 Quadratkilometer Land und Wasser. Seit seiner Eröffnung im Jahr 2000 war der Nationalpark Ziel vieler Diskussionen und Proteste der Einheimischen. Vor allem die Fischer, die ihre Fanggründe verloren, protestierten. Die größten Inseln im Park sind **Ko Phra Thong** und **Ko Ra**. Das kleinere Ko Ra ist eine unbewohnte Insel, die sich von Nord nach Süd zehn Kilometer ausdehnt und von Ost nach West etwa drei Kilometer. Sie ist von dichtem Regenwald bedeckt, in dem viele Vögel leben, darunter einige Nashornvogelarten. An der Westküste liegen zur Andamanensee schöne Strände. Diese einsame Seite der Insel erreicht man mit Langbooten oder per Kajak.

Wer sich nach Ko Ra übersetzen lässt, sollte sich versichern, dass er auch wieder abgeholt wird. Wer mit dem Kajak hinpaddelt, sollte vor allem entlang der Westküste auf die starken Strömungen achten. Auf der Insel sind keine Einrichtungen vorhanden, Essen und Wasser muss man selbst mitbringen. Das hügelige Gelände ist für Wanderungen ideal, man kann die ganze Insel zu Fuß erkunden.

Anders als auf Ko Ra leben auf Ko Phra Thong einige Menschen. Der Ostteil ist von Mangrovenwäldern bedeckt, an der Westküste liegen Strände, an denen auch die riesige Lederschildkröte ihre Eier ablegt. Zudem sind hier Flughunde und gelegentlich Seekühe (Dugongs) zu erspähen. Ko Phra Thong wurde für den Ökotourismus erschlossen, daher sind neben einem temporären Büro der Parkverwaltung auch einige Hotels vorhanden, darunter das luxuriöse Golden Buddha Beach Resort *(siehe S. 300)*.

Reisende warten am Khuraburi-Pier auf die Boote zu den Inseln

Schnorchler im klaren Wasser vor Ko Surin Nua

⓬ Meeres-Nationalpark Surin-Inseln

อุทยานแห่งชาติหมู่เกาะสุรินทร์

Straßenkarte B4. 60 km nordwestl. von Khuraburi. von Ranong, Khao Lak und Khuraburi. Parkverwaltung (07647-2145) oder Forstamt (02562-0760). Mitte Nov–Mitte Mai. **dnp.go.th**

Die fünf hübschen, mitten in der Andamanensee gelegenen Surin-Inseln bilden seit 1981 einen Nationalpark. Sie zählen zu den ursprünglichsten maritimen Reisezielen in Thailand. Der Archipel bietet Tauch- und Schnorchelmöglichkeiten mit Sichtweiten von bis zu 25 Metern. Die schönsten Tauchreviere sind Richelieu Rock und Burma Banks.

Die beiden größeren Inseln, Ko Surin Nua und Ko Surin Tai, trennt eine nur 200 Meter breite Wasserstraße. Dort liegen mit die schönsten Korallenriffe in der Andamanensee.

Farbenfrohe Tropenfische in einem Riff vor den Surin-Inseln

Die drei kleineren Inseln – Ko Ri, Ko Kai und Ko Klang – sind eigentlich nur felsige Inselchen mit spärlicher Vegetation. Sie sind bis heute unbewohnt.

Die Inseln locken mit einer herrlichen Unterwasserwelt, aber auch mit schönen Sandstränden, Mangroven und grünen Regenwaldabschnitten, in denen man gut wandern und Vögel beobachten kann. Hier lassen sich u. a. Javaneraffen (Langschwanzmakaken), Bengalenwarane und über 57 Vogelarten entdecken. Auf den Surin-Inseln leben zudem die seltenen Flughunde, auf Bäumen lebende Säugetiere der Gattung Fledertiere.

Ko Surin Nua

เกาะสุรินทร์เหนือ

Ko Surin Nua (»Surin-Nordinsel«) ist die größte Insel des Archipels und dicht mit hohem Hartholzwald bestanden. Die größte Bucht der Insel heißt Ao Mae Yai. In den umliegenden Gewässern findet sich eine unglaubliche Vielfalt an Weichkorallen, häufig sind zudem Rundkopf-Geigenrochen und andere Rochenarten sowie Walhaie zu erspähen. Einige der schönsten und am besten zu erreichenden Tauchgründe liegen vor der Parkzentrale im sogenannten HQ Channel zwischen den beiden Inseln. Dort ist das Wasser so klar, dass man die Korallen bequem von oben bestaunen kann. Obwohl das Gebiet durch extreme Überfischung und den Tsunami im Jahr 2004 gelitten hat – durch die Störung des ökologischen Gleichgewichts hat die Meeresfauna leicht abgenommen –, sind die Auswirkungen erstaunlich gering.

Auf der Insel verlaufen einige Wanderwege, vor allem um die Ao Mae Yai. Es gibt gute Zeltplätze sowie beim Parkzentrum auf Ko Surin Nua ein Restaurant mit Thai-Küche und einfache, aber adäquate Bungalows zum Übernachten.

Seenomaden

Moken-Kinder spielen vor ihren Wohnhütten, Ko Surin Tai

Die wohl ältesten Bewohner der Region, die Seenomaden *(chao lae)*, sind vermutlich Nachfahren von Malaysias *orang laut* (»Meeresmenschen«). Die rund 5000 *chao lae* leben nomadisch oder halbnomadisch an der Andamanen-Küste, teils in *kabang* genannten Hausbooten. Zur größten ethnischen Gruppe, den Urak Lawoi, zählen rund 3000 Menschen, die in einfachen Behausungen wohnen und vom Fischfang leben. Die beiden kleineren Gruppen sind Moklen und Moken. Sie leben vom Reichtum des Meers, von Seegurken, Austern und Meeresfrüchten, und verkaufen Handwerkserzeugnisse. Seenomaden sprechen ihre eigene Sprache und hängen einem animistischen Glauben an. Ein bedeutendes Ritual ist das jährliche Ahnengedenken und die spirituelle Reinigung von bösen Geistern.

Hotels und Restaurants an der oberen Andamanen-Küste *siehe Seiten 299f und 314–316*

Ko Surin Tai

เกาะสุรินทร์ใต้

Ko Surin Tai (»Surin-Südinsel«) ist die zweitgrößte Insel des Surin-Archipels. Sie bietet die gleiche Tier- und Pflanzenwelt wie Ko Surin Nua, doch keinerlei Parkeinrichtungen. Im einfachen Dorf Chao Thalae haben sich einige Moken-Familien angesiedelt. Die wunderschöne Bucht Ao Tao an der Südostküste der Insel ist ein Zufluchtsort für Meeresschildkröten. Beim Schnorcheln im Wasser vor der Bucht kann man nicht nur die beeindruckenden Reptilien, sondern auch die herrlichen Korallenriffe des Gebiets bewundern.

Pfahlhäuser und Fischerboote bei Chao Thalae, Ko Surin Tai

Richelieu Rock

ไรเชเรีย รอค

14 km südöstl. der Surin-Inseln.

Der Richelieu Rock ist ein Unterwasserberg aus Kalkstein, der wie ein Hufeisen geformt und fast vollständig überspült ist. Hier liegt einer der schönsten Tauchgründe Thailands. Der Felsgipfel des Bergs ragt nur bei Ebbe ein wenig aus dem Wasser. Für die Boote, die in dem Gebiet unterwegs sind, ist die Kalksteinformation, die sich 30 Meter vom Meeresgrund auftürmt, gefährlich.

Vom Tsunami von 2004 war der Richelieu Rock nicht betroffen, die Umwelt seiner Unterwasserlandschaft ist intakt. Hier liegen Futter- und Rückzugsgebiete vieler Fischarten. Man sieht u. a. Barrakudas, Stachelmakrelen, Mantarochen, Spatenfische und Walhaie. Zwischen den Korallen tummeln sich zudem Seepferdchen, Harlekingarnelen, Anglerfische, Feuerfische sowie gelbe Tannenzapfenfische. Tauchausflüge sollte man hier nur mit einem ortskundigen Führer unternehmen.

Burma Banks

ชายแดนพม่า

60 km nordwestl. der Surin-Inseln.

Noch abgeschiedener und vielleicht faszinierender als Richelieu Rock ist die Burma Banks genannte Kette von Unterwasserbergen. Die drei Hauptberge – Silvertip, Rainbow und Roe – bieten ein unvergleichliches Taucherlebnis über unberührten Korallenriffen, in denen sich eine Vielfalt großer Fischarten und anderer exotischer Meerestiere tummelt, darunter Große Barrakudas und Muränen. Tagesausflüge werden von Khuraburi *(siehe S. 207)* oder Khao Lak *(siehe S. 212)* aus arrangiert.

Ins Wasser gehen sollten nur erfahrene Taucher, da das Gebiet im offenen Meer liegt. Hauptattraktion ist die fast garantierte Sichtung von Haien, darunter bis zu drei Meter lange Ammenhaie, Silberspitzenhaie und die exotischen Zebrahaie (Leopardenhaie).

Dichter Regenwald und bizarre Kalksteingipfel im Nationalpark Khao Sok

⓭ Khao-Sok-Nationalpark

อุทยานแห่งชาติเขาสก

Straßenkarte B4. Parkzentrum nahe Hwy 401, 85 km südl. von Khuraburi. Parkverwaltung (07739-5154). **dnp.go.th**

Zusammen mit den Nationalparks Mu Ko Ra-Ko Phra Thong *(siehe S. 207)* und Khao Lak-Lam Ru *(siehe S. 212)* schützt der Khao Sok die größte unberührte Regenwaldfläche in Südthailand. Die Wälder des Khao Sok blieben von den Eiszeiten verschont und gehören mit einem Alter von etwa 160 Millionen Jahren zu den ältesten ihrer Art. Das Gelände des 738 Quadratkilometer großen Parks steigt bis auf 960 Meter Höhe an und umfasst über 100 Inseln. Diese entstanden 1982 durch den Bau des Rachabrapha-Staudamms.

Neben Elefanten, Tigern, Bären, Tapiren, Gibbons und anderen Affen leben im Park über 300 Vogelarten, darunter Nashornvögel und Arguspfauen. Die größeren Tiere bekommt man normalerweise nur nachts zu Gesicht, ihre Spuren auf den markierten Pfaden sieht man auch tagsüber. Leider wird trotz der Parkaufsicht gewildert.

Khao Sok wartet auch mit einer interessanten Flora auf. Er ist einer der wenigen Orte, an dem die *Rafflesia kerrii* heimisch ist. Die faulig riechende Blume wächst als Schmarotzer in den Wurzeln der Bäume und durchbricht einmal im Jahr deren Rinde, um im Verlauf von Monaten ihre riesige, bis zu 80 Zentimeter breite Blüte auszubilden. Der Aasgestank der Blüte lockt Insekten an, die sie bestäuben. Innerhalb weniger Tage verwelkt sie dann zu einer fauligen Masse.

Riesiger Doppelhornvogel

Khao Sok bekommt sowohl den Südwest- als auch den Nordost-Monsun mit voller Wucht ab, daher dauert die Regenzeit von Mai bis November. Die beste Zeit für einen Besuch ist von Januar bis April.

Bekannt ist der Khao-Sok-Nationalpark zudem für seine schönen Kalksteingipfel, zahlreichen Wasserfälle und Höhlen.

Langboote sind ein bequemes Transportmittel im Khao Sok

Neben den Kalksteingipfeln ist der Chiaw-Lan-See die markanteste geografische Attraktion.

Der Park bietet viele Aktivitäten. Man kann Kajak fahren, auf Elefanten reiten oder in unterirdischen Höhlen tauchen. Die meisten Wanderwege durch den Khao Sok sind für alle Schwierigkeitsgrade geeignet. Einige sind jedoch anspruchsvoll und erfordern Erfahrung und Kondition. Im Park sind einfache Unterkünfte und Verpflegungsmöglichkeiten vorhanden. Direkt vor dem Eingang am Parkzentrum findet man einige Läden.

Nam Tok Than Sawan

น้ำตกธารสวรรค์

7 km westl. des Parkzentrums.

Sieben Kilometer westlich des Parkzentrums stößt man am Ende eines malerischen Wanderwegs auf den »himmlischen Wasserfall« Nam Tok Than Sawan. In der Regenzeit ist der Weg eventuell nicht begehbar. Das Wasser stürzt von der Kante einer steilen Wand in die Tiefe – und die Sonne zaubert wunderschöne Regenbogeneffekte in die Gischt.

Nam Tok Sip-Et Chan

น้ำตกสิบเอ็ดชั้น

5 km nördl. des Parkzentrums.

Der riesige Wasserfall stürzt fünf Kilometer nördlich des Parkzentrums über elf Felsstufen in die Tiefe. Wegen des schwierigen Geländes und einiger Flussüberquerungen dauert die Wanderung zum

Wasserfall bis zu drei Stunden. Unterwegs sieht man u. a. Gibbons und Nashornvögel.

Chiaw-Lan-See

ทะเลสาบเชี่ยวหลาน

66 km nordöstlich des Parkzentrums.

Vom Parkzentrum fährt man in einer Stunde zum 66 Kilometer östlich gelegenen Chiaw-Lan-See. Der große Süßwassersee entstand 1982 durch den Bau des Rachabrapha-Staudamms und wird daher auch Rachabrapha-See genannt. Aus dem See ragen bis über 900 Meter hohe Kalksteinfelsen auf, sie sind also bis zu dreimal höher als diejenigen der Phang-Nga-Bucht *(siehe S. 216–221)*. Die Felsen bieten vielen seltenen Wildtieren Zuflucht. Man sieht Gibbons wild herumturnen. Auf den Gipfeln sitzen Adler. Die Felsen sind – außer für unerschrockene Kletterer – unzugänglich. Übernachtungsmöglichkeiten mit Traumblick auf die Landschaft der Umgebung bieten Hausboote auf dem See oder Hütten am Ufer.

Karstformationen des Chiaw-Lan-Sees

Tham Nam Thalu

ถ้ำน้ำทะลุ

Ein besonders lohnendes Ziel im Khao-Sok-Nationalpark ist die 800 Meter lange, hufeisenförmige Höhle Tham Nam Thalu, die von seltenen Tieren bewohnt wird. Sie liegt nahe dem Südwestufer des Chiaw-Lan-Sees. Die Höhlenbesichtigung ist eine aufregende Wanderung durch die Dunkelheit auf rutschigem Boden. Wer vor Fledermäusen Angst hat oder unter Klaustrophobie leidet, sollte davon absehen. Der markierte Pfad führt an einem kleinen Fluss entlang in das Höhlensystem, teilweise muss man durch das Wasser waten. Wer die Höhle besichtigen will, benötigt festes Schuhwerk und eine Taschenlampe. In der Regenzeit sollte man die Höhle meiden, auch wenn so mancher Führer anderes behauptet: Es gab bereits einige Unfälle. Die Höhlenwanderung ist jedoch sicher ein unvergessliches Highlight eines Khao-Sok-Besuchs.

Tham Si Ru

ถ้ำสี่รู

Ein weiteres bekanntes Höhlensystem ist die Tham Si Ru oder »Vier-Löcher-Höhle«. Die vier ineinander übergehenden Höhlen wurden während der 1970er Jahre von kommunistischen Aufständischen als geheime Basis benutzt. Vom Südufer des Chiaw-Lan-Sees kommt man zu Fuß dorthin.

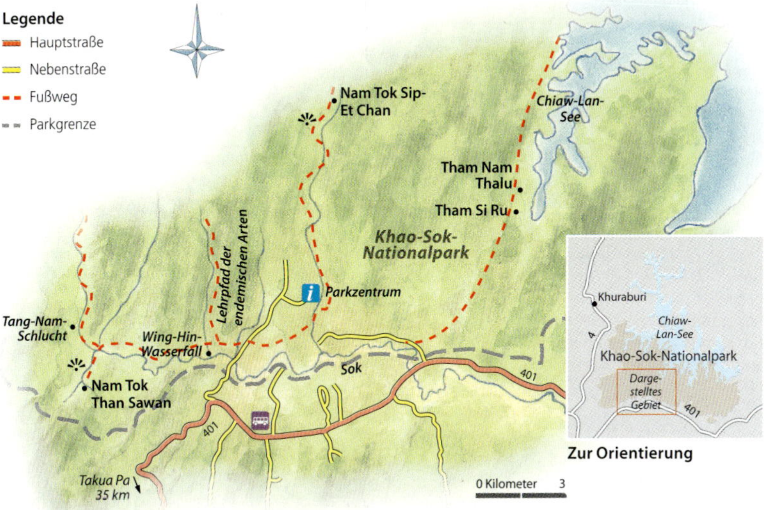

Zur Orientierung

Straßenkarte *siehe hintere Umschlaginnenseiten*

⓮ Takua Pa

ตะกั่วป่า

Straßenkarte B4. 53 km südl. von Khuraburi. 8500.

Takua Pa, das früher Takola oder Takkolam hieß, besaß einst einen der schönsten und größten Häfen auf der thailändischen Halbinsel. Über ihn wurde der Handel zwischen dem Srivijaya-Reich *(siehe S. 43)* und den tamilischen Königreichen in Südindien abgewickelt. Die Stadt ist zweigeteilt in das jeweils charakteristische alte und neue Viertel. In der Altstadt erinnern noch einige Häuser im sino-portugiesischen Stil an das historische Takola. Das neue Viertel liegt am Fluss Takua Pa. Bei einem Bummel durch die Straßen der wenig besuchten Stadt entdeckt man buddhistische und chinesische Tempel und stößt schließlich an den exotischen, schönen »Teakbaumstrand« **Hat Bang Sak**, wo Kasuarinen Schatten auf den weißen Sand werfen. Am besten erreicht man ihn über den Highway 4 von Takua Pa nach Thai Muang. Derzeit findet man dort nur einfache Unterkünfte, doch es bestehen bereits Pläne für den Bau von gehobeneren Hotels.

Urlauber schlendern am hübschen Hat Khao Lak entlang

⓯ Hat Khao Lak

เขาหลัก

Straßenkarte B4. 34 km südwestl. von Takua Pa. von Takua Pa oder von Phuket. TAT, Phuket (07621-1036).

Südlich von Takua Pa wechseln sich an der Küste lange felsige Abschnitte und Sandstrände ab. Auf halbem Weg zwischen Takua Pa und Thai Muang liegt der Hat Khao Lak, der südlichste von sechs Stränden, die jeweils durch Felsen voneinander getrennt sind. Bisher war es dort ruhig, doch inzwischen kommen immer mehr Urlauber hierher. Mittlerweile haben verschiedene Läden eröffnet, und man kann bereits in einigen Hotels übernachten.

Der Hat Khao Lak ist ein guter Ausgangspunkt für Ausflüge zu den Surin- *(siehe S. 208f)* und Similan-Inseln *(siehe S. 214f)*. Von November bis April fahren von den Häfen Thap Lamu und Hat Khao Lak Boote zu den Archipelen. Die Überfahrt dauert etwa vier Stunden. Viele Urlauber buchen hier auch Tauchfahrten.

Um die Gunst der Urlauber konkurriert auch der 61 Meter hohe Nam Tok Sai Rung oder Sai-Rung-Wasserfall. Der reizende Wasserfall liegt ganz in der Nähe des Strands fast beim Highway 4.

Open-Air-Lokale in strohgedeckten Pavillons an der Küste, Hat Bang Sak

Aussichtsdeck im Khao-Lak-Lam-Ru-Nationalpark

⓰ Khao-Lak-Lam-Ru-Nationalpark

อุทยานแห่งชาติแหลมรู

Straßenkarte B4. Parkzentrum nahe Hwy 4, Laem Hin Chang, 34 km südwestl. von Takua Pa. von Takua Pa oder Phuket. Parkverwaltung (07648-5243). tägl. 8–16.30 Uhr. **dnp.go.th**

Der Khao Lak-Lam Ru umfasste bei seiner Eröffnung 1991 nur ein Landareal, wurde aber 1995 auf einige Meeresgebiete ausgedehnt. Der Park bedeckt 127 Quadratkilometer und ist für seine außergewöhnlich schöne Natur – Inseln, Klippen, bewaldete Hügel und Strände sowie Kalkstein- und Granitspitzen, die in der Kreidezeit entstanden – mit einer vielfältigen Flora und Fauna bekannt. Über das dreistöckige Blätterdach im tropischen, immergrü-

Bunte Flaggen schmücken den Eingang zum Khao Lak-Lam Ru

nen Wald in den Hügeln bei Khao Lak ragen einige Baumriesen auf. In der untersten Ebene gedeihen Epiphyten, darunter Orchideen und Farne, sowie die nützliche kletternde Rattanpalme, aus der Peddigrohr gewonnen wird.

Zu den Tieren im Park gehören Makaken, Languren, Königsdrongos, Kragenbären, Goldwangen-Bartvögel, Netzpythons, Schwarze Riesenhörnchen, Wildschweine und einige Arten von Nashornvögeln. Mehrere Wanderwege führen zu verschiedenen Wasserfällen, besonders grandios ist der **Nam Tok Lam Ru** oder Lam-Ru-Wasserfall. Er liegt 31 Kilometer vom Parkzentrum bei Laem Hin Chang entfernt. Weitere Wasserfälle sind Nam Tok Saeng Thong und Nam Tok Chong Fa.

Thailändische Besucher gehen auch gern zu einem Schrein im Dschungel. Er ist Chao Po Khao Lak gewidmet, der als Schutzgeist des Nationalparks gilt.

⓱ Khlong Thap Liang

คลองทับเหลียง

Straßenkarte B4. 10 km südwestl. vom Khao-Lak-Lam-Ru-Nationalpark.

Wer Khao Lak besucht, für den bietet sich auch ein Ausflug mit dem Langboot zum nahen Meeresarm Khlong Thap Liang und zu den benachbarten kleineren Khlong Thung Maphrao und Khlong Hin Lad an. Dort gibt es Mangrovenwälder, die von Langschwanzmakaken bevölkert sind. Bei Ebbe kommen sie gelegentlich auf die Schlammflächen. Die wie Kanäle *(khlong)* geformten Meeresarme liegen unmittelbar südlich von Thap Lamu zwischen der Südgrenze des Khao-Lak-Lam-Ru-Nationalparks und der nördlichen Grenze des Hat-Thai-Muang-Nationalparks.

Bei Ebbe gestrandete Langboote im Khlong Thap Liang

Takua Pa, der alte Srivijaya-Hafen Takola

Takola, wie Takua einst hieß, war eine der ersten Siedlungen in Südthailand. Schon in der Ära des Srivijaya-Reichs *(siehe S. 43)* war sie ein wichtiger Hafen. Der Name Takola soll sich von dem Tamil-Wort *takkolam* (Pfeffer) ableiten und verweist auf die engen historischen Verbindungen mit Südindien. Takola war vermutlich der bedeutendste Hafen an der Andamanen-Küste für den Handel zwischen dem Königreich Srivijaya und den Tamilen-Königreichen der Pallava- (4.–9. Jh.) und Chola-Herrscher (9.–13. Jh.) in Südindien. Bei der Ausbreitung der südasiatischen Kultur sowie des Hinduismus und Buddhismus in Thailand und auf der malaiischen Halbinsel spielte es eine große Rolle. Nur wenige Relikte aus dieser Zeit haben überlebt. Das bedeutendste ist eine fast zwei Meter hohe Statue von Vishnu, einem der drei hinduistischen Hauptgötter, die bei Takua Pa gefunden wurde. Sie steht heute im Thalang-Nationalmuseum *(siehe S. 238)* in Phuket.

Vishnu-Statue im Thalang-Nationalmuseum, Phuket

Ungewöhnlich geformte Felsen am glasklaren Wasser, Ko Similan

⓲ Meeres-Nationalpark Similan-Inseln

อุทยานแห่งชาติหมู่เกาะสิมิลัน

Straßenkarte A4. 60 km westl. von Thap Lamu. 🚢 von Thap Lamu, Khao Lak und Phuket. 🚌 ℹ Parkverwaltung (07645-3272; Bungalow-Reservierung 02562-0760). ◯ Nov–Mai. **dnp.go.th**

Der Meeres-Nationalpark Similan-Inseln wurde 1982 gegründet und erstreckt sich über 140 Quadratkilometer. Der Name Similan leitet sich von dem malaiischen Wort *sembilan* (neun) ab – dies entspricht der Anzahl der Granitinseln des Archipels in der azurblauen Andamanensee. Die Inseln sind mit Regenwald überwuchert, werden von weißen Sandstränden gesäumt und sind von artenreichen Korallenriffen umgeben. In diesem faszinierenden Unterwasserparadies lauern allerdings einige gefährliche Fischarten, z. B. angriffslustige Riesenzackenbarsche sowie giftige Stein- und Feuerfische. Auch auf einige Haiarten – Leopardenhaie, Hammerhaie, Bullenhaie und die gigantischen Walhaie – trifft man im Meer zwischen den Inseln.

Ko Similan ist mit fünf Quadratkilometer Fläche die größte Insel des Archipels. Auf ihr kommen Landsäugetiere, Reptilien, Krebse, Schlangen, Fledertiere und 40 Vogelarten vor.

Die größte Anziehungskraft entfalten jedoch die etwa 20 ausgewiesenen Tauchgründe für Taucher in allen Leistungsklassen. Die Unterwassergrotten und -tunnel begeistern Taucher und Schnorchler.

Achtung: Tauchausflüge muss man in Thap Lamu oder bei einer Agentur in Phuket buchen, im Park selbst gibt es keine Möglichkeiten dazu. Nach Ko Miang starten täglich vom Park organisierte halbtägige Schnorchelfahrten. Geboten werden aber auch Tagesausflüge von Ko Miang zu den abgelegenen Inseln, etwa zur weiter nördlich gelegenen Insel Ko Bon.

Ko Bangu

เกาะบังกู

Die nördlichste Insel im Similan-Archipel ist Ko Bangu, auch Hua Kalok (»Schädelinsel«) genannt. Direkt vor der Küste liegen einige ausgezeichnete Tauchgründe. Bei Christmas Point tummeln sich sehenswerte Fische, etwa verschiedene Arten von Stachelmakrelen. Eine schöne Schnorchelstelle liegt an der geschützten Ostseite, wo auch eine Rangerstation existiert.

Ko Similan

เกาะสิมิลัน

Ko Similan, die größte Insel, liegt im Norden des Archipels. Dort gibt es zwar keine Hotels, dafür aber zwei sehr beliebte Tauchstellen: das Fantasy Reef westlich der Insel und eine Stelle südlich der Ao Nang Chan, wo der längste Strand an der Ostküste der Insel liegt. Am Fantasy Reef darf derzeit nicht getaucht werden, damit es sich vom Tsunami von 2004 erholen kann.

Schnorcheln ist eine der Hauptbeschäftigungen auf Ko Similan

Hin Pusa

หินภูษา

Südlich von Ko Similan und nördlich von Ko Payu liegt der »Elefantenkopf« Hin Pusa. Die Insel besteht nur aus wenigen Felsen, die aus dem Meer her-

Auf der idyllischen Badeinsel Ko Bangu reicht der Wald bis zum Strand

Hotels und Restaurants an der oberen Andamanen-Küste *siehe Seiten 299f und 314–316*

ausragen und wie ein Elefantenkopf aussehen. Sie formen Tunnel, Bogen und Kanäle, durch die man hindurchschwimmen kann, was aber auch für geübte Schwimmer nicht ganz einfach ist. Selbst wenn man nicht schnorchelt oder taucht, sieht man im klaren Wasser faszinierende Meerestiere wie Dreieckskrabben, Weichkorallen, Sepien, Fangschreckenkrebse, zweifarbige Papageifische und gelegentlich eine Oliv-Bastardschildkröte oder gar einen Walhai.

Urlauber steigen auf Ko Miang aus dem Boot

Ko Payu

เกาะพายู

Das waldbedeckte Ko Payu umgibt ein Riff aus Geweihkorallen. Von den zwei exzellenten Tauchgründen liegt einer im Osten der Insel und der andere direkt vor der schmalen Nordspitze. Zu den vielen kleinen und großen Fischen des Gebiets gehören Feuerfische, Drückerfische, Kofferfische, Lippfische und Aale.

Ko Miang

เกาะเมี่ยง

Ko Miang ist die wichtigste und erschlossenste Insel des Archipels. Hier befinden sich ein Informationsbüro, Restaurants, Bungalows, Schlafsäle und ein Zeltplatz. Östlich der Insel ragt hinter einer schmalen Landspitze die Felsenkuppe Hin Muan Diao aus dem Meer. Die Tauchgründe liegen im flachen Wasser vor der Nord- und der Südküste.

Auf Ko Miang kann man nicht nur tauchen und schwimmen, sondern auf ein paar kurzen, teilweise steilen Pfaden auch wandern. Dabei stößt man auf die seltene Kragentaube (Nikobarentaube). Die beiden beliebtesten Wanderwege Viewpoint Trail und Sunset Point führen zum Inselgipfel und zu einem idyllischen Platz, an dem man den Sonnenuntergang über der Andamanensee genießen kann.

Ko Payang

เกาะพยาง

Auch das unbewohnte, winzige Ko Payang ist ein Taucherparadies. Die Tauchgründe liegen direkt vor der Nordküste und, etwas entfernt, östlich vor Ko Payang. Der nahe gelegene Felsen Hin Phae, die »Haiflossenspitze«, ist ebenfalls ideal zum Tauchen.

Ko Huyong

เกาะหูยง

Ko Huyong ist die südlichste Insel des Similan-Archipels. An ihrem langen weißen Sandstrand legen Meeresschildkröten ihre Eier ab. Deshalb wurde hier eine Station eingerichtet, in der die Eier ausgebrütet werden. Das Betreten der Insel ist für Urlauber verboten. Im Meer vor der Insel sind zudem keine Tauchgründe ausgewiesen, man darf dort jedoch segeln. In den klaren, seichten Gewässern rund um die Insel wimmelt es von Meerestieren. Es gibt zahlreiche Korallen.

Zur Orientierung

Legende
-- Fährroute

0 Kilometer 2

Straßenkarte siehe hintere Umschlaginnenseiten

⓳ Phang-Nga-Bucht

อ่าวพังงา

Die 400 Quadratkilometer große Phang-Nga-Bucht ist der Inbegriff für die landschaftliche Schönheit Südthailands. Ihre malerische Erhabenheit verdankt sie den hohen Kalkfelsen, die aus dem azurblauen Wasser aufragen. Mit Booten gelangen Besucher zu Sehenswürdigkeiten wie dem Fischerdorf Panyi, der berühmten »James-Bond-Insel« und Höhlen mit prähistorischen Felszeichnungen und buddhistischen Schreinen. Aufgrund der Erosion dürfen Ausflugsboote in großen Teilen der Bucht nicht mehr fahren. Doch auch aus etwas größerer Entfernung ist die Szenerie atemberaubend.

Zur Orientierung

□ Dargestelltes Gebiet

Wat Tham Suwan Khuha
In diesem Höhlentempel gibt es zwischen den Tropfsteinen winzige Schreine, eine Buddha-Figur und *chedi*.

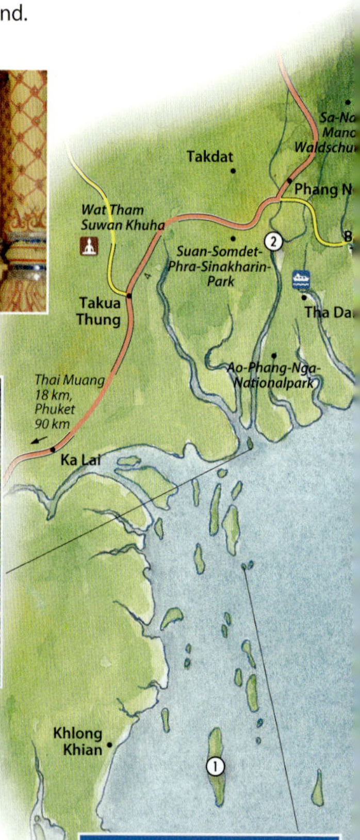

★ Fischerdorf Panyi
Rund 120 muslimische Familien leben in dem Pfahldorf vom Verkauf von Fisch, Garnelen und Garnelenpaste.

Außerdem

① **Auf Ko Phanak** gibt es viele *hong* (Unterwasserkammern) und von der Außenwelt abgeschnittene Schlangen und Affen.

② **Tham Lot** ist ein 50 Meter langer Meerestunnel durch Tropfsteinhöhlen.

③ **Die Tham Hua Gralok** (»Schädelhöhle«) besitzt prähistorische Malereien aus bunten Pigmenten von Menschen und Tierwesen.

★ »James-Bond-Insel«
Die »James-Bond-Insel« Ko Khao Phing Kan und die benachbarte Insel Ko Tapu waren imposante Kulissen im James-Bond-Klassiker *Der Mann mit dem goldenen Colt* von 1974.

Hotels und Restaurants an der oberen Andamanen-Küste *siehe Seiten 299f und 314–316*

Mangrovenwälder
Mit etwas Geschick ist es möglich, in einem kleinen Boot bei Flut die vielen Mangrovenkanäle zu erkunden.

Infobox

Information
Straßenkarte B5. 90 km nordöstl. von Phuket Town.
TAT, Phuket (07621-1036).

Anfahrt
von Phuket oder Krabi nach Phang-Nga-Stadt.
von Phuket.

Kautschukplantagen
Rund um die Bucht gibt es große Kautschukplantagen. Das abgezapfte Latex lässt man in flachen Schalen aushärten.

Felsbilder
Die prähistorischen Felsbilder im Nationalpark Ao Phang Nga sind ein beliebtes Ziel für Besucher, die auf Bootstouren die Bucht erkunden.

James Bond und das Inselversteck

In dem Film *Der Mann mit dem goldenen Colt* (1974) reist James Bond (Roger Moore) auf der Suche nach dem Bösewicht Scaramanga (Christopher Lee) in den Fernen Osten und findet dessen Versteck: eine Insel vor China. Tatsächlich fanden die Dreharbeiten auf Ko Khao Phing Kan statt. Der Felsen, in dem sich die Geheimwaffe befindet, ist Ko Tapu.

Scaramanga und Bond

Straßenkarte *siehe hintere Umschlaginnenseiten*

Kalksteinformationen der Phang-Nga-Bucht

Die Phang-Nga-Bucht ist das spektakuläre Relikt der einst gewaltigen Tenasserim-Berge, die sich von Thailand bis China ziehen. Rund 40 Kalknadeln ragen bis zu 350 Meter hoch aus dem seichten Wasser. Im Inneren dieser Formationen liegen oft enge Tunnel und Grotten. Die von majestätischen Spitzen gekrönte Karstlandschaft führt Richtung Osten landeinwärts, wo hohe Felsen abgeschiedene Täler mit Wildflüssen begrenzen. Die unter Naturschutz stehende Bucht weist verschiedene Ökosysteme und viele Wildtiere auf.

Das Mangrovengebiet am versandeten Nordende der Bucht ist das größte und am besten erhaltene in ganz Thailand.

Die einzelnen dünnen Felsnadeln in der Bucht bestehen aus Kalkstein. Sie wurden durch das ständig nagende Meer geformt.

Höhlen bilden sich schnell auf Wasserhöhe. Einige sieht man nur bei Ebbe.

Gestrüpp wurzelt in den Spalten im Kalk.

Durch Risse dringt Wasser ein, das den Kalkstein aushöhlt.

Kalzitablagerungen bilden im Zusammenspiel von chemischen Elementen, Luft, Wasser und Bakterien in Höhlen sogenannte Speläotheme, z. B. Tropfsteine.

Querschnitt durch einen Felsen der Phang-Nga-Bucht

Die Kalksteinlandschaft der Phang-Nga-Bucht ist geologisch ein Unterwasserkarst. Typisch für Karst ist der interne, unterirdische Wasserhaushalt. Wasser dringt durch Risse im Kalkstein ein und lässt dann das Gestein von innen erodieren. So entstehen Tunnel, Spalten und riesige hong *(Unterwasserkammern).*

Ausgehöhlte Klippen entstehen durch die Wellen am Fuß der Formation. In 5000 Jahren beträgt die Erosion einen Meter.

Aus der Luft bietet die Phang-Nga-Bucht mit den senkrecht aufragenden Felsen im azurblauen Wasser einen überwältigenden Anblick.

Unter Ko Hong verläuft ein riesiges Netz aus Lagunen, Spalten und Tunneln. Aus Umweltschutzgründen ist der Zutritt zu dem Gebiet derzeit verboten.

Entstehung der Phang-Nga-Bucht

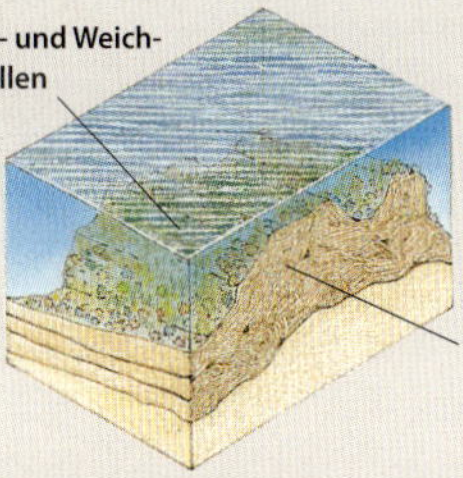

Vor 130 Millionen Jahren war das Gebiet Teil eines Korallenriffs unter Wasser mit dicken Kalzitablagerungen aus toten Korallen.

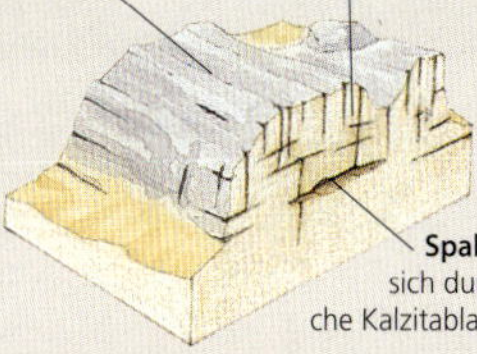

Vor 75 Millionen Jahren drückten tektonische Bewegungen die versteinerten Ablagerungen nach oben. Der starre Fels zerbrach.

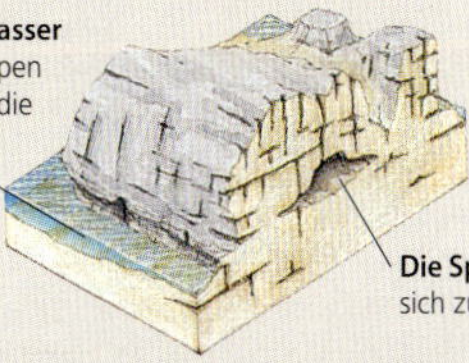

Vor 20 000 Jahren, am Ende der Eiszeit, stieg der Meeresspiegel an. Wellen und Gezeiten beschleunigten die Erosion.

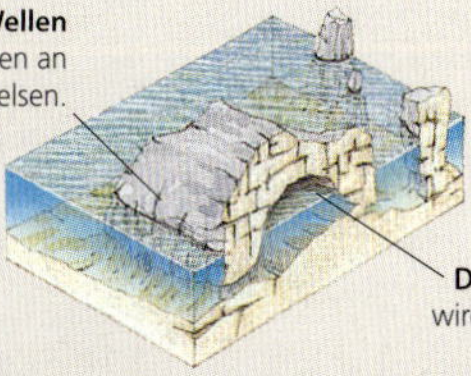

Vor 8000 Jahren lag der Wasserstand rund vier Meter höher als heute. Die damalige Riffkante ist an den meisten Felsen sichtbar.

Überblick: Phang-Nga-Bucht

Zur Phang-Nga-Bucht gelangt man entweder über Phuket *(siehe S. 224–242)* oder Krabi *(siehe S. 248)*. Die Entfernungen sind nicht groß, die meisten Stellen auf dem Festland erreicht man per Bus, Auto oder Motorrad. Die Schönheit der Gegend zieht viele Menschen an. Wer die Massen meiden will, sollte daher statt der überfüllten Ausflugsboote ein Langboot mieten. Noch ruhiger ist es, mit einem Kajak eine Tagestour durch die Bucht zu unternehmen und die eingefallenen Höhlensysteme zu erforschen – soweit sie nicht gesperrt sind. Phang Nga ist ein guter Stützpunkt für eine mehrtägige Besichtigung der Bucht.

Kalksteinklippen bilden die Kulisse für das reizende Phang Nga

Phang Nga

พังงา

90 km nordöstl. von Phuket Town.

Phang Nga ist der Hauptort der gleichnamigen Provinz und steht ein wenig im Schatten der lebhafteren Insel Phuket. Doch das macht die Stadt mit ihrer spektakulären Lage wieder wett. In der näheren Umgebung können Reisende eine Menge unternehmen und besichtigen, vor allem in und um die Phang-Nga-Bucht. Angesichts der vielen Strandhotels auf Phuket steigen nur wenige Besucher in der Stadt ab. Doch Phang Nga ist ein ruhiger, freundlicher Ort, in dem man das eigentliche Thailand kennenlernen und dem Getriebe des kommerziellen Tourismus entkommen kann – ein idealer Ort, um über Nacht zu bleiben.

Thai Muang

ไทยเมือง

51 km westl. von Phang Nga. Fest der ins Meer ausgesetzten Schildkröten (März).

Thai Muang ist eine kleine sino-thailändische Marktstadt an der Küste der Andamanensee. Bekannt ist sie durch den **Thai Muang Beach Golf Course and Resort**. Der 18-Loch-Golfplatz ist einer der beliebtesten Plätze in Thailand. Von hier aus kommt man in den **Khao-Lampi-Hat-Thai-Muang-Nationalpark**, wo Haubenwespenbussarde und Malaysische Mokassinottern leben. Am Hat Thai Muang legen Meeresschildkröten ihre Eier ab. Zum Ende ihrer Brutzeit findet jeden März im Ort ein Fest statt, bei dem die Teilnehmer junge Schildkröten, die unter dem Schutz der Fischereibehörde ausgebrütet wurden, ins Meer aussetzen.

Waldschutzgebiet Sa Nang Manora

วนอุทยานสระนางมโนราห์

8 km nordöstl. von Phang Nga.

Parkverwaltung (07535-6134).

dnp.go.th

Durch den dichten Regenwald dieses wenig besuchten Schutzgebiets mit vielen Flüssen, Wasserfällen und Teichen führen einige unbefestigte Wege. Das Areal ist nach der mythischen Prinzessin Manora benannt, die einer Sage nach unbeobachtet in den einsamen Tümpeln des Walds gebadet haben soll. Die Wasserfälle sind durch einige Pfade miteinander verbunden, über die man den Park erwandern kann und an denen in regelmäßigen Abständen Picknickplätze angelegt sind. Bei einem Besuch sollte man genügend Getränke mitnehmen, die Luftfeuchtigkeit ist hier sehr hoch.

Zahlreiche Wasserfälle durchziehen das Waldschutzgebiet Sa Nang Manora

Liegender Buddha in der größeren Höhle des Wat Tham Suwan Khuha

Wat Tham Suwan Khuha

วัดถ้ำสุวรรณคูหา
10 km südwestl. von Phang Nga. tägl. bis Sonnenuntergang.

Die Tempelanlage ist eine der Hauptattraktionen der Provinz Phang Nga und fast so beliebt wie die Phang-Nga-Bucht.

Faszinierend sind die zwei Höhlen mit Buddha-Bildnissen in allen Formen und Größen. Der 15 Meter lange Liegende Buddha befindet sich in der größeren Höhle, die mit Laikhraam- und Bencharong-Fliesen ausgekleidet ist. Die Höhlen zieren viele religiöse Flaggen und auch die Statue eines sitzenden Eremiten. Die Siegel von einigen Chakri-Königen *(siehe S. 46f)* an der Wand der kleineren Höhle, darunter das von Rama V. (reg. 1868–1910), Rama VII. (reg. 1925–35) und das des derzeitigen Königs Bhumibol (Rama IX.), zeugen von königlichen Besuchen. Vorsicht: Nehmen Sie sich vor den vielen Affen im Tempelbezirk in Acht.

Suan-Somdet-Phra-Sinakharin-Park

อุทยานสวนสมเด็จพระศรีนครินทร์-สวนสมเด็จย่า
Nahe Nonthaburi Pathum Thani Rd, 3 km südwestl. von Phang Nga.
tägl. bis Sonnenuntergang.

Der attraktive botanische Park Suan Somdet Phra Sinakharin ist von karstigen Kalksteingipfeln und schönen Gärten umgeben. Zwei Eingänge führen in den Park, wo Besucher auf zahlreiche Höhlen, Tunnel und Kalksteinformationen treffen sowie auf einen großen See mit einer Fontäne und einer Sonnenuhr. Auf gemieteten Paddelbooten kann man den See erkunden. Hölzerne Plankenwege verbinden die Höhlen miteinander, da viele der Höhlen und Tunnel oft unter Wasser stehen. Eine der Höhlen, die **Tham Reusi Sawan**, beherbergt die goldene Statue eines Einsiedlers, der mit einem Tigerfell bekleidet ist. Die Statue gilt als Glückssymbol. Eine andere sehr bekannte Höhle heißt **Tham Luk Seua**, was so viel wie »Tiger-Club-Höhle« bedeutet, wobei *luk seua* auch die thailändische Bezeichnung für Pfadfinder ist. Am einfachsten kommt man per Motorrad zum Park.

Ao-Phang-Nga-Nationalpark

อุทยานแห่งชาติอ่าวพังงา
Nahe Hwy 402, 11 km südl. von Phang Nga. Parkverwaltung (07648-1163)); TAT, Phang Nga (07648-1900). tägl. bis Sonnenuntergang.
dnp.go.th

Der 1981 eröffnete Nationalpark ist etwa 400 Quadratkilometer groß und umfasst eine Reihe von Inseln, karstigen Erhebungen und schroffen Klippen, die bis zu 350 Meter aus der Andamanensee aufragen. Die Küstenzone des Parks schützt Thailands größtes zusammenhängendes primäres Mangrovenwaldgebiet. Der Park ist Schutzraum vieler Tiere, darunter Delfine, Hammerhaie, Mantarochen, Glattschweinswale und Bindenwarane. Die meisten Besucher kommen jedoch wegen der geradezu surreal anmutenden Kalksteintürme, die aus dem seichten Wasser aufragen. Auf den bizarren Kalksteinnadeln sieht man ganze Makakenhorden sowie nistende Seeadler – für Naturfreunde ist die Bucht ein Paradies.

Eingang zum Suan-Somdet-Phra-Sinakharin-Park unter einer Klippe

Boot vor Ko Khao Phing Kan, bekannt als »James-Bond-Insel«, Phang-Nga-Bucht ▶

⑳ Phuket

ภูเก็ต

Thailands größte Insel wurde einst durch die Zinnproduktion wohlhabend, heute ist der Tourismus die größte Einnahmequelle. Phuket zählt mit seinen Traumstränden, klaren Gewässern und dem pulsierenden Nachtleben zu den beliebtesten Urlaubszielen Südostasiens. Seit einigen Jahren entstehen hier zunehmend edle Resorts. Phuket Town ist die Hauptstadt und das kulturelle Zentrum der Insel. Über den schmalen Kanal, der die Nordspitze der Insel vom Festland trennt, führt die 700 Meter lange Sarasin-Brücke.

Sportfischen
Die Gewässer vor Phuket sind ein Dorado für Angler.

Halb vergrabener Buddha
Der Wat Phra Thong wurde um eine halb vergrabene Buddha-Statue herum errichtet. Es heißt, dass jeder, der sie auszugraben versucht, sterben muss.

★ Strände (Westküste)
An der Westküste findet man das klarste Wasser, den feinsten Sand und die luxuriösesten Hotels. Patong bietet alle erdenklichen Einrichtungen, Karon und Kata sind ruhiger.

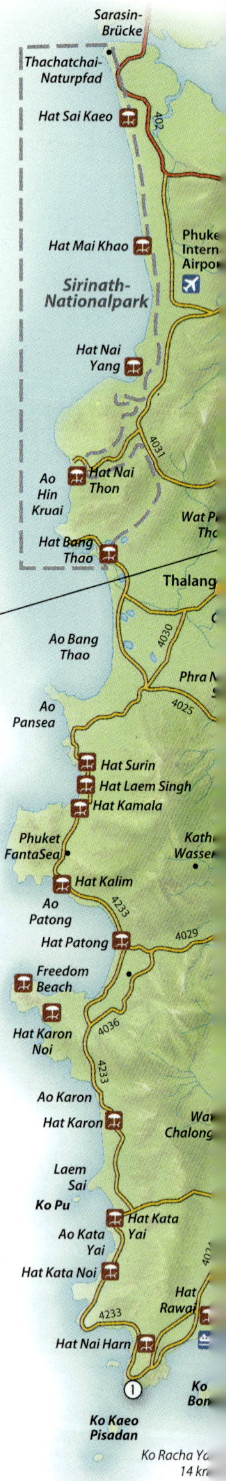

Legende
- Hauptstraße
- Nebenstraße
- Fähroute
- Parkgrenze

Außerdem

① **Laem Promthep** ist der südlichste zugängliche Punkt auf Phuket. Der Blick vom zerklüfteten Kap auf den Sonnenuntergang ist kaum zu überbieten.

② **Das Gibbon Rehabilitation Center** im Khao-Phra-Taew-Nationalpark wildert Gibbons aus, die in Gefangenschaft aufwuchsen.

③ **Phukets Schmetterlingsgarten und Insektenwelt** präsentiert tropische Schmetterlinge und andere Insekten.

④ **Phuket Town** *(siehe S. 226–229)*.

Hotels und Restaurants an der oberen Andamanen-Küste *siehe Seiten 299f und 314–316*

Sirinath-Nationalpark
Der Park schützt viele Pflanzen- und Tierarten auf dem Land und im Wasser. Er ist als Brutgebiet der gefährdeten Meeresschildkröten bekannt.

Infobox

Information
Straßenkarte B5. 90 km südwestl. von Phang Nga. TAT, 73–75 Phuket Rd, Phuket Town (07621-1036). Vegetarisches Fest (neun Tage Ende Sep/Anfang Okt), King's Cup Regatta (Dez). **phuket.com**

Anfahrt
29 km nördl. von Phuket Town.

Heldinnen-Monument
Das Denkmal erinnert an zwei Schwestern, die die Frauen von Phuket dazu brachten, die Stadt in der Schlacht von Thalang 1785 gegen die birmanischen Eindringlinge zu verteidigen.

★ Monkey Hill
Abgesehen von den vielen hier lebenden Makaken, nach denen der »Affenhügel« benannt ist, ist die Gegend für ihre schönen Aussichtspunkte und einen Tao-Schrein bekannt.

★ Phuket-Aquarium
Das schöne Aquarium ist dem Meeresforschungszentrum von Phuket angeschlossen. Hier sieht man Salz- und Süßwasserfische, Meeresschildkröten und Weichtiere.

Straßenkarte *siehe hintere Umschlaginnenseiten*

Phuket Town

Phuket Town entwickelte sich Anfang des 19. Jahrhunderts mit der Ankunft Tausender chinesischer Einwanderer, die in den Zinnminen arbeiteten. Viele Kaufleute machten mit Zinn ein Vermögen, bauten sich Villen und schickten ihre Kinder nach British Penang (Malaysia) zur Schule. Die chinesischen Zinnarbeiterfamilien vermischten sich bald mit der Thai-Bevölkerung. Phukets Innenstadt hat sich bis heute ihren Reiz bewahrt, da sie im Gegensatz zum Rest der Insel auf die Bedürfnisse der Einwohner und nicht der Besucher ausgerichtet ist. Der chinesische Einfluss zeigt sich in Küche und Architektur.

Ein Gläubiger platziert Räucherstäbchen in ein Gefäß, San Chao Chui Tui

Khao Rang

เขารัง

Auf dem Hügel nordwestlich des Zentrums werfen tropische Bäume angenehmen Schatten auf weiches Gras. Der bei Pärchen, Studenten und Reisenden beliebte Hügel bietet einen herrlichen Blick über die Stadt. Er besitzt einen Fitnesspark und eine Joggingstrecke. Auf der Kuppe steht die Bronzestatue von Khaw Sim Bee Na-Ranong (1857–1913), der ab 1901 zwölf Jahre lang als Gouverneur von Phuket relativ autonom von Bangkok regierte und dennoch die Insel der Zentralregierung zuführte. Er war zugleich ein wirtschaftlicher Visionär und importierte den ersten Kautschukbaum. In der Vachira Road, die zum Hügel führt, steht ein buddhistischer Tempel mit der goldenen Statue eines Sitzenden Buddha. Rundum liegen exzellente Restaurants.

Bronzestatue von Khaw Sim Bee Na-Ranong, Khao Rang

San Chao Chui Tui

ศาลเจ้าจุ้ยตุ่ย

Ranong Rd. tägl. (bis Sonnenuntergang).

Der leuchtend rot-goldene chinesische Tempel zieht einen steten Strom von Gläubigen an. Sie schütteln aus einem Behälter nummerierte Stäbchen, die dem vegetarischen Gott Kiu Wong In geweiht sind. Jede Zahl entspricht einem vorgedruckten Orakelspruch, der auf denjenigen, der ihn gezogen hat, zutreffen soll. Der vor allem bei den Chinesen des Viertels populäre Tempel ist während des Vegetarischen Festes *(siehe S. 229)* stark frequentiert.

San Chao Put Jaw

ศาลเจ้าปุดจ้า

Ranong Rd. tägl. (bis Sonnenuntergang).

Der kulturelle und wirtschaftliche Einfluss der chinesischen Kaufleute in Phuket Town zeigt sich im Schrein San Chao Put Jaw. Der am höchsten verehrte Tempel der Insel ist vom chinesischen Mahayana-Buddhismus beeinflusst, der sich vom Theravada-Buddhismus unterscheidet. Er wurde von südchinesischen Einwanderern in der Soi Ang Ah Lai gegründet, aber nach einem Brand an seinem heutigen Standort neu erbaut – im chinesischen Stil mit Wächterlöwen an den Toren und einem traditionellen Dach. Das farbenprächtige Bauwerk ist insbesondere zu Festen von brennenden Räucherstäbchen vernebelt.

Chinesische Villen

ตึกจีน

Thalang, Yaowarat, Dibuk, Krabi und Phang Nga Rd.

Das Herz Phukets bildet das alte sino-portugiesische Viertel mit großen, heute etwas maroden Villen im Kolonialstil auf weitläufigen Grundstücken. Die meisten stammen aus der Regierungszeit Ramas IV. und Ramas V. Zu den schönsten gehören die heute von der Standard Chartered Bank und Thai Airways International als Büros genutzten Gebäude in der Ranong Road und die restaurierten Anwesen

Fassade einer typischen chinesischen Villa auf grünem Grundstück

Der Wat Mongkol Nimit im typischen Rattanakosin-Stil

in der Dibuk und der Thalang Road. Leider kann keine der Villen besichtigt werden.

Philatelie-Museum

พิพิธภัณฑ์ไปรษณียากร

Post- und Telegrafenamt, Montri Rd. 07621-6951. Di–Sa 9–17.30 Uhr.

Das kleine Museum im restaurierten alten Post- und Telegrafenamt ist ein Genuss. Schon allein das Gebäude im typischen sino-portugiesischen Stil ist eine historische Sehenswürdigkeit. Es vermittelt eine Ahnung davon, wie die Stadt vor der Entwicklung des kommerziellen Tourismus in Thailand vor fast 40 Jahren ausgesehen hat. Phukets Philatelie-Museum ist auf jeden Fall wegen seines altmodischen Charmes einen Besuch wert, aber auch wegen seiner Sammlung mit vielen faszinierenden Briefmarkenserien aus Thailands Postgeschichte, die Anfang des 20. Jahrhunderts begann.

Infobox

Information

Straßenkarte B5. 90 km südwestl. von Phang Nga. 100 000. TAT, 73–75 Phuket Rd (07621-1036). tägl. Chinesisches Neujahr (Jan/Feb bei Vollmond), Vegetarisches Fest (neun Tage Anfang Okt).

Anfahrt

29 km nördl. vom Stadtzentrum.

Wat Mongkol Nimit

วัดมงคลนิมิต

Yaowarat Rd. tägl. (bis Sonnenuntergang).

Der große Tempel wurde im Rattanakosin-Stil erbaut. Mit seinem hohen gestaffelten Dach, den beschnitzten Türen, Glasfliesen und Mosaiken ist er ein farbenfrohes, schönes Beispiel klassischer Thai-Architektur. Der *wat* wird von den ansässigen Chinesen hochverehrt und dient auch als Gemeindezentrum. Hier spielen Mönche und Laien gemeinsam *takraw* (Kick-Volleyball).

Zentrum von Phuket Town

1. Khao Rang
2. San Chao Chui Tui
3. San Chao Put Jaw
4. Chinesische Villen
5. Philatelie-Museum
6. Wat Mongkol Nimit
7. San Chao Sang Tham
8. San Chao Bang Niew

0 Meter 500

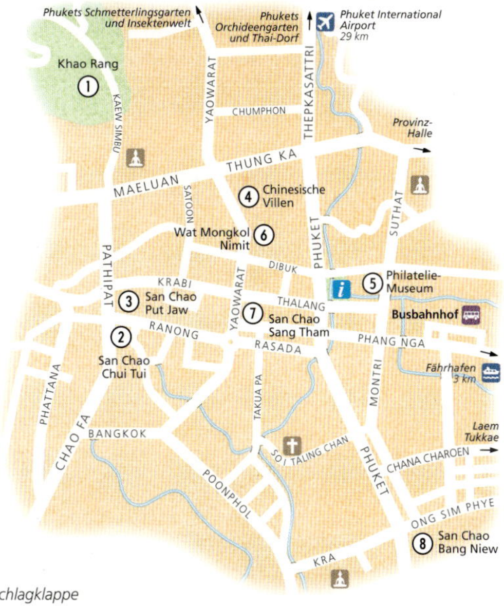

Zeichenerklärung *siehe hintere Umschlagklappe*

Straßenkarte *siehe hintere Umschlaginnenseiten*

Der chinesische Tempel San Chao Sang Tham in Phukets Altstadt

San Chao Sang Tham

ศาลเจ้าแสงธรรม

Yaowarat Rd. tägl. bis Sonnenuntergang.

Der San Chao Sang Tham gehört zu den Schreinen, die beim Vegetarischen Fest eine Rolle spielen. Er soll 200 Jahre alt sein. Der schöne, im chinesischen Stil erbaute Schrein ist leuchtend bunt bemalt und birgt in seinem Inneren buddhistische und taoistische Götterbildnisse, Ahnentafeln und Räucherstäbchenschwaden. Besucher dürfen die Schuhe anlassen, müssen aber angemessen gekleidet sein und sollten beim Hineingehen nicht auf die Türschwelle treten – das bringt Unglück!

San Chao Bang Niew

ศาลเจ้าบางเหนียว

Phuket Rd. tägl. bis Sonnenuntergang.

San Chao Bang Niew gehört zu den ältesten chinesischen Tempeln. Migranten aus Fujian sollen ihn im 19. Jahrhundert gegründet haben. Er ist den beiden Geistern Giu Ong und Yok Ong gewidmet, die zu Beginn des Vegetarischen Festes aus dem *bang niew* (Meer) herbeigebeten werden, um die Gemeinde zu segnen und die bösen Geister zu vertreiben, die das Fest stören könnten.

Im Inneren des Tempels werden mehrere Götter der chinesischen Mythologie verehrt. Die bedeutendsten sind Siew, Hok und Lok, die für langes Leben, Macht und Glück stehen. Bekannt ist San Chao Bang Niew für das Schauspiel, wenn *Naga*-Anhänger in Trance auf Messerleitern steigen.

Provinz-Halle (Sala Klang)

ศาลากลาง

Narison Rd.

Die Sala Klang wurde 1917 von Rama VI. eingeweiht. Sie dient seither als Sitz des Gouverneurs, ist aber zu besichtigen. In dem Bau mit ursprünglich 99 Türen, aber ohne Fenster wurden Szenen von Roland Joffes Film *The Killing Fields* (1984) gedreht. Im Außengang zeigen alte Fotografien die Geschichte Phukets.

Das Gitterwerk an den Fassaden ist ein gutes Beispiel für die ursprüngliche Architektur der Stadt. Jedes Einzelstück soll fast sechs Jahre Arbeit in Anspruch genommen haben.

Laem Tukkae

แหลมตุ๊กแก

3 km südöstl. vom Stadtzentrum. Bootsfest Chao Le (6. und 11. Mondmonat).

Auf Laem Tukkae leben etwa 1500 der auf Thai *chao thalae* genannten Seenomaden – die zweitgrößte Gemeinde nach der am Hat Rawai. Sie lebt vor allem von Fischfang. Wie beim Loy Krathong *(siehe S. 41)* werden beim Bootsfest Chao Le in den Abendstunden auf dem Meer Schiffchen ausgesetzt. Dies soll die bösen Geister fernhalten und Glück bringen.

Phukets Schmetterlingsgarten und Insektenwelt

สวนผีเสื้อและโลกแมลงภูเก็ต

3 km nördl. der Stadt. 7621-0861. tägl. 9–17 Uhr.

phuketbutterfly.com

Im Schmetterlingsgarten von Phuket schlüpfen jedes Jahr 40 Arten aus ganz Thailand. In der Ausstellung Insektenwelt sind u. a. diverse Insekten, riesige Tausendfüßer, aber auch verschiedene Spinnen und Skorpione zu sehen.

Phukets Orchideengarten und Thai-Dorf

ภูเก็ตออร์คิดการ์เด้นแอนด์ไทยวิลเลจ

5 km nördl. der Stadt. 07621-4860. tägl. 9–21 Uhr.

Das Thai-Dorf ist ein viel besuchtes Kulturzentrum. Hier finden Veranstaltungen und Tiershows aus allen Regionen Thailands statt. Verkauft werden schöne *yan lipao*, Taschen aus Schilfgras, und Schmuck. Der Orchideengarten zieht pro Jahr 40 000 Orchideen.

Fassade der luftigen Provinz-Halle

Hotels und Restaurants an der oberen Andamanen-Küste *siehe Seiten 299f und 314–316*

Vegetarisches Fest in Phuket

Zu Beginn des neunten Mondmonats nach dem chinesischen Kalender wird in Phuket neun Tage lang das Vegetarische Fest gefeiert. Die Tradition entstand vor über 150 Jahren, als eine chinesische Schaustellertruppe in Phuket die Pest überlebte – dank ritueller Praktiken. Heute wollen die Gläubigen Körper und Seele reinigen und folgen dabei zehn Regeln. Dazu gehört, sich ganz in Weiß zu kleiden, vegetarisch zu ernähren und enthaltsam zu sein. Während des Fests finden in den Tempeln Veranstaltungen statt. Höhepunkt ist die Prozession der *naga* (Medien), die sich Metallstäbe durch Körperteile bohren, Leitern aus Messern hochklettern oder ihre Hände in heißes Öl tauchen – je größer die Leiden, desto mehr Ehre für die *naga* und für ihre Tempel bzw. Schreine.

Prozessionen

Die Hauptschreine organisieren an verschiedenen Tagen lärmende und manchmal nicht ganz ungefährliche Straßenumzüge, an denen die Gläubigen mit Knallfröschen und Trommelgetöse die bösen Geister vertreiben.

Die Träger sind junge chinesische Männer, die um die Ehre wetteifern, die Gottheiten des Fests auf den Schultern durch die Stadt tragen zu dürfen.

Die Gestelle sind aufwendig in Rot und Gold dekoriert – die Farben gelten als Glückssymbole.

Vor den Häusern und bei den Tempeln werden Altäre und Stände aufgestellt, die den Teilnehmern und Besuchern Tee und frische Früchte anbieten.

Der San Chao Chui Tui und der benachbarte San Chao Put Jaw *(siehe S. 226)* sind zwei der am meisten verehrten Schreine. Vor den Toren und im Inneren der Tempel stehen Opfertische.

Mit scharfen Gegenständen wie Messern durchbohren die *naga* ihre Körper an verschiedenen Stellen, doch es fließt nur wenig Blut. Das schauerliche Ritual ist der Höhepunkt des Fests.

Das barfüßige Laufen auf glühenden Kohlen ist eine der praktizierten Formen von Selbstkasteiung. Wie bei den anderen Ritualen sollen auch damit die Götter beschworen werden.

Feuerwerk ist ein unverzichtbarer Bestandteil des Fests. Mit der lauten Knallerei sollen die bösen Geister vertrieben werden.

Villen in Phuket

Phukets traditionelle Architektur ist eine Mischung aus sino-thailändischen und portugiesischen Baustilen. Die Bauten gleichen denen, die im 19. Jahrhundert in Singapur sowie Penang und Malakka in Malaysia entstanden. Damals bauten sich wohlhabende chinesische Immigranten in Phuket Ladenhäuser und später, zur Wende des 20. Jahrhunderts, jene prächtigen Villen, die noch heute zu bewundern sind. Diese kombinierten westliche Baustile von der griechischen Antike bis zum Art déco und unterschieden sich von den anderen Häusern vor Ort durch ihre schiere Größe und Opulenz. Die reich mit importierten Möbeln und Marmor ausgestatteten Villen waren Statussymbole. Sie sind mittlerweile großteils renoviert und tragen zum typischen Stadtbild Phukets bei.

Die bunten Fassaden sino-portugiesischer Häuser in Phuket

Chinesische Schriftzeichen an den Häusern sind oft stilisiert und zeugen vom Reichtum und Einfluss von Phukets großer chinesischer Gemeinde.

Fassaden

Phukets sino-portugiesische Villen heißen nach einer gängigen Bezeichnung für Europäer ang mor lau *(»Rotschopfhäuser«). Große Fenster und viel Schatten sorgen für eine gute Belüftung und angenehme Kühle in den Innenräumen.*

An den Fenstern dienen Jalousien der Belüftung.

Schöner Stuck an vielen Simsen und Bogen verleiht den Villen eine gewisse Eleganz.

Die Häuser im chinesischen Stil sind mit Pilastern verziert. Die prächtigen Villen haben eine, damals weithin übliche, dreibogige Fassade. Die chinesischen Immigranten, die mit zunehmendem Reichtum auch die soziale Leiter erklommen, demonstrierten mit ihren herrschaftlichen Villen ihren sozialen Status.

Gräko-römische Motive waren weitverbreitet. Die Oberschicht verband klassische und chinesische Elemente auch an öffentlichen Gebäuden wie dem Thai-Hua-Museum zu einem Stilmix.

Große Bogen und Pfeiler markieren an schattigen Terrassen und Veranden die Eingänge für die Bewohner und Besucher der Villen. Dort findet man Schutz vor der Tropensonne und den häufigen Monsunschauern.

Aufwendiger, fantasievoller Stuckdekor zeigt Kraniche, Drachen, Phönix-Vögel, stilisierte Pfauen, Fledermäuse und verschiedene mythologische Wesen, die als Glückssymbole gelten.

Ziegeldächer galten als Statussymbole – üblich waren ansonsten Dächer, die mit Stroh oder Wellblech gedeckt waren.

Reich verzierte Türen und Türsturze sind typisch für *Ang-mor-lau*-Villen. Chinesische Schriftzeichen prangen über den Türen, die Dachvorsprünge sind mit aufwendigem, verschnörkeltem Holzschmuck versehen.

Der Art-déco-Stil wurde um das Jahr 1918 bei Phukets chinesischen Geschäftsleuten ausgesprochen populär und fand vielfach Eingang in Tür- und Fensterverzierungen. Der Art déco stieg als Inbegriff europäischer Kultiviertheit zum stilistischen Ausdrucksmittel der Neureichen auf.

Phra-Pitak-Chinpracha-Villa

Das Herrenhaus wurde Ende der 1930er Jahre für die Familie Tantawanitj erbaut. Es ist gut erhalten und steht in einem riesigen Garten. Die Villa, eines der größten Häuser mit Ziegeldach in Phuket, zeugt vom Lebensstil der damaligen Zinnbarone. Heute ist hier eine Kochschule untergebracht.

Die Chinpracha-Villa in einem baumbestandenen Park

Überblick: Phukets Westküste

Schöne Landschaft, warmes Klima und sichere Strände machen die Insel Phuket zum beliebten Reiseziel. Vom Hat Nai Harn im Süden bis zum Hat Sai Kaeo im Norden liegen Phukets Strände fast alle an der Andamanensee im Westen der Insel. Die Strände um Patong zählen zu den bekanntesten der Insel. Hat Patong selbst lockt mit seinem schillernden Nachtleben. Ruhiger sind die Strände Karon und Kata weiter südlich. Am unberührtesten ist der Hat Mai Khao im Nordwesten der Insel – dort legen bisweilen sogar seltene Meeresschildkröten ihre Eier ab. Die gesamte Westküste bietet eine hervorragende Auswahl an guten Hotels, Restaurants und Wassersportmöglichkeiten sowie, vor allem bei Sonnenuntergang, eine traumhafte Aussicht auf die idyllische Andamanensee.

Glasklares Meer vor dem Royal Phuket Yacht Club am Hat Nai Harn

Hat Nai Harn

หาดในหาน

18 km südwestl. von Phuket Town.

tourismthailand.org

Mit seinem festen weißen Sand und klarem Wasser gehört der Hat Nai Harn zu Phukets schönsten Stränden. Seine relative Ruhe, im Vergleich zum geschäftigen Treiben des benachbarten Hat Patong, hat jedoch ihren Preis: Hier zielt man auf zahlungskräftige Gäste ab. Die Restaurants und Cafés am Hat Nai Harn sind exklusiv und teuer, die Standards dafür hoch. Die dominierende Anlage am Strand ist der exklusive Royal Phuket Yacht Club. Da jedoch ein Großteil des Hat Nai Harn der buddhistischen Stiftung Samnak Song Nai Harn gehört, nimmt der Kommerz hier nicht überhand. Hinter dem Strand liegen zwei schöne Lagunen, die von Kokospalmen, Kautschukbäumen und prachtvollen Bougainvilleen umwachsen sind. Hier wohnen vorwiegend Urlauber mit einem etwas schmaleren Geldbeutel.

Während des Südwest-Monsuns von Juni bis September darf man am Hat Nai Harn nicht weit hinausschwimmen. Wegen der hohen Wellen und Strömungen zeigen rote Fahnen an, dass dies zu gefährlich ist. Doch zum Planschen im flachen Wasser und zum Sonnenbaden ist der Strand perfekt.

Jedes Jahr im Dezember wird vor dem Strand die prestigeträchtige King's Cup Regatta unter internationaler Beteiligung ausgetragen *(siehe S. 41)*.

Hat Kata Noi

หาดกะตะน้อย

16 km südwestl. von Phuket Town.

Der Strand in der Ao Kata unterteilt sich in den Kata Noi (»kleiner Kata«) im Süden und den Kata Yai (»großer Kata«) im Norden. Der Hat Kata Noi zählt zweifelsohne zu den lebhafteren Stränden von Phuket. Junge Reisende, aber auch unkonventionelle Urlauber, die sich von den Massen fernhalten möchten, genießen die pulsierende Atmosphäre und das köstliche Essen, das am Strand angeboten wird. Etwas weniger frequentiert als der Kata Yai ist der Kata Noi. Doch auch dort findet man komfortable Unterkünfte, eine breite Auswahl an ausgezeichneten Restaurants und Strandcafés sowie die Gelegenheit zu diversen Wassersportarten und anderen Outdoor-Aktivitäten.

Hat Kata Yai

หาดกะตะใหญ่

16 km südwestl. von Phuket Town.

Wie am Hat Kata Noi kann man auch am Hat Kata Yai gut shoppen und essen. Das Wasser ist bis zu 30 Meter vom Ufer entfernt relativ flach und ruhig. Dadurch ist das Schnorcheln an den Korallenriffen mit ihren vielfältigen Bewohnern so einfach und sicher wie nirgendwo sonst auf der Insel. Dicht vor dem Kap Laem Sai, das die beiden Strände trennt, liegt die winzige »Krebsinsel« Ko Pu. Das dortige Korallenriff erreicht man mit dem Boot – oder man schwimmt hin.

Entspanntes Sonnenbaden auf Strandliegen am Hat Kata Yai

Hotels und Restaurants an der oberen Andamanen-Küste *siehe Seiten 299f und 314–316*

Faules Strandleben und Jetskifahren am hübschen Hat Karon

Hat Karon

หาดกะรน

19 km südwestl. von Phuket Town.

An dem sanft geschwungenen und fast fünf Kilometer langen Strand mit sauberem weißem Sand herrscht in der Regel nicht allzu viel kommerzieller Trubel. Nur in der Hochsaison kann es ziemlich voll werden.

Der Nordteil des Strands ist weniger interessant, der Südteil ist jedoch sehr angenehm. Dort befinden sich auch die Restaurants, Cafés und Hotels. An der Landseite begrenzt den Hat Karon eine Mischung aus kleinen Sanddünen, Kokospalmen und Kasuarinen. In diesem Bereich liegen gut versteckt einige der teuersten Hotels. Vermietet werden aber auch günstigere Bungalows. Am Hat Karon können Reisende fangfrische Meeresfrüchte genießen. Die Preise sind zwar nicht gerade die niedrigsten an der Westküste, doch findet sich für jedes Budget etwas.

In den regnerischen Monaten des Südwest-Monsuns wird das Schwimmen im Meer durch starke Strömungen und gefährliche Wasserstrudel beeinträchtigt, manchmal müssen deshalb die roten Flaggen zur Warnung aufgezogen werden. Die meiste Zeit über sind die hohen Wellen in der Bucht jedoch ideal zum Surfen. Dies gilt vor allem für das Südende, wo man auch Surfboards mieten kann. Gleich nördlich von Karon liegt zwischen zwei Vorsprüngen versteckt eine flache Bucht mit dem kleinen, malerischen Strand Hat Karon Noi. Dort macht sich das sehr exklusive, nach allen Maßstäben teure Le Méridien Phuket breit. Das Korallenriff südlich des Strands ist fantastisch, um zu schnorcheln. Den Strand erreicht man über die Straße vom Hat Karon im Süden oder vom Hat Patong im Norden.

Hat Patong

หาดป่าตอง

16 km westl. von Phuket Town.

Der stark bebaute Hat Patong zählt zu den beliebtesten Strandzielen auf Phuket. Hier vergnügen sich immer zahllose Urlauber. Es ist einfach alles geboten. Das Nachtleben ist turbulent. Der drei Kilometer lange weiße Sandstrand erstreckt sich zwischen niedrigen, von Palmen bewachsenen Hügeln und der Andamanensee. Dank der zahllosen Pensionen, Hotels, Restaurants, Cafés, Bars (auch Go-go-Bars), Banken und Läden, die sich endlos aneinanderreihen, fühlt man sich fast wie in Pattaya oder Patpong *(siehe S. 78)*. Am Strand kann man Wasserski oder Jetski fahren, Gleitschirm fliegen, windsurfen, angeln und segeln.

Blick auf die Küste und die Skyline, Hat Patong

Urlauber finden alle erdenklichen Vergnügen und Restaurants mit einer breiten Palette an Küchen. Es kann allerdings schwierig werden, Thai-Essen zu finden. Wer sich von der lokalen Küche verführen lassen will, muss nach Phuket Town *(siehe S. 226–229)* fahren. In der Nacht schlägt am Hat Patong das Herz von Phukets zunehmend pikanter werdendem Nachtleben, vor allem an der Soi Bangla.

Wer den Trubel am Hat Patong für eine Weile hinter sich lassen möchte, fährt einfach um die Südspitze des Hat Patong herum an den ruhigeren Freedom Beach. Diesen Strand erreicht man nur mit dem Boot von Patong aus. Gleich im Norden des Hat Patong liegt seine Fortsetzung, der Hat Kalim. Auch hier ist es ruhig, das Wasser ist klar, und am Korallenriff wimmelt es von Fischen.

Zwischen grünen Bergen liegt der Eingang zu Phuket FantaSea

Phuket FantaSea

ภูเก็ตแฟนตาซี

26 km westl. von Phuket Town. 07638-5000. Fr–Mi 17.30–23.30 Uhr.

phuket-fantasea.com

Phuket FantaSea vermarktet sich als kultureller Themenpark, der – zu ziemlich happigen Preisen – u. a. auf einer Angkor Wat nachempfundenen Bühne traditionelle Thai-Tänze zeigt. Ton- und Lichtanlage sind vom Feinsten. Neben zahllosen Souvenirläden wird auch für das leibliche Wohl gesorgt, etwa im Büfett-Restaurant mit 4000 Plätzen, das in bezaubernder Waldlage königlich-thailändische Küche serviert. Kinder werden Phuket FantaSea lieben.

Hat Kamala

หาดกมลา

26 km westl. von Phuket Town.

Am Hat Kamala ist es wesentlich ruhiger als am benachbarten Hat Patong. Wer sich entspannen, sonnenbaden und im klaren Wasser seine Runden drehen möchte, ist hier richtig. Zur Ao Kamala, wohl Phukets schönster Bucht, fährt man vom Strand aus etwa zehn Minuten. Auf dem Weg dorthin kann man auf dem Hügel Khao Phanturat anhalten und den herrlichen Blick über den glänzend weißen, drei Kilometer langen Sandstrand Hat Kamala, den azurblauen Ozean und die hohen Kasuarinen genießen. Vor allem am Nordende des Strands ist das Meer von einer fantastischen Klarheit. Nicht weit vom Ufer entfernt sieht man die Korallenriffe. Hat Kamala ist daher auch hervorragend zum Schnorcheln und Tauchen geeignet.

In der Mitte des Hat Kamala liegt ein altes muslimisches Fischerdorf mit Moscheen und netten Restaurants, in denen die gute Küche des südlichen Thailand serviert wird. Die Bewohner sind sehr freundlich, doch sollten Besucher im Dorf nicht freizügig bekleidet – im Bikini, mit String-Tangas oder gar oben ohne – herumlaufen, vor allem nicht wenn sie in die Moschee gehen.

Hat Laem Singh

แหลมสิงห์

24 km westl. von Phuket Town.

Hinter einer felsigen Landspitze schmiegt sich einen Steinwurf nördlich vom Hat Kamala der winzige Hat Laem Singh an von Palmen bedeckte Hügel, die ihn auch von der Küstenstraße trennen. Den unberührten, nur 195 Meter langen Sandstrand erreicht man über einen schmalen Pfad. Hier versteckt sich einer der besten Tauchgründe der Insel. Einrichtungen gibt es im Vergleich zum Hat Patong nur wenige, dafür aber auch wenige Hausierer und Masseure.

Ein Dorado für Sonnenhungrige, der lange weiße Sandstrand Hat Kamala

Hotels und Restaurants an der oberen Andamanen-Küste *siehe Seiten 299f und 314–316*

Ponton für Schwimmer und Taucher, Hat Surin

Hat Surin

หาดสุรินทร์

22 km westl. von Phuket Town.

Wie auch der benachbarte Hat Kamala ist der Hat Surin ziemlich ruhig und weniger kommerziell erschlossen als der Hat Patong. Hier kann man hervorragend sonnenbaden und ausruhen. Zum Schwimmen und Tauchen ist der Strand jedoch nicht zu empfehlen, da der Untergrund im Meer steil abfällt. Deshalb treten dort während des Südwest-Monsuns von Juni bis September tückische Strömungen und ein spürbarer Sog auf.

Am Hat Surin kann man auch wunderbar essen oder einen Drink nehmen, vor allem am Abend nach Sonnenuntergang. Am Strand reihen sich Dutzende günstige Lokale aneinander, die mit das beste Seafood auf ganz Phuket auftischen. Am Strand befindet sich auch die schönste Moschee der Westküste, die kleine **Matsayit Mukaram**. Sie ist, außer zu den Gebetszeiten, für Besucher zugänglich. Denken Sie daran, sich für die Besichtigung angemessen zu kleiden. Oberhalb des Strands liegt nahebei ein Golfplatz.

Ao Pansea

อ่าวแพนซี

22 km westl. von Phuket Town.

Eine kleine Landspitze trennt die Bucht Ao Pansea und ihren Strand vom Hat Surin. Die Bucht ist eines der schönsten Reiseziele auf Phuket, die Unterkünfte liegen in der entsprechenden Preiskategorie. Ao Pansea ist großteils Privatgrund zweier luxuriöser Hotels, des Chedi und des **Amanpuri** *(siehe S. 300)*, die gemeinsam den Zugang zum Strand kontrollieren. Vor allem im Amanpuri Resort zieht sich gern Prominenz in die bezaubernde und exquisite Abgeschiedenheit zurück. Selbstverständlich ist die Bucht auch mit einem wunderschönen Korallenriff gesegnet, zu dem die Hotelgäste relativ exklusiven Zugang haben und an dem sie ungestört tauchen und schnorcheln können.

Leuchtende Hibiskusblüte

Hat Bang Thao

หาดบางเทา

21 km westl. von Phuket Town.

Im Norden grenzt die Ao Pansea an den Hat Bang Thao. Der acht Kilometer lange, halbmondförmige Strand ist mit seinem weißen Korallensand atemberaubend schön und wird von Kasuarinen und Palmen gesäumt. Den zentralen Abschnitt der Bucht dominiert das luxuriöse Laguna Beach Resort. Die Anlage umfasst eine ganze Gruppe von ineinander übergehenden Hotels, die am Ufer einer Lagune zwischen schönen Gärten mit künstlichen Wasserfällen errichtet wurden und allen erdenklichen Komfort bieten.

Am Hat Bang Thao findet alljährlich im Dezember der Phuket Laguna Triathlon statt. Neben den üblichen Wassersporteinrichtungen befindet sich in der Bucht der exklusive Phuket Laguna Riding Club, in dem man Pferde für Ausritte am Strand buchen kann. Die konstante Meeresbrise, die in der Bucht weht, ist ideal zum Windsurfen.

Blick auf das exklusive Laguna Beach Resort, Hat Bang Thao

Strandrestaurant in der herrlichen Bucht Hat Nai Yang

Sirinath-Nationalpark

อุทยานแห่งชาติสิรินาถ

31 km nordwestl. von Phuket Town. Parkverwaltung (07632-7152). tägl. (bis Sonnenuntergang).

Der 1981 eingeweihte Nationalpark umfasst 75 Quadratkilometer Meeresfläche und 23 Quadratkilometer Landfläche. Er soll vor allem die Korallenriffe vor der Küste schützen. Die Strände an seiner Nordgrenze dürfen nicht betreten werden, da dort Meeresschildkröten ihre Eier ablegen. Der Landteil des Parks besteht eigentlich nur aus einem schmalen Sandstreifen zwischen den Stränden Hat Sai Kaeo im Norden und Hat Nai Yang im Süden. Entlang der Küste gedeihen zahlreiche Baumarten, darunter Eisenholzbäume und Schraubenbaumgewächse, im Norden erstreckt sich ein Mangrovenwald mit einem artenreichen Ökosystem. Der Park ist auch für seine vielen Arten von Staren und Elfenblauvögel bekannt.

Thachatchai-Naturpfad

ทางเดินเท้าท่าฉัตรไชย

Sirinath-Nationalpark. tägl. 8.30–14.30.

Der Thachatchai-Naturpfad ist nach dem kleinen Fischerdorf am Nordwestufer der Insel Phuket benannt. Er beginnt 700 Meter südlich der Sarasin-Brücke, die Phuket mit dem Festland verbindet, und führt auf 600 Metern Länge über einen hölzernen Plankenweg durch den Mangrovenwald des Sirinath-Nationalparks. Besucher erhalten hier interessante Einblicke in das komplexe Sumpf-Ökosystem, die Zusammenhänge und Besonderheiten erklären Schilder auf Thai und Englisch. Der Wald ist der Lebensraum von zahllosen Wildtieren. Hier wimmelt es von Winkerkrabben, Garnelen und kleinen Fischen, hin und wieder sieht man auch Langschwanzmakaken. Das Dorf Ban Thachatchai bietet einige einfache Gästehäuser und Lokale.

Hat Nai Yang

หาดในยาง

Sirinath-Nationalpark.

In dieser unberührten Bucht liegt der Strand im Schatten von Kiefern. Zudem befindet sich hier das Büro des Sirinath-Nationalparks. Der Hat Nai Yang ist ein wunderbarer Picknickplatz. Nur anderthalb Kilometer entfernt liegt ein langes

Kanal im Mangrovenwald des Sirinath-Nationalparks

Korallenriff, an dem man herrlich schnorcheln kann. Man sollte jedoch ein guter Schwimmer sein, denn die Strömung kann ziemlich stark werden. Die Schönheit der Bucht lässt sich aber auch in einem gemieteten Boot vom Meer aus genießen. Noch ist der Strand kommerziell relativ unerschlossen, auch wenn sich dort bereits einige schicke Strandcafés, Bars und teure Spas befinden.

Hat Mai Khao

หาดไม้ขาว

Sirinath-Nationalpark.

Der Hat Mai Khao im Sirinath-Nationalpark erstreckt sich über zehn Kilometer weit und ist damit der längste Sandstrand Phukets. Weil er in der Nähe des Flughafens von Phuket gelegen ist – wovon man aber nichts bemerkt –, wird er auch Hat Sanambin (»Flughafenstrand«) genannt. Der im Vergleich zu den touristischen Gebieten im Süden unberührte Strand liegt etwas abseits der Urlauberrouten. Die Bebauung wird in diesem geschützten Gebiet strikt kontrolliert. An einigen Plätzen ist allerdings Zelten erlaubt. Daher ist der Strand vor allem bei Rucksackreisenden sehr beliebt.

In der kühleren Jahreszeit von November bis Februar kann man nachts Meeresschildkröten am Strand und im davorliegenden Meer beobachten. Die Tiere kommen an Land, um dort ihre Eier zu legen und zu vergraben. Das Gebiet wird inzwischen von den Behörden überwacht. Doch diese staatlichen Schutzbemühungen setzten etwas spät ein, denn die Zahl der Schildkröten, die den Hat Mai Khao erreichen, hat abgenommen. Zu Beginn des Songkran-Fests *(siehe S. 38)* werden am Strand künstlich ausgebrütete Schildkrötenbabys ins Meer freigesetzt.

Der Strand ist gut zum Sonnenbaden, doch fällt der Meeresboden hier so steil ab, dass sich vor allem in der Regenzeit von Juni bis September nur geübte Schwimmer hinauswagen sollten. Am Hat Mai Khao kann man auch die mit den Langusten verwandten Bärenkrebse fangen, die in den Strandlokalen neben sonstigen Meeresfrüchten als Imbiss zubereitet werden. Edle Restaurants bietet zudem das exklusive Marriott Resort und Spa.

Hohe Bäume säumen die Fußwege im Sirinath-Nationalpark

Hat Nai Thon

หาดในทอน

Sirinath-Nationalpark.

Der etwa ein Kilometer lange Hat Nai Thon zählt zu Phukets einsameren Stränden. Er liegt in einer malerischen Bucht beim Fischerdorf Nai Thon und wird langsam für den Tourismus erschlossen. Diese Entwicklung wurde vor allem durch den Ausbau der Straßen befördert. Doch noch hat sich der Hat Nai Thon seinen rustikalen Charme mit kleinen, günstigen Bungalows und einer Handvoll Restaurants, Cafés, Bars und Läden am nördlichen Ende erhalten. Die großen Granitfelsen an beiden Enden der Bucht schirmen den Strand ab und schützen eine artenreiche Meeresflora und -fauna – sie sind ideale Plätze zum Angeln. Einige Hundert Meter weiter südlich liegt hinter einer flachen Landspitze die ruhige, abgeschiedene Bucht Ao Hin Kruai.

Tiefblaue Gewässer liegen vor dem langen Sandstrand Hat Mai Khao

Straßenkarte *siehe hintere Umschlaginnenseiten*

Überblick: Phukets Ostküste

Die Ostküste Phukets blickt an der ruhigen Andamanensee Richtung Malaiische Halbinsel. Sie wird in die südlich von Phuket Town gelegene Südostküste an der Ao Chalong und in die Nordostküste unterteilt. Letztere erstreckt sich nördlich der Stadt bis zur Brücke zum Festland. Auf den guten Straßen der Insel kommt man mit Autos und öffentlichen Verkehrsmitteln gut voran. Auch Boote eignen sich. Urlaubern wird hier viel geboten: von Wassersport bis zu exotischer Küche, von Nationalparks bis zu einsamen Stränden, von alten Tempeln bis zu Museen. Der Nordosten, durch den die Hauptverbindungsstraße von Phuket Town aufs Festland führt, ist außer im Umland der Stadt Thalang touristisch weitgehend unerschlossen.

Das Thalang-Nationalmuseum präsentiert Phukets Geschichte

Thalang

ถลาง

18 km nördl. von Phuket Town.

Das in der Mitte der Insel gelegene Thalang war früher Hauptstadt von Phuket – die Insel selbst wurde bis Ende des 19. Jahrhunderts Thalang genannt. Das aufstrebende Phuket Town im Süden stellte Thalang jedoch bald in den Schatten. Es blieb zwar eine der größten Siedlungen, ist heute jedoch nur noch ein Verkehrsknotenpunkt, durch den die Nord-Süd-Verbindung, der Highway 402, von Phuket Town zum Festland führt. Thalang bietet einige Sehenswürdigkeiten, so die zwei Tempel Wat Phra Nang Sang und Wat Phra Thong mit ihren Buddha-Bildnissen. Interessant und lohnend ist zudem ein Bummel über den geschäftigen Obst- und Gemüsemarkt. In Thalang gibt es nur wenige einfache Restaurants mit lokaler Küche, es ist aber ein guter Ausgangspunkt für Ausflüge zu den nahen Stränden und Inseln.

Thalang-Nationalmuseum

พิพิธภัณฑ์สถานแห่งชาติถลาง

Rte 4027, 8 km südöstl. von Thalang. 07631-1426.
tägl. 8.30–16 Uhr.

Das Nationalmuseum in Thalang ist Phukets größtes Museum. Es bietet einen umfassenden Überblick über die Inselgeschichte. Von der Kunst bis zu den Zinnminen werden verschiedene Aspekte der Geschichte, der ethnischen Vielfalt, der Wirtschaft und der Ökologie beleuchtet. Eine Statue des hinduistischen Hauptgottes Vishnu aus dem 9. Jahrhundert, die man Anfang des 20. Jahrhunderts bei Takua Pa *(siehe S. 212)* fand, ist besonders beeindruckend. Der Kopf des Originals ging allerdings verloren und wurde durch eine Nachbildung ersetzt. Bemerkenswert ist auch die Nachstellung der Schlacht von Thalang, in der Khun Chan und Khun Muk die birmanischen Invasoren zurückschlugen.

Heldinnen-Monument

อนุสาวรีย์วีรสตรี

8 km südöstl. von Thalang.

Das lebensgroße Denkmal wurde von den Einheimischen zu Ehren der Schwestern Khun Muk und Khun Chan errichtet, die 1785 die in Phuket eindringenden Birmanen vertrieben. Sie versammelten die Frauen von Phuket um sich und überredeten sie, in Männerkleidern und mit Waffenattrappen die Armee der Invasoren anzugreifen. Als Belohnung für ihren Mut verlieh ihnen Rama I. (reg. 1782–1809) Ehrentitel.

Wat Phra Nang Sang

วัดพระนางสร้าง

5 km südöstl. von Thalang.
tägl. bis Sonnenuntergang.

Der Tempel wurde vermutlich im 19. Jahrhundert gegründet. Sein Name Phra Nang Sang bedeutet »erbaut von der verehrten Dame«. Der Überliefe-

Wandbilder zur buddhistischen Kosmologie, Wat Phra Nang Sang

Haupt-*wihan* mit dem Buddha-Bildnis, Wat Phra Thong

rung zufolge soll diese wohltätige Dame den Tempel im Anschluss an eine Pilgerreise nach Sri Lanka gestiftet haben – aus Dankbarkeit für ihre sichere Rückkehr. Später hatte sie allerdings Streit mit einem lokalen Herrscher, der sie zum Tod verurteilte. Als sie geköpft wurde, soll weißes Blut geflossen sein, was ihre Unschuld und Reinheit bewies. Der Tempel hütet religiöse Statuen und schöne Wandbilder im Haupt-*wihan*.

Wat Phra Thong

วัดพระทอง

5 km nördl. von Thalang.

tägl. bis Sonnenuntergang.

Thalangs zweiter bekannter buddhistischer Tempel ist der Wat Phra Thong, der Tempel des Goldenen Buddha. Der ungewöhnliche *wat* ist nach der vergoldeten Buddha-Statue benannt, die in seinem Inneren vergraben ist. Nur Kopf und Schultern schauen aus dem Boden hervor. Einer alten Sage zufolge wollte ein Kuhhirte eines seiner Rinder an einen Baumstumpf anbinden, der sich jedoch als der *ushnisha* (Haarknoten) einer vergrabenen Buddha-Statue entpuppte. Sowohl der Hirtenjunge als auch der Büffel starben aufgrund dieser (unbeabsichtigten) Ketzerei. Später träumte der Vater des Jungen, dass sein Sohn direkt ins Nirwana eingegangen sei. Ein Großgrundbesitzer, der davon erfuhr, wollte die Statue ausgraben und in einen Tempel bringen lassen. Trotz aller Mühen schafften es die Dorfbewohner jedoch nicht, die Statue vollständig freizulegen. Daher blieb sie bis zu den Schultern eingegraben, der Tempel wurde darüber errichtet. Der *wat* wurde danach für die lokalen Thai und die chinesischen Einwanderer zum Zentrum der religiösen Verehrung. Die Chinesen glauben, dass der Buddha ursprünglich aus Tibet stammt und nach einem Schiffbruch auf der Insel Phuket eingegraben wurde.

Heute zählt der *wat* zu den bedeutendsten Tempeln nicht nur in Phuket, sondern in ganz Südthailand. Zu ihm pilgern Gläubige sogar von Trang *(siehe S. 268)* und Krabi *(siehe S. 248)* aus.

Khao-Phra-Taew-Nationalpark

อุทยานแห่งชาติเขาพระแทว

5 km östl. von Thalang. Parkverwaltung (07631-1998). tägl. bis Sonnenuntergang.

Gibbon Rehabilitation Center

07626-0491. tägl. 9–16 Uhr. Spende.

gibbonproject.org

Der Khao-Phra-Taew-Nationalpark schützt den Rest des Regenwalds, der früher ganz Phuket bedeckte. Im Park liegt mit dem **Bang Pae** der größte Wasserfall der Insel. Am prächtigsten ist er in der Zeit des Südwest-Monsuns von Juni bis September.

Ein zwei Kilometer langer Wanderweg führt durch den Wald und vorbei an Exemplaren der hier endemischen Palmenart *Kerriodoxa elegans*. Bei dieser Tour empfiehlt sich lange Kleidung als Schutz gegen Insekten. Das **Gibbon Rehabilitation Center** wurde 1992 im Khao Phra Taew gegründet. Dort werden in Gefangenschaft aufgezogene Gibbons auf ihre Auswilderung vorbereitet. Das Zentrum will auch die illegale Verwendung der Tiere als Touristenattraktion beenden. Die Besucher werden um eine Spende gebeten oder können einen Gibbon adoptieren, um die Einrichtung zu unterstützen.

Gibbon beim »Wildnisunterricht«, Gibbon Rehabilitation Center

Boote vor einer beliebten Strandbar, Ao Chalong

Ao Chalong

อ่าวฉลอง

10 km südöstl. von Phuket Town.

Die zwischen Laem Promthep und Laem Phanwa gelegene und durch Ko Lon von der Andamanensee abgeschirmte Bucht Ao Chalong prägt die Landschaft. Eine endlose Reihe von Bungalows, Hotels und Restaurants zieht sich vom Pier der Ao Chalong bis zum Hat Rawai an der Westküste Phukets. Der Chalong Yacht Club organisiert Segelrennen und -veranstaltungen. Die Küste ist ziemlich schlammig und zum Schwimmen ungeeignet, doch eine gute Basis, um von dort zum Angeln, Tauchen und Schwimmen auf den Inselchen vor der Küste zu fahren.

Wat Chalong

วัดฉลอง

10 km südöstl. von Phuket Town.

Tempelfest (Dez).

Phukets bekanntester Tempel ist der Anfang des 19. Jahrhunderts gegründete Wat Chalong. Dem auch Wat Chaiyataramit genannten Tempel wurde 1846 königlicher Status verliehen. Sein hochverehrter Abt Luang Pho Saem, der 1908 verstarb, war ein angesehener Heiler – seine Nachfolger pflegen diesen Ruf weiter. Das auffälligste Bauwerk des Tempels ist der hohe vergoldete *chedi*, der 2001 im Stil des *chedi* von Tat Phanom errichtet wurde. (Tat Phanom ist der berühmteste Tempel in Nordost-Thailand mit Reliquien des Buddha.) Zur Tempelanlage gehören ein kreuzförmiger *mondop* mit Darstellungen früherer Äbte, Fotografien sowie lokalhistorische und religiöse Gegenstände, ein *ubosot*, eine Kremationshalle, sowie eine *sala*, ein offener Pavillon für Bestattungen. Im *kuti*, dem Mönchsquartier, steht eine lebensecht wirkende Wachsfigur von Luang Pho Saem.

Vor allem zum Tempelfest Mitte Dezember kommen sehr viele Pilger zum Wat Chalong.

Phuket-Aquarium

ภูเก็ตอะควาเรียม

51, Moo 8, Sakdidet Rd, Laem Phanwa. 07639-1126.

tägl. 8.30–16.30 Uhr (Einlass bis 16 Uhr).

phuketaquarium.org

Das Aquarium auf dem Laem Phanwa ist dem Meeresbiologischen Zentrum von Phuket angeschlossen. Hier kann man über 150 Arten bewundern und in interaktiven Exponaten Korallenriffe, Mangrovensümpfe, Teiche, von den Gezeiten geprägte Ästuare, Flüsse und Seen kennenlernen. Ein Glastunnel führt durch ein Becken mit Zitteraalen, Stachelrochen, Sepien und vielen anderen Meerestieren. Ziel des Aquariums ist es, Besuchern auf unterhaltsame Weise die empfindliche Umwelt der Küste nahezubringen.

Ko Hai

เกาะไห

21 km südl. von Phuket Town.

vom Hat Rawai.

Die »Koralleninsel« Ko Hai ist ein Idyll. Auf der Insel bietet das exklusive Coral Island Resort zahllose Einrichtungen, darunter einen Swimmingpool und ein Tauchzentrum. In der Nähe finden sich Cafés und Restaurants. Auf Ko Hai werden zudem Möglichkeiten zum Windsurfen und Gleitschirmfliegen geboten, die Sichtweite beim Schnorcheln und Tauchen ist sehr hoch. Alle Reisebüros oder Tauchzentren in Phuket Town oder Ao Chalong organisieren Tagesausflüge nach Ko Hai. Einen Zwischenstopp lohnt das Fischerdorf Ko Lon.

Ko Kaeo Pisadan

เกาะแก้วพิสดาร

19 km südl. von Phuket Town. vom Hat Rawai.

Die idyllische kleine Insel Ko Kaeo Pisadan – auch Ko

Der reich verzierte, vergoldete *chedi* des Wat Chalong

Hotels und Restaurants an der oberen Andamanen-Küste *siehe Seiten 299f und 314–316*

Blick über die Palmen und das Kap auf das tiefblaue Meer am Laem Promthep

Kaeo Yai – liegt vor Phukets Südspitze in der Andamanensee. Tagesausflüge auf die Insel werden vom Hat Rawai an der Ostküste und vom Hat Nai Harn *(siehe S. 232)* an der Westküste angeboten. Auf der Fahrt von beiden Stränden aus genießt man unterwegs die Sicht auf Laem Promthep.

Ko Kaeo Pisadan hat nur einen, dafür schönen Strand von 200 Meter Länge. Man kann die Insel leicht zu Fuß durchqueren oder mit dem Kajak umrunden. Dank der Korallenriffe im flachen Meer ist dies eine idealer Ort zum Schnorcheln. Eine Ferienanlage bietet einfache Unterkünfte, einen Zeltplatz sowie ein Restaurant, das Seafood und Thai-Spezialitäten serviert. Auf der gesamten Insel darf nicht geraucht werden.

Auf der Insel liegt auch das Kloster Wat Ko Kaeo Pisadan, Ziel thailändischer Buddhisten. Im Kloster leben nur wenige Mönche. Wer den heiligen Ort besuchen möchte, sollte sich auf jeden Fall entsprechend dezent kleiden.

Hat Rawai

หาดราไว
16 km südöstl. von Phuket Town.
Phuket-Muschelmuseum
12/2, Moo 2, Wiset Road, Hat Rawai. 07661-3666. tägl. 8–18 Uhr.

Der Hat Rawai ist einer der größten Strände im Südosten und war früher eine Hauptattraktion auf Phuket. Mittlerweile haben ihm jedoch die Strände an der Westküste den Rang abgelaufen. Heute ist er vor allem als Ausflugsziel für Urlauber in Phuket Town bekannt, die von seinen Seafood-Restaurants und den Bars angelockt werden. Das geschäftig-aufgeregte Treiben am Strand erinnert etwas an den Hat Patong. Das sehenswerte **Phuket-Muschelmuseum** präsentiert eine Sammlung von Meeresmuscheln aus Thailand und der ganzen Welt. Wer lieber die Inseln vor der Küste erkundet, anstatt sich in Restaurants und Bars zu vergnügen, umgeht einfach den Strand und fährt direkt zum Laem Promthep.

Am Hat Rawai lebt auch eine kleine Gemeinde von *chao lae* (Seenomaden, *siehe S. 208)*. Sie sind jedoch zurückhaltend und bleiben lieber unter sich. Urlauber, die auf dem Laem Promthep den spektakulären Sonnenuntergang genießen, fahren danach oft noch auf einen Sundowner und zum Essen zum Hat Rawai.

Laem Promthep

แหลมพรหมเทพ
18 km südl. von Phuket Town.

Das Kap Laem Promthep ragt im Südwesten von Phuket weit in die Andamanensee vor. Die Einheimischen nennen die Landspitze auch Laem Jao (»Kap der Götter«) und genießen von hier aus den Sonnenuntergang. Am Kap finden sich Stände, die Speisen und Getränke verkaufen, sowie ein Parkplatz. Vom Leuchtturm an der Südwestspitze öffnet sich ein Rundumblick über das Meer. Ein Pfad mit schönem Ausblick auf Ko Kaeo Pisadan führt zwischen Felsen zum Meer hinunter. Wegen der starken Strömungen kann man dort nicht schwimmen.

Fischerboote der *chao lae*, Hat Rawai

Phukets vorgelagerte Inseln

Phukets 39 vorgelagerte Inseln befinden sich hauptsächlich vor der Ostküste in der Andamanensee. Sie sind entweder gar nicht oder nur von einigen wenigen Fischern und Kokosbauern bewohnt. Doch auch in ihre idyllische Abgeschiedenheit dringt der Wandel langsam vor. Auf einigen Inseln, etwa auf Ko Racha Yai, stehen bereits Luxusresorts. Andere, z. B. Ko Yao Yai, sind vor allem das Ziel von Rucksackreisenden. Von verschiedenen Häfen und Anlegestellen aus kann man mit Fischerbooten, Fähren oder Schnellbooten Tages- oder Wochenausflüge zu den Inseln unternehmen. Der beliebteste Startpunkt zu den Inseln ist die Ao Chalong.

Ko Yao Yai

เกาะยาวใหญ่

14 km östl. von Phuket.

von Bang Rong.

Ko Yao Yai liegt bereits in der Provinz Phang Nga. Sie ist die größere und weniger besuchte der beiden Ko-Yao-Inseln. An der Küste des Eilands verstecken sich zwischen Kokos- und Kautschukplantagen und einigen Reisfeldern kleine Fischerdörfer. Inmitten der bäuerlichen Umgebung und weit entfernt von der Hektik der Strände der Westküste Phukets kann man sich zurücklehnen, entspannen und das Leben der Bauern beobachten.

Bis jetzt entstanden auf Ko Yao Yai keine größeren Ferienanlagen. Die Infrastruktur ist entsprechend rudimentär, die Straßen sind kaum ausgebaut. Ein Motorradverleih ist zwar vorhanden, doch viele Besucher bringen ihre Motorräder mit. Die Gästehäuser und Bungalows sind eher von der schlichten Art, ebenso die wenigen Restaurants und Cafés. Der größte Teil der Bevölkerung lebt im Süden der Insel und dort vor allem um den Lohjak-Pier, wo die Boote aus Phuket Town anlegen. Zwischen dem Chonglad-Pier an der Nordostküste der Insel und dem Manok-Pier nahe der Südspitze der Nachbarinsel Ko Yao Noi verkehren regelmäßig kleine Boote.

Ko Yao Noi

เกาะยาวน้อย

19 km östl. von Phuket. von Bang Rong.

Das 13 Kilometer lange Inselchen Ko Yao Noi ist beinahe gleich weit von den Urlaubsorten auf Phuket sowie von Phang Nga *(siehe S. 220)* und Krabi *(siehe S. 248)* entfernt.

Über 3000 Menschen, darunter viele Muslime, leben in dieser abgeschiedenen Oase. Sie betreiben Fischerei und Kokosanbau. Der Hauptstrand

Traumstrand auf Ko Racha Yai

Ein muslimischer Fischer mit seinem Boot, Hat Yao Noi

Hat Yao (»Langer Strand«) erstreckt sich am Ostufer der Insel gegenüber dem Festland.

Im Inselinneren führen Wanderungen zu Dörfern, durch Wäldchen und vorbei an Garnelen-Aquakulturen, Reisfeldern und einsamen Buchten. Beliebt sind auch Inselumrundungen mit dem Kajak entlang der buchtenreichen Küste mit Abstechern zu nahe gelegenen anderen Inseln.

Günstige Unterkünfte sind reichlich vorhanden, zudem findet man entlang der Ostküste sowie im Hauptort Tha Kai Restaurants und Bars.

Ko Racha Yai

เกาะราชาใหญ่

14 km südl. von Phuket. von Ao Chalong.

Die Hauptattraktionen von Ko Racha Yai (auch Ko Raya Yai) sind zwei Strände in den Buchten Ao Patok und Ao Siam und die guten Tauchgründe vor der Küste. Einige Ferienanlagen bieten komfortable Bungalows an. Die luxuriöseste davon liegt in der Bucht Ao Patok.

Auch die nur acht Kilometer südlich gelegene Insel **Ko Racha Noi** bietet gute Tauchgründe. Die Insel untersteht der thailändischen Kriegsmarine. Sie beschränkt bisweilen den Zugang zur Insel, erlaubt jedoch das Tauchen im Korallenriff vor der Küste. Die Korallenriffe vor beiden Inseln sind unbeschädigt und für alle Taucher geeignet.

Hotels und Restaurants an der oberen Andamanen-Küste *siehe Seiten 299f und 314–316*

Perlen aus der Andamanensee

So wie Chanthaburi für Edelsteine und Bangkoks Yaowarat-Viertel *(siehe S. 76)* für Goldläden ist Phuket für seine *mook andaman* (Andamanenperlen) bekannt. Einst wurden die Perlmuscheln aus den Gewässern vor der Insel noch zufällig herausgefischt. In den letzten drei Jahrzehnten wurde Phuket zu einem der großen Spieler im Geschäft mit Zuchtperlen und konkurriert heute mit anderen internationalen Wettbewerbern wie Japan oder der Region um den Persischen Golf. Die Zuchtperlen tragen mittlerweile in großem Umfang zur Wirtschaft der Insel bei. Einige Unternehmen auf Phuket ermöglichen die Besichtigung ihrer Perlenzuchten und zeigen auch, wie die Perlen entstehen und geerntet werden. Der Tsunami von 2004 war für diesen Wirtschaftszweig ein harter Schlag, da viele der Muscheln einfach weggeschwemmt wurden.

Perlenzucht

Voraussetzung für die Perlenzucht ist die Aufzucht von Muscheln. Sie werden in einem Tank herangezogen, bis sie groß genug sind, um ihnen ein Transplantat einzusetzen. Im Meer wächst dann um diesen Kern in drei bis vier oder mehr Jahren die Perle. Die Erfolgsquote des Verfahrens liegt bei nur rund fünf Prozent.

Den Perlmuscheln wird ein Kern eingesetzt, der als Perle nach einigen Jahren wieder geerntet wird – wobei nicht jede Muschel das Transplantat annimmt.

Die Perlenfarmen liegen in den flachen Gewässern der Andamanensee vor der Ostküste Phukets – ein idealer Ort zur Perlenzucht.

Die Perlengewinnung erfolgt mithilfe von Chemikalien und Maschinen, mit denen die Perlen aus dem Perlsack entfernt werden. Danach werden sie gewaschen, poliert und für den Verkauf sortiert.

Die Juweliere in Phuket verkaufen Perlen, die vor Ort gezüchtet und poliert wurden. Besucher können aus einem umfangreichen Schmuckangebot wählen.

Die Führungen auf einigen Perlenfarmen umfassen auch ein Essen und einen Besuch im Ausstellungsraum, wo man die vor Ort gezüchteten Perlen erwerben kann.

Untere Andamanen-Küste

Diese Küstenregion galt lange Zeit als das weniger erschlossene Gegenstück zur oberen Andamanen-Küste – heute hat sie spürbar aufgeholt. Von den grünen Inseln Ko Phi Phi und Ko Lanta bis zu den idyllischen Stränden bei Krabi und Trang: Hier gibt es fantastische Plätze zum Tauchen, Schnorcheln und Klettern. Weiter im Süden präsentieren sich der malaiisch-muslimische Fischerhafen Satun sowie Ko Tarutao vom internationalen Fremdenverkehr noch weitgehend unberührt.

Von Krabi bis zur Grenze nach Malaysia ist die untere Andamanen-Küste fruchtbar und grün. Sie lockt mit Buchten, hohen Kalksteinklippen, weißen und goldenen Sandstränden. Hier gedeihen wogende Kasuarinen und Kokospalmen, dichte Regenwälder, Kautschukplantagen und grüne Reisfelder.

In der wunderschönen, großteils noch unberührten Region ziehen vor allem die Städte Krabi und Trang mit ihren großartigen Wassersportangeboten und Klettermöglichkeiten Urlauber an. In beiden Städten hat ein großer Teil der Bevölkerung chinesische Vorfahren, deshalb findet man hier faszinierende Thai-chinesische Architektur sowie eine wunderbar abwechslungsreiche Küche – Dim Sum werden in vielen Restaurants in Trang serviert. Ko Phi Phi bietet nicht nur ein romantisches Ambiente und eine herrliche Landschaft, sondern auch einige der besten Tauchreviere an der Andamanen-Küste. Damit ist es zum beliebten Reiseziel in Thailand aufgestiegen. Wer jedoch Sand und Sonne ungestört genießen möchte, findet sein Glück auf Ko Lanta und anderen eher unerschlossenen Inseln.

Nur wenig besucht ist das im äußersten Süden gelegene Satun. Nirgendwo sonst in Thailand lebt eine größere muslimische Gemeinde als in der gemütlichen Stadt, die zugleich das Tor zum spektakulären Meeres-Nationalpark Ko Tarutao und den Inseln ist. Nahebei liegen Pulau Langkawi und Malaysias Westküste.

Während des Südwest-Monsuns von Juni bis September sind Ko Lipe, Ko Rawi und andere weiter entfernte Inseln nicht erreichbar.

Makaken bei der gegenseitigen Fellpflege in der Anlage des Wat Tham Seua bei Krabi

◀ **Blick auf die berühmte Doppelbucht von Ko Phi Phi Don** *(siehe S. 256)*

Überblick: Untere Andamanen-Küste

Die untere Andamanen-Küste lockt Urlauber mit einer atemberaubenden Landschaft, grünen Regenwäldern und herrlichen Stränden. Nach wie vor selten besucht sind ihre tropischen Mangrovenwälder, in denen eine Vielzahl von Meeres- und Landtieren lebt. Krabi bietet Ruhe, schöne Strände, spektakuläre Klippen. Es ist das Tor zu den idyllischen Inseln Ko Phi Phi und Ko Lanta. Kaum erschlossen und deshalb kaum besucht sind die Trang-Küste sowie der Tarutao-Archipel trotz Sandstränden und schöner Korallen. Nationalparks wie Hat Chao Mai, Thale Ban und Ko Phetra schützen Meeres- und Landtiere, dort kann man durch eine fantastisch unberührte Natur wandern. Vor den Inseln Ko Hai, Ko Kradan und Ko Muk findet sich reichlich Gelegenheit zum Kajakfahren, Tauchen und Schnorcheln.

Langboote an einem Strand auf Ko Muk

An der unteren Andamanen-Küste unterwegs

Besucher reisen meist über die Flughäfen Trang und Krabi an, zu beiden Städten fahren auch klimatisierte Überlandbusse von Bangkok und, im Süden, von Satun, von dessen Hafen Boote zum malaysischen Langkawi-Archipel übersetzen. Züge verkehren zwischen Trang und Surat Thani. Die Region lässt sich von Krabi und Trang aus zudem bequem im Mietwagen erkunden. Zu den Inseln Ko Phi Phi, Ko Lanta, Ko Tarutao und Ko Bulon Leh fahren Fähren, Langboote verkehren zu den kleineren Buchten und Wasserwegen.

Sehenswürdigkeiten auf einen Blick

Städte und Dörfer

- 1 Krabi
- 17 Trang
- 29 Pak Bara
- 31 Satun

Landschaftlich schöne Gebiete

- 5 Tha Pom
- 6 Mangroven

Nationalparks

- 3 Than-Bok-Koranee-Nationalpark
- 4 Khao-Phanom-Bencha-Nationalpark
- 11 Wildschutzgebiet Khao Nor Chuchi
- 16 Meeres-Nationalpark Ko Lanta
- 20 Hat-Chao-Mai-Nationalpark
- 28 Meeres-Nationalpark Ko Phetra
- 32 Thale-Ban-Nationalpark
- 33 *Meeres-Nationalpark Ko Tarutao S. 274–279*

Strände und Inseln

- 7 Ko Klang
- 8 *Krabi-Küste S. 252–255*
- 9 *Ko Phi Phi S. 256–259*
- 12 Ko Si Boya
- 13 Ko Jum
- 14 Ko Bubu
- 15 *Ko Lanta S. 264–267*
- 18 Hat Pak Meng
- 19 Hat Chang Lang
- 21 Hat Yong Ling
- 22 Hat Yao
- 23 Ko Hai
- 24 Ko Muk
- 25 Ko Kradan
- 26 Ko Libong
- 27 Ko Sukorn
- 30 Ko Bulon Leh

Museen und sakrale Stätten

- 2 Wat Tham Seua
- 10 Wat-Khlong-Thom-Nua-Museum

Weitere Zeichenerklärungen *siehe hintere Umschlagklappe*

Sicherheitshinweise des Auswärtigen Amts *siehe Seite 340*

Kletterer an einem Überhang am Hat Rai Leh

Der Doppelgipfel Khao Khanap Nam bildet Krabis malerische Kulisse

❶ Krabi

กระบี่

Straßenkarte B5. 770 km südwestl. von Bangkok. 28 000. 16 km nordöstl. von Krabi. TAT, Krabi (07562-2163). tägl.

Krabi ist die Provinzhauptstadt mit Banken und Geschäften sowie einem wichtigen Hafen für Fähren nach Ko Lanta, Ko Phi Phi und Ao Nang. Die hübsche Marktstadt am Ufer der Krabi-Mündung ist nach einem *krabi* (Schwert) benannt, das der Sage nach hier gefunden wurde. Eine malerische Kulisse bilden die umliegenden hohen Kalksteinfelsen, die jenen in der Phang-Nga-Bucht *(siehe S. 216–221)* gleichen. Besonders markant sind die zwei Spitzen **Khao Khanap Nam**, die sich wie Wachposten an beiden Ufern des Flusses gegenüberstehen. Die Ostseite wird von Mangroven gesäumt. Mit einem gemieteten Langboot kann man vom Khong-Kha-Pier im Zentrum aus die Felsen und Mangroven erkunden. Krabi selbst fungiert in der Regel als Sprungbrett zu den nahen Inseln, doch inzwischen entstehen auch hier immer mehr Bars und Lokale mit unterschiedlichen Küchen. Auch das Nachtleben wird bunter. An der touristischen Thanon Sukhon gibt es einen Markt, an der Thanon Utarakit eine gute Buchhandlung mit ausländischen Titeln.

Gläubige knien vor der Buddha-Statue im Wat Tham Seua

❷ Wat Tham Seua

วัดถ้ำเสือ

Straßenkarte B5. 8 km nördl. von Krabi. TAT, Krabi, (07562-2163). tägl. bis Sonnenuntergang.

Der in einer Kalksteinhöhle errichtete »Tigerhöhlentempel« Wat Tham Seua ist einer der bekanntesten Waldtempel im Süden Thailands. Seinen Namen verdankt er einer Felsformation, die einer Tigerpranke ähnelt. Der Haupt-*wihan* (Versammlungssaal) ist eine Höhle mit Memento-mori-Darstellungen – die düsteren Symbole zeigen die Vergeblichkeit weltlicher Begierden. Eine Treppe an der Rückseite des *wihan* führt hinauf zur Haupthöhle, in der auf einer vergoldeten Felsplattform ein Fußabdruck des Buddha zu sehen ist. Im Tempelkomplex steht zudem in einer chinesischen Pagode eine Statue des Bodhisattva Avalokitesvara in seiner chinesischen Manifestation als Guan Yin, der Mahayana-Göttin der Barmherzigkeit. Auf dem Rundweg in der benachbarten Waldsenke kommt man an turmhohen Bäumen und den *kuti* (Mönchsquartieren) vorbei. Auf dem gepflegten Anwesen führt ein Weg mit 1272 Stufen zu einem Sitzenden Buddha. Der Anstieg

Hotels und Restaurants an der unteren Andamanen-Küste *siehe Seiten 300f und 316f*

ist beschwerlich, wird aber von einer herrlichen Aussicht belohnt. Der Wat Tham Seua ist zudem für seine Vipassana-Meditationskurse berühmt.

❸ Than-Bok-Koranee-Nationalpark

อุทยานแห่งชาติธารโบกขรณี

Straßenkarte B5. Parkzentrum nahe Hwy 4039, 45 km nordwestl. von Krabi. Parkverwaltung (07568-1071). tägl. bis Sonnenuntergang. **dnp.go.th**

Kalksteinfelsen, immergrüner Regenwald, Mangroven, Torfmoore und Inseln prägen den 122 Quadratkilometer großen Nationalpark. Teilbereiche werden zurzeit zu einem botanischen Garten ausgebaut. Das zwischen Bächen und Teichen gelegene Parkzentrum ist ein beliebter Picknickplatz.

Bekannt sind die Höhlensysteme von Than Bok Koranee. Gewundene Gänge führen zwischen eindrucksvollen Tropfsteinen durch den Höhlenkomplex **Tham Lot**, zu dem vom Bho-Tho-Pier der Ao Luk aus auch Boote fahren. Die nahe gelegene Höhle **Tham Hua Kalok** ist wegen ihrer ca. 70 Felsmalereien sehenswert. Die über 2000 Jahre alten Bilder stellen Menschen und Tiere dar. Weitere Höhlen in der Umgebung sind die **Tham Sa Yuan Thong** mit einer natürlichen Quelle, die »Diamantenhöhle« **Tham Phet**, die ihren Namen ihren glitzernden Felswänden verdankt, sowie die **Tham Song Phi Nong**, in der Überreste von menschlichen Skeletten, Tonwaren, Bronzewerkzeuge und Ohrringe gefunden wurden.

Huay-To-Wasserfall im Khao-Phanom-Bencha-Nationalpark

Der Than Bok Koranee ist leicht mit dem Auto oder dem Bus zu erreichen. Die Moorgebiete erkundet man am besten in Langbooten, da sie zu Fuß – bis auf ein paar Stellen, wo Plankenwege angebracht wurden – unpassierbar sind. Markierte Wege laden zum Wandern ein.

❹ Khao-Phanom-Bencha-Nationalpark

อุทยานแห่งชาติเขาพนมเบญจา

Straßenkarte B5. Parkzentrum nahe Hwy 4, 19 km nördl. von Krabi. Parkverwaltung (07566-0716). tägl. bis Sonnenuntergang. **dnp.go.th**

Der 52 Quadratkilometer große Nationalpark soll tropischen Regenwald schützen. Er ist nach dem Berg Khao Phanom Bencha benannt, dessen fünf Gipfel bis zu 1397 Meter aufragen.

Obwohl illegal Holz gefällt und gewildert wird, leben mindestens 156 Vogelarten im Park, darunter Langschopf-Hornvögel und Goldzügeltimalien. Auch Kragenbären, Wildschweine und Nebelparder sowie kleinere Säugetierarten wie Marderbären und Seraue gibt es hier. Die tosenden Wasserfälle Nam Tok Huay To und Nam Tok Huay Sadeh stürzen etwa drei Kilometer vom Parkzentrum entfernt in die Tiefe. Vom Parkzentrum werden Trekkingtouren auf den Khao Phanom Bencha organisiert. Der schwierige Aufstieg wird durch die atemberaubende Aussicht belohnt.

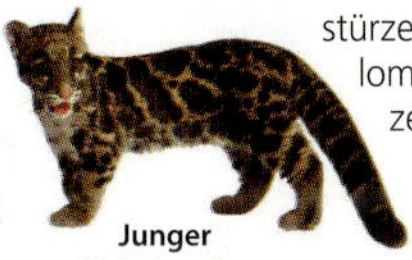

Junger Nebelparder

Besucher bewundern Kalksteinformationen im weitläufigen Höhlensystem des Than-Bok-Koranee-Nationalparks

❺ Tha Pom

ท่าปอม

Straßenkarte B5. 34 km nordwestl. von Krabi. TAT, Krabi (07562-2163). tägl. bis Sonnenuntergang.

Das bewaldete Torfmoor Tha Pom erstreckt sich entlang von mehreren Quellen, die dem See Chong Phra Kaew entspringen, sowie an einem natürlichen Wasserweg. Von den Einheimischen wird er Khlong Song Nam (»Zwei-Wasser-Kanal«) genannt, weil sich dort bei Flut Süß- und Salzwasser vermischen. Den Kanal säumen Lumphi-Palmen *(Eleiodoxa conferta)* und Mangroven. Am besten kann man das Gebiet mit einem gemieteten Boot oder auf eigene Faust im Leihkanu erkunden. Ein erhöhter hölzerner Plankenrundweg führt etwa 700 Meter durch Teile des Walds. Am Weg erklären Tafeln das Ökosystem der Region. Holzstühle laden zum Ausruhen ein. So kann man die unberührte Schönheit der Natur genießen.

Langboote fahren regelmäßig zu den Mangroven von Tha Pom

❻ Mangroven

สวนรุกขชาติกระบี่

Straßenkarte B5. 5 km westl. von Krabi. TAT, Krabi (07562-2163).

Die Mangroven von Krabi sind leicht zu erreichen und zählen zu den schönsten Mangrovenwäldern Thailands. Hier leben viele Arten von Vögeln, Fischen, Krebsen, Krabben und Weichtieren. Krabis Mangrovenwälder sind bemerkenswert intakt geblieben und bieten Zuflucht für eine Vielzahl von Land- und Meerestieren. Sie bilden zudem ein wichtiges Nistgebiet für Hunderte Vogelarten. Das Areal ist deshalb ein Dorado für Vogelliebhaber, die hier u. a. Mangroveblauschnäpper erspähen können. Ausflüge in die Mangroven sind einfach zu organisieren, ebenso Halbtagestouren zu den nahen Mündungsgebieten. Von Krabi aus fahren Charterboote das Gebiet fast im Stundentakt an.

Glücklicherweise ist auch den Thailändern die ökologische Bedeutung der Mangroven bewusst: Pläne für den Ausbau Krabis zu einem Hochseehafen werden derzeit regelmäßig dahingehend überprüft, ob sie mit dem Schutz dieses einmaligen Gebiets zu vereinbaren sind.

Fischzucht im Besitz der einheimischen Fischer von Ko Klang

❼ Ko Klang

เกาะกลาง

Straßenkarte B5. 3 km südl. von Krabi. von Krabi. TAT, Krabi (07562-2163).

Die »Zentralinsel« Ko Klang liegt unweit von Krabi auf der anderen Seite der Mündung des Krabi-Flusses und ist von der Stadt aus deutlich auszumachen. Ko Klang präsentiert sich als ein unberührtes Tropenparadies, das von Mangrovensümpfen umgeben und von Krabi aus leicht mit einem gemieteten Fluss- oder Langboot zu erreichen ist. Die wenigen schönen Korallenriffe vor der Insel haben leider durch den Bootsverkehr Schaden genommen. Man kann dort gut schwimmen. Die Touren zu den Mangrovensümpfen schließen meist einen Aufenthalt auf der Insel ein.

Wer mehr über die Fischer- und Schifferfamilien von Krabi erfahren möchte, kann über eines der vielen Reisebüros in Krabi Übernachtungen plus Verpflegung in einem Privathaus in einem der drei kleinen, vorwiegend muslimischen Fischerdörfer buchen. Fahrrad- oder Motorradmiete ist im Preis inbegriffen.

Hotels und Restaurants an der unteren Andamanen-Küste *siehe Seiten 300f und 316f*

Ökosystem Mangrovenwald

In den Mündungsgebieten der Küsten Südthailands sind Mangrovenwälder Rückzugsgebiete für Wildtiere. Mangroven bedeckten früher einen Großteil der Küste, wurden allerdings in den letzten 50 Jahren großteils zerstört. Die verbliebenen werden zunehmend unter Naturschutz gestellt. Mangroven sind die einzigen Bäume, die in sumpfigen Gezeitenzonen überleben können. Sie sind wichtige Ökosysteme, bieten sie doch Lebensraum für Krusten- und Weichtiere, Fische und viele Vogelarten, etwa Feuerliest, Mangrovepitta, Weißbauchseeadler und Maskenbinsenralle. Aber auch Säugetiere wie Dugongs und Makaken sowie Eidechsen und die gefährdeten Meeresschildkröten kommen hier vor.

Profil eines Mangrovendamms

Dies ist die typische Anordnung der Bäume in einem Mangrovenwald. Bei Flut gehen kleine Fische und Wirbellose im nährstoffreichen Wasser bei den Wurzeln auf Futtersuche. Wenn die Wurzeln bei Ebbe auftauchen, suchen Krebse und Watvögel im Schlick nach Nahrung.

Mangroven-Nachtbaumnattern schwimmen und klettern exzellent. Sie ruhen am Tag und jagen nachts Fische und Frösche.

Kleinkrallenotter kommen im Mangrovenwald häufig vor. Sie fressen Krusten- und Weichtiere.

Langschwanzmakaken leben in den Mangroven. Die guten Schwimmer jagen bei Ebbe Krebse, fressen aber auch Samen.

Männliche Winkerkrabben nutzen ihre große Schere, um nach organischen Partikeln zu fischen – und bei der Werbung um Weibchen.

Zerstörung der Mangrovenwälder

Obwohl sie 1946 unter Schutz gestellt wurden, sind seit den 1960er Jahren rund 60 Prozent von Thailands Mangrovenwäldern gerodet worden. Der Verlust dieser Ökosysteme hat den Tierbestand dezimiert und zudem zur Erosion der Küsten beigetragen. Aquakulturen, die Produktion von Holzkohle und der Bau von Straßen und Häfen in den ehemaligen Mangrovensümpfen haben die Zerstörung und den Verlust der Biodiversität verschlimmert.

Fischzucht in den Mangroven

Straßenkarte *siehe hintere Umschlaginnenseiten*

8 Krabi-Küste

ชายฝั่งกระบี่

Die Provinz Krabi liegt auf der Festlandhalbinsel östlich und südlich von Phuket. Sie umfasst über 4600 Quadratkilometer bewaldete Hügel, mehr als 100 Kilometer Küste und rund 200 Inseln in der Andamanensee. Die Küste prägen großteils steile, unzugängliche, markant geformte Karstfelsen. Dort kann man Höhlen erkunden, wandern und sich in einigen der schönsten Kletterreviere der Welt erproben. Zudem ist die Region ein Dorado für Taucher, Schnorchler und Kajakfahrer. Obwohl sie derzeit rapide erschlossen wird, sind lange Abschnitte der Krabi-Küste noch immer ein Geheimtipp.

Sonnenanbeter auf dem weißen Sand des Hat Rai Leh West

Urlauber vor Kalksteinplatten mit versteinerten Muscheln, Susaan Hoi

Susaan Hoi

สุสานหอย

21 km südwestl. von Krabi.

Susaan Hoi liegt im Südosten der Krabi-Küste und ist von Krabi aus mit Langbooten zu erreichen. Dieser »Muschelfriedhof« präsentiert Zigtausende Muscheln, die mindestens 75 Millionen Jahre alt sind. Hier befand sich einst ein großer Süßwassersumpf, in dem verschiedenste Mollusken lebten. Sie versteinerten im Lauf der Zeit aufgrund von Veränderungen der Erdoberfläche und verschmolzen mit großen Kalksteinplatten, die heute ins Meer hinausragen. In einem kleinen Museum in der Nähe erfährt man die geologische Geschichte der Fossilien. Souvenirläden verkaufen Muscheln und lokale Handwerksprodukte. Besucher können hier abgeschiedene Buchten mit herrlichem Blick auf die Inseln genießen.

Hat Rai Leh East

หาดไร่เลย์ตะวันออก

11 km südwestl. von Krabi.

Der Hat Rai Leh teilt sich in die zwei separaten Strände Hat Rai Leh East und Hat Rai Leh West. Beide werden von Krabi aus mit Langbooten angefahren. Der östliche Abschnitt ist bei Flut attraktiv, bei Ebbe liegen jedoch schlickige Flächen frei. Der Hat Rai Leh East bietet gleichwohl die bessere Infrastruktur mit unterschiedlichsten Unterkünften, darunter auch Strandbungalows. Urlauber können die Mangroven erkunden oder auf den Kalksteinfelsen am Strand klettern. Viele Reisende übernachten hier und spazieren zu Fuß zu den idyllischen Stränden Hat Rai Leh West oder Hat Tham Phra Nang.

Kletterer in den mit Haken versehenen Felsen, Hat Rai Leh East

Hat Rai Leh West

หาดไร่เลย์ตะวันตก

16 km südwestl. von Krabi.

Der Bogen des Sandstrands Hat Rai Leh West blickt nach Westen über die Andamanensee – die Sonnenuntergänge sind grandios. Der Strand ist schöner, aber auch teurer als der östliche Abschnitt und bietet kaum preisgünstige Unterkünfte. Die meisten Urlauber, die hier den Tag verbringen, übernachten andernorts.

Wer sich dagegen verwöhnen möchte, findet hier viele Mittelklasse- und Nobelherbergen sowie exzellente Seafood-Restaurants und Bars. Dies ist auch die Hauptanlegestelle für Wassertaxis von Ao Nang. Die für die Gegend typischen Kalksteinfelsen bieten auch am Hat Rai Leh West ideale Kletterbedingungen in allen Schwierigkeitsstufen. Zahlreiche lokale Unternehmen stellen Führer und Ausrüstung zur Verfügung. Ein sehr populärer Sport ist auch das Kajakfahren zwischen den Kalksteinklippen.

Hotels und Restaurants an der unteren Andamanen-Küste *siehe Seiten 300f und 316f*

Hat Tham Phra Nang

หาดพระนาง

14 km südwestl. von Krabi.

Am südlichen Ende der Halbinsel, die Hat Rai Leh East und West trennt, liegt Hat Tham Phra Nang – nach Ansicht vieler einer der schönsten Plätze im Süden Thailands. Den Sandstrand schützen Karstfelsen.

Die Kalksteinklippen haben die Gegend zum Kletterparadies gemacht. In der steilen **Taiwand Wall** und ihren Ausläufern am Hat Tham Phra Nang finden Kletterer Hunderte, einfache bis extrem schwierige Routen. An den Felsen wurden unzählige Haken eingeschlagen, an denen man sich anseilen kann. Durch die Verwitterung können die Haken und Keile sich jedoch lockern, deshalb sollte man stets vorsichtig sein. Die auffälligen Felsnasen zählen zu den Hauptattraktionen eines Urlaubs an der Krabi-Küste. Sie bieten Klettervergnügen und zugleich eine atemberaubende Aussicht.

Der Phra Nang gewidmete Fruchtbarkeitsschrein, Tham Phra Nang

Langboote fungieren als improvisierte Restaurants, Hat Tham Phra Nang

Infobox

Information

Straßenkarte B5. 3 km westl. von Krabi. TAT, Krabi (07562-2163).

Anfahrt

16 km nordöstl. von Krabi. von Krabi.

Tham Phra Nang

ถ้ำพระนาง

14 km südwestl. von Krabi.

Die »Höhle der hochverehrten Dame« Tham Phra Nang liegt am östlichen Ende des Hat Tham Phra Nang. Sie ist dem Gedenken an eine indische Prinzessin gewidmet, die hier einst im Meer ertrunken sein soll. Um ihre Person entstand ein Fruchtbarkeitskult, in dessen Folge Einheimische in der Höhle einen Schrein errichtet haben. Fischer statteten ihn mit Phallussymbolen aus und beten hier um einen guten Fang. Auch Frauen, hauptsächlich werdende Mütter und solche, die auf eine Schwangerschaft hoffen, suchen den Schrein auf. In der Nähe führt ein markierter Weg zur kleinen Lagune Sa Phra Nang. An diesem »Badeplatz der Dame« hat man eine schöne Sicht über den Hat Rai Leh East.

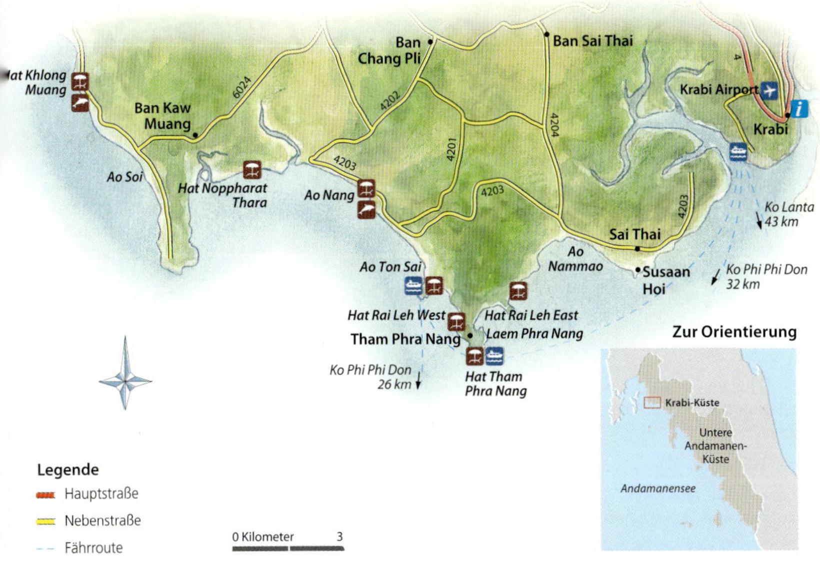

Straßenkarte *siehe hintere Umschlaginnenseiten*

Karstfelsen und dickes Gesträuch – ein einsamer Strand an der Ao Ton Sai

Ao Ton Sai

อ่าวต้นไทร

18 km südwestl. von Krabi.

Der am wenigsten erschlossene Strand um Ao Nang ist auch der preisgünstigste. Die Ao Ton Sai ist vom westlichen Ende der Küste zu Fuß zu erreichen, man muss sich aber auf schlickiges Watt gefasst machen. Vom Hat Rai Leh West führt ein anderer Weg über zackige, mit scharfen Muschelscherben übersäte Felsen. Die Strecke ist beschwerlich. Wie zu den benachbarten Stränden Hat Rai Leh East und West sowie Tham Phra Nang gelangt man in die Ao Ton Sai am einfachsten per Boot.

Der Hat Ton Sai ist nicht so herausragend wie der Hat Rai Leh West oder Hat Tham Phra Nang – häufig ist er voller Treibgut. Die Kulisse bilden auch nicht die üblichen Kokospalmen, sondern Mangroven. Doch die Aussicht auf Felsen und das Meer ist wunderschön. Die Unterkünfte wie auch die Restaurants und Bars sind hier günstiger als am gehobeneren Hat Rai Leh West. Viele Reisende übernachten in der Bucht und unternehmen Ausflüge zu anderen Stränden, etwa zum Hat Tham Phra Nang. Abends kehren sie zurück, um hier zu essen und dem Sonnenuntergang über der Adamanensee zuzusehen.

Massage-Hütten und Restaurants am Strandweg der Ao Nang

Ao Nang

อ่าวนาง

21 km westl. von Krabi.

Die schöne, viel besuchte Bucht Ao Nang liegt westlich des Hat Tham Phra Nang und ist durch eine felsige Landzunge von der Ao Ton Sai getrennt. Aus dem dortigen, bei Rucksackreisenden beliebten Fischerdörfchen entwickelte sich ein angesagter Ferienort, der von Krabi aus leicht über die Straße zu erreichen ist.

Die Ao Nang wird vor allem in der Hochsaison von zahlreichen Urlaubern, hauptsächlich Europäern, besucht. Der Strand zählt zu den belebtesten der Krabi-Küste.

Aufgrund der hohen Besucherzahlen wurde und wird hier viel gebaut: Unterkünfte – edle Resorts ebenso wie preiswerte Gästehäuser –, Restaurants, Bars, Reisebüros und Tauchclubs schießen aus dem Boden.

Ruhe findet man am nahe gelegenen Hat Rai Leh West – mit dem Boot ist man von der Ao Nang aus in zehn Minuten dort. Per Langboot kommt man von Ao Nang zur nahen Ko Poda und zur Chicken Island. Die Gewässer um die Inseln eignen sich bestens zum Schnorcheln. Ko Poda hat einen herrlichen Strand zum Picknicken und Entspannen.

Hotels und Restaurants an der unteren Andamanen-Küste *siehe Seiten 300f und 316f*

Kokospalmen am geschützten Strand Hat Khlong Muang

Hat Noppharat Thara

หาดนพรัตน์ ธารา

18 km westl. von Krabi.

Der Hat Noppharat Thara ist ein beliebter Picknickplatz gleich bei der Ao Nang. Diese kaum bebaute Verlängerung des Strands der Ao Nang ist von der Bucht aus gut zu Fuß zu erreichen. Von dem ruhigen, drei Kilometer langen, von Kasuarinen gesäumten Strand genießt man eine herrliche Aussicht auf die massiven Karstfelsen der Umgebung.

Der Hat Noppharat Thara hieß früher Hat Khlong Haeng, »Strand des ausgetrockneten Kanals«, nach dem Kanal, der den Strand zweiteilt und bei Ebbe trockenlegt.

Der Strand gleicht dem der Ao Nang, ist aber weniger überlaufen. Es ist aber wohl nur noch eine Frage der Zeit, bis auch hier der Kommerz Einzug hält. Bei Ebbe ist das Meer zu seicht zum Schwimmen. Dann kann man zur Insel Ko Kao Pak Klong spazieren und von dort den Blick auf die Bucht genießen. Eine Spezialität des Gebiets sind die *hoi chak teen* (Hundsflügelschnecken), deren Gehäuse auch als Souvenirs verkauft werden.

Bunte »langschwänzige« Boote am Hat Noppharat Thara

Hat Khlong Muang

หาดคลองม่วง

22 km westl. von Krabi.

Der Hat Khlong Muang wird von der Ao Nang und vom Laem Phra Nang durch eine lange, felsige Landzunge geschützt. Er präsentiert die luxuriöse Facette der Krabi-Küste. Der Strand ist von der Ao Nang mit Langbooten und von Krabi mit *songthaew* oder Mietauto zu erreichen. Aus dem ursprünglichen Küstenstreifen und Dorado für Rucksackreisende wurde durch den Bau des Krabi Sheraton ein teurer Urlaubsort mit ausgezeichneter Infrastruktur. Den von Palmen gesäumten Strand sprenkeln hier und dort Felsen, ein Teil des Riffs liegt bei Ebbe frei. Zu der Szenerie gehören auch die Inselchen vor der Küste. Zahlreiche Tauchschulen und Reiseagenturen organisieren Tauch- und Schnorchelausflüge sowie Kajaktrips zu den Inseln. Für das leibliche Wohl sorgen Sundowner-Bars, Strandcafés und Nudelbars. Im Kontrast dazu bieten die Nobelrestaurants der Resorts internationale und thailändische Gourmetküche.

Die Sage von Phra Nang

Die Sage berichtet, dass Phra Nang eine indische Prinzessin war, die einst in der Andamanensee ertrank und deren Geist seither in der Höhle Tham Phra Nang *(siehe S. 253)* lebt. In dieser bauten Einheimische einen Schrein, dem sie geschnitzte *linga* (Phallussymbole) als Opfergaben überbrachten. Im Lauf der Zeit gewann der Schrein an Bedeutung: Er steht für Fruchtbarkeit und Glück, die Höhle selbst für das weibliche Geschlechtsorgan. Dem Volksglauben nach soll jedes hölzerne *linga*, dass vor der Krabi-Küste ins Meer geworfen wird, seinen Weg zur Tham Phra Nang finden. Phra Nang gilt in der Region als niedere Gottheit und Schutzheilige der Frauen, die sie um Kindersegen anflehen, sowie der Fischer, die sie um einen guten Fang bitten. Sie soll jedoch auch zu mächtigem Zorn fähig sein, den jeder, der ihren Schrein beleidigt, zu spüren bekommt. Deshalb bittet jeder um ihren Segen, ehe er in der Gegend ein Projekt startet.

Opfergaben am Schrein der Phra Nang

❾ Ko Phi Phi

เกาะพีพี

Wie Perlen liegen die sechs Inseln des Archipels in der Andamanensee. Die Hauptinsel Ko Phi Phi Don besteht aus zwei Landmassen, die durch eine schmale Landbrücke miteinander verbunden sind. Sie ist mit Palmen bestanden und wird von Restaurants, Bars und Gästehäusern gesäumt. Das schöne Ko Phi Phi Leh im Süden ist unbewohnt, die anderen Inseln sind lediglich winzige Kalksteinfelsen. In den umliegenden Korallen wimmelt es von Leben. Die Inseln selbst sind durch hohe Klippen und Riffe unter Wasser vor der rauen See geschützt. Die Szenerie von Ko Phi Phi fasziniert Besucher aus aller Welt.

Zur Orientierung

☐ Dargestelltes Gebiet

★ Doppelbucht

Vom berühmten Aussichtspunkt im Osten der Insel hat man einen spektakulären Blick auf Ko Phi Phi Don und die zwei Buchten Ao Lo Dalum und Ao Ton Sai. Am schönsten ist die Aussicht, wenn die Sonne auf- oder untergeht.

Aktivitäten

Die schönen, mit maritimem Leben gesegneten Korallen vor Ko Phi Phi sind der Traum von Tauchern und Schnorchlern. Hier kann man auch Kajak fahren und klettern.

★ Ban Ton Sai

Ban Ton Sai ist die größte Siedlung auf Ko Phi Phi und der Fährhafen. In dem einst kleinen muslimischen Fischerdorf drängen sich Restaurants, Bars und Hotels.

Außerdem

① **Wanderwege** führen durch die Osthälfte Ko Phi Phi Dons.

Hotels und Restaurants an der unteren Andamanen-Küste *siehe Seiten 300f und 316f*

Danny Boyles *The Beach*

Hollywood-Regisseur Danny Boyle fand in der Bucht Ao Maya auf Ko Phi Phi Leh die perfekte Kulisse für die Verfilmung von Alex Garlands Roman *The Beach* (2000). Der Film handelt von einer Gemeinschaft junger Leute, die auf einer geheimen Insel ihrem Vernügen freien Lauf lassen. In Thailand stieß er nicht überall auf Gegenliebe, zudem wurden die produzierende 20th Century Fox und ihre lokalen Agenten nach dem Dreh von thailändischen Behörden wegen Umweltverstößen in der Bucht angezeigt. Der Film lockte in der Folge erheblich mehr Urlauber nach Ao Maya.

Beim Dreh in der Ao Maya von Danny Boyles Hollywoodfilm *The Beach*

Infobox

Information
Straßenkarte B5. 40 km südl. von Krabi. 7700.
TAT, Phuket (07621-1036).
Chinesisches Neujahr (Feb), Songkran (Apr).
phi-phi.com

Anfahrt
von Phuket oder Krabi.

Farbenfrohe Korallenriffe
In den Gewässern vor Ko Phi Phi liegen berühmte Tauchgründe. Dort sieht man Weichkorallen, Seeanemonen und sogar Haie.

Legende
Fußweg
Fährroute

0 Kilometer 1

Wikingerhöhle
Die jahrhundertealten Felszeichnungen von chinesischen Dschunken in der Höhle ähneln Wikingerschiffen und beflügeln Gerüchte, dass die Wikinger bis in die Andamanensee segelten.

★ Ao Maya
Die aus dem Film *The Beach* berühmte Traumbucht Ao Maya auf Ko Phi Phi liegt auf drei Seiten im Schutz von Klippen. An ihren Korallenbänken kann man herrlich schnorcheln.

Straßenkarte *siehe hintere Umschlaginnenseiten*

Überblick: Ko Phi Phi

Ko Phi Phi besteht aus sechs Inseln. Wie Ko Phi Phi Leh sind die meisten unbewohnte Kalksteinfelsen. Die besiedelte Hauptinsel Ko Phi Phi Don ist so klein, dass man sie gut zu Fuß bewältigen kann. Da es keine befestigten Straßen und keine motorisierten Fahrzeuge gibt, muss man sowieso wandern, will man in abgelegenes Terrain vordringen. An die meisten Stellen an der Küste gelangt man aber mit Langbooten oder Fähren, die am Ban-Ton-Sai-Pier ablegen. Ko Phi Phi Leh besitzt keinerlei markierte Pfade und ist nur mit Booten von Ban Ton Sai aus erreichbar.

Ban Ton Sai

บ้านต้นไทร

Ban Ton Sai ist die einzige Siedlung des Archipels von erwähnenswerter Größe und de facto Ko Phi Phis Hauptstadt und Geschäftszentrum. Das einstige muslimische Fischerdorf ist der einzige Fährhafen mit Verbindung zum Festland. Der Ort an der Ao Ton Sai liegt auf der schmalen Landbrücke zwischen den beiden Teilen von Ko Phi Phi Don. Ban Ton Sai ist eine dicht bebaute Ortschaft, in deren Straßen sich Urlauber und Thailänder vom Festland drängen. Der Ort hat sich von den Zerstörungen des Tsunamis von 2004 erholt und ist quirliger denn je. Trotz des Versprechens der Regierung, die Bauprojekte zu kontrollieren, entstehen auf der Insel, die in einer ökologisch labilen Zone liegt, immer mehr Ferienanlagen.

Alle Besucher auf Ko Phi Phi müssen Ban Ton Sai passieren – und viele bleiben angesichts der vielen Hotels, Restaurants und Bars. Zudem gibt es im Ort eine Bank, eine Polizeiwache, eine Post und ein Krankenhaus. Dies ist der ideale Ausgangspunkt für Ausflüge auf Ko Phi Phi.

Läden und Restaurants in einer schmalen Straße, Ban Ton Sai

Ao Lo Dalum

อ่าวโละดาลัม

Nördlich von Ban Ton Sai erstreckt sich die herrliche Bucht Ao Lo Dalum mit einem schönen, von Kokospalmen bestandenen Strand. Aufgrund der Nähe zu Ban Ton Sai ist dieser Strand recht beliebt und immer voller Tagesausflügler. Urlauber, die länger bleiben, sollten sich die Zeit nehmen, auch die weniger leicht zugänglichen Strände auf den anderen Inseln zu besuchen. Die Ao Lo Dalum ist bei Flut sehr malerisch, bei Ebbe jedoch weniger attraktiv, weil sich dann das Watt schier endlos erstreckt. Ein steiler Weg am östlichen Ende der Bucht führt hinauf zum berühmten Aussichtsplatz der Insel. In 186 Meter Höhe über dem Meeresspiegel fällt dort der Blick über die schmale Landbrücke und die Doppelbucht.

Kalksteinklippen im Wasser der Ao Lo Dalum

Hat Yao

หาดยาว

Der traumhafte Strand Hat Yao an Ko Phi Phis Südostküste wird im Osten von einer kleinen, felsigen Landzunge geschützt. Er bietet wunderbar feinen weißen Strand und im seichten Wasser ein artenreiches Korallenriff, in dem sich farbenfrohe Fische tummeln. Der Hat Yao ist entsprechend beliebt und meist voller Sonnenanbeter und Schnorchler. Zahlreiche Strandverkäufer bieten von kühlen Getränken bis zur Thai-Massage alles, was das Urlauberherz begehrt. Von Ban Ton Sai gelangt man mit dem Boot oder zu Fuß – über einen schmalen Weg vom Dorf Richtung Westen – an diesen herrlichen Strand.

Hat Ranti

หาดรันตี

Abseits des turbulenten Ban Ton Sai versteckt sich der Hat Ranti an der Ostküste Ko Phi Phi Dons. Er ist einer von drei miteinander verbundenen Stränden und mit schlichten Unterkünften und erschwinglichen Restaurants für Preisbewusste geeignet. Da er abseits der üblichen Ziele liegt, ist er von Ban Ton Sai aus entweder per 45-minütiger Wanderung über den Hügelkamm der Insel oder aber mit dem Boot zu erreichen. Der Strand mit Felsblöcken und ruhigem Meer ist perfekt für ein Picknick oder einen Tagesausflug. Proviant, Tauch- und andere Ausrüstung muss man selbst mitbringen.

Hotels und Restaurants an der unteren Andamanen-Küste *siehe Seiten 300f und 316f*

Ao Lo Bakao

อ่าวโละบาเกา

An Ko Phi Phi Dons Ostküste liegt einen Kilometer nördlich des Hat Ranti der lange Bogen der Bucht Ao Lo Bakao gegenüber dem Festland. Eine Hügelkette trennt sie von Ban Ton Sai und dem Rest der Insel. Die Bucht ist zu Fuß über einen einzigen schmalen Weg zu erreichen, dennoch hat sich der Strand zu einem gehobenen Ferienziel mit teuren, gut ausgestatteten Resorts entwickelt. Die Restaurants und Bars an dem schönen, rund 880 Meter breiten Sandstrand sind im Allgemeinen nicht zu überlaufen. Die exklusive Bucht ist bei wohlhabenden Thailändern und vor allem als Flitterwochenziel beliebt.

Schnorchler an den Korallenbänken vor dem Hat Laem Thong

Hat Laem Thong

หาดแหลมทอง

Der Sandstrand Hat Laem Thong liegt an Ko Phi Phi Dons Nordspitze und ist das Sprungbrett zu den Inseln vor der Küste. Das Gebiet gehört zu den besten Tauchrevieren des Archipels. Deshalb ist hier trotz der Entfernung zu Ban Ton Sai ein ständiger Strom von Tauchern zu verzeichnen, die die Korallenriffe erkunden. Von Ban Ton Sai gelangt man mit dem Boot zum Hat Laem Thong, an dem Ferienanlagen wie das Zeavola *(siehe S. 301)* sowie Läden, Restaurants und Tauch-Shops liegen. Geboten werden zudem Hochseefischen und sogar Kochkurse.

Bootszeichnungen in einer Höhle auf Ko Phi Phi Leh

Piraten an der Andamanen-Küste

Zeichnungen von arabischen, chinesischen und europäischen Schiffen in Ko Phi Phi Lehs Höhlen sind mögliche Hinweise auf Seeräuber an der Andamanen-Küste. Wissenschaftlern zufolge könnten diese jahrhundertealten Malereien von Piraten stammen, die sich in den Höhlen vor Verfolgern oder schlechtem Wetter schützten und Ladungen austauschten. Die Andamanen-Küste bot ihnen mit ihren vielen Inseln und Buchten ideale Ausgucke und Schlupfwinkel. Für diese Theorie spricht, dass die nahe Straße von Malakka noch heute Piratengebiet ist.

Ko Phi Phi Leh

เกาะพีพีเล

Ko Phi Phi Leh ist eine 25-minütige Bootsfahrt von Ban Ton Sai entfernt. Die unbewohnte Insel ist nur ein Viertel so groß wie Ko Phi Phi Don und zudem viel unwegsamer. Ko Phi Phi Leh bietet unberührte Buchten und Strände sowie artenreiche Korallenriffe vor der Küste. Sie lockt Besucher vor allem mit ihrer Schönheit und Einsamkeit. Letztere gehört allerdings seit Danny Boyles Film *The Beach* (2000) mit Leonardo DiCaprio in der Hauptrolle teilweise der Vergangenheit an. Seit der hier gedrehte Film in den Kinos lief, verzeichnet das tropische Paradies erheblich mehr Besucher. Die größte Attraktion der Insel ist die Bucht Ao Maya an der Südwestküste, wo man herrlich schwimmen und schnorcheln kann. Auf die Insel fahren zudem regelmäßig Einheimische, um in wagemutigen Kletterpartien die steilen Felswände von Höhlen zu erklimmen, wo sich die seltenen Nester der Salanganen befinden. Aus den Nestern wird die kostspielige, als Delikatesse geltende Schwalbennestersuppe hergestellt.

In früheren Zeiten diente Ko Phi Phi Leh als Anlegeplatz von Fischern und vermutlich auch Piraten. Felsbilder in der Wikingerhöhle an der Nordküste zeigen chinesische Dschunken, die für europäische Augen wie Wikingerschiffe aussehen.

Rast bei einer Bootsfahrt im klaren Wasser vor Ko Phi Phi Leh

Überdachte Langheckboote in der Lagune Ao Maya, Ko Phi Phi Leh ▶

Ausgegrabene Tonwaren im Wat-Khlong-Thom-Nua-Museum

⑩ Wat-Khlong-Thom-Nua-Museum

พิพิธภัณฑ์คลองท่อมเหนือ

Straßenkarte C5. 42 km südöstl. von Krabi. TAT, Krabi (07562-2163). tägl. 8.30–16.30 Uhr.

Südöstlich von Krabi wurden in Khlong Thom am Highway 4 Zeugnisse einer der frühesten Kulturen in Thailand gefunden. Ausgrabungen in Reisfeldern und Obsthainen brachten Steinwerkzeuge, Bronzegeräte, Metallmünzen, Tonscherben und farbige Perlen aus einer Zeit vor gut 5000 Jahren zutage. Die Fundstücke werden im Wat-Khlong-Thom-Nua-Museum in Tambon Khlong Thom Tai präsentiert, das ein paar Hundert Meter vom Bezirksamt von Khlong Thom entfernt steht. Das Museum ist für Geschichtsinteressierte hochinteressant.

⑪ Wildschutzgebiet Khao Nor Chuchi

เขตรักษาพันธุ์สัตว์ป่าเขาน้อจู้จี้

Straßenkarte C5. 60 km südöstl. von Krabi. TAT, Krabi (07562-2163). tägl. 8–17 Uhr.

Das Wildschutzgebiet Khao Nor Chuchi südöstlich der Stadt Krabi ist eines der größten und bedeutsamsten Reservate der Provinz Krabi. Es schützt 184 Quadratkilometer tropischen Regenwald und ist von Reisfeldern, Palmöl- und Kautschukplantagen sowie anderen agrarisch genutzten Flächen umgeben. In dem vor allem bei Hobby-Ornithologen beliebten Reservat kommen Goldkehlpittas vor. Diese Vogelart galt bereits als ausgestorben, bis sie hier und jenseits der Grenze in abgelegenen Gebieten im südlichen Myanmar in kleinen Populationen wiederentdeckt wurde. Weiterhin leben hier als Standvögel das Frühlingspapageichen und der Bacchusreiher. Durch den Regenwald führen mehrere Wege. Der besonders populäre **Tung-Tieo-Waldpfad** schlängelt sich durch dichten Wald zu zwei Süßwasserteichen, von denen einer den schönen Namen Sra Morakot (»Smaragdteich«) trägt. Die Seen laden zu einem erfrischenden Bad und einem Picknick am Ufer ein.

Auf dem Tung-Tieo-Waldpfad, Wildschutzgebiet Khao Nor Chuchi

⑫ Ko Si Boya

เกาะสีบอยา

Straßenkarte B5. 31 km südl. von Krabi. 1000. von Ban Laem Kruat. TAT, Krabi (07562-2163).

Mit dem Boot gelangt man von Ban Laem Kruat auf die direkt vor der Krabi-Küste gelegene Insel Ko Si Boya – ein Dorado für alle, die sich nach Ruhe sehnen. Die meisten der rund tausend Inselbewohner sind Muslime und arbeiten als Fischer oder in den Kautschukplantagen. Die fünf kleinen Siedlungen sind durch schmale, unbefestigte Straßen verbunden, auf denen man her-

Erfrischendes Bad im »Smaragdteich« Sra Morakot, Wildschutzgebiet Khao Nor Chuchi

Hotels und Restaurants an der unteren Andamanen-Küste *siehe Seiten 300f und 316f*

vorragend Rad fahren und wandern kann. Die Hauptattraktion sind jedoch die einsamen, unbebauten Strände und die Mangrovenwälder. Ko Si Boya bietet einfache, preisgünstige Bungalows, die aufgrund der knappen Stromversorgung fast immer mit einem Generator ausgerüstet sind, sowie ein paar Restaurants, Läden und quasi kein Nachtleben. Tagsüber geht man ruhigen Beschäftigungen wie Schwimmen, Sonnenbaden oder Lesen nach oder entspannt sich einfach. Zum Schnorcheln kann man mit dem Kajak zur kleinen Insel Ko Kah gleich vor der Küste von Ko Si Boya paddeln, wo das klare Wasser genussvolle Stunden garantiert.

Üppiges Grün bedeckt die ruhige Insel Ko Si Boya

Bunt bemalte Boote liegen vertäut an Ko Jums Küste

⓭ Ko Jum

เกาะจำ

Straßenkarte B5. 39 km südl. von Krabi. 3000. von Ban Laem Kruat. TAT, Krabi (07562-2163).

kohjumonline.com

Die Insel Ko Jum bezaubert durch ihre Ruhe. Sie ist zweigeteilt: Den bergigen, zerklüfteten Teil im Norden nennen die Einheimischen Ko Pu (»Krabbeninsel«). Von den rund 3000 Bewohnern ist die Mehrheit muslimisch, es sind aber auch einige kleine Siedlungen von Seenomaden vorhanden. Die größte Ortschaft ist Ban Ko Jum, sie liegt an der Südspitze der Insel. Die schönsten Strände erstrecken sich an der Westküste. Wer diese vorwiegend muslimische Insel besucht, sollte auch am Strand auf angemessene Kleidung achten.

Ko Jum ist besser ausgebaut als Ko Si Boya und bietet bessere Unterkünfte. Die Stromversorgung ist aber auch hier eingeschränkt, weshalb bei den meisten Bungalows Generatoren für Elektrizität sorgen. Wer auf Ko Jum, wo es weder Schlepper noch Go-go-Bars gibt, Urlaub macht, entspannt tagsüber beim Schwimmen, Lesen und Sonnenbaden und genießt abends ein geruhsames Essen und Drinks in einer der wenigen Strandbars. Die Insel erkundet man zu Fuß, per Fahrrad oder per Motorrad.

⓮ Ko Bubu

เกาะบูบู

Straßenkarte C5. 70 km südöstl. von Krabi. von Ko Lanta. TAT, Krabi (07562-2163).

Ko Bubu ist eine dicht bewaldete Insel in Privatbesitz und misst nur knapp einen Kilometer im Durchmesser – man kann sie in etwa einer halben Stunde zu Fuß durchqueren. Die schöne Insel ist in der Regenzeit zwischen Juni und September geschlossen. Den Rest des Jahrs über bietet Ko Bubus einzige Ferienanlage, das Bubu Island Resort, schlichte Bungalows und eine einfache Küche. Von Ko Lanta *(siehe S. 264–267)* aus fahren Langboote nach Ko Bubu.

Das Bubu Island Resort in einem dichten Wald auf der Privatinsel Ko Bubu

⓯ Ko Lanta

เกาะลันตา

Ko Lanta ist eine Gruppe von rund 50 Inseln mit den Hauptinseln Ko Lanta Yai (»Groß-Ko-Lanta«) und Ko Lanta Noi (»Klein-Ko-Lanta«). Das einstige Paradies der Hippies und Rucksackreisenden hat sich erst in den letzten Jahren zum Urlaubsziel entwickelt und mausert sich inzwischen zum gehobenen Urlaubsresort. Geboten werden kilometerlange Sandstrände, saphirblaues Meer, erschwingliche Unterkünfte, gute Restaurants und Bars. Während Ko Lanta Noi noch immer großteils naturbelassen ist, verläuft an der Westküste von Ko Lanta Yai eine gut ausgebaute Straße. Die Ostküste mit ihren dichten Wäldern und Mangrovensümpfen ist jedoch auch auf Ko Lanta Yai unzugänglicher – perfekt für Vogelfreunde und Kajakfahrer.

Hauptstraße in Ban Sala Dan mit Reisebüros und Läden

Ban Sala Dan

บ้านศาลาด่าน

Nahe der Nordspitze von Ko Lanta Yai liegt Ban Sala Dan, der Hauptort des Ko-Lanta-Archipels. Vom hiesigen Fährhafen werden Ziele wie Ko Phi Phi, Phuket, Krabi und Trang angesteuert. Der Höhepunkt von Tagestouren zu verschiedenen Inseln ist die Besichtigung der »Smaragdhöhle« von Ko Muk *(siehe S. 270)*. Ban Sala Dan ist das Fremdenverkehrszentrum der gesamten Inselgruppe. Reisende finden hier Reisebüros, Mietwagenfirmen, Banken, Geldautomaten, Kliniken, Apotheken, Internet-Cafés und Läden sowie günstige Unterkünfte und Lokale. Doch wenige Urlauber übernachten hier, die meisten fahren weiter an einen der vielen Strände im Süden und suchen das Dorf nur für Erledigungen auf.

Hat Khlong Dao

หาดคลองดาว

2 km südl. von Ban Sala Dan.

Der breite goldene Sandstrand Hat Khlong Dao ist Ko Lantas längster Strand. Er ist von niedrigen, von Gestrüpp bewachsenen Dünen gesäumt und eignet sich perfekt zum Sonnenbaden und zum Schwimmen im hier sicheren Meer. Da er kinderfreundlich und nicht allzu überlaufen ist, können hier in Gehweite zu Ban Sala Dan Familien entspannte Ferien verbringen. Zur Auswahl stehen Unterkünfte in der mittleren und niedrigen Preisklasse, für das leibliche Wohl sorgen viele Restaurants, Cafés und kleine Bars.

In unmittelbarer Nähe des Strands gibt es keine Tauch- oder Schnorchelmöglichkeiten, aber Tauch-Shops arrangieren Ausflüge aufs offene Meer sowie Fahrten in die vielen Mangrovenwälder der Gegend und auch in die Siedlungen der hier ansässigen *chao lae* (Seenomaden).

Ao Phra-Ae

อ่าวพระแอะ

3 km südl. von Ban Sala Dan.

Hinter einer kleinen Landzunge gleich südlich des Hat Khlong Dao liegt der fünf Kilometer lange Strand der Ao Phra-Ae vor einer Kulisse aus Kasuarinen. Früher verbrachten an dem feinen weißen Sandstrand hauptsächlich Rucksackreisende ihren Urlaub, heute ist die Ao Phra-Ae ebenso stark erschlossen wie der Hat Khlong Dao – nur der Fußmarsch von Ban Sala Dan aus dauert länger. Urlauber finden hier preisgünstige Hotels, Gästehäuser, Restaurants und Cafés vor, darüber hinaus werden inzwischen mehrere gehobenere Ferienanlagen gebaut. Ao Phra-Ae ist leicht mit gemieteten *songthaew* zu erreichen. Diese pendeln parallel zur Westküstenstraße, die hinter der Reihe von Kasuarinen am Rand des Strands verläuft. In den Läden in Strandnähe stehen auch Motorroller und Fahrräder zur Vermietung an Urlauber bereit.

Hat Khlong Khong

หาดคลองโขลง

6 km südl. von Ban Sala Dan.

Der schöne Sandstrand Hat Khlong Khong ist fast fünf Kilometer lang. Er liegt in Nachbarschaft zu den zwei kleinen Fischerdörfern Ban Phu Klom und Ban Khlong Khong und ist

Den schönen Strand der Ao Phra-Ae säumen Palmen und Kasuarinen

Hotels und Restaurants an der unteren Andamanen-Küste *siehe Seiten 300f und 316f*

Eines der Restaurants auf dem Viewpoint Hill mit Blick auf die Umgebung

ideal für Reisende mit schmalerem Geldbeutel, da man hier preisgünstige Bungalows sowie einfache, nette Bars und Restaurants findet. Zugleich sorgt die Distanz zu Ban Sala Dan für himmlische Ruhe. Der Hat Khlong Khong ist ideal für Sonnenanbeter. Das seichte Meer und der steinige Meeresboden erlauben das Schwimmen jedoch nur bei Flut. Dann ist allerdings auch Schnorcheln eine gute Wahl.

Viewpoint Hill

จุดชมวิว

10 km südöstl. von Ban Sala Dan.

Der Hügel steht fast im geografischen Zentrum Ko Lanta Yais und ist die höchste Erhebung der Insel. Hierher gelangt man über die Straße, die von Hat Khlong Nin an der Westküste nach Ban Si Raya an der Ostküste führt. Die grandiose Aussicht reicht über die von dichten Mangroven gesäumte Ostküste Ko Lanta Yais und die vielen Inselchen im Meeres-Nationalpark Ko Lanta *(siehe S. 267)* bis zur Trang-Küste *(siehe S. 268)* in der Ferne. Besonders beliebt ist der Hügel, um die Sonnenaufgänge und -untergänge über der Andamanensee zu beobachten. Auch in den beiden Restaurants auf dem Hügel kann man bei einer Mahlzeit die Panoramaaussicht genießen.

Infobox

Information

Straßenkarte B5. 68 km südl. von Krabi. 22 000.
TAT, Krabi (07562-2163).
Laanta-Lanta-Fest (März).

Anfahrt

von Krabi, Phuket und Ko Phi Phi.

Hat Khlong Nin

หาดคลองนิล

10 km südl. von Ban Sala Dan.

Der weiße Sandstrand Hat Khlong Nin ist vor allem bei jungen Leuten beliebt. Schatten spenden hier Palmen und Kasuarinen, dazwischen blühen Wachsblumen. Der Strand ist zwar weniger ausgebaut als jene im Norden, man findet aber erschwingliche Unterkünfte und Restaurants. Das Nachtleben spielt sich hauptsächlich in einfachen Bars ab, in denen bis spät in die Nacht getanzt wird. Das Meer ist hier sicher und zum Schwimmen geeignet. Viele Besucher bleiben ein paar Tage, um diversen Strandaktivitäten nachzugehen oder einen Kurs in einer der Thai-Kochschulen in der Nähe zu absolvieren.

Der ruhige, aber gut ausgestattete Strand Hat Khlong Nin

Straßenkarte *siehe hintere Umschlaginnenseiten*

Der Dschungelpfad nach Tham Khao Mai Kaew

Tham Khao Mai Kaew

ถ้ำเขาไม้แก้ว

11 km südöstl. von Ban Sala Dan.

Das Höhlen- und Tunnelsystem Tham Khao Mai Kaew liegt im bewaldeten Inneren von Ko Lanta Yai. Man erreicht es über die Straße zwischen dem Hat Khlong Nin und Ban Si Raya, von der eine zwei Kilometer lange Abzweigung durch eine Kautschukplantage in das Gebiet führt. Da man sich in dem riesigen Höhlenlabyrinth verlaufen würde, darf man es nur mit Führer betreten. Zu sehen sind Kammern mit Tropfsteinen, kleine Hohlräume, in die man nur kriechend gelangt, und ein unterirdischer See, der zum Baden einlädt. Es gibt ein- und zweistündige Touren. Das Tourunternehmen bei den Höhlen bietet auch halb- und ganztägige Dschungeltreks an.

Tham Seua

ถ้ำเสือ

11 km südöstl. von Ban Sala Dan.

Die »Tigerhöhle« Tham Seua ist ein kleinerer, weniger besuchter Höhlenkomplex. Sie liegt etwa zwei Kilometer östlich der Küstenstraße zwischen Khlong Nin und Laem Tanod. Man erreicht sie über einen schmalen Pfad, der auch zum Zentrum des Meeres-Nationalparks Ko Lanta führt. Die Tham Seua ist nicht so durchorganisiert wie Tham Khao Mai Kaew: Hier dürfen Besucher allein durch die Gänge wandern und die Tropfsteinhöhlen und spiegelblanken Seen erkunden. Da es in den Höhlen ziemlich kühl ist, bilden sie ein erfrischendes Ausflugsziel an einem heißen Tag.

Hat Nui

หาดนุ้ย

16 km südl. von Ban Sala Dan.

Der schöne, relativ einsame Strand Hat Nui (auch Hat Khlong Nui) liegt an Ko Lanta Yais Westküste etwas südlich vom Hat Khlong Nin und der Abzweigung gen Osten zum Viewpoint Hill und nach Ban Si Raya. Hier befindet sich das umweltfreundliche Narima Bungalow Resort *(siehe S. 301)*, für dessen Bau ausschließlich einheimische, natürliche Materialien verwendet wurden. Die Ferienanlage hat ein idyllisches, rustikales Flair, dichter tropischer Regenwald erstreckt sich von den Hügeln bis zum Strand – ein perfekter Ort zur Erholung.

Restaurant auf einer Klippe am Strand Hat Nui

Gebäude einer Ferienanlage mitten im Wald, Ao Kantiang

Ao Kantiang

อ่าวกันเตียง

18 km südl. von Ban Sala Dan.

Die hübsche Bucht Ao Kantiang bietet einen perfekten weißen Sandstrand mit Kasuarinen und mehrere gehobene Ferienanlagen, die Seite an Seite mit preisgünstigeren Unterkünften stehen. Obwohl sie etwas weiter von Ban Sala Dan entfernt ist, bietet auch diese Bucht eine gute Infrastruktur mit Reisebüros, Internet-Cafés, Motorrad- und Jeepvermietungen. Am Strand hat man eine gute Auswahl an Restaurants und Bars. Der Strand und die Bucht sind ideal zum Sonnenbaden und Schwimmen im Meer. Das kleine Korallenriff vor dem nördlichen Ende der Bucht ist vor allem bei Flut bei Schnorchlern beliebt. Viel mehr kann man hier allerdings nicht unternehmen – außer natürlich abends mit einem Drink in der Hand den Sonnenuntergang zu bewundern.

Ao Khlong Jaak

อ่าวคลองจาก

19 km südl. von Ban Sala Dan.

Südlich der Ao Kantiang wird die befestigte Straße an der Westküste zusehends schlechter und ist schließlich nur noch ein Weg mit Spurrillen, auf dem selbst zweirädrige Fahrzeuge schwer zu lenken sind. Dies gilt vor allem in der Re-

Hotels und Restaurants an der unteren Andamanen-Küste *siehe Seiten 300f und 316f*

genzeit, wenn der Boden glitschig ist. In der südlich gelegenen Bucht Ao Khlong Jaak stehen diverse Unterkünfte, von noblen Ferienanlagen bis zu schlichten Herbergen. Die abgeschiedene Bucht erreicht man am besten mit dem Boot von Ban Sala Dan oder anderen, weiter nördlich gelegenen Küstenorten aus. Die Ao Khlong Jaak ist ideal für Reisende, die einfach abschalten möchten. Hier kann man sich erholen und wieder zu Kräften kommen. Abends genehmigt man sich einen Drink in einer Sundowner-Bar und staunt am weißen Sandstrand selig über den Sternenhimmel.

Kajakfahrer am Strand von Ao Khlong Jaak

Ao Mai Pai

อ่าวไม้ไผ่

21 km südl. von Ban Sala Dan.

In der Ao Mai Pai liegt der südlichste Strand auf Ko Lanta Yai. Hier endet zudem die unbefestigte, ausgefahrene Piste, die in den Süden der Insel führt. Etwas weiter im Landesinneren befindet sich das Zentrum des Meeres-Nationalparks Ko Lanta. Der Strand ist wunderschön und nicht überlaufen. Ein Korallenriff vor der Küste, in dem man vor allem bei Flut gut schnorcheln kann, entschädigt für das Fehlen sonstiger Strandvergnügungen. Die Ao Mai Pai bietet gute Mittelklasse-Ferienanlagen sowie preisgünstige Bungalows. Am Strand sorgen Palmen, Kasuarinen und Schraubenbäume für Schatten – ideal für Sonnenbäder mit Blick auf die Andamanensee.

Ban Si Raya

บ้านศรีรายา

19 km südöstl. von Ban Sala Dan.

Das hübsche Dorf Ban Si Raya (Alt-Lanta-Stadt) entstand Jahrzehnte vor Ban Sala Dan und ist die älteste Siedlung auf Ko Lanta. Der Ort war früher Marinestützpunkt für britische Schiffe, die zwischen Phuket, Penang und Singapur kreuzten. Da er mit der schnellen Entwicklung der restlichen Insel kaum Schritt hielt, besitzt er noch viel Charme – seit Mitte der 1990er Jahre hat sich hier kaum etwas verändert. Dennoch machten steigende Besucherzahlen die Renovierung der chinesischen Ladenhäuser erforderlich. Beim Bummel auf der Hauptstraße stößt man etwa auf halbem Weg auf einen chinesischen Schrein, in der Nähe zeugen Moscheen von der prosperierenden muslimischen Gemeinde. Besucher finden Unterkunft in Gästehäusern. Besonders attraktiv sind jedoch die Lokale und Bars, die hier eröffnet haben.

Am Strand der Ao Mai Pai stehen Kasuarinen und Schraubenbäume

Schnorchler im klaren Wasser vor Ko Rok Nok

⑯ Meeres-Nationalpark Ko Lanta

พิพิธภัณฑ์ทางทะเลเกาะลันตา

Straßenkarte B5. Parkzentrum 8 km südl. vom Hat Nui, 70 km südl. von Krabi. Parkverwaltung (07562-9018).

Der 394 Quadratkilometer große Meeres-Nationalpark Ko Lanta umfasst die Südspitze von Ko Lanta Yai, Teile von Ko Lanta Noi sowie Riffe und kleinere Inseln. Dazu gehören **Ko Rok Nai** und **Ko Rok Nok** 50 Kilometer südlich von Ko Lanta Yai sowie östlich von Ko Lanta Noi Ko Talabaeng mit Kalksteinhöhlen (perfekt für Kajakfahrten) und das Eiland Ko Ha.

Ko Rok Nok (»Äußere Insel Rok«) und Ko Rok Nai (»Innere Insel Rok«) liegen weit vor der Küste. Sie besucht man am besten auf Tagesausflügen mit dem Speedboot von Ko Lanta Yai oder Trangs Pak-Meng-Pier aus. Auf den Inseln kann man durch tropischen Regenwald wandern, Wasserfälle sowie unzählige Vögel und Reptilien entdecken oder die Strände erkunden, an den Korallenriffen schnorcheln und prächtige Geweih- und Sternkorallen sowie Fische bewundern.

Begeistere Tauchsportler können von Ko Rok aus etwa 26 Kilometer südwestlich nach **Hin Daeng** und **Hin Muang** fahren. Die beiden exzellenten Tauchreviere sind für ihre farbenfrohen Weichkorallen bekannt.

Fähren und Boote warten am Pier auf Besucher, die zu den nahen Inseln übersetzen möchten, Hat Pak Meng

⓱ Trang

ตรัง

Straßenkarte C5. 130 km südöstl. von Krabi. 60 000. 5 km südl. von Trang. TAT, Trang (07521-5867). tägl. Vegetarisches Fest (Okt).

Trang war schon im 1. Jahrhundert n. Chr. ein Handelszentrum und erlebte im Srivijaya-Reich (7.–13. Jh.) eine Blütezeit. Heute ist es die Hauptstadt der Provinz Trang und ein Zentrum der Kautschuk-, Palmöl- und Fischereiwirtschaft. Auch die Bedeutung des Tourismus nimmt zu, da die Strände, Inseln und Berge der Provinz als Reiseziele immer beliebter werden. In der zweiten Hälfte des 19. Jahrhunderts wanderten viele Chinesen als Arbeitsmigranten in die Region ein. Sie prägen Trang noch heute. Ein Erbe dieser Einwanderer sind u. a. die chinesischen Cafés. Die Architektur der Stadt ist eine Mischung aus europäischen und sino-thailändischen Stilen. Zu sehen sind etwa Ladenhäuser aus der Kolonialzeit und chinesische Tempel. Märkte tragen zum Lokalkolorit bei. Eine Statue erinnert an Khaw Sim Bee Na-Ranong, einen verehrten Gouverneur von Trang, der den Titel Phraya Ratsadanupradit annahm. Berühmt ist auch das Vegetarische Fest.

Chinesisches Dekor an einem Haus

Umgebung: Gut 20 Kilometer südwestlich von Trang wurde in **Kantang** der allererste Kautschukbaum Thailands gepflanzt. An dieser historischen Stätte kann man auch das alte Herrenhaus von Gouverneur Khaw Sim Bee Na-Ranong besichtigen.

Vegetarisches Fest in Trang

Prozession beim Vegetarischen Fest in Trang

Die lange Verbindung Trangs mit Südchina und den chinesischen Traditionen der Einwanderer zeigt sich beim Vegetarischen Fest, das jedes Jahr Anfang Oktober in einer Vollmondnacht stattfindet. Die chinesischstämmigen Einwohner kleiden sich ganz in Weiß und werden neun Tage lang zu Vegetariern, um so Körper und Seele zu reinigen. Asketen ziehen mit ihrem Gefolge durch die Stadt und nehmen unter dem Getöse von Trommeln, Becken und Knallfröschen Opfergaben der Gläubigen entgegen. Sie geißeln sich im religiösen Eifer, stechen sich spitze Gegenstände durch den Körper und laufen über glühende Kohlen. Überraschenderweise kommt es dabei selten zu ernsthaften Verletzungen.

⓲ Hat Pak Meng

หาดปากเม็ง

Straßenkarte C5. Über Hwy 4162, 40 km westl. von Trang. TAT, Trang (07521-5867).

Der Hat Pak Meng ist ein ruhiger Sandstrand mit guten Unterkünften und Restaurants, die für ihre Meeresfrüchte bekannt sind. Vom Strand kann man auch zur Insel Ko Hai *(siehe S.270)* übersetzen. Die schöne, ruhige Insel erreicht man mit Langbooten in nur rund 30 Minuten. Einige der Reisebüros an der Mole am Nordende des Strands organisieren zudem Schnorchel- und Bootsausflüge.

⓳ Hat Chang Lang

หาดฉางหลาง

Straßenkarte C5. 45 km südwestl. von Trang. TAT, Trang (07521-5867).

Der Hat Chang Lang ist ein langer, schöner weißer Sandstrand, an dem Kasuarinen angenehmen Schatten spenden. An seinem Südende befindet sich das Zentrum des Hat-Chao-Mai-Nationalparks. Die Hotels am Strand gehören überwiegend zur gehobenen Kategorie. Das Anantara Si Kao Resort am Nordende des Strands gilt als eines der besten Häuser der Provinz Trang. Weiter im Süden findet man auch preiswertere Unterkünfte. Am Hat Chang Lang ist eine breite Palette von Wassersport möglich, auch Kajakfahren, Hochseefischen und Windsurfen. Der Strand ist für seine Austern bekannt, Besucher sollten sie in einem der Restaurants am Strand probieren.

Ausflügler in Kajaks auf dem Meer vor dem Hat Yao

⑳ Hat-Chao-Mai-Nationalpark

อุทยานแห่งชาติหาดเจ้าไหม

Straßenkarte C5. Parkzentrum Hat Chang Lang, 47 km südwestl. von Trang. 🚌 ℹ Parkverwaltung (07521-3260). 🕒 tägl. 6–18 Uhr. 🚻 🅿 W **dnp.go.th**

Der Nationalpark liegt südwestlich von Trang. Er wurde 1982 gegründet und umfasst ein Gebiet von 231 Quadratkilometern. Die Küstenlandschaft des Parks bietet Bäche mit Mangrovenwäldern, Karstfelsen im Meer und versteckte Buchten. In den Kalksteinfelsen hinter dem größten Strand, dem Hat Chao Mai, befinden sich einige geschichtlich interessante Höhlen, in denen prähistorische Artefakte gefunden wurden. Die bedeutendste ist die große Meereshöhle **Tham Chao Mai**, in der zahllose Stalagmiten aufragen. Sie ist mit Langbooten leicht zu erreichen. Zum Parkgebiet gehören zudem neun Inseln, darunter Ko Kradan und Ko Muk *(siehe S. 270f)*.

Gelegentlich sieht man in den Gewässern Dugongs (Gabelschwanzseekühe), häufig Delfine und Otter. Ansonsten tummeln sich hier Schlankaffen und Wildschweine. Die beste Zeit für einen Besuch ist die kühle Jahreszeit von November bis Februar.

Schmaler Strand mit Kasuarinen im Hat-Chao-Mai-Nationalpark

㉑ Hat Yong Ling

หาดหยงหลิง

Straßenkarte C5. Hat-Chao-Mai-Nationalpark. 🚌 ℹ TAT, Trang (07521-5867). 🚻 🅿

Direkt südlich des Hat Chang Lang schließt sich der Hat Yong Ling an. Die beiden Strände trennt ein Pier, von dem Boote zur Insel Ko Muk im Hat-Chao-Mai-Nationalpark fahren. Der Hat Yong Ling ist ein weißer Sandbogen, der Richtung Land von einem Kiefernwald und an seinen Enden von Felsen begrenzt wird. Der größere Felsen ist von Höhlen durchlöchert, die man bei Ebbe zu Fuß und bei Flut per Boot oder schwimmend erforschen kann.

Einige der Höhlen führen zu kleinen, versteckten, oft sehr schönen Stränden mit niedrigen Sanddünen, zwischen denen man sich ungestört niederlassen kann. Mit Unterkünften, Restaurants, Bars oder Läden in größerem Umfang wartet der Strand kaum auf, doch man darf die Einrichtungen im Büro des Nationalparks am Hat Chang Lang benutzen.

㉒ Hat Yao

หาดยาว

Straßenkarte C5. Hat-Chao-Mai-Nationalpark. 🚌 ℹ TAT, Trang (07521-5867). 🚻 🅿

Der fünf Kilometer lange Hat Yao (»Langer Strand«) ist nach dem Hat Yong Ling der nächste Strand in Richtung Süden. Mit Kasuarinen, Kiefern und sauberem, weißem Sand ist er ein schöner Ort zum Zelten. Unter der Woche ist der Strand kaum besucht, in letzter Zeit wird er jedoch zunehmend erschlossen. Einige Bungalowanlagen, Restaurants und Bars wurden eröffnet. Das warme Wasser des Meers ist wunderbar zum Schwimmen.

Schöne Hotelanlage mit Privatstrand auf der Insel Ko Hai

㉓ Ko Hai

เกาะไหง

Straßenkarte C5. 58 km südwestl. von Trang. vom Pak-Meng-Pier. TAT, Trang-Satun (07521-5867).

Das winzige Eiland Ko Hai vor Trangs Südwestküste wird auch Ko Ngai genannt. Die Tropeninsel besitzt alle Aspekte eines Paradieses: ein schattiges, grünes Hinterland, tolle Strände mit weißem Pudersand, flaches Meer und herrliche Korallenriffe in Küstennähe mit Schwärmen von Fischen. Auf Ko Hai sucht man günstige Unterkünfte vergebens. Die Preise beginnen in der mittleren Kategorie, die Bungalows und Restaurants liegen im höheren Preissegment. Die kleine Insel ist ideal für Familien mit Kindern. Außer sonnenbaden, schwimmen oder einfach in der Hängematte ausspannen stehen auch Kajak fahren und schnorcheln auf dem Programm.

Reisebüros auf der Insel bieten Schnorchel- und Tauchfahrten zur Insel Ko Rok Nok *(siehe S. 267)* etwa 31 Kilometer südwestlich von Ko Hai an.

㉔ Ko Muk

เกาะมุกด์

Straßenkarte C5. Hat-Chao-Mai-Nationalpark. vom Pak-Meng-Pier. TAT, Trang-Satun (07521-5867).

Die »Perleninsel« Ko Muk war einst ein Paradies für Rucksackreisende. Man erreicht die Insel im Hat-Chao-Mai-Nationalpark von Ko Lanta und vom Kuan-Tunku-Pier auf dem Festland. Auf Ko Muk lebten bislang nur einige *chao lae* (Seenomaden), die Insel wird mittlerweile jedoch für den gehobenen Tourismus erschlossen. Ihr Hauptstrand **Hat Sai Yao** ist mit seinem weißen Sand auch das Hauptziel der Urlauber. Dort sind gute Hotels und Restaurants der mittleren Preisklasse vorhanden.

Die »Smaragdhöhle« **Tham Morakot** ist eine der Sehenswürdigkeiten der Insel. Die Unterwasserhöhle *(hong)* erreicht man nur, wenn man bei Flut durch einen unter Wasser stehenden Tunnel schwimmt oder von oben über die eingefallene Kuppel einsteigt, durch die auch etwas Sonnenlicht in die Tiefe fällt. Zur Lagune davor fährt man mit dem Boot, bei Ebbe entsteht dort auf einer kleinen Sandbank ein Strand. Die Ostküste der Insel ist völlig unerschlossen, dort leben nur einige Fischer.

Schwimmer vor dem Start durch den dunklen Tunnel zur Tham Morakot

㉕ Ko Kradan

เกาะกระดาน

Straßenkarte C5. Hat-Chao-Mai-Nationalpark. vom Pak-Meng-Pier. TAT, Trang-Satun (07521-5867).

Zu dieser herrlichen Insel fahren Boote vom Pak-Meng-Pier und vom Kuan-Tunku-Pier aus. Ko Kradan ist Teil des Hat-Chao-Mai-Nationalparks und eine der Perlen der Andamanensee. Im Inselinneren wechseln sich tropischer Dschungel und Kautschukplantagen ab. Vor der Küste liegen traumhafte Korallenriffe, an denen man ausgezeichnet schnorcheln kann. Einige gesunkene japanische Schiffe aus dem Zweiten Weltkrieg bilden aufregende Tauchreviere. Ko Kradan ist bislang noch nicht so erschlossen wie Ko Muk, doch das wird sich in nächster Zeit ändern, da die Inseln als Reiseziel immer beliebter werden. Bisher wurden jedoch keine teuren Ferienanlagen gebaut, nur einige Bungalows stehen auf der Insel. Zelten ist erlaubt.

Paar mit Heiratsurkunde bei einer Unterwasserhochzeit

Unterwasserhochzeiten auf Ko Kradan

Seit 1996 werden in Trang am Valentinstag Unterwasserhochzeiten durchgeführt. Die zuvor nur kleinen Feste wurden ab dem Jahr 2000 zu Massenzeremonien. Gruppen von thailändischen und ausländischen Paaren heiraten in der Tiefe. Hauptort der Veranstaltungen ist Ko Kradan, das im Jahr 2000 mit der größten Unterwasserhochzeit der Welt ins *Guinness-Buch der Rekorde* kam. Vor der Zeremonie fahren Braut und Bräutigam in einer Bootsflottille die Küste entlang und tauchen dann in Gruppen von 40 Paaren zu einem Unterwasseraltar hinab, wo sie in Tauchermontur von einem Beamten getraut werden. Die Paare benötigen einen PADI-Taucherschein oder müssen zuvor auf Ko Kradan bei den Organisatoren einen kurzen Tauchkurs absolvieren.

㉖ Ko Libong

เกาะลิบง

Straßenkarte B5. 13 km südwestl. von Ko Kradan. 07525-1932 (Wildschutzgebiet Libong-Archipel). vom Pak-Meng-Pier. TAT, Trang-Satun (07521-5867).

Die östlich von Ko Muk und Ko Kradan gelegene größere Insel Ko Libong erreicht man vom nicht weit entfernten Chao-Mai-Pier. Ko Libong ist bis jetzt von der kommerziellen Hektik verschont geblieben, die den Rest des Landes überrollt zu haben scheint. Nur einige kleine muslimische Fischerdörfer befinden sich dort. Der Hauptstrand der Insel liegt bei Ban Maphrao an der Ostküste. Außer einer Handvoll Restaurants sowie einigen kleinen Cafés und Bars bietet Ko Libong auch ein paar Ferienanlagen mittlerer Preisklasse.

Urlauber können hier nicht nur schwimmen und schnorcheln, sondern auch eine artenreiche Tierwelt entdecken, die unter der Aufsicht des **Wildschutzgebiets Libong-Archipel** steht. Man kann Mangrovensümpfe erkunden und vielleicht einen der seltenen und gefährdeten Dugongs (Seekühe) beobachten. Naturschützer vermuten, dass bis zu 20 Dugong-Paare in diesem Gebiet leben. Auf Kajaktouren mit Führern kommt man ihnen in ihrer natürlichen Umwelt ganz nahe.

Langboote von Fischern am Pier von Ko Sukorn

㉗ Ko Sukorn

เกาะสุกร

Straßenkarte C5. 22 km südöstl. von Ko Libong. vom Tasae-Pier. TAT, Trang-Satun (07521-5867).

Östlich von Ko Libong und gegenüber von Laem Tasae liegt Ko Sukorn, ein weiteres Juwel der Trang-Küste. Die Insel ist per Boot vom Tasae-Pier oder vom Pak-Meng-Pier aus schnell zu erreichen. Sie ist kleiner als Ko Libong und dichter besiedelt. Die etwa 2500 muslimischen Bewohner der Insel leben vom Fischfang und der Hummerzucht sowie vom Anbau von Kokosnüssen, Reis und Kautschuk. Die Bewohner von Ko Sukorn sind freundlich, aber konservativ. Hier findet man keine exklusiven Hotels, dafür einfache Bungalows, einige Läden, Restaurants und Cafés. Die Stromversorgung ist eher zufällig und in der Regel auf die Nacht begrenzt. Urlauber können hier schwimmen, schnorcheln und die Insel auf Leihrädern erkunden.

Straßenkarte *siehe hintere Umschlaginnenseiten*

㉘ Meeres-Nationalpark Ko Phetra

อุทยานแห่งชาติเกาะเภตรา

Straßenkarte C6. Parkzentrum nahe Hwy 416, 77 km südl. von Trang. Parkverwaltung (07478-3074). von Pak Bara.
dnp.go.th

Der Meeres-Nationalpark Ko Phetra umfasst über 30 Inseln in den Provinzen Trang und Satun. Die Insel Ko Phetra, die dem Park ihren Namen gab, ist die größte des Archipels. Der 1984 gegründete Park erstreckt sich auf 500 Quadratkilometer Meeresfläche. Fast alle Inseln bestehen aus Kalksteinformationen. Auf einigen von ihnen legen Meeresschildkröten ihre Eier ab, in den Klippen nisten Kolonien von Fledermäusen und Salanganen. Die Inseln sind von Korallenriffen umgeben und bieten wunderbare Tauchreviere. Im klaren Wasser tummeln sich zahllose Fische und andere Meerestiere, darunter auch Dugongs (Gabelschwanzseekühe) und Seesterne. Im Gebiet des Nationalparks werden aber auch kommerziell Krabben, Hummer und Tintenfische gefangen.
Die Inseln sind von Regenwäldern bewachsen. An den Küsten dehnen sich Mangrovenwälder aus. Wer über Nacht bleiben will, kann in den Lodges auf Ko Li Di absteigen oder im Parkzentrum auf dem Festland. Mancherorts ist zelten erlaubt.

Unberührter Sandstrand auf Ko Bulon Leh

㉙ Pak Bara

ปากบารา

Straßenkarte C6. 55 km südl. von Trang. TAT, Trang-Satun (07521-5867). Parkverwaltung Ko Tarutao (07478-3485).

Das Küstenstädtchen und Fischerdorf Pak Bara ist weniger eine Touristendestination, sondern Ausgangsort für Fahrten zu den Meeres-Nationalparks Ko Phetra und Ko Tarutao *(siehe S. 274–279)*. Das Zentrum des Meeres-Nationalparks Ko Phetra liegt nur drei Kilometer von Pak Bara entfernt. Ein Besucherzentrum für den Ko Tarutao befindet sich zudem im Dorf. Preisgünstige Unterkünfte sowie gute Fischlokale und Bars machen Pak Bara zum angenehmen Aufenthaltsort für einen Zwischenstopp. Es gibt auch Taucherläden und Reisebüros, die Kajaktouren in den Gewässern der Umgebung anbieten.

Roter Seestern

㉚ Ko Bulon Leh

เกาะบุโหลนเล

Straßenkarte C6. 38 km westl. von Pak Bara. von Pak Bara. TAT, Trang-Satun (07521-5867).

Das winzige Ko Bulon Leh wird dank seiner weißen Sandstrände und des kristallklaren Meers als Urlaubsziel immer beliebter. Früher fanden nur Rucksackreisende den Weg nach Ko Bulon Leh, doch mit der zunehmenden Kommerzialisierung der Insel steigen die Preise stark an. Der Hauptstrand liegt in der »Mangobucht« **Ao Mamuang**. Im nördlichen Teil der Insel lebt eine kleine Gemeinde von *chao lae* (Seenomaden, *siehe S. 208*). Die lokale Wirtschaft basiert auf dem Fischfang und dem Anbau von Kokosnüssen und Kautschuk. Das Korallenriff vor der Küste lädt zum Schnorcheln ein. Von Pak Bara fährt täglich ein Boot nach Ko Bulon Leh.

㉛ Satun

สตูล

Straßenkarte C6. 115 km südöstl. von Pak Bara. 22 000. TAT, Trang-Satun (07521-5867). tägl.

Die beschauliche Stadt liegt kurz vor der Grenze zu Malaysia und ist die Hauptstadt der Provinz Satun. Der Bevölkerungsanteil an Muslimen liegt bei rund 80 Prozent. Dennoch unterscheidet sich Satun von Yala und Narathiwat *(siehe S. 289)*, den anderen Orten in der Provinz Pattani *(siehe*

Passagiere warten in Pak Bara auf die Fähre zu den nahen Nationalparks

S. 288) mit muslimischer Mehrheit. Die Muslime der südlicheren Städte folgen einem strengen Islam, während die Muslime Satuns weitaus liberaler sind. Fundamentalisten und Separatisten haben in Satun keine Unterstützung.

Die Stadt bietet einige Sehenswürdigkeiten, etwa die **Freitagsmoschee Masayit Mambang**, die im malaiisch-muslimischen Stil mit Minarett und Kuppel errichtet wurde und mit glasierten Ziegeln und Marmor verziert ist. Im Erdgeschoss befindet sich auch eine Bibliothek. Das **Satun-Nationalmuseum** ist in einem Herrenhaus im sino-portugiesischen Stil untergebracht, in dem früher der Gouverneur von Satun residierte. Das zweistöckige Gebäude beherbergt Ausstellungen zur lokalen Geschichte und Kultur. Der 200 Jahre alte **Wat Chanathipchaloem** war der erste buddhistische Tempel der Stadt. Seinen Eingang bewachen zwei *yaksha* (Naturgeister). Der *wat* besitzt einen zweistöckigen *ubosot*. Der erste Stock dient als Gebetsraum, der zweite wird für religiöse Übungen genutzt. Auch der chinesische Tempel Po Je Kang und die Gemüsemärkte sind sehenswert. Sie sollten auch die lokale Küche versuchen, die malayische, Thai- und chinesische Stile köstlich miteinander mischt.

Farbenfrohe Fassade des chinesischen Tempels Po Je Kang, Satun

Satun-Nationalmuseum
Soi 5, Satun Thani Rd. 07472-3140. Mi–So 9–16 Uhr.

Wat Chanathipchaloem
Sulakanukoon Rd, Tambon Phiman. 07471-1996. 8–16 Uhr.

㉜ Thale-Ban-Nationalpark

อุทยานแห่งชาติทะเลบัน

Straßenkarte C6. Parkzentrum nahe Hwy 4184, 37 km östl. von Satun. Parkverwaltung (07475-0390). **dnp.go.th**

Der 1980 gegründete Thale-Ban-Nationalpark schützt in den Banthat-Bergen an der Grenze zu Malaysia eine 196 Quadratkilometer große Fläche dichten tropischen Regenwalds. Sein Zentrum bildet ein Tal mit mehreren Wasserfällen und Kalksteinhügeln, die mit Höhlen durchsetzt sind. Hier leben Tapire, Seraue, Muntjaks, Fischkatzen und Malaienbären. Auch seltene Vögel wie Fledermausaare, die sich von Fledermäusen und anderen kleinen Beutetieren ernähren, sind hier zu sehen. Markierte Pfade führen zu Wasserbecken und zu zwei Wasserfällen: Fünf Kilometer nördlich des Parkzentrums stürzt der **Nam Tok Ya Roy** in neun Stufen herab, zehn Kilometer nördlich der **Nam Tok Ton Piew**. Zu den Einrichtungen gehören Bungalows, ein Zeltplatz und ein Restaurant. Den Park erreicht man am besten von Satun aus.

Ein Plankenweg führt zu einer Aussichtsplattform nahe dem Parkzentrum des Thale-Ban-Nationalparks

Straßenkarte *siehe hintere Umschlaginnenseiten*

㉝ Meeres-Nationalpark Ko Tarutao

อุทยานแห่งชาติตะรุเตา

Ko Tarutao wurde 1974 als Thailands zweiter Meeres-Nationalpark gegründet und umfasst 51 Inseln. Auf der gleichnamigen größten Insel befindet sich das Parkzentrum. Ko Tarutao ist Teil eines artenreichen Ökosystems, zu dem auch die acht Kilometer südlich gelegenen malaysischen Langkawi-Inseln gehören. Der 1489 Quadratkilometer große Park bietet weltberühmte, unberührte Tauchgründe und eine grandiose Flora und Fauna. In diesem Dorado für Tierfreunde leben Oliv-Bastard- und Echte Karettschildkröten, Languren, einige Eichhörnchenarten, über 100 Vogelarten – und 25 Prozent aller tropischen Fischarten.

Zur Orientierung

☐ Dargestelltes Gebiet

★ Ko Rawi
Ko Rawi ist schön, kaum bewohnt und ideal zum Schnorcheln. Hier findet man reizvolle Strände, prächtige Korallenriffe und im Inneren dichten Dschungel.

Das Tor der Liebenden auf Ko Khai
Das Tor der Liebenden wurde in Jahrtausenden durch Wind und Wellen im Kalkstein ausgehöhlt und ist heute ein berühmtes Wahrzeichen des Meeres-Nationalparks.

Außerdem

① **Ko Adang**, eine malerische Insel mit üppigem Regenwald, ist von einem Korallenriff umgeben.

② **Laem Tanyong Hara**, der malerische nördlichste Punkt des Parks, ist ein guter Platz zum Schwimmen.

③ **Nam Tok Lu Du** ist ein schöner Picknickplatz mit erfrischendem Wasser.

★ Ko Lipe
Das kleine Ko Lipe ist am weitesten erschlossen. Die Insel bietet eine große Auswahl an Resorts und Restaurants sowie vielfältige Outdoor-Möglichkeiten.

Hotels und Restaurants an der unteren Andamanen-Küste *siehe Seiten 300f und 316f*

Meeresschildkröten
Im Park kommen vier Arten von Meeresschildkröten vor: Suppen-, Echte Karett-, Oliv-Bastard- und Lederschildkröte. Die Ao Son auf Ko Tarutao ist ein bevorzugter Platz zur Eiablage.

Infobox

Information
Straßenkarte C6. Parkzentrum 82 km westl. von Satun. Parkverwaltung (07478-3485).

Anfahrt
von Pak Bara (regelmäßige Überfahrten nur Mitte Nov–Mitte Apr).

Dschungel-Treks
Dschungel-Treks sind eine interessante Alternative zu einem Tag am Strand. Unterwegs sieht man eine fantastische Vielfalt an Tieren, vor allem an Vögeln.

★ Dugongs
In den Gewässern vor Ko Tarutao kann man auf Dugongs (Seekühe) treffen. Die sanften Riesen fressen Seegras und meiden Menschen.

Gefangenenlager
Im Zweiten Weltkrieg befanden sich auf der »Gefängnisinsel« Ko Tarutao mehrere Gefangenenlager. Die Gefangenen lebten unter unmenschlichen Bedingungen ohne Nahrung und Medikamente und wurden später zu Piraten.

Straßenkarte *siehe hintere Umschlaginnenseiten*

Überblick: Meeres-Nationalpark Ko Tarutao

Ko Tarutao ist die größte Insel des Nationalparks: 26 Kilometer lang, landschaftlich abwechslungsreich, großteils von tropischem Regenwald bedeckt und bis zu 700 Meter hoch. Die Fähren aus Pak Bara legen beim Parkzentrum in der Ao Pante Malaka an, dort befinden sich Bungalows, ein Restaurant und der einzige Laden der Insel. Gleich östlich der Bucht befinden sich die Klippen Tham Jara-Khe und To-Bu, zwei der Sehenswürdigkeiten. Die Inseln Ko Adang, Ko Lipe und Ko Rawi sind beliebte Strandziele, vor Ko Kra und Ko Yang liegen exzellente Tauchgründe.

Bungalow des Parkzentrums von Ko Tarutao, Ao Pante Malaka

Ao Pante Malaka

อ่าวพันเตมะละกา

82 km westl. von Satun. von Pak Bara. **dnp.go.th**

Die Bucht Ao Pante Malaka liegt an der Nordwestküste von Ko Tarutao. Hier befinden sich das Parkzentrum des Meeres-Nationalparks und ein langer Strand mit Kasuarinen, der ideal zum Schwimmen ist. Die Ao Pante Malaka bietet mehr als andere Orte auf der Insel. Hier verlaufen Radwanderwege. Zudem besteht die Möglichkeit, Kajak zu fahren. In der Bucht legen auch die Boote aus dem 16 Kilometer entfernten Pak Bara an. In den einfachen Bungalows, Langhäusern und Hütten der Bucht können Besucher des Parks übernachten. Man darf auch zelten, vor allem am Strand, doch muss man zuvor die Erlaubnis der Parkverwaltung einholen.

Das von der Parkverwaltung betriebene Lokal bietet gutes Essen und kühle Getränke an, das Besucherzentrum liefert Hintergründe zur Geschichte und Ökologie des Nationalparks. Mit Booten kommt man zur Höhle Tham Jara-Khe sowie zu den benachbarten Buchten Ao Son und Ao Taloh Udang.

To-Bu-Klippe

ผาโต๊ะบู

2 km östl. von Ao Pante Malaka.

Zwei Kilometer östlich der Ao Pante Malaka erreicht man nach 20 Minuten Fußmarsch durch den dichten Wald im Inneren der Insel die To-Bu-Klippe. Der Weg dorthin beginnt beim Parkzentrum – bereits dort kann man die 111 Meter hohe Wand sehen. Von oben hat man einen tollen Ausblick über den Archipel. Entlang dem Weg informieren Schilder über die artenreiche Pflanzen- und Tierwelt.

Die ausgesprochen romantische To-Bu-Klippe bietet eine atemberaubende Ansicht des Sonnenuntergangs über der Andamanensee. Der Weg hat allerdings seine Tücken, man sollte unbedingt darauf achten, vor Einbruch der Dunkelheit wieder zurück zu sein. In dieser Gegend gibt es keinen Strom, deshalb ist der Abstieg nach Sonnenuntergang nicht ganz ungefährlich.

Tham Jara-Khe

ถ้ำจรเข้

3 km nordöstl. von Ao Pante Malaka.

In der Nähe von Ko Tarutaos Nordkap Laem Tanyong Hara stößt man auf die Höhle Tham Jara-Khe. Sie ist 300 Meter tief und voll faszinierender Tropfsteingebilde. Die »Krokodilhöhle« war früher berüchtigt, weil in ihr Leistenkrokodile vorkamen. Mit dem Boot fährt man in 20 Minuten vom Khlong Pante Malaka in der Ao Pante Malaka auf dem schönen Kanal durch die Mangroven bis zur Höhle. Auf Flößen geht es dann weiter in die Höhle – am besten bei Ebbe, da das Manövrieren dann leichter fällt. Die Besichtigung dauert etwa eine Stunde. Besuchern wird empfohlen, ihre eigene Ausrüstung, vor allem Taschenlampen, mitzubringen, da es an der Höhle (fast) keine Einrichtungen gibt.

Kajakfahrer unter der überhängenden To-Bu-Klippe

Hotels und Restaurants an der unteren Andamanen-Küste *siehe Seiten 300f und 316f*

Rangerstation am abgeschiedenen Strand der Ao Son

Ao Jak und Ao Molae
อ่าวจากและอ่าวมอะและ
5 km südl. von Ao Pante Malaka.

Südlich der Ao Pante Malaka liegt die Ao Jak und dahinter die Ao Molae. Die beiden Buchten mit weißen Sandstränden sind für Picknicks und Wanderungen ideal. Außer Kokosplantagen im Landesinneren der Ao Jak findet man dort nichts – weder Unterkünfte noch Gastronomie.

Die Ao Molae liegt etwas weiter im Süden und ist erschlossener als die Ao Jak. Man erreicht sie bei Ebbe, indem man einen kleinen Mangrovensumpf durchquert. Bei Flut muss man ein kurzes Stück durch das hereindringende Meerwasser waten. Neben einem Camp der Parkranger und einem Restaurant findet man hier einfache Bungalows zum Übernachten, oder man schlägt sein Quartier in den Bambushütten auf, die den dort ansässigen Fischern gehören.

Ao Son
อ่าวสน
13 km südl. von Ao Pante Malaka.

Etwas weiter südlich an der Westküste von Ko Tarutao kommt man zur Ao Son, einer großen Bucht mit langem weißen Sandstrand und schönen Stellen zum Schwimmen und Schnorcheln. Von der Ao Pante Malaka erreicht man sie per Boot, oder man wandert von der Ao Molae acht Kilometer nach Süden. Es gibt keine Straße, aber einen holprigen Pfad durch Gestrüpp aus wilden Bananen und hohen Flügelfruchtgewächsen. Die Wanderung dauert etwa zwei Stunden. In der Ao Son legen zwischen September und April Schildkröten ihre Eier ab. Am ehesten sind sie nachts zu sehen. Der Strand verfügt über keinerlei Einrichtungen, außer einer kleinen Rangerstation. Mit Erlaubnis der Parkverwaltung darf man hier zelten.

Von der Ao Son führen Pfade zu zwei schönen Wasserfällen im Inselinneren. Die Wanderung zum **Nam Tok Lu Du** dauert eine, die zum **Nam Tok Lo Po** zwei Stunden. Bei beiden Wasserfällen laden Süßwasserbecken zum Baden ein. Weiter im Süden liegt die Ao Makham. Die »Tamarindenbucht« erreicht man zu Fuß auf einem schwierigen Pfad durch dichten Dschungel. Einfacher geht es per Boot von der Ao Pante Malaka.

Statue beim Gefangenenlager

Ao Taloh Udang
อ่าวตะโล๊ะ อุดัง
24 km südl. von Ao Pante Malaka.

An der Südspitze von Ko Tarutao liegt die tiefe, durch das winzige Eiland Ko Rang Nok geschützte Bucht Ao Taloh Udang, in der Salanganen nisten. Zur Geschichte Ko Tarutaos gehört die Strafkolonie, die sich früher in der Bucht befand. Unter den politischen Gefangenen war auch ein Enkel von Rama VII. (reg. 1925–35), der das erste Thai-Englisch-Wörterbuch verfasste. Da das Lager im Zweiten Weltkrieg keine Lebensmittel mehr erhielt, wurden die Insassen zu Piraten in der Malakkastraße. 1946 lösten die Briten das Lager auf. Die Überreste können heute besichtigt werden. Die Bucht bietet ansonsten nur noch eine Rangerstation.

Weg zu den Überresten des Gefangenenlagers in der Ao Taloh Udang

Straßenkarte *siehe hintere Umschlaginnenseiten*

Begeisterte Schnorchler im klaren Wasser vor Ko Adang

Ko Adang

เกาะอาดัง

42 km südwestl. von Ao Pante Malaka. von Ao Pante Malaka.

Das 31 Quadratkilometer große Ko Adang hüllt sich fast vollständig in tropischen Regenwald. Im Südwesten der Insel liegt Laem Son. Auf dem Weg dorthin passiert man die kleineren Inseln Ko Klang und Ko Khai. Ko Adang ist berühmt für sein klares Wasser, die feinen Sandstrände und die Korallenriffe, in denen Schulen farbenfroher Fische sowie zahlreiche andere Meerestiere und Pflanzen leben.

In den Wäldern Ko Adangs verbergen sich einige schöne Wasserfälle, die in Kaskaden von bis zu 700 Meter hohen Hängen herabstürzen. Der höchste ist vermutlich der **Nam Tok Chon Salat**, der ganzjährig Wasser führt. Nur zwei Kilometer von Laem Son entfernt liegt der malerischere **Piraten-Wasserfall**. Dort sollen sich Piraten, die auf der Insel lebten, mit Frischwasser versorgt haben. Von der Rangerstation auf Laem Son geht man etwa 30 Minuten Richtung Süden zur Klippe **Pha Chado**, die eine großartige Sicht über den weißen Strand des Kaps bietet.

Von Ko Adang aus erreicht man andere, kleinere Inseln wie Ko Lipe, Ko Dong, Ko Hin Ngam und Ko Yang, wo man ebenfalls gut schwimmen, tauchen, Kajak fahren und segeln kann. Die winzige »Eierinsel« **Ko Khai** mit einem schönen Felsbogen liegt 18 Kilometer von Ko Adang entfernt. Dort kann man nicht übernachten, sie eignet sich aber zum Schnorcheln und Tauchen. Auf dem weißen Sandstrand legen Schildkröten ihre Eier ab.

Wer auf Ko Adang übernachten möchte, sollte im Voraus buchen. Das Restaurant der Insel serviert leckere lokale und europäische Gerichte.

Ko Rawi

เกาะราวี

47 km südwestl. von Ao Pante Malaka. von Ko Lipe.

Ko Rawi ist mit 28 Quadratkilometer Fläche die zweitgrößte Insel der Adang-Rawi-Gruppe. Sie liegt zehn Kilometer westlich von Ko Adang und ist wie diese mit schönen Stränden, klarem Meer, Dschungel und Korallenriffen gesegnet. Auf Ko Rawi befindet sich eine Station der Parkranger am Hat Sai Khao. Auf der Insel sind weder Unterkünfte verfügbar, noch finden sich Läden, Restaurants oder andere Einrichtungen. Wer dort zelten möchte, muss zuvor bei der Parkverwaltung eine Erlaubnis einholen.

Ko Rawi ist ein geeignetes Ziel für einen Tagesausflug von Ko Adang oder Ko Lipe aus. Das Schwimmen, Schnorcheln und Tauchen vor der Insel ist traumhaft. Mit einem gemieteten Boot gelangt man von Ko Lipe aus schnell dorthin.

Auf zum Sprung ins blaue Wasser bei Ko Rawi

Hotels und Restaurants an der unteren Andamanen-Küste *siehe Seiten 300f und 316f*

Ko Lipe

เกาะหลีเป๊ะ

47 km südwestl. von Ao Pante Malaka. ⛴ von Ao Pante Malaka. 🤿

Einen Kilometer südlich von Ko Adang liegt die viel kleinere Insel Ko Lipe, die bei den Einheimischen auch Ko Sipe heißt. Sie ist das beliebteste Ziel im Meeres-Nationalpark Ko Tarutao und daher auch am besten erschlossen. Ursprünglich lebte hier nur eine kleine Gruppe von *chao lae* (Seenomaden), doch mittlerweile entstanden hier an den schönen Stränden in rasender Geschwindigkeit Ferienanlagen und Hotels. Auch Ko Lipe hat alles im Überfluss: kristallklares Wasser, schöne Korallenriffe, feinen weißen Sand und ein bergiges, dicht bewaldetes Inneres.

Die meisten Unterkünfte wurden am **Hat Pattaya** an der Südküste von Ko Lipe gebaut. Hier befinden sich einige Bungalowanlagen sowie zahlreiche gemütliche Bars und Restaurants. Beim Sonnenbaden, Schwimmen und Schnorcheln kann man sich gut entspannen. Im Korallenriff nahe dem Strand tummelt sich ein Viertel aller tropischen Fischarten, die man in diesem Gebiet findet.

Auf diversen Pfaden kann man das Inland von Ko Lipe erkunden. Einer von ihnen führt durch das schmale Zentrum zum Sunset Beach an der Westküste. Vom Sunlight Beach auf der Ostseite der Insel, wo sich auch Bungalowanlagen befinden, blickt man auf die winzige Insel Ko Kra. Sie ist ein beliebtes Ausflugsziel. Die größte Siedlung der *chao lae* ist direkt südlich des Strands gelegen. In diesem Bereich garantieren einige Läden, verschiedene Restaurants und Fachgeschäfte, beispielsweise eine Apotheke, die Grundversorgung. Die *chao lae* bieten Bootstouren zu anderen Inseln in der Nähe an.

Ko Yang

เกาะยาง

43 km südwestl. von Ao Pante Malaka. ⛴ von Ko Lipe.

Die winzige Insel Ko Yang ist von Ko Adang und Ko Rawi etwa gleich weit entfernt und unbewohnt. Ihr weißer Sandstrand ist ideal zum Sonnenbaden. Ko Yang wird von Korallenriffen umgeben. Sie bestehen meist aus Steinkorallen wie Hirschgeweihkorallen und Faviidae. Die Insel ist bei Schnorchlern beliebt, liegt aber so weit vom Festland entfernt, dass kein Gedränge entsteht.

Ko Yang ist von den nahen Inseln Ko Lipe und Ko Adang aus ein schönes Ziel für einen Tagesausflug mit dem Boot.

Ko Hin Ngam

เกาะหินงาม

43 km südwestl. von Ao Pante Malaka. ⛴ von Ko Lipe.

Wie die Nachbarinsel Ko Lang ist auch Ko Hin Ngam, die »Insel der schönen Steine«, ein winziger und unbewohnter Fleck in den Weiten der Andamanensee. Sie liegt etwa sechs Kilometer nordwestlich von Ko Lipe und rund fünf Kilometer westlich von Ko Adang. Das auffallendste an dieser für Schnorchler perfekten Insel ist der kleine Strand aus glatten schwarzen Kieselsteinen in den verschiedensten Formen. Die Einheimischen glauben, dass Chaopho Tarutao, der Schutzgeist des Meeres-Nationalparks, jeden, der es wagt, irgendetwas mitzunehmen, was zum Park gehört, verflucht. Seien Sie also gewarnt, und stecken Sie keine Steine oder Muscheln als Souvenir ein.

Am besten fährt man für einen Tagesausflug von Ko Lipe aus mit einem gecharterten Boot nach Ko Hin Ngam. Dann kann man auf der Rückfahrt auch noch eine Stippvisite auf Ko Yang einlegen.

»Fußmassage« auf dem Kiesstrand von Ko Hin Ngam

Der schmale, weit ins Wasser ragende Sunset Beach auf Ko Lipe

Straßenkarte *siehe hintere Umschlaginnenseiten*

Süden

Der Süden Thailands ist Malaysia ähnlicher als den anderen Küstengebieten Thailands. Nur wenige Besucher kommen hierher, um Kultur, Dialekt und Küche dieses Landesteils kennenzulernen und mehr über seine Geschichte zu erfahren. Die Landschaft des Südens ist reizvoll: hohe Berge im Zentrum der Halbinsel und traumhafte Strände und Inseln an der Westküste. Der Wermutstropfen dieses Gebiets: die andauernden politischen Unruhen.

Obwohl er schon seit Jahrhunderten zu Thailand gehört, unterscheidet sich der äußerste Süden vom Rest des Landes. Der Einfluss der indischen, chinesischen und malaysischen Kultur spiegelt sich nicht nur in der Architektur, sondern auch in der dunkleren Hautfarbe der Menschen wider. Der südliche Thai-Dialekt hat eine ungewöhnliche Färbung, das hiesige Malaiisch ist eng mit dem verwandt, das im malaysischen Bundesstaat Kelantan gesprochen wird. Das Essen ist pikanter, die typischen Currys sind reich mit Kurkuma gewürzt. Die verschiedenen Traditionen zeigen sich besonders deutlich im weltoffenen Songkhla, das mit *wat* und Museen, Thai-, muslimischem und portugiesischem Kulturerbe aufwartet. Nördlich von Songkhla ist die Bevölkerung vorwiegend buddhistisch. Nahe der Küste südlich der Stadt leben vor allem Muslime. Hier ragen statt der goldenen Spitzen buddhistischer Tempel Minarette in den Himmel. Pattani, im 17. Jahrhundert ein bedeutendes, halbautonomes malaiisches Königreich, ist heute geistiges Zentrum thailändischer Muslime. Hat Yai entwickelte sich vom Eisenbahnstädtchen zum Einkaufs- und Unterhaltungszentrum. Die Fischerdörfer sind stark muslimisch geprägt.

Im Süden gibt es noch immer wenig Tourismus, da muslimische Separatisten mit Gewalt eine lokale Autonomie durchsetzen wollen. In den Provinzen Songkhla, Pattani, Yala und Narathiwat dauern die Feindseligkeiten seit der Eskalation des Konflikts 2004 an. Von Reisen wird derzeit dringend abgeraten.

Muslimische Schulmädchen auf einer Brücke über die Songkhla-Seen

◀ Riesiger Liegender Buddha im Wat Phranom Laem Phor auf Ko Yo *(siehe S. 288)*

Überblick: Süden

Die südlichste Region Thailands hat mehr mit dem benachbarten Malaysia als mit dem restlichen Land gemeinsam. Sie umfasst ein riesiges Gebiet mit den Provinzen Yala, Narathiwat, Songkhla und Pattani. Hat Yai ist das Handelszentrum der Region und zugleich der wichtigste Verkehrsknotenpunkt. Die Städte Pattani, Saiburi und Narathiwat haben einen großen Anteil an muslimischer Bevölkerung und sind ein Schmelztiegel malaiisch-muslimischer Kultur. Das reizende Songkhla blickt auf eine große Geschichte zurück und gilt als das kulturelle Zentrum der Region. Die größte landschaftliche Attraktion sind die weitläufigen Songkhla-Seen, die zahlreichen Wildtieren und vor allem Vögeln Zuflucht bieten. Die Region besitzt zwar wenige landschaftliche Glanzpunkte, doch mit ihren alten Städten, Moscheen und Dörfern ein einzigartiges Flair.

Wasserpflanzen und See im Thale-Noi-Wasservogelpark

Sehenswürdigkeiten auf einen Blick

Städte und Orte

- ❷ *Songkhla S. 284f*
- ❺ Pattani
- ❻ Saiburi
- ❼ Narathiwat
- ❽ Tak Bai

Strände und Inseln

- ❶ Hat Yai
- ❹ Ko Yo

Landschaftlich schönes Gebiet

- ❸ *Songkhla-Seen S. 286*

Bemalte *Korlae*-Fischerboote in Khao Seng, Songkhla

Weitere Zeichenerklärungen *siehe hintere Umschlagklappe*

Thailands längste Betonbrücke verbindet das Festland mit der Insel Ko Yo

Legende

- Hauptstraße
- Nebenstraße
- Eisenbahn
- Staatsgrenze

Im Süden unterwegs

Verkehrsknotenpunkt ist Hat Yai mit Straßen-, Eisenbahn- und Flugverbindungen nach Bangkok und dem Rest der Region. Eine Straßenverbindung besteht auch zwischen Nakhon Si Thammarat und Phatthalung. Alle größeren Ortschaften sind mit lokalen und Überlandbussen zu erreichen, Phatthalung, Hat Yai und Yala zudem mit dem Zug entweder von Bangkok oder Malaysia aus. Am besten erkundet man die Region mit dem Auto. Mietwagen sind problemlos erhältlich.

Sicherheitshinweise des Auswärtigen Amts *siehe Seite 340*

Drei junge Gläubige beten in einem buddhistischen Schrein in Hat Yai

❶ Hat Yai

หาดใหญ่

Straßenkarte C5. 840 km südl. von Bangkok. 157 000. 11 km westl. von Hat Yai. TAT, Hat Yai (07424-3747). tägl. Chinesisches Mondfest (Sep/Okt).

Hat Yai, das Verkehrs- und Wirtschaftszentrum Südthailands, verdankt seinen Aufstieg seinem Güterbahnhof, seinen Billigprodukten und vielen malaysischen Wochenendurlaubern. In der weltoffenen Innenstadt hört man verschiedenste Sprachen und Dialekte.

Hat Yai gehört zu den zehn größten Städten Thailands. Kulturell hat es jedoch wenig zu bieten. Die meisten Besucher sind hier auf Schnäppchenjagd – beliebt sind etwa Elektronik auf dem Kim-Yong-Markt, Früchte von Straßenverkäufern, importierte Lederwaren und schicke Kaufhäuser. Unterhaltung bieten zudem die Stierkämpfe, bei denen, anders als in Europa, die Stiere aufeinandergehetzt werden. Es versteht sich, dass hierbei leidenschaftlich gewettet wird.

Der **Wat Hat Yai Nai** unweit des Stadtzentrums hütet die weltweit drittgrößte Figur eines Liegenden Buddha: Sie ist 35 Meter lang und 15 Meter hoch.

Umgebung: Beim **Ton-Nga-Chang-Wasserfall**, 24 Kilometer westlich von Hat Yai, stürzt Wasser von zwei Flüssen über sieben Stufen hinab. Am schönsten sind die Kaskaden in der kühlen Jahreszeit von November bis Februar.

❷ Songkhla

สงขลา

Das einst als Singora (»Löwenstadt«) bekannte Songkhla stieg im 18. Jahrhundert zum wichtigen Handelszentrum auf. Die Stadt zwischen dem Golf von Thailand und dem Thale Sap Songkhla, einem See der größten Seenkette des Landes, ist heute ein bedeutender Fischereihafen sowie Verwaltungs- und Bildungszentrum. Ihre wechselvolle Geschichte zeigt sich in Architektur, Küche und Sprache. Hier findet man Strände, aber auch Museen, geschäftige Nachtmärkte und *wat*. Der Schmelztiegel von Thai- und muslimischer Kultur bietet trendige Bars genauso wie Fischerdörfer und alte Häuser im portugiesischen Stil.

Bronze-Meerjungfrau als Verkörperung von Mae Thorani, Hat Samila

Hat Samila

หาดสมิหลา

An Songkhlas Hauptstrand, Hat Samila, verkörpert die Bronzestatue einer Meerjungfrau die hinduistisch-buddhistische Erdgöttin Mae Thorani als Sinnbild der Provinz. Songkhla leitet seinen Namen von den zwei löwenförmigen Inseln Ko Nu (»Ratteninsel«) und Ko Maeo (»Katzeninsel«) ab. Sie gehören zu den Hauptattraktionen am Hat Samila.

Khao Noi

เขาน้อย

Der Khao Noi, einer von zwei Hügeln in Songkhla, liegt einen kurzen Spaziergang südlich vom Hat Samila. Der Hügel lockt mit einem herrlichen Blick über die Stadt, einem alten *chedi* und einem Topiari-Garten auf der Kuppe. An seinem Fuß erstreckt sich ein Park mit Tennisplätzen und Essensständen.

Songkhla-Nationalmuseum

พิพิธภัณฑสถานแห่งชาติสงขลา

2 km südl. vom Hat Samila, Wichianchon Rd. 07431-1728. Mi–So 9–16 Uhr.

Das Museum residiert in einem Gebäude, das 1878 im Thai-chinesischen Stil als Sitz für den Vizegouverneur Phraya Suntharanuraksa errichtet wurde. Von einem Innenhof führen zwei geschwungene Treppen in den holzgetäfelten ersten Stock, der die meisten Exponate beherbergt. Die umfassende Sammlung deckt die meisten Epochen der thailändi-

Das Songkhla-Nationalmuseum in der ehemaligen Gouverneursresidenz

Reich verzierter Eingang des Wat Chai Mongkhon, Songkhla

schen Kunstgeschichte ab, u. a. mit Bencharong-Gefäßen, Plinthen aus der Dvaravati-Zeit (7.–9. Jh.), Buddha-Bildnissen und Überresten von Ban-Chiang-Keramiken, die um 3000 v. Chr. gefertigt wurden.

Wat Chai Mongkhon

วัดไชยมงคล

3 km südl. vom Hat Samila, Chai-Phet Mongkhon Rd. tägl. 8–16 Uhr.

Der *chedi* des verehrten Wat Chai Mongkhon in Songkhla wurde als Stätte für eine Buddha-Reliquie erbaut, die der Mönch Na Issaro 1892 aus Sri Lanka mitbrachte. Der *wat* beherbergt zudem das Bildnis eines Liegenden Buddha.

Patrsee-Museum

พิพิธภัณฑ์พัทศรี

3 km südl. vom Hat Samila, Wat Matchimawat, Saiburi Rd. Mi–So.

Im 400 Jahre alten Wat Matchimawat unterstreichen die vielfältigen Exponate des Patrsee-Museums die Bedeutung von Songkhlas alten Handelsverbindungen. Zu sehen sind etwa eine 35 Zentimeter hohe Steinfigur des hinduistischen Elefantengottes Ganesha (spätes 6. Jh.), chinesische Emailarbeiten aus der Qing-Dynastie, U-Thong-Objekte aus dem 15. und europäische Teller aus dem 18. Jahrhundert. Die Zusammenstellung wirkt etwas willkürlich.

Infobox

Information

Straßenkarte D5. 26 km nordöstl. von Hat Yai. 68 000. TAT, Hat Yai (07424-3747). tägl. Chinesisches Mondfest (Sep/Okt).

Anfahrt

42 km südwestl. von Songkhla.

Khao Seng

เขาเส็ง

3 km südl. vom Hat Samila.

Das muslimische Fischerdorf Khao Seng liegt auf einer Landzunge beim Hat Samila und ist für seine *Korlae*-Boote *(siehe S. 289)* bekannt. Ein Informationszentrum über Küstenfischerei bietet Wissenswertes zu diesem Haupterwerbszweig an Thailands Küsten.

Bunte *Korlae*-Fischerboote am Strand, Khao Seng

Zentrum von Songkhla

1. Hat Samila
2. Khao Noi
3. Songkhla-Nationalmuseum
4. Wat Chai Mongkhon
5. Patrsee-Museum

Zeichenerklärung *siehe hintere Umschlagklappe*

Straßenkarte *siehe hintere Umschlaginnenseiten*

❸ Songkhla-Seen

ทะเลสาบสงขลา

Straßenkarte C5. 10 km nordwestl. von Songkhla. TAT, Hat Yai (07424-3747).

Die Songkhla-Seen – Thale Sap, Thale Luang und Thale Noi – bilden die größte natürliche Seenkette Thailands. Die frühere Salzwasserlagune, die heute eine Nehrung aus Sand vom Meer trennt, wird von Flüssen aus dem bewaldeten Landesinneren mit Süßwasser gespeist. Nur der südlichste der drei Seen, der Thale Sap, besteht dauerhaft aus Brack- und Salzwasser. In den Seen kann man neben Tausenden von Zugvögeln eine kleine Population von Irawadidelfinen beobachten.

Mit dem Langboot durch die Wasserpflanzen, Thale Noi

Thale Sap Songkhla

ทะเลสาบสงขลา

Der 378 Quadratkilometer große Brackwassersee Thale Sap Songkhla ist der südlichste der drei Seen. Er liegt in den Provinzen Phatthalung im Westen und Songkhla im Osten. Der See ist ein Paradies für Vogelliebhaber. Da ihn eine breite Wasserstraße mit dem Meer verbindet, ist er der salzigste See, sodass hier mehr Seevögel als an den beiden nördlicheren Seen zu sehen sind.

Thale Luang

ทะเลหลวง

Nördlich des Thale Sap schließt sich der 492 Quadratkilometer große Thale Luang an. Die beiden Seen verbindet ein Kanal. In der Trockenzeit ist der Salzgehalt des Thale Luang hoch, doch während der Regenzeit wird er durch den Zustrom der Flüsse zum fast reinen Süßwassersee. Das Gewässer mit seinen vielen Inseln und die Reisfelder der Umgebung stehen unter Naturschutz. Der **Khu-Khut-Wasservogelpark** ist die große Attraktion der Gegend. Dort leben über 200 Vogelarten, darunter Dommeln und Fischreiher. Die besten Besuchszeiten sind der frühe Morgen und der späte Nachmittag zwischen Dezember und März. Das Parkzentrum erreicht man von Songkhla aus per Bus oder Taxi. Für Vogelbeobachtungsfahrten kann man bei der Fischereibehörde auch Boote mieten.

Blatthühnchen

Khu-Khut-Wasservogelpark
Parkverwaltung (07430-4552). tägl. bis Sonnenuntergang.

Restaurant auf Pfählen im Khu-Khut-Wasservogelpark, Thale Luang

Thale Noi

ทะเลน้อย

Der nördlichste und kleinste der drei Seen hat einige Inseln, ist äußerst flach und wird fast vollständig von Wasserpflanzen bedeckt. In der Trockenzeit von Mai bis Oktober vermischt sich das Süßwasser des Sees mit eindringendem Meerwasser und wird brackig. Der Thale Noi liegt in Thailands größtem Wasservogelpark, dem **Thale-Noi-Entenvögelpark**. Hier rasten Tausende von Zugvögeln. Am besten lässt sich der 30 Quadratkilometer große Park bei einer Rundfahrt mit einem Langboot erkunden.

Die beste Zeit zum Beobachten der Vögel sind die Monate Januar bis April, wenn über 150 Arten die Vogelpopulation im Park auf etwa 100 000 Tiere anwachsen lassen. Die meisten Vögel sieht man, wenn man bei Tagesanbruch zur Aussichtsplattform am Ufer des Thale Noi kommt, etwa Purpurhühner, Schneesichler und die langbeinigen *nok i-kong*.

Neben Lotosblumen und Seerosen besteht die Vegetation des Sees vor allem aus *don kok*, einer Schilfart, aus der die *nok i-kong* Brut-Plattformen auf dem Wasser bauen. Am See wohnen Familien in hölzernen Pfahlhäusern. Sie leben vom Fischfang und der Binsenmatten-Herstellung.

Thale-Noi-Entenvögelpark
Parkverwaltung (07468-5230). tägl. 8.30–16.30 Uhr.
thailandbirdwatching.com

Muay Thai (Thai-Boxen)

Nationalsport in Thailand ist das auch international beliebte *muay thai* (Thai-Boxen). Möglicherweise entwickelte es sich aus *krabi-krabong*, einer ähnlichen Selbstverteidigungstechnik. Das traditionelle *muay thai* unterteilt sich in *muay korat* aus dem Nordosten, *muay lopburi* aus der Zentralregion, *muay tassao* aus dem Norden und *muay chaiya* aus dem Süden. Der Sport hat in ganz Thailand seine Fans, erfreut sich aber vor allem im Süden von Nakhon Si Thammarat und Hat Yai bis nach Phuket und Ko Samui größter Beliebtheit. Dort gelten die Khon Thai, die Menschen aus dem südlichsten Teil Thailands, als besonders hitzig. Früher wurde der Sport nur in Thailand und in Nachbarländern wie Kambodscha ausgeübt. Heute hat er sich als Sportart international durchgesetzt.

Thai-Boxen

Beim Thai-Boxen werden im Gegensatz zum westlichen Boxen auch Beine und Ellbogen eingesetzt. Die Kämpfe laufen schneller ab – fünf Runden zu drei Minuten (mit kurzen Pausen) sind das Maximum. Profiboxer beginnen meist mit sechs Jahren mit dem harten Training und hören mit 25 als aktive Sportler auf.

Die Füße sind beim Training unbedeckt. Beim Wettkampf wird oft Knöchelschutz getragen.

Amulette werden oft als Glücksbringer am Oberarm getragen.

Fußtritte sind erlaubt.

Nai Khanom Tom war ein legendärer Thai-Boxer. Als Kriegsgefangener der Birmaner besiegte er 1774 neun ihrer Champions – und erlangte so seine Freiheit.

Vor dem Kampf vollziehen Boxer feierlich das Tanzritual *ram muay*. Die Choreografie hängt von der jeweiligen Schule ab. Typisch sind weit ausholende Armbewegungen, die dem Körper die Kraft von Erde, Luft, Wasser und Feuer zuführen sollen.

Ein *Piphat*-Orchester am Ring ist unerlässlicher Bestandteil des *muay thai*. Die zur Eröffnungszeremonie noch sanfte Musik wird während des Kampfes immer schneller.

Im Stadion werden die Kämpfer frenetisch angefeuert. Die Thailänder wetten mit Leidenschaft und setzen auf ihre Favoriten oft recht hohe Summen. Karten für Titelkämpfe sind lange im Voraus ausverkauft.

Straßenkarte *siehe hintere Umschlaginnenseiten*

❹ Ko Yo

เกาะยอ

Straßenkarte C5. 14 km südwestl. von Songkhla.

Die kleine, abgelegene Insel nahe dem östlichen Ende des Thale Sap besucht man am besten auf einer Tagestour von Hat Yai oder Songkhla aus. Mit dem Festland und somit auch mit den anderen südlichen Provinzen ist Ko Yo durch die drei Kilometer lange Prem-Tinsulanond-Brücke von 1986 verbunden. Das abgeschiedene Inselchen ist aber auch mit Langbooten zu erreichen.

Die mit dichtem Grün bewachsene Insel wartet mit Obstgärten, den alten Tempeln Wat Khao Bo, Wat Tai Yo und Wat Phranom Laem mit einem Liegenden Buddha sowie handgewebten Baumwollstoffen auf, die überall erhältlich sind. Bekannt sind zudem ihre Fischgewässer und guten Fischlokale an der Nordseite. Für die Erkundung der kleinen Nebenstraßen der Insel kann man Motorräder mieten. Das exzellente **Ko-Yo-Folkloremuseum** wurde 1991 vom Institute for Southern Thai Studies gegründet, um die kulturellen Traditionen der Region zu bewahren. Es ist in schönen Thai-*sala*-Häusern untergebracht und bietet auch ein kleines Café, einen Souvenirladen und eine Bibliothek über die Kultur des Südens. Die Exponate umfassen *Nang-talung*-Puppen *(siehe S. 195)*, Musikinstrumente, Textilien, Korbwaren, Haushaltsutensilien und Fischereizubehör, Schmuck und Waffen. Zur Anlage gehört außerdem ein Kräutergarten *(suan yaa samunprai)*.

Blick aus der Vogelperspektive auf Aquakulturen bei Ko Yo

Ko-Yo-Folkloremuseum
07459-1611. tägl. 8.30–17 Uhr.

❺ Pattani

ปัตตานี

Straßenkarte D6. 130 km südöstl. von Songkhla. 55 000. TAT, Narathiwat (07352-2411). tägl. Lim-Ko-Niaw-Fest (März).

Pattani wurde im 15. Jahrhundert gegründet und war einst die Hauptstadt eines halbautonomen, malaiischsprachigen Sultanats. Heute ist die Hauptstadt der Provinz Pattani ein spirituelles Zentrum der malaiischsprachigen Muslime, die im Süden rund 75 Prozent der Bevölkerung stellen. Gewalttaten islamistischer Extremisten gegen die buddhistische Minderheit haben in der Region zugenommen. Außer der **Matsayit-Klang-Moschee** bietet Pattani wenig Sehenswertes. Allerdings strahlt die Stadt eine lebhafte Atmosphäre aus, vor allem am Hafen mit den bunten *Korlae*-Booten.

Umgebung: Sechs Kilometer östlich steht die **Kru-Se-Moschee** des chinesischen Kaufmanns Lim To Khieng. Er war mit einer Einheimischen verheiratet und zum Islam übergetreten. Seine Schwester reiste aus China an, um dagegen zu protestieren. Lim To Khieng schwor, nach Vollendung der Moschee nach China zurückzukehren – sorgte jedoch dafür, dass der Bau nie fertig wurde. Die Schwester verfluchte die Moschee und alle, die sie fertig bauen würden. Ihr Schrein **Chao Mae Lim Ko Niao** und die unvollendete Moschee sind ein Besuchermagnet.

Die unvollendete Kru-Se-Moschee aus dem 16. Jahrhundert, Pattani

Hotels und Restaurants im Süden *siehe Seiten 301 und 317*

❻ Saiburi

ไทรบุรี

Straßenkarte D6. 47 km südöstl. von Pattani. TAT, Narathiwat (07352-2411).

Das kleine, von den ansässigen Fischern auch Taluban oder Selindung Bayu (»Windschutz«) genannte Saiburi ist der Hauptort des Landkreises Saiburi und der zweitgrößte Fischereihafen in der Provinz Pattani. Seine Hauptattraktion ist der lange Strand, der allerdings mehr zum Angeln als zum Faulenzen geeignet ist.

Am nahen **Hat Wa Sukri** lockt im April der jährliche Saiburi-Fischwettbewerb zahlreiche einheimische und ausländische Angler an.

Geschäftiger Fischereihafen Saiburi

Korlae-Fischerboote

Korlae-Fischerboot, Saiburi

Seit Jahrhunderten bemalen muslimische Fischer an der thailändischen Ostküste der Malaiischen Halbinsel ihre Boote, die *korlae*. Die schönsten Beispiele dieses heute abnehmenden Brauchs stammen von den Werften des Distrikts Saiburi und der Provinz Pattani. Ursprünglich waren es Segelboote, die heute jedoch mit Motorkraft angetrieben werden. Obwohl die Fischer meist Muslime sind, greifen die traditionellen *Korlae*-Bemalungen buddhistisch-hinduistische Motive auf, was von der Vermischung der thailändischen und malaiischen Kultur zeugt.

❼ Narathiwat

นราธิวาส

Straßenkarte D6. 65 km südöstl. von Saiburi. 43 000. TAT, Narathiwat (07352-2411). tägl. Chao-Mae-Toe-Moe-Fest (Apr), Narathiwat-Fest (Sep).

Die Hauptstadt der Provinz Narathiwat ist ein guter Ausgangspunkt für Ausflüge in die Umgebung. Narathiwat ist eine ruhige Stadt, doch erlebt die Provinz immer wieder Gewalttaten von islamistischen Extremisten und muslimischen Separatisten. Die Terroranschläge zielen jedoch auf die Thai-buddhistische Verwaltung und nicht auf westliche Besucher. Im nahen Hafen kann man häufig traditionelle *Korlae*-Boote sehen. In Stadtnähe liegen kleine, abgeschiedene Strände, der beste ist der Hat Manao. Kleine Strandbuden bieten kalte Getränke und gegrillten Fisch, Alkohol findet man jedoch kaum.

Umgebung: Der **Taksin-Palast** südlich der Stadt ist die Sommerresidenz des thailändischen Königspaars. Wenn die königliche Familie nicht anwesend ist, stehen der Palast und sein Park, in dem sich eine Voliere befindet, Besuchern offen. Sechs Kilometer südwestlich der Stadt liegt der Berg Khao Kong mit einem Kloster. Auf dem Berg befindet sich der größte Sitzende Buddha Thailands (24 m). Die Statue ist mit vergoldeten Mosaikfliesen im südindischen Stil verziert.

Taksin-Palast
Nahe Hwy 4084, 8 km südl. von Narathiwat. tägl. in der Regel Aug, Sep.

❽ Tak Bai

ตากใบ

Straßenkarte E6. 34 km südöstl. von Narathiwat. TAT, Narathiwat (07352-2411).

Tak Bai an der Grenze zu Malaysia ist der südlichste Ort an Thailands Südküste. Seine Hauptattraktion, der **Wat Chonthara Sing He**, wurde 1873 von König Chulalongkorn (Rama V., reg. 1868–1910) errichtet. Er machte damit seinen Anspruch auf ein Gebiet geltend, das die Briten in den Malaiischen Bund eingliedern wollten. Der *wat* ist ein Außenposten des Buddhismus in einem vorwiegend muslimischen Gebiet. Die Thai-buddhistischen Gemeinden, die in Malaysia »Orang Syam« heißen, leben seit Jahrhunderten friedlich mit ihren Nachbarn.

Wandbild einer ländlichen Szene, Wat Chonthara Sing He, Tak Bai

Straßenkarte *siehe hintere Umschlaginnenseiten*

ZU GAST AN THAILANDS KÜSTEN

Hotels

Thailand bietet Übernachtungsmöglichkeiten in jeder Preisklasse, die allerdings ungleich verteilt sind: Dem großen Angebot in den Küstenorten stehen eher einfache Bungalows auf dem Land gegenüber. In allen Großstädten findet sich zumindest ein Hotel von internationalem Standard, in Bangkok gibt es einige der besten Hotels der Welt. Mittelklassehotels stehen in fast allen Städten. An Thailands Küsten eröffnen mehr und mehr luxuriöse Wellness-Resorts, Ferienanlagen und Villen mit modernem, elegantem Dekor. Gästehäuser sind eine preiswerte Alternative für Reisende mit begrenztem Budget. Besucher können zudem zelten oder in einem Bungalow eines Nationalparks übernachten.

Der opulente Conrad Room im Mandarin Oriental, Bangkok ***(siehe S. 294)***

Hotelklassen

Hotels in Thailand sind nicht offiziell klassifiziert, gehören aber teilweise der **Thai Hotels Association** an. Nur vom Preis kann man also auf das Angebot – von einfach bis luxuriös – schließen. Das beste Preis-Leistungs-Verhältnis bieten ehemalige Luxushotels, die im Vergleich zu internationalen Ketten heruntergestuft wurden. Die **TAT-Büros** informieren ebenfalls über Hotels.

Hotelanlagen

Die thailändischen Ferienanlagen zählen hinsichtlich Stil, Komfort und Eleganz im internationalen Vergleich zu den besten ihrer Art. Häuser wie das Chiva Som Resort in Hua Hin *(siehe S. 298)* oder das Banyan Tree Resort in Phuket *(siehe S. 300)* sind opulente Design-Oasen. Die meisten Resorts bieten vielfältige Annehmlichkeiten wie Jacuzzis, Spa, Sauna, Tennisplätze, Wassersport, Reiten und sogar Polo. Mitunter liegen sie ein wenig abseits, in der Regel gibt es aber für Gäste einen schnellen Shuttle-Service in die nächste Stadt.

Luxushotels

Thailands Luxushotels gehören zu den besten der Welt. Die Zimmer verfügen über jeden erdenklichen Komfort von Kingsize-Betten und riesigen Fernsehern bis zu gut bestückten Minibars und eigenem Whirlpool auf der Terrasse.

Zur Ausstattung gehören u. a. Business-Center, Konferenzräume, Einkaufszentren, Cafés, Fitness-Center und mehrere Restaurants mit verschiedenen Küchen. Die großen Hotels bekommen jedoch zunehmend Konkurrenz von kleineren, luxuriösen Boutique-Hotels, die mehr Liebe zum Detail und auch persönlicheren Service bieten können.

Boutique-Hotels

Auch in Thailand findet man immer mehr meist höchst komfortable Boutique-Hotels, wo man viel Wert auf Details und persönlichen Service legt. Oft handelt es sich um ehemalige Privatresidenzen, deren Ausstattung naturgemäß begrenzt ist. Dafür findet man als Gast einen individuellen Stil und Service, die große Häuser oft vermissen lassen.

Gästehäuser

Gästehäuser bieten ein gutes Preis-Leistungs-Verhältnis. In Bangkok ist die Khao San Road die bevorzugte Adresse für Reisende mit schmalerem Budget. Allerdings erweisen sich die Unterkünfte hier nicht selten als enttäuschend, zudem sind einige der Häuser Stundenhotels, die ihre Zimmer bevorzugt für kurze Zeit an Gäste vermieten. Jenseits der Hauptstadt jedoch sind die Gästehäuser großteils sauber, freundlich und in der Regel eine günstige Option. Einige sind mit Klimaanlage oder Ventilatoren, Swimmingpools und Restaurants ausgestattet. Die günstigsten Gästehäuser sind sehr einfach eingerichtet, doch der Service ist auch dort meist sehr gut.

Mittelklassehotels

Viele Urlauber erwarten von einem Hotel lediglich die Bereitstellung eines sauberen Zimmers ohne viel Komfort und Service. In Thailand gibt es viele solcher Häuser zu überaus vernünftigen Preisen. Die Hotels haben meist wenig Charakter, sie sind aber sicher, effizient und bieten freundlichen Service.

Swimmingpool in einem kleineren Strandhotel, Ko Phi Phi

◀ **Restaurant The Grotto des Hotels Rayavadee, Hat Phra Nang** ***(siehe S. 301)***

Zelte zur Vermietung im Khao-Sam-Roi-Yot-Nationalpark

Nationalparks

In den meisten Nationalparks kann man auf Campingplätzen zelten, diese sind jedoch sehr einfach ausgestattet. Moskitonetze und Insektenschutzmittel sind ein Muss. Bungalows, die in den meisten Parks vorhanden sind, müssen lange im Voraus beim **Forestry Department** in Bangkok gebucht werden.

Preise

Touristenunterkünfte kosten 1000 bis 10000 Baht pro Nacht in Bangkok, Ko Samui, Pattaya und Phuket, ein komfortables Zimmer in einem Standardhotel je nach Saison 700 bis 1500 Baht. In der kühlen Jahreszeit von November bis Februar sind die Preise überall am höchsten. In den anderen Jahreszeiten sind sie, außer in Bangkok, überall niedriger.

Ein Zimmer in einem Thai-Hotel in Bangkok kostet 1000 Baht, in den Provinzen 400 bis 750 Baht. Gästehäuser und Strandbungalows sind mit 400 bis 1000 Baht am preiswertesten.

Steuern

Alle Hotels berechnen sieben Prozent Mehrwertsteuer, einige Luxushotels zehn Prozent Servicegebühr zusätzlich. Bei den Spitzenhäusern sind die Steuern in der Regel im Preis inbegriffen, in günstigeren Hotels werden sie auf die Rechnung aufgeschlagen. Stellen Sie vor der Reservierung oder dem Einchecken fest, ob Steuern und Gebühren im Preis inbegriffen sind.

Preisnachlass

Nach einem Preisnachlass zu fragen gilt nicht als unhöflich, solange Sie nicht penetrant darauf beharren. Viele Hotels bieten spezielle Nebensaisonpreise, thailändische Eigentümer lassen dies ihre Gäste bei der Reservierung wissen.

Trinkgeld

Trinkgeld ist eher unüblich – außer in Bangkok, Phuket, Pattaya etc. Dem Pagen, der Ihr Gepäck aufs Zimmer trägt, sollten Sie allerdings 50 Baht geben.

Mit Kindern reisen

Wenige Mittelklassehotels verfügen über Planschbecken oder Babysitter – dies bieten meist Luxushotels und Resorts. Dort übernachten Kinder oft auch kostenlos im Zimmer der Eltern.

Behinderte Reisende

Selbst Luxushotels bieten wenige Einrichtungen für behinderte Gäste. Rollstuhlrampen gibt es inzwischen häufiger, Aufzüge in fast jeder Luxusunterkunft. Damit erschöpft sich jedoch die behindertengerechte Ausstattung zumeist – hier gilt es, vorab zu recherchieren.

Hotelkategorien

Viele der in der Hotelauswahl *(siehe S. 294–301)* vorgestellten Hotels zählen hinsichtlich Service, Ambiente, Preis-Leistungs-Verhältnis und Lage zu den besten Häusern in Thailand. Die Bandbreite der Unterkünfte reicht von einfachen Gästehäusern und Hotels mit schlicht-modernen Zimmern bis zu luxuriösen und entsprechend teuren Ferienanlagen an idyllischen Stränden, Nobelherbergen und schicken Boutique-Hotels. Die Auswahl zeigt auch, wie sehr sich das Hotelangebot an Thailands Küsten in den letzten Jahren gewandelt hat – nämlich weg von gesichtslosen Hotelhochhäusern und hin zu exklusiven, ultraluxuriösen Anlagen. Die Hotels sind in Gebiete gegliedert, die den Kapiteln dieses Buchs entsprechen, innerhalb dieser nach Orten und Preiskategorien gelistet und in Kategorien eingeteilt. Hotels mit spezieller Ausstattung oder besonderem Design werden als **Vis-à-Vis-Tipp** hervorgehoben.

Auf einen Blick

Hotelklassen

Thai Hotels Association
W **thaihotels.org**

Nationalparks

Forestry Department
Phahon Yothin Rd, Bangkok.
☎ 02562-0760.

Reservierung

TAT-Büros
Bangkok
☎ 1672.
W **tourismthailand.org**
Ko Samui
☎ 07728-8818.
Krabi
☎ 07562-2163.
Pattaya
☎ 03842-8750.
Phuket
☎ 07621-1036.

Hübsche Bungalows an einem Strand von Ko Chang

Hotelauswahl

Bangkok

Chinatown

Chinatown Hotel ฿
Preiswert **SP** 6 F2
526 Yaowarat Rd, Samphan Thawong 10100
02225-0204
chinatownhotel.co.th
Modernes, sauberes Hotel mit ein wenig spartanischer Ausstattung. In der Nebensaison gibt es günstige Angebote.

Riverview Guesthouse ฿
Preiswert **SP** 6 F3
768 Soi Phanu Rang Si, Songwat Rd, hinter San Jao Tosuekong 10100
02234-5429
riverviewbkk.com
Einfache Zimmer mit toller Sicht auf das quirlige Chinatown. Auch Schlafsäle vorhanden.

Grand China Princess Hotel ฿฿
Modern **SP** 6 E1
215 Yaowarat Rd, Samphan Thawong 10100
02224-9977
grandchina.com
Komfortable Zimmer und ein Drehrestaurant im 25. Stock. Abend gibt es Live-Musik.

Shanghai Mansion ฿฿
Boutique **SP** 6 F2
479–481 Yaowarat Rd, Samphan Thawong 10100
02221-2121
shanghaimansion.com
Großzügige Zimmer mit schönem chinesischem Dekor. Gute Küche und guter Service.

Innenstadt

Lub d ฿
Modern **SP** 7 B4
4 Decho Rd, Bang Rak 10500
02634-7999
lubd.com
Das schicke Haus in einem quirligen Szeneviertel wendet sich vornehmlich an Rucksackreisende. Zimmer nur für Frauen.

Baan K Residence ฿฿
Modern **SP** 8 D4
12/1 Soi Sathorn 2, Sathorn Nua Rd 10120
02633-9911
baankresidence.com
Gutes Zimmerangebot für Familien unweit vom Lumphini-Park. Studios und Suiten sind mit einer vollständigen Küche ausgestattet und eignen sich deshalb für einen längeren Aufenthalt in der Stadt.

City Lodge ฿฿
Preiswert
137/1–3 Soi 9, Sukhumvit Rd 10110
02253-7705
mosaic-collection.com
Gutes Preis-Leistungs-Verhältnis. Ruhige Zimmer zum Hof.

Silom Convent Garden ฿฿
Modern **SP** 7 C4
35/1 Soi Phiphat 2, Convent Rd 10500
02667-0130
silomconventgarden.com
Elegant gestaltete Nichtraucher-Apartments mit Küche. Dachgarten nur für Gäste.

Anantara Baan Rajprasong Suites ฿฿฿
Luxus **SP** 8 D2
3 Soi Mahatlek Luang 3, Ratchadamri Rd 10330
02264-6464
rajprasong-bangkok.anantara.com
Die luxuriös ausgestatteten Suiten verfügen über Balkons mit herrlicher Aussicht. Gute Lage unweit des Bahnhofs Ratchadamri.

Ariyasomvilla Boutique Hotel ฿฿
Boutique **SP** 8 F1
65 Soi 1, Sukhumvit Rd 10110
02254-8880
ariyasom.com
Die reizende Villa aus den 1940er Jahren ist eine wahre Oase. Herrlicher Garten mit Pool.

The Banyan Tree ฿฿฿
Luxus **SP** 8 D4
21/100 Sathorn Tai Rd, Pathum Wan 10120
02679-1200
banyantree.com
Elegante Suiten mit asiatischem Dekor. Wunderbares Spa. Großartige Aussicht.

Elegantes Ambiente im Nobelhotel Shangri-La, Bangkok

Preiskategorien
Die Preise gelten für ein Doppelzimmer pro Nacht mit Frühstück, inkl. Steuern und Service in der Hochsaison.

฿	**bis 1000 Baht**
฿฿	**1000–4000 Baht**
฿฿฿	**über 4000 Baht**

The Eugenia ฿฿฿
Boutique
267 Soi 31, Sukhumvit Rd, Wattana 10110
02259-9011
theeugenia.inetasiapreview.com
Zwölf stilvolle Suiten in einem Kolonialhaus des 19. Jahrhunderts. Schönes Spa, erstklassiges Restaurant.

The Mandarin Oriental ฿฿฿
Luxus **SP** 6 F4
48 Oriental Ave, Soi Charoenkrung 41, Charoen Krung Rd 10500
02659-9000
mandarinoriental.com
Altehrwürdiges Hotel am Fluss mit bestem Service und erstklassiger Küche.

Metropolitan by COMO ฿฿฿
Boutique **SP** 8 D4
27 Sathorn Tai Rd, Thungmahamek 10120
02625-3333
comohotels.com
Große helle Zimmer in schickem Design. Pool und Spa. Preisgekröntes Restaurant Nahm.

Plaza Athenee ฿฿฿
Luxus **SP** 8 E2
61 Wireless Rd 10330
02650-8800
plazaatheneebangkok.com
Ultramodernes Hotel unter der Leitung von Royal Méridien mit wunderbaren Zimmern und guter Küche.

Shangri-La Hotel ฿฿฿
Luxus **SP** 6 F5
89 Soi Wat Suan Plu, Charoen Krung Rd 10500
02236-7777
shangri-la.com
Großartiger Ausblick, exzellentes Spa und individueller Butler-Service. Nahe zu den Flussbooten.

Siam Kempinski ฿฿฿
Luxus **SP** 4 D5
991/9 Rama 1 Rd 10330
02162-9000
kempinski.com
Das ausgesprochen stilvolle Hotel liegt unweit der besten Einkaufsgegenden der Stadt. Es besticht mit eleganten Zimmern, gepflegter Gartenanlage und mehreren Salzwasserpools.

Hotelkategorien *siehe Seite 293*

The St. Regis ฿฿฿
Luxus **SP** 8 D2
159 Ratchadamri Rd 10330
☎ 02207-7777
W stregisbangkok.com
Modernes Hochhaushotel mit europäischer Eleganz und freundlichem Service.

Swissôtel Nai Lert Park ฿฿฿
Luxus **SP** 8 E1
2 Wireless Rd, Pathum Wan 10330
☎ 02253-0123
W swissotel.com
Versteckt gelegenes Haus mit weitläufigem Garten mitten im Stadtzentrum.

Dusit
Hotel de Moc ฿฿฿
Boutique **SP** 2 E3
78 Prachathipathai Rd, Phra Nakhon 10200
☎ 02629-2100
W hoteldemoc.com
Geräumige Zimmer im Stil der 1960er Jahre unweit der Khao San Road. Pool, Wellness und Fahrradverleih.

The Siam ฿฿฿
Boutique **SP** 2 E1
3/2 Khao Rd, Vacirapayabal 10300
☎ 02206-6999
W thesiamhotel.com
Wunderbar gestaltete Suiten in diesem Haus am Fluss. Mehrere Restaurants und Bars.

Altstadt

Lamphu Tree House ฿฿
Boutique **SP** 2 E4
Soi Baan Pan Thom, 155 Wanchat-Brücke, Prachathipathai Rd, Phra Nakhon 10200
☎ 02282-0991
W lamphutreehotel.com
Eine Oase der Ruhe in einer Wohngegend. Luftige Zimmer mit Teakholzdekor und schöner Pool im Freien.

Navalai River Resort ฿฿
Boutique **SP** 2 D3
45/1 Phra Athit Rd, Banglamphu 10200
☎ 02280-9955
W navalai.com
Quirliges Hotel am Fluss mit Zimmern im Kolonial- und Thai-Stil.

New Siam Riverside ฿฿
Preiswert **SP** 2 D3
21 Phra Athit Rd, Banglamphu 10200
☎ 02629-3535
W newsiam.net
Das Hotel mit kleinem Pool liegt ruhig und nahe am Wasser und dennoch sehr günstig zum Vergnügungsviertel Khao San.

Stimmiges Farbenspiel in den Chakrabongse Villas, Bangkok

Arun Residence ฿฿฿
Boutique **SP** 5 C1
36–38 Soi Phatu Nokyung, Mahathat Rd, Rattanakosin Island 10200
☎ 02221-9158
W arunresidence.com
Sino-portugiesische Villa am Fluss und im Herzen des historischen Bangkok. Schöne Zimmer mit Balkon.

Vis-à-Vis-Tipp

Chakrabongse Villas ฿฿฿
Boutique **SP** 5 B1
396 Mahathat Rd, Phra Nakhon, Tha Tien 10200
☎ 02222-1290
W thaivillas.com
Das einzigartige luxuriöse Boutique-Hotel am Ufer des Flusses Chao Phraya und in Gehweite zum Großen Palast diente einst einem Thai-Prinzen als Residenz. Die frei stehenden Suiten sowie die drei Gästezimmer sind dezent mit chinesischen, marokkanischen und Thai-Möbeln eingerichtet. Die auf der Terrasse servierten Thai-Gerichte sind exzellent.

Thonburi

Anantara Bangkok Riverside Resort & Spa ฿฿฿
Luxus
257/1–3 Charoen Nakhon Rd 10600
☎ 02476-0022
W bangkok-riverside.anantara.com
Familienfreundliches Hotel am Fluss mit großem Garten, Spa und mehreren Restaurants.

Ibrik Resort by the River ฿฿฿
Boutique **SP** 1 B5
256 Soi Wat Rakhang, Arun Amarin Rd, Bangkok Noi 10700
☎ 07995-5636
W ibrikresort.com
Drei gemütlich gestaltete Nichtraucherzimmer in einer ruhigen Wohngegend.

The Peninsula ฿฿฿
Luxus **SP** 6 F5
333 Charoen Nakhon Rd, Khlong San 10600
☎ 02861-2888
W peninsula.com
Elegante Zimmer mit Blick aufs Wasser. Mehrere Restaurants.

Abstecher

Amari Don Muang Hotel ฿฿
Modern **SK** D1
333 Chertwudthakas Rd 10210
☎ 02566-1020
W amari.com
Saubere, preiswerte Zimmer in guter Lage am alten Flughafen Don Muang.

Bangkok Tree House ฿฿฿
Resort **SK** D1
60 Moo 1, Petch Cha Heung Rd, Bang Namphueng, Phra Padaeng 10130
☎ 082995-1150
W bangkoktreehouse.com
Beliebtes, nur per Boot oder zu Fuß erreichbares Öko-Resort, standesgemäß mit Bio-Küche.

Novotel Suvarnabhumi Airport Hotel ฿฿฿
Luxus **SK** D1
Moo 1, Nongprue, Bang Phli, Samut Prakarn 10540
☎ 02131-1111
W novotel.com
Sehr hoher Standard für ein Flughafenhotel. Gemütliche Zimmer, exzellente Küche.

Östliche Golfküste

CHANTHABURI:
River Guesthouse ฿
Preiswert **SK** E2
3/5–8 Sri Chan Rd 22000
☎ 03932-8211
Gästehaus mit gutem Preis-Leistungs-Verhältnis. Freundliches, hilfsbereites Personal.

CHANTHABURI:
Faa Sai Resort ฿฿฿
Resort **SK** E2
Hat Kung Wiman, 26/1 Moo 7, Sanamchai, Nayaiarm 22170
081342-6234
faasai.com
Das entlegene Öko-Resort mit Strandaktivitäten und Gemüsegarten ist ideal für Familien.

JOMTIEN:
Fifth Jomtien Pattaya ฿฿
Resort **SK** E2
75/316 Moo 12, Thanon Nongprue, Bang Lamung, Chonburi 20150
03805-9522
fifthjomtien.com
Familienfreundliches Haus in Strandnähe mit Garten, Pool, Restaurant und Fahrradverleih.

KO CHANG: Garden Resort ฿฿
Resort **SK** E2
98/22 Moo 4, Kai Bae 23170
03955-7260
gardenresortkohchang.com
Reizend gelegene Bungalows mit Pool. Hilfsbereites Personal.

KO CHANG:
Kaibae Hut Resort ฿฿
Preiswert **SK** E2
Hat Kaibae 23170
03955-7142
kaibaehutresort.com
Großes Angebot an Zimmern und Bungalows. Freundlicher Service, gutes Speiseangebot.

KO CHANG: Nirvana ฿฿
Modern **SK** E2
Ao Bang Bao 23170
03955-8061
nirvanakohchang.com
Wunderbar gelegene Oase der Ruhe mit zwei Pools.

KO CHANG:
Siam Beach Resort ฿฿
Resort **SK** E2
100/1 Moo 4, Lonely Beach 23170
081922-4495
siambeachresort.in.th
Die Analge bietet Bungalows in Hanglage abseits der geschäftigen Strandabschnitte. Ein gutes Speiseangebot mit mehreren Restaurants ist ein weiteres Plus.

KO CHANG:
White Sand Beach Resort ฿฿
Resort **SK** E2
Hat Sai Khao 23170
081863-7737
whitesandbeachresort.net
Stilles Resort am Nordende von Hat Sai Khao, dem belebtesten Strand der Insel.

KO CHANG:
Aiyapura Resort ฿฿฿
Luxus **SK** E2
Ban Khlong Son 23170
03955-5111
aiyapura.com
Weitläufige, für Familien geeignete Anlage direkt am Strand mit einem riesigen Pool.

KO CHANG:
Amari Emerald Cove ฿฿฿
Luxus **SK** E2
Hat Khlong Phrao 23170
03955-2000
amari.com
Bestens geführtes Hotel mit großen Zimmern, einem italienischen Restaurant und gutem Angebot für Kinder.

KO CHANG:
Sea View Resort and Spa ฿฿฿
Resort **SK** E2
Hat Kai Bae 23170
03955-2888
seaviewkohchang.com
Auf die Gäste warten ein wunderschöner Garten und ein tolles Spa. Das Haus bietet ein großes Angebot an Zimmern zu verschiedensten Preisen.

KO KUT: Koh Kood Resort ฿
Resort **SK** E2
Ao Bang Bao, Ko Kut 23120
087785-7695
kohkoodresort.in.th
Das Resort verfügt über stille Bungalows und Villen. Großes Sportangebot mit Trekking und Kajaktouren auf dem Meer.

Vis-à-Vis-Tipp

KO KUT: Soneva Kiri ฿฿฿
Luxus **SK** E2
Ko Kut 23000
082208-8888
soneva.com
Dieses Villenresort ist sowohl hinsichtlich Design als auch Service einzigartig. Die Besitzer legen Wert auf Nachhaltigkeit und Entspannung. Viele der Angebote sind für Familien geeignet. Ein eigenes kleines Flugzeug bringt die Gäste von Bangkok auf die Insel.

KO MAK: Good Time Resort ฿฿
Resort **SK** E2
Ko Mak 23120
03950-1000
goodtime-Resort.com
Gut geführte Unterkünfte, von Doppelzimmern bis zu Villen mit drei Schlafzimmern. Kochkurse, Kajak- und andere Tagestouren.

KO MAK: Lazy Day – the Resort ฿฿
Resort **SK** E2
Ko Mak 23120
081882-4002
Treffend benanntes Strandresort mit netten, sauberen Unterkünften im Bungalowstil.

KO SAMET: Jep's Bungalow ฿
Preiswert **SK** D2
Ao Hin Khok 21160
03864-4112
jepsbungalows.com
Individuell gestaltete Zimmer an einem der schönsten Strände der Insel. Gutes Essen, netter Service.

KO SAMET: Tubtim Resort ฿
Resort **SK** D2
Ao Tubtim 21160
03864-4025
tubtimresort.com
Resort am Südende einer schönen Bucht. Holzhütten, von einfach bis nobel ausgestattet.

KO SAMET: Samed Villa ฿฿
Modern **SK** D2
Ao Phai 21160
03864-4094
samedvilla.com
Reizende, gut ausgestattete Bungalows. Fragen Sie nach einem mit Blick aufs Meer.

KO SAMET:
Sang Thian Beach Resort ฿฿
Resort **SK** D2
Ao Thian 21160
03864-4255
sangthianbeachresort.com
Einfache, saubere Zimmer an einem der ruhigeren Strände der Insel.

Schattige Poolanlage des Soneva Kiri, Ko Kut

KO SAMET: Le Vimarn ฿฿฿
Luxus **SK** D2
Ao Phrao 21160
03864-4104
levimarncottage.com
Resort an Samets ruhiger Westküste. Stilvoll eingerichtete Teakholzvillen mit eigenem Whirlpool.

KO SAMET: Paradee ฿฿฿
Luxus **SK** D2
Ao Kiu Na Nok 21160
03864-4285-7
kohsametparadee.com
Resort mit zwei Privatstränden in abgeschiedener Lage an der Südostspitze der Insel.

PATTAYA: Ice Inn ฿
Preiswert **SK** D1
528/2–3 Pattaya 2 Rd 20260
03872-0671
iceinnpattaya.com
Sauberes Hotel nur ein paar Straßen vom Strand entfernt. Die Zimmer nach hinten sind ruhig.

PATTAYA: Lek Hotel ฿
Preiswert **SK** D1
284/5 Soi 13, Pattaya 2 Rd 20260
03842-5550
lekhotelpattaya.com
Hotels mit gutem Preis-Leistungs-Verhältnis nahe am Strand mit Pool und Dachgarten.

PATTAYA: Southern Star Resort ฿
Resort **SK** D1
Soi 12, Naklua Rd 20260
03822-5593
southernstarresort.net
Sauberes, ruhiges Haus mit Pool und freundlichem Personal.

PATTAYA: Royal Cliff Beach Resort ฿฿฿
Resort **SK** D2
353 Moo 12, Pratumnak Rd 20150
03825-0421
royalcliff.com
Pattayas größtes Resort mit Privatstrand und viel Komfort.

PATTAYA: Sheraton Pattaya Resort ฿฿฿
Luxus **SK** D2
437 Pratumnak Rd 20150
03825-9888
starwoodhotels.com
Resort auf einer stillen Landzunge mit Privatstrand und Pools. Erstklassig: Spa und Küche.

PATTAYA: Sugar Hut ฿฿฿
Luxus **SK** D2
391/18 Moo 10, Thabpraya Rd 20260
03825-1686
sugar-hut.com
Traditionelle elegante Villen im Thai-Stil mit schönem Garten, etwas abseits vom Strand.

Fast schon legendär in Pattaya: das Royal Cliff Beach Resort

RAYONG: Wang Kaew ฿฿
Boutique **SK** D1
214 Pae-Klaeng Rd, Charkpong 21110
03863-8067
wangkaew.co.th
Strandhäuser mit Küche an einer kleinen Bucht. Empfehlenswert für einen längeren Aufenthalt.

TRAT: Ban Jaidee ฿
Preiswert **SK** E2
67 Chaimongkhon Rd 23000
03952-0678
Das Ban Jaidee ist eine exzellente preiswerte Herberge an der Straße nach Ko Chang. Freundliche Atmosphäre, guter Service.

Obere westliche Golfküste

CHA-AM: Beach Terrace ฿
Preiswert **SK** C1
854/4 Suksamer Rd, Bang Saiyoy
03250-8502
beachterrace-chaam.com
Reizendes Haus am Strand mit nettem Personal. Eines der besten Hotels in der Region.

CHA-AM: Hotel de la Paix ฿฿฿
Luxus **SK** C1
115 Moo 7, Tambol Bangkao 76120
03270-9555
hoteldelapaixhh.com
Zeitgemäß-schickes Dekor in den Zimmern, die an einem großen Pool liegen. Gutes Restaurant mit internationalem Niveau.

CHUMPHON: Euro Hotel ฿
Preiswert **SK** C3
73/3 Kromluang Rd 86000
07750-2300
euroboutique-hotel.com
Angenehmes Hotel. Kostenloses WLAN, Klimaanlage.

CHUMPHON: Novotel Chumphon Beach Resort ฿฿
Resort **SK** C3
110 Moo 4, Hat Paradonpap 86160
07752-9529
novotel.com
Große Hotelanlage an der Küste mit zwei Restaurants und Neun-Loch-Golfplatz. Sehr gutes Preis-Leistungs-Verhältnis.

HUA HIN: Jings Guesthouse ฿
Preiswert **SK** C2
Soi Selakam 77110
03251-6594
jings.in.th
Gepflegte Zimmer in bester Lage zum Strand und zum bekannten Nachtmarkt.

HUA HIN: Anantasila Villas ฿฿
Resort **SK** C2
35/15 Phet Kasem Rd, Nongkae 77110
03251-1879
anantasila.com
Resort am Strand südlich der Stadt. Großer Pool, viele gute Angebote für Kinder.

HUA HIN: Araya Residence ฿฿
Boutique **SK** C2
15/1 Chomsin Rd 77110
03253-1130
araya-residence.com
Zentral gelegenes Hotel im minimalistisch-asiatischen Stil, mit Teakholzmöbeln und Thai-Dekor.

HUA HIN: Anantara Resort & Spa ฿฿฿
Luxus **SK** C2
45/1 Phet Kasem Rd 77110
03252-0250
anantara.com
Zimmer zur Lagune oder zum Meer mit eigenem Pool. Weitläufiger Garten, exzellentes Spa und gutes Speiseangebot.

Vis-à-Vis-Tipp

HUA HIN: Chiva Som ฿฿฿
Resort SK C2
73/4 Phet Kasem Rd 77110
03253-6536
chivasom.com
Lange bevor das Spa zu einem wichtigen Komfortmerkmal von Hotels wurde, bot das Chiva Som seinen Gästen seriöse Wellness-Programme mit verschiedenen Diäten, Massagen und Yoga. Zur einzigartigen Luxuserfahrung trägt auch der exzellente Service bei.

PHETCHABURI: Sun Hotel ฿
Preiswert SK C1
43/33 Moo 5, Baan-Mor 76000
03240-0000
sunhotelthailand.com
Einfaches, sauberes Hotel mit Fahrradverleih.

PHETCHABURI: Fisherman's Resort ฿฿฿
Luxus SK C1
170 Moo 1, Hat Chao Samrin 76000
03244-1370
thefishermansresort.com
Villen am Strand eines netten Fischerdorfs. Zum Angebot gehören Wassersport und Wandern.

PRACHUAP KHIRI KHAN: Banito Beach Resort ฿
Resort SK C2
283 Klang Ao Rd, Ban Krut 85000
03269-5282-3
banitobeach.com
Gute Lage abseits größerer Resorts. Familienfreundlich und mit gutem Fischlokal.

PRACHUAP KHIRI KHAN: Sailom Resort ฿฿
Modern SK C2
299 Moo 5, Mae Rumpeung, Bang Saphan 85000
03269-1003
sailombangsaphan.com
Familienfreundliches Hotel mit geräumigen Zimmern.

PRANBURI: Aleenta Resort & Spa ฿฿฿
Luxus SK C2
183 Moo 4, Hat Pak Nam Pran 77000
03261-8333
aleenta.com
Minimalistisches Resort an einem hübschen Strand südlich von Hua Hin. Toller Pool mit Meerblick.

PRANBURI: Evason Resort ฿฿฿
Resort SK C2
9 Moo 3, Hat Pak Nam Pran 77000
03263-2111
evason.com
Familienfreundliches Resort. Frei stehende Villen mit eigenem Pool. Ausgezeichnetes Spa.

Untere westliche Golfküste

KO PHANGAN: Chokana ฿
Preiswert SK C4
Ao Bang Charu 84280
07723-8085
Hotel mit einfachen, aber luftigen Bungalows. Freundliche Atmosphäre mit Grillen und Partys.

KO PHANGAN: Blue Ocean Garden Resort ฿฿
Boutique SK C4
Hat Chaophao 84280
087086-2697
blueoceangarden.com
Gut geführtes Resort in schöner Strandlage. Italienische und Thai-Küche. Kochkurse zur Thai-Küche im Angebot.

KO PHANGAN: Green Papaya ฿฿฿
Luxus SK C4
Hat Salad 84280
07737-4239
greenpapayaresort.com
Ruhiges Hotel mit stilvollen, geräumigen Villen rund um einen reizenden Garten am Strand. Hilfsbereites Personal.

KO PHANGAN: Panviman Resort ฿฿฿
Resort SK C4
22/1 Moo 5, Ao Thong Nai Pan Noi 84280
07744-5101
panviman.com
Still an einem Hügel gelegen, mit Shuttle zum Strand und täglicher Speedboat-Verbindung vom Petcharat-Pier nach Ko Samui.

KO PHANGAN: The Sanctuary ฿฿฿
Modern SK C4
Hat Thian 84280
081271-3614
thesanctuarythailand.com
Entspannte Atmosphäre. Angebote wie Yoga, Massagen und Meditation. Unterkünfte von Schlafsälen bis zu Villen.

KO SAMUI: Free House ฿
Preiswert SK C4
175/7 Moo 1, Bophut 84140
07742-7516
freehousesamui.com
Gutes Hotelangebot mit Restaurant im eher ruhigen Bophut. Gäste wohnen in komfortablen Holzhütten mit Ventilator oder Klimaanlage.

KO SAMUI: Chaweng Budget Hotel ฿฿
Modern SK C4
17/4 Moo 3, Hat Chaweng 84140
07742-2703
kohsamuibudgethotel.com
Ruhig, sauber und zeitgemäß ausgestattet in zentraler Lage. Kinderbecken und Privatstrand.

KO SAMUI: Code ฿฿
Boutique SK C4
55/13 Moo 6, Bang Por Soi 4, Maenam 84140
07760-2122
samuicode.com
Suiten oder Villen in modernem Design in Hanglage, mit toller Aussicht und gutem Service.

KO SAMUI: Coral Cove Chalet ฿฿
Boutique SK C4
210 Moo 4, Hat Thong Ta Khian 84140
07742-2260
coralcovechalet.com
Attraktive Chalets in Hügellage mit privater Bucht.

KO SAMUI: Hacienda ฿฿
Boutique SK C4
98/2 Moo 2, Hat Bophut 84140
07724-5943
samui-hacienda.com
Helle, luftige Suiten mit eigener großer Terrasse. Toller Pool auf dem Dach mit wunderbarer Aussicht auf die Bophut-Bucht.

Großzügig bemessener Pool im Resort Chiva Som, Hua Hin

Hotelkategorien *siehe Seite 293* **Preiskategorien** *siehe Seite 294*

Panoramablick vom Schlafzimmer, Six Senses Hideaway, Ko Samui

KO SAMUI: Jungle Club ฿฿
Boutique **SK** C4
Soi Panyadee School, Hat Chaweng 84140
☎ 081894-2327
W jungleclubsamui.com
Wunderbar gestaltete Unterkünfte oberhalb von Hat Chaweng. Gutes Restaurant.

KO SAMUI: Lamai Wanta ฿฿
Modern **SK** C4
124/264 Moo 3, Hat Lamai 84140
☎ 07742-4550
W lamaiwanta.com
Gut geführtes Hotel am ruhigeren Ende von Lamai mit tollem Pool und gutem Restaurant.

KO SAMUI: The Saboey ฿฿
Modern **SK** C4
51/4 Moo 4, Big Buddha Beach 84140
☎ 07743-0450
W saboey.com
Schön gestaltete Suiten und Villen. Großer Pool.

KO SAMUI: Anantara Bophut ฿฿฿
Luxus **SK** C4
99/9 Moo 1, Ao Bophut 84140
☎ 07742-8300
W anantara.com
Thai-Architektur, minimalistische Zimmer und tropische Gärten. Einzigartiger Service.

KO SAMUI: The Library ฿฿฿
Boutique **SK** C4
14/1 Moo 2, Hat Chaweng 84140
☎ 07742-2767
W thelibrary.com
Villen mit elegantem Dekor und signierten Kunstwerken.

KO SAMUI: Napasai ฿฿฿
Boutique **SK** C4
65/10 Moo 5, Maenam 84140
☎ 07742-9200
W napasai.com
Prächtige Villen im Thai-Stil mit eigenem Pool. Spa und Tennisplätze auf der Anlage.

Vis-à-Vis-Tipp

KO SAMUI: Six Senses Hideaway ฿฿฿
Luxus **SK** C4
9/10 Moo 5, Ban Plai Laem, Bophut 84140
☎ 07724-5678
W sixsenses.com
Mehrere Villen in Hanglage mit Blick auf den Golf von Thailand an Ko Samuis ruhiger Nordküste bieten ultimativen Luxus in einzigartiger Umgebung. Jede Villa hat einen Whirlpool oder einen Pool. Der Service ist top.

KO TAO: In Touch Resort ฿
Preiswert **SK** C3
Hat Sai Ri South 84360
☎ 07745-6514
W intouchresort.com
Das modern gestaltete Resort verfügt über gut ausgestattete, geräumige Bungalows in ruhiger Strandlage. Ein exzellentes Restaurant sowie eine gemütliche Bar gehören zur Anlage.

KO TAO: Nangyuan Island Dive Resort ฿฿
Resort **SK** C3
Ko Nang Yuan 84000
☎ 07745-6088
W nangyuan.com
Auf einer kleinen pittoresken Insel bietet das Resort mehrere Bungalows mit Meerblick. Für Gäste werden Taucheinrichtungen geboten.

KO TAO: Jamahkiri Resort & Spa ฿฿฿
Luxus **SK** C3
Ao Thian Ok 84000
☎ 07745-6400
W jamahkiri.com
Das Resort liegt idyllisch in Hanglage unweit eines einsamen Strandes. Es verfügt über ein schönes Spa sowie eine zertifizierte PADI-Tauchschule.

NAKHON SI THAMMARAT: Grand Park Hotel ฿
Preiswert **SK** C4
1204/79 Pak Nakhon Rd 80000
☎ 07531-7666
W grandparknakhon.com
Saubere, moderne und komfortable Zimmer in zentraler Lage auf der Strecke zu den Inseln.

NAKHON SI THAMMARAT: Racha Kiri ฿฿
Resort **SK** C4
Hat Nai Phlao, Ao Khanom 80210
☎ 07530-0245
W rachakiri.com
Überraschend angenehmes Resort außerhalb der Stadt an der Küste.

SURAT THANI: Papangkorn House ฿
Preiswert **SK** C4
456/295 Moo 1, 39 Talad Mai Road 84000
☎ 091516-5161
W papangkornhouse.com
Das Hotel bietet helle, saubere Zimmer. Morgens gibt es an der Rezeption kostenlos Kaffee.

Obere Andamanen-Küste

PHANG-NGA-BUCHT: Pasai Bungalows ฿
Preiswert **SK** B5
Ko Yao Noi 82160
☎ 07659-7064
Einfache, familienfreundliche Bungalows in guter Atmosphäre und mit feinem Speiseangebot.

PHANG-NGA-BUCHT: Thaweesuk Hotel ฿
Preiswert **SK** B5
79 Petchkaserm Rd, Taichang 82000
☎ 07641-2100
Zentral gelegenes Hotel im Kolonialstil. Touren zur Phang-Nga-Bucht und zu den Plantagen.

PHANG-NGA-BUCHT: Yao Yai Resort ฿
Preiswert **SK** B5
Moo 7, Baan Lo Pareh, Pru Nai, Ko Yao Yai 82160
☎ 081968-4641
W yaoyairesort.com
Schöne Lage am Strand mit Sonnenuntergang. Tauch-Trips.

PHANG-NGA-BUCHT: Six Senses Yao Noi ฿฿฿
Luxus **SK** B5
56 Moo 5, Ko Yao Noi 82160
☎ 07641-8500
W sixsenses.com
Großzügiges und exklusives Resort. Villen mit eigenem Pool. Exzellentes Wellness-Angebot.

Zimmer mit Balkon im Hotel Mom Tri's Villa Royale, Phuket

PHANG-NGA-KÜSTE: Poseidon Bungalows ฿
Preiswert **SK** B4
1/6 Khao Lak, Lam Kaen 82210
07644-3258
similantour.nu
Entspanntes Wohnen direkt am Strand. Tauchtouren zu den Similan-Inseln im Angebot.

PHANG-NGA-KÜSTE: Golden Buddha Beach Resort ฿฿
Resort **SK** B4
Ko Phra Thong 82210
081892-2208
goldenbuddharesort.com
Das luxuriöse Öko-Resort auf einer stillen Insel bietet ein großes Sportangebot sowie Yoga. Mai–Okt geschlossen.

PHANG-NGA-KÜSTE: Aleenta ฿฿฿
Luxus **SK** B4
33 Moo 2, Khok Kloy 82210
07658-0333
aleenta.com
Das abgeschieden gelegene Hotel lockt mit chic-minimalistischem Dekor. Es verfügt über ein gutes Spa- und Wellness-Center.

PHUKET: Casa Brazil ฿
Boutique **SK** B5
9 Moo 3, Soi Luang Por Chuan 1, Hat Karon 83000
07639-6317
phukethomestay.com
Einladend und gemütlich. Galerie und grüner Innenhof. Die meisten Zimmer haben eine Klimaanlage und einen Balkon.

PHUKET: Shanti Lodge ฿
Modern **SK** B5
1/2 Soi Bangrae, Choafa Nok Rd, Ao Chalong 83000
07628-0233
shantilodge.com
Einladende Bungalows in einem Dorf abseits der Küste. Yoga. Das Restaurant serviert Thai- und internationale Gerichte.

PHUKET: Square One ฿
Preiswert **SK** B5
241/34 Ratuthit Rd, Hat Patong 83150
07634-9909
square1.biz
Preiswert, familienfreundlich, sauber und in Strandnähe.

PHUKET: Baan Krating Resort ฿฿
Boutique **SK** B5
11/3 Moo 1, Wiset Rd, Ao Sane, Rawai 83130
07628-8264
baankrating.com
Stilles Hotel mitten im Regenwald auf einem idyllischen Hügel. Privater Strand in Gehweite.

PHUKET: Baipho ฿฿
Boutique **SK** B5
205/12–13 Ratuthit Rd, Hat Patong 83150
07629-2074
baipho.com
Zentral gelegenes, schickes Hotel mit farbenfroh gestalteten Zimmern. Gutes Speiseangebot.

PHUKET: Benyada Lodge ฿฿
Modern **SK** B5
106/52 Moo 3, Cherng Talay, Hat Surin 83110
07627-1777
benyadalodge-phuket.com
Fünfstöckiges Hotel mit eleganten, geräumigen Zimmern.

PHUKET: Blue Ocean Resort ฿฿
Modern **SK** B5
210/23 Soi Kepsap, bei Ratuthit Rd, Hat Patong 83150
07629-8800
blueoceanresort-phuket.com
Vierstöckiges Haus mit Pool im Freien in Strandnähe.

PHUKET: Sino House ฿฿
Boutique **SK** B5
1 Montree Rd, Phuket Town 83000
07623-2495
sinohousephuket.com
Modernes Gebäude im chinesischen Stil. Kleines Spa.

PHUKET: Sugar Palm Resort ฿฿
Modern **SK** B5
20/10 Kata Rd, Hat Kata 83160
07628-4404
sugarpalmphuket.com
Stilvolles Hotel. Die Zimmer gruppieren sich um den Pool. In Gehweite zum Strand.

PHUKET: Amanpuri ฿฿฿
Luxus **SK** B5
118 Moo 3, Sri Sunthorn Rd, Ao Pansea 83110
07632-4333
amanresorts.com
Phukets erstes Luxusresort mit feinem weißen Privatstrand.

PHUKET: Banyan Tree Resort ฿฿฿
Luxus **SK** B5
33/37 Moo 4, Sri Sunthorn Rd, Cherng Thalae 83110
07637-2400
banyantree.com
Großzügig bemessene Villen an einer stillen Lagune. Spa.

PHUKET: Indigo Pearl ฿฿฿
Luxus **SK** B5
Hat Nai Yang, beim Nai-Yang-Nationalpark 83110
07632-7006
indigo-pearl.com
Geräumige Zimmer mit modernem Design. In guter Lage zum Flughafen.

Vis-à-Vis-Tipp

PHUKET: Mom Tri's Villa Royale ฿฿฿
Boutique **SK** B5
12 Kata Noi Rd, Hat Kata Noi 83100
07633-3569
villaroyalephuket.com
Das nach seinem Besitzer Mom Tri benannte Boutique-Hotel ist eine geschmackvolle wie luxuriöse Oase. Zur Auswahl stehen geräumige Suiten und frei stehende Villen. Das Speiseangebot ist in ganz Phuket bekannt, auf dem Gelände befindet sich eine Gourmet-Kochschule.

RANONG-REGION: Vijit ฿
Preiswert **SK** B4
Ko Phayam 85000
07783-4082
Einfache, saubere Bungalows auf einer idyllischen Insel in der Nähe von Ranong.

RANONG-REGION: Tinidee Hotel ฿฿
Modern **SK** B3
41/144 Tamuang Rd, Tambol Kao Nives 85000
07783-5240
tinidee-ranong.com
Sauberes, einladendes sechsstöckiges Hotel in Ranong.

Untere Andamanen-Küste

KO LANTA: Lanta Pearl Beach Resort ฿
Preiswert **SK** B3
233 Moo 3, Sala Dan 81150
07568-4204
lantapearlbeach.com
Der Familienbetrieb bietet seinen Gästen geräumige wie saubere Bungalows.

Hotelkategorien *siehe Seite 293* **Preiskategorien** *siehe Seite 294*

KO LANTA: Narima Resort ฿฿
Boutique **SK** B5
98 Moo 5, Khlong Nin 81150
07566-2668
narima-lanta.com
Schön gestaltetes Öko-Resort mit aufmerksamen Besitzern. Tauchladen und Jazz-Bar.

KO LANTA: Pimalai Resort & Spa ฿฿฿
Luxus **SK** B5
99 Moo 5, Hat Ba Kan Tiang 81150
07560-7999
pimalai.com
Luxuriöse Suiten und Villen. Zwei Pools, kostenloser Fahrradverleih, Wassersportangebot und Touren.

KO PHI PHI: Phi Phi Hill Resort ฿
Preiswert **SK** B5
Hat Yao 81000
07561-8203
phiphihill.com
Einfache Unterkünfte im Bungalowstil mit toller Aussicht. Mai–Okt geschlossen.

KO PHI PHI: Phi Phi Natural Resort ฿฿
Resort **SK** B5
Moo 8, Laem Thong 81000
07581-9030
phiphinatural.com
Abgeschiedenes Hotel mit großem Freizeitangebot, u. a. Touren zu den Inseln.

KO PHI PHI: Zeavola ฿฿฿
Luxus **SK** B5
11 Moo 8, Laem Thong 81000
07562-7000
zeavola.com
Schön gestaltete Teakholzvillen mit Spa. Exzellenter Service, tolles Speiseangebot.

KRABI: Chan Cha Lay ฿
Preiswert **SK** B5
55 Uttarakit Rd 81000
07562-0952
chanchalay.com
Zentral gelegenes, modernes Hotel mit kleinem Garten. Helle, schnörkellose Zimmer.

KRABI: Peace Laguna Resort ฿฿
Resort **SK** B5
49/3 Moo 2, Ao Nang 81000
07563-7544
Saubere Zimmer, zehn Minuten zu Fuß vom Strand entfernt. Gastfreundliche, aufmerksame und hilfsbereite Betreiber.

KRABI: Phra Nang Inn ฿฿
Modern **SK** B5
119 Moo 2, Ao Nang 81000
07563-7130
vacationvillage.co.th
Familienfreundliches Hotel am Strand und unweit von Kneipen und Restaurants.

KRABI: Railei Beach Club ฿฿฿
Luxus **SK** B5
Hat Pai Leh West 81000
086685-9359
railaybeachclub.com
Wunderschön gelegene Häuschen im Ökostil.

Vis-à-Vis-Tipp

KRABI: Rayavadee ฿฿฿
Luxus **SK** B5
214 Moo 2, Tham Hat Phra Nang, Ao Nang 81000
07562-0740
rayavadee.com
Nach der Anreise per Speedboot zu einem der schönsten Strände Thailands erholt man sich in mit Antiquitäten gestalteten Villen. Hier wurde auf jedes Detail viel Aufmerksamkeit verwendet. Zur Anlage gehören ein schönes Spa und zwei Restaurants.

SATUN: Castaway Beach Resort ฿฿
Resort **SK** C6
Sunrise Beach, Ko Lipe 91000
083138-7472
castaway-resorts.com
Solide Teakholz-Bungalows auf einer Insel, drei Stunden von Satun entfernt. Tauchschule.

SATUN: Gleam Resort ฿฿
Resort **SK** C6
61 Sathiyuthitham Rd 91000
081899-8565
thegleamboutiqueresort.com
Resort in einer Wohngegend und in Gehweite zu Lokalen und Restaurants. Garten mit Pool.

TRANG: Sri Trang Hotel ฿
Preiswert **SK** C5
20 Sathani Rd 92000
07521-8122
sritranghotel.com
Klassisches, gut erhaltenes Kleinstadthotel im chinesischen Stil von 1952. Bahnhof und Nachtmarkt in der Nähe.

TRANG: Koh Mook Sivalai Beach Resort ฿฿฿
Luxus **SK** C5
211/1 Moo 2, Ko Muk 92000
08876-0999
komooksivalai.com
Strohgedeckte Bungalows im traditionellen Thai-Stil mit wunderschöner Aussicht.

Süden

HAT YAI: Centara ฿฿
Modern **SK** C5
3 Sanehanusorn Rd 90110
07435-2222
centarahotelsresorts.com
Das Centara ist ein modernes Hochhaushotel in bester Lage im Stadtzentrum. Es bietet geräumige Zimmer, einen Pool auf dem Dach sowie ein gutes Restaurant.

SONGKHLA: BP Samila Beach Hotel ฿
Preiswert **SK** D5
8 Ratchadamneon Nok Rd 90000
05322-2099
Hotel in bester Lage zum Strand und zum Stadtzentrum. Großer Pool.

SONGKHLA: Aloha Hotel ฿฿
Modern **SK** D5
120-124 Niphatuthit 1 Rd 90110
07423-5999
alohahatyai.com
Das saubere, funktionelle Hotel liegt günstig in der Nähe des Bahnhofs und zur Haupteinkaufsgegend.

SONGKHLA: Rajamangala Pavilion Beach Resort ฿฿
Modern **SK** D5
1 Ratchadamneon Nok Rd 90000
07444-0222
pavilionhotels.com
Geschmackvolle Zimmer mit Balkon und eine tolle Aussicht sowie das Wellness-Angebot machen das Haus unweit der Songkhla-Küste zur einer guten Wahl.

Natürliche Materialien und Hightech im Rayavadee, Krabi

SK = **Straßenkarte** *siehe hintere Umschlaginnenseiten*

Restaurants

Thailand kann sich ob seiner fruchtbaren Böden glücklich schätzen. Die Einwohnerzahl war im Vergleich zur Fläche stets gering – Hunger ist ein unbekanntes Phänomen. Schon König Ramkhamhaeng sagte im 13. Jahrhundert: »Dies ist ein blühendes Land … im Wasser schwimmen Fische, auf den Feldern wächst Reis.« Er hätte die vielen tropischen Früchte, Gemüse und Gewürze erwähnen können, deren Zahl seither noch beträchtlich zugenommen hat, denn eine Fülle an Pflanzen aus Südamerika gedeiht hier ebenfalls bestens. Die Thai-Küche ist dank der abwechslungsreichen Gerichte und Zutaten exzellent. In Thailand isst man für sein Leben gern, oft sechs- oder siebenmal am Tag. Nicht nur auf Geschmack und Frische, sondern auch auf die stilvolle Präsentation legt man hier Wert.

Personal an einem üppigen Büfett in einem gehobenen Hotel in Bangkok

Restaurants

Bangkoks kulinarische Szene ist eine der kosmopolitischsten in Südostasien. Italienische und französische Küche kann man hier schon lange genießen, inzwischen gibt es aber auch japanische Restaurants sowie mexikanische Grilllokale und Tex-Mex-Bars. Traditionelle Thai-Küche und Sonntagsbrunch bieten gehobene Hotels. Lokale in Städten, vor allem jene mit westlicher Küche, öffnen meist gegen 11 Uhr und schließen zwischen 22 Uhr und Mitternacht. Ein europäisches Frühstück ist bisweilen schwer zu finden – als Ersatz dient dann ein Thai-Omelett.

In größeren Städten und Urlaubsorten gibt es fast immer ein kostenloses Touristenmagazin. Die Magazine liegen in Hotellobbys, Banken, Wechselstuben und Lokalen aus. Darin sind die Restaurants nach Küche und Spezialitäten aufgelistet, meist mit einer Anfahrtsbeschreibung und Telefonnummer. Jenseits der großen Urlaubsorte findet man in jeder Stadt klimatisierte Hotelrestaurants, die eine Mischung aus Thai- und chinesischer Küche servieren.

Thailänder lieben italienische und japanische Küche, Pasta und Sushi gibt es in größeren Orten. Auch Pizzas sind sehr beliebt. Fast-Food-Ketten verbreiten sich zunehmend.

Coffeeshops

In Thailand hat sich eine regelrechte neue Kaffeekultur entwickelt. Exzellente, preiswerte Coffeeshops in einheimischer Hand eröffnen an jeder Straßenecke und sind bei Thai und Ausländern gleichermaßen beliebt. Filialen von teuren westlichen Coffeeshop-Ketten findet man nur in einigen größeren Städten. Ältere Thai bevorzugen ihre Lokalitäten, wo der starke Kaffee durch Baumwollfilter läuft und süß mit Kondensmilch getrunken wird. Köstlich: *paton go*, frittierte chinesische Krapfen, die man in den Kaffee eintunkt.

Straßen- und Marktstände

Das Speisenangebot der unzähligen Straßenstände gehört zum besten und preiswertesten in Thailand. Die Buden sind meist bescheiden, aber sauber. Oft sind es fahrbare Garküchen, die abends nach Hause geschoben und gereinigt werden. Die Zutaten sind für alle sichtbar in Glasbehältern verwahrt. Kurz gebraten, über Holzkohle gegrillt oder gekocht bedeutet, dass die Speisen ausreichend erhitzt werden und ohne Bedenken genossen werden können.

Die Kundschaft gibt wie überall auf der Welt über die Qualität eines jeden Stands Aufschluss. Lassen sich auf den schlichten Bänken um die Stände viele Einheimische nieder, dann ist das Essen mit großer Wahrscheinlichkeit gut. Einen Geschäftsmann neben einem Tuk-tuk-Fahrer sitzen zu sehen, ist keine Seltenheit. In Thailand schätzt man gutes, preiswertes Essen in allen Schichten.

In den seltensten Fällen findet man an den Ständen eine Speisekarte auf Englisch. Am besten merken Sie sich die thailändischen Namen Ihrer Lieblingsgerichte *(siehe S. 306f)*. Sind Sie entdeckungsfreudig und lassen sich gerne überraschen, dann deuten Sie auf ein Gericht und bitten um eine Kostprobe.

Strandbar und Restaurant am Hat Tha Nam, Ko Chang

Bunte Neonschilder locken Gäste in Lokale in Pattaya

Preise

Essen ist einer der preiswertesten Posten einer Thailandreise. Ein alkoholisches Getränk kommt hingegen oft teurer als die ganze Mahlzeit. Die Preise sind auf der Speisekarte neben dem jeweiligen Gericht aufgelistet. Der Preis für Meeresfrüchte ist meist nach Gewicht angegeben. In größeren Restaurants und internationalen Hotels werden Service und Mehrwertsteuer aufgeschlagen und auf der Rechnung ausgewiesen. Selbst in kleinen Lokalen sind die Preise auf einer Tafel (in arabischen Ziffern) angeschrieben. Gehandelt wird beim Essen nur bei Großeinkäufen auf dem Markt.

Seafood

Thailand ist mit fantastischem Seafood gesegnet, das man an der Küste fangfrisch bekommt. Die Auswahl ist breit und meist vorab zu begutachten. Vom Schwertfisch bis zum Hummer ist alles erhältlich, aus Umweltschutzgründen stehen Meeresschildkröten nicht mehr auf den Karten. Aus diesem Grund sollte man auch auf Haifischflossensuppe verzichten.

Trinkgeld

Trinkgeld war früher unbekannt, wird aber aufgrund des Verhaltens von Touristen immer üblicher. Man sollte es nicht nach Prozent berechnen: So sind zehn Prozent bei einer Rechnung von 50 Baht angemessen, aber bei einer teuren Mahlzeit weit überzogen.

Essgewohnheiten

Die Thai-Philosophie zum Essen ist einfach: Wer Hunger hat, soll essen und sich nicht davon abhalten lassen. Die meisten Thai essen kleine Mahlzeiten, dafür aber sechs- oder siebenmal am Tag. Unsere drei Hauptmahlzeiten gibt es in Thailand nicht. Zwar nimmt man Frühstück, Mittag- und Abendessen ein, dazwischen aber auch gern eine Schale Nudeln, einen gebratenen Snack oder eine Süßspeise.

Essen ist in Thailand ein Genuss ohne komplizierte Rituale und Vorschriften, dennoch sollten Besucher einige Regeln beachten. Thailänder essen mit einer Gabel in der linken Hand und einem Löffel in der rechten. Die Gabel dient dazu, das Essen auf den Löffel zu schieben. Sie direkt zum Mund zu führen, wäre unfein. Da die Speisen, vor allem Fleisch, vor dem Garen in Stücke geschnitten werden, benötigt man kein Messer.

Nudelgerichte verraten oft starke Einflüsse der chinesischen Küche und werden mit Stäbchen und einem Löffel gegessen. Eine weitere Ausnahme bildet *khao niaw* (Klebreis), den man mit den Fingern isst.

Das Essen in Thailand wird in großen, gemeinschaftlichen Schüsseln serviert. Für den individuellen Gebrauch sind nur die kleinen Reisschalen bestimmt. Der Reis wird zuerst gereicht, darüber gibt man dann zwei oder drei Löffel aus den Gemeinschaftsschüsseln. Nachschlag ist jederzeit erlaubt. Sich den Teller vollzuladen, gilt als unhöflich, denn Eile ist überflüssig – es wartet genügend Essen in der Küche.

Obst ist bei Thailändern beliebt als köstliche Zwischenmahlzeit

Restaurantkategorien

Die Restaurantauswahl *(siehe S. 308–317)* reflektiert den kulinarischen Reichtum Thailands. Die getroffene Auswahl berücksichtigt das gute Preis-Leistungs-Verhältnis des jeweiligen Lokals sowie ansprechendes Ambiente oder andere Besonderheiten wie z. B. auch Familientauglichkeit. Bei jedem vorgestellten Restaurant wird eine Typisierung nach Stil bzw. vorherrschender Küche vorgenommen (Regional, Thai, Französisch, Japanisch, Seafood usw.). Thailänder verstehen übrigens unter »Fast Food« etwas völlig anderes als Westeuropäer, nämlich ein schnell zubereitetes Gericht ungeachtet der aufgewendeten Vorarbeit und individuellen Zubereitungsart, wobei auf Frische höchster Wert gelegt wird. Restaurants mit herausragender Küche, besonderem Charakter oder Charme werden als **Vis-à-Vis-Tipp** hervorgehoben.

Besucher lassen es sich an einem der vielen Straßenstände schmecken

Thailändische Küche

Die thailändische Küche ist für ihre scharfen bzw. pikanten Aromen bekannt. Europäische Kaufleute führten im 16. Jahrhundert Chilischoten aus der Neuen Welt ein, die sofort großen Anklang fanden. Es gibt aber auch zahlreiche mild gewürzte Speisen. Obwohl – etwa in Pfannengerichten und Currys – chinesische und indische Einflüsse nicht zu leugnen sind, ist die thailändische Küche selbst sehr vielfältig und erfindungsreich. Die Gerichte sind zudem sehr ausgewogen und werden vor allem immer hübsch präsentiert.

Phrik nam pla

Frische Meeresfrüchte an einem Stand in Bangkoks Chinatown

Reis und Nudeln

Wie alle Küchen Südostasiens basiert auch die thailändische auf Reis und Nudeln. Die beliebteste Reissorte ist der langkörnige *khao hom mali* (Jasminreis), der meist gedämpft wird. Im Norden und Nordosten zieht man jedoch *khao niaw* (Klebreis) vor, der mit den Fingern gegessen wird: Man rollt ihn zu kleinen Kugeln, die man in Saucen dippt. *Jok* (Reisbrei) wird gern mit Ei, Chili und Reisessig zum Frühstück gegessen.

Nudeln, ob aus Reis *(kuaytiaw)*, Weizen und Ei *(bami)* oder Mungbohnen *(wun sen)* werden in der Regel gebraten oder in einer Suppe serviert. Das bei Ausländern bekannteste Nudelgericht ist *phad thai* (wörtlich »Thai-Pfanne«). Die Mischung aus gebratenen Nudeln mit frischen oder getrockneten Garnelen, Ei, Tofu und Bohnensprossen konkurriert mit *tom yam kung* um den Titel des thailändischen Nationalgerichts.

Die vier Geschmacksrichtungen

Thailändische Gerichte streben die Ausgewogenheit der vier Geschmacksrichtungen süß, sauer, salzig und scharf an, die jedoch beim einzelnen Gericht variiert. Chili wird

Eine Auswahl typischer Kräuter und Gewürze

Regionale Spezialitäten

Erbsen-Auberginen

Die Küche Zentralthailands ist stark von China beeinflusst. Hier wurden viele thailändische Klassiker erfunden, darunter auch *tom yam kung*. Nordthailands Köche ließen und lassen sich von Myanmar und der chinesischen Provinz Yunnan inspirieren. So entstanden Gerichte wie *khao soi*, eine Köstlichkeit aus krossen Nudeln in einer milden Currybrühe, und *kaeng hang le*. Im Nordosten isst man besonders gern würzig und raffiniert. Aus Laos übernahm man dort den knackigen Gemüsesalat *som tam*. Die Küche des Südens ist die schärfste. Sie trug unter Verwendung von Kokosmilch, Kurkuma und Tamarinde zu Klassikern wie *kaeng leung pla* bei.

Tom Yam Kung ist eine scharfsaure Garnelensuppe mit Zitronengras, Galgant, Kaffir-Limette und Chili.

Händler auf einem »schwimmenden Markt« in Bangkok

zwar großzügig verwendet, viele Speisen bestechen jedoch durch ihre milden Aromen, die sie durch Kräuter und Gewürze wie Galgant, Zitronengras, Kaffir-Limettenblätter, Basilikum und Koriander erhalten. Pasten aus diesen Zutaten werden im Mörser frisch hergestellt. Die wohl wichtigste Grundzutat ist *nam pla* (Fischsauce), die fast allen Gerichten ihre typische Würze verleiht. Mit Chilis, Knoblauch und Zitrone vermischt, ergibt sie das beliebte Gewürz *phrik nam pla*.

Mahlzeiten

Eine typische Thai-Mahlzeit besteht aus einer Suppe, einem Curry, einem Wok-Gericht und einem würzigen Salat. Dazu gibt es rohes oder gedünstetes Gemüse und immer eine Schüssel Reis. Selten wird das Essen in formelle Gänge unterteilt. Gäste, die das nicht wissen, bestellen eine Suppe oder einen Salat als Vorspeise – doch die Aromen der einzelnen Gerichte sollen sich eigentlich – zusammen mit dem Reis – ergänzen. Die Bedienung serviert die Gerichte deshalb sowieso häufig auf einmal. Der einzige Gang, der gesondert kommt, ist das Dessert: meist ein Teller gemischter Früchte, die den Gaumen nach all den würzigen Genüssen beruhigen sollen. Viele ausländische Besucher bestellen auch den Thai-Klassiker *khao niaw mamuang* (Mango mit Kokosreis).

Kunstvoll geschnitzte Melone zur Tischdekoration

Getränke

Fruchtsäfte: Thailand ist reich an Früchten, etwa Wassermelonen, Mangos, Litschis und Papayas, aus denen Säfte, Smoothies und Shakes hergestellt werden. Kokoswasser, mit dem Strohhalm direkt aus der Nuss getrunken, ist die ideale Stranderfrischung.

Biere: Die Bierauswahl ist recht gut. Beliebt sind z. B. die kräftigen lokalen Sorten Singha und Chang.

Weine und Spirituosen: Neben thailändischem Reiswein bekommt man europäische und amerikanische Weine. Auch einheimische Kellereien produzieren inzwischen akzeptable Tropfen. Die Schnäpse Mekong und Sang Som schmecken am besten mit Eis und Soda.

Kaffee und Tee: Sie sind nicht traditionell thailändisch, aber in den Bergen im Norden werden gute Sorten angebaut.

Kaeng Hang Le ist ein mildes curryartiges Schweinegulasch mit Ingwer, Erdnüssen und Knoblauch.

Som Tam sind unreife Papayas und Gemüse mit Zitronensaft, Chili, Fischsauce und getrockneten Garnelen.

Kaeng Leung Pla ist scharfe Fischsuppe mit Bambussprossen, Tamarinde, Chili, Knoblauch und Palmzucker.

Typische Thai-Gerichte

Thailand ist in der ganzen Welt berühmt für seine innovative und vielfältige Küche. Speisen werden oftmals in Bananenblätter gehüllt. Sogar Straßenverkäufer dekorieren ihre Gerichte kreativ. Die kunstvolle Präsentation und Speisenvielfalt ist oft verwirrend: Bisweilen weiß man nicht genau, ob es sich um ein süßes oder pikantes Gericht handelt. Im Folgenden werden typische Gerichte vorgestellt. Phonetische Erläuterungen finden Sie im Sprachführer *(siehe S. 366)*.

Bei der Speisenauswahl in einem Strandlokal, Ko Chang

Auswahl der Speisen

In Touristenorten stehen die Speisen in Lokalen manchmal auf Englisch, bisweilen auch in anderen Sprachen auf der Karte. Die Namen der Gerichte sind oft von den Hauptzutaten abgeleitet. So lässt sich die Bezeichnung *khao mu daeng* mit »Reis, Schweinefleisch, rot« übersetzen. Mit geringen Kenntnissen des Thailändischen kann man oft die Zusammensetzung einer Speise herausfinden. Ist keine Karte vorhanden, stehen die Tagesgerichte in der Auslage. Wenn Sie das Gericht nicht kennen, werden Sie auf die Frage *»Nee arai na?«* (»Was ist das?«) eine Reihe von Zutaten als Antwort erhalten.

Für Vegetarier ist es kein Problem, fleischlose Speisen *(mai ao nua)* zu bekommen, allerdings ist an vielen Gerichten Fischsauce. Die Thai-Küche verwendet kaum Milchprodukte, kommt also Veganern entgegen. Ausländer fragen oft: *»Phed mai?«* (»Ist das Gericht scharf?«) oder verlangen milde Gerichte *(»Mai ao phet na«)*. Würzzutaten wie Chilis in Essig, Zucker oder Fischsauce stehen immer auf dem Tisch bereit.

Snacks

Thai essen gern. An fast allen Stränden und an vielen Ecken in Bangkok und anderen Orten bieten Stände rohe oder gekochte Snacks an.

Bami mu daeng
บะหมี่หมูแดง
Eiernudeln mit Schweinefleisch.

Kai yang
ไก่ย่าง
Huhn, über Holzkohle gegrillt.

Khai ping
ไข่ปิ้ง
Über Holzkohle gebratene Eier.

Khanom beuang
ขนมเบื้อง
Gefüllte Pfannkuchen.

Khanom krok
ขนมครก
Kokosküchlein.

Khao tom mat
ข้าวต้มมัด
Klebreis, im Bananenblatt serviert.

Kluay ping
กล้วยปิ้ง
Gegrillte Bananen.

Look chin ping
ลูกชิ้นปิ้ง
Fleischbällchen mit Chilisauce.

Po pia tod
ปอเปี๊ยะ
Frittierte Frühlingsrollen.

Sai krok
ไส้กรอก
Würste (Rind oder Schwein).

Leckere Snacks von einem Restaurant-Boot in Krabi

Satay
สะเต๊ะ
Fleischspieß (Rind, Schwein oder Huhn), gegrillt, serviert mit Erdnusssauce und Gurke.

Tua thod
ถั่วทอด
Geröstete Cashews/Erdnüsse.

Nudeln

Reisnudeln gibt es als *sen yai* (breit), *sen lek* (mittel) und *sen mi* (dünn). *Bami* sind Eiernudeln, *wun (woon) sen* Glasnudeln aus Soja.

Bami nam
บะหมี่น้ำ
Eiernudeln in Brühe mit Gemüse und Fleisch oder Fisch.

Kuaytiaw haeng
ก๋วยเตี๋ยวแห้ง
»Trockene« Reisnudeln mit Gemüse, Fleisch oder Fisch.

Kuaytiaw look chin pla
ลูกชิ้นปลา
Fischbällchen mit Nudeln.

Kuaytiaw nam
ก๋วยเตี๋ยวน้ำ
Reisnudeln in Brühe mit Gemüse, Fleisch oder Fisch.

Phad thai
ผัดไทย
Gebratene Reisnudeln mit Ei, Tofu, Bohnensprossen, getrockneten Garnelen und Chili.

Reisgerichte

Reis ist das wichtigste Grundnahrungsmittel. Ein häufiger Gruß lautet: »*Kin khao mai?*« (»Hast du Reis gegessen?« – unser »Wie geht es?«).

Khao man kai
ข้าวมันไก่
Huhn auf chinesische Art mit Reis, in Hühnerbrühe gekocht.

Khao mok kai
ข้าวหมกไก่
Huhn Biryani auf Thai-Art.

Khao mu daeng
ข้าวหมูแดง
Schweinefleisch nach chinesischer Art auf Duftreis.

Khao na ped
ข้าวหน้าเป็ด
Gebratene Ente auf Duftreis.

Khao phad mu/kung
ข้าวผัดหมูหรือกุ้ง
Gebratener Reis mit Schweinefleisch oder Garnelen.

Suppen

Es gibt in Thailand viele Suppen. Einige, etwa *jok*, werden zum Frühstück gegessen. Das englische »soup« wird oft verstanden.

Jok
โจ๊ก
Reisbrei mit Schweinehackfleisch und Ingwer.

Khao tom
ข้าวต้ม
Reissuppe mit verschiedenen Fleisch- und Gemüsebeilagen.

Tom jeud tao hu
ต้มจืดเต้าหู้
Tofu-Brühe mit Schweinehackfleisch.

Tom kha kai
ต้มข่าไก่
Hühnersuppe mit Galgant, Kokosmilch und Zitronengras.

Tom yam kung
ต้มยำกุ้ง
Garnelen, Pilze, Zitronengras, Galgant und Koriander.

Currys

Currys werden entweder *rat khao* (auf einem Reisbett) oder in einer Schale als Beilage serviert.

Kaeng kari kai
แกงกะหรี่ไก่
Hühnchen und Kartoffeln auf indische Art.

Kaeng khiaw wan
แกงเขียวหวาน
Leicht süßes, grünes Curry.

Große Weinauswahl im Restaurant Shades, Ko Samui

Kaeng matsaman
แกงมัสมั่น
Mildes Curry aus dem Süden mit Hühnchen, Erdnüssen, Kartoffeln und Kokosmilch.

Kaeng phanaeng
แกงแพนง
Cremiges Curry mit Kokosmilch und Basilikum.

Kaeng phed
แกงเผ็ด
Scharfes Curry mit rotem Chili, Zitronengras, Koriander.

Kaeng som
แกงส้ม
Scharf-saures Curry, in der Regel mit Fisch.

Seafood

Vor allem im Süden gibt es eine große Auswahl an preiswertem Seafood.

Hoi malaeng pu op
หอยแมลงภู่อบ
Gedünstete Muscheln.

Hoi thod
หอยทอด
In Eierteig ausgebackene Austern auf einem Bett aus Bohnensprossen.

Kung mangkon phao
กุ้งมังกรเผา
Gegrillter Hummer.

Pla meuk yang
ปลาหมึกย่าง
Gebratene Tintenfischstreifen.

Pla nung khing
ปลานึ่งขิง
Gedünsteter Fisch mit Ingwer, Chili und Pilzen.

Pla thod
ปลาทอด
Knusprig frittierter Fisch, serviert mit verschiedenen Saucen.

Pu neung
ปูนึ่ง
Gedünstete Krebse mit scharf-beißender Sauce.

Regionale Gerichte

Kaeng hang le
แกงฮังเล
Schweinecurry, Erdnüsse, Ingwer (Gericht des Nordens).

Khao soi
ข้าวซอย
Hühner- oder Rindfleischcurry mit Weizennudeln, frischer Limette und eingelegtem Kohl (Spezialität aus dem Norden).

Larb ped
ลาบเป็ด
Würziges Entenhackfleisch.

Som tam
ส้มตำ
Grüner Papayasalat mit Erdnüssen (aus dem Nordosten).

Yam thalay
ยำทะเล
Scharfer Seafood-Salat.

Desserts

Grundzutat der *khong wan*, der »süßen Sachen«, sind Kokosnüsse oder Früchte.

Foy thong
ฝอยทอง
Süßer Eigelbschmarrn.

Khao niaw mamuang
ข้าวเหนียวมะม่วง
Frische Mango mit Klebreis und Kokosmilch.

Kluay buat chi
กล้วยบวดชี
Bananen in Kokosmilch.

Mo kaeng
หม้อแกง
Eiercreme nach Thai-Art.

Getränke

Bia
เบียร์
Bier (meist in Flaschen).

Cha ron
ชาร้อน
Tee mit Kondensmilch.

Kafae
กาแฟ
Kaffee, oft aus Instantpulver.

Nam cha
น้ำชา
Chinesischer Tee ohne Milch.

Nam kuad
น้ำขวด
Wasser (in Flaschen).

Kokosnüsse auf dem »schwimmenden Markt«

Restaurantauswahl

Bangkok

Chinatown

Nai Sow ฿
Chinesisch/Thai **SP** 6 F1
3/1 Maitri Chit Rd, Pom Prap Sattru Phai 10100
☎ 02222-1539
Das Lokal in einer einfachen Gegend serviert exzellente chinesische und Thai-Speisen. Probieren Sie *hoi thod* (überbackene Austern) und *tom yam kung* (Garnelensuppe).

Thip Samai ฿
Thai **SP** 2 E5
313 Maha Chai Rd, Samramrat, Pra Nakhon 10220
☎ 02221-6280
Die thailändische Nudelsuppe *phad thai* ist weltweit bekannt. Hier gibt es das »Original«, das viele für die beste überhaupt halten.

Harmonique ฿฿
Chinesisch/Thai **SP** 6 F3
Soi Wat Muang Khae, Charoen Krung Rd 10100
☎ 02237-8175
Tolle Atmosphäre mit kleinem stillen Garten und trotz klapprigem Mobiliar. Die gute Thai-Küche orientiert sich hier eher an westlichen Vorlieben.

Hua Seng Hong ฿฿
Chinesisch **SP** 6 E2
371–373 Yaowarat Rd 10100
☎ 02222-0635
Klassischer großer Laden im chinesischen Stil mit umfangreicher Karte. Probieren Sie die Ente, die Riesengarnelen oder die feinen Dim Sum. Sehr effizienter Service.

Seven Spoons ฿฿
Nordamerikanisch **SP** 2 F4
22–24 Chakkaphatdi Phong Rd 10100
☎ 02629-9214 ● Mo
In dem netten Lokal versteht man sich auf leckere, einfallsreiche Gerichte, darunter viele vegetarische Spezialitäten wie Quinoa-Salat sowie Cocktails und Steaks. Reservierung empfohlen.

T & K Seafood ฿฿
Seafood **SP** 6 F2
49–51 Phadung Dao Rd 10100
☎ 02223-4519
Wählen Sie direkt aus der Kühlvitrine aus dem großen Fischangebot – berechnet wird nach Gewicht. Abends wird es in dem beliebten Lokal sehr voll.

Innenstadt

Hai Somtam ฿
Regional **SP** 7 C4
2/4–5 Convent Rd, Silom 10120
☎ 02631-0216 ● So
In dem zur Straße hin offenen Restaurant genießen mittags und am frühen Abend viele Einheimische die feine Küche aus dem Nordosten Thailands, darunter würziges *som tam* (Papayasalat), Huhn vom Grill, getrocknetes Schweinefleisch und vieles mehr.

Lamyai ฿
Regional **SP** 8 D2
Soi 6, Lang Suan Rd 10330
● abends; Sa, So
Das Tageslokal serviert köstliche *khao soi*, die berühmten Curry-Nudeln aus Nordthailand. Die Nudeln mit Huhn oder Schwein und duftenden Gewürzen sind ebenfalls exzellent.

Suda ฿
Thai
6–6/1 Soi 14, Sukhumvit Rd 10110
☎ 02229-4664
Mittags kommen viele Büroangestellte wegen der guten, preiswerten Gerichte. Beliebt sind der Thunfisch mit Chili und Cashewnüssen sowie das grüne Curry mit Reis.

Bua ฿฿
Thai **SP** 7 C4
Siwadol Building, 1/4 Convent Rd, Silom 10120
☎ 02237-6640
Seit Langem überzeugt das Bua mit einem großen Angebot feiner Gerichte aus den vier wichtigen kulinarischen Regionen Thailands zu vernünftigen Preisen.

Preiskategorien
Die Preise gelten für ein mehrgängiges Abendessen für eine Person inkl. Service, aber ohne alkoholische Getränke.

฿	bis 200 Baht
฿฿	200–800 Baht
฿฿฿	über 800 Baht

Charley Brown's Mexican Cantina ฿฿
Mexikanisch
1/23 Soi 11, Sukhumvit Rd 10110
☎ 02651-2215 ● Mo
Das farbenfroh mit Postern an den Wänden eingerichtete Lokal zählt zu den besten mexikanischen Restaurants der Stadt. Hier genießt man *tacos* und *burritos* sowie köstliche *chili rellenos*, begleitet von *sangria* oder *margaritas*. Nach 20 Uhr kein Einlass für Familien mit Kindern.

Eat Me ฿฿
International **SP** 7 C4
1/6 Soi Phiphat 2, Convent Rd, Silom 10120
☎ 02238-0931
Zum luftigen Restaurant im Loftstil gehört eine Kunstgalerie. Probieren Sie unbedingt die Kammmuscheln mit Avocado oder grünen Mangos, Chili und Koriander, *yuzu* und *pancetta* oder die würzige *ndjua* mit Ziegenkäse und Pinienkernen.

Indus ฿฿
Indisch
71 Soi 26, Sukhumvit Rd 10110
☎ 02258-4900
Für die leichten, einfachen Gerichte des Indus gilt: gesund *und* geschmackvoll. Der Speiseraum erinnert an das Kulturerbe Nordindiens. Zum Lokal gehören eine nette Bar und ein Café.

Minimalistisch-warme Atmosphäre im Seven Spoons

Restaurantkategorien *siehe Seite 303*

Krua Nai Baan BB
Thai **SP** 8 E2
94 Soi Lang Suan
02253-1888
Das Lokal ist schwer zu finden und wirkt nicht wirklich einladend, bietet aber eine große Auswahl klassischer Thai-Gerichte zu vernünftigen Preisen. Spezialität ist Seafood. Versuchen Sie unbedingt *kaeng liang*. Auch Tische im Freien.

Le Dalat BB
Vietnamesisch
57 Soi 23, Sukhumvit Rd 10110
02259-9593
Das von einer französisch-vietnamesischen Familie geführte Lokal vereint sowohl in Dekor als auch Küche die beiden Kulturen. Versuchen Sie die in Krebsfleisch, Shiitakepilzen und Bohnen sautierten *capellini*.

Mrs. Balbir's BB
Indisch
155/1–2 Soi 11/1, Sukhumvit Rd 10110
02651-0498 Mo
Das schnörkellose Restaurant serviert seit Langem gute nordindische Spezialitäten. Der Besitzer ist aus dem Regionalfernsehen bekannt und bietet auch Kochkurse an.

Thanying BB
Thai **SP** 7 A5
10 Pramuan Rd, Silom 10500
02236-4361
Der Name des Restaurants bezeichnet im Thailändischen adelige Damen und entspricht gut der gehobenen traditionellen Küche. Das in einem reizenden alten Haus untergebrachte Lokal in Silom bietet tolles Ambiente und feine Gerichte.

Biscotti BBB
Italienisch **SP** 8 E1
Anantara Siam Hotel, Ratchadamri Rd 10330
02126-8866
Das stilvolle Biscotti ist ein Bistro mit offener Küche. Auf der Karte finden sich Pizza, Pasta und andere feste Größen der italienischen Küche in Top-Qualität zu angemessenen Preisen.

Bo.lan BBB
Thai
24 Sukhumvit Soi 53 10110
02260-2962 Mo
Der australische Besitzer und seine thailändische Frau haben die »Slow Food«-Bewegung in Thailands Küche integriert. Die Atmosphäre ist wunderbar entspannt. Freuen Sie sich auf die Desserts!

Stilvolles Ambiente im indischen Restaurant Indus

Issaya Siamese Club BBB
Thai **SP** 8 F5
4 Soi Sri Aksorn, Chuaphloeng Rd 10120
02672-9040-1
Das Lokal in einem stillen Altbau mit reizendem Garten vereint Thai-Gerichte bestens mit fremden Elementen. Zu empfehlen: *mu manao* (dünn geschnittenes Schweinefleisch mit Limette), glasierte Schweinerippchen und *pla ob prik* (gebackener Fisch).

Koi BBB
Japanisch
26 Soi 20, Sukhumvit Rd 10110
02258-1590
Eine willkommene Bereicherung für Bangkoks wachsende Gastro-Szene. Hier fühlen sich auch die Promis der Stadt wohl und genießen Sushi, Sashimi und exzellente warme Speisen.

Le Beaulieu BBB
Französisch **SP** 8 F2
Athenee Office Tower, 63 Wireless Rd, 10330
02168-8220
Das alteingesessene Le Beaulieu serviert raffinierte wie deftige Speisen, z. B. Austern *fines de claire*, *bouillabaisse*, Bressehuhn vom Grill und saftiges *côte de bœuf* (Hochrippe vom Rind).

Vis-à-Vis-Tipp

Le Normandie BBB
Französisch **SP** 6 F4
Mandarin Oriental Hotel, 48 Oriental Ave, Charoenkrung Soi 41, Charoen Krung Rd 10500
02659-9000
Das Le Normandie gilt als bestes französisches Restaurant Asiens. Auf alle Fälle bietet es einen herrlichen Blick auf den Fluss, besten Service und erlesene Weine. Aus der Küche kommen vorwiegend Klassiker auf höchstem Niveau.

Naj BBB
Thai **SP** 7 C4
42 Convent Rd, Silom 10120
02632-2811-3
Das Naj in einem eleganten Haus im Kolonialstil serviert exzellente, westlichen Gaumen angepasste Speisen. Genießen Sie Suppe von der Kokosnussmilch mit Hühnerfleisch und Galgant oder Goabohnensalat mit Schweinefleisch und Garnelen.

The China House BBB
Chinesisch **SP** 6 F4
Hotel Mandarin Oriental, 48 Oriental Ave, Charoenkrung Soi 41, Charoen Krung Rd 10500
02659-9000 Mo
Das Lokal in einem im Stil des Art déco im Shanghai der 1930er Jahre gehaltenen Haus serviert klassische kantonesische Speisen mit zeitgenössischem Touch. Versuchen Sie unbedingt den Tofu aus eigener Herstellung.

Vertigo Grill and Moon Bar BBB
International **SP** 8 D4
Hotel Banyan Tree, 21/100 Sathorn Tai Rd 10120
02679-1200
Das Dachrestaurant bietet eine tolle Aussicht und ein für viele Gäste einzigartiges Diner-Erlebnis. Genießen Sie zarte Rotbarbe *en papillote* mit Thymian und Jakobsmuscheln mit Koriander-butter.

Dusit

Krua Apsorn B
Thai **SP** 2 E1
503–505 Samsen Rd 10200
02241-8528 So
Das einfache, aber saubere Lokal serviert authentische, exzellente Speisen. Probieren Sie die frittierten Muscheln im *Phad-cha*-Stil mit Basilikum, Ingwer und grünem Pfeffer oder eines der südthailändischen Curry-Gerichte.

Die vielfältige Welt des Pazifiks im Trader Vic's

May Kaidee ฿
Thai/Vegetarisch **SP** 2 B3
33 Samsen Rd 10200
☎ 02281-7699
Bangkoks Vegetarier lieben May Kaidees vorwiegend thailändische Gerichte: Frühlingsrollen, grünes Curry mit Tofu und *phad thai*. Gutes Büfett.

Altstadt

Roti Mataba ฿
Indisch/Malaysisch **SP** 2 D3
136 Phra Athit Rd, Chanasongkram 10200
☎ 02282-2119 ● Mo
Genießen Sie klassisches indisch-malaiisches *roti* (Fladenbrot), nach Wunsch gefüllt und serviert mit einer Schale *dhal* oder einer Currysauce. Auch gute Curry-Gerichte.

Aquatini ฿฿
Thai **SP** 2 C3
45/1 Phra Athit Rd, Chanasongkram 10200
☎ 02280-9955
Mit seiner großen luftigen Terrasse zum Fluss am Phra-Athit-Pier ist das Lokal ein schöner Ort, um Seafood oder ein herzhaftes Curry-Gericht zu genießen.

Deck by the River ฿฿
Thai **SP** 5 C1
Arun Residence, 36–38 Soi Phatu Nokyung, Mahathat Rd 10200
☎ 02221-9158
Die im Deck by the River servierten Thai-Speisen werden mit Geschick und guten Zutaten zubereitet. Auch einige westliche Gerichte stehen auf der Karte. Genießen Sie die tolle Aussicht auf den nahen Fluss.

Jay Fai ฿฿
Thai **SP** 3 E5
327 Maha Chai Rd 10200
☎ 02223-9384
Das schnörkellose Jay Fai ist bekannt für seine *phad khii mao*, köstliche »betrunkene Nudeln«, die freilich ohne jeden Alkohol auskommen.

Kai Yang Boran ฿฿
Thai **SP** 2 D5
474–476 Tanao Rd, Banglamphu 10200
☎ 02622-2349
Hier kann man die Küche von Thailands nordöstlicher Region Isaan entdecken. Die Gerichte kosten mehr als an der Straße, sind aber hygienisch einwandfrei. Das bekannteste Gericht der Region ist *kai yang*, mariniertes und gegrilltes Hühnerfleisch.

Sala Rattanakosin ฿฿฿
Thai/Fusion **SP** 5 B1
39 Mahathat Rd 10200
☎ 02622-1388
Die Sala Rattanakosin ist der ideale Ort, um den Sonnenuntergang vor der Kulisse des Wat Arun zu genießen. Suchen Sie einen Platz auf der Dachterrasse oder im klimatisierten Innenraum, und lassen Sie sich würzige Lachsfilets oder gegrillte Stubenküken schmecken. Die Bar lädt später zu einem Aperitif ein.

Thonburi

Vis-à-Vis-Tipp

Supatra River House ฿฿
Thai **SP** 1 B4
266 Soi Wat Rakhang, Arun Amarin Rd 10700
☎ 02411-0305
Das Lokal am Fluss und mit Blick auf den Großen Palast und Wat Arun serviert nicht nur erstklassige authentische Thai-Gerichte, sondern sorgt auch mit Tanzvorführungen für einen unvergesslichen Abend. Die Gäste werden per Boot vom Maharaj-Pier in der Altstadt abgeholt.

Prime ฿฿฿
Steakhaus **SP** 6 F3
Millennium Hilton, 123 Charoen Nakhon Rd 10600
☎ 02442-2000
Als eines der besten Lokale seiner Art in der Stadt setzt das Prime auf importiertes Rindfleisch sowie auf bestes Seafood. Zeitgenössisch-entspanntes Ambiente mit toller Sicht auf den Fluss.

Trader Vic's ฿฿฿
Asiatisch
Anantara Riverside Resort & Spa, 257 Charoen Nakhon Rd 10700
☎ 02476-0022 ● So abends
Polynesisches Dekor, beste asiatische Küche und wunderbare Cocktails direkt am Fluss. Der sonntägliche Mai-Tai-Jazzbrunch ist absolut empfehlenswert.

Abstecher

Dream Section ฿
Thai
Chatuchak-Markt, Mo Chit 10300
● Mo, Fr
Wer den Chatuchak-Markt besucht, kann hier wunderbar ausruhen. Dream Section erinnert eher an einen Gastro-Bereich mit verschiedenen Küchen und Thai-Spezialitäten.

Cedar ฿฿
Libanesisch
Soi 49/9, Sukhumvit Rd 10110
☎ 02714-7206
Das Cedar ist seit Langem für seine exquisite nahöstliche Küche bekannt. Wählen Sie aus 30 Arten *meze* (Vorspeisen), und genießen Sie die authentischen Speisen des Libanon. Der Service des Cedar ist ebenfalls eine Erwähnung wert.

Taling Pling ฿฿
Thai
25 Soi 34, Sukhumvit Rd 10110
☎ 02258-5308-9
In einem umgestalteten Wohnhaus mit zeitgenössischem Design genießt man wunderbare Thai-Gerichte. Viele der angebotenen Gerichte sind Urlaubern unbekannt, weshalb die Karte praktischerweise bebildert ist.

Östliche Golfküste

CHANTHABURI:
Chanthorn Pochana ฿฿
Thai **SK** E2
102/5–8 Benchama-Rachutit Rd 22000
☎ 03931-2339
Zentral gelegenes Restaurant mit einer großen Auswahl an

Curry-Gerichten, Salaten und Pfannengerichten. Spezialität ist *sen mi phad pu* – Eiernudeln mit Krebsfleisch.

CHANTHABURI: Muen Baan ฿฿
Thai **SK** E2
Saritidet Rd 22000
Das Muen Baan liegt unweit des Busbahnhofs und bietet Gerichte »wie zu Hause«, darunter viele vegetarische Varianten.

KO CHANG: Chow Lay ฿
Seafood **SK** E2
Pier, Bang Bao 23170
Eines von mehreren Fischrestaurants am Pier dieses pittoresken Fischerdorfes. Wunderbare Atmosphäre, gute Küche und Cocktails.

KO CHANG: Oodie's Place ฿
Thai/Französisch **SK** E2
Hat Sai Khao 23170
☎ 03955-1193
Der Besitzer und seine Band spielen regelmäßig nach 22 Uhr Rock-Klassiker. Gute Speisen- und Getränkeauswahl in entspannter Atmosphäre.

KO CHANG: Invito al Cibo ฿฿
Italienisch **SK** E2
Hat Sai Khao 23170
☎ 090132-3583
Von dem ausgesprochen einladenden Restaurant in schöner Lage auf einem Hügel blickt man auf den weißen Sandstrand. Das Speiseangebot ist exzellent – von einfachen Pizzas bis zu raffiniert zubereiteten Klassikern der italienischen Küche.

KO CHANG: Paddy's Palms ฿฿
Irisch/Thai **SK** E2
Hat Sai Khao 23170
☎ 03961-9085
Ko Changs irisches Pub bietet neben echtem Guinness und Kilkenny vom Fass authentische irische Gerichte. Versuchen Sie *shepherd's pie* und das marinierte Rindfleisch.

KO CHANG: Tonsai ฿฿
International **SK** E2
Hat Khlong Phrao 23170
☎ 089895-7229
Exzellente westliche und Thai-Küche mit vielen vegetarischen Varianten. Tipp: pfannengerührter Fisch mit Ingwer. Gruppen schätzen die entspannte Atmosphäre.

KO SAMET: Naga ฿
Thai/Europäisch **SK** D2
Ao Hin Khok 21160
☎ 03865-2448
Die vom früheren britischen Besitzer weitergegebenen Kochtechniken finden Berücksichtigung in herzhaften Speisen. Sehr gute vegetarische Curry- und Pfannengerichte.

KO SAMET: Ao Prao Resort ฿฿
International **SK** D2
Ao Phrao 21160
☎ 03864-4100
Das schicke Resort-Restaurant versteht sich auf die Zubereitung bester Seafood- und anderer Thai-Gerichte mit westlichen Einflüssen. Toller Sonnenuntergang.

KO SAMET: Ploy Talay ฿฿
Seafood **SK** D2
Hat Sai Kaew 21160
☎ 03864-4212
Unter den vielen Strandrestaurants von Hat Sai Kaew gilt dieses als bestes. Gebettet auf Kissen genießt man bei Kerzenlicht frischen Fisch. Die Preise schwanken je nach Beilage.

KO SAMET: Red Ginger ฿฿
International **SK** D2
Moo 4, Samet Village 21160
☎ 084383-4917
Eine gute Alternative zu den vielen Strandlokalen mit Thai-Curry und Seafood. Im Red Ginger kocht ein kanadischer Koch einfallsreiche internationale Gerichte, die man in schöner Atmosphäre genießt.

KO SAMET: Tubtim Resort ฿฿
Seafood **SK** D2
Ao Tubtim 21160
☎ 03864-4025
Das Restaurant des Tubtim Resort steht für exzellentes Seafood, makellosen, schnellen Service und eine herrliche Sicht auf den Strand. Probieren Sie *hor mok talae*, ein Seafood-Soufflé, gegart im Bananenblatt.

Bombastisches Dekor im Restaurant Mantra, Pattaya

PATTAYA: Food Wave ฿
International **SK** D1
Dachgeschoss, Royal Garden Plaza, Pattaya Beach Rd 20260
Hier kann man aus einem breiten Angebot von Küchen wählen, darunter Thai, vietnamesisch, indisch, japanisch, türkisch und andere mehr.

PATTAYA: Ali Baba ฿฿
Indisch **SK** D1
1/13–14 Central Pattaya Rd 20260
☎ 03836-1620
Gute Auswahl nordindischer Speisen von hohem Niveau, darunter *tandoori* und Curry-Gerichte sowie vegetarische Optionen.

PATTAYA: blue Olive ฿฿
Mediterran **SK** D1
62/147 Moo 12, Thep Prasit Soi 8 20150
☎ 03841-6285
Das etwas abseits gelegene blue Olive lohnt die Anfahrt: Hier genießt man authentische Speisen aus Italien, Spanien und Griechenland sowie gute Steaks.

PATTAYA: Lobster Pot ฿฿
Seafood **SK** D1
228 Pattaya Beach Rd 20150
☎ 03842-6083
Das stimmungsvolle Lokal an einem Fischerpier im Süden Pattayas liegt nur wenige Schritte von der schrillen Walking Street entfernt, eröffnet aber eine andere kulinarische Welt.

Vis-à-Vis-Tipp

PATTAYA: Mantra ฿฿
International **SK** D1
Pattaya Beach Rd 20150
☎ 03842-9591
Das Restaurant passt perfekt zu Pattaya: exzessiv, schrill und sehr lustig. Sieben Küchen bereiten japanische, chinesische, indische und europäische Gerichte zu – alles außer thailändisch. Es gibt zwei Ebenen und einige Séparées mit (vielsagenden) Namen wie »Des Sultans Tafel« oder »Opium Den«. Der Dresscode: keine Shorts, keine Sandalen.

PATTAYA: The Grill House ฿฿฿
International **SK** D1
Rabbit Resort, Hat Dongtan, Jomtien 20150
☎ 03825-1730
Das romantische Restaurant in Jomtien bietet sowohl Thai- als auch westliche Speisen sowie ein beachtliches Frühstücksbüfett und abends geselliges Grillen am Strand.

TRAT: Kluarimkhlong Café ฿
Thai/Europäisch **SK** E2
Soi Rimkhong 23000
☎ 03952-4919
Einfache, aber authentische Thai-Gerichte in modernem, bequemem Ambiente. Beliebt bei Einheimischen.

TRAT: Sang Fah Restaurant ฿
Thai **SK** E2
Soi Sukhumvit 23000
☎ 03952-3373
Das angenehme Lokal unweit der Nachtmärkte verkauft auch Kuchen, Kaffee und Kaltgetränke. Probieren Sie das Hühnchencurry oder die Garnelen mit Ananas.

Obere westliche Golfküste

CHA-AM: Strandlokale ฿
Seafood **SK** C1
Ruamchit Rd 76120
Diese Strandlokale mit ihren wenigen Tischen und der mobilen Küche bieten in der Regel sehr frischen Fisch und Seafood. Fragen Sie bei der Bestellung nach dem Angebot und dem Preis.

CHA-AM: Aree Restaurant ฿฿
Indisch **SK** C1
225/52 Ruamchit Rd 76120
☎ 080267-9213
Auslandsinder kommen gerne ins Aree, das auch einige Thai-Gerichte serviert. Spezialität ist *chicken tikka masala*. Sauber, freundlich, effizient.

CHA-AM: Poom Restaurant ฿฿
Thai **SK** C1
274/1 Ruamchit Rd 76120
☎ 03247-1036
Kosten Sie frische Seafood-Gerichte in komfortablerer Atmosphäre als an den nahen Ständen. Thailändische Familien schätzen auch den Service.

Herrliche Aussicht und schönes Dekor im Let's Sea, Hua Hin

CHA-AM: Da Vinci's ฿฿฿
Europäisch **SK** C1
274/5 Ruamchit Rd 76120
☎ 03247-1871
Der beste Ort in Cha-am für europäische Speisen, darunter viele Fischgerichte. Auch die italienischen Spezialitäten sind zu empfehlen.

CHA-AM: inAzia ฿฿฿
International **SK** C1
Sheraton Resort, 1573 Phetkasem Rd 76120
☎ 03270-8000
Auf halber Strecke zwischen Cha-am und Hua Hin bietet dieses Restaurant gut zubereitete Thai-, japanische, chinesische und indische Gerichte an. Elegantes Dekor und sehr guter Service.

CHUMPHON: Khrua Pagsod ฿
Vegetarisch **SK** C3
10/32 Paradorn Rd 86160
☎ 07757-1731
Europäische und asiatische Gerichte aus frischesten Zutaten und zu guten Preisen. Die Currys sind hervorragend, Gleiches gilt für die Atmosphäre des Lokals.

Cool Breeze in Hua Hin bietet authentische mediterrane Küche

CHUMPHON: Papa Seafood ฿฿
Seafood **SK** C3
188/181 Krom Luang Rd 86160
☎ 07751-1972
Das Seafood wählt man aus dem Aquarium, die Zubereitung erfolgt prompt und zur größten Zufriedenheit der Gäste. Guter, aufmerksamer Service und schöne Atmosphäre.

HUA HIN: Chatchai Market ฿
Seafood **SK** C2
Soi 72, zwischen Phetkasem und Sasong Rd 77110
Das »street food« hier ist von wesentlich besserer Qualität als anderswo. Probieren Sie das klassische *phad thai* mit frischen Garnelen, *hoi thod* (Austernomelett) oder eine der vielen guten Nudelsuppen.

HUA HIN: I Rice ฿
Thai/Europäisch **SK** C2
Rot Fai Rd, Soi 68–70 77110
☎ 089137-6009
Das schnörkellose gemütliche Restaurant ist für seine preiswerten, an westliche Gaumen angepassten Thai-Gerichte bekannt. Auf Wunsch wird aber auch die unverfälscht asiatische Variante gekocht.

HUA HIN: Ketsarin Seafood Restaurant ฿
Seafood **SK** C2
17/1 Naretdamri Rd 77110
☎ 089682-4965
Das Restaurant im Freien an einem Holzpier ist sowohl bei Einheimischen als auch bei Urlaubern beliebt. Die Thai-Seafood-Spezialitäten werden aus frischesten Zutaten zubereitet. An den Wochenenden kann es sehr voll werden.

HUA HIN: Baan Itsara ฿฿
Thai **SK** C2
7 Naep Khehat Rd 77110
☎ 03251-1673
Das Lokal am Meer nördlich von Hua Hin – in dem Haus lebte früher ein thailändischer Künstler – bietet eine entspannt lebhafte Atmosphäre. Auf der Karte finden sich viele Thai-Standards mit Schwerpunkt Seafood.

HUA HIN: Cool Breeze ฿฿
Mediterran **SK** C2
62 Naretdamri Rd 77110
☎ 03253-1062
Das Lokal in einem Haus im Kolonialstil liegt direkt am Meer. Hier genießt man leichte Speisen, darunter viele Sandwich-Variationen, Tapas, Dips und Salate, aber auch einige herzhafte Speisen für den großen Hunger.

HUA HIN: Let's Sea ฿฿
Thai **SK** C2
83/155 Soi Talay 12, Khao Takiab Rd 77110
☎ 03253-6888
Let's Sea serviert köstliches Seafood im Thai-Stil mit internationalem Touch. Probieren Sie die Fischkuchen und das Hummer-Carpaccio. Tolle Aussicht im Süden der Stadt.

HUA HIN: Royal Indian Restaurant ฿฿
Indian **SK** C2
Damnoen Kasem, Prachuap Khiri Khan 77110
☎ 087528-8640
Das kleine Lokal beim Hotel Centara bietet burmesische und nepalesische Gerichte, darunter einige gute *Tandoori*-Kreationen.

HUA HIN: Hagi ฿฿฿
Japanisch **SK** C2
Centara Grand Beach Resort & Villas, 1 Damnoen Kasem Rd 77110
☎ 03251-2021
Genießen Sie wunderbar zubereitete Speisen in diesem kleinen Lokal mit seinen 16 Plätzen. Die *Teppanyaki*-Küche macht Essen zu einer Performance und einem einmaligen Erlebnis.

Vis-à-Vis-Tipp

HUA HIN: Salathai ฿฿฿
Thai **SK** C2
Centara Grand Beach Resort & Villas, 1 Damnoen Kasem Rd 77110
☎ 03251-2021
Beste Produkte werden hier zu außergewöhnlichen Speisen verarbeitet. Im reizenden Garten mit Pool schmeckt alles noch besser. Der Service und das Ambiente sind ihren Preis wert. Reservierung empfohlen.

HUA HIN: White Lotus ฿฿฿
Chinesisch **SK** C2
Hilton Hua Hin Resort & Spa, 33 Naretdamri Rd 77110
☎ 03253-8999
Im Hilton Resort bietet das White Lotus eine wunderbare Aussicht auf die Stadt und die Küste. Die zeitgenössische Küche setzt den Fokus auf Sichuan- und kantonesische Gerichte.

PHETCHABURI: Ban Khanom Thai ฿
Thai **SK** C1
130 Phet Kasem Rd 77110
☎ 03242-8911
In der für ihre Süßigkeiten bekannten Stadt serviert dieses Lokal sowohl süße als auch pikante Speisen. Probieren Sie unbedingt *khanom mo kaeng*.

Japanische Eleganz und Präzision im Hagi, Hua Hin

PHETCHABURI: Rabieng Rim Nam ฿฿
Thai **SK** C1
1 Chisa-in Rd 76000
☎ 03242-5707
Wählen Sie in diesem zentral gelegenen Restaurant mit reizendem Garten aus einer Vielzahl feiner Gerichte zu guten Preisen.

PRACHUAP KHIRI KHAN: Pan Pochana ฿
Thai **SK** C2
11 Suseuk Rd 85000
Das quirlige Lokal in einem verschlafenen Ort überzeugt mit einfachen, aber exzellent zubereiteten Speisen. Der servierte Fisch ist wunderbar frisch.

PRACHUAP KHIRI KHAN: Phloen Samut ฿฿
Thai **SK** C2
44 Beach Rd 85000
☎ 03260-1866
Im Phloen Samut sollte man die regionale Spezialität *pla samli daet diaw* kosten – kurz gebratenen sonnengetrockneten Fisch mit Mangosalat. Auch die anderen Thai- und Seafood-Gerichte sind allesamt exzellent.

Untere westliche Golfküste

KO PHANGAN: Om Ganesh ฿
Indisch/Thai **SK** C4
Hat Rin 84280
☎ 07737-5123
Trotz der New-Age-Atmosphäre im Lokal – die indischen Curry-Gerichte sind authentisch, z. B. die *Thali*-Platten und die feinen *lassis*. Außerdem gibt es Fleisch- und Thai-Gerichte.

KO PHANGAN: Cucina Italiana ฿฿
Italienisch **SK** C4
Ban Chalok Lam 84280
● Mo
Das alteingesessene Restaurant am Strand wird von einer italienischen Familie geführt. Probieren Sie die Pizza, die selbst gemachte Pasta oder das langsam im Ofen gegarte Lamm. Gute Atmosphäre. Reservierung empfohlen.

KO PHANGAN: Luna Lounge ฿฿
International **SK** C4
Ao Thong Nai Pan Noi 84280
☎ 07744-5035
Das Luna Lounge mit seinem großen Angebot an westlichen und Thai-Gerichten gilt vielen als bestes Restaurant auf der Insel. Auf alle Fälle überzeugt die gediegene Atmosphäre. Probieren Sie das *Massaman*-Lammcurry.

KO SAMUI: Imchai Thaifood ฿
Thai **SK** C4
173/17 Moo 4 , Hat Lamai 84310
☎ 081266-5526
Das Imchai ist bekannt für seine mit frischen Zutaten klassisch zubereiteten, üppig portionierten Speisen zu guten Preisen. Der alte Holzverschlag wurde durch ein neues Gebäude ersetzt, Besitzer und Service sind unverändert.

KO SAMUI: Will Wait ฿
International **SK** C4
Main Rd, Hat Lamai 84140
☎ 07742-4263
Die Karte listet Thai-, chinesische, europäische und japanische Gerichte – auf alle Fälle ist für jeden etwas dabei. Die Preise sind angemessen. Anders als der Name vermuten lässt, ist der Service ausgesprochen flink.

KO SAMUI: Barracuda ฿฿
Mediterran **SK** C4
The Wharf Samui 62/9 Moo 1, Tambon Bophut 84320
07792-1663
Der deutsche Küchenchef des Barracuda versteht sich auf einfallsreiche mediterrane Gerichte mit leichter Thai-Note. Das dezente Dekor entspricht der Qualität der Küche und des Service. Gute Tageskarte.

KO SAMUI: Rocky's Bistro ฿฿
Fusion **SK** C4
Rocky's Resort, Hat Lamai 84140
07723-3020
Die Fusionküche dieses legeren Abendlokals erntet regelmäßig großes Lob, aber auch die internationalen Gerichte sind bemerkenswert. Einige Tische stehen direkt am Pool.

KO SAMUI: The Islander ฿฿
International **SK** C4
167–169 Beach Road, Chaweng 84140
07723-0836
In dem Lokal in der Chaweng Beach Road stehen Burger, *fish and chips* und Nudelgerichte auf der Karte. Vernünftige Preise.

Vis-à-Vis-Tipp

KO SAMUI: Dining on the Rocks ฿฿฿
Asiatisch **SK** C4
Six Senses Hideaway, Ban Plai Laem, Bophut 84140
07724-5678
Das elegante Restaurant erstreckt sich über zehn Holzterrassen mit toller Aussicht. Die Küche zaubert exzellente Interpretationen asiatischer Gerichte. Die klassische *tom yam* z. B. kommt herb aufgeschäumt und mit Jakobsmuscheln und verfeinert mit Parmesan. Der makellose Service sorgt endgültig für einen unvergesslichen Abend.

KO SAMUI: H Bistro ฿฿฿
Thai/Europäisch **SK** C4
Hansar Resort, Ban Bophut 84140
07724-5511
In einem modernen Dekor bietet das H Bistro europäische, Thai-, Fusion- und vegetarische Spezialitäten. Exzellenter Service. Zweifellos eines der besten Restaurants auf der Insel.

KO SAMUI: Le Napoléon ฿฿฿
Französisch **SK** C4
Lamai 4 Rd, Hat Lamai 84140
085478-4571
Das Le Napoléon bietet seit Langem französische Klassiker in entsprechend traditionellem Dekor. Probieren Sie unbedingt die gratinierten Muscheln und *tournedos flambés* in Cognac.

Tische mit Aussicht im Dining on the Rocks, Ko Samui

KO SAMUI: Tree Tops ฿฿฿
International **SK** C4
Anantara Lawana Resort, Hat Chaweng Noi 84140
07796-0333
Die in einen Regenwald gebauten Pavillons sind eine wunderbare Abwechslung zum Strandleben. Die Speisekarte bietet tolle Interpretationen westlicher und Thai-Gerichte. Kompetenter, freundlicher Service.

KO SAMUI: Zazen ฿฿฿
Französisch/Thai **SK** C4
Zazen Resort, Hat Bophut 84140
07743-0345
Speisen Sie in entspannter, gleichwohl opulenter Atmosphäre am Strand. Empfohlen werden die Interpretationen französischer und thailändischer Klassiker. Probieren Sie den Hummer.

KO TAO: Porto Bello Bistro ฿
Italienisch **SK** C3
Hat Sai Ri 84000
07745-7029
Exzellente italienische Küche mit einer Vielzahl an regionalem Seafood sowie hausgemachter Pasta und delikaten Desserts. Freundliche Atmosphäre, guter Service.

KO TAO: Starlight ฿฿
International **SK** C3
Charm Churee Resort, Ao Jansom 84000
07745-6394
Das Lokal in einer Ferienanlage südlich der belebten Strände bietet nicht nur großartige Sonnenuntergänge, sondern auch viel Atmosphäre sowie köstliche westliche und Thai-Speisen und importiertes Steakfleisch.

KO TAO: The Gallery Restaurant ฿฿฿
Thai/Europäisch **SK** C3
10/29 Moo 1, Ban Sai Ri 84000
07745-6547
Das Lokal ist eine willkommene Abwechslung vom Strandleben mit seinen feinen Thai-Gerichten und dem einladenden Ambiente mit viel Kunst. Frühzeitige Reservierung wird empfohlen.

NAKHON SI THAMMARAT: Krua Wang Derm Restaurant ฿฿
Regional **SK** C4
Ratchadamnoen Rd 80000
Hier sollte man die südthailändischen Curry-Gerichte probieren, die in großen dampfenden Töpfen garen. Auch die pfannengerührten Speisen sind eine gute Wahl.

SURAT THANI: Mouth 2 Mouth ฿
Thai/International **SK** C4
Amphur Road 84000
07796-9099
Die Köche kreieren interessante Kombinationen aus Thai- und westlicher Küche, aber auch die Steaks und Burger sind ausgezeichnet. Importbier.

Obere Andamanen-Küste

PHANG-NGA-BUCHT: Cha Leang ฿
Thai **SK** B5
Phetkasem Rd 82000
07641-3831
Die schnörkellose Bude bereitet exzellente pikante Seafood-Gerichte zu. Versuchen Sie *hor mok thalay*, würzige Stücke von gedämpftem Seafood. Die reizende Terrasse lädt zu einem entspannenden Abend ein.

PHANG-NGA-BUCHT: Je t'aime ฿
International **SK** B5
21/1 Moo 1 Market, Ko Yao Noi 82160
☎ 07659-7495 ● Fr
Der kochende dänische Besitzer zaubert zahlreiche schmackhafte Gerichte mit frischem Fisch, exzellentem Hummer und Backwaren zu vernünftigen Preisen.

PHANG-NGA-BUCHT: Duang ฿฿
Thai/Chinesisch **SK** B5
122 Phetkasem Rd 82000
☎ 07641-2216
Hier kocht man chinesische und südthailändische Speisen. Probieren Sie *tom yam talay* (Meeresfrüchtesuppe) oder *yam pla duk fu*, zweifach gekochter Seewolf.

PHANG-NGA-KÜSTE: Stempfer Café ฿
International **SK** B4
Phetkasem Rd, Baan La On, Khao Lak 82210
Hier bekommt man seit vielen Jahren reichhaltiges deutsches Frühstück sowie Kuchen, Sandwiches und Bier.

PHANG-NGA-KÜSTE: Enzo ฿฿
Japanisch **SK** B4
62/2 Moo 5, Kukkhak, Khao Lak 82210
☎ 07648-6671
Traditionelle und moderne japanische Bio-Gerichte. Die Azzurro Wine Bar nebenan bietet gute Weine glasweise und Tapas.

PHANG-NGA-KÜSTE: Pizzeria ฿฿
Italienisch **SK** B4
Phetkasem Rd, Baan La On, Khao Lak 82210
☎ 07648-5271
Köstliche selbst gemachte *gnocchi* und andere Pasta sowie die beste Pizza nördlich von Phuket. Die Weine sind passabel.

PHUKET: Angus O'Tools ฿
Irisch **SK** B5
516/20 Patak Rd, Soi Islandia, Karon 83100
☎ 07639-8262
Hier gibt es das üppigste Frühstück auf Phuket, aber auch abends gute Angebote und Grillen am Sonntag.

PHUKET: Bangkok Burger Company ฿
Nordamerikanisch **SK** B5
Bangla Mall, Patong 83100
☎ 07629-2347
Neben erstklassigen Burgern bietet die Speisekarte leckere Milkshakes und Cocktails in einladender Atmosphäre.

PHUKET: Kan Eang Seafood II ฿
Seafood **SK** B5
9/3 Chofa Rd, Ao Chalong 83110
☎ 07638-1323
Das Kan Eang begann vor 30 Jahren als Straßenstand, heute ist es ein reizendes Restaurant mit Garten. Preiswerte Speisen und ein Kinderspielplatz am Sandstrand.

PHUKET: Natural Restaurant ฿
International **SK** B5
66/5 Soi Phuthon, Bangkok Rd, Phuket Town 83000
☎ 07622-4287
Das Gartenrestaurant ist voller versteckter Winkel und hat sogar einen kleinen Wasserfall. Von japanischen über deutsche bis zu Thai-Gerichten.

PHUKET: Red Duck Restaurant ฿
Thai **SK** B5
Khoktanod Rd, 88/3 Kata Beach, Ao Kata 8300
☎ 091163-8022 ● Mo
Qualitativ einwandfreie Thai-Standards in einem schnörkellosen Lokal. Exzellente Curry-Gerichte, die nach Wunsch »geschärft« werden.

PHUKET: Red Onion ฿
International **SK** B5
486 Patak Rd East, Karon 83160
☎ 07639-6827
Die ohne viel Aufwand servierten Speisen sind allesamt makellos. Probieren Sie das Hühnchensteak mit Pommes frites oder das Wiener Schnitzel. Urlauber sollten frühzeitig kommen.

PHUKET: Somjit Noodles ฿
Thai **SK** B5
214/6 Phuket Rd, Phuket Town 83000
☎ 07625-6701
Die tagsüber geöffnete Suppenküche bietet exzellente Hokkien- und Thai-Nudelgerichte. Probieren Sie die bekannteste Speise der Insel, *khanom chin nam ya Phuket* (chinesische Nudeln in einer Curry-Fisch-Sauce).

PHUKET: Sugar Reef ฿
International **SK** B5
100/35 Sri Suthorn Rd, Cherng Talay, Bang Thao 83110
☎ 087898-9160
Die Sportbar serviert gute Burger, *fish and chips* sowie andere westliche Hausmannskost. Auf der Speisekarte finden sich auch ein paar Thai- und Kindergerichte.

PHUKET: Baluchi ฿฿
Indisch **SK** B5
Horizon Beach Resort, Soi Kepsap, Patong 83100
☎ 07629-2526
Baluchi gilt als bestes indisches Restaurant auf Phuket und serviert erstklassige nordindische Spezialitäten. Der Anteil der Gäste vom Subkontinent ist entsprechend groß.

PHUKET: China Inn Café ฿฿
Thai/Chinesisch **SK** B5
20 Thalang Rd, Phuket Town 83000
☎ 07635-8239
Das Café in einem sino-portugiesischen Haus ist zugleich ein wunderbarer Antiquitätenladen. Auf den Tisch kommen vor allem Thai-Gerichte sowie einige westliche Speisen.

PHUKET: Ka Jok See ฿฿
Thai **SK** B5
26 Takua Pa Rd 83000
☎ 07621-7903 ● So, Mo
Das Ka Jok See liegt versteckt in einer kleinen Straße im Stadtzentrum. Es ist landesweit für seine Atmosphäre bekannt. Genießen Sie leckere Thai-Gerichte und das Programm mit Live-Musik, Tanz und Cabaret. Reservierung wird dringend empfohlen.

Enzo, ein erstklassiges japanisches Lokal in Khao Lak

Nobelrestaurant in Phuket: The Boathouse Wine & Grill

PHUKET: Lair Lay Tong ฿฿
Seafood **SK** B5
Soi Dr Wattana, Patong 83100
07634-1140
Inmitten des lärmenden Patong serviert diese kleine Oase der Ruhe Thai- und internationale Speisen zu vernünftigen Preisen. Probieren Sie *pae sa*, in würziger Brühe gedämpfter Fisch mit Kohl und anderem Gemüse.

PHUKET: Paan Yah Thai Restaurant ฿฿
Thai **SK** B5
249 Prabaramee Rd, Patong 83110
07634-4473
Ein schönes Lokal in Patong mit gutem Preis-Leistungs-Verhältnis und toller Aussicht. Klassisches Thai-Seafood und Nudelgerichte werden mit frischen Zutaten zubereitet. Gemütliche Terrasse mit schattigen Plätzen.

PHUKET: Salvatore's ฿฿
Italienisch **SK** B5
15 Rasada Rd, Phuket Town 83000
07622-5958 ● So mittags; Mo
In der authentischen, einladenden Trattoria wird mit Leidenschaft gekocht und stets mit Elan und Emphase bedient. Nebenan gibt es eine empfehlenswerte Pizzeria.

PHUKET: Tatonka ฿฿
Fusion **SK** B5
Sri Suthorn Rd, Bang Thao 83110
07632-4349 ● Mi
Das regelmäßig gelobte Restaurant Tatonka bietet »Globetrotter-Küche« mit Einflüssen verschiedenster Länder, in denen der Besitzer einst mehr oder weniger lang gelebt hatte. Die Speisekarte ist entsprechend umfangreich – von Sashimi über Taquitos bis hin zu Pizza wird viel geboten.

PHUKET: Black Ginger ฿฿฿
Thai **SK** B5
Indigo Pearl Resort, Hat Nai Yang 83110
07623-6550
Das traditionelle, auf Pfählen gebaute Thai-Haus steht in einem See und ist per Boot erreichbar. Überraschend elegant sind die Räumlichkeiten und die erstklassig zubereiteten Thai-Gerichte.

PHUKET: La Gaetana ฿฿฿
Italienisch **SK** B5
352 Phuket Rd, Phuket Town 83000
07625-0523
Das kleine Lokal ist für seine anspruchsvolle Küche bekannt. Schon das als Vorspeise gereichte Carpaccio von Lachs, Thunfisch, Rind und geräucherter Entenbrust ist eine Offenbarung.

PHUKET: Lim's ฿฿฿
Thai **SK** B5
28 Soi 7, Phra Baramee, Kalim 83100
07634-4834
Das lässig-schicke Restaurant liegt abseits des Strandtrubels oberhalb von Hat Kalim und nördlich von Patong. Genießen Sie authentische und moderne, mit viel Liebe zum Detail zubereitete Speisen. Die Loungebar nebenan ist sehr einladend und lockt viele Einheimische an.

PHUKET: Siam Indigo ฿฿฿
International **SK** B5
8 Phang Nga Rd, Phuket Town 83000
07625-6697
Das elegante wie entspannte Lokal in einem altehrwürdigen Gebäude im Stadtzentrum ist mit Antiquitäten möbliert. Die Thai-chinesische Fusionküche versteht sich auch auf die Zubereitung von Steaks. Der Innenhof ist ausgesprochen einladend.

Vis-à-Vis-Tipp

PHUKET: The Boathouse Wine & Grill ฿฿฿
Französisch/Thai **SK** B5
West Patak Rd, Kata 83100
07633-0015-7
Thailands berühmter Hotelier und Künstler Mom Tri brachte den Jetset nach Phuket. Das Boathouse war sein erstes Projekt auf der Insel. Die Speisekarte bietet Thai- und mediterrane Klassiker in modernem Gewand. Die Strandlage ist wunderbar, der Service makellos, die Weinkarte erschöpfend. Regelmäßig werden Events wie Kochkurse angeboten.

RANONG-REGION: Buono@Ranong ฿
Italienisch **SK** B3
1/12 Chonraru Rd, Khao Niwet 85000
089587-1250
Im Buono gibt es solide zubereitete italienische Gerichte wie Pasta und Pizzas sowie Burger und einige Thai-Gerichte. Freundlicher Service und gute Lage unweit der Hauptstraße.

RANONG-REGION: Ranong Hideaway ฿
Thai/International **SK** B3
323/7 Ruangrat Rd, Ranong 85000
07783-2730
Das früher als Sophon's bekannte Lokal ist einer der bevorzugten Treffpunkte von Urlaubern in Ranong, die sich hier austauschen. Auf der Speisekarte finden sich westliche und Thai-Gerichte. Netter Garten und Billardtisch.

Untere Andamanen-Küste

KO LANTA: Red Snapper ฿
Fusion **SK** B5
Ao Phra-Ae 81150
07885-6965
Das Restaurant wird häufig von Einheimischen und Besuchern empfohlen, nicht nur wegen des guten Essens, sondern auch wegen des schattigen Gartens und des freundlichen Personals.

KO LANTA: Time for Lime ฿฿
Thai **SK** B5
Hat Khlong Dao 81150
07568-4590 ● So
Kochschule, Cocktailbar und Restaurant in einem. Kommen Sie direkt zum Essen, oder erlernen Sie zuvor die Grundlagen guten Kochens. Der norwegische Besitzer engagiert sich vor Ort für den Tierschutz.

KO LANTA: Seven Seas ฿฿฿
International **SK** B5
Pimalai Resort, Ao Kantiang 81150
Eines der wenigen gepflegten Lokale auf der Insel und ein guter Ort, um frisches Seafood und Fusionküche zu genießen.

KO PHI PHI: Ciao Bella ฿
Italienisch/Thai **SK** B5
Ao Lo Dalum 81150
081894-1246
Romantisches Strandlokal. Die Pizzas und die Pasta sind exzellent, die Cocktails wunderbar.

KO PHI PHI: Le Grand Bleu ฿฿
Französisch **SK** B5
Ban Ton Sai 81000
081979-9739
In dem reizenden Haus im Thai-Stil gibt es französische Hausmannskost und einige Fusiongerichte wie Garnelen-Ravioli. Umfangreiche Weinkarte.

KO PHI PHI: Ruan Thai ฿฿
Thai **SK** B5
Outrigger Resort, Ao Lo Bakao 81150
07562-8944 Mi
Das Lokal oberhalb des Outrigger Resort serviert qualitativ hochwertige Thai-Gerichte. Ein Bus verkehrt zwischen Resort und Restaurant.

Vis-à-Vis-Tipp

KO PHI PHI: Tacada ฿฿฿
International **SK** B5
Zeavola Resort, Hat Laem Thong 81000
07562-7000
Das Tacada ist ein Restaurant für besondere Anlässe. Als Gast kann man entweder innerhalb des Resorts oder aber auf einer unbewohnten Insel speisen. Aus der Küche kommen westliche und Thai-Gerichte – beide erstklassig.

KRABI: Tamarind ฿
Thai/International **SK** B5
27/29 Chao Fa Rd 81000
Der Familienbetrieb in einem restaurierten *shophouse* wird allen gerecht: Pizzas, Steaks, Würste, Brei und herzhafte Thai-Currys.

KRABI: Viva ฿
Italienisch **SK** B5
29 Pruksa Utit Rd 81000
07563-0517
Wer in Krabi gute italienische Küche jenseits von Pizza sucht, wird hier fündig. Der Schweizer-italienische Besitzer serviert selbst gemachte Ravioli und feines Risotto sowie australische Steaks und Tiramisu. Gute Weinkarte.

KRABI: Anchalee ฿฿
Thai **SK** B5
315 Maharat Rd 81000
07563-1797
Das Lokal liegt unweit des Zentrums von Krabi in einem schönen Garten. Die Speisekarte bietet natürlich viel Fisch und Seafood, aber auch einige Curry-Gerichte, die ob ihrer unverfälschten Zubereitung geschätzt werden.

KRABI: Sala Bua & Lo Spuntino ฿฿
Italienisch/Thai **SK** B5
Beach Rd, Ao Nang 81000
07563-7110
Zwei Küchen und zwei Karten – italienisch und Thai – unter einem Dach in einem Lokal. Effizienter Service und tolle Strandlage mitten im Gewimmel der Seafood Street.

KRABI: Lae Lay Grill ฿฿฿
International **SK** B5
89 Moo 3, Ao Nang 81000
07566-1588
Das auf einem Hügel gelegene Restaurant bietet eine tolle Aussicht und eine erfrischende Brise. Die Speisekarte bietet viel frisches Seafood und importierte Steaks. Guter Service.

Pizza, Pasta und gute Weine im Viva in Krabi

SATUN: Time ฿
Thai **SK** C6
43 Satun Thani Rd 91000
07471-2286
Die reich bebilderte Speisekarte ist erschöpfend und bietet für jeden etwas: von gebratener Entenbrust über Bananenblütensalat bis zu hausgemachter Eiscreme.

TRANG: Baan Suan Sudaporn ฿฿
Thai **SK** C5
66/25 Thanon Rakchan Thap Thiang 91000
07522-6070
Die Wahl aus dem großartigen Speiseangebot genießt man in einem grünen Garten mit Brunnen. Probieren Sie *somtam phonlamay*, einen pikant-süßen Fruchtsalat, oder *khao mu thot*, gebratene Schweinehaxe.

Süden

HAT YAI: Sumatra ฿
Indonesisch **SK** B5
55/1 Ratthakan Rd 90110
07424-6459
Das einfache Lokal serviert gute Halal-Speisen, z. B. *mee goreng*, gebratene gelbe Nudeln mit Eiern und Garnelen, *Rendang*-Curry oder *rojak*, ein würziger Salat mit Erdnussdressing. Kein Alkohol.

HAT YAI: Basil ฿฿
International **SK** B5
9 Soi 2 Punnakun Rd 90110
08191-9321 Mo
Erstaunlich gute westliche Speisen in einem Lokal, das man nicht unbedingt mit internationaler Küche in Verbindung bringt. Gute Pizzas, Grillgerichte und Salate in lockerer Atmosphäre. Der Thunfisch mit Sesamsauce ist wunderbar.

HAT YAI: Kaopan ฿฿
Japanisch **SK** B5
1/51 Thanon Jiranakorn 90110
07423-3156 Mo
Spezialität des Hauses sind das absolut frische Sushi und andere japanische Klassiker. Stammgäste schätzen die Frische und Sauberkeit der Produkte.

SONGKHLA: Khao Noi ฿
Regional **SK** D5
14/22 Wichianchon Rd 90000
07431-1805
Das bescheidene Lokal ist für seine Curry-Gerichte aus Zentral- und Südthailand bekannt. Die Sauberkeit und der freundliche Service haben dem Khao Noi viele Stammkunden gebracht.

SK = **Straßenkarte** *siehe hintere Umschlaginnenseiten*

Shopping

Thailand gilt wegen der guten Qualität, der großen Auswahl und der niedrigen Preise vieler Waren als Einkaufsparadies. Begehrt sind kunsthandwerkliche Erzeugnisse, von preiswerten Weidenkörbchen, in denen Reis gedämpft werden kann, bis zu wertvollen Antiquitäten. Typische Landesprodukte sind etwa dreieckige Kissen, farbenfrohe Erzeugnisse der Bergvölker und feiner Silberschmuck. Viele der Waren werden von Kunsthandwerkszentren angeboten.

Thai-Seide ist weltberühmt, in einer Fülle von traditionellen und modernen Designs erhältlich und wird preiswert zu Maßkleidung geschneidert. Berühmt ist auch das Angebot an Edelsteinen. Wichtige Handelszentren sind hierfür Städte wie Chanthaburi. Die Mischung aus Moderne und Tradition – die Konsumtempel Bangkoks neben quirligen Märkten und Straßenständen – macht dieses Land für einen Shopping-Bummel so attraktiv.

Öffnungszeiten

Die meisten kleineren Läden haben montags bis samstags von 8 bis 20 oder 21 Uhr geöffnet, Kaufhäuser, Einkaufszentren und Souvenirläden von 10.30 bis 21 oder 22 Uhr. In Bangkok und in den Ferienorten sind viele Geschäfte auch sonn- und feiertags offen. Während des thailändischen *(siehe S. 38)* und des chinesischen *(siehe S. 41)* Neujahrsfests sind viele Läden tagelang geschlossen. Lebensmittelmärkte sind meist von Sonnenaufgang bis nachmittags geöffnet. Märkte für Urlauber haben Einkaufszeiten von spätnachmittags bis Mitternacht und später.

Bezahlung

Der thailändische Baht (฿) ist relativ stabil *(siehe auch S. 343)*. Er wird überall im Land genommen. Kreditkarten – Visa und MasterCard vor American Express – werden in vielen Läden Bangkoks, in Ferienorten und zunehmend auch in Provinzstädten akzeptiert. Gehobene Läden nehmen alle bekannten Karten. Oft wird bei Zahlung mit Kreditkarte ein Aufschlag von bis zu fünf Prozent die Kaufsumme berechnet. Fragen Sie im Zweifelsfall vor dem Bezahlen nach.

Mehrwertsteuer und Reklamationen

Beim Kauf teurer Waren sollten Sie sich eine Rechnung *(bai set)* mit Adresse und Steuernummer des Ladens ausstellen lassen. Um die Mehrwertsteuer (derzeit 7 %) bei Einkäufen über 5000 Baht zurückzuerhalten, braucht man beim Zoll am Flughafen ein vom Laden ausgefülltes Formular (VAT Refund). Wer sich Waren nach Hause schicken lässt, sollte vorab alle anfallenden Kosten abklären.

Reklamationen sind selten nötig, doch sollte der Umtausch fehlerhafter oder nicht passender Ware in guten Läden jederzeit möglich sein.

Handeln

In Städten, vor allem in Bangkok, geht der Trend zu Ladenketten mit festen Preisen, aber ständigen »Sales«. Das allseits beliebte Handeln ist in kleinen Läden, Fachgeschäften und auf Märkten möglich. Dabei sollten Sie den Verkehrswert der Ware kennen, um sich nicht mit zu niedrigen Preisvorschlägen zu blamieren. Das Nennen der Thai-Zahlen kann dem Verkäufer ein niedrigeres Angebot abringen. Bekunden Sie Desinteresse, wenn er auf seinem hohen Preis beharrt. Dies ist besser, als erst den Preis herunterzuhandeln und dann doch nicht zu kaufen.

Chic und kühl – das Siam Paragon in Bangkok

Bunte Warenauswahl an einem geschäftigen Straßenmarkt in Bangkok

Kaufhäuser und Shopping Malls

Kaufhäuser internationalen Stils gehören zum Einkaufsalltag in Bangkok und großen Urlaubsorten wie Pattaya und Phuket. In vielen Läden findet man zudem Sonderangebote.

Die größten thailändischen Ketten sind **Robinson** u. a. mit einer Filiale in Phuket und – für gehobenere Ansprüche – **Central**. In Bangkoks Innenstadt finden sich zahllose große Shopping Malls, etwa **Peninsula Plaza**, sowie beeindruckende Luxus-Shoppingtempel wie **Emporium**,

Asia Books, eine der größten Buchhandelsketten in Thailand

CentralWorld Plaza und **Siam Paragon**. Der Trend geht zu großen Malls außerhalb des Zentrums, z. B. **Fashion Island**.

Einige dieser etwas abseits liegenden Einkaufskomplexe beeindrucken allein aufgrund ihrer enormen Ausmaße. Im Südosten dehnt sich **Seacon Square** an der Srinakharin Road zwei Kilometer lang aus. Auch in anderen größeren Städten und Urlaubsorten gibt es mittlerweile Shopping Malls, z. B. **Jungceylon Shopping Complex** in Phuket und **CentralFestival** in Pattaya.

Englischsprachige Buchhandlungen

In Thailand gibt es drei englischsprachige Buchladenketten: **Asia Books** mit mehreren Filialen in Bangkok, Filialen von **Kinokuniya** und **Bookazine** sind über das Land verteilt. Die größte Auswahl an antiquarischen Büchern bietet **Dasa Books** in der Sukhumvit Road. Antiquarische Bücher findet man auch in Pattaya, auf Ko Samui und Phuket.

Märkte und Straßenhändler

Im Zentrum jeder thailändischen Stadt findet man einen Markt, selbst auf den kleinsten Märkten ist das Lebensmittelangebot ausgesprochen gut. Auf großen Märkten wird von Kunsthandwerk über Obst und Gemüse bis zu Haushaltswaren alles verkauft.

Mobile Straßenstände sieht man im ganzen Land. Einige verkaufen Devotionalien wie Jasmingirlanden, andere hübsche Souvenirs. Viele solcher Stände gibt es etwa in Pattaya und Patong auf Phuket sowie in der Silom und der Sukhumvit Road in Bangkok.

Seide

Die alte Kunst der Seidenweberei wurde nach dem Zweiten Weltkrieg von Jim Thompson *(siehe S. 81)* wiederbelebt. Heute boomt der weltweite Export. Seide gibt es gemustert, unifarben oder im feinen *Mut-mee*-Stil mit vorgefärbten Fäden. Aus den schweren, bunten und etwas rauen Stoffen werden Krawatten, Kleider, Hemden und Röcke gefertigt, aber auch schöne Kissenbezüge, Wandbehänge und andere Dekorteile.

Die meiste Seide kommt aus dem Norden und Nordosten, aber auch um und in Bangkok wird gewebt. Qualitätsware findet man in der Surawong Road in Bangkok. Zu den besten Läden gehören **Jim Thompson** und **Shinawatra** in der Sukhumvit Road. Filialen von Jim Thompson gibt es auch in Hua Hin, Ko Samui, Pattaya und Phuket.

Kleidung

Thailändische Schneider fertigen günstig Anzüge und Kleider nach Maß. Sprechen Sie vorab Design, Verarbeitung und Schnitt ab, und bestehen Sie auf mehreren Anproben. In Bangkok werben chinesische und indische Schneider in Touristenzeitungen und vor ihren Läden in der Sukhumvit, Charoen Krung und Khao San Road. Schnitte und Design von

Holzschnitzereien und Bronzefiguren in einem Laden

Glänzende Seide in allen Farben des Regenbogens

berühmten Marken werden oft mit großem Geschick kopiert. Die Qualität der Meister ist allerdings unterschiedlich – richten Sie sich am besten nach Empfehlungen, etwa in Ihrem Hotel und auf Websites.

Beliebte Thai-Kleidung sind weite Fischerhosen, Batiksarongs (vor allem im Süden) sowie Westen und Hosen aus der Seide der Bergvölker und anderen Stoffen aus dem Nordosten.

Kunsthandwerk

Die meisten Kunsthandwerksprodukte kommen aus dem Norden und Nordosten, sind jedoch etwas teurer auch in Bangkok und an den Küsten erhältlich.

Qualitativ hochwertiges Kunsthandwerk zu Festpreisen verkaufen Boutiquen in gehobenen Hotels: **Silom Village**, **River City Shopping Complex** und das günstigere **Narai Phand** in Bangkok. Im Süden ist **That's Siam at Jungceylon** in Phuket Town zu empfehlen.

Kunsthandwerk der Bergvölker

Trachten und Kunsthandwerk der Bergvölker sind faszinierende Souvenirs: Akha-Kopfschmuck, gemusterte Decken und Kissenbezüge der Lahu, rot-gerüschte Hmong-Jacken und bunte Lisu-Tuniken. Eine breite Auswahl gibt es auf Märkten und in Läden im Süden, vor allem auf den Märkten in Bangkok und Phuket.

Keramik

Früher wurde zartes Bencharong-Porzellan in China angefertigt und in Thailand mit Blütenmustern in fünf Farben verziert. Heute findet die gesamte Fertigung in Thailand statt. In Bencharong kann man ein komplettes Service kaufen, einschließlich der typischen runden Schüsseln. In Bangkok ist das Angebot des Chatuchak-Markts besser und preiswerter als das der Läden im Zentrum.

Die schwerere Seladon-Keramik erkennt man an den Ritzmustern unter der dicken, durchsichtigen grünen, braunen oder blauen Glasur mit gesprungener Patina. Man erhält sie in Bangkok bei **Siam Ceramic Handmade** sowie in vielen anderen Kunsthandwerksläden etwa in der Silom oder Charoen Krung Road.

Lackwaren

Lackwaren zeigen in der Regel Blumen- und Flammenmuster oder schwarz-goldene Porträts auf Bambus- oder Holzuntergrund. Der schöne birmanische Stil ist weitverbreitet: roter Ocker auf Bambus sowie Rattan mit Bildmotiven oder Blumenmustern. Traditionelle Lackwaren wie Schachteln für Lebensmittel oder Schmuck erhält man in Bangkok und Phuket.

Niello- und Zinnarbeiten

Bei der Niello-Technik werden Muster in Silberobjekte geritzt und schwarz gefärbt, z. B. Manschettenknöpfe, Pillendöschen und Schmuck. Mit die schönsten Arbeiten kommen aus Nakhon Si Thammarat.

In Südthailand mit seinen großen Zinnvorkommen ist die Zinnverarbeitung zu Hause. Typische Erzeugnisse sind Kannen, Tabletts, Vasen, Dosen.

Masken, Puppen, Musikinstrumente

Musikinstrumente, beispielsweise *khaen* (Mundorgeln aus dem Nordosten), *Piphat*-Ensemble-Gongs oder Trommeln erhält man in Bangkok im Silom Village, Narai Phand,

Bunte Puppen, inspiriert von Figuren aus dem Ramakien, Bangkok

auf dem Chatuchak- und Nakorn-Kasem-Markt sowie auf Märkten auf Ko Samui und Phuket. Gleiches gilt für klassische *Khon*-Masken, *Hun-krabok*-Puppen sowie Schattenspielfiguren des *nang talung* und *nang yai*. Im Süden kauft man sie beim **Schattentheater**. Dort lernt man bei Führungen auch das Puppenmacherhandwerk kennen.

Antiquitäten

Thailändische Antiquitäten waren bei Reisenden seit jeher heiß begehrt. Deshalb sind die wenigen verbliebenen Stücke sehr teuer, illegaler Herkunft oder Fälschungen. Thailand ist ein wichtiger Markt für Antiquitäten aus ganz Südostasien. Manche Läden gleichen Museen, vollgestopft mit Statuen, Glocken, Keramik und Tempelkunst.

Die wichtigsten Areale in Bangkok sind die Charoen Krung Road, der River City

Auslage mit schöner Keramik

Shopping Complex und der Chatuchak-Markt. Auktionen finden jeden ersten Samstag im Monat im River City Shopping Complex statt.

Empfehlenswerte Läden sind etwa **The Fine Arts** und **NeOld** in Bangkok. Einen ausgezeichneten Ruf hat **Chan's Antique House** in Phuket.

Für Antiquitäten und alle Buddha-Bildnisse sind Ausfuhrgenehmigungen vom Fine Arts Department erforderlich. Man erhält sie über das **Nationalmuseum**, was mindestens eine Woche dauert.

Schmuck

Thai-Schmuck ist oft groß, ausdrucksvoll und fein verziert. Halsketten, Armreife, Ohrringe und Gürtel im laotischen Stil zeigen häufig Silberfäden und filigrane Details, unter Einbeziehung von Silberperlen und großen, flachen Anhängern. Preisgünstiger moderner Modeschmuck wird auf dem Siam Square und Chatuchak-Markt verkauft. Mit den schönsten Schmuck findet man im Peninsula Plaza sowie in Hotels wie dem Dusit Thani. Einige Läden, insbesondere **Uthai's Gems**, arbeiten auch nach Kundenvorgaben. **Astral Gemstone Talisman** fertigt Preziosen, die das Sternzeichen des Kunden berücksichtigen.

Edelsteine

Bangkok ist wohl der weltweit größte Handelsplatz für Edelsteine. Aus Thailand kommen Rubine, rote und blaue Spinelle, orangefarbene und weiße Zirkone sowie gelbe und blaue Saphire. Auf den Märkten in der Umgebung von Chanthaburi sind Edelsteine günstiger als in Bangkok, Thailands einzige Quelle für hochwertige Perlen ist Phuket. Sehr schöne Exemplare verkauft **Mook Phuket**.

Am **Asian Institute of Gemological Sciences** in Bangkok kann man Edelsteine prüfen und klassifizieren lassen sowie in Kursen Edelsteine erkennen lernen. Sie können helfen, dass man nicht auf Fälschungen hereinfällt.

Auf einen Blick

Kaufhäuser und Shopping Malls

Central Department Store
Silom Complex, 191 Silom Rd, Bangkok. **Stadtplan** 7 A4. 02231-3333. **central.co.th**

CentralFestival
333/99 Moo 9, Bang Lamung, Pattaya. 03300-3999. **centralfestival.co.th**

CentralWorld Plaza
Ratchadamri Rd, Bangkok. **Stadtplan** 8 D1. 02640-7000. **centralworld.co.th**

Emporium
Sukhumvit Rd, Prompong, Bangkok. 02269-1000. **emporium.co.th**

Fashion Island
5/5 Ramindra Rd, Bangkok. 02947-5000. **fashionisland.co.th**

Jungceylon Shopping Complex
181 Rat-U-Thit 200 Pee Rd, Patong, Phuket. 07660-0111. **jungceylon.com**

Peninsula Plaza
153 Ratchadamri Rd, Bangkok. **Stadtplan** 8 D1. 02253-9791.

Robinson
259 Sukhumvit Rd, zwischen Soi 17 und 19, Bangkok. **Stadtplan** 8 D3. 02252-5121.

36 Tilokutis 1 Road, Phuket Town. 07625-6500-12. **robinson.co.th**

Seacon Square
55 Srinakharin Rd, Bangkok. 02721-8888. **seaconsquare.com**

Siam Paragon
Rama I Rd, Bangkok. **Stadtplan** 7 C1. 02610-8000. **siamparagon.co.th**

Englischsprachige Buchhandlungen

Asia Books
221 Sukhumvit Rd, Bangkok. 02252-7277. **asiabooks.com**

Bookazine
10. Stock, BIC Building, Bumrungrad Hospital, Soi 3, Sukhumvit Rd, Bangkok. **Stadtplan** 8 F1. 02667-2769.

Hat Chaweng, gegenüber McDonald's, Ko Samui. 07741-3616.

Pattaya Avenue, Jomtien, Pattaya. 03872-3906.

Phuket Airport, Phuket. 07635-1432.

Dasa Books
714/14 Sukhumvit Rd, Bangkok. 02661-2993.

Kinokuniya
3. Stock, Laden 3B 01, EmQuartier Shopping Complex, 689 Sukhumvit Rd, Klong Toey, Bangkok. 02003-6507.

Seide

Jim Thompson
9 Surawong Rd, Bangkok. **Stadtplan** 3 C3. 02632-8100. **jimthompson.com**

Hilton Hua Hin Resort and Spa, 33 Naresdamri Rd, Hua Hin. 03253-3486.

CentralFestival, Raum 115-6, 209/1-2 Moo 2, Bophut, Ko Samui. 07741-0404.

Royal Cliff Beach Resort, 353 Moo 12, Phra Tamnuk Rd, Pattaya. 03825-2292.

Kata Thani Beach Resort and Spa, 14 Kata Noi Rd, Hat Kata Noi, Phuket. 07628-4096.

Shinawatra
94 Sukhumvit Rd, Soi 23, Bangkok. 02258-0295. **tshinawatra.com**

Kunsthandwerk

Narai Phand
President Tower, 973 Phloen Chit Rd, Bangkok. **Stadtplan** 8 D1. 02656-0398.

River City Shopping Complex
23 Trok Rongnamkaeng, Yotha Rd, Bangkok. **Stadtplan** 6 F3. 02237-0077. **rivercity.co.th**

Silom Village
286 Silom Rd, Bangkok. **Stadtplan** 7 A4. 02234-4448. **silomvillage.co.th**

That's Siam at Jungceylon
Silang Blvd, Jungceylon Shopping Complex, 181 Rat-U-Thit 200 Pee Rd, Patong, Phuket. 07660-0111.

Keramik

Siam Ceramic Handmade
2. Stock, Raum 325, River City Shopping Complex *(siehe oben)*, Bangkok. **Stadtplan** 6 F3. 02639-0716. **thaibenjarong.com**

Masken, Puppen, Musikinstrumente

Schattentheater
110/18 Si Thammasok Soi 3, Nakhon Si Thammarat. 07534-6394.

Antiquitäten

Chan's Antique House
99/42 Moo 5, Chalermkiat R9 Rd, Tambon Rasada, Phuket. 07626-1416. **chans-antique.com**

The Fine Arts
2. Stock, Raum 354, River City Shopping Complex, Bangkok. **Stadtplan** 6 F3. 02237-0077.

Nationalmuseum
Fine Arts Department, 4 Na Phra That Rd, Bangkok. **Stadtplan** 1 C4. 02224-1333.

NeOld
149/2 Surawong Rd, Bangkok. **Stadtplan** 7 B4. 02235-8919.

Schmuck

Astral Gemstone Talisman
Erdgeschoss, 123-C All Season Place, 87/208 Wireless Rd, Bangkok. 02252-1230. **agt-gems.com**

Uthai's Gems
28/7 Soi Ruam Rudi, Phloen Chit Rd, Bangkok. **Stadtplan** 8 F2. 02253-8582.

Edelsteine

Asian Institute of Gemological Sciences
48. Stock, Jewellery Trade Center, 919/539 Silom Rd, Bangkok. **Stadtplan** 7 A4. 02267-4315. **aigsthailand.com**

Mook Phuket
65/1 Moo 1, Chao Fa Rd, Phuket Town. 07621-3766. **mookphuket.com**

Unterhaltung

Das moderne Thailand hat von Hollywoodfilmen bis zu Karaoke viele Vergnügungen importiert, doch noch immer sind auch traditionelle Formen der Unterhaltung gefragt. Das wunderbare klassische Tanzdrama *khon* hat zwar nur als Besucherattraktion überlebt, doch wie eh und je werden Veranstaltungen wie das Thai-Boxen *(muay thai)* mit leidenschaftlicher Anteilnahme verfolgt. Letzteres ist allerdings nichts für sensible Gemüter, geht es hier doch weitaus mehr als beim bekannten Boxsport richtig zur Sache.

Sanuk (Frohsinn) ist eine allgegenwärtige Grundeinstellung der Thailänder. Sie durchdringt auch die meisten Strandaktivitäten und ist selbst bei ernsten Anlässen zu spüren, etwa bei religiösen Feierlichkeiten. Das Alltagsleben in Thailand versteht man ohnehin nur, wenn man die nationalen Vorlieben wenigstens ansatzweise kennenlernt, etwa Live-Musik in einer Bar, ein buntes Tempelfest, das akrobatische *Takraw*-Spiel oder im Kino den neuesten Thai-Blockbuster, die mit großem Enthusiasmus verfolgt werden.

Information

Informationen zu wichtigen Veranstaltungen bieten die Broschüren, die in allen TAT-Büros ausliegen. *BigChilli*, Thailands führendes englischsprachiges Magazin, ist die beste Informationsquelle für Bangkok und den Rest des Landes. Nützliche Führer und Veranstaltungskalender für die Hauptstadt sind zudem das *BK Magazine* und *Bangkok 101* aus Bangkok.

In den großen Urlaubsgebieten Hua Hin, Ko Samui, Krabi, Pattaya und Phuket erscheinen monatlich kostenlose Veranstaltungsbroschüren. Kostenlose Karten mit Veranstaltungsorten erhält man an Flughäfen und in großen Urlaubsorten. Selbst weniger erschlossene Inseln wie Ko Phangan und Ko Tao geben nützliche Karten heraus.

Tickets

Karten für Kultur- und Sportveranstaltungen können Sie in großen Hotels und Reisebüros buchen – oder Sie kaufen sie direkt an der Kasse am Veranstaltungsort. Tickets für Konzerte können auch über Websites reserviert werden.

Puppenspieler des Joe Louis Puppet Theatre, Bangkok

Traditionelles Theater und Tanz

Eine Aufführung des stilisierten Tanzdramas *khon*, bei dem nur männliche maskierte Darsteller mitwirken, mutet an, als erwachten die Wandbilder des Wat Phra Kaeo *(siehe S. 60–65)* zum Leben. Leider schwindet das Interesse an Tanzdramen, die auf dem Ramakien *(siehe S. 63)* basieren. Aufführungen des *khon* und des komplexen, weniger stilisierten *lakhon* werden seltener. Bedauerlicherweise sind die Puppenspiele des *hun krabok (siehe S. 30f)* im Aussterben begriffen.

Eine besondere Atmosphäre herrscht bei den traditionellen Tanzvorführungen auf der »Königswiese« Sanam Luang, etwa beim Geburtstag des Königs oder bei Trauerfeiern. Auf Dutzenden Bühnen wird die ganze Nacht Unterhaltung geboten. Aufführungen können sich über Tage ziehen. Gekürzte Versionen zeigen das **Nationaltheater** (an jedem letzten Freitag im Monat) und das **Sala-Chalermkrung-Theater** in Bangkok.

In größeren Städten und Urlaubsorten treten bei unzähligen Dinner-Shows Tanzgruppen aus ganz Thailand auf. Empfehlenswert ist z. B. **Silom Village**.

Authentischen klassischen Tanz bietet das Restaurant Sala Rim Naam *(siehe S. 78)* im Mandarin Oriental.

Lakhon sieht man in Bangkok am Lak-Muang-Schrein beim Sanam Luang und am Erawan-Schrein, traditionelles Puppenspiel im **Joe Louis Puppet Theatre** in Bangkok.

Likay ist häufig auf Tempel- und anderen Festen sowie im Fernsehen zu sehen. Das Tanztheater ist aufgrund seiner frivolen, satirischen und Slapstick-Elemente populär. Das alte südthailändische Äquivalent heißt *manora*. Das Schat-

Traditionelle *Khon*-Aufführung im Nationaltheater, Bangkok

tentheater *nang talung* ist in Malaysia und Indonesien noch weitverbreitet, in Thailand lebt dieses Puppenspiel nur noch in den Provinzen Phatthalung und Nakhon Si Thammarat weiter. Seine Aufführungen mit komplexen Geschichten werden auf lokalen Festen gezeigt, dort können sie die ganze Nacht dauern. Für Touristen spielt man Kurzversionen. Noch seltener sind Aufführungen des *nang yai*, bei dem riesige, flache Lederpuppen zum Einsatz kommen.

Wasser-Illuminationen vor dem Siam Niramit, Phuket

Konzerte, Ausstellungen und modernes Theater

Thailands größte Konzert- und Ausstellungssäle befinden sich in Bangkok. Das hochmoderne **Thailand Cultural Center** zieht mit seiner exzellenten Ausstattung große internationale Namen an. Gute Ausstellungen und Konzerte veranstalten das **Goethe-Institut** und die **Alliance Française**. Top-Stars treten auch in einigen teureren Hotels auf.

Siam Niramit präsentiert aufwendige 80-minütige Kostümshows in Bangkok und Phuket mit den Schwerpunkten Geschichte und Brauchtum sowie opulente Festivals.

Im **Phuket FantaSea** entführt abends die audiovisuelle Show »Fantasy of a Kingdom« Besucher auf eine aufwendige Zeitreise durch die Epochen der thailändischen Geschichte.

Kino

Thailänder sind begeisterte Kinogänger. In Bangkok locken mehrere Multiplexe. Neben den modernen Kinos gibt es auf dem Land rund 2000 mobile Kinos, die improvisierte Open-Air-Vorführungen veranstalten. Die thailändische Filmindustrie blickt auf eine lange, wechselvolle Geschichte zurück. Neben wenigen Kunstfilmen, etwa *Luk Isan* (1978), werden überwiegend klischeehafte Melodramen, brutale Actionfilme und Komödien produziert. Neben den seit jeher beliebten Actionfilmen aus Hongkong werden seit Anfang der 1990er Jahre auch Hollywoodfilme gezeigt. Seit wenigen Jahren erlebt das thailändische Kino jedoch eine Renaissance und gilt inzwischen als das kreativste in Südostasien. Zunehmend an Renommee gewinnt das jährliche Bangkok International Film Festival.

Viele Lichtspieltheater und Multiplex-Kinos wie das **Century – The Movie Plaza** und das **Lido** in Bangkok sowie **Major Cineplex** und **SF Cinema City** sowohl in Pattaya als auch in Phuket zeigen Filme in der Originalfassung.

Discos, Bars, Live-Musik und Folk-Clubs

Trotz der Konkurrenz des internationalen Rock sind Thai-Pop und Volksmusik nach wie vor im ganzen Land zu hören.

Wichtige Stile sind *ram wong*, ein rhythmischer Volkstanz mit Trommelbegleitung, *look thung*, eine Mischung aus Volksmusik, Big-Band-Sound, kostümierten Tanzgruppen und Gesang, sowie *look krung*, schnulzige Balladen. Aus dem Nordosten stammt der schnelle *Molam*-Stil mit *Khaen*-Begleitung und Rap-ähnlichem Gesang. Die Protestsongs *phleng phua chiwit* (»Lieder für das Leben«, die bei den Studentenunruhen entstanden) vermischen traditionelle Volksmusik mit Rock.

Das **Raintree** in Bangkok präsentiert Volksmusik, während im **Saxophone** Jazz und Blues ertönt. Junge Rockbands spielen oft im **O'Reilly's Irish Pub**. Schickere Musikbars findet man in den Hotels, so im Grand Hyatt Erawan das **Spasso**, im Shangri-La **Angelini** und im Mandarin Oriental die **Bamboo Bar**. Daneben bieten Karaoke- und Themenbars sowie Discos Unterhaltung in Bangkoks angesagten Vierteln. Einer der großen Nachtclubs in Bangkok ist das **Narz**. In der Sarasin Road reihen sich Restaurants und Bars, die Schwulenszene trifft sich in der Silom Soi 2.

Tänzerin im Calypso Cabaret

Clubs gibt es in allen größeren Urlaubsorten. In Pattaya ist **Club Insomnia** am angesagtesten, in Phuket tobt die Szene rund um die Soi Bangla am Hat Patong. Das turbulente Nachtleben von Ko Samui verteilt sich auf Hat Chaweng und Hat Lamai.

Rotlichtviertel wie Patpong, Nana Plaza (Sukhumvit Soi 3) und Soi Cowboy in Bangkok sowie Pattaya und Patong auf Phuket sind für ihre Shows berüchtigt – aber auch für ihren Nepp. Etwas weniger Gefahr besteht in den Bars der King's Group. In den Rotlichtvierteln wirken auch die berühmten *kathoey* – die schillernden Transvestiten treten in farbenprächtigen Shows auf. Populär sind Cabarets, zu den besten gehören die Shows im **Calypso Cabaret** in Bangkok, im **Simon Cabaret**, Phuket, und im **Alcazar** in Pattaya.

Besucher bei einem Drink in einer Themenbar in Bangkok

Beim Vorbereiten eines *krathong* für das Loy-Krathong-Fest

Tempelfeste und Festivals

Der thailändische Kalender ist voller Feiertage und lokaler Feste *(siehe S. 38–41)*. Gefeiert werden unter anderem religiöse Feste, örtliche Helden, der Wechsel der Jahreszeiten, die Ernte oder traditionelle Aktivitäten wie Bootsrennen und Drachensteigenlassen.

Neben anderen Veranstaltungen finden in den meisten *wat* auch Tempelfeste statt. Dies können große Feierlichkeiten sein, etwa das Tempelfest am Goldenen Berg in Bangkok und Loy Krathong *(siehe S. 41)*, oder kleine regionale Feste und Feierlichkeiten. Das Drumherum ist oft so unterhaltsam wie das Hauptereignis – mit Händlern, die Speisen und Getränke verkaufen, extravagant gekleideten *kathoey* (Transvestiten), *likay* und *ram wong* (Volksmusik), Schönheitswettbewerben, Hahnenkämpfen und solchen mit siamesischen Kampffischen.

Muay Thai und Krabi-Krabong

Das Kickboxen *muay thai* *(siehe S. 287)* ist eine nationale Leidenschaft. In den meisten Provinzen gibt es Boxarenen, die Top-Kampfstätten liegen jedoch in Bangkok. Im **Lumpinee-Stadion** werden dienstags, freitags und samstags Wettkämpfe ausgetragen, im **Ratchadamnoen-Boxstadion** montags, mittwochs, donnerstags und sonntags. In der größten Arena im Süden, in Krabis **Ao-Nang-Krabi-Stadion**, treten die Kämpfer immer freitags an. Wer *muay thai* erlernen möchte, kann sich an die **World Muay Boran Federation** wenden. Sie kann geeignete Studios und Lehrer empfehlen.

Muay-*thai*-Boxer im Wettkampf

Eine weitere alte Thai-Kampfkunst ist *krabi-krabong*, das nach einigen der dabei verwendeten Waffen auch »Schwertkampf« heißt. Die Techniken werden nach alten Regeln erlernt, wobei heute ein guter Kämpfer an seiner Geschicklichkeit und Ausdauer und nicht an den ausgeteilten Verletzungen gemessen wird. *Krabi-krabong* sieht man oft bei Kulturveranstaltungen für Besucher.

Takraw

Der akrobatische, dem Volleyball ähnliche Sport wird in Südostasien von jungen Männern auf jedem freien Fleckchen gespielt. Sinn des Spiels ist es, einen geflochtenen Rattanball unter Einsatz aller Körperteile außer den Händen in der Luft zu halten. Westliche Besucher sind meist begeistert von der Gewandtheit und den blitzschnellen Reaktionen der Spieler. *Takraw* gibt es auch in komplizierteren Varianten, bei der klassischen versuchen die Mannschaften, den Ball innerhalb einer bestimmten Zeit häufiger als ihre Gegner in eine Art Basketballkorb zu befördern. Obwohl die Wettkampfversion *sepak takraw* in die Asien- und Olympischen Spiele aufgenommen werden soll, sind Profi-Wettkämpfe erstaunlich selten. Der Sport wird mittlerweile auch in einigen europäischen Ländern gespielt.

Fußball, Rugby und Billard

Die Thailänder sind seit Langem Fußballfans. Bereits 1897 wurde der Sport in Thailand eingeführt, nur wenig später kam er unter die Schirmherrschaft des Königs. Seit dem Jahr 1996 gibt es die professionelle Thai Premier League mit 18 Mannschaften. Auch Rugby mit Clubs in der thailändischen Rugby-Liga und bei den Hong Kong Sevens hat ein großes Publikum. Spiele finden in Bangkok im **Nationalstadion**, in den **Hua-Mark-Stadien**, im **Army-Stadion** und im **Royal Bangkok Sports Club** statt.

Beim Billard gehört Thailand zu den erfolgreichsten nicht-englischsprachigen Ländern. Der Sport wurde durch den Engländer Maurice Kerr, Direktor des Royal Bangkok Sports Club, wiederbelebt und in der Folge durch den Weltklasse-Champion James Wattana im ganzen Land populär. Heute finden in Bangkok Profi-Wettbewerbe auf Landesebene sowie internationale Wettbewerbe statt.

Das akrobatische Ballspiel *takraw*

Auf einen Blick

Traditionelles Theater und Tanz

Joe Louis Puppet Theatre
Asiatique, 2194 Charoen Krung, Bangkok.
02688-3322.
joelouistheatre.com

Nationaltheater
Rachinee Rd, Bangkok.
Stadtplan 1 C4.
02224-1342.

Sala-Chalermkrung-Theater
66 Charoen Krung Rd, Bangkok.
Stadtplan 6 D1.
02222-0434.
salachalermkrung.com

Silom Village
286 Silom Rd, Bangkok.
Stadtplan 7 A4.
02234-4448.
silomvillage.co.th

Konzerte, Ausstellungen und modernes Theater

Alliance Française
179 Witthayu Rd, Pathum Wan, Bangkok.
Stadtplan 8 D4.
02670-4200.
afthailande.org

Goethe-Institut
18/1 Soi Goethe, Sathorn Tai Rd, Bangkok.
Stadtplan 8 E4.
02108-8200.
goethe.de/bangkok

Phuket FantaSea
99 Moo 3, Hat Kamala, Kathu, Phuket.
07638-5000.
phuket-fantasea.com

Siam Niramit
Ratchada-Theater, 19 Tiam Ruammit Rd, Bangkok.
02649-9222.
55/81 Moo 5, Chalermprakiet Rd, Rassada, Muang, Phuket.
07633-5000.
siamniramit.com

Thailand Cultural Center
Ratchadaphisek Rd, Bangkok.
02247-0028.

Kino

Century – The Movie Plaza
15 Phaya Thai Rd, Ratchathewi, Bangkok.
Stadtplan 4 E3.
02247-9940.
centurythemovieplaza.com

Lido
Siam Square, Bangkok.
Stadtplan 7 C1.
02252-6498.

Major Cineplex
The Avenue, Soi 13, 2nd Rd, Pattaya.
03805-2227.
majorcineplex.com

SF Cinema City
5. Stock, Central Festival, 333/99 Pattaya Beach Road, Chonburi, Pattaya.
03300-3222.
sfcinemacity.com

SFX Coliseum Phuket
2. Stock, Central Festival, 74–75 Vichitsongkram Road, Phuket Town.
07620-9000
sfcinemacity.com

Discos, Bars, Live-Musik und Folk-Clubs

Alcazar
Pattaya 2nd Rd, Pattaya.
03841-0224–5.
alcazarthailand.com

Angelini
Shangri-La Hotel, 89 Soi Wat Suan Phu, Bangkok.
Stadtplan 6 F5.
02236-7777.
shangri-la.com

Bamboo Bar
Mandarin Oriental, 48 Oriental Ave, Bangkok.
Stadtplan 6 F4.
02659-9000.
mandarinoriental.com

Calypso Cabaret
Asiatique, 2194 Charoen Krung, Bangkok.
02688-1415
calypsocabaret.com

Club Insomnia
Walking Street, Pattaya.
03871-1322.
clubinsomniagroup.com

Narz
112 Sukhumvit Soi 23, Bangkok.
02258-4805.
narzclubbangkok.net

O'Reilly's Irish Pub
62 Silom Rd, Bangkok.
Stadtplan 8 C4.
02632-7515.

Raintree
116/64 Soi Rang Nam, nahe Phaya Thai Rd, Bangkok.
Stadtplan 4 E4.
02245-7230.

Saxophone
3/8 Soi Ratchawithi, 11 Phaya Thai Rd, Bangkok.
Stadtplan 4 E3.
02246-5472.
saxophonepub.com

Simon Cabaret
8 Sirirach Rd, Patong, Phuket.
07634-2011.
phuket-simoncabaret.com

Spasso
Grand Hyatt Erawan Hotel, 494 Ratchadamri Rd, Bangkok.
Stadtplan 8 D1.
02254-1234.
bangkok.grand.hyatt.com

Muay Thai und Krabi-Krabong

Ao-Nang-Krabi-Stadion
100 Moo 3, Ao Nang, Krabi.
081606-2888.

Lumpinee-Stadion
6 Ramintra Rd, Anusawaree, Bang Khen, Bangkok.
02252-6843.
muaythailumpinee.com

Ratchadamnoen-Boxstadion
1 Ratchadamnoen Nok Rd, Bangkok.
Stadtplan 2 F4.
02281-4205.
rajadamnern.com

World Muay Boran Federation
Luk-Tup-Fah-Akademie, 5 Onnut 65 Soi 8 Pravet, Bangkok.
Stadtplan 7 B1.
worldmuayboran.com

Fußball, Rugby und Billard

Army-Stadion
Wiphawadirangsit Rd, Bangkok.
02278-5000.

Hua-Mark-Stadien
2088 Ramkhamhaeng Rd, Bangkok.
02318-0937.

Nationalstadion
154 Rama I Rd, Bangkok.
Stadtplan 7 B1.
02214-0120.

Royal Bangkok Sports Club
1 Henri Dunant Rd, Pathumwan, Bangkok.
Stadtplan 8 D2.
02652-5000.
rbsc.org

Sport und Aktivurlaub

Möglichkeiten zur Freizeitgestaltung, ob für Sportbegeisterte oder für kontemplativere Gemüter, gibt es in Thailand in Hülle und Fülle. Die Küstenregionen sind ideal für alle Wassersportarten – von Windsurfen und Segeln über Wasserskifahren und Hochseefischen bis zum Tauchen. In den beeindruckenden Landschaften der Regionen, insbesondere in den bewaldeten Hügeln und Bergen der südlichen thailändischen Halbinsel, kann man herrlich wandern, zudem locken zahlreiche Nationalparks. Wer es aufregender mag, kann Thailands Wildnis u.a. beim Wildwasser-Rafting, im Kajak, Kanu oder Segelboot, bei Elefantenritten, Kletter- und Tierbeobachtungstouren erkunden. Besuchern steht zudem ein kontinuierlich wachsendes Angebot an exzellenten Golfplätzen in Urlaubsorten wie Phuket und Hua Hin zur Verfügung. Auch die Kultur kommt nicht zu kurz: Vor Ort kann man z.B. buddhistische Meditation, traditionelle Thai-Massage und die wunderbare Kochkunst des Landes erlernen.

Tauchen und Schnorcheln

Dank zahlreicher herrlicher Korallenriffe voller buntem Leben, die von zahllosen Tauchanbietern angefahren werden, rangiert Thailand weltweit unter den schönsten, zugänglichsten Tauch- und Schnorchelzielen. Vor allem an der Andamanen-Küste und ihren Inseln liegen fantastische Riffe, Meeresgräben und Felsspitzen. Hinzu kommt eine Sichtweite von oft über 30 Meter. In der artenreichen Meereswelt kann man sogar riesige Walhaie, etwa vor den exotischen Burma Banks *(siehe S. 209)*, erspähen.

Die besten Tauchgründe liegen in Meeres-Nationalparks, etwa in den Surin-, Similan- und Ko-Tarutao-Archipelen sowie vor Ko Chang. Das einst so schöne Ko Phi Phi steht nicht unter Naturschutz und wurde bereits durch rücksichtsloses Ankern und durch Schnorchler, die die Korallen beschädigten, in Mitleidenschaft gezogen. Auch das Fischen mit Harpunen, Schleppnetzen und Sprengstoff hat einige Riffe zerstört. Weitere Bedrohung bilden Versandung und Umweltverschmutzung. Der Tsunami von 2004, der so viele Menschenleben kostete, hinterließ hingegen an den Korallenriffen der Andamanensee kaum Beschädigungen.

Aufgrund der Monsunstürme sind die Andamanen-Tauchregionen nur zwischen November und April zugänglich. Die Gewässer des westlichen Golfs sind am schönsten zwischen Januar und Oktober. An der östlichen Golfküste ist ganzjährig Saison.

Tauchausflüge können einen bis mehrere Tage dauern, häufig sind sie auch für Schnorchler geeignet. Im *Asian Diver Scuba Guide: Thailand* (Asian Diver) und in *Diving in Thailand* (Asia Books) werden Tauchgründe umfassend aufgelistet und vorgestellt.

Taucher bewundern einen Leopardenhai vor der Andamanen-Küste

Tauch-Shop am Strand, Hat Khlong Phrao, Ko Chang

Infos erhalten Sie außerdem auf der Website von **Dive Info**. PADI-Tauchkurse werden vielerorts angeboten. Die größten Tauchschulen sind **Dive Asia**, **Santana Diving and Canoeing** und **Sunrise Divers** in Phuket; **Sea Dragon Dive Center** in Khao Lak, **Crystal Dive Resort** und **Phoenix Divers** auf Ko Tao, **Planet Scuba** auf Ko Samui, **Haad Yao Divers** auf Ko Phangan, **Phi Phi Scuba** und **Blue View Divers** auf Ko Phi Phi.

Grundregeln beim Tauchen sind: Ausrüstung genau prüfen, nur nach einem geeigneten Kurs, nie allein und nur in nicht zu großen Gruppen sowie mit einem vertrauenswürdigen Lehrer tauchen – und nie Korallen berühren.

Im Gegensatz zum Tauchen muss man beim Schnorcheln lediglich schwimmen können. **Medsye** bietet schöne Ausflüge zu den Similan-Inseln. Die meisten Hotels und Gästehäuser in der Nähe der Riffe verleihen Schnorchelausrüstungen. Am besten aber kaufen

Sie sich Schnorchel und Schwimmflossen selbst. Wichtig: Sie müssen stets wissen, wo Sie sich befinden, und dürfen nicht zu weit ins offene Meer hinausschwimmen.

Segeln

Thailands schöne Küste ist bei Seglern enorm beliebt. Jedes Jahr kommen sie nach Phuket zur King's Cup Regatta *(siehe S. 232)*. Yachten können mit und ohne Skipper gemietet werden, doch dieses exklusive Vergnügen ist sehr teuer. An der östlichen Golfküste, wo der Wind oft ideal weht, verleiht u. a. **Gulf Charters Thailand** Boote. Die breiteste Auswahl hat man in Phuket. Bekannt sind **Phuket Sailing**, **Yachtpro** und **Seal Superyachts**.

Wassersport

Wassersportarten sind in vielen Badeorten beliebt, doch in Krabi und andernorts wurden sie als Störfaktoren untersagt. In den meisten Küstenorten kann man aber Windsurfbretter und Jetskis ausleihen. Selbst auf Ko Samet sind mittlerweile »Bananenboote« verbreitet.

Die größte Auswahl gibt es am Hat Jomtien (Pattaya), in Badeorten wie Hua Hin und Cha-am sowie am Hat Patong und Hat Karon (Phuket).

Angler können mit **Scuba Dawgs Pattaya** in Chonburi und **Dorado Game Fishing** oder **Aloha Tours** auf Phuket zum Hochseefischen ausrücken. Vorab müssen sie jedoch 10 000 Baht für die Bootsmiete berappen. **Barracuda Bar** in Pattaya bietet Angeltouren auf Süßwasserseen.

Kanufahren

Kanufahrten auf dem Meer sind die ruhigste Art und Weise, die bizarren Karstinseln der Phang-Nga-Bucht und des Ang-Thong-Archipels zu erkunden – und der einzige Weg, in eingefallene Meereshöhlen vorzudringen. Viele der spektakulären, von Wäldern und häufig winzigen Stränden umgebenen *hong* (Unterwasserhöhlen) wurden von **John Gray's Sea Canoe** entdeckt.

Abenteuerliche Kajakfahrt durch die Mangroven und zu Höhlen

Zusammen mit **Sea Canoe Thailand** bietet das Unternehmen ökologisch verträgliche Touren zu den empfindlichen »verlorenen Welten« an. Das ebenfalls zuverlässige Unternehmen **Paddle Asia** organisiert Touren in der Phang-Nga-Bucht, im Meeres-Nationalpark Ko Tarutao und auf dem Stausee im Khao-Sok-Nationalpark.

Wildwasser-Rafting und Kajakfahren

Idyllische Fahrten auf Bambusflößen sind sehr beliebt, vor allem im Phang-Nga-Gebiet. Dort ist **Sealand Camp** der führende Anbieter. Mehr Adrenalinschübe gibt es beim Wildwasser-Rafting in Schlauchbooten. Voraussetzung ist, dass man schwimmen kann. Vor Fahrtantritt wird man eingewiesen. Es fährt immer eine Profi-Crew mit, die bei Gefahren reagiert. Gute Informationen über die besten Zeiten und Orte findet man bei **The Wild Planet**. Die Saison für Wildwasser-Rafting und Kajakfahren dauert von Juli bis Dezember.

Golfspieler auf einem der vielen Golfplätze in Hua Hin

Golf

Niedrige Green- und Caddie-Gebühren locken zahlreiche Urlauber auf Thailands schöne Golfplätze.

Viele Clubs stehen auch Nicht-Mitgliedern offen, Pauschalurlaube für Golfer sind besonders beliebt. Es gibt sie im **Laem Chabang International Country Club** (Pattaya), **Blue Canyon Country Club**, **Mission Hills Golf Resort** und **Phuket Country Club** (Phuket), **Palm Hills Golf Club** in Cha-am und **Black Mountain Golf Club** in Hua Hin. Auch Ko Samui hat exzellente Plätze, z. B. den **Santiburi Samui Country Club** (weitere Angebote auf **www.golfasian.com**).

Die besten Golf-Führer sind *Thailand Golf Map* und *Thailand Golf Guide*. Auch TAT veröffentlicht ein kostenloses Verzeichnis der 75 Spitzenplätze in Thailand. Bei der David Leadbetter Academy of Golf im **Thana City Golf and Country Club** kann man sein Handicap verbessern.

Elefantenritte

Nachdem das Holzfällen zuerst mechanisiert und schließlich im Jahr 1989 ganz verboten wurde, waren Thailands Elefanten arbeitslos. Ihre *mahout* mussten auf den Straßen betteln. Glücklicherweise wollen viele Urlauber die freundlichen Giganten aus der Nähe erleben. In mehreren Elefantencamps kann man diese unvergessliche Erfahrung machen und auf diese Weise nebenbei die *mahout* unterstützen.

Die beste Gelegenheit, auf Elefanten zu reiten, findet man im Süden und Osten, vor allem im **Nong Nooch Village** südlich von Pattaya und im **Pattaya Elephant Village**. Dort finden täglich Elefantenshows und Ausritte ins Umland statt. Elefantenritte bieten zudem das **Elefantencamp Ban Kwan** auf Ko Chang, der **Namuang Safari Park** auf Ko Samui sowie der Dusit-Zoo und Safari World in Bangkok.

Wandern

In Thailand gibt es wunderbare Wandergebiete, allen voran die steilen Karstwälder von Krabi und Khao Sok mit ihren exzellenten Wanderwegen.

Wichtig: Legen Sie den Rucksack mit Plastiktüten aus, um Feuchtigkeit abzuhalten. Schlafen Sie in trockener Kleidung, selbst wenn Sie am Tag dann feuchte tragen müssen. Schützen Sie sich mit Hut und Creme gegen Sonnenbrand und mit langen Hosen gegen Blutegel. Nehmen Sie ausreichend Insektenspray mit und

Schwimmender Markt von Amphawa bei Bangkok

unbedingt bereits gut eingelaufene Wanderschuhe (oder robuste Turnschuhe).

Die beste Wanderzeit ist von November bis Februar und Anfang der Regenzeit (Juni/Juli). Umweltbewusste Touren bieten **Evolution Tour**, **Khao Sok Discovery**, **Siam Safari**, **Phuket Trekking Club** sowie **Friends of Nature**.

Tierbeobachtung

Thailands Wildtierbestand wurde fast bis zur Ausrottung gejagt. Es ist deshalb kaum sinnvoll, sich tagelang auf die Lauer zu legen, um vielleicht einen Tiger oder Bären zu erspähen. In den Nationalparks versucht man jedoch intensiv, natürliche Habitate zu erhalten. Hier sieht man seltene, farbenfrohe Vögel, riesige Schmetterlinge und meterlange Hundertfüßer. Die Eintrittsgebühr für die Parks beläuft sich für Ausländer auf 400 Baht. In einigen gibt es

Auf einer Wanderung durch Thailands schöne, artenreiche Regenwälder

Campingplätze, in den meisten Blockhütten, die man über das **National Park, Wildlife, and Plant Conservation Department** buchen kann. In populären Parks wie Khao Sok, Khao Sam Roi Yot *(siehe S. 148f)* und Khao Phanom Bencha *(siehe S. 249)* verlaufen gut markierte Wege. In weniger besuchten Parks kann man die Ranger bitten, einem die interessantesten Plätze zu zeigen.

Bootsausflüge

Vor dem Siegeszug des Autos waren Boote die einzigen Verkehrsmittel in Thailand. Die tief liegenden Gebiete des Landes sind von Kanälen durchzogen, auf denen die Menschen mit Booten zu Besuchen oder zum Einkaufen fuhren (und zum Teil auch noch fahren). Heute sind die »schwimmenden Märkte« reine Touristenattraktionen.

Daneben gibt es noch andere Orte, die man per Boot erreichen kann. In Bangkok bieten die **Chao Phraya Express Boats** Kurztouren mit Erläuterungen zu den Hauptsehenswürdigkeiten am Fluss. Im Süden organisieren **Sayan Tour** und andere Unternehmen halb- und Tagesausflüge auf »langschwänzigen« Booten um die Kalksteinfelsen in der Phang-Nga-Bucht oder einstündige Kanufahrten.

Radfahren

Radfahren wird überall immer beliebter, auch Radtouren durch Thailand sind zunehmend eine Option für Besucher. Radfahren ist gesund, umweltfreundlich – und es ermöglicht unterwegs garantiert auch den Kontakt mit Einheimischen. Nehmen Sie das Rad einfach mit in den Bus oder Zug, wenn Sie eine Tour durch ruhige, ländliche Gebiete unternehmen. Das Gelände ist meist radfreundlich. Mehrere Unternehmen organisieren auch Radtouren auf Landstraßen.

Gute Informationen bieten die Websites von **Bicycle Thailand** und **Biking Southeast Asia**. Die beste Jahreszeit zum Radfahren ist von November

Thailands bestes Kletterrevier am Hat Rai Leh bei Krabi

bis Februar, die schlechteste die heiße Jahreszeit von März bis Mai. Berücksichtigen Sie auch die Regenzeit. Empfehlenswerte Anbieter für Radtouren sind **Bike and Travel** und **Spice Roads** mit Büros in Bangkok und Pathum Thani bei Bangkok.

Klettern

Wer den ultimativen Adrenalin-Kick sucht, bekommt ihn ganz sicher beim Felsenklettern – Thailand ist nämlich eines der beliebtesten Kletterziele der Welt.

Das Zentrum des Klettersports ist Krabi, besonders populär ist der Hat Rai Leh. Unternehmen bieten hier halb- bis dreitägige Kurse für Anfänger an und verleihen Ausrüstung an erfahrene Kletterer. Verlässlich sind etwa **Tex Rock Climbing**, **King Climbers** und **Hot Rock**. Die Schwierigkeitsgrade der über 700 Routen in der Region sind nach dem französischen System eingeteilt. Ko Phi Phi bietet eines ähnliches Kalksteinterrain.

Einige Unternehmen vor Ort, etwa **Spidermonkey Climbing**, organisieren Anfängerkurse am Ton Sai Tower und Hin Taek.

Bungee-Jumping

Wer lustvoll in die Tiefe springen möchte, sollte sich an **Jungle Bungy Jump** wenden. Das erfolgreiche wie erfahrene Unternehmen ist an beliebten Urlaubszielen wie Phuket vertreten. Nach dem Sprung erhalten Sie eine Urkunde.

Pferderennen und Reiten

Pferdewetten gehören zu den wenigen erlaubten Glücksspielen in Thailand. Pferderennen ziehen ein begeistertes Publikum an, die Atmosphäre ist immer aufregend. Rennen finden sonntags in Bangkok im **Royal Bangkok Sports Club** und im **Royal Turf Club** statt. Wer selbst reiten will, kann die Angebote der **International Riding School** bei Pattaya und des **Phuket Riding Club** nutzen.

Themenferien

Meditationskurse geben einen Einblick in die thailändische Kultur und helfen zugleich, mit Stress klarzukommen. Die Teilnehmer sollen sich weiß kleiden und an die grundlegenden Gelübde des Buddhismus halten: nicht töten, nicht stehlen, nicht lügen, nach Mittag nichts mehr essen. Sie stehen vor Tagesanbruch auf und planen ihren Tag rund um Meditationsübungen. Sie schwören jedweder Unterhaltung (TV, Musik) und unnützem Gerede (Handy) ab. Da das Dharma (»Weg der höheren Wahrheit«, die buddhistische Lehre) kostenlos vermittelt wird, erwartet man für Kost und Logis Spenden. Über Angebote auf Englisch und die Möglichkeiten von längeren Klausuren informiert die **World Fellowship of Buddhists**. Herzlich aufgenommen werden Besucher bei den zehntägigen Kursen der **International Dharma Hermitage**. Sie beginnen an jedem Monatsanfang im Wat Suan Mokkh *(siehe S. 164f)*. Weitere Optionen sind u. a. der berühmte **Wat Mahathat** *(siehe S. 66)* in Bangkok, **Wat Khao Tham** *(siehe S. 181)* auf Ko Phangan und die Klausuren und Sonntagsmeditationen der **Dhammakaya Foundation**. Bei manchen Kursen sind Frauen willkommen, andere richten sich nur an Männer.

Erlernen kann man auch die Thai-Massage, eine Kombination aus Yoga, Reflexzonenmassage und Akupressur. Die in der Regel ein- bis zweiwöchigen Kurse beinhalten Theorie, Demonstration und Praxis, zum Schluss erhält man ein Zeugnis. Beliebte Kurse auf Englisch finden im Wat Pho *(siehe S. 68f)* statt.

Thailändisch kochen sowie Obst schnitzen lernt man in Kochschulen in Hotels, etwa im Mandarin Oriental *(siehe S. 78)* in Bangkok, bei Mom Tri's Villa Royale in Phuket *(siehe S. 300)*, im **Blue Elephant** (Restaurant mit Kochschule) und in der **Baipai Thai Cooking School** in Bangkok, in der **Happy Chef Cooking School** in Pattaya, in der **Pat's Home Thai Cooking School** in Phuket sowie im **Samui Institute of Thai Culinary Arts** auf Ko Samui.

Annäherung an die Thai-Küche, Baipai Thai Cooking School

Auf einen Blick

Tauchen und Schnorcheln

Blue View Divers
100 Moo 7, Ko Phi Phi.
07581-9395.
blueviewdivers.com

Crystal Dive Resort
7/1 Moo 2, Mae Hat, Ko Tao.
07745-6106.
crystaldive.com

Dive Asia
24 Karon Rd, Hat Kata, Phuket.
07633-0598.
diveasia.com

Dive Info
Ban Chuancheun, Pattanakarn 57, Bangkok.
084006-0001.
diveinfo.net

Haad Yao Divers
84/31 Moo 8, Ko Phangan.
086279-3085.
haadyaodivers.com

Medsye
78/46 Moo 5, Thap Lamu, Thai Muang, Phang Nga.
07644-3276.
similanthailand.com

Phi Phi Scuba
Ao Ton Sai, Ko Phi Phi.
07560-1148.
ppscuba.com

Phoenix Divers
1 Moo 1, Hat Sai Ri, Ko Tao.
07745-6033.
phoenixdivers kohtao.com

Planet Scuba
Nahe Seatran-Pier, Bophut, Ko Samui.
07741-3050.
planetscuba.net

Santana Diving and Canoeing
11/2 Rat-U-Thit 200 Pi Rd, Hat Patong, Phuket.
07629-4220.
santanaphuket.com

Sea Dragon Dive Center
5/51 Moo 7, T Khuk Khak, Khao Lak.
07648-5420.
seadragon divecenter.com

Sunrise Divers
269/24 Patak Rd, Karon Plaza, Hat Karon, Phuket.
07639-8040.
sunrise-divers.com

Segeln

Gulf Charters Thailand
Ocean Marina, 167/5 Sukhumvit Rd, Sattahip.
03823-7752.
yachtcharter thailand.com

Phuket Sailing
20/28 Soi Suksan, Moo 4, Tambon Rawai, Phuket.
081797-0516.
phuket-sailing.com

Seal Superyachts
A10 The Royal Place, 96/68 Praphuketkhew Rd, Kathu, Phuket.
07661-2654.
seal-superyachts.com

Yachtpro
Neben der Marina des Yachthafens, Phuket.
07633-1615.
sailing-thailand.com

Wassersport

Aloha Tours
Chalong Junction Rd, Chalong-Bucht, Phuket.
07638-1220.
thai-boat.com

Barracuda Bar
157/132–133 Moo 5, Pattaya-Naklua Rd, Provinz Chonburi.
03837-0288.
barracudabar-pattaya.com

Dorado Game Fishing
46/17-18 Moo 9, Tharue, Ao Chalong, Phuket.
087889-4588.
phuket-fishing.com

Scuba Dawgs Pattaya
Bali-Hai-Pier, 551/2 Moo 10, Tambon Nongprue, Banglamung, Chonburi.
03871-0029.
scubadawgspattaya.com

Kanufahren

John Gray's Sea Canoe
86 Soi 2/3 Yaowarat Rd, Phuket Town.
07625-4505.
johngray-seacanoe.com

Paddle Asia
18/58 Rasdanusorn Rd, Phuket.
07624-1519.
paddleasia.com

Sea Canoe Thailand
125/461 Moo 5, Baan Tung Ka – Baan Sapam Rd, Phuket.
07652-8839.
seacanoe.net

Wildwasser-Rafting und Kajakfahren

Sealand Camp
125/1 Phang Nga Rd, Phuket Town.
07622-2900.
sealandcamp.com

The Wild Planet
666 Sukhumvit 24, Bangkok.
02261-4412.
thewildplanet.com

Golf

Black Mountain Golf Club
565 Moo 7, Nong Hieng Rd, Hin Lek Fai, Hua Hin.
03261-8666.
bmghuahin.com

Blue Canyon Country Club
165 Moo 1, Thepkasattri Rd, Thalang, Phuket.
07632-8088.
bluecanyon club.com

Golfasian.com
golfasian.com

Laem Chabang International Country Club
106/8 Moo 4, Beung, Si Racha, bei Pattaya.
03837-2273.
laemchabang golf.com

Mission Hills Golf Resort
195 Moo 4 Pla Khlok, Thalang, Phuket.
07631-0888.
missionhills phuket.com

Palm Hills Golf Club
1444 Phet Kasem Rd, Cha-am.
03252-7777.
palmhills-golf.com

Phuket Country Club
80/1 Vichitsongkram Rd, Moo 7, Kathu, Phuket.
07631-9200.
phuketcountry club.com

Santiburi Samui Country Club
12/15 Moo 4, Baan Don Sai, Ko Samui.
07742-1700.
santiburi.com

Thana City Golf and Country Club
100/2 Moo 4, Bang Na Trat Rd, nahe Hwy 34, bei Bangkok.
02336-1968.
thanacitygolf.com

Auf einen Blick

Elefantenritte

Elefantencamp Ban Kwan Chang
22/4 Moo 3, Ko Chang.
☎ 089247-3161.

Namuang Safari Park
25/11 Moo 2, Namuang, Ko Samui.
☎ 07742-4663.
W namuangsafari samui.com

Nong Nooch Village
34/1 Moo 7, Na Jomtien, Sattahip, Chonburi, Pattaya.
☎ 03870-9358.
W nongnoochgarden. pattaya.com

Pattaya Elephant Village
48/120 Moo 7, Nong Prue, Pattaya.
☎ 03824-9818.
W elephant-village-pattaya.com

Wandern

Evolution Tour
29/18 Moo 4, Baan Khlong Phrao, Ko Chang. ☎ 03955-7078.
W evolutiontour.com

Friends of Nature
133/21 Ratchaprarop Rd, Bangkok.
Stadtplan 4 E5.
☎ 02642-4426.
W friends ofnature93.com

Khao Sok Discovery
11/36 Moo 5, Chalong, Phuket.
☎ 07652-1857.
W khaosokdiscovery. com

Phuket Trekking Club
55/779–780 Villa Daowroong Village, East Chao Fa Rd, Tambon Vichit, Phuket.
☎ 07637-7344.
W phukettrekking club.com

Siam Safari
17/2 Soi Yadsanae, Chao Fa Rd, Chalong, Phuket.
☎ 07638-4456.
W siamsafari.com

Tierbeobachtung

National Park, Wildlife, and Plant Conservation Department
61 Phaholyothin Rd, Chatuchak, Bangkok.
☎ 02562-0777.
W dnp.go.th

Bootsausflüge

Chao Phraya Express Boats
78/24–29 Maharaj Rd, Phra Nakhorn, Bangkok.
Stadtplan 2 C1.
☎ 02623-6001.
W chaophrayaexpress boat.com

Sayan Tour
209 Phang Nga Busbahnhof, Phang Nga.
☎ 07643-0348.
W sayantour.com

Radfahren

Bicycle Thailand
W bicyclethailand.com

Bike and Travel
802/756 River Park, Moo 12, Prathum Thani, nahe Bangkok.
☎ 02990-0274.
W cyclingthailand.com

Biking Southeast Asia
W mrpumpy.net

Spice Roads
45 Sub Soi Pannee, Soi Pridi Banomyong 26, Sukhumvit Soi 7, Bangkok.
☎ 02381-7490.
W spiceroads.com

Klettern

Hot Rock
Hat Rai Leh, nahe Krabi.
☎ 07566-2245.
W railayadventure.com

King Climbers
Hat Rai Leh, nahe Krabi.
☎ 07566-2096.
W railay.com

Spidermonkey Climbing
Ton Sai Village, Ko Phi Phi. ☎ 07560-1026.
W spidermonkey phiphi.com

Tex Rock Climbing
Hat Rai Leh, nahe Krabi.
☎ 081891-1528.
W texrockclimbing. com

Bungee-Jumping

Jungle Bungy Jump
61/3 Moo 6, Vitchitsongkram, Kathu, Phuket.
☎ 089834-5712.
W phuketbungy.com

Pferderennen und Reiten

International Riding School
100 Moo 9, Tambon Pong, Amphur Banglamung, Chonburi.
☎ 03988-7860.
W ridingschoolasia.com

Phuket Riding Club
95 Wiset Rd, Rawai, Phuket. ☎ 07628-8213.
W phuketriding club.com

Royal Bangkok Sports Club
1 Henri Dunant Rd, Bangkok.
Stadtplan 8 D2.
☎ 02652-5000.
W rbsc.org

Royal Turf Club
Phitsanulok Rd, Dusit, Bangkok.
☎ 02628-1810.

Themenferien

Baipai Thai Cooking School
8/91 Ngam Wongwan Rd, Soi 54, Ladyao, Chatuchak, Bangkok.
☎ 02561-1404.
W baipai.com

Blue Elephant
233 South Sathorn Rd, Bangkok.
☎ 02673-9353.
W blueelephant.com/ cooking-school

Dhammakaya Foundation
40 Moo 8, Khlong Song, Khlong Luang, Prathum Thani.
☎ 02831-1000.
W dhammakaya.net

Happy Chef Cooking School
81/65 Moo 9, Central Pattaya Rd, Soi 14, Pattaya.
☎ 080809-4453.
W thaicookingschools pattaya.com

International Dharma Hermitage
Wat Suan Mokkh, Chaiya, Surat Thani.
☎ 07743-5340.
W suanmokkh-idh.org

Pat's Home Thai Cooking School
26/4 Moo 3, Chao Fa Rd, Phuket Town. ☎ 081538-8276.
W phuketindex.com/ pathomethai cookingschool

Samui Institute of Thai Culinary Arts
46/6 Moo 3, Hat Chaweng, Ko Samui.
☎ 07741-3172.
W sitca.com

Wat Khao Tham
Nahe Ban Tai, Ko Phangan.
☎ 083593-3597.
W watkowtahm.org

Wat Mahathat (Section Five)
Maharat Rd, Bangkok.
Stadtplan 1 C5.
☎ 02222-6011.

World Fellowship of Buddhists
616 Benjasiri Park, Soi Medhinivet, nahe Sukhumvit 24, Bangkok.
☎ 02661-1284.
W wfbhq.org

Wellness-Urlaub

An Thailands Küsten bieten Wellness-Einrichtungen alle erdenklichen Anwendungen. Das warme Klima, die malerische Landschaft und die Ruhe der abgelegenen Orte machen das Land ideal für einen Wellness-Urlaub. Traditionelle Architektur, schlichtes Zen-Dekor, schöne Gärten und die Freundlichkeit der Thai garantieren ein unvergessliches Spa-Erlebnis. Seit etwa 2500 Jahren wird in Thailand Massage praktiziert. Zwar kann man auch in einem Laden um die Ecke eine einfache Massage erhalten, doch die luxuriösen Varianten sind unschlagbar.

Entspannung im beschaulichen Garten des Anantara Resort and Spa

Wellness-Hotels

Besucher verbinden ihren Aufenthalt in einem Wellness-Hotel meist mit einem Strandurlaub oder einer Kulturreise. Doch Thailands luxuriöse gehobene Hotels und Resorts besitzen einige der weltweit besten Spas, die vielfältige professionelle und wunderbar entspannende Anwendungen bieten.

Die größte Konzentration an Wellness-Hotels findet man auf Phuket und Ko Samui und in den Seebädern Hua Hin und Cha-am. Zu den führenden Wellness-Resorts des Landes gehören das exotische **Four Seasons Resort, Ko Samui**, das beliebte **Banyan Tree Spa, Phuket**, das **Evason Phuket Resort and Six Senses Spa** und das **Evason Hua Hin** sowie das **Anantara Resort and Spa** in Hua Hin und auf Ko Samui.

Zumeist kosten die Spa-Anwendungen extra, doch inzwischen bieten viele der gehobeneren Hotels ausgezeichnete All-inclusive-Pakete. Die Drei- und Sieben-Tage-Programme der Anantara-Resorts etwa umfassen zwischen vier und zehn Anwendungen.

Kur-Oasen

In Thailand sind einige Luxusresorts atemberaubend gelegen. Wer einen Rückzugsort an einem einsamen weißen Palmenstrand sucht, ist im **Aleenta Resort and Spa, Phang Nga** richtig. Wer Geist und Körper in tropischer Waldumgebung verjüngen möchte, sollte das **Tamarind Retreat** auf Ko Samui ins Auge fassen. Es bietet verschiedene Anwendungen – klassische und Wald-Wellness – mit exotischen Behandlungen wie einer Kräuter-Dampfhöhle mit Tauchbecken. Hier kann man zudem die lokale Kultur und die üppig grüne Umgebung kennenlernen. Zum Reiz dieser Resorts kommt hinzu, dass sie oft einsam gelegen und nur per Speedboot erreichbar sind, so etwa das **Rayavadee Spa** bei Krabi. Das **Pimalai Resort and Spa** auf Ko Lanta verfügt über Behandlungsräume, die nach heimischen Blumen benannt sind, bei den Massagen kommen aromatische Kräuter zur Anwendung. Diese Resorts bieten täglich Behandlungen für Gäste, die sich ganz und gar entspannen möchten.

Wellness-Ferienanlagen

Geist, Körper und Seele werden in »Destination Spas« wiederbelebt, deren Gäste selten das Haus verlassen. Thailands erste und beste dieser Anlagen, das **Chiva-Som International Health Resort**, bietet über 150 Anwendungen, der Schwerpunkt liegt auf Entspannung und Verjüngung, Stressabbau, Entgiftung und Gewichtsabnahme. Bei der Ankunft wird man eingehend untersucht und bekommt ein individuell zugeschnittenes Programm. Der Mindestaufenthalt beträgt drei Nächte, die meisten Gäste bleiben eine Woche oder länger. Gesunde Mahlzeiten, Aktivitäten und Behandlungen sind im Preis inbegriffen. Eine weitere Anlage ist das **Kamalaya Wellness Sanctuary and Holistic Spa** auf Ko Samui.

Zum Angebot der Resorts zählen auch andere Aktivitäten, von Elefanten- und Wasserbüffelritten bis zu Bergsteigen. Anschließend kann man sich gegen mögliche Nachwirkungen – etwa Muskelkater – behandeln lassen.

Eine verjüngende Massage im Banyan Tree Spa, Phuket

Tages-Spas

In ganz Thailand finden sich Tages-Spas, unabhängige Salons, die nicht zu einem Hotel gehören. In vielen Hotels kann man zudem auch als Nicht-Gast Anwendungen buchen. Die meisten Tages-Spas gibt es in Bangkok, elegant sind etwa das **Being Spa**, **Pirom Spa**, **Harnn Heritage Spa** und **Spa of Qinera**.

Anwendungen

Trotz Thailands uralter Tradition in therapeutischer Massage und Naturheilverfahren – darunter *nuad paen boran* (Thai-Massage), Heilkräuter und natürliche Quellen – findet man vor Ort topmoderne Einrichtungen und neueste Behandlungen. Thai-Spas möchten entspannen und verjüngen und bieten ganzheitliche Behandlungen an, die nicht nur den Körper, sondern auch die Seele betreffen. Erwarten Sie also ein Rundumangebot, im Banyan Tree Spa in Phuket z. B. von »Tropical Sprinkles« über »Tranquility Mists« bis zur bekannten Anwendung »Harmony Banyan Treatment«, die zwei Therapeuten pro Gast erfordert. Auch andere beliebte Spas, z. B. das Six Senses Spa und die Anantara Spas bieten solche Anwendungen. Einige Behandlungsformen sind typisch für Thailand, etwa die traditionelle Thai-Massage, andere, wie Hydro-, Thalasso- und Aromatherapie oder ayurvedische Behandlungen, findet man auf der ganzen Welt. Übrigens: Thai-Masseure verwenden keine Öle oder Lotionen für ihre Massagen, bei denen der Gast auf einer Matte oder Matratze liegt.

Viele Spas haben auch spezielle Anwendungen entwickelt. Die Four Seasons Spas haben mehrere Angebote, die mit dem Mondzyklus in Verbindung stehen, da bestimmte Therapien je nach Mondphase anders wirken.

Stressabbau durch Yoga im Chiva-Som International Health Resort

Auf einen Blick

Wellness-Hotels

Anantara Resort and Spa
Phet Kasem Beach Rd, Hua Hin.
☎ 03252-0250.
W anantara.com
99/9 Moo 1, Bophut-Bucht, Ko Samui.
☎ 07742-8300.

Banyan Tree Spa, Phuket
33 Moo 4, Sri Sunthorn Rd, Chern Gtalay, Phuket.
☎ 07632-4374.
W banyantreespa.com

Evason Hua Hin
9 Moo 5, Hat Pak Nam Pran, Pranburi, Prachuap Khiri Khan.
☎ 03263-2111.
W sixsenses.com

Evason Phuket Resort and Six Senses Spa
100 Vised Rd, Moo 2 Tambol Rawai, Phuket.
☎ 07638-1018.
W sixsenses.com

Four Seasons Resort, Ko Samui
219 Moo 5, Ang Thong, Ko Samui.
☎ 07724-3000, 07724-3002.
W fourseasons.com

Kur-Oasen

Aleenta Resort and Spa, Phang Nga
33 Moo 5, T Khokkloy, Phang Nga.
☎ 07658-0333.
W aleenta.com

Pimalai Resort and Spa
99 Moo 5, Ba Kantiang Beach, Ko Lanta.
☎ 07560-7999.
W pimalai.com

Rayavadee Spa
214 Moo 2, Tambol Ao Nang, Amphur Muang, Krabi.
☎ 07562-0740.
W rayavadee.com

Tamarind Retreat
205/7 Thong Takian, Ko Samui.
☎ 07742-4221, 07742-4311.
W tamarind retreat.com

Wellness-Ferienanlagen

Chiva-Som International Health Resort
Phet Kasem Rd, Hua Hin.
☎ 03253-6536, 02711-6900.
W chivasom.com

Kamalaya Wellness Sanctuary and Holistic Spa
102/9 Moo 3, Laem Set Rd, Na Muang, Ko Samui. ☎ 07742-9800.
W kamalaya.com

Tages-Spas

Being Spa
88 Soi Sukhumvit, 51 Klongton Nua, Bangkok.
☎ 02662-6171.

Harnn Heritage Spa
Siam Paragon, 3. Stock, Bangkok. **Stadtplan** 7 C1. ☎ 02610-9715.

Pirom Spa
87 Nai Lert Building, Sukhumvit Rd, Bangkok.
☎ 02655-4177.

Spa of Qinera
172/1 Soi Phiphat 2, Chong Nonsi, Bangkok.
☎ 02638-8306.

GRUND-INFORMATIONEN

Praktische Hinweise

Thailand ist auf die wachsende Zahl seiner Besucher gut vorbereitet: Hier kümmert sich eine der bestorganisierten Tourismusindustrien ganz Asiens um die internationalen Gäste (2014 zählte man knapp 25 Millionen). Das Hauptbüro des bei fast allen Anliegen hilfreichen Fremdenverkehrsverbands »Tourism Authority of Thailand« (TAT) befindet sich in Bangkok. Hinzu kommen landesweit Filialen und mehrere Büros in Übersee. In diesem Reiseführer sind für jeden Ort und jede Sehenswürdigkeit die TAT-Adressen und Telefonnummern aufgelistet. Der Tourismus in Thailand hat sich enorm entwickelt. Das Land steht auch Individualreisenden offen, die sich nicht auf organisierte Ausflüge oder touristische Zentren wie Bangkok oder Phuket beschränken wollen. In ganz Thailand erteilen gute Reisebüros Informationen, buchen Flüge und Zimmer und organisieren Touren. Vor der Reise sollte man ein wenig planen, um der schlimmsten Regenzeit und großen Festen wie dem chinesischen Neujahr *(siehe S. 38–41)* zu entgehen.

Reisezeit

Thailands Wetter neigt zu Extremen, mit ganzjährigen Trockenperioden, Schwüle und sintflutartigen Regenfällen. Die beste Reisezeit ist in den kühleren Monaten November bis Februar. Natürlich ist dies auch die Hauptsaison, in der es zu Gedränge kommen kann. Die heiße Jahreszeit von März bis Juni ist bisweilen unerträglich, die Regenzeit von Juni bis Oktober am wenigsten vorhersagbar (Temperaturen und Niederschläge *siehe S. 39–41*).

Kleidung

In Thailands feuchtheißem Klima trägt man am besten leichte Kleidung aus Naturfasern. Im ganzen Land kommt es in der Regenzeit zu plötzlichen Wolkenbrüchen, praktisch ist daher ein leichter Regenmantel. In Tempeln wird eine angemessene Kleidung erwartet *(siehe S. 339)*, tragen Sie dort zudem leicht ausziehbare Schuhe. Empfehlenswert ist ein Erste-Hilfe-Set.

Einreise

Besucher aus Deutschland, Österreich und der Schweiz benötigen für die Einreise einen noch mindestens sechs Monate gültigen Reisepass. Auch Kinder benötigen für die Einreise einen eigenen Reisepass mit Lichtbild. Bei Einreisen sowohl auf dem Luftweg als auch auf dem Landweg ist bei einem Aufenthalt von längstens 30 Tagen kein Visum erforderlich.

Bei der Ankunft muss (meist) ein Beleg des Rückflugs oder der Weiterreise erbracht werden. Wer länger als 30 Tage bleiben möchte, muss sich vorab um ein Visum bemühen.

Visa werden von allen thailändischen Botschaften und Konsulaten ausgestellt. Ein Touristenvisum gilt für bis zu 60 Tage, ein *Non-immigrant*-Visum für 90 Tage. Beide werden in der Regel um 30 Tage verlängert.

Für Verlängerungen im Land gilt: Ein Visum kann und darf nur beim thailändischen **Immigration Bureau** erneuert werden. Sofortige Wiedereinreisen ohne Visum (sog. Visarun) sind allenfalls für touristische Zwecke möglich. Der Aufenthalt über die Visumfrist hinaus wird mit 500 Baht pro Tag bestraft und kann schwerwiegende Konsequenzen nach sich ziehen.

Entspannung unter Sonnenschirmen am Hat Kata Noi, Phuket

Impfungen

Es besteht keine Impfpflicht, außer man reist aus einem Land mit Gelbfieber ein. Empfohlen werden Impfungen gegen Polio, Tetanus, Typhus und Hepatitis A, bei längerem Aufenthalt und Reisen in abgelegene Gebiete auch gegen TBC, Hepatitis B, Tollwut, Diphtherie und Japanische Enzephalitis. Aktuelle Informationen erhalten Sie bei Tropenmedizinern.

Malaria tritt in Thailand regionsabhängig ganzjährig auf. Lassen Sie sich von Ihrem Hausarzt oder von einem Tropenmediziner über eine Malariaprophylaxe beraten.

Zoll

Bei der Einreise nach Thailand muss im Flugzeug ein Zollformular ausgefüllt werden, das bei Abholung des Gepäcks am Zollschalter abgegeben wird. Eingeführt werden dürfen pro Person: 200 Zigaretten, 1 Liter

◀ **Obsthändler auf dem schwimmenden Markt Damnoen Saduak außerhalb von Bangkok**

Wein oder Spirituosen. Weitere Informationen zu Ausfuhrbestimmungen und zur Mehrwertsteuer-Rückerstattung erhalten Sie im Internet auf der Website der **Zollbehörde**.

Die Einfuhr von Drogen, Feuerwaffen und Pornografie ist verboten. Goldschmuck sollten Sie deklarieren. Die Ausfuhr thailändischer Währung ist bis 50000 Baht erlaubt. Eingeführte ausländische Geldbeträge, die den Gegenwert von 20000 US-Dollar übersteigen, müssen deklariert werden.

Die Ausfuhr bestimmter Antiquitäten und wertvoller Buddha-Bildnisse ist ohne Genehmigung nicht gestattet. Dafür müssen Sie im **Fine Arts Department** des Nationalmuseums in Bangkok mindestens fünf Tage vor der Verschiffung ein Formular ausfüllen und zwei Frontalfotografien des gekauften Objekts mitbringen. Gleiches gilt für bestimmte Lederwaren (Krokodil, Schlange) und für Elfenbein.

TAT-Broschüren zu beliebten Reisezielen zum Download

Information

In den vielen Büros der **Tourism Authority of Thailand (TAT)** erhält man zahllose hilfreiche Informationen zu Sehenswürdigkeiten und Festen sowie Karten, Broschüren und Plakate – und eine nützliche Liste zuverlässiger Reisebüros und Hotels.

Eintrittspreise

Die Eintrittspreise für Sehenswürdigkeiten bewegen sich in der Regel zwischen zehn und 50 Baht. Nationalparks

Zum Verkauf in Plastik gehüllte Buddha-Figuren in Bangkok

verlangen zwischen 200 oder 500 Baht Gebühr. Eine Gebührenliste für alle Nationalparks finden Sie auf der Website: www.dnp.go.th

Einige Museen sind kostenlos, andere verlangen bis zu 200 Baht. Bisweilen müssen Ausländer mehr bezahlen als Einheimische.

Öffnungszeiten

Fast alle Attraktionen in Thailand haben ganzjährig geöffnet. Während der Regenzeit können die Fährverbindungen zu und die Unterkünfte auf einigen Inseln im Süden des Landes begrenzt sein. In der Regel öffnen Attraktionen zwischen 8 und 9 Uhr und schließen zwischen 15.30 und 18 Uhr. Manche machen von 12 bis 13 Uhr Mittagspause. Die meisten bedeutenden Sehenswürdigkeiten sind täglich geöffnet. Manche Museen haben an Feiertagen sowie montags und dienstags geschlossen.

Große Kaufhäuser öffnen täglich von 10 bis 21 Uhr, kleine Läden von 8 bis 21 Uhr. In kleineren Städten ist täglich Markt. Büros arbeiten montags bis freitags von 8 bis 12 und 13 bis 17 Uhr, Behörden von 8.30 bis 12 und von 13 bis 16.30 Uhr. Zum chinesischen Neujahr haben viele Läden geschlossen. Informationen zu Öffnungszeiten der Banken finden Sie auf S. 342.

Behinderte Reisende

Für Behinderte gibt es nur wenige Einrichtungen. Gehwege sind oft holprig, zu Fußgängerbrücken führen häufig nur steile Treppen. Rollstuhlrampen findet man nur in Luxushotels in größeren Städten. Öffentliche Verkehrsmittel, auch die Busse und Skytrains, sind für Rollstuhlfahrer ungeeignet. Selbst auf dem Internationalen Flughafen Suvarnabhumi gibt es nur wenige Aufzüge und behindertengerechte Toiletten. Am einfachsten ist es, eine organisierte Tour zu buchen *(siehe S. 349)*. Auskünfte erteilt die **Association of Physically Handicapped People**.

Mit Kindern reisen

Größere Hotels bieten Babysitter, die TAT-Büros Infos über Attraktionen, die Kindern gefallen – etwa Zoos und Freizeitparks. Hut und Sonnenblocker sind in der Tropensonne ein Muss für Kinder (und Erwachsene).

Sprache

Es lohnt sich, einige Thai-Standardsätze zu lernen *(siehe S. 366–368)* – die Thailänder freuen sich über die Mühe. Viele Hotelangestellte und auch Einheimische in Feriengebieten sprechen Englisch, teils Deutsch. Dort findet man Namen von Sehenswürdigkeiten und Straßen oft transkribiert sowie Speisekarten auf Englisch. Preise und Straßennummern stehen in arabischen Ziffern.

Besucherzentrum des Nationalparks Than Bok Koranee

Zeitzone, Zeitrechnung und Kalender

Bangkok ist der mitteleuropäischen Zeit (MEZ) um sechs, der Sommerzeit um fünf Stunden voraus. Obwohl das Zeitsystem überwiegend auf der 24-Stunden-Einteilung des Tages (beginnend bei 0 Uhr) basiert, hat Thailand auch ein eigenes System, was für Besucher verwirrend sein kann. Thailänder gliedern den Tag in vier Abschnitte zu je sechs Stunden. Dabei ist 7 Uhr unserer Zeit mit 1 Uhr morgens nach thailändischer Rechnung gleichzusetzen, 19 Uhr mit 1 Uhr nachts.

Zudem sind zwei Kalender gültig: der gregorianische (westliche) und der buddhistische. Die buddhistische Zeitrechnung setzt 543 Jahre vor der gregorianischen ein. Das Jahr 1957 entspricht so dem buddhistischen Jahr 2500, das Jahr 2017 dem buddhistischen Jahr 2560.

Elektrizität

Die Netzspannung beträgt in Thailand 220 Volt/ 50 Hertz. Die Steckdosen sind sowohl auf europäische als auch auf amerikanische Stecker mit zwei Stiften abgestimmt. AC/DC-Adapter für Notebooks, die mögliche Stromschwankungen ausgleichen, erhält man in thailändischen Kaufhäusern und Elektronikläden.

Stromausfälle kommen inzwischen seltener vor, sind aber vor allem während der Regenzeit in kleineren Städten nichts Ungewöhnliches. Dort sowie in ländlichen Gebieten empfiehlt es sich zudem, immer eine Taschenlampe dabeizuhaben.

Fotografieren

Digitales Fotografieren ist auch in Thailand populär. Fotogeschäfte sind weitverbreitet und erstellen sehr preiswert Abzüge oder brennen CDs und DVDs. Schwieriger ist es, echte Filme entwickeln zu lassen. Außerhalb Bangkoks findet man nur wenige professionelle Fotoläden.

Etikette

Nicht ohne Grund heißt Thailand auch »Land des Lächelns«. Thailänder sind ausgesprochen freundlich und hilfsbereit. Als Buddhisten sind sie sehr tolerant. Dennoch gibt es einige Tabus, die hauptsächlich die Monarchie und den Buddhismus betreffen. Besucher sollten vor allem in *wat* und vor Buddha-Bildnissen respektvolles Verhalten zeigen. Auseinandersetzungen gelten als sehr schlechtes Benehmen. Wer die Beherrschung verliert, verliert auch sein Gesicht.

Handeln ist im ganzen Land weitverbreitet, doch sollte man dabei nie laut oder aggressiv werden. Trinkgelder sind in Thailand weniger üblich als in westlichen Ländern.

Begrüßung

Beim thailändischen Gruß, dem *wai*, werden die Handflächen aneinandergelegt und auf Kinnhöhe gehoben. Traditionell beginnt der rangniedrigere Partner mit dem *wai* und hält die Hände höher und länger zusammen. Der ranghöhere erwidert den Gruß seinem sozialen Status entsprechend. Auch in förmlichen Situationen spricht man sich mit Vornamen an. Die höfliche Form der Anrede ist das geschlechts-

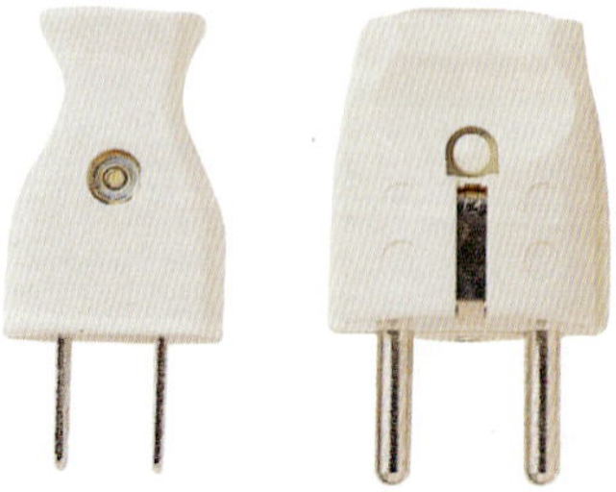

In Thailand verwendbare Stecker und Adapter

Zwei Thailänder beim traditionellen Gruß, dem *wai*

neutrale *khun*, gefolgt vom Vor- oder Spitznamen. Jeder Thai hat einen – meist ein- oder zweisilbigen – Spitznamen mit einfacher Bedeutung, z. B. *koong* (Garnele) oder *moo* (Schwein).

Körpersprache

Der Kopf gilt als heiliger Körperteil. Berühren Sie also niemals den Kopf eines anderen, auch nicht den eines Kindes. Die Füße sind der »niedrigste« Körperteil. Es ist sehr unhöflich, jemanden die Füße entgegenzustrecken oder sie auf den Tisch zu legen. Wenn man auf dem Boden sitzt, insbesondere in Tempeln, platziert man die Füße am besten neben sich. Auch sollte man nie über Sitzende hinwegsteigen.

Rauchen

Rauchen ist in allen öffentlichen Bereichen und den öffentlichen Verkehrsmitteln in Bangkok streng untersagt, ebenso in Restaurants und Kneipen. Zuwiderhandlungen werden sofort mit einer Geldstrafe geahndet.

Königshaus

Die königliche Familie genießt höchstes Ansehen, jede Form der Kritik wird schnell als Majestätsbeleidigung angesehen. Dies bedeutet für Thailänder eine tiefe Kränkung und für Ausländer möglicherweise eine Gefängnisstrafe. Behandeln Sie Münzen, Geldscheine und Briefmarken mit den Porträts der Könige respektvoll.

Nationalhymne

Die Nationalhymne wird täglich um 8 und 18 Uhr im Radio und über Lautsprecher auf einigen öffentlichen Plätzen übertragen. Es ist höflich, zu diesem Anlass seine Tätigkeit zu unterbrechen und stehen zu bleiben. In Theatern oder Kinos wird die Hymne vor jeder Vorstellung zu einem Porträt des Königs gespielt. Das Publikum erhebt sich dann.

Mönche

Das Mönchtum *(sangha)* rangiert im Status und Ansehen gleich hinter dem Königshaus. Mönche dürfen Frauen nicht berühren oder direkt von ihnen etwas entgegennehmen. In öffentlichen Verkehrsmitteln sollten sich Frauen nicht neben Mönche setzen.

Gläubige knien vor einem Schrein, die Füße sind dabei abgewandt

Zweisprachige Regeln im Nationalpark Surin-Inseln

Benehmen im Wat

In den *wat* sollte man leise sprechen und angemessene, d. h. saubere, »sittsame« Kleidung (Oberarme und Beine bedeckt) tragen. Vor Betreten des *wat* zieht man die Schuhe aus. Alle, auch kleine und kaputte Buddha-Bildnisse sind heilig. Die Füße von Sitzenden oder Knienden dürfen nie in ihre Richtung zeigen.

Angemessene Kleidung

In Thailand ist man zurückhaltend – Frauen sollten in der Öffentlichkeit nicht zu offenherzige Kleidung tragen. Sonnenbaden »oben ohne« ist überall verpönt.

Umweltbewusst reisen

Die thailändischen Behörden unterstützen Ökotourismus und fördern auf verschiedene Arten das Umweltbewusstsein. So ist es den Einheimischen mittlerweile verboten, mit Dynamit zu fischen oder mit Schleppnetzen Korallenriffe zu durchpflügen. Besucher werden gebeten, nur ihre »Fußspuren« zu hinterlassen.

Umweltbewusste Tauchschulen verbieten ihren Kunden, in Meeres-Nationalparks wie Similan und Surin irgendetwas mitzunehmen. Wer diese Grundregel missachtet, wird zur Rede gestellt. Um den Müll einzudämmen, sind Taschen und Wasserflaschen aus Plastik in Nationalparks geächtet. Inzwischen ist Thailand weitaus umweltbewusster und engagierter als seine Nachbarn in Südostasien.

Trotz aller Anstrengungen gibt es aber immer noch umweltschädliche Aquakulturen *(shrimp farms)* und Wasser verschwendende Golfplätze, werden Wälder für Palmölplantagen gerodet und Tiger nur gezüchtet, um sie zu »Medizin« zu verarbeiten.

Umweltbewusste Reisende sollten ihren Müll sorgfältig entsorgen, laute und umweltschädliche Wassersportarten wie Jetscooter meiden und keine Speisen von gefährdeten Tierarten essen, etwa Haifischflossensuppe, Eier oder Fleisch von Meeresschildkröten.

Auf einen Blick

Einreise

Immigration Bureau
120 Mu 3 Chaeng Watthana Soi 7, Thung Song Hong, Laksi, Bangkok.
T 02141-9889.
W **immigration.go.th**

Zoll

Fine Arts Department
Nationalmuseum, 1 Na Phra That Rd, Phra Nakhon, Bangkok.
Stadtplan 1 C4.
T 02224-2050.
W **finearts.go.th**

Zollbehörde
1 Sunthornkhosa Rd, Khlong Toey, Bangkok.
T 02667-6000.
W **customs.go.th**

Information

Tourism Authority of Thailand
1600 New Phetchaburi Rd, Bangkok.
Stadtplan 7 A3.
T 1672.
W **tourismthailand.org**

Thailändisches Fremdenverkehrsamt
Bethmannstr. 58, 60311 Frankfurt/Main.
T 069-138 13 90.
W **thailandtourismus.de**

Heumühlgasse 3, 1040 Wien.
T 01-585 24 20.
W **thailandtourismus.at**

Behinderte Reisende

Association of Physically Handicapped People
73/7 Soi 8, Thepprasan, Tivanon Rd, Talad Kwan, Nonthaburi.
T 02951-0569.

Botschaften

Deutschland
9 South Sathorn Rd, Bangkok 10120.
T +66-(0)2287-9000.
W **bangkok.diplo.de**

Österreich
Q House Lumpini Bldg., Unit 1801, 1 South Sathorn Road, Thungmahamek, Sathorn, Bangkok 10120.
T +66-(0)2105 6700.
W **aussenministerium.at/bangkok**

Schweiz
35 North Wireless Rd, Bangkok 10330.
T +66-(0)2674-6900.

Sicherheitshinweise

Auswärtiges Amt
T 030-18 17 20 00. (Deutschland).
W **auswaertiges-amt.de**

Sicherheit und Gesundheit

Thailand ist ein ziemlich sicheres Land. Mit simplen Vorsichtsmaßnahmen hält man sich in den meisten Fällen Ärger vom Hals. In Bangkok und anderen großen Städten gibt es ein gut funktionierendes Netz an Gesundheits- und polizeilichen Notdiensten. Als Faustregel gilt: je entlegener ein Gebiet, desto größer die gesundheitlichen Risiken und desto geringer die Chance auf Hilfe in Notlagen. Die Zentralkrankenhäuser in Bangkok, anderen Städten und auf den Hauptinseln sind modern ausgestattet und haben gut ausgebildete Ärzte, die häufig Englisch sprechen. Selbst kleinere Strände und Inseln sind gut versorgt.

Touristenpolizist mit Barett, daneben gewöhnlicher Polizist

Apotheke in Ban Bophut, Ko Samui

Notfälle

Bei Notfällen informiert das **Tourist Assistance Center** (englischsprachig) den Notdienst. Es ist von 8 bis 24 Uhr besetzt, sonst muss man sich an das Hotelpersonal wenden. Während der Bürostunden kann auch die TAT *(siehe S. 339)* helfen. In Bangkok ist die **Metropolitan Mobile Police** für Notfälle zuständig. Alle Krankenhäuser in Bangkok haben 24-Stunden-Notfallambulanzen.

Persönliche Sicherheit

Mit Besonnenheit kann man Probleme am besten vermeiden. Bei Sehenswürdigkeiten und Bahnhöfen sollte man vorsichtig sein. Wedeln Sie nicht mit Geldscheinen, lassen Sie Gepäck nie unbewacht. Verlangen Sie eine Quittung, wenn Sie Wertsachen im Hotelsafe hinterlegen. Lassen Sie Ihre Kreditkarte nie aus den Augen. Da auf Überlandstrecken Reisende schon betäubt und ausgeraubt wurden, lehnen Sie Speisen und Getränke von Fremden besser ab.

Sicherheit und Gefahrenzonen

Gefährlich können Grenzregionen sein – wegen Streitigkeiten zwischen Stämmen und unklarer Grenzlinien.

Von Reisen in und durch die unter Notstandsrecht stehenden Provinzen im Süden Thailands an der Grenze zu Malaysia (Narathiwat, Yala und Pattani sowie Teile von Songkhla) wird dringend abgeraten. Es besteht die anhaltende Gefahr terroristischer Anschläge auch auf von Ausländern frequentierte Ziele.

Von Reisen in die Grenzregion zu Kambodscha wird ebenfalls dringend abgeraten.

Am 22. Mai 2014 hat das thailändische Militär die Macht ergriffen. Anfangs bestanden landesweite nächtliche Ausgangssperren, die auch für Ausländer galten. Mittlerweile hat sich die Lage entspannt. Urlauber sollten sich dennoch vor Reiseantritt über die aktuellen Entwicklungen in Thailand informieren.

Es wird nachdrücklich empfohlen, Demonstrationen und Menschenansammlungen im gesamten Stadtgebiet Bangkoks sowie auch in ganz Thailand zu meiden, um sich nicht der Gefahr einer Verhaftung auszusetzen.

Thailand verzeichnet zunehmende Kriminalität (Diebstahl, Vergewaltigung, Raubüberfall). Das betrifft v. a. die Tourismushochburgen Phuket, Koh Samui und Pattaya.

Aktuelle Infos unter: www.auswaertiges-amt.de

Drogen

Per Gesetz ist Erwerb und Verkauf von Opium, Heroin und Marihuana verboten. Drogenbesitz, -schmuggel oder -handel kann zwei bis 15 Jahre Gefängnis oder gar Todesstrafe nach sich ziehen.

Alleinreisende Frauen

Alleinreisende Frauen werden selten belästigt. Die Küstenregionen und Hotels sind für Frauen ziemlich sicher. Taxis stehen überall bereit. Auf den Inseln am Golf sind in letzter Zeit bei »Mondscheinpartys« unter Drogen- oder Alkoholeinfluss Vergewaltigungen vorgekommen.

Touristenpolizei

Touristenpolizisten in Bangkok, Ko Samui, Pattaya und Phuket sprechen Englisch und stehen mit den TAT-Büros in Kontakt. Sie helfen u. a. bei Kreditkartenbetrug, Wuchergebühren und in Notfällen. In Bangkok ist die Touristenpolizei nahe beim Lumphini-Park *(siehe S. 78)*.

Streifenwagen der Touristenpolizei, wie man ihn meist in Städten sieht

Medizinische Versorgung

Eine Auslandsreise-Krankenversicherung ist dringend zu empfehlen. Staatliche und private Krankenhäuser, wie das **Phuket International Hospital** in Phuket, **Bangkok General Hospital** und **Bumrungrad Hospital** in Bangkok sind modern und effizient. In staatlichen Krankenhäusern sind die Wartezeiten länger. Viele Ärzte sind im Ausland ausgebildet. Zahn- und Augenbehandlungen sollte man in Bangkok vornehmen lassen.

Apotheken

In Bangkok und den Küstenregionen gibt es viele Apotheken, die alle sogar Antibiotika rezeptfrei verkaufen. Die meisten Apotheken haben von 8 bis 21 Uhr geöffnet.

Schutz vor Hitze

Schonen Sie sich in den ersten Tagen. Trinken Sie viel, ruhen Sie sich im Schatten aus, und meiden Sie die Mittagssonne. Auch wenn Sie sich akklimatisiert haben, sollten Sie weiter viel trinken.

Die Tropensonne ist sehr stark – eine gute Sonnencreme und ein breitrandiger Hut sind unabdingbar.

Erste-Hilfe-Set

Zur Erste-Hilfe-Ausstattung gehören persönliche Medikamente, Aspirin und Schmerztabletten bei Fieber und kleinen Verletzungen, ein Antiseptikum für Schnitte und Stiche, ein Mittel gegen Magenverstimmung und Durchfall, Bandagen, Schere, Pinzette, Thermometer und ein Insektenschutzmittel.

Reisedurchfall

Bei akutem Reisedurchfall sollten Sie einige Tage lang wenig und vor allem leicht essen und besonders viel trinken – jedoch keinesfalls Leitungswasser. Abgefülltes Mineralwasser ist überall erhältlich. Eiswürfel sind in großen Hotels und Restaurants meist unbedenklich.

Medikamente können den Durchfall stoppen, am besten sind oft Elektrolytlösungen.

Würziges Essen an Straßenständen ist nichts für empfindliche Mägen

Insekten als Krankheitsüberträger

Sieben der 410 Moskitoarten in Thailand übertragen Malaria. Bei Symptomen wie Kopfschmerzen, Fieber und Schüttelfrost sollte man sofort einen Arzt aufsuchen. Große Städte und Inseln sind weitgehend frei von Malariamoskitos. Infos erhalten Sie bei den Tropeninstituten im Heimatland.

Malariamücken sind von Sonnenuntergang bis -aufgang aktiv. Tragen Sie lange Hosen und langärmelige Oberteile, verwenden Sie Mückenschutzmittel, Moskitonetze und -spiralen. Von Moskitos wird auch das Denguefieber übertragen (obwohl nur wenige das Virus tragen). Die Symptome (Fieber, Kopf-, Gelenk- und Muskelschmerzen, Ausschlag) sind heftig und unangenehm. Gegen Denguefieber gibt es keine Prävention.

Krankheitsüberträger Mensch

Das HI-Virus (HIV), das die Krankheit Aids auslöst, wird durch Körperflüssigkeiten übertragen. Auf dem thailändischen Sex-Markt ist ungeschützter Verkehr hochriskant. Auch Hepatitis B wird durch Körperflüssigkeiten übertragen. Symptome sind Fieber, Übelkeit und Gelbsucht. Als Spätfolgen treten schwere Leberschäden auf. Gegen Hepatitis B gibt es jedoch eine Impfung.

Auf einen Blick

Notruf

Ambulanz
Tel. 1669 oder 1554 (landesweit).

Metropolitan Mobile Police
Tel. 191 (Bangkok).

Tourist Assistance Center
Tel. 1155 (Bangkok).

Touristenpolizei
Tel. 02214-2082 oder 1155 (Bangkok).
Tel. 07743-0016 oder 1155 (Ko Samui).
Tel. 03841-0044 oder 1155 (Pattaya).
Tel. 07622-3891 oder 1155 (Phuket).
Tel. 03955-7382 oder 1155 (Trat).

Krankenhäuser

Bangkok General Hospital
Soi Soonvijai, New Phetchaburi Rd. **Stadtplan** 6 E1.
Tel. 02310-3000.
W **bangkokhospital.com**

Bumrungrad Hospital
Sukhumvit, Soi 3.
Stadtplan 8 F1. Tel. 02667-1000. W **bumrungrad.com**

Phuket International Hospital
44 Chalermprakiat Ror 9 Rd.
Tel. 07624-9400. W **phuketinternationalhospital.com**

Wasser und Speisen als Krankheitsüberträger

An der Ruhr steckt man sich durch infizierte Lebensmittel oder Wasser an. Symptome sind Magenschmerzen, Erbrechen und Fieber. Die Krankheit ist hoch ansteckend, dauert aber meist nur eine Woche. Amöbenruhr hat ähnliche Symptome, dauert aber länger. Sie erfordert unbedingt medizinische Hilfe.

Hepatitis A entsteht durch mangelnde Hygiene, verschmutztes Wasser und Essen. Gegen sie kann man sich impfen lassen. Gleiches gilt für Typhus, der auf jeden Fall ärztlich behandelt werden muss.

Vereinzelt kommt es in Thailand zu Cholera-Fällen, ebenfalls eine bakterielle Infektionskrankheit.

Banken und Währung

Bangkok und größere Provinzstädte wie Krabi oder Surat Thani bieten viele gut geführte Banken und Wechselstuben. In größeren Orten sprechen die Angestellten oft Englisch. Wechselstuben befinden sich meist im Stadtzentrum. Mobile Umtauscheinrichtungen sind in der Nähe typischer Ferienzentren stationiert. Kleinere Orte haben oft keine Wechselstuben, aber in der Regel eine Bank oder Geldautomaten, Letztere stehen in praktisch jeder Stadt zur Verfügung. In ländlichen Gebieten findet man allerdings weder das eine noch das andere, sofern es sich nicht um bekannte Urlaubsziele handelt.

Banken

Die drei größten Banken in Thailand sind **Bangkok Bank**, Kasikorn Bank und **Siam Commercial Bank**. **Bank of Ayudhya** und **CIMB Thai** sowie einige kleinere, aber zuverlässige Banken betreiben Filialen im ganzen Land. Zu den wichtigen ausländischen Banken, die mit Filialen in Bangkok vertreten sind, gehören **Bank of America**, **Citibank**, **Deutsche Bank** und **HSBC**. Sie bieten den kompletten Service.

Die Öffnungszeiten von Banken sind montags bis freitags von 8.30 bis 15.30 Uhr. Einige Banken haben in Kaufhäusern Filialen eingerichtet, die von 10 bis 20 Uhr geöffnet haben. Viele Wechselstuben haben täglich und länger geöffnet. Die großen Banken können auch internationale Transaktionen abwickeln. Die meisten haben zudem Geldautomaten.

Geldautomaten stehen in vielen Städten zur Verfügung

Geldautomaten

Die meisten Geldautomaten (ATMs) bieten ihre Dienste auf Thai und auf Englisch an. Automaten mit **Visa**- oder **MasterCard**-Zeichen akzeptieren diese Kreditkarten und geben unter Verwendung der

HSBC – eine auch in Bangkok operierende internationale Bank

Geheimnummer (PIN) Bargeld in Baht aus. Auch mit **girocard** (Maestro/EC) lässt sich an Automaten mit entsprechendem Logo problemlos Geld ziehen.

Achtung: Wählen Sie keinesfalls die angebotene Sofortumrechnung, da Ihnen hier durch einen extrem schlechten Wechselkurs erhebliche Kosten entstehen.

Beachten Sie auch, dass Debitkarten mit VPay-Logo in Thailand *nicht* gültig sind. Wer länger in Thailand bleibt, sollte ein Konto bei einer Thai-Bank eröffnen. Dann kann man kostenlos Geld abheben.

Geldwechsel

Die Wechselkurse der Banken sind in der Regel am besten, die der Hotels am schlechtesten. Die Kurse der Banken variieren kaum, die der Wechselstuben jedoch stark. Fremdwährungen wie der beliebte US-Dollar oder der Euro kann man in Baht wechseln.

In Bangkok gibt es in größeren Kaufhäusern und in Hauptstraßen Wechselstuben. Mobile Wechselbuden, die in der

Auf einen Blick

Banken

Bangkok Bank
333 Silom Rd, Bangkok.
Stadtplan 7 C4.
02231-4333.

Bank of America
CRC Tower, 33. Stock, Wireless Rd, Bangkok.
Stadtplan 8 E2.
02305-2900.

Bank of Ayudhya
1222 Rama III Rd, Bangkok. 02296-2000.

CIMB Thai Bank
44 Luangsuan Rd, Bangkok. **Stadtplan** 8 E2.
02626-7000.
cimbthai.com

Citibank
399 Sukhumvit Rd, Bangkok.
02232-2484.
citibank.co.th

Deutsche Bank
Athanee Tower, Ebenen 27–29, 63 Wireless Rd, Bangkok. **Stadtplan** 8 E2. 02646-5000.

HSBC
Rama IV Rd, Bangkok.
Stadtplan 8 D4.
02614-4000.

Siam Commercial Bank
9 Ratchadaphisak Rd, Bangkok.
02544-1000.
scb.co.th

Kartenverlust

Allg. Notrufnummer
001 49 116 116.
116116.eu

American Express
001 49 69 97 97 1000 oder 02273 5544.

Diners Club
001 69 90 01 50 14 oder 02232 4100.

MasterCard
001 800 11 887 0663.

Visa
001 800 11 535 0660.

girocard
001 49 69 74 09 87.

Regel täglich von 7 bis 21 Uhr geöffnet haben, findet man oft bei Sehenswürdigkeiten und Märkten. Aktuelle Wechselkurse stehen in der *Bangkok Post* und der *Nation*.

Kredit- und Debitkarten

Kreditkarten werden in großen Hotels, Kaufhäusern, gehobenen Läden und Restaurants akzeptiert. In Filialen großer Banken und manchen Wechselstuben kann man damit gegen Gebühr (meist drei Prozent) Bargeld abheben. Hierfür ist die Eingabe der PIN erforderlich. Am gängigsten sind **Visa** und **MasterCard**. Dagegen werden **Diners Club** und **American Express** nicht überall angenommen.

Alle thailändischen Handelsbanken akzeptieren Bargeldabhebungen mit MasterCard- und Visa-Kreditkarten. Hierfür ist die Vorlage des Reisepasses erforderlich. Kredit- und Debitkarten werden auch an Geldautomaten akzeptiert.

Mit der wachsenden Beliebtheit von Plastikgeld häufen sich auch die Fälle von Kreditkartenbetrug. Prüfen Sie die Belege, bevor Sie sie unterschreiben.

Währung

Die thailändische Währung ist der Baht (฿). Ein Baht sind 100 Satang, die jedoch heute kaum noch verwendet werden. 25 Satang werden auch als *saleung* bezeichnet. Die Inflation macht diese Münze langsam überflüssig, kleinere Münzen sind gar nicht mehr im Umlauf.

Bangkok Bank
The Asian International Bank

Logo der alteingesessenen Bangkok Bank in Thailand

Geldscheine in verschiedenen Farben und Größen gibt es in den Werten von 20 Baht (grün), 50 Baht (blau), 100 Baht (rot), 500 Baht (lila) sowie 1000 Baht (braun). In ländlichen Gebieten kann es bisweilen problematisch sein, größere Geldscheine zu wechseln.

Münzen gibt es in den Werten 25 Satang *(1 saleung)*, 50 Satang, 1 Baht, 2 Baht, 5 Baht und 10 Baht. Die goldene 2-Baht-Münze ist etwas größer als die silberne 1-Baht-Münze.

Die silberfarbene 5-Baht-Münze besitzt eine Randfassung aus Kupfer. Die 10-Baht-Münze besteht aus Kupfer mit silbernem Außenring. Die alten Münzen tragen nur Thai-, die neueren dagegen auch arabische Ziffern.

Reiseschecks

Reiseschecks sind sehr sicher und werden zu besseren Kursen als Bargeld umgetauscht. Man kann sie in Banken (niedrigste Gebühr), Hotels und Wechselstuben einwechseln.

20 Baht-Schein

50 Baht-Schein

100 Baht-Schein

500 Baht-Schein

1000 Baht-Schein

25 Satang

50 Satang

1 Baht

2 Baht

5 Baht

10 Baht

Kommunikation

Thailands Kommunikationsnetz wird zügig modernisiert. Telefondienste unterliegen der Telephone Organization of Thailand (TOT), einer Tochtergesellschaft der Communications Authority of Thailand (CAT). Internationale Telefon- und Faxverbindungen sind von Geschäftszentren und Hotels aus möglich. Telefonzellen stehen in den meisten Straßen. Das Postwesen ist etwas unzuverlässiger, für Wertsendungen empfehlen sich Kurierdienste. Internationale sowie thailändische Zeitungen und Zeitschriften in englischer Sprache sind in Hotels, Buchläden und an Straßenkiosken erhältlich. Internet- und WLAN-Verbindungen sind sogar in kleineren Städten verfügbar.

Thailändische Buchhandlung mit internationalem Zeitungsangebot

Internationale Telefonate

In allen großen Hotels und vielen Gästehäusern kann man – zu erhöhten Preisen – ins Ausland telefonieren. Geschäftszentren und Internet-Cafés in kleinen Orten bieten E-Mail- und Telefondienste. In Bangkoks Hauptpostamt in der Charoen Krung New Road und in großen Postämtern im Rest des Landes arrangieren CAT-Zentren R-Gespräche und Telefonate auf Kreditkarte. Sie sind in Bangkok von 7 bis 24 Uhr geöffnet, andernorts kürzer.

Um vom Hotelzimmer aus zu telefonieren, rufen Sie die Rezeption an oder wählen 001 (internationale Verbindung), die Landesvorwahl und dann die Nummer des Anschlusses – oder Sie wählen 007, 008 oder 009 vor, was die Gespräche preiswerter macht. Sie können auch selbst die internationale Vermittlung unter 100 anwählen und um eine Verbindung bitten.

Gelbe und blaue internationale Telefone stehen an Straßen, Shopping-Centern und auf Flughäfen. Die blauen akzeptieren Kreditkarten, die gelben nehmen Prepaid-Telefonkarten, die es u. a. in Postämtern zu kaufen gibt.

Ortsgespräche

Ortsgespräche – die Vorwahl muss *immer* mitgewählt werden – kann man von jedem öffentlichen Telefon aus führen, mit Ausnahme der blauen und gelben internationalen Telefone. Orts- und Inlandsgespräche sind an blau-silbernen Münztelefonen oder den grünen Kartentelefonen möglich. Münztelefone nehmen 1-, 5- und 10-Baht-Münzen. Karten zu 25, 50, 100 oder 250 Baht erhält man in Postämtern, Buchhandlungen und Hotels. Nationale Ferngespräche erstrecken sich auch auf Malaysia und Laos.

Mobiltelefone funktionieren auch auf den Inseln

Mobiltelefone

Deutsche, Schweizer und österreichische GSM-Handys funktionieren in Thailand problemlos. Fast überall in Thailand hat man auch Empfang. In Nationalparks kann die Verbindung schlecht sein.

Beachten Sie die Roaming-Gebühren Ihres Telefonanbieters. *Achtung:* Beim Daten-Roaming können enorme Kosten auflaufen. Stellen Sie diese Funktion am besten ab.

Handys sind in Thailand extrem billig. Es gibt verschiedene Anbieter (AIS hat die beste Abdeckung an der Küste). SIM-Karten erwirbt man in Handy-Shops. Kunden bezahlen monatlich oder kaufen die populären Scratch Cards, um Einheiten zu sparen. Karten gibt es in allen 7-Eleven-Läden zu Werten von 50 bis 500 Baht.

Fernsehen und Radio

Thailands zahlreiche Fernsehprogramme sind meist auf Thai. Satelliten- und Kabelfernsehen ist in Asien auf dem Vormarsch, englischsprachige Sender wie BBC, CNN, Al Jazeera und CNBC sind weithin zu empfangen. Viele Hotels bieten Satelliten- und Kabel-TV sowie hauseigene Videokanäle. Infos gibt es in der *Bangkok Post* und der *Nation*.

Über 400 Radiosender sind landesweit zu empfangen.

Englischsprachige Sender mit lokalen Moderatoren sind in der Rubrik *Life* der *Bangkok Post* aufgelistet. Radio Thailand sendet auf den MW-Frequenzen 107 und 105 rund um die Uhr auf Englisch. Die Kurzwellenfrequenzen für BBC, VOA, Radio Australia, Radio Canada, RFI (französisch) und Deutsche Welle findet man im *Focus* von *The Nation*.

Zeitungen und Zeitschriften

Thailands beste englischsprachige Zeitungen sind *Bangkok Post* und *The Nation*. Beide bieten zuverlässige lokale, regionale und internationale Nachrichten. Die täglichen Beilagen *Life (Bangkok Post)* und *Focus (The Nation)* konzentrieren sich auf Lifestyle, Reise, Klatsch sowie Restaurants, Filme, Konzerte und Ausstellungen in Bangkok. Beide Zeitungen sind an Kiosken und in Zeitungsläden in ganz Bangkok erhältlich. Die *International New York Times* und das *Asian Wall Street Journal* werden in Hotels und englischen Buchhandlungen wie Asia Books und Bookazine verkauft, beide Läden führen auch eine breite Auswahl an internationalen Zeitschriften.

Deutschsprachige Zeitungen sind *Der Farang* (14-täglich), *Pattaya Blatt* (wöchentlich) oder *ThailandTIP* (14-täglich). Ein lokaler englischsprachiger Veranstaltungskalender ist *BigChilli*. Zudem gibt es kostenlose Führer, die in Restaurants, Bars und Buchläden ausliegen, etwa *BK Magazine*, *Absolute Thai Lifestyle* und *Thaiways*.

***The Nation*, eine führende Wirtschaftszeitung in Bangkok**

Post

Briefe und Postkarten nach Europa sind eine Woche unterwegs. Briefmarken erhält man in Postämtern und Hotels. Eine Postkarte nach Europa kostet 15 Baht, Briefe bis 10 Gramm 17 Baht, bis 20 Gramm 24 Baht. Päckchen oder Wertsachen sollten Sie per Einschreiben oder internationaler Expressmail versenden (EMS), was eine günstige Alternative zum Transport per Schiff ist.

Thailändischer Briefkasten

In allen Hauptpostämtern kann man postlagernd Sendungen erhalten, die bis zu drei Monate aufbewahrt werden. Bei der Abholung ist der Pass vorzuzeigen sowie bisweilen eine geringe Gebühr zu entrichten. Die an Sie gerichteten Briefe sollten folgendermaßen adressiert sein: Nachname des Empfängers in Großbuchstaben und unterstrichen, *poste restante*, GPO, Adresse, Stadt, Thailand.

Sendungen an Bangkoks Hauptpostamt (General Post Office – GPO) sollten lauten: »mail care of GPO, Charoen Krung Road, Bangkok«.

Postämter haben montags bis freitags 8.30–16.30 Uhr und samstags 9–12 Uhr geöffnet. Kurierdienste sind DHL, FedEx und UPS.

Internet und E-Mail

Internet-Zugang besteht in ganz Thailand. Die Gebühren rangieren zwischen 20 Baht pro Stunde in einem Internet-Café und 250 Baht pro Stunde in einem gehobenen Hotel. WLAN-Hotspots werden selbst in den Provinzen immer gängiger. Internet-Dienste sind nicht mehr monopolisiert und werden von mehreren Unternehmen angeboten.

Kurierdienste

Große internationale Kurierdienste wie **DHL**, **FedEx** und **UPS** operieren in Thailand an mehreren Orten. Es ist also einfach, Sendungen per Luftfracht zu verschicken. Sehr große Sendungen, etwa Möbel, verschickt man preiswerter per Land-/Seefracht. Viele Läden und Kurierdienste arrangieren dies für Sie und stellen die notwendigen Formulare zur Verfügung.

Nützliche Nummern

- Für Inlandsgespräche wählen Sie **immer mit Vorwahl** eine neunstellige Nummer für Bangkok (beginnt mit **02**) und zehnstellige Nummern für die Provinzen. Die Vorwahl für Handys ist **08**.
- Für internationale Gespräche wählen Sie **001** (oder die günstigeren 007, 008, 009), gefolgt von der Landesvorwahl (funktioniert auch bei Handys).
- Ländervorwahlen: Deutschland **49**, Österreich **43**, Schweiz **41**.
- Für die internationale Vermittlung, ein R-Gespräch oder die Störungsstelle wählen Sie die **101**.
- Kostenlose R-Gespräche (nur nach Deutschland) werden über »Deutschland Direkt« vermittelt: **1800 0049 99** oder **1800 0049 10**.

Auf einen Blick

Kurierdienste

DHL
175 Sathorn City Tower, Sathorn Tai, Bangkok. **Stadtplan** 7 C5.
T 02345-5000.
W **dhl.co.th**

FedEx
Green Tower, 3656/22 Rama IV, Bangkok. **Stadtplan** 8 E4.
T 1782. W **fedex.co.th**

UPS
16/1 Soi 44/1 Sukhumvit Rd, Bangkok. T 02762-3300.
W **ups.com**

Reiseinformationen

Fast alle Reisende zu Thailands Stränden und Inseln kommen mit dem Flugzeug an. Andere Möglichkeiten sind Fähre, Straße und Eisenbahn von Malaysia oder Kambodscha aus. Innerhalb Thailands verkürzen Flüge die Reise erheblich, denn das Land hat ein dichtes Netz von Regionalflughäfen. Flüge in Nachbarländer sind günstiger, wenn man direkt in Thailand bucht. Zwischen Bangkok und Singapur gibt es regelmäßige Bahnverbindungen über Kuala Lumpur, Butterworth und einige südthailändische Städte. Die Züge sind sauber, komfortabel und pünktlich. Zwischen allen Städten und den meisten Dörfern verkehren Überland- und Lokalbusse. Für die Kurzstrecken eignen sich Taxis, *songthaew* und *tuk-tuk*.

Anreise mit dem Flugzeug

Thailand wird von vielen Fluglinien aus der ganzen Welt angeflogen. Direktflüge werden von allen fünf Kontinenten aus angeboten. **Thai Airways International**, **Lufthansa**, **Austrian** und **Swiss** bieten Direktflüge aus Deutschland, Österreich und der Schweiz nach Bangkok an (Flugzeit Frankfurt am Main–Bangkok: 10:40 Std.).

Einige asiatische Airlines (etwa Singapore Airlines) fliegen von einigen europäischen Städten direkt nach Phuket, Hat Yai, Krabi und Ko Samui. Gleiches gilt für Billigflieger, vor allem während der Hochsaison. Preiswerte Flüge innerhalb Thailands und zu asiatischen Destinationen bieten z. B. **Bangkok Airways**, **Air Asia** und **Nok Air**.

Flugpreise

Die Flugpreise nach und von Thailand sind von Zielort, Fluglinie und Jahreszeit abhängig. In der Hochsaison zwischen November und März sind die Flugpreise meist höher. In der Nebensaison (heiße Zeit, Monsunzeit) werden sie niedriger. Frühbucher erzielen in der Regel die besten Preise.

Internationaler Flughafen Suvarnabhumi

Nach jahrelangen Planungen und vielen Verzögerungen konnte Bangkoks Internationaler Flughafen Suvarnabhumi im Jahr 2006 eröffnen. Er liegt rund 30 Kilometer östlich der Hauptstadt und ist einer der verkehrsreichsten Flughäfen Asiens. Auf ihm werden alle internationalen und zahlreiche Inlandsflüge abgewickelt.

Bei der Ankunft betreten Passagiere das Terminal im zweiten Stock des Schaltergebäudes. Nach der Pass- und Zollkontrolle gelangen sie in die Ankunftshalle, wo sie Schalter für Transportmittel und Unterkünfte sowie ein Informationszentrum vorfinden. Beim Meeting Point im dritten Stock können sie die Weiterreise antreten und sich informieren.

Transfer vom und zum Flughafen Suvarnabhumi

Taxis mit Taxameter stehen direkt vor dem Terminal. Die Fahrt in die Stadt kostet rund 400 Baht inklusive Maut und dauert je nach Verkehr etwa 45 Minuten. Man kann aber auch den preiswerteren Shuttle-Bus in die Stadt nehmen (ca. 150 Baht).

Kennzeichen eines Taxis mit schwarzer Registrierungsnummer

Hellgrünes Kennzeichen mit Registrierung einer Flughafenlimousine

Die Schienenverbindung zwischen dem Stadtzentrum von Bangkok und dem Flughafen bietet zwei Linien des Airport Rail Link mit unterschiedlicher Fahrtdauer. Die SA City Link macht auch einzelne Stopps in Bangkok und braucht 30 Minuten bis zum Flughafen. Die SA Express Line braucht nur 15 Minuten und fährt direkt zum Makkasan City Air Terminal oder zum Bahnhof Phayathai. Sie sollten beachten, dass die Check-ins häufig verspätet sind, insbesondere am Schalter von Thai Airways. Hinzu kommt, dass der Weg von der Passkontrolle bis zur Wartehalle ziemlich lang ist.

Inlandsflüge

Inlandsflüge starten auch von Bangkoks Don Muang Airport, der von allen preiswerten lokalen Fluglinien bedient wird.

Thai Airways International und Bangkok Airways fliegen alle großen Inlandsflughäfen an, u. a. Hat Yai, Ko Samui, Krabi und Phuket. Tickets kauft man in Reisebüros, Hotels oder bucht sie direkt bei den Airlines. An Feiertagen *(siehe S. 41)* und

Flugzeug aus der Flotte von Thai Airways International

Die schöne, aus Naturmaterialien gestaltete Halle des Ko Samui Airport

Wochenenden sind mehr Reisende unterwegs. Es kann dann schwierig sein, einen Flug zu bekommen. Am besten reserviert man seine Flüge vorab oder reist an Werktagen.

Umweltbewusst reisen

Reisen in Thailand ist leicht, angenehm, preiswert – doch nicht wirklich ökologisch. Viele Besucher nutzen umweltfreundlichere Züge und Langstreckenbusse. Viele mieten aber auch ein Auto, mit dem sie keinesfalls energiebewusst unterwegs sind. Thailands Straßen sind gut gepflegt, dennoch kann das Fahren – vor allem in abgelegenen Gebieten – bisweilen gefährlich sein. Steigende Energiepreise und die Luftverschmutzung in den großen Städten haben zur Einführung von Flüssiggas (LPG) geführt, das die Umwelt weniger belastet. Die Umstellung befindet sich jedoch noch in der Anfangsphase. Es gibt erst wenige Fahrzeuge, die mit LPG fahren, und wenige Tankstellen mit LPG außerhalb der großen Städte. Eine Alternative ist Gasohol, ein Gemisch aus Benzin und Alkohol aus Zuckerrohr. Sowohl LPG als auch Gasohol werden vom Staat subventioniert. Verbleites Benzin gehört fast ganz der Vergangenheit an.

Persönlich kann man einen Beitrag leisten, indem man Sammeltaxis, Busse und Fähren benutzt, anstatt zu fliegen oder Langboote zu chartern. Motorräder sind zwar das häufigste Verkehrsmittel auf den kleineren Inseln, doch sollte man die umweltschädlichen, lauten »Zwei-Takt-Stinker« meiden. Am umweltfreundlichsten kommt man zu lokalen Sehenswürdigkeiten zu Fuß oder mit dem Fahrrad.

Auf einen Blick

Airlines

Air Asia
☎ 02515-9999.
W airasia.com

Austrian
☎ 2134-2850 (Thailand).
☎ (05) 17 66 10 00 (Österreich).
W austrian.com

Bangkok Airways
☎ 1771.
W bangkokair.com

Lufthansa
☎ 02134-2213 (Thailand).
☎ (069) 86 799 799 (Deutschland).
W lufthansa.com

Nok Air
☎ 1318.
W nokair.com

Singapore Airlines
☎ 02353-6000.
W singaporeair.com

Swiss
☎ 02654-6800 (Thailand).
☎ (0848) 700 700 (Schweiz).
W swiss.com

Thai Airways International
☎ 02356-1111.
W thaiairways.com

Fähren bringen Besucher zu den Inseln

Flughafen	☎ Information	Entfernung	Taxipreis	Fahrzeit
Bangkok: Don Muang	02535-1111 02535-1253	Stadtzentrum 25 km	300 Baht	Zug: 50 Min. Straße: 1–2 Std.
Bangkok: Suvarnabhumi	02132-1888	Stadtzentrum 30 km	400 Baht	Zug: 15 Min. Straße: 45–60 Min.
Hat Yai	07422-7000	Stadtzentrum 12 km	200 Baht	Straße: 25 Min.
Phuket	07632-7230-7	Stadtzentrum 32 km	550 Baht	Straße: 45 Min.
Ko Samui	07748-4897	Chaweng 26 km	150 Baht	Straße: 30 Min.

Örtliche Transportmittel

Bangkok, das jahrelang von Staus geplagt war, eröffnete 1999 endlich den BTS (Bangkok Mass Transit System)-Skytrain und 2004 ein Metronetz. Diese effizienten Transportmittel haben zusammen mit dem Chao-Praya-Express-Pier das Verkehrssystem in der Stadt revolutioniert. Der Verkehr in den Provinzen ist geringer. Dort fährt man mit Fahrradrikschas *(samlor)*, *tuk-tuk* (Auto-Rikscha) und *songthaew* (umgebaute Pick-ups als Sammeltaxis). Den Fahrpreis auszuhandeln, gehört zum Thailand-Feeling.

Samlor **sind gängige Transportmittel für kurze Strecken**

In Bangkok unterwegs

In Bangkok fahren zwei Linien des effizienten Skytrain: die Sukhumvit-Linie von der Station Mo Chit im Norden zur Station Bearing im Osten sowie die Silom-Linie vom Nationalstadion nach Bang Wa in Phasi Charoen. Umsteigen kann man am Siam Center. Der Airport Rail Link zum Flughafen Suvarnabhumi bietet eine Expressverbindung, die 15 Minuten Fahrzeit beansprucht. Eine zweite Linie mit mehr Stopps benötigt für die Strecke rund 30 Minuten.

Farbenfrohes *tuk-tuk*

Die U-Bahn MRT verläuft vom Bahnhof Hua Lampong 20 Kilometer weit nach Bang Sue. Weitere Transportmittel sind Flussboote, Busse, Limousinen und Tourbusse sowie Taxis und *tuk-tuk*.

Express-Flussboote pendeln zwischen frequentierten Anlegestellen am Chao Phraya, Fähren zwischen dem Ost- und Westufer des Flusses. An einigen Piers kann man Langboote mieten.

Busspuren beschleunigen das Vorankommen. Die an Busbahnhöfen erhältliche Streckenkarte von BMTA (Bangkok Mass Transit Authority) zeigt die Linien an. Blaue klimatisierte Busse (»AC«) und weiße Metrobusse (»M«) sind komfortabel und fahren auf wichtigen Strecken. Preiswerte Busse ohne Klimaanlage verkehren in der ganzen Stadt (auch nachts). Außerhalb ist Busfahren ohne Thai-Kenntnisse schwierig, doch gibt es überall *tuk-tuk*, *songthaew* und Taxis.

Taxis

Taxis mit Taxameter fahren in Bangkok und Hat Yai. Man erkennt sie am »Taxi-Meter«-Schild auf dem Dach. Viele Fahrer kennen nur die Namen und Orte der größten Hotels und Sehenswürdigkeiten. In den mittlerweile in Bangkok seltenen, nicht empfehlenswerten Taxis ohne Taxameter muss man vor dem Einsteigen den Fahrpreis aushandeln.

In einigen Städten fahren Motorradtaxis. Sie stehen meist bei Märkten und in langen *soi* und sind an den bunten, nummerierten Jacken der Fahrer erkennbar. Die Preise sind in der Regel verhandelbar.

Songthaew, Samlor und Tuk-tuk

Ein *songthaew* (wörtlich: »zwei Reihen«) ist ein umgebauter Lieferwagen oder Pick-up mit zwei Sitzreihen auf der Ladefläche. Außerhalb Bangkoks sind sie häufiger als Busse. Sie fahren auf festen Routen zu Fixpreisen meist zwischen 20 und 40 Baht. Fahrpläne gibt es nicht, die Fahrer warten mit der Abfahrt, bis ihr Gefährt mindestens zur Hälfte besetzt ist. Manchmal stehen die Routen auf Englisch an den Seiten. *Songthaew* können wie Taxis gemietet werden, sind aber unbequemer.

Samlor sind dreirädrige Gefährte oder Rikschas ohne Motor. Sie befördern ein bis zwei Passagiere wenige Kilometer weit. Motorisierte *samlor* heißen *tuk-tuk*. Ihre lauten Zwei-Takt-Motoren wurden von den Japanern im Zweiten Weltkrieg eingeführt. Bei starkem Verkehr und in der Regenzeit können sie unbequem und wacklig sein, bei Urlaubern sind sie beliebt. Für die Kurzstrecke bezahlt man 50 bis 80 Baht. Informieren Sie sich vorab über Preise, und steigen Sie erst in ein Gefährt, wenn der Preis ausgehandelt ist.

Ein Skytrain fährt an einer Station in Bangkok ein

Organisierte Touren

Hunderte von Reisebüros offerieren in Bangkok, in Urlaubsgebieten wie Phuket und Pattaya sowie in den meisten Hotels des Landes Touren aller Art. Die Angebote reichen von eintägigen Stadtrundfahrten bis zu mehrtägigen Ausflügen zu verschiedenen Städten und Attraktionen. Solche Touren kosten mehr als Fahrten mit öffentlichen Verkehrsmitteln, doch sie ersparen einem – etwa im notorisch verkehrsüberlasteten Großraum Bangkok – viel Zeit und Aufwand. Der Nachteil ist, dass man nicht unabhängig ist und selten an einem Ort länger verweilt.

Fahrkartenschalter für lokale Transportmittel an der östlichen Golfküste

Buchung

Eine Thailand-Tour, inklusive Fahrtkosten und Übernachtung, kann man von zu Hause aus buchen. Solche Pauschaltouren dauern in der Regel ein bis zwei Wochen. Meist übernachtet man ein paar Nächte in Bangkok und unternimmt dann Ausflüge nach Hua Hin, Ko Samui, Krabi oder Phuket. Spezialisierte Touren, etwa Fahrten nach Khao Lak oder Phuket und Wandern im Khao-Sok-Nationalpark *(siehe S. 210f)*, können von wenigen Tagen bis zu mehreren Wochen dauern. Große Anbieter in Bangkok, die Pauschaltouren organisieren, sind **Diethelm Travel**, **Thai Overlander Travel & Tour**, **Arlymear Travel**, **NS Travel & Tours**, **Regale International Travel**, **STA Travel** und **World Travel Service Ltd**.

Auch die meisten Hotels und Gästehäuser in den Regionen bieten Ausflüge an oder arbeiten mit lokalen Reisebüros zusammen. Die TAT-Büros vor Ort können Anbieter empfehlen. Tagesausflüge zu beliebten Sehenswürdigkeiten kann man meist am Vortag buchen. Touren zu entfernteren Attraktionen beinhalten die Übernachtung und starten oft an einem festen Wochentag. Meist wird man am Hotel oder Gästehaus abgeholt.

Bus- und Bootstouren

Viele Veranstalter benutzen komfortable »VIP«- oder Luxusbusse mit Klimaanlage, Liegesitzen, Toilette und bieten Erfrischungen. Weitverbreitet sind auch klimatisierte Minibusse sowie in abgelegenen Gebieten Jeeps mit Vier-Rad-Antrieb. Die meisten Fahrzeuge sind gepflegt und sicher.

Ein Speedboot wartet auf Passagiere zu den Similan-Inseln

Auf einen Blick

Tourenanbieter

Arlymear Travel
6. Stock, CCT Building, 109 Surawong Rd, Bangkok. **Stadtplan** 7 C3. ☎ 02236-9317. **W arlymear.com**

Diethelm Travel
12. Stock, Kian Gwan Building II, 140/1 Witthayu Rd, Bangkok. **Stadtplan** 8 E3. ☎ 02660-7000. **W diethelmtravel.com**

NS Travel & Tours
133/48 Ratchaprarop Rd, Bangkok. **Stadtplan** 4 E4. ☎ 02640-1440. **W nstravel.com**

Regale International Travel
191/1-2 Soi Suksaviddhaya, Sathorn Nua Rd, Bangkok. **Stadtplan** 7 B5. ☎ 02635-2450. **W regaleintl.com**

STA Travel
14. Stock, Wall Street Tower Building, Suriwong Rd, Bangkok. **Stadtplan** 7 C3. ☎ 02236-0262. **W statravel.co.th**

Thai Overlander Travel & Tour
407 Sukhumvit Rd (zwischen Sukhumvit Soi 21 und 23), Bangkok. ☎ 02258-4778.

World Travel Service Ltd
1053 Charoen Krung Rd, Bangkok. **Stadtplan** 7 A4. ☎ 02233-5900. **W worldtravelservice.co.th**

Sehr beliebt sind Bootstouren. Tagesausflüge zu Inseln bieten oft die Möglichkeit zu Wassersport (Transfer vom und zum Hotel inklusive). Ausflüge zu entfernten Inseln umfassen in der Regel Übernachtung an Bord sowie Tauchausrüstung.

Geführte Touren

Touren zu historischen Städten wie Nakhon Si Thammarat oder Phetchaburi werden von zweisprachigen Führern begleitet. Bei Tauch- und Schnorcheltrips ist ein professioneller Führer für die Sicherheit unverzichtbar. Die Qualität der Führer und Touren variiert. Eine Liste guter geführter Touren sowie brauchbare Karten veröffentlichen die lokalen TAT-Büros.

Mit Bahn, Bus oder Boot unterwegs

Thailands SRT (State Railway of Thailand) verbindet auf vier Hauptstrecken Bangkok mit den anderen Landesteilen. Zugfahren ist bequem und sicher, aber langsam. Das Streckennetz deckt auch nicht alle Städte ab. Phuket, Krabi und Trang beispielsweise haben keinen Bahnhof. Die Überlandbusse pendeln dagegen zwischen allen größeren Städten und Bangkok, die Regionalbusse zwischen kleineren Städten und Dörfern. Zu den großen Inseln fahren Fähren.

Brunnen am Eingang zum Bahnhof Hua Lampong, Bangkok

Schienennetz

Bangkoks Hauptbahnhof ist der 1916 eröffnete **Hua Lampong**. Von hier aus verkehren über 130 Züge in die verschiedenen Landesteile.

Die erste Hauptstrecke führt über das Menam-Becken nach Chiang Mai, die zweite, die sich teilt, nach Nong Khai und Ubon Ratchathani im Nordosten, die dritte an die östliche Golfküste und weiter nach Kambodscha und die vierte nach Süden über die Halbinsel bis nach Malaysia. Der Hauptbahnhof ist der wichtigste Abfahrtspunkt für Züge in die Küstenregionen.

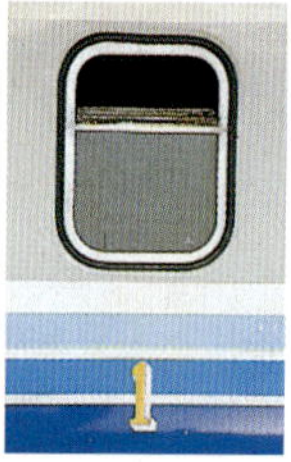

Fenster eines Erste-Klasse-Waggons

Züge

Unterschieden wird zwischen Special Express (am schnellsten), Express, Rapid und Ordinary. Selbst in Expresszügen dauert die Fahrt länger als mit dem Auto: von Bangkok zum **Bahnhof Surat Thani** ca. elf, zwölf Stunden.

Erste-Klasse-Wagen (nur im Express und Special Express) haben klimatisierte Abteile, Zweite-Klasse-Wagen verstellbare Sitze sowie Ventilator oder Klimaanlage. Schlafwagen der zweiten Klasse haben spezielle Sitze, die nachts durch Vorhänge abgetrennt und zu Betten umfunktioniert werden. Toiletten (zumindest eine westliche sollte vorhanden sein) und Waschräume liegen in der Regel am Wagenende.

Viele Reisende finden die zweite Klasse auch auf langen Fahrten ausreichend bequem und außerdem entspannender als eine Busfahrt.

In der dritten Klasse sitzen jeweils zwei oder drei Passagiere auf Holzbänken. Sie ist preiswert, aber für lange Fahrten nicht empfehlenswert. Die meisten Züge sind sauber und gut gewartet. Uniformierte Verkäufer bieten in den Gängen Erfrischungen an, auf Langstrecken wird ein Speisewagen angehängt.

Bahntickets

Am Bahnhof Hua Lampong in Bangkok erhält man Fahrpläne in englischer Sprache. Denken Sie daran, dass zu Hauptreisezeiten (Wochenenden und Feiertage) Fahrkarten schon einige Tage vorher ausverkauft sein können. Im Bahnhof befindet sich ein Reservierungsbüro mit englischsprachigem Personal. Auch einige Reisebüros verkaufen Zugfahrkarten.

Die Fahrpreise hängen vom Zugtyp und der Wagenklasse ab. Ein Zweite-Klasse-Ticket von Bangkok nach Surat Thani kostet etwa 440 Baht mit allen Zuschlägen. Schlafwagen zweiter Klasse schlagen mit etwa 850 Baht zu Buche. Kürzere Strecken, etwa von Bangkok nach Pattaya, kosten zwischen 35 und 155 Baht.

Infos zu in vielen Fällen vorteilhaften 20-Tage-Pässen (1500 bis 3000 Baht) erhalten Sie im Bahnhof Hua Lampong.

Fernbusse

Überlandbusse fahren am östlichen **(Ekamai)**, nördlichen **(Mo Chit)** und südlichen **(Boromratchonnee Rd)** Busbahnhof in Bangkok ab. Provinzhauptstädte sind von Bangkok aus direkt erreichbar. In Südthailand ist der **Bahnhof Surat Thani** Drehscheibe für Überland- und lokale Buslinien. Busse sind oft schneller als Züge und mit Klimaanlage, Toilette, Liegesitzen und reichlich Beinfreiheit durchaus komfortabel. »VIP«-Busse sind am besten ausgestattet, es werden sogar Erfrischungen serviert. Besonders beliebt sind Nachtbusse. In den klimatisierten Fahrzeugen ist es bisweilen richtig kalt, ziehen Sie also entsprechende Kleidung an. Decken sind in der Regel vorhanden.

Luxuriöser Doppeldeckerbus für Langstrecken

Eastern & Oriental Express

Der Eastern & Oriental Express verkehrt zwischen Bangkok und Singapur. Die stilvolle Reise dauert drei Tage und zwei Nächte, mit Station in Butterworth (Penang) und Kuala Lumpur, Malaysia. Das Dekor der 22 Wagen ist vom Design der 1930er Jahre inspiriert. Zur Auswahl stehen Doppel- und Einzelabteile in Normal- oder Luxusausstattung. Hinzu kommen Speisewagen, Salonwagen, Bar und Aussichtsdeck. Dieser Luxus spiegelt sich natürlich im Preis wider.

Speisewagen im Eastern & Oriental Express

Bustickets

Die Tarife der Überlandbusse entsprechen etwa den Preisen für Zugfahrten zweiter Klasse. Fahrten mit VIP-Bussen sind begehrt und kosten 20 bis 50 Prozent mehr. Buchen Sie Fahrten am Wochenende oder an Feiertagen unbedingt so weit im Voraus wie möglich, oder kommen Sie mindestens eine halbe Stunde vor der Abfahrt an den Busbahnhof. Es gibt nur einfache Tickets, keine Rückfahrkarten.

Regionalbusse

Die Busse der staatlichen *Bor Kor Sor* (BKS) fahren häufig, sind zuverlässig und das preiswerteste Transportmittel in Thailand. Eine Reservierung ist kaum nötig. In vielen Bussen zahlt man direkt bei Fahrtantritt beim Fahrer oder beim Kontrolleur. In fast jeder Stadt gibt es einen BKS-Busbahnhof. Busse ohne Klimaanlage *(rot thamadaa)* sind am günstigsten – und am langsamsten, da sie jedes Dorf anfahren. Urlauber sollten darauf gefasst sein, dass es in den Bussen ziemlich stickig werden kann. Klimatisierte Lokalbusse *(rot aer)* hingegen stellen oft keine Decken bereit. Nehmen Sie bei Nachtfahrten Jacke oder Pullover mit, damit Sie sich keine Erkältung einfangen.

In den Regionalbussen kann man Einheimische kennenlernen und bekommt viel vom Land zu sehen. Denken Sie aber daran, dass kaum Pausen eingelegt werden, die Busse oft überfüllt und teils in schlechtem Zustand sind. Hinzu kommt, dass die Fahrer bisweilen recht risikofreudig über die Straßen brausen.

Die hinterste Sitzreihe ist für Mönche bestimmt. Rechnen Sie damit, dass Sie den Platz wechseln oder stehen müssen. Frauen sollten nicht neben einem Mönch sitzen.

Ticketschalter in Krabi für Boote zu den nahen Inseln

Auf einen Blick

Züge

Bahnhof Hua Lampong
Krung Kasem Rd, Bangkok.
Tel. 1690 (Reservierungsbüro: tägl. 7–16 Uhr).
W **railway.co.th**

Bahnhof Surat Thani
14 km westl. von Surat Thani, Tha-Kham-Stadt.
Tel. 07731-1213.

Eastern & Oriental Express
Tel. 0800-183 07 81 (Deutschland).
Tel. 02255-9150 (Bangkok).
Tel. (65) 6395-0678 (Singapur).
W **orient-express.com**

Fernbusse

Bahnhof Surat Thani
Busbahnhof Talat Kaset, Tha Thong Rd, Surat Thani.
Tel. 07720-0032.

Ekamai (östlicher Busbahnhof)
Sukhumvit Rd, Bangkok.
Tel. 02391-6846.

Mo Chit (nördlicher Busbahnhof)
Kampheng Phet Rd, Mo Chit, Bangkok.
Tel. 02936-3670.

Südlicher Busbahnhof
Boromratchonnee Rd, Phra Pin Klao, Bangkok.
Tel. 02894-6122.

Boote zu den Inseln

Der Fahrplan der Fähren ist unzuverlässig, da wetterabhängig. Regelmäßige Verbindungen gibt es nach Ko Samui, Ko Phangan und von Surat Thani nach Ko Tao. Kleinere Inseln werden unregelmäßig angefahren, da die Boote erst bei einer bestimmten Passagierzahl ablegen. Die improvisierten Fähren oder Langboote werden von einheimischen Fischern betrieben, die ihre Dienste in der Regenzeit oft einstellen.

Mit Auto, Moped oder Fahrrad unterwegs

Wer in Thailand Auto fährt, braucht starke Nerven, um nicht vor Schlaglöchern, verwirrenden Kreuzungen, klapprigen Vehikeln und tollkühnen Fahrern zu kapitulieren. Für Reisen abseits der Touristenpfade sollten Sie sich ein Auto mit erprobtem Fahrer mieten. Internationale und lokale Autovermietungen mit unterschiedlichen Standards gibt es im ganzen Land. In Ferienorten werden gern Mopeds oder Jeeps gemietet.

Mietwagen

Für einen Mietwagen benötigen Sie den internationalen Führerschein. International tätige Firmen vermieten sichere Wagen und bieten darüber hinaus vollen Versicherungsschutz und entsprechenden Kundenservice. **Avis** und **Budget** unterhalten Filialen in einigen Flughäfen und Großstädten Thailands. Die Preise liegen zwischen 1800 Baht pro Tag und bis zu 35000 Baht pro Monat. Eine weitere bekannte Mietwagenfirma ist **Siam Express**.

Bei weniger bekannten Firmen sollten Sie aufmerksam das Kleingedruckte in Bezug auf Ihre Haftung lesen – teils ist keine Versicherung dabei. Lassen Sie sich eine Kopie des Fahrzeugbriefs geben, und tragen Sie diese bei sich.

Mietwagen mit Fahrer

Mietautos mit erfahrenem Chauffeur werden immer populärer. Die Mehrkosten im Vergleich zum normalen

Typischer Stau in Bangkok – die Stadt ist dafür berüchtigt

Mietwagen liegen oft unter 50 Prozent. Manche Fahrer kennen lokale Sehenswürdigkeiten und schlagen interessante Ziele vor. Die meisten Mietwagenfirmen vermitteln Chauffeure. Die Pauschalangebote von Siam Express umfassen Fahrer, Wagen und Unterkunft in Hotels.

Mopedverleih

Mopeds und Motorräder kann man in vielen Ferienorten, Städten und an Stränden mieten. In Gegenden mit vielen Gästehäusern wird alles Erdenkliche vom Moped bis zum Geländemotorrad vermietet. Nur wenige Anbieter kümmern sich um Führerschein und Versicherungen. Mit 200 bis 300 Baht pro Tag sind die Preise sehr niedrig. Prüfen Sie zur eigenen Sicherheit unbedingt vor der Abfahrt Bremsen, Reifen und Öl. Tragen Sie einen Helm (Vorschrift) und feste Schuhe, ebenso lange Ärmel und Hosen, die Sie bei kleineren Unfällen vor Kratzern und Schnitten schützen. Fahren Sie auf unbefestigten Wegen sehr vorsichtig, fahren Sie auch nicht allein über Land. Denken Sie daran, dass nicht überall medizinische Hilfe zur Verfügung steht.

Mopedverleih am Hat Sai Khao, Ko Chang

Tankstellen

Tankstellen liegen an den Hauptstraßen von Städten und an Schnellstraßen. Sie sind modern, führen bleifreies Benzin und haben Angestellte, die für Sie tanken, Fenster putzen und den Luftdruck der Reifen prüfen. Manche beschäftigen für Reparaturen einen Mechaniker oder können zumindest einen empfehlen. Es gibt meist einen kleinen Laden und immer ein asiatisches WC. Viele Tankstellen haben rund um die Uhr geöffnet, einige schließen um 20 Uhr. Allgemein ist Benzin in Thailand preiswerter als in Europa.

Parken

In Bangkok gehören mehrstöckige Parkhäuser meist zu großen Hotels oder Kaufhäusern. Gäste parken oft kostenlos, Besucher für ein paar Stunden. Bei der Einfahrt wird ein Parkschein ausgegeben, bezahlt wird beim Hinausfahren. Davon abgesehen, ist Parken problematisch.

Rot-weiß gestreifte Straßenmarkierungen bedeuten immer Parkverbot. In kleineren Städten stellen viele Hotels und Gästehäuser kostenlose Parkplätze zur Verfügung. In kleineren Orten kann man überall parken, sofern man den Verkehr nicht behindert.

Verkehrspolizist in Aktion an einer Kreuzung in Bangkok

Straßen und Verkehrszeichen

Mehrspurige Nationalstraßen (Highways) befinden sich hauptsächlich in und um Bangkok. Expressways, auch der zum Bangkoker Flughafen, sind mautpflichtig. Die Gebühr ist oberhalb der Mautstelle angeschrieben. An manuell betriebenen Stellen ist meist der genaue Betrag erforderlich. Expressways sind weniger verstopft als andere Straßen Bangkoks, doch auch hier gibt es Staus. Die vielen Einbahnstraßen der Hauptstadt haben teilweise eine Busspur in die Gegenrichtung.

Die nationalen Highways (oder *routes*), z. B. der Highway 4, sind trotz Staus schnelle, effiziente Verbindungen. Provinz-Highways sind geteert und in unterschiedlichem Zustand. Kleine Straßen zwischen Dörfern sind manchmal eher Pisten. Die Hauptstraßen in den Städten heißen *thanon*, deren nummerierte Seitenstraßen *soi* oder *trok*. Viele Straßen sind in der Regenzeit überflutet.

Schilder sind oft auch lateinisch beschriftet. Entfernungen werden in arabischen Ziffern angegeben. Entlang den Hauptstraßen stehen Kilometersteine. Straßenmarkierungen und Verkehrszeichen sind klar und leicht verständlich.

Verkehrsregeln

In Thailand herrscht Linksverkehr. Die Höchstgeschwindigkeit in Ortschaften beträgt, wenn nicht anders angegeben, 60 Stundenkilometer, außerhalb 80 Stundenkilometer. Es gelten die internationalen Verkehrsregeln, diese kümmern die Thailänder aber oft wenig. Die De-facto-Regel ist, dass das größere Auto Vorfahrt hat.

Der großzügige Gebrauch von Blinkern und Scheinwerfern ist für Europäer ungewohnt: Blinken links kann bedeuten, dass man überholen darf, Blinken rechts, dass ein Fahrzeug entgegenkommt. Aufblenden der Scheinwerfer heißt: »Ich überhole jetzt.«

Gehupt wird selten, da dies außer in Notfällen als unhöflich gilt. Gefahren wird tollkühn, an unbeschilderten Kreuzungen sollte man größeren Fahrzeugen die Vorfahrt lassen. An roten Ampeln mit blauem Schild und weißem Pfeil nach links ist Linksabbiegen erlaubt. Bisweilen darf man das ohne Schild, wenn man sich schon auf der linken Spur befindet. Auf kleineren Straßen ist Vorsicht vor Tieren geboten.

Strafzettel gibt es häufig für illegales Abbiegen. Wenn Sie einen Strafzettel bekommen und Ihr Führerschein einbehalten wird, zahlen Sie die Strafe bei dem auf der Rückseite verzeichneten Polizeirevier. Militärkontrollen passiert man langsam, bei Aufforderung hält man an.

Mountainbiker auf der Fahrt durch unwegsames Terrain

Auf einen Blick

Mietwagen

Avis
2. Stock, Ankunftshalle, Flughafen Suvarnabhumi.
☎ 02251-1131.
W **avisthailand.com**

Phuket Airport
☎ 089969-8674.

Budget
19/23 Royal City Avenue, Bangkok.
☎ 02203-9294.
W **budget.co.th**

Siam Express
14. Stock, Sathorn Thani Building, 90/34–35 Sathorn Nua Rd, Bang Rak, Bangkok.
☎ 02236-5970.
W **siamexpressonline.com**

Verkehrsregeln

Highway-Polizei
☎ 1193.

Straßenkarten

Die meisten Thailänder halten Karten für überflüssig. Die Touristenkarten zeigen meist nur die wichtigsten Straßen. In den hervorragenden Faltkarten des Prannok Witthaya Map Center sind alle Straßen und Reliefs eingezeichnet, doch sie werden nur in wenigen Läden verkauft. Die besten Autoatlanten in lateinischer und thailändischer Schrift sind *Thailand Highways Map* (Auto Guide Company) und *Thailand Highway Map* (Roads Association).

Fahrradverleih

In der kühlen Jahreszeit und in ruhigeren Gegenden ist Radfahren angenehm. Gästehäuser und kleine Firmen vermieten – teils klapprige – Fahrräder für 20 bis 100 Baht pro Tag. Die Miete für neue Mountainbikes, die bisweilen erhältlich sind, kann höher sein als für Mopeds. Für unterwegs gilt: reichlich Wasservorräte mitnehmen und Vorsicht auf belebten Straßen!

Textregister

Seitenzahlen in **Fettdruck** verweisen auf Haupteinträge.

L

M

Danksagung und Bildnachweis

Dorling Kindersley bedankt sich bei allen, die an der Herstellung dieses Buchs mitgewirkt haben.

Autoren

Andrew Forbes ist Doktor der zentralasiatischen Geschichte. Er lebt in Chiang Mai, ist Redakteur für CPA Media und hat bereits viele Bücher über Thailand und Ostasien verfasst.

David Henleys Fotografien wurden in vielen Medien veröffentlicht, u. a. in *National Geographic*, *The Washington Post* und zahlreichen internationalen Publikationen und Reiseführern.

Peter Holmshaw lebt seit über 20 Jahren in Chiang Mai und ist Co-Autor mehrerer Reiseführer über Südostasien.

Fakten-Check Peter Holmshaw

Textregister Cyber Media Services Ltd.

Thai-Übersetzung Sulaganya Punyayodhin

Grafik und Redaktion

Publisher Douglas Amrine
List Manager Vivien Antwi
Project Editor Michelle Crane
Editorial Consultants Hugh Thompson, Scarlett O'Hara
Project Designer Shahid Mahmood
Kartografie Casper Morris
Managing Art Editor (Umschläge) Karen Constanti
Umschlag Kate Leonard
DTP Jason Little
Bildrecherche Ellen Root
Produktionsüberwachung Vicky Baldwin
Aktualisierung Louise Abbott, Claire Baranowski, Sheeba Bhatnagar, Conrad Van Dyk, Ron Emmons, Emer FitzGerald, Cincy Jose, Maite Lantaron, James Marshall, Helen Peters, Neil Ray, Natalie Revie, Ankita Sharma, Rituraj Singh, Tarini Singh, Jaynan Spengler, Rose Teare, David Tombesi-Walton, Nikky Twyman, Ajay Verma, Nikhil Verma, Catherine Waring.

Ergänzende Fotografien

Rob Ashby, Philip Blenkinsop, Gerard Brown, Jane Burton, Peter Chadwick, Andy Crawford, Philip Gatward, Steve Gorton, Frank Greenaway, Will Heap, Stuart Isett, Hugh Johnson, Dave King, Mathew Kurien, Cyril Laubscher, James Marshall, Alan Newham, David Peart, Roger Phillips, Tim Ridley, Alex Robinson, Rough Guides/Ian Aitken/Simon Racken, Steve Shott, Michael Spencer, Kim Taylor und Jane Burton, Karen Trist, Richard Watson, James Young.

Besondere Unterstützung

Ruengsiri Sathirakul vom Anantara Hua Hin Resort & Spa, Suwan Chakchit von der Baipai Thai Cooking School, Fann Kulchada und Joyce Ong vom Banyan Tree Phuket, Adam Purcell vom *The BigChilli Magazine*, Puritad Jongkamonvivat von der Nation Multimedia Group, Sirin Yuanyaidee vom Nationalmuseum Bangkok, Toby To vom Patravadi-Theater, Somchai Bussarawit vom Phuket Aquarium, Nam und Prompeth L von der Tourism Authority of Thailand.

Genehmigungen für Fotografien

Dorling Kindersley bedankt sich bei den folgenden Institutionen für ihre Unterstützung und freundliche Genehmigung zum Fotografieren: Thronhalle Abhisek Dusit, Jim-Thompson-Haus, Joe-Louis-Theater, King Mongkut Memorial Park of Science and Technology, Marine Research Center, Marukhathaiyawan-Palast, Nationalmuseum Bangkok, Königliches Kutschenmuseum, Thai Ramakien Gallery, Under Water World Pattaya.
Der Verlag bedankt sich auch bei allen anderen Tempeln, Museen, Hotels, Restaurants, Läden, Sammlungen und anderen Sehenswürdigkeiten, die hier nicht alle einzeln genannt werden können.

Bildnachweis

o = oben; m = Mitte; u = unten; l = links;
r = rechts; d = Detail.

Dorling Kindersley hat sich bemüht, alle Urheber ausfindig zu machen und zu benennen. Sollte dies in einigen Fällen nicht gelungen sein, bitten wir, dies zu entschuldigen. In der nächsten Auflage werden wir versäumte Nennungen selbstverständlich nachholen.
Der Verlag dankt den folgenden Personen, Institutionen und Bildbibliotheken für die freundliche Genehmigung, ihre Fotografien abzudrucken:

Matthias Akolck: 185mr.

Alamy Images: AA World Travel Library 263ur; Ace Stock Limited 4ur, 19u; Victor Paul Borg 36ul; Paul Brown 100; Pavlos Christoforou 105or, 208mru; Thomas Cockrem 83or; Richard Cummins /Destinations 58ul; Jean-Pierre De Mann 322m; Ray Evans 39ur; F1online digitale Bildagentur GmbH 25ul; Blaine Harrington 160; David Fleetham 24ml; Mike Goldwater 38u; Ingolf Pompe17 167mr; Norma Joseph 84mr; Paul Kingsley 40m; John Lander 59ul; Antony McAulay 134; Chris McLennan 181ur; Robert Harding Picture Library Ltd. 219or; Leonid Serebrennikov 224ml; Neil Setchfield 21or; Martin Strmiska 208ul; Peter Treanor 28ur, 101u; WaterFrame 25or; Terry Whittaker 210m; Andrew Woodley 27ur.

Amari Orchid Pattaya: 311um.

Anantara Hotels, Resorts & Spas: 310ol, 332ml.

Ardea.com: Jean Paul Ferrero 157ur.

Baipai Thai Cooking School: 329ur.

Bangkok Airways Co., Ltd: 347ol.

Banyan Tree Bangkok: 87ol.

Banyan Tree Spa Phuket: 332ur.

Black Mountain Resort and Country Club Co., Ltd.: 327um.

The Boathouse Wine & Grill Restaurant: 316ol.

The Bridgeman Art Library: *Der König von Siam auf seinem Elefanten, aus einem Bericht der Jesuiten in Siam*, 1688 (Wasserfarbe auf Papier), französische Schule (17. Jh.)/Bibliothèque Nationale, Paris, Frankreich/Archives Charmet 113ml.

Centara Grand Beach Resort & Villas Hua Hin: 313or.

Chakrabongse Villas Bangkok: 295or.

Chiva-Som: 298ul, 333or.

Cool Breeze Cafe Bar: 312ul.

Corbis: Bettmann 46or, 48ol, 48um; Christophe Boisvieux 28mlu; John Van Hasselt 30–31m, 322ul; Brooks Kraft 49um; Luca Tettoni 47um; Narong Sangnak 39m; Scott Stulberg 52ur; Sunset Boulevard 217ur; Sygma /Jean Leo Dugast 29mr; Staffan Widstrand 149mro, Xinhua Press/ Rachen Sageamsak 49mru.

CPA Media: Oliver Hargreave 213ul; David Henley 28or, 45or, 47ol, 47mr, 48m, 81ur, 324ur; Daniel Kestenholz 74mlu; Pictures from Asia/David Henley 74or.

Gerald Cubitt: 22ml, 22mr, 22mru, 22um, 23om, 23ml, 23mu, 23um, 23ur, 24or, 251mru.

DK Images: mit freundlicher Genehmigung des Buddha Padipa Temple, mit freundlicher Genehmigung des National Birds of Prey Centre; David Peart 25ur, mit freundlicher Genehmigung des Whipsnade Zoo, Bedfordshire/Dave King 205, David Henley 13ol, 14or, 15ul, 123mlu, Stuart Isett 12ur, Karen Trist 15ur, Martin Richardson 13ur.

Dreamstime.com: Guido Amrein 10m, Barelkodotcom 167ol, Alex Bramwell 11u, Rene Drouyer 11ol, 124–125, Giuliachristin 323ml, Xin Hua 83ur, Wisit Kumlerd 146o, Pratchaya Leelapatchayanont 123ol, Jan Łętowski 33mlo, 231ur, Madrugadaverde 166ml, Noppadol Niyomthai 15or, Pixattitude 328om, Voranat Rajchatan 142mro, Stemoir 14ul, He Tian 113ul, Tzidos 50–51, Vitaly Titov & Maria Sidelnikova 169or.

ENZO Bistro Fusion Japanese: 315ur.

FLPA: Terry Whittaker 22mu.

Getty Images: AFP/Saeed Khan 49o, Peter Parks 243mlu; Patrick Foto 2–3; Photographer's Choice/Georgette Douwma 25ol; Stone/David Hanson 195m; Taxi/Hummer 353um.

The Granger Collection, New York: 155mr.

Indus Restaurant: 309or.

Istockphoto.com: Rontography 275ol; ShyMan 305m.

The Kobal Collection: 20th Century Fox/Mountain Peter 257ol.

Let's Sea: 312om.

Lonely Planet Images: Anders Blomqvist 247or; Austin Bush 175mlu, 184ur; Felix Hug 35or; Noboru Komine 41ul; Bernard Napthine 272or; Bill Wassman 175um; Carol Wiley 195ur.

Mary Evans Picture Library: 45um, 46ml, 158ul.

Masterfile: Brad Wrobleski 344ul.

Mom Tri's Villa Royale Phuket: 300ol.

The National Museum Bangkok: 43mlu, 45mu, 66m.

Nation Multimedia Group: 345om.

Naturepl.com: Geogette Douwma 24ul, 25mr; Raymond Ong: 199ol.

Neil Ray: 158ol.

Orient-Express Hotels Trains & Cruises: 351m.

Photobank (Bangkok): 29ol, 29mro, 30or, 30mlo, 30mlu, 30ul, 30ur, 31ol, 31or, 31mr, 31mru, 31ul, 31um, 31ur, 33mr, 34or, 34ul, 34 35m, 35mr, 44ol, 46m, 46–47m, 47or, 47mlu, 73mu, 77ml, 77ul, 113m, 113mr, 142ml, 153ur, 155mru, 159u, 165ul, 165ur, 175ml, 191u, 231or, 243mru, 243ur, 267or, 282ml.

Photolibrary: age fotostock/Chua Wee Boo 154m /Alan Copson 264ur/Alvaro Leiva 259or/P. Narayan 37mr; All Canada Photos/Kurt Werby 173or; Alexander Blackburn Clayton 55u; CPA Media 187ol; Imagebroker.net/Norbert Eisele-Hein 329ol; Imagestate/Art Media 47m/Mark Henley 53or/Steve Vidler 20ul, 216ur/The British Library 28–29m; Lonely Planet Images/Claver Carroll 324ol; Mauritius/Birgit Gierth 36ml; Oxford Scientific (OSF)/ Splashdown Direct 190ul; Robert Harding Travel/Gavin Hellier 287ml; WaterFrame – Underwater Images/ Reinhard Dirscherl 24ur, 26ur.

Private Collection: 155um, 287mr.

Rayavadee and Tamarind Village: 301ur.

Reflexstock: Alamy/sdbphoto.com 63ur.

Robert Harding Picture Library: Gonzalo Azumendi 290–291, 334–335, Stefano Baldini 280, Michael DeFreitas 54, Ingolf Pompe 222–223, 264–265, Otto Stadler 18, Dave Stamboulis 150–151, Thomas Stankiewicz 182–183, Luca Tettoni 8–9, Stuart Westmorland 200.

Royal Cliff Beach Resort: 297or.

Brian Ng Tian Soon: 199ur.

Seven Spoons Restaurant: 308ur.

Shangri-La Hotel Bangkok: 294um.

Six Senses Hideaway: 299ol, 314or.

Soneva Resorts and Residences: 296ul.

Superstock: Mikel Bilbao 244; Ben Mangor 243ml; Westend61 26–27m.

Thai Airways International Public Company Limited: 346ul.

Tourism Authority of Thailand: 142ur, 268ul, 271or, 326ul, 328ul, 337ml.

Viva Restaurant: 317ul.

Vordere Umschlaginnenseiten: *Links:* Robert Harding Picture Library: Michael DeFreitas (o); Stuart Westmorland (m); SuperStock: Mikel Bilbao (u)
Rechts: Paul Brown (o); Antony McAulay (mr); Blaine Harrington (ml); Robert Harding Picture Library: Stefano Baldini (u)

Umschlag

Vorderseite: **Dorling Kindersley**: David Henley
Rückseite: DK Images
Buchrücken: **Dorling Kindersley**: David Henley

Sprachführer Thai

Thai ist eine tonale Sprache. Die meisten Sprachwissenschaftler betrachten Thai als Hauptidiom einer bestimmten Sprachgruppe. Es enthält aber auch viele Sanskrit-Elemente sowie einige Wörter aus dem modernen Englisch. Es gibt fünf Intonationen (Sprechhöhen): mittel, hoch, tief, steigend und fallend, wobei die Intonation der einzelnen Silben die Bedeutung des Worts festlegt. So bedeutet z. B. »mâi« (fallend) »nicht«, »măi« (steigend) hingegen »Seide«. In der rechten Spalte dieses Sprachführers steht eine englische Thai-Transkription. Die Akzentuierung der Buchstaben gibt Auskunft über die Sprechhöhe.

Hinweise zur Aussprache

a	wie in »ich ess**e**«
e	wie in »w**e**nn«
i	wie in »b**i**n«
o	wie in »v**o**n«
u	wie in »m**a**n« [kurzes A]
ah	wie in »V**a**ter« [langes A]
ai	wie in »Th**ai**land«
air	wie in »w**er**«
ao	wie in »M**ao**«
ay	wie in »h**ey**« [englisch]
er	wie in »Mess**er**«
ew	wie in »**Ju**nge«
oh	wie in »g**o**« [englisch]
oo	wie in »g**u**t« [langes U]
OO	wie in »M**u**tter« [kurzes U]
oy	wie in »h**eu**te«
g	wie in »**g**ern«
ng	wie in »si**ng**en«

Folgende Laute haben keine Entsprechung im Deutschen:

eu	ein Laut zwischen »Ä« und »Ö«
bp	ein Laut zwischen »B« und »P«
dt	ein Laut zwischen »D« und »T«

»P«, »T« und »K« am Ende eines Worts werden »verschluckt«. Viele Thai sprechen »R« wie »L« aus.

Die fünf Intonationen

Die Akzente verweisen auf die Intonation der Silben.

kein Akzent	**Mittlere Intonation**, entsprechend der normalen Tonlage des Sprechers.
á é í ó ú	**Hohe Intonation**, liegt etwas höher als die mittlere Intonation.
à è ì ò ù	**Tiefe Intonation**, liegt etwas tiefer als die mittlere Intonation.
ă ĕ ĭ ŏ ŭ	**Steigende Intonation**, in der Aussprache einer Frage vergleichbar.
â ê î ô û	**Fallende Intonation**, in der Aussprache mit der nachdrücklichen Betonung eines einsilbigen Wortes vergleichbar.

Männliche und weibliche Höflichkeitsformen

Männer beenden einen Satz mit dem Partikel »**krúp**«. Frauen setzen »**ká**« ans Ende einer Frage und »**kâ**« ans Ende einer Aussage, wenn sie sehr höflich sein wollen. In diesem Sprachführer sind die Höflichkeitspartikel nur bei bestimmten Floskeln angegeben. Sie sollten sie aber möglichst oft verwenden. Die Höflichkeitsformen von »Ich« sind »**pŏm**« für Männer und »**dee-chún**« für Frauen.

Notfälle

Hilfe!	ช่วยด้วย	*chôo-ay dôo-ay!*
Feuer!	ไฟไหม้	*fai mâi!*
Wo ist das nächste Krankenhaus?	แถวนี้มีโรงพยาบาลอยู่ที่ไหน	*tăir-o née mee rohng pa-yah-bahn yòo têe-năi?*
Rufen Sie einen Krankenwagen!	เรียกรถพยาบาลให้หน่อย	*rêe-uk rót pa-yah-bahn hâi nòy!*
Rufen Sie die Polizei!	เรียกตำรวจให้หน่อย	*rêe-uk dtum ròo-ut hâi nòy!*
Rufen Sie den Arzt!	เรียกหมอให้หน่อย	*rêe-uk mŏr hâi nòy!*

Grundwortschatz

Ja	ใช่ *oder* ครับ/ค่ะ	*châi* oder *krúp/kâ*
Nein	ไม่ใช่ *oder* ไม่ครับ/ไม่ค่ะ	*mâi châi* oder *mâi krúp/mâi kâ*
Könnten Sie bitte …?	ช่วย …	*chôo-ay …*
Danke	ขอบคุณ	*kòrp-kOOn*
Nein, danke	ไม่เอา ขอบคุณ	*mâi ao kòrp-kOOn*
Entschuldigung	ขอโทษ (ครับ/ค่ะ)	*kŏr-tôht (krúp/kâ)*
Guten Tag	สวัสดี (ครับ/ค่ะ)	*sa-wùt dee (krúp/kâ)*
Auf Wiedersehen	ลาก่อนนะ	*lah gòrn ná*
Was?	อะไร	*a-rai?*
Warum?	ทำไม	*tum-mai?*
Wo?	ที่ไหน	*têe năi?*
Wie?	ยังไง	*yung ngai?*

Nützliche Sätze

Wie geht es Ihnen?	คุณสบายดีหรือ (ครับ/คะ)	*kOOn sa-bai dee reu (krúp/kâ)?*
Sehr gut, danke. Und Ihnen?	สบายดี (ครับ/ค่ะ) แล้วคุณล่ะ	*sa-bai dee (krúp/kâ) – láir-o kOOn lâ?*
Wo geht es nach …?	… ไปยังไง	*… bpai yung- ngai?*
Sprechen Sie Englisch?	คุณพูดภาษาอังกฤษเป็นไหม	*kOOn pôot pah-săh ung-grìt bpen mái?*
Könnten Sie langsamer sprechen?	ช่วยพูดช้าๆหน่อยได้ไหม	*chôo-ay pôot cháh cháh nòy dâi mái?*
Ich spreche kein Thai.	พูดภาษาไทยไม่เป็น	*pôot pah-săh tai mâi bpen*

Nützliche Wörter

Frau/Frauen	ผู้หญิง	*pôo-yĭng*
Mann/Männer	ผู้ชาย	*pôo-chai*
Kind/Kinder	เด็ก	*dèk*
warm	ร้อน	*rórn*
kalt	เย็น *oder* หนาว	*yen* oder *năo*
gut	ดี	*dee*
schlecht	ไม่ดี	*mâi dee*
offen	เปิด	*bpèrt*
geschlossen	ปิด	*bpìt*

links	ซ้าย	*sái*
rechts	ขวา	*kwăh*
geradeaus	อยู่ตรงหน้า	*yòo dtrong nâh*
an der Ecke von	ตรงหัวมุม	*dtrong hŏo-a mOOm*
nahe	ใกล้	*glâi*
weit	ไกล	*glai*
Eingang	ทางเข้า	*tahng kâo*
Ausgang	ทางออก	*tahng òrk*
Toilette	ห้องน้ำ	*hôrng náhm*

Telefonieren

Wo ist das nächste öffentliche Telefon?	แถวนี้มีโทรศัพท์อยู่ที่ไหน	*tăir-o née mee toh-ra-sùp yòo têe-năi?*
Guten Tag, hier … spricht.	ฮันโล (ผม/ดิฉัน) … พูด (ครับ/ค่ะ)	*hello (pŏm/dee-chún) … pôot (krúp/kâ)*
Ich möchte gern … sprechen.	ขอพูดกับคุณ … หน่อย (ครับ/ค่ะ)	*kŏr pôot gùp khun … nòy (krúp/kâ)*
Könnten Sie bitte etwas lauter sprechen?	ช่วยพูดดังๆหน่อยได้ไหม	*chôo-ay pôot dung dung nòy dâi mái?*
Ortsgespräch	โทรศัพท์ภายในท้องถิ่น	*toh-ra-sùp pai nai tórng tìn*
Telefonzelle	ตู้โทรศัพท์	*dtôo toh-ra-sùp*
Telefonkarte	บัตรโทรศัพท์	*but toh-ra-sùp*

Shopping

Wie viel kostet das hier?	นี่ราคาเท่าไร	*nêe rah-kah tâo-rài?*
Ich möchte …	ต้องการ …	*dtôrng-gahn …*
Haben Sie …?	มี … ไหม	*mee … mái?*
Ich schaue nur.	ชมดูเท่านั้น	*chom doo tâo-nún*
Nehmen Sie Kreditkarten/ Reiseschecks?	รับบัตรเครดิต/เช็คเดินทางไหม	*rub but cray-dit/ chék dern tang mái?*
Wann öffnen/ schließen Sie?	เปิด/ปิดกี่โมง	*bpèrt/bpìt gèe mohng?*
Können Sie das ins Ausland liefern?	ส่งของนี้ไปต่างประเทศได้ไหม	*sòng khŏng nee bpai dtàhng bpra-tâyt dâi mái?*
preiswert	ถูก	*tòok*
teuer	แพง	*pairng*
Gold	ทอง	*torng*
Kunsthandwerk der Bergvölker	หัตกรรมชาวเขา	*hùt-ta-gum chao kăo*
Silber	เงิน	*ngern*
Thai-Seide	ผ้าไหมไทย	*pâh-măi tai*
Kaufhaus	ห้าง	*hâhng*
Markt	ตลาด	*dta-làht*
Zeitungshändler/ Zeitungskiosk	ร้านขายหนังสือพิมพ์	*ráhn kăi núng-sĕu pim*
Apotheke	ร้านขายยา	*ráhn kăi yah*
Schneider	ร้านตัดเสื้อ	*ráhn dtùt sêu-a*

Sightseeing

Reisebüro	บริษัทนำเที่ยว	*bor-ri-sùt num têe-o*
Fremdenverkehrs-büro	สำนักงานการท่องเที่ยว	*sŭm-núk ngahn gahn tôrng têe-o*
Touristenpolizei	ตำรวจท่องเที่ยว	*dtum-ròo-ut tôrng têe-o*
Strand	หาด *oder* ชายหาด	*hàht* oder *chai-hàht*
Koralle	หินปะการัง	*hĭn bpa-gah-rung*
Fest	งานออกร้าน	*ngahn òrk ráhn*
Hügel/Berg	เขา	*kăo*
Geschichtspark	อุทยานประวัติศาตร์	*ÒO-ta-yahn bpra wùt sàht*
Insel *(ko)*	เกาะ	*gòr*
Tempel *(wat)*	วัด	*wút*
Museum	พิพิธภัณฑ์	*pí-pít-ta-pun*
Nationalpark	อุทยานแห่งชาติ	*ÒO-ta yahn hàirng châht*
Park/Garten	สวน	*sŏo-un*
Fluss	แม่น้ำ	*mâir náhm*
Thai-Boxen	มวยไทย	*moo-ay tai*
Thai-Massage	นวด	*nôo-ut*
wandern	การเดินทางเท้า	*gahn dern tahng táo*
Wasserfall	น้ำตก	*náhm dtòk*

Unterwegs/Transportmittel

Wann fährt der Zug nach … ab?	รถไฟไป … ออกเมื่อไร	*rót fai bpai … òrk meu-rài?*
Wie lange dauert es nach …?	ใช้เวลานานเท่าไรไปถึงที่ …	*chái way-lah nahn tâo-rài bpai tĕung têe …?*
Eine Fahrkarte nach …, bitte.	ขอตั๋วไป … หน่อย (ครับ/ค่ะ)	*kŏr dtŏo-a bpai … nòy (krúp/kâ)*
Ich möchte einen Platz reservieren.	ขอจองที่นั่ง	*kŏr jorng têe nûng*
Welcher Bahnsteig, bitte?	รถไฟไป … อยู่ชานชาลาไหน	*rót fai bpai … yòo chahn cha-lah năi?*
Welche Haltestelle ist das?	ที่นี่สถานีอะไร	*têe nêe sa-tăhn-nee a-rai?*
Wo ist die Bushaltestelle?	ป้ายรถเมล์อยู่ที่ไหน	*bpâi rót may yòo têe-năi?*
Wo ist der Busbahnhof?	สถานีรถเมล์อยู่ที่ไหน	*sa-tăhn-nee rót may yòo têe-năi?*
Welche Busse fahren nach …?	รถเมล์สายไหนไป …	*rót may săi năi bpai …?*
Wann fährt der Bus nach … ab?	รถเมล์ไป … ออกกี่โมง	*rót may bpai … òrk gèe mohng?*
Wann sind wir in …?	ถึง … แล้วช่วยบอกด้วย	*tĕung … láir-o chôo-ay bòrk dôo-ay?*
Ankunft	ถึง	*tĕung*
Fahrkartenschalter	ที่จองตั๋ว	*têe jorng dtŏo-a*
Busbahnhof	สถานีรถเมล์	*sa-tăhn-nee rót may*
Abfahrt	ออก	*òrk*
Gepäckraum	ที่ฝากของ	*têe fàhk kŏrng*
Bus	รถธรรมดา	*rót tum-ma-dah*
Überlandbus	รถทัวร์	*rót too-a*
Fahrkarte	ตั๋ว	*dtŏo-a*
Fähre	เรือข้ามฟาก	*reu-a kâhm fâhk*
Zug	รถไฟ	*rót fai*
Bahnhof	สถานีรถไฟ	*sa-tăhn-nee rót fai*
Moped	รถมอเตอร์ไซค์	*rót mor-dter-sai*
Fahrrad	รถจักรยานต์	*rót jùk-gra-yahn*
Taxi	แท็กซี่	*táirk-sêe*

Im Hotel

Haben Sie ein Zimmer frei?	มีห้องว่างไหม	*mee hôrng wâhng mái?*
Doppelzimmer	ห้องคู่	*hôrng kôo*
Einzelzimmer	ห้องเดี่ยว	*hôrng dèe-o*
Ich habe ein Zimmer reserviert.	จองห้องไว้แล้ว	*jorng hôrng wái láir-o*
Könnten Sie bitte Insektenspray versprühen?	ช่วยฉีดยากันยุงให้หน่อยได้ไหม	*chôo-ay chèet yah gun yOOng hâi nòy dâi mâi?*
Klimaanlage	เครื่องปรับอากาศ	*krêu-ung bprùp ah-gàht*
Ventilator	พัดลม	*pùt lom*
Schlüssel	กุญแจ	*gOOn-jair*
Toilette/Bad	ห้องน้ำ	*hôrng náhm*

Im Restaurant

Einen Tisch für zwei, bitte.	ขอโต๊ะสำหรับสองคน	*kŏr dtó sŭm-rùp sŏrng kon*
Die Speisekarte, bitte.	ขอดูเมนูหน่อย	*kŏr doo may-noo nòy*
Haben Sie …?	มี … ไหม	*mee … mái?*
Ich möchte …	ขอ	*kŏr …*
Nicht zu scharf, o.k.?	ไม่เอาเผ็ดมากนะ	*mâi ao pèt mâhk na*
Ist es scharf?	เผ็ดไหม	*pèt mái?*
Ich mag Thai-Küche.	ทานอาหารไทยเป็น	*tahn ah-hăhn tai bpen*
Kann ich ein Glas Wasser haben?	ขอน้ำแข็งเปล่าแก้วหนึ่ง	*kŏr núm kăirng bplào gâir-o nèung*
Ich habe das nicht bestellt.	นี่ไม่ได้สั่ง (ครับ/คะ)	*nêe mâi dâi sùng (krûp/kâ)*
Kellner/Kellnerin!	คุณ (ครับ/คะ)	*kOOn (krúp/kâ)*
Die Rechnung, bitte.	ขอบิลหน่อย (ครับ/ค่ะ)	*kŏr bin nòy (krúp/kâ)*
Flasche	ขวด	*kòo-ut*
Essstäbchen	ตะเกียบ	*dta-gèe-up*
Gabel	ส้อม	*sôrm*
Speisekarte	เมนู	*may-noo*
Löffel	ช้อน	*chórn*
Wasser	น้ำ	*náhm*

Gesundheit

Es geht mir schlecht.	รู้สึกไม่สบาย	*róo-sèuk mâi sa-bai*
Es tut hier weh.	เจ็บตรงนี้	*jèp dtrong née*
Ich habe Fieber.	ตัวร้อนเป็นไข้	*dtoo-a rórn bpen kâi*
Ich bin allergisch auf …	(ผม/ดิฉัน) แพ้ …	*(pŏm/dee-chún) páir …*
Asthma	โรคหืด	*rôhk hèut*
Zahnarzt	ทันตแพทย์ oder หมอฟัน	*tun-dta-pâirt* oder *mŏr fun*
Diabetes	โรคเบาหวาน	*rôhk bao wăhn*
Durchfall	ท้องเสีย	*tórng sěe-a*
schwindlig	เวียนหัว	*wee-un hŏo-a*
Arzt	หมอ	*mŏr*
Ruhr	โรคบิด	*rôhk bìt*
Fieber	ไข้	*kâi*
Herzinfarkt	หัวใจวาย	*hŏo-a jai wai*
Krankenhaus	โรงพยาบาล	*rohng pa-yah-bahn*
Injektion	ฉีดยา	*chèet yah*
Medizin	ยา	*yah*
Penicillin	ยาเพนนิซีลลิน	*yah pen-ní-seen-lin*
Rezept	ใบสั่งยา	*bai sùng yah*
Hitzeausschlag	ผด	*pòt*
Halsentzündung	เจ็บคอ	*jèp kor*
Magenschmerzen	ปวดท้อง	*bpòo-ut tórng*
Temperatur	ตัวร้อน	*dtoo-ah rórn*
trad. Medizin	ยาแผนโบราณ	*yah păirn boh-rahn*
erbrechen	อาเจียน	*ah-jee-un*

Zahlen

0	๐ *oder* ศูนย์	*sŏon*
1	๑ *oder* หนึ่ง	*nèung*
2	๒ *oder* สอง	*sŏrng*
3	๓ *oder* สาม	*săhm*
4	๔ *oder* สี่	*sèe*
5	๕ *oder* ห้า	*hâh*
6	๖ *oder* หก	*hòk*
7	๗ *oder* เจ็ด	*jèt*
8	๘ *oder* แปด	*bpàirt*
9	๙ *oder* เก้า	*gâo*
10	๑๐ *oder* สิบ	*sìp*
15	๑๕ *oder* สิบห้า	*sìp-hâh*
20	๒๐ *oder* ยี่สิบ	*yêe-sìp*
30	๓๐ *oder* สามสิบ	*săhm-sìp*
40	๔๐ *oder* สี่สิบ	*sèe-sìp*
50	๕๐ *oder* ห้าสิบ	*hâh-sìp*
60	๖๐ *oder* หกสิบ	*hòk-sìp*
70	๗๐ *oder* เจ็ดสิบ	*jèt-sìp*
80	๘๐ *oder* แปดสิบ	*bpàirt-sìp*
90	๙๐ *oder* เก้าสิบ	*gâo-sìp*
100	๑๐๐ *oder* หนึ่งร้อย	*nèung róy*
200	๒๐๐ *oder* สองร้อย	*sŏrng róy*
1000	๑๐๐๐ *oder* หนึ่งพัน	*nèung pun*
10 000	๑๐,๐๐๐ *oder* หนึ่งหมื่น	*nèung mèun*
100 000	๑๐๐,๐๐๐ *oder* หนึ่งแสน	*nèung săirn*

Zeitangaben und Jahreszeiten

eine Minute	หนึ่งนาที	*nèung nah-tee*
eine Stunde	หนึ่งชั่วโมง	*nèung chôo-a mohng*
eine halbe Stunde	ครึ่งชั่วโมง	*krêung chôo-a mohng*
eine Viertelstunde	สิบห้านาที	*sìp-hâh nah-tee*
Mitternacht	เที่ยงคืน	*têe-ung keun*
Mittag	เที่ยงวัน	*têe-ung wun*
ein Tag	หนึ่งวัน	*neung wun*
ein Wochenende	สุดสัปดาห์	*sÒOt sùp-pah-dah*
eine Woche	หนึ่งอาทิตย์	*nèung ah-tìt*
ein Monat	หนึ่งเดือน	*nèung deu-un*
ein Jahr	หนึ่งปี	*nèung bpee*
kühle Jahreszeit	หน้าหนาว	*nâh năo*
heiße Jahreszeit	หน้าร้อน	*nâh rórn*
Regenzeit	หน้าฝน	*nâh fŏn*
Ferien	วันหยุด	*wun yÒOt*

Vis-à-Vis

VIS-À-VIS-REISEFÜHRER

Ägypten • Alaska • Amsterdam • Apulien • Argentinien Australien • Bali & Lombok • Baltikum • Barcelona & Katalonien • Beijing & Shanghai • Belgien & Luxemburg Berlin • Bodensee • Bologna & Emilia-Romagna Brasilien • Bretagne • Brüssel • Budapest • Chicago Chile • China • Costa Rica • Dänemark • Danzig Delhi, Agra & Jaipur • Deutschland • Dresden Dublin • Florenz & Toskana • Florida Frankreich • Gardasee • Gran Canaria Griechenland • Großbritannien • Hamburg Hawaii • Indien • Irland • Istanbul • Italien • Italienische Riviera • Japan • Jerusalem • Kalifornien • Kambodscha & Laos Kanada • Karibik • Kenia • Korsika • Krakau • Kreta • Kroatien Kuba • Las Vegas • Lissabon • Loire-Tal • London • Madrid • Mailand Malaysia & Singapur • Mallorca • Marokko • Mexiko • Moskau München & Südbayern • Myanmar • Neapel • Neuengland • Neuseeland New Orleans • New York • Niederlande • Nordspanien • Norwegen Österreich • Paris • Peru • Polen • Portugal • Prag • Provence & Côte d'Azur Rom • San Francisco • St. Petersburg • Sardinien • Schottland Schweden • Schweiz • Sevilla & Andalusien • Sizilien • Slowenien Spanien • Sri Lanka • Stockholm • Straßburg & Elsass • Südafrika Südtirol & Trentino • Südwestfrankreich • Teneriffa Thailand • Thailand – Strände & Inseln • Tokyo Tschechien & Slowakei • Türkei • Umbrien • USA • USA Nordwesten & Vancouver • USA Südwesten & Las Vegas • Venedig & Veneto • Vietnam & Angkor Washington, DC • Wien • Zypern

www.dorlingkindersley.de

Straßenkarte: Thailands Küsten